처음부터 제대로 배우는

도커/쿠버네티스
컨테이너 개발과 운영

KB215022

DOCKER/KUBERNETES JISSEN CONTAINER KAIHATSU NYUMON
KAITEISINPAN
by Akinori Yamada

Copyright © 2024 Akinori Yamada

All rights reserved.
Original Japanese edition published by Gijutsu-Hyoron Co., Ltd., Tokyo

This Korean language edition published by arrangement with Gijutsu-Hyoron Co., Ltd., Tokyo
in care of Tuttle-Mori Agency, Inc., Tokyo, through Danny Hong Agency, Seoul.

이 책의 한국어판 저작권은 대니홍 에이전시를 통한 저작권사와의 독점 계약으로 제이펍 출판사에 있습니다.
저작권법에 의해 한국 내에서 보호를 받는 저작물이므로 무단 전재와 무단 복제를 금합니다.

처음부터 제대로 배우는
도커/쿠버네티스 컨테이너 개발과 운영(개정신판)

1판 1쇄 발행 2025년 5월 29일

지은이 야마다 아키노리
옮긴이 이춘혁
펴낸이 장성두
펴낸곳 주식회사 제이펍

출판신고 2009년 11월 10일 제406-2009-000087호
주소 경기도 파주시 회동길 159 3층 / **전화** 070-8201-9010 / **팩스** 02-6280-0405
홈페이지 www.jpub.kr / **투고** submit@jpub.kr / **독자문의** help@jpub.kr / **교재문의** textbook@jpub.kr

소통기획부 김정준, 이상복, 안수정, 박재인, 송영화, 김은미, 나준섭, 권유라
소통지원부 민지환, 이승환, 김정미, 서세원 / **디자인부** 이민숙, 최병찬

진행 권유라 / **교정·교열** 이정화 / **내지 디자인** 이민숙 / **내지 편집 및 표지 디자인** nu:n
용지 에스에이치페이퍼 / **인쇄** 한승문화사 / **제본** 일진제책사

ISBN 979-11-94587-27-9 (93000)
책값은 뒤표지에 있습니다.

※ 이 책은 저작권법에 따라 보호를 받는 저작물이므로 무단 전재와 무단 복제를 금지하며,
   이 책 내용의 전부 또는 일부를 이용하려면 반드시 저작권자와 제이펍의 서면 동의를 받아야 합니다.
※ 잘못된 책은 구입하신 서점에서 바꾸어드립니다.

제이펍은 여러분의 아이디어와 원고를 기다리고 있습니다. 책으로 펴내고자 하는 아이디어나 원고가 있는 분께서는
책의 간단한 개요와 차례, 구성과 지은이/옮긴이 약력 등을 메일(submit@jpub.kr)로 보내주세요.

컨테이너 기초부터 배포, 앱 구축,
패키징, 클라우드 운영, CD 자동화까지
실무 활용법 한 권으로 끝내기

처음부터 제대로 배우는

도커/쿠버네티스 _{개정신판}
컨테이너 개발과 운영

야마다 아키노리 지음 **이춘혁** 옮김

Jpub
제이펍

※ 드리는 말씀

- 이 책에 기재된 내용을 기반으로 한 운용 결과에 대해 지은이/옮긴이, 소프트웨어 개발자 및 제공자,
  제이펍 출판사는 일체의 책임을 지지 않으므로 양해 바랍니다.
- 이 책에 등장하는 회사명, 제품명은 일반적으로 각 회사의 등록상표 또는 상표입니다.
- 본문 중에는 ™, ⓒ, ® 등의 기호를 생략했습니다.
- 이 책에서 소개한 URL 등은 시간이 지나면 변경될 수 있습니다.
- 책의 내용과 관련된 문의사항은 지은이/옮긴이나 출판사로 연락해주시기 바랍니다.
  - 옮긴이: perfecris@naver.com
  - 출판사: help@jpub.kr

차 례

CHAPTER 1 컨테이너와 도커 기초 1

CHAPTER 2 컨테이너 배포 33

CHAPTER **3**

실용적인 컨테이너의 구축과 배포 93

CHAPTER **4**　여러 컨테이너의 구성을 통한 애플리케이션 구축 119

CHAPTER **5**　쿠버네티스 입문 177

CHAPTER **10**

최적의 컨테이너 이미지 생성과 운영 403

CHAPTER **11**

컨테이너의 지속적 전달 465

CHAPTER **12** 컨테이너의 다양한 활용 방법 508

APPENDIX **A** 개발 도구 셋업 528

컨테이너 기술은 더 이상 선택이 아닌, 개발자가 반드시 이해해야 할 기반 기술로 자리 잡아가고 있습니다. 특히 쿠버네티스Kubernetes는 클라우드 네이티브 환경에서의 표준으로 자리매김하며, 백엔드 개발자뿐만 아니라 프런트엔드, 데브옵스, 인프라 엔지니어에게도 점점 더 중요한 도구가 되고 있습니다.

저 역시 이 책을 번역하면서 많은 부분을 새롭게 알게 되었습니다. 각각의 개념이 실제 예제를 통해 하나씩 풀려나가는 과정은 번역자인 저에게도 무척 유익한 시간이었습니다.

이 책은 단순히 이론만 나열하는 책이 아닙니다. 직접 따라 하며 개념을 익히고, 실전 환경에 어떻게 적용되는지 체득할 수 있도록 구성되어 초보자도 쉽게 쿠버네티스를 배울 수 있을 것입니다.

개발 환경은 빠르게 변화하고 있지만, 도커와 쿠버네티스는 앞으로도 오랫동안 그 중심에 있을 가능성이 매우 높습니다. 아마 이 책을 펼친 독자분들도 같은 생각일 거라고 생각합니다. 지금 이 기술을 배우는 일은 앞으로의 커리어와 이루고자 하는 목표에 있어 든든한 기반이 되어줄 것이라 믿습니다.

이 책이 독자 여러분의 컨테이너 여정에 든든한 길잡이가 되어주기를 바랍니다. 처음 접하는 분들에게는 친절한 입문서로, 실무에 익숙한 분들에게는 유용한 참고서로 도움이 되기를 바랍니다. 함께 공부하며 나날이 성장해나갈 수 있기를 기대합니다.

끝으로, 항상 신뢰를 보내주시는 제이펍의 장성두 대표님과 권유라 님께 감사드립니다. 또한 언제나 든든한 응원을 보내주는 아내와 매일 새로운 배움과 영감을 주는 사랑하는 아들에게도 진심 어린 고마움을 전합니다.

이춘혁

베타리더 후기 ―――――――――――――――――――――――――

 김호준(시큐엔에이)

컨테이너를 처음 접하는 초보자부터 어느 정도 경험이 있는 중급자까지 모두에게 유익한 정보로 가득 찬 알찬 책입니다. 도커를 시작으로 컨테이너의 기초를 다지고, 쿠버네티스를 활용해 실전에 적용할 수 있는 컨테이너 생성 및 운영 기법은 물론, 최적화 기술까지 빠짐없이 다루고 있어서 어느 한 부분도 놓칠 수 없습니다. 실무에서 처음 컨테이너를 도입하려는 엔지니어분들께 적극 추천합니다.

신진욱(네이버)

초판의 독자로서, 이 책은 도커와 쿠버네티스의 최신 동향을 훌륭히 반영하고 있으며, 쿠버네티스의 발전 흐름에 맞춰 최신 기술을 소개합니다. 이 책에서 제안하는 방식을 통해 쿠버네티스 생태계를 직접 체험해보시길 권합니다.

윤수혁(코나아이)

도커, 도커 컴포즈, 쿠버네티스 등 다양한 도구와 그에 따른 개념을 체계적으로 설명합니다. 특히 root 유저와 일반 유저의 차이, 각 도구의 활용 방식을 명확하게 다뤄, 이들에 대한 통합적 지식을 얻고자 하는 분에게 적합합니다. 전체적으로 실전 중심의 접근이 돋보입니다.

이학인(대법원)

초보자도 이해하기 쉽도록 구성되어 있으며, 명확한 설명과 실습 예제로 학습 효과가 뛰어납니다. 시크릿 파일을 활용한 보안 정보 관리 등 실제 프로젝트에 바로 적용할 수 있는 팁도 풍부하고, 최신 기술 트렌드까지 반영되어 매우 유익합니다. 도커/쿠버네티스를 실무에 도입하고자 하는 개발자분들께 추천하고 싶은 책입니다.

 임승민(씨에스리)

이 책은 애플리케이션의 개발, 배포, 운영을 위한 도커/쿠버네티스 컨테이너 기술을 상세히 설명합니다. 도커 컴포즈와 AKS를 활용한 웹 애플리케이션 구축 실습을 통해, 로컬 환경과 클라우드 환경을 모두 아우르며 기초부터 다양한 기술을 배울 수 있다는 점이 큰 장점입니다. 빠르게 변화하는 컨테이너 기술과 실용적인 구축 방법을 다룬 이 책을 도커와 쿠버네티스에 관심 있는 모든 분에게 추천합니다.

정태일(삼성SDS)

도커/쿠버네티스를 체계적으로 공부하고 실무에서 다양한 도구와 함께 활용하고 싶다면, 바로 이 책이 정답입니다!

정현준

도커는 컨테이너의 기본이며, 쿠버네티스는 컨테이너 오케스트레이션의 표준입니다. 방대한 사전 지식과 수많은 명령어 때문에 처음에는 어렵게 느껴질 수 있지만, 저자의 실무 기반 설명을 따라가다 보면 점차 익숙해질 것입니다. 어렵더라도 포기하지 말고 한 걸음씩 따라가보세요.

제이펍은 책에 대한 애정과 기술에 대한 열정이 뜨거운 베타리더의 도움으로
출간되는 모든 IT 전문서에 사전 검증을 시행하고 있습니다.

시작하며 _____

《도커/쿠버네티스를 활용한 컨테이너 개발 실전 입문》(위키북스, 2019) 초판이 2018년 8월에 일본에서 처음 출간되었습니다. 당시 개발 환경에서는 컨테이너가 많이 사용되고 있었지만, 운영 환경에서는 아직 널리 사용되지 않을 때였습니다.

컨테이너를 활용하게 되면 기존의 개발 방법에도 큰 변화가 필요하므로 전체적으로 도입하기에는 충분한 시간이 필요합니다. 그러나 컨테이너 기술이 가진 환경의 일관성과 재현성, 확장성이 갖는 특징은 매우 강력합니다. 개발과 운영의 효율성뿐만 아니라 소프트웨어 배포 사이클의 가속화와 시스템 가용성의 향상에도 크게 기여합니다. 기대 이상으로 컨테이너 기술은 많은 개발자로부터 지지와 사랑을 받았습니다.

초판이 나오고 지금까지 컨테이너 기술은 실무에서 많이 사용되고 있습니다. 컨테이너가 보편화되면서 컨테이너 기술의 진보와 생태계 확장, 개발 커뮤니티 확대와 클라우드 서비스가 제공하는 매니지드 서비스의 등장과 함께 필자의 우려도 대부분 해소되었습니다. 필자가 근무하는 회사에서도 컨테이너를 활용하지 않는 서비스를 찾기가 어렵습니다.

도커와 쿠버네티스를 둘러싼 컨테이너 기술의 상황은 크게 변했습니다. 컨테이너의 기본적인 개념은 변하지 않았으나 컨테이너와 관련된 새로운 서비스와 도구들이 많이 생겨났습니다. 초판 시점과 현재를 비교해보면 계속 사용되는 것도 있지만, 이제는 잘 맞지 않는 방식이나 잘 사용하지 않는 도구도 있습니다. 따라서 최신 상황에 맞춰 기존의 내용을 다듬고 추가하여 여러분이 문제없이 학습할 수 있도록 책을 개정하게 되었습니다.

개정판은 단순히 최신 내용만 반영한 것은 아닙니다. 초판 집필 시에도 단순 정보 전달이 아니라 컨테이너의 개발과 운영을 위한 기본적인 사고방식을 기를 수 있도록 도움을 주는 것이 목적이었습니다. 여러분에게 컨테이너의 활용 방법을 효율적으로 알려주고, 기초 지식을 탄탄하게 하여 새로운 트렌드를 쉽게 접하여 깊이 있는 기술을 스스로 학습할 수 있도록 하고자 했습니다.

이러한 준비를 돕는 것이 책의 목표이기도 하며, 지금까지 많은 분들이 이 책을 읽어주신 이유라고도 생각합니다.

개정판에서도 이러한 목표를 위해 필자는 다시 한번 컨테이너 기술을 살펴보았습니다. 또한 현업에서 개발자들이 컨테이너를 사용하는 방식을 중요하게 여겼습니다. 스토리나 학습 방법을 다시 검토하고 초판의 개선점을 반영하여 완성한 것이 이 책입니다.

현재는 컨테이너 기술과 관련된 개발 커뮤니티도 매우 활발합니다. 클라우드 컨테이너 서비스도 점점 더 발전하고 있으며, 컨테이너를 활용한 개발 경험도 더욱 좋아지고 있습니다. 앞으로도 컨테이너는 개발의 필수 요소로 계속 자리 잡아갈 것으로 보입니다. 컨테이너 기술을 처음으로 학습하려는 독자나 복습하려는 독자, 그리고 이미 충분히 컨테이너를 잘 활용하고 있는 독자도 이 책을 통해 다시 한번 컨테이너의 매력을 살펴보는 기회가 되길 바랍니다.

야마다 아키노리

감사의 글 ―――――――――――――――――――――――

orisano 님, masaaania 님, kataoka-kenji 님, ryoryotaro 님, naokinoid 님께서 다양한 관점에서 리뷰를 해주셨습니다. 많은 분량에도 불구하고 빠른 리뷰에 정말 감사드립니다.

그리고 컨테이너 기술과 발전에 많은 관심을 가져주시는 개발자와 커뮤니티에 감사의 말씀을 전합니다.

## CHAPTER 1

컨테이너와 도커 기초

이 책에서는 도커/쿠버네티스와 관련된 기술에 대해 설명한다. 애플리케이션의 개발, 배포, 운영을 위해 컨테이너를 활용하는 방법을 알아보자.

이번 장에서는 현재 소프트웨어 개발 방식의 주류로 자리잡고 있는 컨테이너 기술의 개념과 의의에 대해 소개하고, 대표적인 컨테이너 실행 환경인 도커의 개요와 역사, 도커를 활용한 컨테이너의 실행 등 간단한 흐름에 대해 설명한다.

또한 컨테이너 실행 환경인 도커 데스크톱Docker Desktop을 로컬에 구축하는 방법에 대해서도 알아보자.

1.1 컨테이너란?

컨테이너는 오늘날 소프트웨어 개발에서 중요한 개념으로 자리 잡고 있다. 개인마다 컨테이너에 대한 생각은 다를 것이다. 컨테이너를 '가볍게 가상 환경을 만드는 기술', '개발 환경 구축을 위한 기술'과 같이 가상 환경과 가깝게 생각하는 독자가 많을 수도 있다.

컨테이너는 매우 다양하게 활용할 수 있는 기술이지만, 실제 개발에 활용하려면 먼저 기본 개념부터 알아야 한다.

우선 컨테이너 구현의 기본이 되는 컨테이너형 가상화 기술에 대해 알아본다. 기본적인 개념과 기존 가상화 방식과 차이점을 이해하도록 하자.

또한 오늘날 소프트웨어 개발에 컨테이너 기술이 어떻게 활용되고 있는지도 실제 사례를 통해 확인해보자.

1.1.1 컨테이너형 가상화

컨테이너란 무엇일까? 책에서 다루는 도커는 컨테이너 실행 환경을 구현하는 소프트웨어 중 하나로, 컨테이너형 가상화 기술을 기반으로 만들어졌다.

다른 대표적인 가상화 기술로는 호스트 OS형 가상화 기술이 있으며, OS에 설치한 가상화 소프트웨어로 하드웨어를 구현해 게스트 OS를 만든다.[1]

이에 반해 컨테이너형 가상화 기술은 게스트 OS를 생성하는 것이 아니라 호스트 OS에서 파일 시스템을 나누고 새로운 파일 시스템과 애플리케이션으로 구성된 별도의 공간을 구현한다. 이를 컨테이너라고 한다.

호스트 OS형 가상화는 가상으로 게스트 OS를 구현하는 구조이므로 게스트 OS 구현까지 몇 분 정도의 시간이 필요하다. 그러나 컨테이너형 가상화는 단순히 파일 시스템을 분리하는 것이므로[2] 빠른 시작과 종료가 가능하며 적은 리소스로 동작한다.

호스트 OS형 가상화   컨테이너형 가상화

그림 1.1 가상화 기술의 차이

---

1 하이퍼바이저(Hypervisor)형 가상화도 호스트 OS형과 같이 게스트 OS를 생성하지만, 게스트 OS를 생성하는 하이퍼바이저를 직접 하드웨어에 설치한다는 차이가 있다.
2 파일 시스템 이외에 프로세스 네임스페이스도 구분한다.

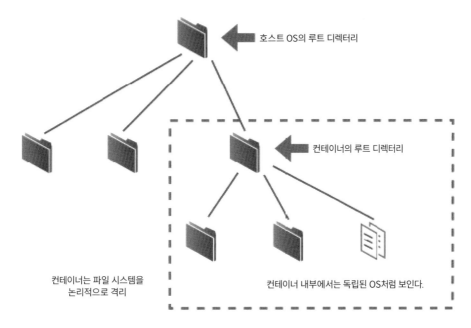

호스트 OS의 루트 디렉터리

컨테이너의 루트 디렉터리

컨테이너는 파일 시스템을
논리적으로 격리

컨테이너 내부에서는 독립된 OS처럼 보인다.

그림 1.2 파일 시스템 구분에 따른 컨테이너 구현

현재 도커로 대표되는 컨테이너 기술은 컨테이너형 가상화 기술을 기반으로 만들어졌다.

1.1.2 컨테이너 사용 사례

실제로 컨테이너가 어떻게 활용되는지 익숙한 사례부터 생각해보자. 가장 쉽게 이해할 수 있는 사례는 가상 환경을 테스트 용도로 사용하는 것이다.

웹 애플리케이션을 개발할 때 Apache httpd 또는 nginx와 같은 웹서버를 로컬 환경에서 구축하는 작업을 생각해보자. 가상 환경에 운영 환경과 같은 OS를 설치하고, 문서를 참고하여 패키지 매니저로 필요한 것을 추가하는 순서로 환경을 구축한 경우가 아마 많을 것이다.[3]

이와 같은 방법과 비교하면 컨테이너는 더욱 간편하게 환경을 구축할 수 있다. 로컬 환경에서 컨테이너 실행 환경이 준비되어 있다면 몇 줄의 구성 파일[4]과 커맨드 하나만으로 테스트 환경을 생성할 수 있다. 이는 애플리케이션과 미들웨어가 이미 설정되어 있는 상태의 가상 환경(컨테이너)이다.

---

3   예전에는 소프트웨어의 공식 문서를 읽고 순서대로 하나씩 파일을 설치하여 환경을 구축하는 것이 일반적이었다. 설치 절차를 자동화하고 작업을 간소화하기 위한 패키지 매니저가 등장하여 환경 구축 시간이 크게 단축되었지만, 여전히 OS의 차이 등 고려해야 할 부분이 많으므로 수고로운 작업이다.

4   도커에서는 Dockerfile이며, 2장에서 자세히 설명한다. 이 구성 파일이 이미 프로젝트에 존재한다면 커맨드 하나만으로 환경을 생성할 수 있다.

과정도 매우 간단하므로 컨테이너는 로컬 개발 환경 구현에 널리 사용된다.[5]

여기까지는 기존의 가상 머신과 비교하면 큰 장점이 없는 것처럼 보일 수도 있다. 그러나 컨테이너는 개발 환경뿐만 아니라 이후의 운영 환경 배포와 애플리케이션 플랫폼 기능까지 있다는 점에서 더 낫다고 볼 수 있다.

컨테이너는 기존의 호스트 OS형 가상화 기술에 비해 더 가볍게 동작한다. 따라서 테스트 환경뿐만 아니라 실제로 운영하는 애플리케이션에서도 컨테이너를 사용할 수 있다.

컨테이너는 뛰어난 이식성portability[6]을 가지고 있다. 로컬 환경에서 실행 중인 컨테이너를 다른 서버에 있는 컨테이너 실행 환경에 배포하거나 그 반대의 작업이 가능하다. 따라서 개발 환경과 운영 환경을 그대로 재현할 수 있다.

이 장점 덕분에 운영 환경에서도 널리 사용된다. 또한 각 컨테이너 간의 연동과 클라우드 플랫폼 지원 등 여러 가지 뛰어난 특징도 있다.

컨테이너는 단순히 테스트 환경만이 아니라 애플리케이션의 배포와 실행 환경으로도 사용된다.

이에 대해서는 뒤에서 차례대로 알아보자. 컨테이너를 통해 개발과 운영에 소비되는 시간을 줄일 수 있다는 것도 알게 될 것이다.

시스템 개발과 운영 환경에서 컨테이너를 사용하는 것이 가장 효과적이지만, 이 외에도 다양하게 활용할 수 있다. 다음은 그 예로, 자세한 내용은 12장에서 설명한다.

- 특별한 설정이 포함된 커맨드 라인 도구를 컨테이너로 가져와서 호스트 OS에 영향을 미치지 않고 즉시 실행할 수 있다.
- 의존 관계에 있는 라이브러리나 도구를 컨테이너에 함께 배포하여 실행 환경에 상관없이 구현되는 스크립트를 사용할 수 있다.
- HTTP 부하 테스트에서 워커를 컨테이너로 준비하여 HTTP Request를 증가시킬 수 있다.

---

5 VirtualBox의 가상 환경에 Vagrant를 이용하여 개발 환경을 구축하는 방법이 유행했다. 그러나 컨테이너는 필요한 리소스가 적어 빠르게 실행이나 종료를 반복할 수 있다는 장점이 있다. Vagrant와 컨테이너 중 어떤 방법을 사용할지는 12장의 칼럼 '컨테이너가 Vagrant를 대체할 수 있을까?'에서 설명한다.
6 어떤 플랫폼에서라도 동작하는 일관성을 의미한다.

여러 클라우드 플랫폼도 컨테이너와 관련된 매니지드 서비스를 제공하고 있으며, 이는 현재 개발 과정에서 핵심적인 역할을 하는 기술이다.

COLUMN **컨테이너의 단점**

컨테이너가 만능의 가상 환경을 제공하는 것은 아니므로 적절하지 않은 상황도 존재한다.

컨테이너 내부는 Linux 계열 OS와 같은 방식으로 구성된 부분이 많지만 컨테이너가 완전히 OS와 동일한 동작을 하는 것은 아니다. Linux 계열의 OS와 완전 동일하게 동작하는 가상 환경을 구축하려면 기존 방식대로 VMware와 VirtualBox 등의 가상화 소프트웨어를 사용해야 한다.

또한 FreeBSD 등 Linux가 아닌 환경은 컨테이너로 사용할 수 없다. 컨테이너는 기존의 가상 환경과는 목적이 다르므로 이들과 경쟁하는 것이 아니라, 어디까지나 애플리케이션의 배포를 위해 특화된 박스라고 생각하는 것이 적절하다.

1.2 도커란?

컨테이너의 방식과 사례를 알아보았으니 이제 대표 컨테이너 기술인 도커에 대해 알아보자.

그림 1.3 **도커 로고**

도커는 컨테이너형 가상화를 구현하며, 그림 1.4와 같이 세 가지 소프트웨어로 구성되어 있다.

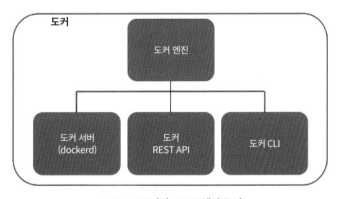

그림 1.4 **도커의 소프트웨어 구성**

도커 서버Docker Server는 컨테이너형 가상화 기술 구현을 위한 기본 애플리케이션[7]으로, 컨테이너의 실행이나 관리 등 핵심을 담당하는 소프트웨어다.

도커 REST APIDocker REST API는 도커 서버를 조작하기 위한 인터페이스다. 도커 서버의 직접 조작은 복잡하므로 REST API를 사용한다.

도커 CLIDocker CLI[8]는 도커 커맨드를 구현하는 커맨드라인 애플리케이션으로, 도커 REST API와 통신하며 대화식으로 도커 서버를 조작할 수 있다.

이 세 가지가 도커 엔진Docker Engine을 구성하는 소프트웨어로, 간단하게 도커라고도 부른다. 도커는 애플리케이션 배포에 특화되어 있으며 컨테이너[9]를 중심으로 개발과 운영이 가능하도록 한다.

1.2.1 도커와 Docker, Inc.의 역사

2013년 여름 dotCloud(현 Docker, Inc.)[10]의 엔지니어인 솔로몬 하이크스Solomon Hykes는 도커를 오픈 소스 소프트웨어Open Source Software, OSS[11]로 공개했는데 이것이 도커의 시작이다. 이때부터 편리성을 장점으로 도커는 꾸준히 사용자가 증가했다.

많은 개발자들이 이용하기 시작하고, 구글 클라우드Google Cloud와 아마존 웹서비스Amazon Web Services, AWS, 마이크로소프트 애저Microsoft Azure와 같은 퍼블릭 클라우드에서 컨테이너 매니지드 서비스를 제공하면서 중요성이 더욱 부각되었다.

2017년에는 도커의 핵심 컴포넌트를 OSS로 재편성한 'Moby 프로젝트'가 시작되었다.[12] 이 프로젝트는 도커의 컨테이너 기술을 오픈하고 활발한 개발 커뮤니티와 기술을 발전시키는 것이 목표였다.

도커사Docker, Inc.는 컨테이너 기술 발전에 큰 공헌을 하는 상징적인 기업이었지만 수익성이 낮아 어려움을 겪기도 했다. 엔터프라이즈 제품으로 'Docker Enterprise Edition' 제품을 출시했지만 자금 확보를 위해 Mirantis 사에 이를 매각하기도 했다. 구독 서비스와 같이 안정적인 수익 확보를

---

7 dockerd라는 애플리케이션이 항상 존재한다.
8 CLI는 Command Line Interface의 줄임말이다.
9 넓은 의미에서는 온라인을 통해 공유하는 도커 허브(Docker Hub) 등의 생태계를 포함하기도 한다. 이는 세계적으로 널리 이용되고 있으며 컨테이너 가상화 영역을 지원하는 대표적인 제품이다.
10 Docker, Inc.의 시초는 PaaS 서비스를 제공하는 dotCloud라는 회사였다. 도커가 인기를 얻으면서 현재의 사명으로 변경하게 되었으며, 도커에 사업 역량을 집중하게 된다. Solomon Hykes는 회사에서 CTO를 맡았으며 현재는 퇴임했다.
11 앞으로는 OSS로 표기한다.
12 Moby 프로젝트는 이번 장의 칼럼 'Moby 프로젝트'에서 설명한다.

위해 방향성을 잡고 있으며, 2021년에는 시리즈B 규모의 자금 조달에도 성공하고 기업을 인수[13]하기도 했다. 이제 수익을 내는 기업으로 정상 궤도에 오르기 시작했다고 볼 수 있다.

최근에는 Moby로 오픈 스탠다드를 추진하면서 도커 데스크톱[14]과 생태계 관련 개발자용 제품에 주력하고 있다. 도커가 크게 성장하던 시기와 비교하면 현재는 다양한 경쟁 제품과 솔루션이 나와 있어 도커의 위상이 변할 수도 있겠지만, 그럼에도 당분간은 도커가 컨테이너 기술의 메인을 계속 차지할 것이다.

1.2.2 애플리케이션 배포에 초점을 맞춘 도커

도커 이전에도 컨테이너형 가상화를 활용한 기술은 존재했다. 도커 이전에는 LXC_{Linux Containers}가 유명했으며, 초기 도커는 실행 환경으로 LXC를 채용했다.

LXC는 호스트형 가상화 기술보다 성능이 뛰어나 시스템 컨테이너[15]의 용도로 많이 사용되었다. 그러나 LXC는 애플리케이션 배포와 운영에 관해서는 부족한 기능이 많았다.

반대로 도커는 컨테이너가 제공하는 성능의 이점을 활용하면서 애플리케이션 배포에 초점을 맞추었다. 도커는 LXC에 부족했던 기능과 생태계를 정비하여 더욱 개발자 친화적인 컨테이너 기술을 확립했다. 도커가 LXC와 다른 특징은 다음과 같다.

- 호스트에 의존하지 않는 실행 환경(도커 엔진에 의한 실행 환경 표준화)
- DSL_{Domain Specific Language}을 통한 컨테이너 파일 시스템 구성과 애플리케이션 배포 정의
- 이미지 버전 관리
- 레이어 구조를 갖는 이미지 포맷(증분 빌드 가능)
- 컨테이너 레지스트리(이미지를 저장하는 장소)
- 프로그래밍이 가능한 다양한 API

도커는 Dockerfile을 통해 컨테이너 정보를 코드로 관리할 수 있다. 이 코드를 베이스로 정보를 가져오거나 배포 작업이 진행되므로 환경에 상관없이 동일하게 구현이 가능하다는 특징이 있다. 이

---

13 2023년 파일 동기화 기능을 제공하는 Mutagen IO. Inc.를 인수했다.
14 Docker, Inc.에서 개발했으며 데스크톱 환경에 도커 환경을 구축하기 위한 제품이다. OSS는 아니며 확장 기능과 상업용 지원 서비스가 존재한다.
15 애플리케이션 배포를 위한 것이 아니라 단순히 리소스의 분리를 위한 용도

외에도 이미 생성된 컨테이너를 다른 환경에서 동작시키기 위한 구조도 갖추고 있다. 이것이 LXC
와 달리 도커 기반 배포 방식이 널리 사용되는 이유다.

도커 이전에는 애플리케이션을 호스트 OS나 게스트 OS에 배포하는 방식이 주를 이루었다. 이와
같은 배포 방식은 애플리케이션이 실행 환경(OS)에 크게 의존하게 된다. 반대로 도커는 컨테이너에
애플리케이션과 실행 환경(OS를 모방한 파일 시스템)을 함께 배포하는 방식을 사용하며, 실행 환경
별 배포를 통해 의존 문제를 해결한다. 이 방식을 사용하면 애플리케이션 아카이브를 단순히 배치
하는 것처럼 간단하게 컨테이너(애플리케이션)도 배포할 수 있다.[16]

이처럼 환경에 대한 의존성이 적고 배포가 간단하므로 애플리케이션 배포 환경으로 도커가 널리
이용된다.

1.2.3 도커 접하기

애플리케이션과 실행 환경을 함께 배포하는 도커의 방식은 설명만으로는 이해하기 어려울 수도
있다.

도커로 애플리케이션을 배포하는 코드를 확인해보자. 어떻게 애플리케이션을 포함한 컨테이너 이
미지를 생성하고 컨테이너가 실행되는지 간단한 예를 통해 설명한다. 여기서는 작동 방식을 이미
지화해보는 것이므로 아직은 도커를 설치하지 않아도 문제없다.[17]

helloworld라는 파일명의 셸스크립트Shell script를 준비한다. 간단한 스크립트지만 이를 애플리케
이션으로 생각해보자.

```
#!/bin/sh

echo "Hello, World!"
```

이제 도커의 컨테이너에 스크립트를 삽입한다. Dockerfile과 애플리케이션 실행 파일을 사용해 컨
테이너 이미지를 만드는 것을 **컨테이너 이미지 빌드**라고 한다.

셸 스크립트가 위치하는 폴더에 도커가 어떤 이미지를 생성하고 실행할지를 정의하는 Dockerfile

---

[16] 도커가 설치되어 있다면 호스트 OS가 Ubuntu인 서버에 CentOS 파일 시스템을 갖는 컨테이너를 배포할 수도 있다.
[17] Dockerfile의 작성 방법은 2장에서 설명한다. 이번 장의 후반부에서 도커의 설치에 대해 설명하므로 설치 후 다시 돌아와서 내용
을 확인해도 문제가 없다.

을 생성한다.

Dockerfile은 베이스가 되는 컨테이너 이미지를 `FROM`으로 정의한다. 여기서는 Ubuntu의 컨테이너 이미지를 지정하고 Ubuntu 파일 시스템을 갖는 컨테이너를 생성한다.

`COPY`는 생성한 `helloworld` 파일을 호스트에서 컨테이너의 `/usr/local/bin`으로 복사한다.

`RUN`은 컨테이너 내부에서 임의로 커맨드를 실행할 수 있다. 여기서는 `helloworld` 스크립트에 실행 권한을 부여한다. 여기까지가 빌드 시 실행되는 것으로, 새로운 컨테이너 이미지가 생성된다.

`CMD`는 생성된 이미지를 컨테이너에서 실행하기 전에 사용하는 커맨드다. 보통 애플리케이션을 실행하는 커맨드를 지정한다.

```
FROM ubuntu:23.10

COPY helloworld /usr/local/bin
RUN chmod +x /usr/local/bin/helloworld
CMD ["helloworld"]
```

Dockerfile을 사용해 빌드와 실행을 해보자. Dockerfile이 있는 폴더에서 `docker image build` 커맨드를 실행한다.

```
#0 building with "desktop-linux" instance using docker driver
# 생략…

#6 [1/3] FROM docker.io/library/ubuntu:23.10@sha256:4c32aacd...
# 생략...
# ...

#7 [2/3] COPY helloworld /usr/local/bin
#7 DONE 0.2s

#8 [3/3] RUN chmod +x /usr/local/bin/helloworld
#8 DONE 0.1s

#9 exporting to image
#9 exporting layers done
#9 writing image sha256:bf493bed04cc10ebe9fc193c14eb354bc353a462f21e48b583c846c680a479fb
done
#9 naming to docker.io/jpubdocker/helloworld:latest done
#9 DONE 0.0s
```

빌드가 끝나면 docker container run 커맨드를 사용해 도커 컨테이너를 실행한다. 컨테이너 내부의 스크립트가 실행되면 출력되는 내용이 표시된다.

```
$ docker container run jpubdocker/helloworld:latest
Hello, World!
```

이와 같이 애플리케이션과 필요한 파일을 컨테이너 이미지에 패키징하여 컨테이너로 실행하는 것이 도커의 기본적인 방식이다. 이번 예는 셸 스크립트를 Ubuntu와 함께 컨테이너로 실행한다.

실용적인 컨테이너의 실행

이 예에서는 echo 커맨드만 실행하는 스크립트를 사용하고 있으므로 컨테이너는 시작 직후 스크립트를 실행하고 종료된다.[18]

하지만 실제 개발 시 도커 컨테이너에 배치하는 애플리케이션은 웹서버처럼 항상 동작 중인 프로세스가 대부분이다.

Node.js의 웹 애플리케이션을 생각해보자. 애플리케이션은 계속 동작하는 상태로 있어야 하고 컨테이너 빌드도 앞의 예보다 더 복잡하다. 의존 관계에 있는 버전의 Node.js 베이스 이미지[19]를 사용하고 npm으로 모듈 설치, 빌드 처리는 컨테이너 내에서 실행하여 이미지를 생성한다. 실행은 echo를 실행할 때와 동일한 방식이다. 생성된 이미지를 도커가 실행하기만 하면 특수한 상황을 제외하고는 호스트 환경의 제약 없이 사용할 수 있다. 호스트에 Node.js와 npm을 설치할 필요가 없는 것이다.

실제 적용은 상세한 부분에서 차이가 있을 수 있지만 대략적으로 도커가 작동되는 방법은 이와 같다. 이제부터 실습을 통해 천천히 익혀보도록 하자.

---

18 도커 커맨드는 뒤에서 자세히 설명한다.
19 Node.js를 실행할 수 있는 Linux 파일 시스템 이미지

COLUMN   **Moby 프로젝트**

2017년 봄에 개최된 DockerCon17에서 Moby 프로젝트가 발표되었다. OSS였던 https://github.com/docker/docker의 리포지터리를 https://github.com/moby/moby로 변경하고 새로운 OSS 프로젝트를 시작했다.

선뜻 이해하기 어려운 상황일 수도 있지만 당시 회사의 CTO를 맡고 있던 Solomon Hykes는 X(옛 Twitter)에 다음과 같은 글을 남겼다.[20]

Moby is the project to build Docker itself(or something like it).

Moby는 도커(또는 그와 비슷한 것)**를 빌드하기 위한 프로젝트다.**

Moby는 표준 컨테이너 프레임워크와 툴킷을 제공하는 컨테이너 기술 개발 프로젝트로, 도커는 이를 사용해서 만들어지는 제품이다.

Moby가 공개한 프레임워크를 통해 개발자는 취사 선택을 하거나 도커 외 다른 옵션을 사용해 개발을 할 수도 있다.

컨테이너 기술의 표준화에 있어서는 레드햇Red Hat이 주도하는 Containers(Open Repository for Container Tools)[21]와 경쟁을 하기도 하지만 Moby는 앞으로도 컨테이너 기술 발전에 기여하고, 도커를 기반으로 하는 다양한 컨테이너 제품을 제공할 것이다.

1.3 컨테이너를 사용하는 이유

앞에서 설명한 대로 이 책은 애플리케이션 개발, 배포, 운영을 위한 도커의 컨테이너 기술에 대해 설명한다. 2010년대 후반에도 컨테이너 사용자는 늘어가고 있었지만, 많은 개발자는 아직도 회의적인 상황이었다.

그러나 시간이 지나면서 컨테이너 기술은 빠르게 로컬과 개발 환경에서 사용되기 시작했다. 또한 각종 IaaS에서 컨테이너 매니지드 서비스가 제공되고, 운영 환경에서도 안정적으로 사용할 수 있는 토대가 마련되면서 오늘날 컨테이너 기술을 베이스로 한 애플리케이션 개발이 메인 스트림이

---

20 https://x.com/solomonstre/status/855041639718506496의 댓글을 요약 인용. 글은 필자가 번역

21 https://github.com/containers

되고 있다.

실제 개발에서 문제가 되는 부분에 대한 사례를 통해 컨테이너 기술 사용의 의미에 대해 생각해보자. 이번 절을 읽고 나면 컨테이너 기술을 도입하고 싶은 생각이 더욱 커질 것이다.

필자는 컨테이너 기술을 이용하는 이유에 대해 다음과 같이 생각한다.

- 불변하는 애플리케이션과 실행 환경에 대한 재현성reproducibility 확보
- 애플리케이션 구성 관리의 용이성
- 환경에 상관없이 실행 가능한 높은 이식성
- 컨테이너 기반 개발의 효율성

웹 애플리케이션 개발을 예로 들어보자. 컨테이너를 사용하면 로컬 개발 환경에 필요한 애플리케이션을 빠르게 준비할 수 있고 플랫폼에 상관없이 그대로 배포할 수 있다. 컨테이너마다 같은 실행 환경을 사용하므로 실행 환경에 따른 문제도 최소화할 수 있다. 또한 Apache나 nginx와 같은 웹 서버도 복잡한 단계 없이 컨테이너에서 설정할 수 있다. 미들웨어를 포함한 시스템 구성 관리도 설정 파일에서 정의한다. 컨테이너를 도입하는 것만으로도 개발과 운영이 지금보다 더 간편해질 수 있다.

그럼 이제 앞의 리스트를 순서대로 확인해보자.

1.3.1 불변하는 애플리케이션과 실행 환경에 의한 재현성 확보

애플리케이션 개발 중 다음과 같은 상황을 접한 경험이 있을 것이다.

> "B 서버에도 같은 애플리케이션을 배포했는데 A와 다르게 동작해요."
> "둘 다 같은 배포 파일을 사용했을 텐데요."
> "서버 설정이나 라이브러리에 따라 차이가 발생할 수 있을까요?"
> "아! 그리고 보니 B 서버의 라이브러리 버전이 낮은 것 같아요. 업데이트를 해봐요."
> "역시나 각각의 서버를 같은 상태로 유지하도록 할 필요가 있을 것 같네요."

배포 서버의 상태가 달라 기대처럼 동작하지 않는 상황이다. 문제의 근본적인 원인은 가변적인 인프라mutable infrastructure를 허용하기 때문이다.

우리가 개발하는 애플리케이션은 항상 의존성을 피할 수 없다. OS는 물론 CPU와 메모리 등 컴퓨터 리소스, 언어 런타임, 라이브러리, 애플리케이션 내부에서 별개의 프로세스로 실행되는 애플리

케이션 등 다양한 요소에 의존하고 있다.

각 서버에 배포하는 애플리케이션 자체가 동일하면 애플리케이션의 의존 환경의 차이를 모두 제거하는 것이 문제를 해결하는 지름길이다.

Infrastructure as Code와 Immutable Infrastructure

이 문제를 해결하기 위해 최근에 사용되고 있는 것이 Infrastructure as Code(코드에 의한 인프라 구성 관리, IaC)와 Immutable Infrastructure(불변의 인프라) 방식이다.

IaC는 코드를 사용해 인프라 구축을 정의하는 방식이다. 어떤 서버를 구성할지, 라이브러리나 도구는 어떤 것을 사용할지 코드로 정의하고 Chef나 Ansible, Terraform 등의 프로비저닝provisioning 도구[22]를 사용해 서버를 구성한다. 수작업을 줄이고 코드를 중심으로 하면 동일한 구성을 가진 서버를 쉽게 재현할 수 있다.

그러나 IaC가 만능은 아니다. 예를 들어 프로비저닝 도구가 다음과 같은 코드를 실행한다고 생각해보자.

```
$ nvm install node
```

버전 관리 도구인 nvm을 사용해 Node.js의 최신 버전을 설치하는 커맨드. 이 커맨드를 사용하면 최신 버전이 릴리스될 때마다 업데이트된다. 따라서 항상 같은 결과를 보장할 수 없다.

환경 차이 문제를 피하려면 언제 또는 몇 번을 실행하더라도 같은 결과가 보장되는 재현성의 유지가 중요하다.[23] 따라서 애플리케이션이 의존하는 모든 런타임과 라이브러리는 특정 버전을 설치하도록 코드를 작성해야 한다.

최근에는 Terraform으로 대표되는 선언형 프로비저닝 도구가 대두되고 있으며, 명령형에 비하면 재현성을 유지하기 쉬운 코드를 작성할 수 있다. 다만 완전하게 재현성을 확보할 수 있는 것은 아니다.

그래서 Immutable Infrastructure 방식이 등장했다. 이는 특정 시점의 서버 상태[24]를 저장하고 복

---

22 Chef와 Ansible은 명령형, Terraform은 선언형 프로비저닝 도구다.
23 Chef와 Ansible에도 재현성을 구현하는 방법이 있다. 다만 구현하기 나름이며, 재현성이 완전히 보장되는 것은 아니다.
24 서버의 이미지라고 한다.

제가 가능하도록 하는 방법이다. 의도대로 설정된 상태의 서버를 항상 사용할 수 있는 것이 가장 큰 장점이다.

서버에 변경사항을 추가할 때는 기존의 인프라를 업데이트하는 것이 아니라, 수정한 서버 이미지를 새로 생성하고 복제하여 사용할 수 있게 한다. 한번 설정이 완료된 서버는 더 이상 수정하여 사용하지 않고 파기하므로 재현성을 걱정할 필요가 없다.

IaC와 Immutable Infrastructure는 이러한 개념을 간단하면서도 저비용으로 구현하는 컨테이너 기술이다.

컨테이너 이미지는 구성 파일을 통해 관리하므로 IaC는 컨테이너에서 중요한 원칙이다. 호스트형 가상화 기술은 가상 머신 OS를 구현하지만, 컨테이너는 대부분을 호스트 OS와 공유하므로 파일 시스템을 포함한 환경을 캡슐화한 것과 같다. 따라서 부팅 시간이 매우 짧다. 이 속도는 개발 리드 타임 단축에도 크게 기여할 수 있다. 부팅 시간이 짧으므로 인프라를 새로 생성하는 Immutable Infrastructure와도 잘 맞다.

도커는 컨테이너 이미지 구성을 Dockerfile로 관리할 수 있으며, 기존 컨테이너를 빠르게 제거하고 새롭게 생성할 수 있다. 또한 IaC와 Immutable Infrastructure를 모두 구비한 편리한 도구라고 할 수 있다.

COLUMN   클라우드의 IaC와 Immutable Infrastructure

인프라를 매번 새롭게 생성하는 것은 큰 작업이라고 느껴질 수도 있지만, 쉽게 작업하는 방법은 클라우드 플랫폼에 모두 갖추어져 있다.

최근에는 AWS, 구글 클라우드, 애저가 알차게 서비스를 제공한다. 이러한 플랫폼은 물리 머신에 있는 가상화 소프트웨어에서 가상 머신을 실행하는 방식(호스트형)을 채용하고 있다. 기본적으로 사용자가 클라우드 플랫폼에서 생성하는 서버는 가상 머신이다. 가상 머신은 상태를 이미지로 보관하고 이를 베이스로 새로운 서버를 생성할 수 있다. 따라서 언제든지 동일한 상태의 서버를 쉽게 불러올 수 있다. 클라우드를 사용하고 있다면 다음과 같은 방법을 통해 환경 차이에 의해 발생하는 문제를 피할 수 있다.

- 프로비저닝 도구로 가상 환경 이미지를 만들고 저장
- 애플리케이션을 배포할 때는 생성한 이미지를 사용해 새로운 서버를 생성
- 생성된 서버에 애플리케이션 배포
- 새 서버 서비스를 시작하고 이전 서버를 제거(Blue-Green Deployment)

아무리 가상 머신의 생성과 제거가 쉬운 시대라도 호스트형은 부팅까지 최소 1분 이상의 시간이 소요된다. 호스트형 가상화 기술은 가상화 소프트웨어에 의해 컴퓨터 리소스를 추상화하고 재현하는 특성이 있기 때문이다. 이러한 부분을 고려하면 클라우드에서도 컨테이너 기술을 적절하게 사용하는 것이 더 효율적이다.

애플리케이션과 파일 시스템을 세트로 구성하기

기존의 애플리케이션 배포 방법을 생각해보자. 빌드한 애플리케이션을 각각 서버에 배포하는 것 외에도 서버와 의존 관계에 있는 미들웨어 설정이나, 추가로 필요한 파일 배포 등과 같은 작업이 필요하다.

이 방식도 자동화가 가능하기는 하지만 인프라 재현과 애플리케이션 배포는 완전히 분리된 작업이다. 이 분리된 작업도 환경 차이를 유발하는 원인이 될 수 있다.

이에 반해 컨테이너 기술은 파일 시스템별로 패키징할 수 있는 특성이 있다. 이를 활용해 애플리케이션과 파일 시스템을 하나의 세트로 배포할 수 있는 방법이 도입되었다. 실행하는 컨테이너의 이미지를 빌드하는 것은 애플리케이션과 파일 시스템을 세트로 빌드하는 것과 같다. 분리된 작업이 없으므로 환경 차이는 발생할 가능성이 낮아지고, 컨테이너는 이미지로 저장하여 재사용할 수 있다.

애플리케이션과 파일 시스템을 세트로 관리하면서 얻게 되는 높은 이식성이 컨테이너의 큰 매력이다. 생성된 컨테이너 이미지는 도커가 설치된 곳이라면 대부분 실행할 수 있다.[25] 로컬 환경에서

---

25 예외도 물론 존재한다.

도커를 실행할 수 있으면 서버에서 실행 중인 컨테이너도 개발자 로컬 환경에서 실행할 수 있다. SaaS 계열의 CI 서비스에서도 컨테이너가 널리 사용된다. GitHub Actions나 CircleCI 등의 서비스에서는 컨테이너를 사용한 CI가 가능하므로 생성된 컨테이너 이미지를 사용해 E2E 테스트 등의 응용도 가능하다.

COLUMN   **컨테이너 기술과 서버리스 플랫폼**

클라우드 플랫폼에서 컨테이너를 베이스로 애플리케이션을 구축하는 것이 보편화되면서, 최근에는 컨테이너 실행 환경인 가상 머신의 관리와 운영까지도 유저가 직접하지 않아도 되는 서버리스_{serverless} 기술이 떠오르고 있다.

서버리스라고 하지만 서버 없이 애플리케이션을 실행할 수 있는 것은 아니다. 서버리스는 지금까지 유저가 담당해온 가상 머신의 관리를 클라우드 매니지드 서비스를 사용해 캡슐화하는 기술이다. 서버리스 기술을 통해 유저는 가상 서버의 관리 및 운영으로부터 해방되므로 컨테이너의 구성 관리에만 집중할 수 있다.

AWS는 AWS Lambda와 AWS App Runner, 구글 클라우드는 Cloud Run, 애저는 Azure Container Instances가 컨테이너를 실행할 수 있는 서버리스 기술로 활용되고 있다.

1.3.2 애플리케이션 구성 관리의 용이성

컨테이너는 애플리케이션과 파일 시스템이 함께 들어 있는 상자와 같다. 일정한 규모의 시스템은 여러 애플리케이션과 미들웨어의 조합으로 이루어지는 것이므로, 여러 상자를 조합하지 않으면 시스템은 생성되지 않는다. 따라서 전체 시스템의 적절한 구성 관리가 필요하다.

컨테이너로 이러한 시스템을 만들고자 할 때는 필요한 컨테이너를 각각 실행한다. 컨테이너가 배포를 쉽게 만들기는 했지만 오늘날의 애플리케이션 개발은 여러 모듈과 미들웨어를 조합한 시스템으로 구성되는 경우가 많고, 각각의 의존성이나 설정 또한 적절하게 관리해야 한다. 여러 애플리케이션과 미들웨어를 조합하여 문제없이 동작시키는 것은 컨테이너 기술에 상관없이 어려운 것은 마찬가지다.

도커에서 태어난 컨테이너 오케스트레이션 시스템

도커는 초기부터 도커 컴포즈_{Docker Compose}라는 간단한 컨테이너 오케스트레이션 시스템을 제공한다. 컴포즈는 yaml 형식의 설정 파일에 실행할 컨테이너를 정의하거나 의존 관계를 정의하여 동작 순서를 제어할 수 있다. 예를 들어 웹서버에서 Redis가 필요할 때 웹서버 컨테이너와 Redis 컨테이너의 구성을 다음과 같이 정의하고 실행할 수 있다.

```
version: "3.9"
services:
  web:
    build: .
    ports:
      - "3000:3000"
    environment:
      REDIS_TARGET: redis
    depends_on:
      - redis
  redis:
    image: redis:7.0.11
```

컴포즈를 통해 복잡했던 애플리케이션의 미들웨어와 의존성도 코드로 간단하게 관리할 수 있다.

컴포즈는 도커용 오케스트레이션 도구로 등장했지만 간편하다는 장점으로 인해 로컬 개발 환경 구성과 같은 상황에 널리 사용되고 있다.

많은 트래픽을 감당하기 위한 시스템은 도커가 설치된 서버(노드)를 여러 개 준비하고, 이 노드를 연결하여 필요한 만큼의 애플리케이션 컨테이너를 배포해야 한다. 도커는 이를 해결하기 위해 도커 스웜Docker Swarm(Swarm Mode)을 제공한다.

도커 스웜은 컴포즈가 수행하는 여러 컨테이너 관리뿐만 아니라 컨테이너 추가/삭제, 컨테이너의 효율적인 배치를 통한 노드 자원의 낭비없는 활용, 부하 분산 등의 기능을 제공한다. 또한 무중단 배포rolling update[26]를 제공하므로 운영 면에서도 이점이 크다. 이와 같이 여러 노드를 연결해 많은 컨테이너를 관리하는 방법을 컨테이너 오케스트레이션container orchestration이라고 한다.

컨테이너를 사용하지 않는 환경에서 서버 자원을 고려한 스케일 아웃scale-Out과 롤링 업데이트rolling update는 운영과 자동화의 구조를 어느 정도 만들어서 구현해야 했다. 그러나 컨테이너 오케스트레이션은 가용성을 보장하기 위한 구조가 당연히 포함되어 있다.

도커는 가장 인기 있는 컨테이너 런타임이지만, 컨테이너 오케스트레이션 분야에서는 도커 스웜이 큰 인기를 얻지 못했다. 가장 많은 인기를 얻고 있는 것이 바로 쿠버네티스Kubernetes다. 쿠버네티스는 구글이 오랜 시간 동안 컨테이너를 운용[27]하면서 축적한 노하우가 쌓인 OSS다. 도커 스웜 이상

---

26 롤링 업데이트 방식은 구버전과 신버전의 컨테이너를 단계적으로 변경하는 구조를 말한다.
27 구글은 도커의 등장과 보급 전부터 컨테이너에 주력해왔다. https://speakerdeck.com/jbeda/containers-at-scale

으로 기능이 다양하고 확장성이 높다.[28]

컨테이너는 단독 실행과 컴포즈를 통한 다중 실행의 편의성 이외에도 쿠버네티스, Amazon ECS
와 같은 컨테이너 오케스트레이션 플랫폼과 기타 생태계 등을 통해 원하는 대로 애플리케이션을
개발할 수 있다.

그림 1.5 쿠버네티스 로고. 컨테이너와는 뗄 수 없는 존재가 되고 있다.

1.3.3 환경과 상관없이 실행 가능한 높은 이식성

2010년대 후반에는 '개발 환경은 도커를 사용하지만 운영 환경은 사용하고 있지 않다'라는 이야기
를 자주 들었다. 그러나 오늘날에는 개발 환경 및 운영 환경과 상관없이 도커로 대표되는 컨테이너
기술이 널리 이용되고 있다. 하지만 그럼에도 컨테이너 기술에 대한 심리적 저항과 우려를 느끼는
사람이 적지 않을 것이다.

- 도커와 컨테이너의 신뢰성에 대한 의문
- 가용성과 성능의 우려
- 중장기 관점에서 사용 여부

하지만 이는 모두 불필요한 걱정이다. 필자는 환경에 상관없이 컨테이너 기술을 도입하는 것에 의
미가 있다고 생각한다. 지난 몇 년 동안 전 세계에서 컨테이너 기술은 운영 환경에서도 함께 사용
되고 있으며, 인기에 따라 커뮤니티도 성숙하고 신뢰도도 보장할 수 있게 되었다. 또한 매우 적은
오버헤드에 대해서도 쉽게 스케일 아웃할 수 있는 등 퍼포먼스의 장점도 있다. 시스템 규모에 상관
없이 컨테이너의 활용도가 커져 이제는 더 이상 컨테이너 기술에 대한 우려는 불필요하다.

---

28 복잡한 부분이 있으며, 용도에 따라 오버엔지니어링이라고 평가되기도 한다.

필자가 소속된 회사에서뿐만 아니라 많은 사례를 통해 다양한 서비스에서도 컨테이너 기술이 적극적으로 사용되는 것을 알 수 있으며, 신규 서비스에서도 다양한 컨테이너 오케스트레이션 플랫폼이 활용된다. 특히 ABEMA[29]에서는 2022년 FIFA 월드컵에서 컨테이너 기술을 활용해 매우 높은 시스템 가용성을 보여주었다.

컨테이너 기술을 지원하는 다양한 플랫폼과 도구도 매년 늘어가고 있다. 이미 주요 클라우드 플랫폼에서는 컨테이너 운영 환경이 갖추어져 있는 것을 알고 있을 것이다.

구글 클라우드에는 쿠버네티스를 이용한 Google Kubernetes Engine(GKE), AWS에는 Amazon Elastic Kubernetes Service(EKS)와 Amazon Elastic Container Service(ECS), 애저는 Azure Kubernetes Service(AKS) 등 컨테이너를 운영하기 위한 매니지드 서비스를 제공한다. 컨테이너를 위한 환경이 준비되어 있으므로 컨테이너를 실전에서 사용하는 것은 그리 어렵지 않다. 클라우드 플랫폼에는 트래픽에 따라 서버 대수를 조정하는 오토 스케일 기능을 제공하므로 수요 변동에도 적합하다.

지금까지의 내용을 보면 모든 구조를 컨테이너로 변경하고 싶어질 수도 있지만 컨테이너가 모든 곳에 적합한 것은 아니다. 데이터 스토어와 같이 컨테이너를 사용하기에는 난이도가 높은 부분도 존재한다.

최근에는 클라우드 플랫폼에서 부하가 적고 스케일링되는 매니지드 데이터 스토어[30]도 서비스 중이므로, 무리해서 컨테이너를 사용하지 않아도 적절한 조합으로 사용할 수 있다. 어디까지나 적재적소에 적절한 기능을 선택하는 것이 중요하다. 웹서버나 API 서버와 같이 상태를 저장하지 않는 무상태(stateless) 특성의 서버는 많은 시간을 소비하지 않고도 컨테이너화할 수 있다.

높은 이식성의 장점을 생각해보면 컨테이너 기술은 개발 환경이나 운영 환경에 모두 도입해야 좋은 효과를 볼 수 있다. 이미 많은 성공 케이스가 있으며, 클라우드 매니지드 서비스도 사용하기 쉽게 되어 있다.

---

29 600만 명 이상의 유저가 이용하는 일본의 OTT 서비스 업체
30 Google Cloud의 Cloud SQL과 Cloud Spanner, AWS의 Amazon Aurora와 Amazon ElastiCache

1.3.4 컨테이너 기반 개발의 효율성

도커와 컨테이너 오케스트레이션 도구의 보급, 매니지드 서비스가 제공되면서 컨테이너를 활용하기 쉬워졌다. 서버와 인프라의 존재를 완전히 잊어도 될 정도는 아니지만, 다양한 부분에서 개발 스타일의 변화를 불러왔다.

컨테이너 기술을 통해 인프라부터 애플리케이션까지 컨테이너로 제공하며, 구성은 코드 레벨에서 쉽게 수정할 수 있다. 지금까지는 인프라 엔지니어와 백엔드 개발자의 영역이 명확히 나뉜 경향이 있었으나 이제는 벽이 점점 없어지고 있다.[31] 개발자는 애플리케이션 개발에 집중할 수 있게 되었으며 앞으로도 이 흐름은 계속될 것이다.

서버 애플리케이션 개발은 최근 MSAmicroservices architecture가 등장해 컨테이너 기술을 이용하여 소규모 애플리케이션을 만드는 스타일이 인기를 얻고 있다.[32]

외부 API를 사용한 개발도 목mock 서버와 개발 환경을 컨테이너로 제공하는 상황이 늘어나고 있다.

또한 CI 가속화를 위해 컨테이너를 사용하는 것도 효과적인 방법이다.

컨테이너 기술은 더 이상 인프라 엔지니어나 백엔드 개발자에게만 필요한 기술이 아니다. 이제는 프런트엔드나 앱 개발자에게도 필요한 기술이 되었다. 최근에는 컨테이너 기술을 기축으로 한 컨테이너 기반 개발이 자리 잡고 있으며, 이를 통해 개발 사이클의 효율화를 가져오고 있다.

1.4 로컬 컨테이너 실행 환경 구축

이제부터 필요한 로컬 환경을 구축해보자.

컨테이너 기술이 널리 사용되면서 로컬 환경에서의 실행 환경도 여러 가지를 선택할 수 있게 되었다. 여기서는 대표적인 방법을 소개한다.

Windows 환경이라면 WSL2라는 Linux 커널을 만드는 구조가 필요하므로, 먼저 부록 A.1절을 참고하여 WSL2를 설정한다.

---

31 개발과 운영의 협업(DevOps)을 통해 업무 진행이 부드러워지며, 앞에서 설명한 Infrastructure as Code와 Immutable Infrastructure가 이 방식이 기본 요소가 된다.
32 Microservices의 복잡성으로 인해 모놀리식으로 회귀하기도 한다. 찬반 의견이 있지만 여기서는 다루지 않는다.

1.4.1 도커 데스크톱 설치

도커 데스크톱은 Windows/macOS/Linux 환경의 데스크톱을 위해 제공되는 도커 실행 환경이다.

다음 URL에서 도커 데스크톱을 다운로드한다.

https://www.docker.com/products/docker-desktop/

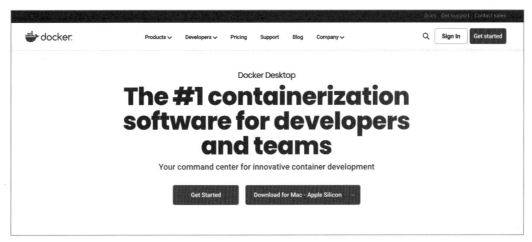

그림 1.6 **도커 데스크톱 다운로드 페이지**

도커 데스크톱은 Windows 버전, Linux 버전, MacOS 버전을 제공한다. MacOS 버전은 Intel Chip(Intel CPU) 버전과 Apple Chip(Apple Silicon) 버전이 있으므로, 사용 환경에 맞는 버전으로 다운로드하여 설치를 진행한다.

Windows 버전은 버전에 따라 설치 시 WSL2 설정 대화 상자가 표시될 수 있다. [Use WSL2 instead of Hyper-V(recommended)]를 선택한다.

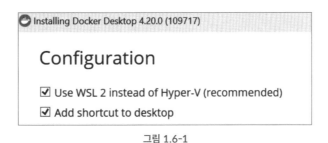

그림 1.6-1

설치 완료 후 도커 데스크톱을 실행한다. 초기 실행 시에는 다음과 같이 [Docker Subscription

Service Agreement]가 표시된다.

그림 1.7 도커 데스크톱의 구독 동의 화면

이전에는 도커 데스크톱이 완전히 무료로 제공되기도 했지만 현재는 유료로도 제공된다.[33] 실제 업무에서 사용할 때는 구독 계약 여부를 확인 후 사용하는 것이 좋다.

[Accept]를 클릭하면 간단한 질문사항을 거쳐 다음 화면으로 이동한다. 이 화면이 대시보드 Dashboard다.

---

33 https://www.docker.com/pricing/

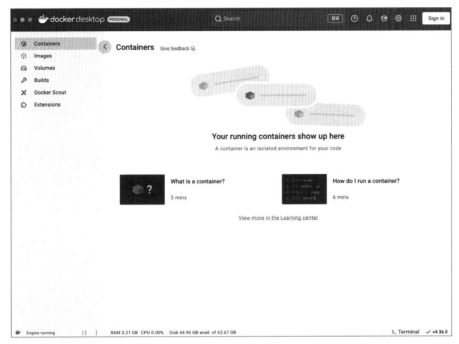

그림 1.7-1

왼쪽 아래는 도커 엔진의 상태를 표시한다. 녹색은 도커가 이용 가능한 상태인지를 나타낸다.

그림 1.7-2

커맨드 라인으로 도커의 실행 상태를 확인해보자. 도커는 커맨드 라인인 도커 커맨드(클라이언트)
와 도커 엔진(서버)으로 구성된 제품이다. 두 컴포넌트의 버전 정보가 리스트 1.1과 같이 표시되면
도커가 제대로 실행되고 있는 것이다.

리스트 1.1 도커 버전 정보 표시

```
$ docker version
Client:
  Version:          27.2.0
  API version:      1.47
  Go version:       go1.21.13
  Git commit:       3ab4256
  Built:            Tue Aug  27 14:14:45 2024
  OS/Arch:          darwin/arm64
  Context:          desktop-linux
```

```
Server: Docker Desktop 4.34.2 (167172)
 Engine:
   Version:        27.2.0
   API version:    1.47 (minimum version 1.24)
   Go version:     go1.21.13
   Git commit:     3ab5c7d
   Built:          Tue Aug  27 14:15:41 2024
   OS/Arch:        linux/arm64
   Experimental:   false
 containerd:
   Version:        1.7.20
   GitCommit:      8fc6bcff51318944179630522a095cc9dbf9f353
 runc:
   Version:        1.1.13
   GitCommit:      v1.1.13-0-g58aa920
 docker-init:
   Version:        0.19.0
   GitCommit:      de40ad0
```

COLUMN　　**ARM 아키텍처**

인텔Intel에서 생산하는 CPU는 Mac과 Windows를 비롯한 다양한 PC에 탑재되고 있어 높은 범용성을 자랑한다. 그러나 Mac에 최적화된 CPU는 아니다.

그래서 애플은 Mac에 최적화된 CPU를 개발하여 2020년 애플 실리콘Apple Silicon의 M 시리즈 중 최초 프로세서인 M1을 탑재한 맥북 에어를 출시했다.

M1은 영국의 ARM사가 개발한 ARM 아키텍처를 기반으로 만들어졌다. ARM은 좋은 성능을 내면서 소비 전력과 발열이 적은 것이 특징이다. 애플은 Mac의 CPU를 인텔에서 애플 실리콘으로 단계적으로 마이그레이션하여 2023년 6월에 발표된 Mac 스튜디오와 Mac 프로에도 탑재함으로써 라인업별로 CPU의 마이그레이션이 완료되었다.[34]

2022년에는 ARM 기반 Snapdragon CPU를 탑재한 디바이스인 Windows Dev Kit(Project Volterra)를 마이크로소프트에서 출시하여 ARM 기반의 PC도 늘어나고 있다.

ARM 디바이스가 늘어남에 따라 소프트웨어는 ARM에서도 동작하도록 크로스 컴파일을 진행해야 한다. 컨테이너에서 실행하는 소프트웨어도 예외는 아니기 때문에 최근에는 컨테이너 이미지를 멀티 CPU 아키텍처에 대응하도록 하여 컨테이너의 이식성을 높이는 방법이 증가하고 있다.

---

34 https://www.apple.com/kr/newsroom/2023/06/apple-unveils-new-mac-studio-and-brings-apple-silicon-to-mac-pro/

1.4.2 도커 데스크톱 설정

도커 데스크톱의 기본 설정 방법에 대해 알아보자. Windows, Linux, MacOS 등 OS에 따른 설정의 차이는 크게 없지만 일부 OS 고유의 설정은 존재한다.

대시보드 오른쪽 상단에 있는 아이콘을 사용해서 설정을 진행한다.

그림 1.7-3

WSL2(Windows)

Windows 환경은 WSL2 모드의 사용을 추천한다. [Settings] → [General]에서 [Use the WSL2 based engine]의 체크 여부로 확인할 수 있다.

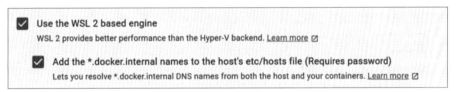

그림 1.7-4

도커 데스크톱의 자동 실행

[Settings] → [General]의 [Start Docker Desktop when you log in]을 통해 OS 로그인 시 자동 실행 여부를 설정할 수 있다. 매번 수동 실행이 번거로우므로 옵션 활성화를 추천한다.

그림 1.7-5

CPU와 메모리 할당

[Settings] → [Resources] → [Advanced]에서 호스트 OS의 CPU와 메모리를 도커에 할당할 수 있다.

MacOS는 기기의 스펙에 따라 그림 1.8과 같이 CPU, 메모리, Swap 사이즈, 가상 디스크의 최댓값을 설정할 수 있다. 그러나 설정되었다고 해도 항상 리소스를 점유하고 있는 것은 아니다. 예를 들어 컨테이너가 하나도 실행 중이지 않은 상황에서는 사용량도 줄어든다.

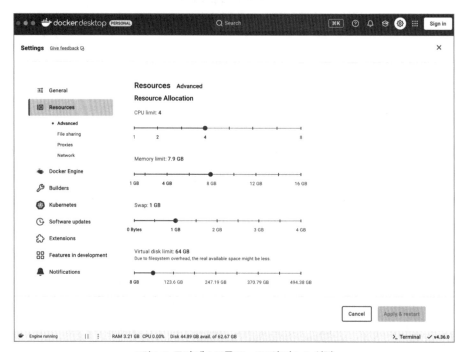

그림 1.8 도커 데스크톱 MacOS의 리소스 설정

그러나 Windows 환경의 WSL2 모드일 때는 그림 1.9와 같이 설정한다. 이때는 리소스의 제한이 도커 데스크톱이 아니라 Windows에 의해 관리되기 때문이다.

그림 1.9 도커 데스크톱 Windows WSL2 모드의 리소스 설정

WSL2 모드의 리소스 설정은 Windows 호스트 OS의 탐색기에서 %USER_PROFILE% 디렉터리로 이동하여 다음과 같은 .wslconfig 파일을 생성한다. 또는 WSL2의 가상 환경에서도 다음과 같이 생성할 수 있다있다(WSL 셸에서 실행).

```
$ jpub@DESKTOP-MP3SFL7:/mnt/c/Users/jpub$ cat > .wslconfig
[wsl2]
memory=4GB
processors=4
swap=0
```

Ctrl+D로 생성을 완료한다.

.wslconfig의 변경을 반영하기 위해서는 해당 가상 머신을 재시작해야 한다.

```
PS C:\Users\jpub> wsl --shutdown
PS C:\Users\jpub> wsl
jpub@DESKTOP-MP3SFL7:/mnt/c/Users/jpub$
```

호스트 OS와 파일 공유하기

[Settings] → [Resources] → [File sharing]에서 컨테이너에 마운트를 허용하는 호스트의 디렉터리를 설정할 수 있다. 마운트란 호스트와 컨테이너 간 파일과 디렉터리를 공유하기 위한 것이다.

Windows의 WSL2 모드에서 도커 데스크톱을 실행할 때 WSL2가 생성한 Linux 환경에는 자동

으로 호스트 OS의 디렉터리가 공유되므로 [File sharing] 항목은 표시되지 않는다.[35]

MacOS에서는 디폴트로 /Users, /Volumes, /private, /tmp, /var/folders가 지정되어 있으며, 이 디렉터리 하위에 있는 디렉터리는 마운트가 가능하다. 이 외의 디렉터리에 마운트하려고 하면 경고 알림이 뜨면서 마운트되지 않는다.[36]

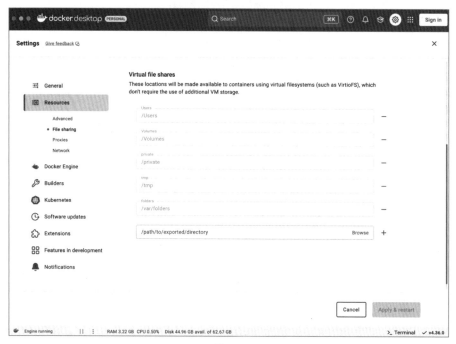

그림 1.9-1

```
$ docker container run -v /opt:/opt ubuntu:23.10 ls -l /
Unable to find image 'ubuntu:23.10' locally
23.10: Pulling from library/ubuntu
2f6eed94ce9d: Pull complete
Digest: sha256:2cde79b4627d38d1448fc264f93e465f18b653bc9a62ee8ec85d99d4e8f39d4c
Status: Downloaded newer image for ubuntu:23.10
docker: Error response from daemon: Mounts denied:
The path /opt is not shared from the host and is not known to Docker.
You can configure shared paths from Docker -> Preferences... -> Resources -> File Sharing.
See https://docs.docker.com/desktop/mac for more info.
ERRO[0005] error waiting for container:
```

---

35 Windows에서 Hyper-V 모드로 실행할 때만 표시된다.
36 /Users 디렉터리 하위에 마운트할 디렉터리를 배치하면 설정을 추가할 필요가 없다.

쿠버네티스

[Settings] → [Kubernetes]에서 도커 데스크톱에서 실행하는 쿠버네티스를 설정할 수 있다.

[Enable Kubernetes]를 체크하면 쿠버네티스를 사용할 수 있지만 5장 전까지는 사용하지 않는다.

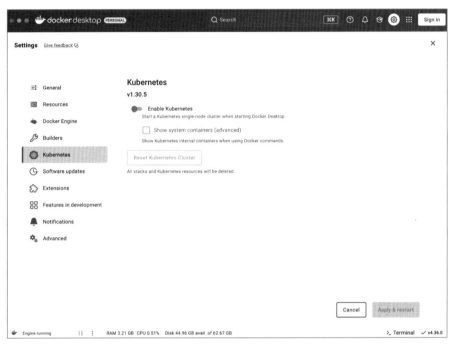

그림 1.9-2

최신 버전으로 업데이트

[Settings] → [Software updates]에서 도커 데스크톱 업데이트 관련 설정을 할 수 있다.

[Check for updates]를 클릭하면 설치 가능한 최신 버전을 확인 후 업데이트를 진행한다.

[Automatically check for updates]를 사용하면 최신 버전의 업데이트 사항을 자동으로 체크하여 알림을 주지만 업데이트를 진행하지는 않는다.

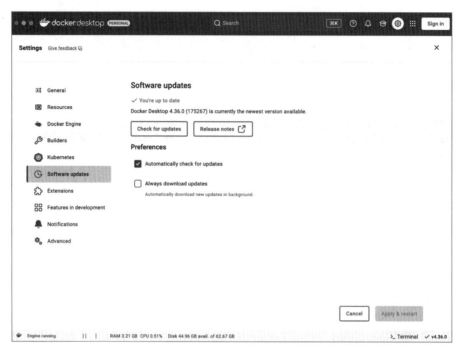
그림 1.9-3

1.4.3 도커 데스크톱 트러블슈팅

도커 데스크톱 설정 아이콘의 좌측에 [Troubleshoot] 아이콘이 존재한다.

그림 1.9-4

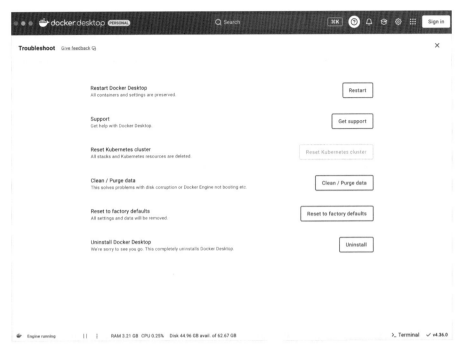

그림 1.9-5

Troubleshoot에서는 주로 다음과 같은 옵션을 사용할 수 있다.

Restart Docker Desktop

도커 데스크톱을 재부팅한다. 설정은 유지되며 재부팅 후 컨테이너는 다시 실행된다.

Reset Kubernetes Cluster

활성화한 쿠버네티스 클러스터를 리셋한다.

Clean / Purge Data

모든 설정은 유지한 채 가상 머신의 디스크 이미지를 리셋한다.

Reset to factory defaults

모든 컨테이너와 이미지를 삭제하고 초기 설정으로 리셋한다.

Uninstall

도커 데스크톱을 완전히 제거한다.

COLUMN **Linux 환경 설치**

도커를 서버에서 실행시킬 때 많은 유저가 Linux를 선택할 것이다. 메인 개발용으로 사용할 정도로 Linux에 관심이 많은 개발자도 있을 것이다. Ubuntu 22.04의 예를 통해 Linux 환경에 설치하는 방법을 알아보자.

설치는 패키지 매니저 apt와 dpkg의 패키지 파일을 이용하는 방법이 있다. 대화식으로 조작해도 되지만 도커에서 제공하는 스크립트를 사용하면 더 간단하게 설치할 수 있다.

리스트 1.2 스크립트를 사용한 도커 설치 방법

```
$ curl -fsSL https://get.docker.com -o get-docker.sh
$ sudo sh get-docker.sh
```

이 스크립트는 Ubuntu뿐만 아니라 CentOS와 Debian, RHEL 등의 버전에서도 사용할 수 있다.

COLUMN **도커의 구독 플랜**

현재 구독 플랜은 다음과 같은 4가지가 있으며, 모두 도커 데스크톱을 포함한다.

- Docker Personal(free)
- Docker Pro
- Docker Team
- Docker Business

조건에 해당한다면 팀원 수와 사용하려는 기능에 따라 Pro/Team/Business를 선택해야 한다.

Docker Personal은 무료 플랜으로 구독 계약 조건에 해당되지 않는다면 무료로 사용할 수 있다. 이 책에서도 로컬 컨테이너 환경에 도커 데스크톱을 사용하고 있지만, 책의 내용만 학습하려는 용도라면 무료 버전도 문제가 없다.

자세한 비용이나 기능은 상황에 따라 변경될 수 있으므로 도커의 공식 사이트인 https://www.docker.com/pricing/을 참고하자.

2

컨테이너 배포

1장에서는 컨테이너의 기본적인 내용과 환경 구축에 대해 알아보았다. 이번 장에서는 도커를 통해 컨테이너의 기본 동작과 배포에 대해 알아보자.

2.1 컨테이너로 애플리케이션 실행하기

컨테이너로 애플리케이션을 실행하는 순서를 배우기 전에 컨테이너 이미지[1]와 컨테이너의 관계에 대해 알아보자. 역할과 관계에 대해 단적으로 이야기하자면 다음과 같다.

명칭	역할
컨테이너	컨테이너 이미지를 기반으로 생성되고 구현된 파일 시스템과 애플리케이션이 실행되는 상태
컨테이너 이미지	컨테이너를 구성하는 파일 시스템과 실행 애플리케이션 및 설정을 모은 것으로 컨테이너를 생성하기 위해 사용하는 템플릿

예를 들어 Ubuntu 파일 시스템을 사용하는 컨테이너 이미지에서 컨테이너를 생성할 때는 다음과 같은 관계가 된다.

---

[1] 도커가 컨테이너 실행 환경의 대명사가 되어서 '도커 이미지'라고 부르기도 하지만, 이 책에서는 '컨테이너 이미지'라는 명칭으로 통일한다.

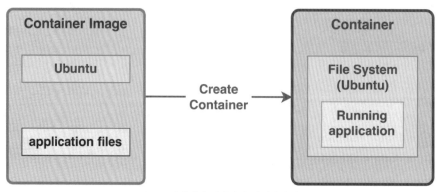

그림 2.1 컨테이너 이미지와 컨테이너 관계

하나의 컨테이너 이미지로 여러 개의 컨테이너를 생성할 수 있다.

이 예에서 컨테이너 이미지는 Ubuntu 파일 시스템과 실행되는 애플리케이션을 포함한다. 컨테이너가 생성될 때 컨테이너 이미지에 정의된 파일 시스템이 구현되고 애플리케이션이 실행된다. 컨테이너에서 애플리케이션을 실행하려면 컨테이너를 구현하기 위한 템플릿이 되는 이미지를 만드는 작업부터 해야 한다.

이번 절에서는 실제로 간단한 HTTP Response를 반환하는 애플리케이션을 만들면서 관계를 정리해보자. 컨테이너 이미지를 생성하기 위한 이미지 구성 파일을 만들고, 생성된 이미지를 사용해 컨테이너를 실행한다.

또한 컨테이너의 포트 포워딩 기능에 대해서도 살펴본다. 컨테이너에서 실행 중인 애플리케이션에 HTTP Request를 보내고 Response를 받을 수 있도록 한다.

2.1.1 컨테이너 이미지와 컨테이너의 기초

자세한 설명에 들어가기 전에 도커에서 컨테이너 이미지를 사용해 컨테이너를 생성하는 기본적인 방법을 먼저 확인해보자.

컨테이너 레지스트리와 이미지 지정

컨테이너 이미지는 컨테이너 레지스트리라는 장소에서 다운로드된다. 컨테이너 레지스트리는 도커 허브_{Docker Hub}[2, 3]와 그 외의 레지스트리로 구분된다.

도커 허브는 [리포지터리 [: 태그]] 또는 [네임스페이스 / 리포지터리 [:태그]]의 형식을 사용한다. 다음의 예와 같이 사용하며, 태그를 생략하면 `latest`를 사용한다.[4]

- `golang`
- `golang:1.20.5`
- `grafana/grafana:9.5.3`

도커 허브 이외의 컨테이너 레지스트리는 다음과 같이 도메인의 지정이 필요하다. 여기서는 `ghcr.io`를 도메인으로 지정한다.

- `ghcr.io/jpubdocker/echo`
- `ghcr.io/jpubdocker/echo:v0.1.0`

최근에는 GitHub Container Registry(ghcr.io, GHCR)의 이용이 늘고 있다.

컨테이너 이미지 가져오기와 실행하기

먼저 간단한 컨테이너 이미지를 가져와서 컨테이너를 실행해보자. Ubuntu 컨테이너 이미지인 `ubuntu:23.10`을 가져온다. 다음과 같이 `docker image pull` 커맨드로 다운로드할 수 있다.

```
$ docker image pull ubuntu:23.10
23.10: Pulling from library/ubuntu
Digest: sha256:ed5b80e7117fe03f4197adc76c64a86a290d31898a5d491e32f66c7eb7558fe3
Status: Image is up to date for ubuntu:23.10
docker.io/library/ubuntu:23.10
```

다운로드한 이미지는 `docker container run [컨테이너이미지] [컨테이너에서 실행할 커맨드]`로 실행할 수 있다. 다음과 같이 `ubuntu:23.10` 이미지를 지정하고 컨테이너에서 `uname -a`를 실행해보자.

```
$ docker container run ubuntu:23.10 uname -a
Linux 99fefe5d0137 5.15.49-linuxkit-pr #1 SMP PREEMPT Thu Sep 12 08:36:57 UTC 2024 aarch64
```

---

2   https://hub.docker.com/
3   컨테이너 이미지를 호스팅하기 위한 서비스의 하나로, 가장 기본으로 사용된다.
4   네임스페이스가 생략된 이미지는 도커 허브에서 `library`라는 네임스페이스에 속한다.

```
aarch64 aarch64 GNU/Linux
```

컨테이너에서 `uname -a`의 결과가 출력된다. 이것이 가장 간단한 컨테이너의 실행이다. `docker container run`은 이미지를 다운로드하고 컨테이너도 실행할 수 있으므로, `docker image pull`은 생략할 수 있다.

다음으로는 `ghcr.io/jpubdocker/echo:v0.1.0`의 컨테이너 이미지를 사용한다. 이 이미지는 필자가 생성하여 공개한 것이다.[5]

다음과 같이 `docker container run` 커맨드를 사용한다.[6] 관리와 식별을 쉽게 하기 위해 `--name` 옵션으로 echo라는 이름을 사용한다. 임의로 이름을 지정해두면 컨테이너를 제거하기 쉽다.

```
$ docker container run --name echo -it -p 9000:8080 ghcr.io/jpubdocker/echo:v0.1.0
2024/09/20 04:28:39 Start server
```

여기서 생성하는 컨테이너는 옵션으로 포트 포워딩을 설정한다.[7] 호스트 OS의 9000번 포트를 경유해서 HTTP Request를 받을 수 있다.

새로운 터미널을 열고 curl[8]로 액세스해보자. Response가 표시되면서 정상적으로 동작하는 것을 확인할 수 있다.

```
$ curl http://localhost:9000/
Hello Container!!
```

`docker container stop [컨테이너명 | 컨테이너 ID]` 커맨드로 실행 중인 컨테이너를 중지할 수 있다.

```
$ docker container stop echo
```

---

5   이 책에서 사용하기 위해 GitHub Container Registry(ghcr.io, GHCR)에 공개한 컨테이너 이미지다. GHCR은 2.3.6에서 설명한다.
6   Windows와 일부 환경에서 방화벽 경고가 발생할 수 있다. 이때는 액세스를 허용하면 된다.
7   -p 9000:8080 부분이다. 포트 포워딩 기능은 뒤에서 자세히 설명한다. 여기서는 임의의 포트를 통해 애플리케이션과 통신할 수 있는 기능이 있다는 것만 알아두자.
8   Windows에서는 터미널에서 WSL2의 가상 환경에서 curl을 실행한다. PowerShell의 curl은 웹 Request용 커맨드의 별칭으로, 순수한 curl은 아니기 때문에 표시되는 내용도 다르다.

컨테이너 이미지를 생성하고 이미지를 사용해 컨테이너를 실행한 뒤 포트 포워딩으로 유저가 컨테이너 내부의 애플리케이션을 사용할 수 있도록 한다. 이것이 컨테이너를 사용한 애플리케이션 구축의 기본이다. 이제 조금 더 자세히 알아보자.

2.2 간단한 애플리케이션과 컨테이너 이미지 만들기

컨테이너가 어떻게 생성되고 실행되는지 이미지로 그려볼 수 있어야 한다. 첫 번째 단계로 Go 언어를 사용해 간단한 웹서버 코드를 작성하고 컨테이너에서 실행해보자.

다음의 작업 디렉터리를 생성하고 해당 디렉터리에서 작업을 진행한다.

```
$ mkdir -p ~/work/ch02/echo
```

해당 디렉터리에 리스트 2.1과 같이 `main.go` 파일을 생성한다.

리스트 2.1 Go 언어로 생성하는 간단한 HTTP 서버 (~/work/ch02/echo/main.go)

```go
package main

import (
    "context"
    "fmt"
    "log"
    "net/http"
    "os"
    "os/signal"
    "syscall"
    "time"
)

func main() {
    http.HandleFunc("/", func(w http.ResponseWriter, r *http.Request) {
        log.Println("Received request")
        fmt.Fprintf(w, "Hello Container!!")
    })
    log.Println("Start server")
    server := &http.Server{Addr: ":8080"}

    go func() {
        if err := server.ListenAndServe(); err != http.ErrServerClosed {
            log.Fatalf("ListenAndServe(): %s", err)
```

```
        }
    }()

    quit := make(chan os.Signal, 1)
    signal.Notify(quit, syscall.SIGINT, syscall.SIGTERM)
    <-quit
    log.Println("Shutting down server...")

    ctx, cancel := context.WithTimeout(context.Background(), 5*time.Second)
    defer cancel()
    if err := server.Shutdown(ctx); err != nil {
        log.Fatalf("Shutdown(): %s", err)
    }

    log.Println("Server terminated")
}
```

이 코드는 서버 애플리케이션으로 동작하며 다음과 같은 작업을 수행한다.[9]

— 모든 HTTP Request에 대해 'Hello Container!!' Response를 보낸다.

— 8080 포트에서 서버 애플리케이션으로 동작한다.

— 클라이언트로부터 Request를 받았을 때는 'Received request'의 로그를 에러로 출력한다.[10]

— SIGINT와 SIGTERM의 시그널을 받으면 Graceful Shutdown[11]을 실행한다.

다음으로는 Go 언어의 코드를 컨테이너에 넣어야 하는데, 이는 main.go 파일이 있는 이미지를 새로 만들면 된다. 이를 위해 main.go와 같은 디렉터리에 Dockerfile을 생성한다.

리스트 2.2 main.go를 실행하기 위한 Dockerfile (~/work/ch02/echo/Dockerfile)

```
FROM golang:1.20.5

WORKDIR /go/src/github.com/jpubdocker/echo
COPY main.go .
RUN go mod init

CMD ["go", "run", "main.go"]
```

---

9 Go 언어 경험이 없는 독자도 있겠지만 여기서는 코드를 자세히 이해하지 않아도 된다.

10 Go 언어의 log 패키지는 디폴트가 에러 출력이다.

11 HTTP Request 처리 중 애플리케이션을 종료하는 것이 아니라 처리 완료 후 안전하게 애플리케이션을 중지하는 방법

2.2.1 Dockerfile의 인스트럭션

Dockerfile은 도메인 특화 언어domain specific language, DSL를 사용해 이미지 구성을 정의한다. FROM이나 RUN과 같은 키워드를 인스트럭션instruction이라고 한다.

FROM

FROM은 생성할 컨테이너 이미지의 기본 이미지(베이스 이미지)를 지정한다. 이미지를 빌드할 때 먼저 FROM으로 지정한 이미지를 다운로드하고 실행한다.

main.go를 실행하기 위해서는 Go 언어의 런타임이 설치되어 있는 이미지가 필요하다. 런타임이 설치된 golang 이미지는 도커 허브에 호스팅[12]되어 있으므로 이를 지정한다.

1.20.5의 지정은 태그이며, 각 이미지의 버전 등과 관련된 식별자다. 예를 들면 golang 이미지도 설치된 Go 언어 버전이 1.19.0인 것도 있고, 1.18.0인 것도 있다.

컨테이너 이미지는 각각의 해시값을 갖지만 해시만으로 필요한 이미지를 특정하는 것은 어렵다. 따라서 특정 버전에 태그를 붙여 쉽게 인식할 수 있다.[13] golang의 컨테이너 이미지와 같이 언어의 버전명 등을 사용한 태그가 많이 사용된다.

WORKDIR

WORKDIR은 컨테이너 내 현재 디렉터리를 지정한다. 지정한 디렉터리가 없으면 새로 생성한다.

Go 언어의 소스 코드는 GOPATH라는 디렉터리에 위치하는 경우가 많으며, 해당 경로는 환경 변수 GOPATH에 설정한다.[14]

golang 이미지에서 GOPATH는 /go 디렉터리이므로 WORKDIR은 /go/src/github.com/jpubdocker/echo로 지정한다.

COPY

COPY는 빌드 콘텍스트[15] 파일과 디렉터리를 컨테이너 내 복사하는 인스트럭션으로, COPY [from(빌드 콘텍스트의 경로)] [to(컨테이너 내 작업 디렉터리)]의 형식으로 정의한다.

---

12 https://hub.docker.com/_/golang/tags
13 Git의 커밋을 해시값만으로 식별하기 어려울 때 git tag로 태그를 사용하는 것과 비슷하다.
14 go env GOPATH 커맨드로도 값을 확인할 수 있다.
15 컨테이너 이미지를 빌드하는 환경의 현재 디렉터리를 말한다.

여기서는 호스트에서 생성한 `main.go`를 컨테이너 내에서 실행하기 위해 `COPY`를 사용해 `main.go`를 컨테이너로 복사한다.

`COPY`와 비슷한 `ADD` 인스트럭션도 존재하지만 `COPY`와는 용도가 조금 다르다. `ADD`는 10.2.1에서 설명한다.

RUN

`RUN`은 컨테이너 이미지를 빌드할 때 컨테이너에서 실행하는 커맨드를 정의한다. 패키지 매니저를 사용한 도구의 설치나 애플리케이션의 빌드 처리 등을 기술한다.

`RUN`의 인수에는 컨테이너 내에서 실행하는 커맨드를 그대로 지정한다. 여기서는 애플리케이션 실행 커맨드인 `go run main.go`를 실행하는 `go.mod` 파일을 생성하기 위해 `go mod init`을 실행한다.[16]

CMD

`CMD`는 컨테이너를 실행할 때 컨테이너에서 실행할 프로세스를 지정한다. 이미지 빌드 중 실행되는 `RUN`과 달리 `CMD`는 컨테이너 시작 시 한번 실행된다. `RUN`으로 애플리케이션의 업데이트와 배포를 진행하고 `CMD`로 애플리케이션 자체를 동작시킨다고 볼 수 있다.

```
(/go/src/github.com/jpubdocker/echo) $ go run main.go
```

이를 CMD에서는 다음과 같이 커맨드를 공백 단위로 분리하여 배열화한 형식으로 지정한다.[17]

```
CMD ["go", "run", "main.go"]
```

COLUMN   **CMD 실행 시 덮어쓰기**

CMD 커맨드는 `docker container run` 실행 시 덮어쓸 수 있다. 다음과 같이 Dockerfile을 생성하고 `docker container run` 실행 시 덮어쓰는 명령어를 지정해보자.

```
FROM ubuntu:23.10
CMD ["uname"]
```

---

16 여러 커맨드를 실행할 수 있도록 RUN은 Dockerfile에서 여러 번 사용할 수 있다. FROM과 CMD는 하나의 컨테이너 이미지 생성 시 한 번만 사용할 수 있다. Dockerfile에서 여러 번 사용되는 방법은 10.4절에서 소개한다.

17 CMD go run main.go와 같이 배열화하지 않고 작성할 수도 있지만, 이렇게 배열화하는 방식을 권장한다. 두 방식의 차이점은 45쪽 'CMD의 지정 방식' 칼럼에서 설명한다.

평소대로라면 uname 커맨드 결과가 출력된다. 그러나 echo yay를 지정하여 CMD를 덮어쓰게 되면 yay가 출력된다(2.4.2절 참고).

```
$ docker container run $(docker image build -q .)
Linux

$ docker container run $(docker image build -q .) echo yay
yay
```

컨테이너 이미지 빌드하기

main.go와 Dockerfile이 준비되면 docker image build 커맨드를 사용해 컨테이너 이미지를 생성해보자.

docker image build는 컨테이너 이미지를 생성하기 위한 커맨드[18]로, 기본적인 기술 방식은 다음과 같다.

-t 옵션에는 임의의 이미지명을 지정한다. 태그명도 지정이 가능하며 생략 시에는 latest가 된다. -t 옵션과 이미지명은 반드시 지정하는 것이 좋다. -t 옵션이 없어도 빌드는 가능하지만 이미지명이 없으면 해당 이미지를 해시값으로 관리해야 하므로 매우 번거롭다.

```
docker image build -t 이미지명[:태그명] Dockerfile의 디렉터리 경로
```

예에서는 이미지명으로 ch02/echo를 사용한다.

이미지명에는 앞의 golang 이미지에서는 사용하지 않은 /(슬래시)가 포함된 것을 알 수 있다. 왼쪽의 ch02는 네임스페이스다. 이미지명에는 이와 같이 고유한 네임스페이스를 포함할 수 있다. 로컬에서 빌드할 때는 신경 쓰지 않아도 되지만 2.3.7과 같이 이미지를 컨테이너 레지스트리에 등록할 때는 충돌하지 않도록 네임스페이스를 사용하는 것을 추천한다.[19, 20]

빌드를 진행해보자. 현재 디렉터리가 Dockerfile의 위치와 같다면 마지막 인수에는 .(현재 디렉터리를 의미)를 사용한다. 2.3.1절도 함께 참고해보자.

---

18 docker 커맨드는 서브 커맨드로 컨테이너 이미지와 컨테이너를 조작한다. 컨테이너 실행용 docker container run은 앞에서 사용했다.

19 golang 이미지의 풀네임은 library/golang이다. library 네임스페이스는 공식 버전의 이미지에 붙는 것으로 생략할 수 있다.

20 이 책에서 로컬 환경의 이미지 빌드는 장을 구분하는 의미로, 장과 장의 번호를 붙여 ch02와 같은 네임스페이스를 사용한다.

```
(~/work/ch02/echo) $ docker image build --no-cache -t ch02/echo:latest .
```

빌드를 실행하면 베이스 이미지의 다운로드와 RUN, COPY가 단계별로 실행되는 것을 확인할 수 있다. 이미지 빌드 단계는 캐싱이 되므로 실행 결과를 알기 쉽게 하기 위해 여기서는 --no-cache 옵션을 사용한다.

```
jpub@Mac ch02 % docker image build --no-cache -t ch02/echo:latest .
[+] Building 0.6s (9/9) FINISHED                                          docker:desktop-linux
 => [internal] load build definition from Dockerfile                                      0.0s
 => => transferring dockerfile: 162B                                                      0.0s
 => [internal] load metadata for docker.io/library/golang:1.20.5                          0.4s
 => [internal] load .dockerignore                                                         0.0s
 => => transferring context: 2B                                                           0.0s
 => [1/4] FROM docker.io/library/golang:1.20.5@sha256:fd9306e1c664bd49a11d4a4a04e41303430e069e4  0.0s
 => => resolve docker.io/library/golang:1.20.5@sha256:fd9306e1c664bd49a11d4a4a04e41303430e069e4  0.0s
 => [internal] load build context                                                         0.0s
 => => transferring context: 29B                                                          0.0s
 => CACHED [2/4] WORKDIR /go/src/github.com/jpubdocker/echo                               0.0s
 => [3/4] COPY main.go .                                                                  0.0s
 => [4/4] RUN go mod init                                                                 0.1s
 => exporting to image                                                                    0.1s
 => => exporting layers                                                                   0.0s
 => => exporting manifest sha256:02a7a45a486b60fa2c33a5e0a641fe36e3a21f4b30b287d4399abb1e2b60a7  0.0s
 => => exporting config sha256:444848cef776a77f8b6fc8163e543667e24c8d0a7ac3818e7caa14fb5bffb5a5  0.0s
 => => exporting attestation manifest sha256:a3317c58d377c4f4b7a401fa67298c282f4339985336715f5a  0.0s
 => => exporting manifest list sha256:6fc97bef6c3a301688faed7ec9f3d80d8ca316a5bb0dc4df90b44242b  0.0s
 => => naming to docker.io/ch02/echo:latest                                               0.0s
 => => unpacking to docker.io/ch02/echo:latest                                            0.0s
```

그림 2.2.1-1

docker image ls 커맨드는 생성된 이미지의 REPOSITORY, TAG, IMAGE ID, CREATED, SIZE를 확인할 수 있다. 이것으로 컨테이너 이미지가 생성되었다.

```
$ docker image ls
REPOSITORY        TAG      IMAGE ID       CREATED        SIZE
ch02/echo         latest   0576e5a7f2c8   4 seconds ago  851MB
```

COLUMN　　**ENTRYPOINT로 커맨드 실행하는 방법 알아보기**

ENTRYPOINT를 사용하면 컨테이너 커맨드의 실행 방법을 고안할 수 있다.

ENTRYPOINT는 CMD와 마찬가지로 컨테이너에서 실행하는 프로세스를 지정하기 위한 인스트럭션이다. ENTRYPOINT를 지정하면 CMD의 인수는 ENTRYPOINT로 실행하는 파일의 인수가 된다. 즉, ENTRYPOINT에 의해 컨테이너가 실행하는 디폴트 프로세스를 지정할 수 있다.

예를 들어 golang:1.20.5의 이미지는 ENTRYPOINT가 지정되어 있지 않으며 CMD에 bash가 지정되어 있다. 이

것을 그대로 실행하면 bash가 실행된다.

```
$ docker container run -it golang:1.20.5
root@1e7f8a4f051c:/go#
```

이 컨테이너에서 go version의 실행을 위해 다음과 같이 인수에 커맨드를 전달하면 bash가 덮어쓰기가 되고 go version이 실행된다.

```
$ docker container run -it golang:1.20.5 go version
go version go1.20.5 linux/arm64
```

go 커맨드를 조금 더 실행하기 쉽도록 컨테이너를 만들어보자. 다음과 같은 Dockerfile을 생성하고 ENTRYPOINT에 go를 설정한다. CMD는 빈 문자로 만든다.

```
FROM golang:1.20.5

ENTRYPOINT ["go"]
CMD [""]
```

ch02/golang:latest 이름으로 빌드한다.

```
$ docker image build -t ch02/golang:latest .
```

```
jpub@Mac ch02 % docker image build -t ch02/golang:latest .
[+] Building 1.0s (5/5) FINISHED                                      docker:desktop-linux
 => [internal] load build definition from Dockerfile                              0.0s
 => => transferring dockerfile: 85B                                               0.0s
 => [internal] load metadata for docker.io/library/golang:1.20.5                  0.9s
 => [internal] load .dockerignore                                                 0.0s
 => => transferring context: 2B                                                   0.0s
 => CACHED [1/1] FROM docker.io/library/golang:1.20.5@sha256:fd9306e1c664bd49a11d4a4a04e4130343  0.0s
 => => resolve docker.io/library/golang:1.20.5@sha256:fd9306e1c664bd49a11d4a4a04e41303430e069e4  0.0s
 => exporting to image                                                            0.0s
 => => exporting layers                                                           0.0s
 => => exporting manifest sha256:1c58d2337c5f46fd62d6fc6500760ccd3759fcf393d878e7dce3bbac529da4  0.0s
 => => exporting config sha256:bb11bfc55c7a5cedd64287f69b38f20810a369e899f2b18e40df6bc44b954795  0.0s
 => => exporting attestation manifest sha256:68a48b1f396c504b76dba9ec8cd77b79f6ccdb9470dba9d286  0.0s
```

그림 2.2.1-2

이 컨테이너를 사용하면 go 커맨드를 인수로 전달하지 않아도 go를 실행할 수 있다. 인수로는 go의 서브 커맨드 부분만 전달하면 된다.

```
$ docker container run ch02/golang:latest version
go version go1.20.5 linux/arm64
```

ENTRYPOINT는 이미지의 생성자가 컨테이너 용도를 어느 정도 제한하기 위한 용도로 활용할 수 있다.[21]

---

21 그러나 docker container run --entrypoint로 런타임 시 덮어쓸 수 있다.

Dockerfile의 다른 인스트럭션

소개하지 않은 것 중에서 자주 볼 수 있는 인스트럭션을 알아보자. 자세한 내용과 다른 커맨드에 대해서는 공식 문서를 참고하자.[22]

인스트럭션	의미
LABEL	이미지 생성자 기입 등의 용도로 사용. MAINTAINER는 현재 deprecated 상태
ENV	Dockerfile을 기반으로 생성한 도커 컨테이너에서 사용할 수 있는 환경 변수를 지정
ARG	빌드 시 정보를 포함하기 위해 사용. 이미지 빌드 시에만 사용할 수 있는 임시 변수

```
FROM ubuntu:23.10
LABEL maintainer="docker@example.com"

ARG builddate
ENV BUILDDATE=${builddate}
ENV BUILDFROM="from Ubuntu"

ENTRYPOINT ["/bin/bash", "-c"]
CMD ["env"]
```

이미지 빌드 시 ARG에 전달하는 값을 --build-arg로 지정하고 컨테이너를 실행하면 환경 변수 리스트가 표시된다. ENV의 값이 표시되고 ARG의 값은 표시되지 않는 것을 알 수 있다.

```
$ docker image build --no-cache --build-arg builddate=today -t ch02/arg-env .
$ docker container run ch02/arg-env
HOSTNAME=231152556f8e
PWD=/
HOME=/root
SHLVL=0
BUILDFROM=from Ubuntu
PATH=/usr/local/sbin:/usr/local/bin:/usr/sbin:/usr/bin:/sbin:/bin
BUILDDATE=today
_=/usr/bin/env
```

---

22 https://docs.docker.com/engine/reference/builder/

지정방식	동작
CMD ["실행 파일", "인수1", "인수2"]	실행 파일과 인수를 지정. 추천 방식
CMD 커맨드 인수1 인수2	커맨드와 인수를 지정. 셸에서 실행되므로 셸의 변수를 계승하는 특징이 있음
CMD ["인수1", "인수2"]	ENTRYPOINT에 인수로 전달하는 인수를 지정

COLUMN **CMD의 지정 방식**

CMD의 인수는 크게 세 가지 지정 방식이 있다.

2.2.2 컨테이너 실행하기

생성한 이미지를 `docker container run` 커맨드로 실행해보자. 제대로 동작하게 되면 Start server 로그가 출력된다.

```
$ docker container run -it ch02/echo:latest
2024/09/20 05:40:16 Start server
```

`docker container run` 커맨드로 echo 컨테이너를 실행한다. 이렇게 되면 계속 포어그라운드에서 동작하게 된다. 컨테이너의 실행을 종료하고 싶을 때는 Ctrl+C(SIGINT 전송)를 터미널에서 실행하면 된다.

이번에 Go 언어로 생성한 것은 서버 애플리케이션이다. 그러므로 백그라운드에서 계속 동작하고 싶다면 이 방법은 사용이 불편할 수도 있다. 이때는 `-d` 옵션을 붙여서 `docker container run`을 실행하면 백그라운드에서 컨테이너를 실행할 수 있다.

```
$ docker container run -d ch02/echo:latest
a41d2c357c1122c20f63f559af7ee01eb124ecbd772f17140c3af4243d70ddec
```

`-d` 옵션을 사용하면 해시값과 같은 문자열이 표시된다. 이것이 컨테이너 ID다. 컨테이너 ID는 컨테이너 런타임에 부여되는 고유 ID로, docker 커맨드로 다양한 컨테이너 작업을 수행할 때 컨테이너를 식별하기 위한 값으로 사용된다.

예를 들어 현재 실행 중인 도커 컨테이너 리스트를 표시하는 `docker container ls`를 실행하면 `CONTAINER ID` 열에 실행 중인 컨테이너의 식별 ID가 표시된다. `docker container run` 사용 시 표시되는 컨테이너 ID 중 앞의 12자리만 표시한다. `docker` 커맨드로 컨테이너 ID를 지정할 때는 이와 같이 12자리의 컨테이너 ID가 사용된다.

```
$ docker container ls
```

```
jpub@Mac ch02 % docker container ls
CONTAINER ID   IMAGE              COMMAND           CREATED         STATUS         PORTS      NAMES
01813f93ee21   ch02/echo:latest   "go run main.go"  3 seconds ago   Up 2 seconds              distracted_mirzakhani
```

그림 2.2.2-1

COLUMN　　**짧은 도커 커맨드**

여러분 중에는 `docker run`이나 `docker pull`과 같이 책에서 설명하는 커맨드보다 짧은 커맨드를 아는 사람도 있을 것이다. 이는 각각 `docker container run`, `docker image pull`에 해당하는 커맨드다.

도커는 예전부터 이와 같이 짧은 커맨드를 사용하기도 했으며, 이 책에서 설명하는 커맨드와 같이 긴 커맨드를 사용하기도 했다.

긴 커맨드를 사용하면 글자 수는 늘어나지만 각 커맨드의 의미를 쉽게 알 수 있다.

`docker run`만으로 이루어진 커맨드는 조작에 대한 내용이 불명확하지만 `docker container run`처럼 사용하게 되면 조작 대상을 명확하게 알 수 있다. 책에서는 명료함을 중시하므로 `docker container run`과 같이 긴 커맨드를 사용한다.

컨테이너를 조작하는 `docker container` 커맨드[23]와 이미지를 조작하는 `docker image` 커맨드[24] 등 각각의 커맨드를 확인해두도록 하자.

포트 포워딩

컨테이너에서 애플리케이션이 제대로 동작하고 있는 것을 어떻게 확인할 수 있을까? 이번에 Go 언어로 작성한 코드에는 `8080` 포트가 열려 있다. 로컬 환경에서 `8080` 포트에 `curl`로 GET Request 를 전송해보자.

```
$ curl http://localhost:8080/
curl: (7) Failed to connect to localhost port 8080 after 2 ms: Couldn't connect to server
```

`8080` 포트에 연결할 수 없다는 메시지가 표시된다. 결과를 보면 애플리케이션의 포트는 로컬 환경

---

[23]　https://docs.docker.com/engine/reference/commandline/container/
[24]　https://docs.docker.com/engine/reference/commandline/image/

의 8080 포트로 접속할 수 없는 것 같다. 여기에 컨테이너 실행 환경의 특징이 있다.

컨테이너는 가상 환경이지만 외부로부터 독립된 머신처럼 사용할 수 있다. echo 애플리케이션은 8080 포트를 열고 있지만 이 포트는 컨테이너 포트라고 하는 컨테이너 내부에 한정된 포트다. 만약 curl을 컨테이너에서 실행하게 되면 제대로된 응답을 얻을 수 있지만 컨테이너 외부로부터는 컨테이너 포트를 직접 사용할 수 없기 때문에 접속할 수 없다.

이와 같이 HTTP Request를 받는 애플리케이션은 컨테이너 외부로부터 오는 요청을 컨테이너 내부의 애플리케이션으로 전달해야 한다. 여기서 등장하는 것이 컨테이너로의 포트 포워딩이다. 포트 포워딩을 사용하면 호스트 머신의 포트를 컨테이너 포트에 연결하여 컨테이너 외부 통신을 컨테이너 포트로 전송할 수 있다. 이 기능을 사용하면 컨테이너 포트를 컨테이너 외부에서도 사용할 수 있다.[25]

포트 포워딩을 사용하기 전에 실행 중인 컨테이너를 다음의 커맨드로 중지한다. `docker container stop`의 인수에는 컨테이너 ID가 필수다. 실제 컨테이너 ID를 확인하여 입력해보자.

```
$ docker container stop a41d2c357c1122c20f63f559af7ee01eb124ecbd772f17140c3af4243d70ddec
```

포트 포워딩은 docker container run 커맨드에 -p 옵션으로 지정할 수 있다. -p 옵션은 { 호스트 포트 } : { 컨테이너 포트 }의 방식으로 기술한다.

호스트 포트도 8080으로 지정하면 헷갈릴 수 있으므로, 여기서는 9000 포트를 사용하여 컨테이너 포트의 8080으로 포트 포워딩을 한다.

```
$ docker container run -d -p 9000:8080 ch02/echo:latest
7ee9a535f0a8e78194f8285ba7a8d207e8f002b9afe37273c3c308b47ce9f1cf
```

컨테이너가 실행되면 호스트 포트인 localhost의 9000 포트에 curl로 GET Request를 전송해보자.

```
$ curl http://localhost:9000/
Hello Container!!%
```

---

25 이번 장의 서두에서 컨테이너 작동 방식을 확인하기 위해 간략하게 언급했다.

`Hello Container!!`가 표시되었다. 컨테이너에서 실행 중인 서버 애플리케이션에 HTTP Request 를 전송하고 Response를 받을 수 있게 되었다.

이제 도커를 이용해 컨테이너 이미지 생성, 컨테이너 실행, 포트 포워딩을 통한 컨테이너의 외부 연결과 같은 기초 작업을 할 수 있다.

또한 호스트 포트는 다음과 같이 생략할 수 있다. 이때는 호스트의 이페머럴 포트ephemeral port[26] 중 비어 있는 포트가 자동으로 할당된다. 할당된 포트는 `docker container ls`를 사용하여 `PORTS` 에서 확인할 수 있다.

```
$ docker container run -d -p 8080 ch02/echo:latest
$ docker container ls
```

```
jpub@Mac ch02 % docker container run -d -p 8080 ch02/echo:latest
b2165c9736a0c51252236fd328bead7d300a9506ad3599d5bf6f3ec4d092328b
jpub@Mac ch02 % docker container ls
CONTAINER ID   IMAGE             COMMAND        CREATED        STATUS        PORTS                    NAMES
b2165c9736a0   ch02/echo:latest  "go run main.go"  4 seconds ago  Up 4 seconds  0.0.0.0:62856->8080/tcp  serene_jackson
jpub@Mac ch02 % curl http://localhost:62856
Hello Container!!
```

그림 2.2.2-2

2.3 이미지 다루기

앞에서는 실제로 컨테이너 이미지를 생성하고 실행했다. 그러나 동작을 이해하기 위한 과정이므로 이는 일부분에 지나지 않는다.

컨테이너 실행 환경의 조작은 크게 이미지에 관한 부분과 컨테이너에 관한 부분으로 나뉜다. 도커를 통해 컨테이너 환경의 기본 기능[27]을 이 두 가지 관점에서 살펴보자. 이번 절에서는 이미지, 다음 절에서는 컨테이너에 대해 알아보자.

컨테이너 이미지 조작에 대해 배우기 전에 먼저 컨테이너 이미지에 대해 구체적으로 알아야 한다.

한마디로 표현하면 컨테이너 이미지는 컨테이너를 생성하기 위한 템플릿template이다.

컨테이너 이미지는 Ubuntu 등 OS로 구성된 파일 시스템은 물론이고, 컨테이너에서 실행하기 위

---

26 일시적으로 통신하기 위해 자유롭게 사용할 수 있는 포트. 대부분의 Linux 커널에서는 32768-61000이 이용된다.

27 주로 커맨드

한 애플리케이션과 의존 관계의 라이브러리, 도구, 어떤 프로세스가 컨테이너에서 실행되는지를 정의하는 실행 환경 설정 정보 등을 포함한 아카이브와 같다. 또한 Dockerfile은 이미지를 생성하기 위한 순서를 기술한 파일이며, 그 자체로 컨테이너 이미지가 되는 것은 아니다. Dockerfile과 같은 템플릿에서 이미지를 생성하는 것을 **컨테이너 이미지 빌드**라고 한다. 생성된 이미지는 컨테이너 실행에 사용된다.

여기서는 이미지 빌드를 위한 docker image build와 함께 이미지 조작의 기본적인 커맨드를 소개한다. 마지막에는 컨테이너 레지스트리에 이미지를 등록하여 독자적으로 구축한 이미지가 컨테이너로 널리 이용되는 것을 목표로 하자. 최대한 요점만 설명하므로 옵션에 대해 알고 싶다면 다음과 같이 help 커맨드를 실행하면 된다.

```
$ docker help
```

도커의 커맨드 라인 도구는 서브 커맨드로 구성되어 있으며, docker [COMMAND] [SUBCOMMAND]와 같은 형식으로 입력한다. 상위 커맨드는 docker help를 실행하면 다음과 같은 리스트를 확인할 수 있다.

```
Commands:
attach     Attach local standard input, output, and error streams to a running container
commit     Create a new image from a container's changes
cp         Copy files/folders between a container and the local filesystem
create     Create a new container
diff       Inspect changes to files or directories on a container's filesystem
events     Get real time events from the server
export     Export a container's filesystem as a tar archive
history    Show the history of an image
import     Import the contents from a tarball to create a filesystem image
inspect    Return low-level information on Docker objects
kill       Kill one or more running containers
load       Load an image from a tar archive or STDIN
logs       Fetch the logs of a container
pause      Pause all processes within one or more containers
port       List port mappings or a specific mapping for the container
rename     Rename a container
restart    Restart one or more containers
rm         Remove one or more containers
rmi        Remove one or more images
save       Save one or more images to a tar archive (streamed to STDOUT by default)
start      Start one or more stopped containers
```

```
stats       Display a live stream of container(s) resource usage statistics
stop        Stop one or more running containers
tag         Create a tag TARGET_IMAGE that refers to SOURCE_IMAGE
top         Display the running processes of a container
unpause     Unpause all processes within one or more containers
update      Update configuration of one or more containers
wait        Block until one or more containers stop, then print their exit codes
```

이미지 조작 관련 커맨드인 image 부분을 확인해보자. image의 서브 커맨드는 다음과 같이 --help 옵션을 사용해서 확인할 수 있다.

```
$ docker image --help
Usage: docker image COMMAND
Manage images
Commands:
build       Build an image from a Dockerfile
history     Show the history of an image
import      Import the contents from a tarball to create a filesystem image
inspect     Display detailed information on one or more images
load        Load an image from a tar archive or STDIN
ls          List images
prune       Remove unused images
pull        Download an image from a registry
push        Upload an image to a registry
rm          Remove one or more images
save        Save one or more images to a tar archive (streamed to STDOUT by default)
tag         Create a tag TARGET_IMAGE that refers to SOURCE_IMAGE
Run 'docker image COMMAND --help' for more information on a command.
```

docker image build --help와 같은 방법으로 서브 커맨드의 help도 사용할 수 있다. 단축형인 docker build는 docker image build의 커맨드 별칭이다. 이제 커맨드를 좀 더 살펴보자.

2.3.1 docker image build — 이미지 빌드

docker image build는 Dockerfile을 기반으로 컨테이너 이미지를 생성하는 커맨드다.[28]

```
docker image build -t 이미지명[:태그명] Dockerfile 경로
```

---

[28] 커맨드에서 [] 내부는 생략 가능하다.

앞의 작성 예는 -t 옵션도 포함되어 있다. `docker image build`에는 몇 가지 옵션이 있지만 -t는 도커에서 거의 필수로 사용하는 옵션이다. 이미지명과 태그명[29]을 지정하고 인수는 Dockerfile이 위치하는 디렉터리 경로를 지정한다. `docker image build`은 반드시 Dockerfile이 필요하므로 디렉터리에 Dockerfile이 존재하지 않으면 제대로 실행할 수 없다.

Dockerfile의 위치를 현재 디렉터리로 설정하려면 다음과 같다.

```
$ docker image build -t ch02/echo:latest .
```

-f 옵션

`docker image build` 커맨드는 기본적으로 Dockerfile이라는 이름의 파일을 찾는다. 그러므로 다른 이름을 사용하고 싶을 때는 -f 옵션을 사용한다. 예를 들어 `Dockerfile-test`라는 이름을 사용하고자 할 때는 다음과 같이 사용한다.

```
$ docker image build -f Dockerfile-test -t ch02/echo:latest .
```

--pull 옵션

`docker image build`로 이미지를 빌드할 때 Dockerfile의 `FROM`에 지정된 이미지를 레지스트리에서 다운로드하고 이 이미지를 베이스로 사용하여 새로운 이미지를 빌드한다.

한번 다운로드한 컨테이너 이미지는 삭제하지 않으면 계속 호스트에 보관하게 되며, Dockerfile에서 `FROM`으로 지정한 베이스 이미지는 이미지 빌드마다 매번 리모트 리포지터리에서 가져오는 것이 아니라 보관된 이미지를 사용한다.

`--pull` 옵션을 `true`로 지정하면 `docker image build` 커맨드를 사용할 때마다 베이스 이미지를 강제로 다시 가져오도록 할 수 있다.

```
$ docker image build --pull=true -t ch02/echo:latest .
```

다음과 같이 베이스 이미지가 `latest`인 Dockerfile을 사용한다고 해보자. `ghcr.io/jpubdocker/`

---

29 이미지명을 지정하고 태그명은 생략할 수도 있다.

basetest:latest의 이미지는 GitHub Container Registry_{GHCR}에 위치한다.

```
FROM ghcr.io/jpubdocker/basetest:latest

RUN cat /var/jpubdocker/version
```

이 Dockerfile을 `docker image build` 시 사용하면 #5의 단계에서 베이스 이미지에 포함된 버전 표시 파일을 출력한다.[30]

```
$ docker image build --progress=plain -t ch02/concretetest:latest .
```

```
jpub@Mac ch02 % docker image build --progress=plain -t ch02/concretetest:latest .
#0 building with "desktop-linux" instance using docker driver

#1 [internal] load build definition from Dockerfile
#1 transferring dockerfile: 111B done
#1 DONE 0.0s

#2 [internal] load metadata for ghcr.io/jpubdocker/basetest:latest
#2 DONE 0.0s

#3 [internal] load .dockerignore
#3 transferring context: 2B done
#3 DONE 0.0s

#4 [1/2] FROM ghcr.io/jpubdocker/basetest:latest@sha256:0398c1b87082c7800e495348dded7769d7c3a841378ac51a614d8f8f1c823200
#4 resolve ghcr.io/jpubdocker/basetest:latest@sha256:0398c1b87082c7800e495348dded7769d7c3a841378ac51a614d8f8f1c823200 done
#4 DONE 0.0s

#5 [2/2] RUN cat /var/jpubdocker/version
#5 0.084 version = v0.0.1
#5 DONE 0.1s

#6 exporting to image
#6 exporting layers 0.0s done
#6 exporting manifest sha256:6f65202e49696c315b0a20cd763f0dbd31441285bf98e03559e1c55ed130d2ff done
#6 exporting config sha256:eafa0da6737c32374ef5092a5039b062c68a2768b286ba0fa231ea9e33d6a8b1 done
#6 exporting attestation manifest sha256:28f0fc1303cacd05c5d3dcc29cc0b73a48e069fd783fb0cfcc30f4fe22d69b17 done
#6 exporting manifest list sha256:dab4c869cf76168a1d079771a0e1d367093191052d9d530dc9d7e2404da256c3 done
#6 naming to docker.io/ch02/concretetest:latest done
#6 unpacking to docker.io/ch02/concretetest:latest done
#6 DONE 0.0s
```

그림 2.3.1-1

이제 Dockerfile의 RUN에 같은 커맨드를 하나 더 추가해보자.

리스트 2.3 RUN을 추가한 Dockerfile

```
FROM ghcr.io/jpubdocker/basetest:latest

RUN cat /var/jpubdocker/version
RUN cat /var/jpubdocker/version
```

---

30   `--progress=plain` 옵션을 사용하면 이미지 빌드 시 출력을 표시할 수 있다.

수정된 Dockerfile(리스트 2.3)을 빌드하기 전에 Docker Hub의 `ghcr.io/jpubdocker/basetest`에서 `/var/jpubdocker/version`의 파일이 version=v0.02로 변경되어 이미지가 업데이트된 상황이라고 생각해보자.

이 상태에서 다음과 같이 `docker image build`를 사용하면 #6 단계에서 `/var/jpubdocker/version`이 version=1로 표시된다. #5 단계를 살펴보면 CACHED가 표시되어 이미 로컬에 존재하는 이미지를 사용하고 있음을 알 수 있다.

```
jpub@Mac ch02 % docker image build --progress=plain -t ch02/concretetest:latest .
#0 building with "desktop-linux" instance using docker driver

#1 [internal] load build definition from Dockerfile
#1 transferring dockerfile: 143B done
#1 DONE 0.0s

#2 [internal] load metadata for ghcr.io/jpubdocker/basetest:latest
#2 DONE 0.0s

#3 [internal] load .dockerignore
#3 transferring context: 2B done
#3 DONE 0.0s

#4 [1/3] FROM ghcr.io/jpubdocker/basetest:latest@sha256:0398c1b87082c7800e495348dded7769d7c3a841378ac51a614d8f8f1c823200
#4 resolve ghcr.io/jpubdocker/basetest:latest@sha256:0398c1b87082c7800e495348dded7769d7c3a841378ac51a614d8f8f1c823200 done
#4 DONE 0.0s

#5 [2/3] RUN cat /var/jpubdocker/version
#5 CACHED

#6 [3/3] RUN cat /var/jpubdocker/version
#6 0.086 version = v0.0.1
#6 DONE 0.1s

#7 exporting to image
#7 exporting layers 0.0s done
#7 exporting manifest sha256:69895088f2574806bd03de504d144617dfd5e3db8e872400e31afe7b1c7395a9 done
#7 exporting config sha256:ad4ce051c1e30876def074d1b63a47c7fce738cab2e725deb73dba748a9d56f3 done
#7 exporting attestation manifest sha256:9d725309f9fffc6f68f084708acd74f0d9f6956c34ec5260bcb42e44ce05583e done
#7 exporting manifest list sha256:90588f036f92e623dfd2aa75b4086cd6616e28813c0cec51116915382dba97b4 done
#7 naming to docker.io/ch02/concretetest:latest done
#7 unpacking to docker.io/ch02/concretetest:latest done
#7 DONE 0.1s
```

그림 2.3.1-2

이와 같이 로컬에 베이스 이미지의 캐시cache가 남아 있을 때 도커는 차분을 활용해 빌드를 시도한다.

`docker image build` 실행 시 최신의 베이스 이미지를 먼저 가져온 뒤 빌드를 진행하고 싶다면 다음과 같이 `--pull=true`를 사용한다.

```
$ docker image build --pull=true --progress=plain -t ch02/concretetest:latest .
```

```
jpub@Mac ch02 % docker image build --pull=true --progress=plain -t ch02/concretetest:latest .
#0 building with "desktop-linux" instance using docker driver

#1 [internal] load build definition from Dockerfile
#1 transferring dockerfile: 143B done
#1 DONE 0.0s

#2 [auth] jpubdocker/basetest:pull token for ghcr.io
#2 DONE 0.0s

#3 [internal] load metadata for ghcr.io/jpubdocker/basetest:latest
#3 DONE 1.2s

#4 [internal] load .dockerignore
#4 transferring context: 2B done
#4 DONE 0.0s

#5 [1/3] FROM ghcr.io/jpubdocker/basetest:latest@sha256:406d94ad1e31748f86c11ede1f832dd88c87d4208019577c32c47ea431d1af36
#5 resolve ghcr.io/jpubdocker/basetest:latest@sha256:406d94ad1e31748f86c11ede1f832dd88c87d4208019577c32c47ea431d1af36 done
#5 DONE 0.0s

#6 [2/3] RUN cat /var/jpubdocker/version
#6 0.092 version = v0.0.2
#6 DONE 0.1s

#7 [3/3] RUN cat /var/jpubdocker/version
#7 0.106 version = v0.0.2
#7 DONE 0.1s

#8 exporting to image
#8 exporting layers 0.0s done
#8 exporting manifest sha256:a8f736dc5662e47d87c2be38988e61bdb9d531f8ec6665181e4f77c420246dbd done
#8 exporting config sha256:16c3fce126beb0e9b851eec4e9d43f7193e9f09b84f66a9c93031d5672d5b1de done
#8 exporting attestation manifest sha256:a9265fe47d2fad816da263f156ee4fb5dfcfa42891d8fe1f49d1f8da76b44fe8 done
#8 exporting manifest list sha256:855389b34b6adfa4b2faf186d4d6dc2b76096b05c014e6058cd50934268581c1 done
#8 naming to docker.io/ch02/concretetest:latest done
#8 unpacking to docker.io/ch02/concretetest:latest done
#8 DONE 0.1s
```

--pull=true를 통해 latest 베이스 이미지를 다시 가져옴

그림 2.3.1-3

/var/jpubdocker/version에서 version = v0.0.2가 되었으므로 최신 베이스 이미지가 사용되는 것을 알 수 있다.

--pull=true는 유용하지만 도커 허브와 GHCR 등 레지스트리 최신 버전 유무 확인 후 빌드가 진행되므로 빌드 타임은 다소 불리하다. 또한 latest 이미지가 항상 최신 버전이라고만 볼 수는 없으며, 사용자가 예상치 못한 변경사항이 들어가는 경우도 있다. 따라서 실제 운영에서는 베이스 이미지의 latest 버전을 피하는 경향이 있고, 태그를 추가한 이미지를 사용하는 것이 대부분이다.

2.3.2 docker search — 이미지 검색

컨테이너 이미지 레지스트리인 도커 허브에서는 GitHub와 마찬가지로 유저나 조직이 리포지터리를 만들 수 있으며, 리포지터리에서 각각의 컨테이너 이미지를 관리한다.

도커 허브에는 모든 이미지의 베이스가 되는 OS(CentOS와 Ubuntu)의 리포지터리 및 언어의 런타임이나 유명한 미들웨어의 이미지 등을 관리하는 리포지터리가 무수히 많다. 그러므로 모든 컨테이너 이미지를 스스로 준비할 필요는 없으며, 다른 유저나 조직이 생성한 이미지를 적극 활용하면 된다.[31]

도커 허브를 사용하면서 빠질 수 없는 것이 `docker search` 커맨드다. `docker search`를 사용하면 도커 허브의 레지스트리에 등록된 리포지터리를 검색할 수 있다.

```
docker search [options] 키워드
```

예를 들어 `mysql`을 키워드로 검색하면 결과 리스트가 표시된다. `--limit`을 지정하면 표시 건수를 제한할 수 있다.

```
$ docker search --limit 5 mysql
```

```
jpub@Mac ~ % docker search --limit 5 mysql
NAME                   DESCRIPTION                                STARS    OFFICIAL
mysql                  MySQL is a widely used, open-source relation…   15410    [OK]
mysql/mysql-server     Optimized MySQL Server Docker images. Create…   1019
mysql/mysql-router     MySQL Router provides transparent routing be…   28
mysql/mysql-cluster    Experimental MySQL Cluster Docker images. Cr…   100
bitnami/mysql          Bitnami container image for MySQL               118
```

그림 2.3.2-1

이와 같이 `mysql` 관련 리포지터리 리스트가 표시된다. 첫 번째로 표시되는 리포지터리 이름에는 네임스페이스인 소유자 이름이 달려 있지 않다. 이는 공식 리포지터리이므로 이렇게 표기되는 것이다. 공식 리포지터리의 네임스페이스에는 모두 library가 붙어 있다. MySQL도 정확히는 `library/mysql`이 리포지터리명이며, 공식 리포지터리의 네임스페이스는 생략이 가능하다.

검색 결과는 STARS의 내림 차순으로 표시된다. 도커 허브에 등록된 리포지터리에는 GitHub와 같이 스타를 붙일 수 있다. 스타는 컨테이너 이미지의 중요한 평가 지표가 된다.

`docker search`는 리포지터리 검색은 가능하지만 실제로 리포지터리가 갖고 있는 컨테이너 이미지 태그는 확인할 수 없다. 릴리스된 이미지의 태그를 확인하고 싶을 때는 도커 허브의 리포지터리 페이지에서 Tags를 참고하거나 다음과 같이 API를 사용해야 한다.

---

31 도커 허브에 공개된 이미지가 모두 안전하다고는 할 수 없으므로 주의가 필요하다. 안전한 이미지를 활용하는 방법에 대해서는 10.6절에서 설명한다.

```
$ curl -s 'https://hub.docker.com/v2/repositories/library/golang/tags/?page_size=10'\ | jq
-r '.results[].name'
latest
windowsservercore-ltsc2022
windowsservercore-1809
windowsservercore
nanoserver-ltsc2022
nanoserver-1809
nanoserver
bullseye
alpine3.18
alpine3.17
```

2.3.3 docker image pull — 이미지 가져오기

컨테이너 레지스트리에서 컨테이너 이미지를 가져오기 위해서는 `docker image pull` 커맨드를 사용한다.

```
docker image pull [options] 리포지터리명[:태그명]
```

예를 들어 도커 허브에서 nginx[32] 이미지를 가져오려면 다음과 같다. 태그명을 생략하면 기본값[33] 이 사용된다.

```
$ docker image pull nginx:latest
latest: Pulling from library/nginx
95039a22a7cc: Already exists
...
Digest: sha256:593dac25b7733ffb7afe1a72649a43e574778bf025ad60514ef40f6b5d606247
Status: Downloaded newer image for nginx:latest
docker.io/library/nginx:latest
```

`docker image pull`로 가져온 이미지는 그대로 컨테이너로 사용할 수 있다.[34]

`docker container run`의 실행 예다. 포어그라운드에서 nginx가 동작한다.

---

32 대표적인 웹서버의 하나

33 대부분 `latest`

34 이번 예에서는 `docker container run nginx:latest`로 사용한다. 2.6.2절에서 nginx를 실제로 사용한다.

```
$ docker container run -it nginx:latest
Unable to find image 'nginx:latest' locally
latest: Pulling from library/nginx
...(생략)...
2024/09/20 17:32:26 [notice] 1#1: start worker processes
2024/09/20 17:32:26 [notice] 1#1: start worker process 29
2024/09/20 17:32:26 [notice] 1#1: start worker process 30
2024/09/20 17:32:26 [notice] 1#1: start worker process 31
2024/09/20 17:32:26 [notice] 1#1: start worker process 32
2024/09/20 17:32:26 [notice] 1#1: start worker process 33
```

2.3.4 docker image ls — 이미지 리스트

docker image ls는 도커 엔진을 실행하는 환경에 저장된 이미지의 리스트를 표시한다. docker image pull로 원격 컨테이너 레지스트리로부터 가져온 이미지는 물론이고, docker image build로 빌드한 이미지도 호스트에 저장된다.

```
docker image ls [options] [리포지터리[:태그]]
```

```
$ docker image ls
REPOSITORY      TAG         IMAGE         ID              CREATED        SIZE
                nginx       latest        2d21d843073b    3 days ago     192MB
```

IMAGE ID는 이미지 ID로, 컨테이너를 의미하는 CONTAINER ID와는 다른 ID이므로 혼동하지 않도록 주의하자.

앞에서 언급한 대로 도커는 크게 이미지 관련 작업과 컨테이너 관련 작업 두 가지로 나뉘며, 이미지와 컨테이너는 따로 관리한다.[35] IMAGE ID는 이미지 관리, CONTAINER ID는 컨테이너 관리에 사용된다.

2.3.5 docker image tag — 이미지 태그

docker image tag는 컨테이너 이미지의 특정 버전에 태그를 붙인다.

---

[35] 컨테이너 실행 중에는 해당 컨테이너의 베이스가 되는 이미지를 삭제할 수 없는 등 상호의존적인 부분이 있지만, 조작 대상으로는 분리되어 있다.

컨테이너 이미지 버전

컨테이너 이미지 태그는 특정 버전의 이미지에 태그를 지정한다. 도커에서 컨테이너 이미지의 버전은 중요한 개념이다. 버전에 대해 구체적으로 알아보자.

예를 들어 `ch02/difference-test`에 변경사항을 추가하면서 이미지 빌드를 몇 번 반복하게 되면 `docker image ls` 커맨드의 결과는 다음과 같다.

```
jpub@Mac ch02 % docker image ls
REPOSITORY            TAG        IMAGE ID       CREATED         SIZE
ch02/different-test   latest     6957b7919957   4 minutes ago   13.6MB
<none>                <none>     b2d86eb6e6fa   5 minutes ago   13.6MB
<none>                <none>     a911757d6d42   5 minutes ago   13.6MB
```

그림 2.3.5-1

위에서부터 최신 순으로 이미지 리스트가 표시된다. `IMAGE ID`에 표시되는 해시값은 생성된 각각의 컨테이너 이미지에 할당되는 ID이며, 이미지를 식별하기 위해 사용된다.

이 이미지 ID는 컨테이너 이미지의 버전 번호로 사용하기도 한다. 애플리케이션이 변경되면 이미지 빌드마다 생성되는 이미지도 매번 다르다. 원래 같은 컨테이너 이미지였더라도 변경사항을 추가한 뒤에는 다른 `IMAGE ID`가 할당된다. Dockerfile의 편집뿐만 아니라 `COPY`로 복사하는 파일의 내용이 바뀌는 변경사항에도 `IMAGE ID`는 변경된다.

컨테이너 이미지 버전이라는 표현이 널리 사용되지만 **정확하게는 이미지 ID**라고 인식하면 된다.

`REPOSITORY`와 `TAG` 항목을 살펴보면 가장 최신 이미지는 `ch02/difference-test:latest`이며, 이전의 이미지에는 `<none>`이 표시된다. `<none>`은 최신 이미지를 제외한 `ch02/difference-test`였던 컨테이너 이미지다. 도커에서 하나의 태그에 연결할 수 있는 이미지는 하나다. 여기서 `latest`는 최신 버전에만 사용되므로 이전 이미지의 태그는 연결이 해제되어 `<none>`이 된다.

이미지 ID에 태그 추가

컨테이너 이미지 버전이 실제로 이미지 ID인 것을 알아두자. `docker image tag`는 이미지 ID에 태그명의 형태로 별칭을 주는 커맨드가 된다.

태그는 어디까지나 특정 이미지를 쉽게 참조할 수 있도록 하는 별칭일 뿐이다. 컨테이너 이미지는 빌드마다 생성되며 내용에 따라 이미지 ID를 가지므로 새로운 이미지는 새로운 ID가 부여된다. 이미지 ID는 해시값으로 표현되며 Git에 커밋할 때 부여되는 리비전revision과 같은 방식이다.

한마디로 컨테이너 이미지 태그는 특정 이미지 ID의 컨테이너 이미지를 쉽게 식별하기 위해 사용된다. 예를 들어 특정 애플리케이션 버전에 대한 이미지를 나타내기 위해 릴리스 번호를 붙여 이미지를 쉽게 관리할 수 있도록 한다.

컨테이너 이미지의 특정 버전에 태그를 붙이려면 docker image tag 커맨드를 사용한다. 그리고 태그를 지정하지 않고 docker image build를 실행하면 생성된 이미지는 디폴트로 latest 태그가 사용된다.

```
REPOSITORY    TAG        IMAGE ID        CREATED          SIZE
ch02/test     latest     c23836427a74    27 seconds ago   400MB
```

그림 2.3.5-2

변경사항 추가 후 다시 빌드하게 되면 latest였던 이미지와 다른 해시값을 갖는 이미지가 생성되지만 태그는 latest 그대로다.

```
REPOSITORY    TAG        IMAGE ID        CREATED          SIZE
ch02/test     latest     b08f65edac88    9 seconds ago    311MB
<none>        <none>     c23836427a74    2 minutes ago    400MB
```

그림 2.3.5-3

latest는 개발 시 메인 작업으로 빌드되는 이미지를 나타내는 태그로, 메인 작업이 진행될 때마다 갱신한다. 실제로 컨테이너를 운용할 때는 latest의 특정 지점을 버전명 등으로 태그를 붙여두고 언제라도 특정 버전의 컨테이너 이미지를 사용할 수 있도록 해야 한다.

docker image tag 커맨드는 다음과 같이 사용한다.

```
docker image tag 기존이미지명[:태그] 새이미지명[:태그]
```

예를 들어 ch02/echo의 latest에 0.0.1 태그를 붙이고자 할 때는 다음과 같다.

```
$ docker image tag ch02/echo:latest ch02/echo:0.0.1
```

0.0.1 태그가 붙은 이미지를 확인할 수 있다. `docker image ls`를 사용해 이미지 리스트를 확인해 보면 `latest`와 `0.0.1`이 모두 표시된다. IMAGE ID를 확인해보면 `0.0.1`과 `latest`의 이미지 모두 해시값이 `1c7e51b2dfa`로 동일하다. 따라서 같은 컨테이너 이미지인 것을 알 수 있다.

```
jpub@Mac ch02 % docker images
REPOSITORY     TAG       IMAGE ID         CREATED            SIZE
ch02/echo      0.0.1     549f998c59fe     About a minute ago  1.26GB
ch02/echo      latest    549f998c59fe     About a minute ago  1.26GB
```

그림 2.3.5-4

2.3.6 docker login — 컨테이너 레지스트리 로그인

태그가 추가된 이미지를 컨테이너 레지스트리에 푸시push하면[36] 다른 개발자에게 배포할 수 있다.

이미지를 푸시하려면 대상 컨테이너 레지스트리에 로그인이 필요하다.

```
docker login [OPTIONS] [SERVER]
```

`docker login` 커맨드이지만 도커 허브 이외의 컨테이너 레지스트리에도 로그인할 수 있다. 도커 허브와 GitHub Container RegistryGHCR에 로그인하는 방법을 알아보자.

도커 허브 로그인

도커 허브는 컨테이너 이미지를 배포하는 대표적인 컨테이너 레지스트리로, 도커사가 관리한다.

이미 도커 허브에 공개되어 있는 이미지만 사용한다면 가입은 필요 없지만 컨테이너 이미지를 푸시하기 위해서는 로그인이 필요하다.

https://hub.docker.com/signup에서 그림 2.2와 같이 가입한다.

---

36 컨테이너 이미지를 컨테이너 레지스트리 스토리지에 등록하여 계속 사용할 수 있도록 하는 것을 뜻한다.

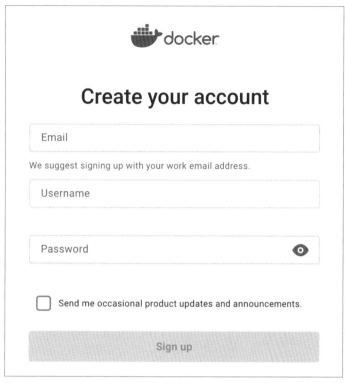

그림 2.2 도커 허브 가입 화면

폼을 입력하고 계정을 생성하면 메일이 전송된다. 메일에서 [Verify email address]를 클릭하고 로그인 화면으로 이동하여 로그인 정보를 입력한다.

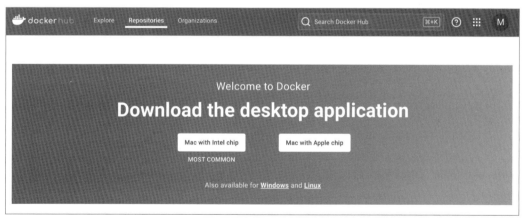

그림 2.3 도커 허브 홈 화면

도커에는 여러 플랜이 있으며, 플랜에 따라 시간당 이미지를 가져올 수 있는 횟수와 프라이빗 리포지터리의 제한이 다르다. 가입한 직후에는 무료인 Personal 플랜의 상태다. Personal 플랜은 공개 리포지터리는 무제한으로 사용할 수 있다.[37]

docker login에는 가입할 때 사용한 정보를 사용한다. 패스워드는 셸 변수 등을 사용하여 표준 입력에 파이프로 전달하여 실행한다.

```
docker login --username [Docker Username] --password-stdin
```

```
[jpub@Mac ch02 % docker login --username lovedockere
[Password:
Login Succeeded
```

그림 2.3.6-1

Login Succeeded가 표시되면 성공이다.

GitHub Container Registry 로그인

GitHub Container Registry는 소프트웨어 패키지를 제공하는 GitHub Packages[38]에서 지원하는 컨테이너 리포지터리다.

GHCR에 컨테이너 이미지를 푸시하려면 GitHub의 퍼스널 액세스 토큰이 필요하며, docker login 은 이 액세스 토큰을 사용한다.[39]

GitHub에 로그인하고 프로필 아이콘에서 [Settings] → [Developer settings] → [Personal access tokens] → [Tokens(classic)]로 이동하여 토큰을 생성하면 그림 2.4와 같은 화면을 확인할 수 있다.

스코프는 repo, write:packages, delete:packages를 체크한다.[40]

---

37 실무에서는 공개할 수 없는 리포지터리를 사용하기도 하겠지만 여기서는 학습용이므로 Personal 플랜도 문제가 없다.
38 https://github.com/features/packages
39 https://docs.github.com/packages/working-with-a-github-packages-registry/working-with-the-container-registry
40 push만 사용하려면 write:packages만으로도 충분하다.

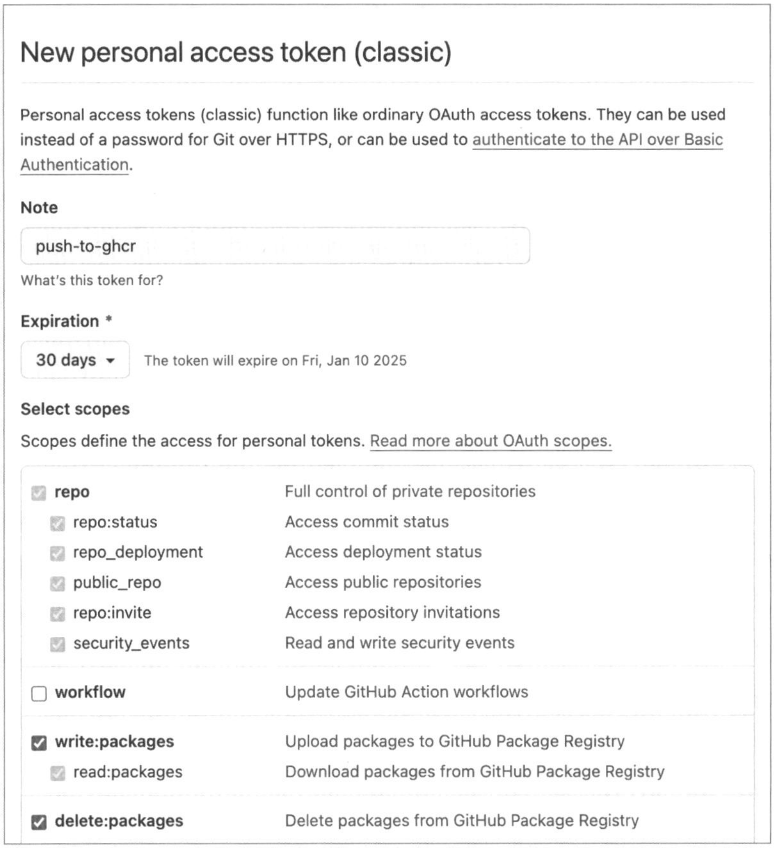

그림 2.4 GitHub의 personal access token 생성 화면

[Generate token]을 클릭하면 퍼스널 액세스 토큰이 생성된다. 생성된 토큰은 다른 사람에게 노출 되지 않도록 패스워드 매니저 등으로 관리하면 좋다.

이 토큰을 사용해 GHCR 레지스트리에 다음과 같이 로그인한다.

```
$ CR_PAT=[생성한 퍼스널 액세스 토큰]
$ echo $CR_PAT | docker login ghcr.io -u [GitHub Username] --password-stdin
```

```
jpub@Mac ch02 % echo $CR_PAT | docker login ghcr.io -u jpubdocker --password-stdin

Login Succeeded
```

그림 2.3.6-2

Login Succeeded가 표시되면 성공이다.[41]

2.3.7 docker image push — 이미지 공개

`docker image push` 커맨드는 보유한 컨테이너 이미지를 컨테이너 레지스트리에 등록한다.

```
docker image push [options] 리포지터리명[:태그]
```

GHCR과 도커 허브에 컨테이너 이미지를 등록하는 방법을 알아보자. 최근에는 GHCR이 많이 사용되므로 도커 허브는 관심 있는 독자만 참고해도 좋다.

GitHub Container Registry에 푸시하기

도커 허브 이외의 레지스트리에 이미지를 푸시하기 위해서는 태그에 대상 컨테이너 레지스트리의 도메인이 필요하다. `ch02/echo:latest`의 이미지에 GHCR의 도메인을 붙인 형식의 태그를 다음과 같이 작성하고 푸시한다.

```
$ docker image tag ch02/echo:0.0.1 ghcr.io/[GitHub Username]/echo:0.0.1
$ docker image push ghcr.io/[GitHub Username]/echo:0.0.1
```

```
jpub@Mac ch02 % docker image tag ch02/echo:0.0.1 ghcr.io/jpubdocker/echo:0.0.1
jpub@Mac ch02 % docker image push ghcr.io/jpubdocker/echo:0.0.1
The push refers to repository [ghcr.io/jpubdocker/echo]
896086c86557: Pushed
f6f065dbb4b6: Pushed
4e954a1d5efb: Pushed
bc4a4d5175d5: Pushed
a74df5e1b837: Pushed
42cbebf8bc11: Pushed
9a0518ec5756: Pushed
356172c718ac: Pushed
38a25fd6c67d: Pushed
a3c1d40c8255: Pushed
0.0.1: digest: sha256:549f998c59fe8978d8e09677726ead04d67e171de697b5549e01518d81f51270 size: 856
```

그림 2.3.7-1

GitHub 계정의 Packages 페이지로 이동하면 `echo` 컨테이너 이미지가 패키지로 추가되어 있는 것을 확인할 수 있다.

---

41 `docker login` 후 퍼스널 액세스 토큰이 삭제나 만료되었을 때는 GHCR의 공개 이미지를 pull하지 못할 수 있다. 이때는 `docker logout ghcr.io`를 실행한다.

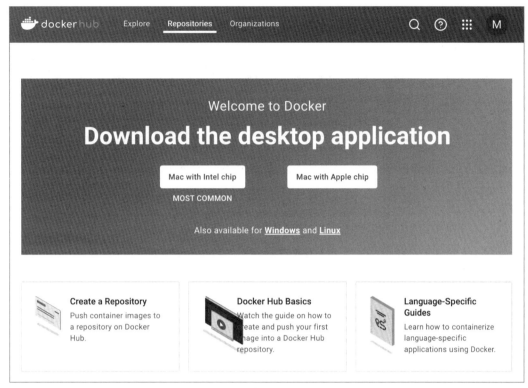

그림 2.3.7-2

도커 허브에 푸시하기

이미 생성된 `ch02/echo:0.0.1` 이미지를 도커 허브에 푸시해보자. 지금까지는 네임스페이스 `ch02`로 이미지를 빌드했지만 도커 허브의 네임스페이스는 2.3.6절에서 생성한 유저명이나 조직명이 사용되므로 이를 변경한다. `docker image tag` 커맨드를 사용해 다른 태그로 변경한다.

```
docker image tag ch02/echo:0.0.1 [유저명 또는 조직명]/echo:0.0.1
```

변경한 태그와 함께 `docker image push` 커맨드로 도커 허브에 푸시한다.

```
jpub@Mac ch02 % docker image tag ch02/echo:0.0.1 lovedockere/echo:0.0.1
jpub@Mac ch02 % docker image push lovedockere/echo:0.0.1
The push refers to repository [docker.io/lovedockere/echo]
4e954a1d5efb: Pushed
a3c1d40c8255: Pushed
a74df5e1b837: Pushed
42cbebf8bc11: Pushed
bc4a4d5175d5: Pushed
f6f065dbb4b6: Pushed
9a0518ec5756: Pushed
356172c718ac: Pushed
896086c86557: Pushed
38a25fd6c67d: Pushed
0.0.1: digest: sha256:549f998c59fe8978d8e09677726ead04d67e171de697b5549e01518d81f51270 size: 856
```

그림 2.3.7-3

도커 허브에 푸시한 이미지의 리포지터리를 확인할 수 있다. 이 리포지터리는 공개 리포지터리이므로 누구라도 `docker image pull`로 다운로드할 수 있다. 따라서 공개 리포지터리에 푸시하는 이미지와 Dockerfile에는 패스워드와 API 키 등의 보안 정보가 포함되지 않도록 주의해야 한다.

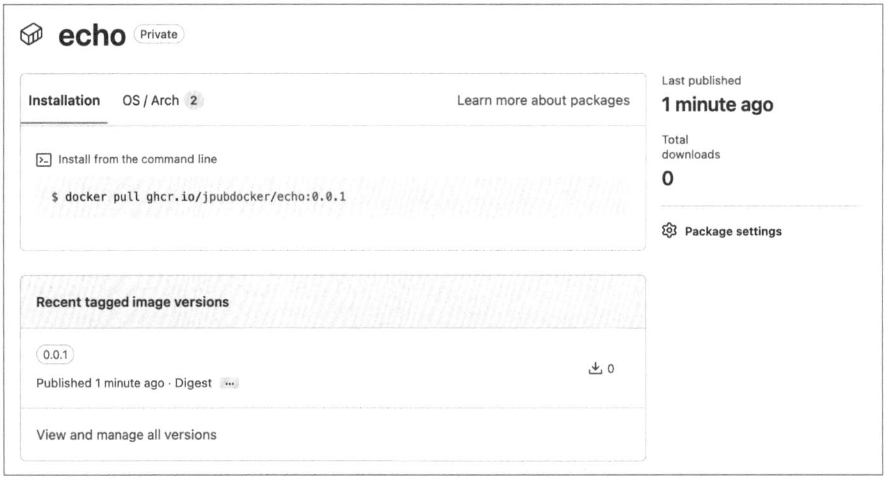

그림 2.3.7-4

COLUMN | **GHCR에 컨테이너 이미지 공개하기**

GHCR에 푸시된 컨테이너 이미지는 기본적으로 공개되지 않으므로 다른 사람이 pull해서 사용할 수 없다. GHCR의 컨테이너 이미지를 공개하려면 패키지의 visibility를 `Public`으로 변경해야 한다.

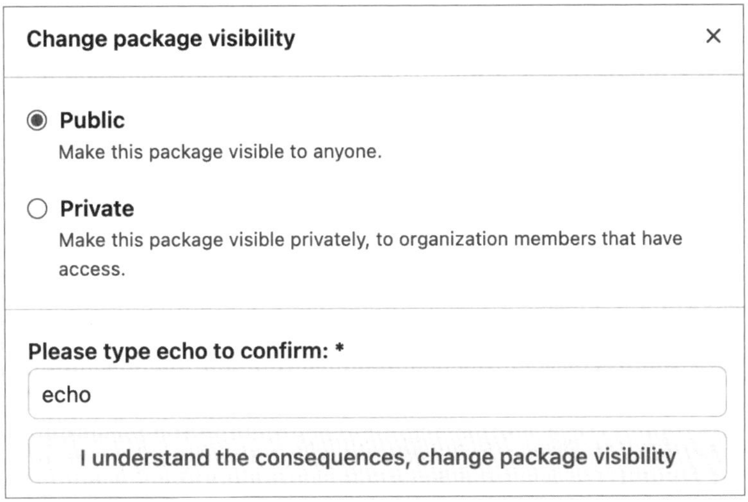

Change package visibility ✕

◉ **Public**
Make this package visible to anyone.

○ **Private**
Make this package visible privately, to organization members that have access.

Please type echo to confirm: *

`echo`

I understand the consequences, change package visibility

그림 2.3.7-5

컨테이너 이미지가 공개 이미지일 때는 무료이지만 프라이빗 이미지일 때는 스토리지와 월 데이터 전송량에 따라 요금이 발생한다.[42]

2.4 컨테이너 다루기

컨테이너 이미지에 이어서 컨테이너와 관련된 조작에 대해 알아보자. 컨테이너는 컨테이너 이미지를 기반으로 생성되므로, 컨테이너 조작보다 컨테이너 이미지와 관련된 부분에 대해 먼저 익숙해져야 한다. 여기서는 컨테이너 조작에 익숙해지기 위해 조금 더 자세히 살펴보자.

컨테이너는 외부에서 볼 때는 가상 환경으로, 파일 시스템과 애플리케이션이 함께 든 박스와 같다. 하지만 개념만으로는 다 이해하기 어려운 부분이 있다.

실제로 도커 커맨드를 사용해서 다루는 컨테이너는 구체적으로 어떤 것인지 기본 구조를 파악하고 실습을 통해 확인해보자.

---

[42] https://docs.github.com/ko/billing/managing-billing-for-github-packages/about-billing-for-github-packages

2.4.1 컨테이너의 라이프 사이클

컨테이너의 구체적인 동작을 알기 위해서는 컨테이너의 라이프 사이클life cycle을 이해해야 한다.

컨테이너는 **실행 중**, **중지**, **파기**의 세 가지 상태 중 하나로 분류되며, 이를 컨테이너의 라이프 사이클이라고 한다. `docker container run`이 실행된 직후는 실행 중인 상태다.

생성된 컨테이너는 같은 이미지를 사용하고 있더라도 각각 개별적인 상태를 갖는다. 이 점이 상태를 갖지 않는 템플릿인 이미지와 크게 다른 부분이다.

실행 중

`docker container run`을 통해 컨테이너 이미지에 기반한 컨테이너가 생성되고, Dockerfile의 `CMD`와 `ENTRYPOINT`를 통해 애플리케이션 실행을 시작한다. 이 애플리케이션이 실행 중이면 컨테이너는 실행 중인 상태를 의미한다.

HTTP Request를 받는 서버 애플리케이션이라면 비정상 종료 상태가 되지 않는 한, 실행 중인 상태가 지속되므로 긴 실행 시간을 갖는다. 반대로 커맨드를 통해 즉시 종료하는 커맨드 라인 도구 등을 사용하면 실행 상태가 오래가지 않는다.

실행이 완료되면 중지 상태가 된다.

중지

실행 중인 컨테이너는 유저가 명시적으로 중지하거나[43] 컨테이너에서 실행 중인 애플리케이션이 정상 또는 이상 상황에 관계없이 종료되면 자동으로 중지한다.

중지하게 되면 가상 환경의 역할은 완료되지만 컨테이너 종료 시 상태는 유지된다.[44] 따라서 중지한 컨테이너를 재실행할 수 있다.

파기

중지된 컨테이너는 명시적으로 파기하지 않는 한 계속 유지된다.[45] 컨테이너의 실행과 중지를 자주 반복하는 환경에서는 디스크의 용량 문제로 인해 불필요한 컨테이너는 완전히 파기하는 것이 좋다.

한번 파기된 컨테이너는 다시 사용할 수 없으므로 주의가 필요하다. 동일한 이미지를 사용해 새로

---

43 `docker container stop`을 사용해 중지하는 상황 등
44 `docker container ls -a`를 사용해 중지 상태를 포함한 모든 컨테이너를 확인할 수 있다.
45 MacOS 등 호스트 OS를 종료해도 유지된다.

운 컨테이너를 만들더라도 각 컨테이너가 시작되는 시간과 실행 시간이 다르며, 애플리케이션에서 실행되는 처리도 다르므로 완전히 동일한 상태를 갖는 컨테이너는 다시 생성할 수 없다.

이번 절에서 알아볼 내용은 이 라이프 사이클의 상태에 있는 컨테이너의 조작이다. 이 내용을 파악해두면 도커 컨테이너 조작도 쉽게 이해할 수 있다. 구체적으로 알아보도록 하자.

2.4.2 docker container run — 컨테이너 생성과 실행

docker container run은 컨테이너 이미지를 사용해 컨테이너를 생성하고 실행하는 커맨드다. 컨테이너의 라이프 사이클 중 실행 중 상태에 해당한다.

```
docker container run [options] 이미지명[:태그] [커맨드] [커맨드 인수...]
```

```
docker container run [options] 이미지ID [커맨드] [커맨드 인수...]
```

ch02/echo:latest 컨테이너를 백그라운드에서 실행하기 위해서는 다음과 같이 사용한다.

```
$ docker container run -d -p 9000:8080 ch02/echo:latest
a191fda10d34c99e6d4f52cdcdea07f48e81013d7cded9509541ed244d7e8010
```

-p 옵션으로 호스트 9000 포트를 컨테이너 8080 포트로 포트 포워딩하므로 다음과 같이 HTTP Request를 전송할 수 있다.

```
$ curl http://localhost:9000/
Hello Container!!%
```

도커는 서버 애플리케이션으로 사용할 때가 많으므로 대부분 -d 옵션과 -p 옵션을 사용하게 된다.[46]

docker container run에 인수 전달하기

docker container run에 커맨드 인수를 전달하여 Dockerfile에서 지정한 CMD를 덮어쓸 수 있다. 예를 들어 ubuntu:23.10의 CMD에 /bin/bash가 정의되어 있는 상태에서 그대로 실행하게 되면 bash 셸에 진입한다.[47]

---

46 커맨드 라인 도구의 실행 환경으로 도커를 사용할 때는 -i, -t, --rm 옵션을 자주 사용한다.
47 셸에 진입하려면 -it를 붙여서 실행해야 한다.

커맨드 인수에 컨테이너에서 실행하고 싶은 커맨드(예에서는 uname -r)를 전달하면 CMD를 덮어쓰고 이 커맨드를 실행할 수 있다.

```
$ docker container run -it ubuntu:23.10
root@3b04cbd5709c:/#
```

```
$ docker container run -it ubuntu:23.10 uname -r
6.4.16-linuxkit
```

```
jpub@Mac ch02 % docker image pull ubuntu:23.10
23.10: Pulling from library/ubuntu
9610c9b6cbed: Download complete
Digest: sha256:fd7fe639db24c4e005643921beea92bc449aac4f4d40d60cd9ad9ab6456aec01
Status: Downloaded newer image for ubuntu:23.10
docker.io/library/ubuntu:23.10   CMD /bin/bash가 실행되고 셸에 진입
jpub@Mac ch02 % docker container run -it ubuntu:23.10
root@239bc7757ff4:/# uname -a
Linux 239bc7757ff4 6.10.4-linuxkit #1 SMP Mon Aug 12 08:47:01 UTC 2024 aarch64 aarch64 aarch64 GNU/Linux
root@239bc7757ff4:/# exit
exit
jpub@Mac ch02 % docker container run -it ubuntu:23.10 uname -a   CMD /bin/bash를 uname -a로 덮어쓰기
Linux c4c6939c41f4 6.10.4-linuxkit #1 SMP Mon Aug 12 08:47:01 UTC 2024 aarch64 aarch64 aarch64 GNU/Linux
```

그림 2.4.2-1

컨테이너 이름 지정

`docker container run`으로 컨테이너를 실행할 때 `docker container ls` 실행 시 표시되는 NAMES(컨테이너명)에는 적당한 단어로 생성된 이름이 자동으로 부여된다.

그림 2.4.2-2

컨테이너 중지와 같이 컨테이너를 제어하는 커맨드를 실행할 때는 컨테이너 ID 또는 컨테이너명이 필요하다. 그러나 컨테이너 ID나 자동으로 부여되는 컨테이너명도 실행 후에야 처음으로 알 수 있는 정보다. 개발 과정에 동일한 `docker` 커맨드를 반복으로 실행하는 경우가 있으므로 이때마다 `docker container ls`를 실행하여 컨테이너 ID와 컨테이너명을 확인하는 것은 매우 번거롭다.

이 문제는 컨테이너에 이름을 추가하는 기능으로 해결할 수 있다. `docker container run`에 `--name` 옵션을 추가하면 컨테이너에 임의의 이름을 지정할 수 있다. 이름이 추가된 컨테이너는 `docker` 커맨드로 컨테이너를 쉽게 지정할 수 있으므로 개발 시 매우 유용하다.

```
docker container run --name [컨테이너명] [이미지명]:[태그]
```

```
jpub@Mac ch02 % docker container run -d --name jpub-echo ch02/echo:latest
34372e4d150624d4fae003dd3e863210cce09b38bfc5314d67aa7001d6266ea8
jpub@Mac ch02 % docker container ls
CONTAINER ID   IMAGE             COMMAND          CREATED        STATUS         PORTS      NAMES
34372e4d1506   ch02/echo:latest  "go run main.go"  5 seconds ago  Up 5 seconds              jpub-echo
```

그림 2.4.2-3

컨테이너 이름을 지정한 컨테이너는 개발 용도로는 자주 사용되지만 운영 환경에서는 자주 사용되지 않는다. 같은 이름의 컨테이너를 새롭게 실행하려면 기존의 동일한 이름의 컨테이너를 제거해야 한다.[48] 따라서 계속해서 컨테이너의 실행, 중지, 파기를 실행하는 운영 환경에서는 적합하지 않다.

COLUMN   커맨드 실행 시 자주 사용되는 옵션

도커는 Linux 실행 환경에서 커맨드 라인 도구를 사용하는 일이 많다. `docker container run` 사용 시 옵션으로 `-i`, `-t`, `--rm`, `-v` 등을 많이 사용한다.

`-i`는 컨테이너 시작 후 컨테이너의 표준 입력을 열린 상태로 둔다. 이를 통해 셸에 진입하여 커맨드 실행 등을 할 수 있다. 실제로 `-t`와 함께 사용하는 경우가 많다. `-t`는 의사 터미널을 활성화한다. `-i`를 사용하지 않으면 터미널을 사용해도 입력할 수가 없으므로 `-i -t` 또는 생략형으로 `-it`의 형태로 많이 사용한다.

```
$ docker container run -i ubuntu:23.10
# 터미널이 표시되지 않지만 입력 가능. echo yay 등을 입력해보면 응답이 있음
$ docker container run -t ubuntu:23.10
# 터미널이 표시되고 입력도 가능하지만 실제 입력 내용은 컨테이너에 전달되지 않음
$ docker container run -it ubuntu:23.10
# 터미널이 표시되고 문자 입력이 가능. 가상 환경에 로그인한 것처럼 사용할 수 있음
```

`--rm`은 컨테이너가 종료될 때 컨테이너를 파기한다. 한번 실행 후 더 이상 유지할 필요가 없는 커맨드 라인 도구 등을 실행할 때 적합하다. 2.4.5를 참조하자.

`-v`는 호스트와 컨테이너가 디렉터리와 파일을 공유할 때 사용한다. 3.5.1을 참조하자.

이 옵션들은 도커 관련 글에서도 자주 접하게 되는 부분이며, 이 책에서는 9장에서 활용한다.

---

48 파기 상태

docker container ls — 컨테이너 리스트

`docker container ls`는 실행 중인 컨테이너와 종료한 컨테이너의 리스트를 표시하는 커맨드다.

```
docker container ls [options]
```

`docker container ls`를 확인하기 위해 다음과 같이 이름이 지정된 컨테이너 2개를 실행한다.

```
$ docker container run -t -d -p 8080 --name echo1 ch02/echo:latest
$ docker container run -t -d -p 8080 --name echo2 ch02/echo:latest
```

옵션없이 `docker container ls`를 실행하면 현재 실행 중인 컨테이너 리스트가 표시된다.

```
jpub@Mac ch02 % docker container ls
CONTAINER ID   IMAGE               COMMAND           CREATED         STATUS          PORTS                     NAMES
bfb31099e60e   ch02/echo:latest    "go run main.go"   6 seconds ago   Up 5 seconds    0.0.0.0:64208->8080/tcp   echo2
455c42f42c30   ch02/echo:latest    "go run main.go"   9 seconds ago   Up 8 seconds    0.0.0.0:64206->8080/tcp   echo1
```

그림 2.4.3-1

리스트 표시 항목은 다음과 같다. `docker container ls`는 컨테이너 조작 시 자주 사용되는 커맨드다. 항목의 의미를 알아보자.

항목	내용
CONTAINER ID	컨테이너에 부여되는 고유 ID
IMAGE	컨테이너 생성에 사용되는 컨테이너 이미지
COMMAND	컨테이너에서 실행되는 애플리케이션 프로세스
CREATED	컨테이너 생성 시점부터 경과 시간
STATUS	Up(실행 중), Exited(종료)의 컨테이너 실행 상태
PORTS	호스트 포트와 컨테이너 포트 연결(포트 포워딩)
NAMES	컨테이너에 부여된 이름

컨테이너 ID만 추출하기

`docker container ls` 커맨드로 확인할 수 있는 실행 컨테이너의 정보는 컨테이너 ID와 이미지 등의 정보가 포함되어 있지만, `-q` 옵션을 추가하면 컨테이너 ID(생략형)만 확인할 수 있다. 컨테이너 조작 시 컨테이너 ID를 사용하므로 자주 사용하는 옵션이다.[49]

---

49 앞에서도 컨테이너 중지 등에 사용한다.

```
$ docker container ls -q
ff11ac7757b1
6b8373c25339
```

filter 사용하기

docker container ls 사용 시 특정 조건에 만족하는 결과만 확인하려면 --filter 옵션을 사용한다.

```
docker container ls --filter "filter명=값"
```

다양한 필터가 제공되므로 자세한 내용은 공식 문서를 참조하자.[50]

예를 들어 컨테이너명으로 필터를 걸기 위해서는 docker container ls --filter "name=echo1"과 같이 name 필터를 사용한다.

```
jpub@Mac ch02 % docker container ls --filter "name=echo1"
CONTAINER ID   IMAGE             COMMAND          CREATED         STATUS         PORTS                     NAMES
455c42f42c30   ch02/echo:latest  "go run main.go"  3 minutes ago   Up 3 minutes   0.0.0.0:64206->8080/tcp   echo1
```

그림 2.4.3-2

이미지의 필터링은 docker container ls --filter "ancestor=ch02/echo"와 같이 ancestor 필터를 사용한다. ancestor는 조상이라는 의미로, 컨테이너의 조상이 되는 이미지를 찾을 수 있다.

```
jpub@Mac ch02 % docker container ls --filter "ancestor=ch02/echo"
CONTAINER ID   IMAGE             COMMAND          CREATED         STATUS         PORTS                     NAMES
bfb31099e60e   ch02/echo:latest  "go run main.go"  6 minutes ago   Up 6 minutes   0.0.0.0:64208->8080/tcp   echo2
455c42f42c30   ch02/echo:latest  "go run main.go"  6 minutes ago   Up 6 minutes   0.0.0.0:64206->8080/tcp   echo1
```

그림 2.4.3-3

중지한 컨테이너 가져오기

docker container ls -a와 같이 -a 옵션을 추가하면 중지한 컨테이너를 포함한 컨테이너 리스트를 확인할 수 있다. 중지한 컨테이너의 로그를 참조하거나 재실행할 때 사용할 수 있다.

---

50 https://docs.docker.com/engine/reference/commandline/ps/#filter

```
jpub@Mac ch02 % docker container stop echo1
echo1
jpub@Mac ch02 % docker container stop echo2
echo2
jpub@Mac ch02 % docker container ls -a
CONTAINER ID   IMAGE             COMMAND          CREATED         STATUS                    PORTS      NAMES
bfb31099e60e   ch02/echo:latest  "go run main.go"  8 minutes ago   Exited (2) 3 seconds ago             echo2
455c42f42c30   ch02/echo:latest  "go run main.go"  8 minutes ago   Exited (2) 6 seconds ago             echo1
```

그림 2.4.3-4

2.4.4 docker container stop — 컨테이너 중지

실행 중인 컨테이너 종료(중지)는 docker container stop 커맨드를 사용한다.

docker container stop 컨테이너ID 또는 컨테이너명

```
jpub@Mac ch02 % docker container run -d -p 9000:8080 ch02/echo:latest
a032afcd1ee17434a6ca98ed41bd1157159bbdc94341e2a0af872a2c931f300e
jpub@Mac ch02 % docker container stop a032afcd1ee17434a6ca98ed41bd1157159bbdc94341e2a0af872a2c931f300e
a032afcd1ee17434a6ca98ed41bd1157159bbdc94341e2a0af872a2c931f300e
```

그림 2.4.4-1

이름이 지정된 컨테이너는 다음과 같이 사용한다.

```
jpub@Mac ch02 % docker container run -d --name echo ch02/echo:latest
902bc179693c33dcfca3fd256889a909a163b9e47da94f383f70fbaac81b9877
jpub@Mac ch02 % docker container stop echo
echo
```

그림 2.4.4-2

2.4.5 docker container rm — 컨테이너 파기

컨테이너를 중지하는 커맨드는 docker container stop이지만, 중지된 컨테이너를 디스크에서 완전히 파기할 때는 docker container rm 커맨드를 사용한다.

docker container rm 컨테이너ID 또는 컨테이너명

예를 들어 개발 단계에서 컨테이너의 실행과 중지를 반복하면 다음과 같이 중지된 컨테이너가 점점 쌓여간다. docker container ls --filter "status=exited"를 사용해 확인할 수 있다.

```
jpub@Mac ch02 % docker container ls --filter "status=exited"
CONTAINER ID   IMAGE              COMMAND            CREATED          STATUS                   PORTS     NAMES
902bc179693c   ch02/echo:latest   "go run main.go"   58 seconds ago   Exited (2) 52 seconds ago          echo
a032afcd1ee1   ch02/echo:latest   "go run main.go"   3 minutes ago    Exited (2) 3 minutes ago           stupefied_hermann
```

그림 2.4.5-1

컨테이너 라이프 사이클에서도 설명한 것과 같이 컨테이너를 중지해도 상태는 계속 유지된다. 명시적으로 파기하지 않는 한 상태는 계속 유지되므로 컨테이너의 실행, 중지가 빈번한 환경이라면 용량 문제가 발생할 수 있다.

또한 지정된 컨테이너의 이름은 고유해야 하며 동일한 이름으로는 새로 만들 수 없다. 이때는 먼저 동일한 이름의 컨테이너를 제거해야 한다. 다음과 같이 docker container rm에 인수로 컨테이너 ID를 지정하면 중지된 컨테이너를 제거할 수 있다.

```
$ docker container rm 38ff3adb5394
38ff3adb5394
```

기본적으로는 docker container rm 커맨드로 실행 중인 컨테이너를 제거할 수는 없지만 -f 옵션을 사용하면 실행 중인 컨테이너를 중지하고 삭제를 진행한다.

```
jpub@Mac ch02 % docker container run -d ch02/echo:latest
b2ba755b0f675842e57e0e8884b1f4094b31ed665ac9fa7204cebff059922ee5
jpub@Mac ch02 % docker container rm -f b2ba755b0f675842e57e0e8884b1f4094b31ed665ac9fa7204cebff059922ee5
b2ba755b0f675842e57e0e8884b1f4094b31ed665ac9fa7204cebff059922ee5
```

그림 2.4.5-2

docker container run --rm으로 중지 시 컨테이너 파기하기

컨테이너를 중지한 후 상태를 유지할 필요가 없는 상황도 있다.

중지한 컨테이너는 docker container rm을 사용해 제거할 수 있지만, 중지 커맨드 실행 후 다시 제거 커맨드를 실행하는 작업은 번거롭다.

이때는 docker container run 커맨드에 옵션을 사용한다. 보통 컨테이너는 중지하더라도 상태를 유지하지만, rm 옵션을 추가하면 컨테이너 중지 시 파기를 진행한다.

예를 들어 다음과 같이 jq 커맨드를 컨테이너에서 실행하는 상황을 살펴보자.

```
$ echo '{"version":100}' | jq '.version'
```

이 커맨드를 컨테이너에서도 동일하게 사용하는 방법은 다음과 같다. `image/jq:1.6`은 jq 커맨드를 사용하는 컨테이너 이미지이며, `docker container run` 인수에 `jq` 인수를 전달하면 동일한 방식으로 작동한다.

```
$ echo '{"version":100}' | docker container run -i --rm image/jq:1.6 '.version'
...
100
```

이와 같이 커맨드 라인 도구를 사용할 때는 중지 후 유지할 필요가 없는 컨테이너에 `--rm` 옵션을 사용하여 편리하게 파기할 수 있다.

`--rm` 옵션은 컨테이너의 이름을 지정하는 `--name` 옵션과 함께 사용되는 일이 많다. 이름이 지정된 컨테이너가 중지된 상태에서 동일한 이름의 컨테이너를 다시 실행하려고 하면 다음과 같이 `Conflict` 에러가 발생한다. 이 문제를 피하기 위해서는 별명을 사용하거나 중지한 컨테이너를 제거해야 한다. 따라서 이름을 지정하는 컨테이너를 자주 실행, 중지하는 환경에서는 `--rm` 옵션을 사용하는 것이 좋다.

```
jpub@Mac ch02 % docker container run -d --name echo ch02/echo:latest 이름이 지정된 컨테이너를 실행하기
e9a4f4d645688b316faca007b131d9d6ed985f003265cc03b0821865db6e0633
jpub@Mac ch02 % docker container run -d --name echo ch02/echo:latest 동일한 이름의 컨테이너가 존재하므로 에러 발생
docker: Error response from daemon: Conflict. The container name "/echo" is already in use by container "e9a4f4d645688b316faca007b131d9d6
ed985f003265cc03b0821865db6e0633". You have to remove (or rename) that container to be able to reuse that name.
See 'docker run --help'.
```

그림 2.4.5-3

2.4.6 docker container logs — 로그(표준 스트림 출력) 확인하기

`docker container logs` 커맨드를 사용하면 특정 컨테이너의 로그(표준 스트림 출력[51])를 확인할 수 있다. 표준 스트림 출력만 확인할 수 있으며, 컨테이너의 애플리케이션이 파일에 출력하는 로그와 같은 부분은 확인할 수 없으므로 주의하자.

일반적으로 컨테이너에서 로그란 컨테이너에 표준 스트림 출력으로 나오는 것을 말한다.

```
docker container logs [options] 컨테이너ID 또는 컨테이너명
```

---

51 표준 출력과 표준 에러 출력

-f 옵션을 사용하면 표준 스트림 출력을 계속 확인한다.

ch02/echo:latest 이미지를 사용해 echo-debug 컨테이너를 만들고 docker container logs -f로
표준 스트림 출력을 대기해보자. 9000 포트에 HTTP Request를 전송하면 'Received request'가
표시된다.

```
$ docker container run -d -p 9000:8080 --rm --name echo-debug ch02/echo:latest
b6ab53d4e64bfee236d312bc1eaef64f4e79eac7606329439398612cea021db2
$ docker container logs -f echo-debug
2024/09/20 17:13:07 Start server
2024/09/20 17:13:07 Received request
```

실제로 애플리케이션 운영 단계에서는 9.1.3절에서 소개하는 것과 같이 실행 중인 컨테이너의 로그
를 수집하여 웹브라우저와 커맨드 라인으로 확인할 수 있는 도구가 있다. 따라서 docker container
logs를 사용하는 일은 많지 않다. 그러나 이와 같은 도구가 없는 환경에서는 디버깅 용도로 유용하
다.

2.4.7 docker container exec — 실행 중인 컨테이너에서 커맨드 실행

docker container exec 커맨드를 사용하면 실행 중인 컨테이너에서 커맨드를 실행할 수 있다.
docker container exec에 실행할 컨테이너 ID 또는 컨테이너명을 지정하고 인수에는 실행할 커맨
드를 지정한다.

```
docker container exec [options] 컨테이너ID(또는 컨테이너명) 커맨드
```

echo-debug 컨테이너에서 pwd 커맨드를 실행해보자. 이 컨테이너는 현재 디렉터리인 /go/src/
github.com/jpubdocker/echo에서 실행되고 있으므로 이 경로가 출력된다.

```
$ docker container exec echo-debug pwd
/go/src/github.com/jpubdocker/echo
```

docker container exec를 사용하면 컨테이너에 SSH로 로그인한 것과 같이 컨테이너 내부를 조작
할 수 있다. 컨테이너 내에서 실행하는 셸 커맨드(sh와 bash)를 대화형으로 실행한다. 표준 입력을
열린 상태로 유지하는 -i 옵션과 가상 터미널을 할당하는 옵션인 -t를 조합하여 셸을 통해 컨테
이너를 조작할 수 있다. -it 옵션을 해당 용도로 기억해두면 좋다.

```
$ docker container exec -it echo-debug sh
# pwd
/go/src/github.com/jpubdocker/echo
```

이와 같이 `docker container exec`는 컨테이너 상태 확인과 디버깅 용도로 사용된다. 그러나 컨테이너에서 파일을 변경하는 작업은 애플리케이션에 의도하지 않은 부작용을 초래할 수 있으므로 운영 환경에서는 최대한 피하도록 한다.

2.4.8 docker container cp — 파일 복사

`docker container cp`를 사용하면 컨테이너 간 또는 컨테이너와 호스트 간에 파일을 복사할 수 있다. Dockerfile의 `COPY`는 이미지 빌드 시 호스트에서 파일을 복사하기 위해 사용하지만 `docker container cp`는 실행 중인 컨테이너에 파일을 복사하기 위해 사용한다.

```
docker container cp [options] 컨테이너 ID(또는 컨테이너명):컨테이너 내 경로 호스트 내 경로
```

```
docker container cp [options] 호스트 내 경로 컨테이너 ID(또는 컨테이너명:컨테이너 내 경로
```

컨테이너 내부의 `/go/src/github.com/jpubdocker/echo/main.go`를 호스트의 현재 경로로 복사하는 커맨드는 다음과 같다.

```
$ docker container cp echo-debug:/go/src/github.com/jpubdocker/echo/main.go .
Successfully copied 2.56kB to /Users/user/work/ch02/.
```

호스트에서 컨테이너로 복사할 때는 반대로 지정하면 된다.

```
$ echo "jpub" > dummy.txt

$ docker container cp dummy.txt echo-debug:/tmp
Successfully copied 3.07kB to echo-debug:/tmp

$ docker container exec echo-debug ls /tmp | grep dummy
dummy.txt
```

`docker container cp`는 컨테이너에서 생성된 파일을 호스트에 복사하고 확인하는 디버깅 용도가

대표적이다. 파기되지 않고 종료된 컨테이너에 대해서도 사용할 수 있다.

2.5 운영 관리를 위한 커맨드

지금까지 이미지와 컨테이너의 관점에서 대표적인 커맨드를 알아보았다. 이제 도커의 운영과 관리를 위해 유용한 커맨드를 알아보자.

2.5.1 prune — 파기

도커를 지속적으로 사용하면 도커 컨테이너와 이미지가 쌓여 많은 용량을 차지할 수 있다. 이때는 각종 prune 커맨드를 사용해 불필요한 이미지나 컨테이너를 제거할 수 있다.

docker container prune

`docker container prune`는 실행 중이 아닌 컨테이너를 모두 제거할 수 있다.

`docker container ls -a`는 중지된 항목을 포함해 컨테이너 리스트를 표시한다. 중지된 컨테이너는 여전히 상태가 유지되고 있으므로 로그를 참조하거나 컨테이너를 재사용(`docker container restart`)할 수 있다. 이러한 특성은 실행 테스트 등에는 도움이 되지만 실제 중지한 컨테이너 대부분은 불필요하므로 정기적으로 제거하는 것이 좋다.

```
docker container prune [options]
```

확인이 필요하므로 y를 입력하면 모두 제거된다.

```
$ docker container prune
WARNING! This will remove all stopped containers.
Are you sure you want to continue? [y/N] y
Deleted Containers:
783f5d43a2d851f3d7378374e482de00bef141595f7ac8ca49ebca5926fdb36b
59b9e5c5030df09c59a78124eca0a920381789f9041aaf6840f2335ae8635426

Total reclaimed space: 254.6MB
```

docker image prune

컨테이너와 마찬가지로 컨테이너 이미지도 쌓여간다. 빌드마다 차이점을 가진 `<none>` 이미지가 남게 되므로 정기적으로 제거하도록 하자. `docker image prune`으로 불필요한 이미지를 제거할 수 있다.

```
docker image prune [options]
```

```
$ docker image prune
WARNING! This will remove all dangling images.
Are you sure you want to continue? [y/N] y
Deleted Images:
deleted: sha256:29fcdbba3e96fca723aa2f23f286f822edeb7fc0fb30f91db169181501fa42cd

Total reclaimed space: 0B
```

--all 옵션을 사용하면 모든 이미지를 한 번에 삭제할 수 있다. 전체 삭제 후 `docker image ls`를
통해 확인해보면 일부 이미지가 남아 있을 수 있다. 이는 도커가 판단하여 자동으로 남겨두는 것
으로, 실행 중인 컨테이너의 이미지 등 남겨두어야 할 필요가 있는 이미지다.

docker system prune

사용 중이 아닌 컨테이너와 이미지, 볼륨, 네트워크 등의 모든 리소스를 제거할 때는 `docker
system prune`을 사용한다.

```
$ docker system prune
WARNING! This will remove:
  - all stopped containers
  - all networks not used by at least one container
  - all dangling images
  - all dangling build cache
Are you sure you want to continue? [y/N]
```

2.5.2 docker container stats — 사용 상태 가져오기

컨테이너 단위로 시스템 리소스의 사용 상태를 알기 위해서는 `docker container stats`를 사용한
다. UNIX 계열 OS의 top 커맨드와 유사한 작업을 도커에서 사용한다고 볼 수 있다.[52]

```
docker container stats [options] [컨테이너 ID...]
```

---

[52] `docker top`은 컨테이너에서 실행 중인 프로세스를 확인할 수 있는 커맨드이므로 혼동하지 않도록 주의가 필요하다.

```
CONTAINER ID    NAME            CPU %     MEM USAGE / LIMIT      MEM %    NET I/O        BLOCK I/O       PIDS
68bda3c4f2c1    musing_noyce    0.00%     40.87MiB / 7.655GiB    0.52%    746B / 0B      115kB / 132MB   22
88acef4e75bb    hungry_clarke   0.00%     49.04MiB / 7.655GiB    0.63%    1.05kB / 0B    0B / 132MB      24
```

그림 2.5.2-1

2.6 도커 컴포즈

앞에서는 컨테이너 이미지 생성이나 컨테이너 레지스트리 이미지를 사용한 컨테이너의 실행, 호스트 포트와 컨테이너의 포트 포워딩 등 도커의 기본적인 사용 방법에 대해 알아보았다. 이는 모두 중요한 기초 기술이다.

그러나 기본 조작만으로는 실무에서 충분히 효과적으로 사용할 수 없다고 느낄 것이다.

일반적으로 시스템은 단일 애플리케이션이나 미들웨어만으로는 구성되지 않는다. 웹 애플리케이션이라면 리버스 프록시reverse proxy 역할을 하는 프런트엔드 웹서버와 비지니스 로직을 갖는 애플리케이션 서버가 존재하며, 데이터 스토어나 다른 애플리케이션과 통신하며 동작한다. 여러 애플리케이션의 연동과 통신은 각각 의존 관계를 갖고 하나의 시스템으로 동작한다.

앞에서 설명한 대로 컨테이너는 애플리케이션의 배포에 특화된 기술이다. 컨테이너를 싱글 애플리케이션이라고 생각해보자. 가상 서버와는 구성 요소가 다르다.

애플리케이션 간 연동이 없으면 실용적인 시스템은 만들 수 없다. 컨테이너로 시스템을 구축하는 것은 복수의 컨테이너가 서로 통신하고 의존성을 갖는 것이다.

이러한 시스템을 위해서는 싱글 애플리케이션에서는 문제가 되지 않는 부분까지도 신경을 써야 한다. 컨테이너 동작 제어를 위한 설정 파일이나 환경 변수의 제공과 의존 관계, 포트 포워딩과 같은 요소를 적절히 관리해야 한다.

따라서 컨테이너로 이와 같은 시스템을 만들 때는 기본 조작만으로는 문제를 해결하기 어렵다.

2.6.1 도커 컴포즈를 사용한 단일 컨테이너 실행

이 때문에 도커 컴포즈[53]를 사용한다. 컴포즈는 yaml 형식의 설정 파일로 여러 컨테이너 실행을

---

53 뒤에서는 컴포즈로 표기. 커맨드는 docker-compose로 표기

한 번에 관리할 수 있다.

한번 사용해보도록 하자. 도커 데스크톱이 로컬 환경에 설치되어 있다면 docker compose 커맨드로 사용할 수 있다.

```
$ docker compose version
Docker Compose version v2.18.1
```

먼저 컨테이너 하나를 실행해보자. 다음과 같이 작성한다.

```
$ docker container run -d -p 9000:8080 ghcr.io/jpubdocker/echo:v0.1.0
```

~/work/ch02/echo 디렉터리에 compose.yaml 파일을 생성하고 리스트 2.4와 같이 작성한다. 이는 앞에서 설명한 docker container run...과 동일한 작업을 한다. version: "3.9"는 compose.yaml 파일 포맷의 버전을 의미한다.[54] 이번 장에서 생성한 ghcr.io/jpubdocker/echo:v0.1.0의 컨테이너 이미지를 컴포즈에서 사용한다.

리스트 2.4 echo 컨테이너를 실행하는 compose.yaml (~/work/ch02/echo/compose.yaml)

```
version: "3.9"

services:
  echo:
    image: ghcr.io/jpubdocker/echo:v0.1.0
    ports:
      - 9000:8080
```

compose.yaml의 내용을 살펴보자. services의 echo는 컨테이너 이름 정의이며, 하위에는 실행하는 컨테이너를 정의한다. image는 컨테이너 이미지, ports는 포트 포워딩을 지정한다.

컨테이너를 실행해보자. compose.yaml이 존재하는 디렉터리에서 정의한 내용을 기반으로 컨테이너 그룹을 실행하는 docker compose up을 실행한다. 여기서는 -d 옵션[55]을 추가해 백그라운드에서 동작하도록 한다.

---

54 3.x 버전은 파일의 기술 정의 중 안정적으로 사용할 수 있는 최신 버전이다.
55 -d는 백그라운드에서 실행하는 옵션이다.

```
(~/work/ch02/echo) $ docker compose up -d
```

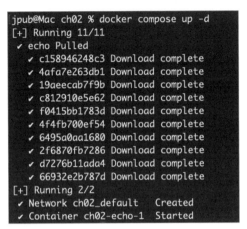

그림 2.6.1-1

`docker container ls`로 확인해보자. 컴포즈를 통해 실행한 컨테이너가 실행 중이다.

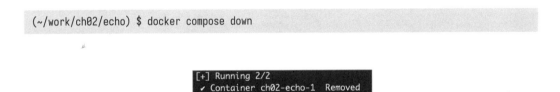

그림 2.6.1-2

컨테이너 중지는 `docker compose down`으로 `compose.yaml`에 정의된 컨테이너를 모두 중지, 제거할 수 있다. 컨테이너 ID 정보가 필요한 `docker container stop`보다 더 간단하다.

```
(~/work/ch02/echo) $ docker compose down
```

```
[+] Running 2/2
 ✔ Container ch02-echo-1   Removed
 ✔ Network ch02_default    Removed
```

그림 2.6.1-3

컴포즈는 이미 존재하는 컨테이너 이미지뿐만 아니라 `docker compose up` 사용 시 이미지 빌드도 함께 진행하여 생성된 이미지를 그대로 실행할 수 있다. 앞에서 생성한 `compose.yaml`을 편집해보자.

여기서 `compose.yaml`은 `image` 속성을 지정하는 대신 `build` 속성으로 Dockerfile이 존재하는 디

렉터리의 상대 경로를 지정한다. 이 예에서는 같은 계층에 존재하므로 .(현재 디렉터리)를 지정한다.

리스트 2.5 이미지 빌드 후 컨테이너를 실행하는 compose.yaml (~/work/ch02/echo/compose.yaml)

```yaml
version: "3.9"

services:
  echo:
    build: .
    ports:
      - 9000:8080
```

다시 docker compose up -d를 실행해보자. 이미 컴포즈로 이미지가 빌드되었을 때는 빌드를 생략하고 컨테이너를 실행하지만, --build 옵션을 추가하면 docker compose up 사용 시 빌드 과정을 반드시 수행하도록 지정할 수 있다. 개발 시 자주 이미지를 업데이트하고 실행할 때는 --build 옵션을 추가해두는 것이 좋다.

```
jpub@Mac ch02 % docker compose up -d --build
[+] Building 0.9s (10/10) FINISHED
 => [echo internal] load build definition from Dockerfile
 => => transferring dockerfile: 162B
 => [echo internal] load metadata for docker.io/library/golang:1.20.5
 => [echo internal] load .dockerignore
 => => transferring context: 2B
 => [echo 1/4] FROM docker.io/library/golang:1.20.5@sha256:fd9306e1c664bd49a11d4a4a04e41303430e069e437d137876e9290a555e06fb
 => => resolve docker.io/library/golang:1.20.5@sha256:fd9306e1c664bd49a11d4a4a04e41303430e069e437d137876e9290a555e06fb
 => [echo internal] load build context
 => => transferring context: 29B
 => CACHED [echo 2/4] WORKDIR /go/src/github.com/jpubdocker/echo
 => CACHED [echo 3/4] COPY main.go .
 => CACHED [echo 4/4] RUN go mod init
 => [echo] exporting to image
 => => exporting layers
 => => exporting manifest sha256:13bf25215f8a293a49d8eb1b30aedc7602756ec64dc1a785134c988c62cd55b8
 => => exporting config sha256:341f905e756f98b40f19901a9df7a3e5d137f8fb67abc90707ecbfc88203304f
 => => exporting attestation manifest sha256:510dbf6a27ee45c7e19b0888adbe69b6cf10817f6bf89997bdf7c74ab8c93667
 => => exporting manifest list sha256:73e5779dde194d823d3ad7f9590ac8affb623420a9dfcb714e0b8f879a6d0410
 => => naming to docker.io/library/ch02-echo:latest
 => => unpacking to docker.io/library/ch02-echo:latest
 => [echo] resolving provenance for metadata file
[+] Running 1/1
 ✓ Container ch02-echo-1  Started
```

그림 2.6.1-4

2.6.2 컴포즈를 사용해 여러 컨테이너 실행하기

compose.yaml을 작성하면 docker 커맨드로 수행하는 컨테이너의 실행 구성을 설정 파일로 관리할 수 있다. 이것만으로도 유용하지만 컴포즈 구성 관리가 진가를 발휘하는 것은 여러 컨테이너를 실행할 때다.

컴포즈에서 여러 컨테이너 실행의 기본적인 요소를 유지하기 위해 echo 서버와 nginx를 연동하는 간단한 구성을 구현해보자.

여러 컨테이너 구성

앞에서는 echo 서버에 직접 HTTP Request를 전송했다. 여기서는 echo 서버의 앞단에 리버스 프록시로 nginx를 배치하는 구성을 생각해보자.

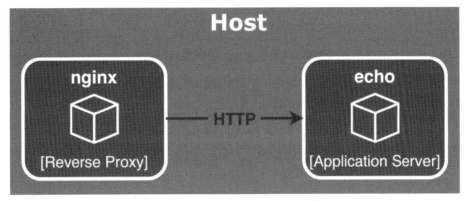

그림 2.6.2-1 nginx 컨테이너와 echo 컨테이너 구성

다음과 같이 작업 디렉터리를 생성하고 내부로 이동하자.

```
$ mkdir -p ~/work/ch02/nginx-echo
```

생성한 디렉터리에 리스트 2.6과 같이 `compose.yaml`을 생성한다. `echo` 컨테이너의 이미지로 `ghcr.io/jpubdocker/echo:v0.1.0`을 사용한다.

리스트 2.6 echo 컨테이너를 정의하는 compose.yaml (~/work/ch02/nginx-echo/compose.yaml)

```
version: "3.9"

services:
  echo:
    image: ghcr.io/jpubdocker/echo:v0.1.0
```

이번에는 nginx에서 echo 컨테이너로 컨테이너 간의 통신을 하므로 포트 포워딩 설정은 필요 없다. 이제 리버스 프록시가 되는 nginx를 구성해보자.

nginx 컨테이너 구성

nginx 컨테이너는 도커 허브에 공개된 `nginx:1.25.1`을 베이스 이미지로 사용한다. nginx를 echo 서버의 리버스 프록시로 사용하려면 몇 가지 설정이 필요하다. 그러므로 nginx 컨테이너에 기본적으로 어떤 구성 파일이 있는지 확인해보자. 다음과 같이 nginx 컨테이너를 실행하고 `bash`로 작업한다.

```
$ docker container run -d --name nginx --rm nginx:1.25.1
762bba0446bc53ffc2553badbc500290d46a0924b2304276b5304c6b75df11a4

$ docker container exec -it nginx bash
root@762bba0446bc:/#
```

`/etc/nginx`는 nginx 설정 파일의 루트 디렉터리다.

- /etc/nginx.conf

컨테이너에 `/etc/nginx.conf`라는 nginx 기본 설정 파일이 있다. 리스트 2.7의 내용은 `cat` 커맨드로 확인할 수 있다.

웹서버의 기본적인 설정은 되어 있지만 중요한 부분은 `include`이다. `/etc/nginx/conf.d` 디렉터리에 `conf` 확장자의 설정 파일을 모두 로드하는 것을 의미한다.

리스트 2.7 nginx 컨테이너의 /etc/nginx/nginx.conf

```
user nginx;
worker_processes auto;

error_log /var/log/nginx/error.log notice;
pid /var/run/nginx.pid;

events {
  worker_connections 1024;
}

http {
  include /etc/nginx/mime.types;
  default_type application/octet-stream;

  log_format main '$remote_addr - $remote_user [$time_local] "$request" '
                  '$status $body_bytes_sent "$http_referer" '
                  '"$http_user_agent" "$http_x_forwarded_for"';
```

```
    access_log /var/log/nginx/access.log main;

    sendfile on;
    #tcp_nopush on;

    keepalive_timeout 65;

    #gzip on;

    include /etc/nginx/conf.d/*.conf;
}
```

/etc/nginx/conf.d 디렉터리에는 default.conf라는 nginx의 디폴트 페이지를 반환하기 위한 설정 파일이 존재한다.[56]

nginx를 echo 서버의 리버스 프록시로 동작하도록 하기 위해서는 몇 가지 설정이 필요하다. 이 설정 파일은 컨테이너의 /etc/nginx/conf.d 디렉터리에 배치하면 좋다.

설정 파일은 이미지 빌드 시 컨테이너의 /etc/nginx/conf.d 디렉터리에 복사된다. 로컬 작업 디렉터리에 nginx 디렉터리를 생성하고 하위에 /etc/nginx/conf.d 디렉터리를 생성한다.[57]

```
.
├── nginx
│   └── etc
│       └── nginx
│           └── conf.d
└── compose.yaml
```

- /etc/nginx/conf.d/upstream.conf

echo 서버에 리버스 프록시를 구현하기 위한 설정 파일을 생성한다. nginx는 upstream 디렉티브를 리스트 2.8과 같이 작성하여 리버스 프록시의 서버 정보를 설정할 수 있다.[58] 주로 upstream. conf 이름을 사용한다.

---

56 내용은 생략한다.

57 nginx 하위 디렉터리를 컨테이너의 설정 파일 디렉터리와 동일한 패스에 두면 Dockerfile에서 COPY를 쉽게 작성할 수 있다.

58 max_fails와 fail_timeout은 서버 상태 체크 설정이다.

리스트 2.8 nginx 컨테이너의 /etc/nginx/conf.d/upstream.conf (~/work/ch02/nginx-echo/nginx/etc/nginx/conf.d/upstream.conf)

```
upstream echo {
  server echo:8080 max_fails=3 fail_timeout=10s;
}
```

echo 서버의 주소가 echo:8080인 것이 신경 쓰일 수도 있다. 컴포즈에서 컨테이너 간 통신을 할 때는 compose.yaml의 services로 정의한 명칭을 통해 이름 분석name resolution이 가능하다. echo 컨테이너는 8080 포트를 열고 있으므로 echo:8080이 된다.

upstream.conf는 다음과 같이 ./nginx/etc/nginx/conf.d 디렉터리에 위치한다.

```
.
├── nginx
│   └── etc
│       └── nginx
│           └── conf.d
│               └── upstream.conf
└── compose.yaml
```

- /etc/nginx/conf.d/echo.conf

echo 서버에 리버스 프록시를 구현하기 위해 가상 호스트 설정도 필요하다. 리스트 2.9와 같이 server 디렉티브를 정의한다.

리스트 2.9 nginx 컨테이너의 /etc/nginx/conf.d/echo.conf (~/work/ch02/nginx-echo/nginx/etc/nginx/conf.d/echo.conf)

```
server {
  listen 80;
  server_name echo.jpub.local;
  location / {
    proxy_pass http://echo;
    proxy_set_header Host $host;
    proxy_set_header X-Forwarded-For $remote_addr;
    access_log /dev/stdout main;
    error_log /dev/stderr;
  }
}
```

listen 80은 80 포트에서 HTTP Request를 대기하는 설정이다.

`server_name echo.jpub.local`은 Request 호스트 이름을 정의한다. 여기서 정의한 호스트에서 Request를 받았을 때만 이 디렉티브 설정이 적용된다.[59] 이것이 가상 호스트 기능의 특징이다.

`location /`은 모든 Request 경로를 리버스 프록시로 전송하는 것을 의미한다. `proxy_pass`는 리버스 프록시로 리스트 2.8 `upstream` 디렉티브의 명칭인 `echo`를 참조할 수 있으므로 `http://echo`로 지정한다.

`echo.conf`는 다음과 같이 `./nginx/etc/nginx/conf.d` 디렉터리에 위치한다.

```
.
├── nginx
│   └── etc
│       └── nginx
│           └── conf.d
│               ├── upstream.conf
│               └── echo.conf
└── compose.yaml
```

- nginx의 Dockerfile 생성하기

설정 파일이 준비되었으므로 이를 컨테이너에 포함하기 위한 Dockerfile을 생성한다.

리스트 2.10과 같이 `FROM`에는 베이스 이미지인 `nginx:1.25.1`을 사용하고, `COPY`는 작업 디렉터리에 위치한 설정 파일을 컨테이너의 `/etc/nginx/conf.d`로 복사한다.

리스트 2.10 nginx의 Dockerfile (~/work/ch02/nginx-echo/nginx/Dockerfile)

```
FROM nginx:1.25.1

COPY ./etc/nginx/conf.d/* /etc/nginx/conf.d/
```

Dockerfile은 다음과 같이 `./nginx` 디렉터리에 위치한다.

```
.
├── nginx
│   ├── Dockerfile
│   └── etc
│       └── nginx
│           └── conf.d
│
```

---

59 `Host: echo.jpub.local`이 Request 헤더에 추가되었을 때도 동일하다.

```
|       ├── echo.conf
|       └── upstream.conf
└── compose.yaml
```

compose.yaml 완성하기

compose.yaml에 nginx 컨테이너의 설정을 리스트 2.11과 같이 정의하여 완성한다.

리스트 2.11 완성된 compose.yaml (~/work/ch02/nginx-echo/compose.yaml)

```
version: "3.9"

services:
  echo:
    image: ghcr.io/jpugdocker/echo:v0.1.0

  nginx:
    # nginx 디렉터리를 콘텍스트로 만들고 이미지 빌드하기
    build: ./nginx
    # 컨테이너 간 통신을 위해 echo 컨테이너 의존성 추가
    depends_on:
      - echo
    # 호스트 9000 포트를 nginx의 80 포트로 포워딩
    ports:
      - "9000:80"
```

nginx 이미지는 컴포즈 시작 시 빌드하도록 build에 작업 디렉터리 ./nginx를 지정한다.[60]

depends_on은 컨테이너의 의존 관계를 정의할 수 있다. 다른 컨테이너에 대한 의존성을 추가하면 nginx는 echo와 컨테이너 간 통신을 할 수 있다.

마지막으로 호스트 9000번 포트를 nginx의 80번 포트로 포워딩한다.[61]

컴포즈로 여러 컨테이너 실행하기

작업하는 디렉터리의 루트에서 docker compose up -d를 실행한다.

---

60 별도로 docker image build를 사용해 이미지명을 지정해도 문제없다.
61 환경에 따라 보안의 이유로 호스트 80 포트가 제한되는 상황도 있으므로 해당 포트를 피했다.

```
jpub@Mac nginx-echo % docker compose up -d
[+] Running 11/11
 ✔ echo Pulled                                                        31.8s
   ✔ 66932e2b787d Download complete                                   23.0s
   ✔ c812910e5e62 Download complete                                   19.9s
   ✔ 19aeecab7f9b Download complete                                    0.6s
   ✔ d7276b11ada4 Download complete                                   23.1s
   ✔ 6495a0aa1680 Download complete                                    0.6s
   ✔ 2f6870fb7286 Download complete                                    0.6s
   ✔ c158946248c3 Download complete                                    0.6s
   ✔ f0415bb1783d Download complete                                   27.2s
   ✔ 4f4fb700ef54 Download complete                                    0.5s
   ✔ 4afa7e263db1 Download complete                                    6.4s
[+] Building 0.1s (8/8) FINISHED                            docker:desktop-linux
 => [nginx internal] load build definition from Dockerfile            0.0s
 => => transferring dockerfile: 102B                                  0.0s
 => [nginx internal] load metadata for docker.io/library/nginx:1.25.1 0.0s
 => [nginx internal] load .dockerignore                               0.0s
 => => transferring context: 2B                                       0.0s
 => [nginx internal] load build context                               0.0s
 => => transferring context: 185B                                     0.0s
 => [nginx 1/2] FROM docker.io/library/nginx:1.25.1@sha256:67f9a4f10d147a 0.0s
 => => resolve docker.io/library/nginx:1.25.1@sha256:67f9a4f10d147a6e0462 0.0s
 => CACHED [nginx 2/2] COPY ./etc/nginx/conf.d/* /etc/nginx/conf.d/   0.0s
 => [nginx] exporting to image                                        0.1s
 => => exporting layers                                               0.0s
 => => exporting manifest sha256:73bdc2f628dc20f0fd5afe45114a586319e60b36 0.0s
 => => exporting config sha256:fd6a12b4e5c45bb1e8d9ea77f0b31f457c7fac955b 0.0s
 => => exporting attestation manifest sha256:aa21eb71d99840aa8509e5d19eee 0.0s
 => => exporting manifest list sha256:ddedd9cb53644693a6fe66bccf71db8b817 0.0s
 => => naming to docker.io/library/nginx-echo-nginx:latest            0.0s
 => => unpacking to docker.io/library/nginx-echo-nginx:latest         0.0s
 => [nginx] resolving provenance for metadata file                    0.0s
[+] Running 3/3
 ✔ Network nginx-echo_default    Created                              0.0s
 ✔ Container nginx-echo-echo-1   Started                              0.5s
 ✔ Container nginx-echo-nginx-1  Started                              0.3s
```

그림 2.6.2-2

9000 포트에서 HTTP Request를 대기하고 있으므로 curl을 사용해 다음과 같이 Request를 전송한다. 가상 호스트의 설정에서 헤더에 echo.jpub.local가 필요하므로 다음과 같이 추가한다.[62]

```
$ curl -H 'Host: echo.jpub.local' http://localhost:9000
Hello Container!!%
```

이와 같이 컴포즈를 사용해 nginx를 리버스 프록시로 사용하는 시스템을 구축할 수 있다.

그러나 여기서 소개한 여러 컨테이너의 구성은 매우 단순하며 기본 기능 소개에 중점을 둔다. 실무에서 각각의 설정은 조금 더 세밀한 제어가 필요하고, 컨테이너 연동에서도 조금 더 신경 써야

---

62 호스트 헤더를 추가하지 않을 때는 /etc/hosts에 echo.jpub.local 127.0.0.1을 추가한다.

하는 부분이 있다.

운영 환경에서 컴포즈를 사용하는 일은 많이 본 적이 없지만 로컬 환경에서는 널리 사용된다.

다음 장에서는 더욱 실용적인 애플리케이션과 컨테이너에 대해 배우고, 여러 컨테이너를 조합하여 복합적인 시스템을 구성하는 방법을 확인해보자.

CHAPTER

3

실용적인 컨테이너의
구축과 배포

앞 장에서는 컨테이너 이미지 빌드와 실행 그리고 간단한 배포에 대해 살펴보았다. 이번 장에서는 더욱 실용적인 컨테이너의 구축과 배포에 대해 알아보자.

컨테이너의 구성과 실행 방법, 이식성을 고려한 컨테이너 친화적인 애플리케이션 생성 방법, 자격 증명과 영속화 대상 데이터를 다루는 방법에 대해서 학습한다.

3.1 애플리케이션과 컨테이너의 구성

컨테이너를 사용해 하나의 시스템을 만들 때는 자신이 생성한 애플리케이션뿐만 아니라 서드 파티 컨테이너 레지스트리에 공개되어 있는 애플리케이션과 미들웨어 이미지로 생성한 컨테이너도 함께 사용하는 일이 많다(그림 3-1).

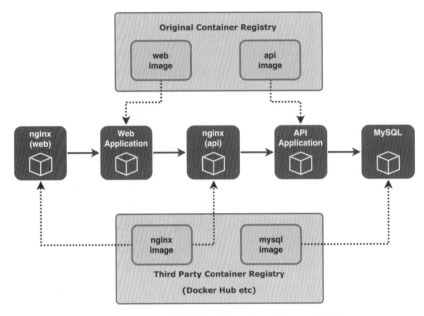

그림 3.1 웹 애플리케이션을 컨테이너로 구성하는 스택의 예

운영 환경을 생각해보면 같은 컨테이너를 복제해서 여러 호스트에서 사용하는 것도 드문 일은 아니다.

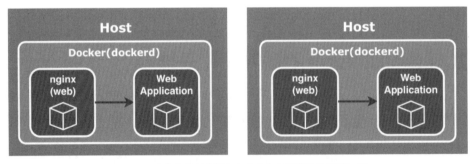

그림 3.2 컨테이너를 복제하여 여러 호스트에서 사용하는 예

실제 운영에서는 애플리케이션을 컨테이너에 배치할 방법을 생각하는 것이 중요하다. '하나의 컨테이너에 얼마나 많은 역할을 맡겨야 할까?', '구체적으로 역할을 분리했지만 시스템이 전체적으로 복잡하진 않을까?'와 같이 다양한 측면에서 애플리케이션 컨테이너 구성의 적절성을 생각해야 한다.

그렇다면 실제로는 어떻게 컨테이너를 구성해야 할까?

3.1.1 하나의 컨테이너 = 하나의 프로세스?

1장과 2장에서 설명한 대로 컨테이너 가상화 기술은 애플리케이션 배포에 특화되어 있다. 애플리케이션과 파일 시스템을 컨테이너 단위로 분리한 것과 같다.

이 방식을 생각해보면 웹서버와 워커 형식의 애플리케이션 프로세스에 대해 하나의 컨테이너를 사용하는 방식, 즉 '하나의 컨테이너=하나의 프로세스' 방식이 좋아 보일 수도 있다. 도커가 발전하는 시기에 일부 유저는 이 방식을 엄격하게 지키기도 했으나 이는 논의의 대상이 되기도 했다.

과연 이것이 적절한 방법인지 다음 예를 통해 생각해보자.

정기적으로 잡을 실행하는 애플리케이션
정기적으로 잡job을 실행하는 애플리케이션을 생각해보자.

스케줄러와 잡을 함께 수행하는 애플리케이션을 만들면 '하나의 컨테이너=하나의 프로세스' 방식을 구현할 수 있겠지만 애플리케이션은 스케줄러를 함께 갖는 애플리케이션만 있는 것은 아니다. 대부분의 스케줄러는 외부에 존재한다. 이번 예도 애플리케이션은 스케줄러 기능을 가지지 않는다.

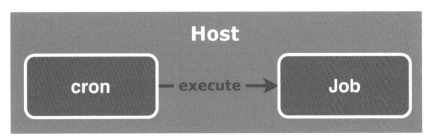

그림 3.3 크론으로 잡을 실행하는 이미지

스케줄러가 없는 애플리케이션에서 정기적으로 잡을 실행하려면 크론cron을 이용하는 것이 자연스럽다.[1]

크론은 하나의 백그라운드 프로세스로 동작하며 스케줄러에서 실행되는 잡도 하나의 프로세스로 동작한다.

따라서 '하나의 컨테이너=하나의 프로세스' 방식을 따르면 크론이 하나의 컨테이너, 잡이 하나의

---

1 크론 이외에 systemd의 timer 기능 사용도 증가하고 있다.

컨테이너를 구성해야 한다. 이 방법을 수행하기 위해서는 다음과 같은 방법을 생각해볼 수 있다.

- **잡 컨테이너에 실행 API를 준비하고 크론 컨테이너에서 컨테이너 간 통신으로 이 API를 호출하여 실행**
- **크론 컨테이너에 도커를 구축하고 잡 컨테이너를 실행[2]**

구현이 불가능하지는 않지만 이 방법은 너무 복잡하다.

간단하게 하나의 컨테이너에서 크론과 잡을 실행하는 방법을 시도해보자. 크론이 실행되고 있는 컨테이너에서 셸 스크립트(잡)를 실행하는 컨테이너를 다음과 같은 디렉터리 구성으로 만든다.

```
~/work/ch03
└── cronjob
    ├── Dockerfile
    ├── cron-example
    └── task.sh
```

`task.sh`(리스트 3.1)는 일정 간격으로 `Hello!`를 출력한다.

리스트 3.1 크론으로 실행하는 셸 스크립트 (~/work/ch03/cronjob/task.sh)

```
#!/bin/sh
echo "[`date`] Hello!"
```

`cron-example`(리스트 3.2)은 크론 정의 파일로, `task.sh`를 매 분마다 실행한다. `/proc/1/fd/1` `2>&1`로 리다이렉트하여 컨테이너에서 출력 결과를 확인할 수 있다.

리스트 3.2 크론 정의 파일 (~/work/ch03/cronjob/cron-example)

```
* * * * * root sh /usr/local/bin/task.sh > /proc/1/fd/1 2>&1
```

마지막으로 Dockerfile(리스트 3.3)을 살펴보자. `ubuntu:23.10` 이미지를 사용해 패키지 매니저와 `apt`로 크론을 설치한다. `task.sh`와 `cron-example`을 컨테이너에 추가하고 `cron-example`에 `644` 권한을 설정한다.

`CMD`에는 포어그라운드에서 동기식으로 동작하는 커맨드를 지정한다. 컨테이너는 `CMD`로 지정한 커맨드가 동기식으로 계속 움직이는 한 중지되지 않는다.

---

2   이 방법은 dind=Docker in docker로 불린다.

보통 크론은 서비스로 등록하고 백그라운드에서 실행하지만 크론을 컨테이너에서 계속 실행하려면 포어그라운드에서 실행해야 한다. 크론 커맨드에 -f 옵션을 사용하면 포어그라운드에서 실행할 수 있다.[3]

리스트 3.3 cron을 실행하는 컨테이너 이미지의 Dockerfile (~/work/ch03/cronjob/Dockerfile)

```
FROM ubuntu:23.10

RUN apt update
RUN apt install -y cron

COPY task.sh /usr/local/bin/
COPY cron-example /etc/cron.d/
RUN chmod 0644 /etc/cron.d/cron-example

CMD ["cron", "-f"]
```

이 상태로 컨테이너 이미지를 빌드한다. docker image build -t ch03/cronjob:latest .을 실행한다.

```
jpub@Mac cronjob % docker image build -t ch03/cronjob:latest .
[+] Building 21.4s (11/11) FINISHED                                                    docker:desktop-linux
 => [internal] load build definition from Dockerfile                                                  0.0s
 => => transferring dockerfile: 219B                                                                  0.0s
 => [internal] load metadata for docker.io/library/ubuntu:23.10                                       0.9s
 => [internal] load .dockerignore                                                                     0.0s
 => => transferring context: 2B                                                                       0.0s
 => [1/6] FROM docker.io/library/ubuntu:23.10@sha256:fd7fe639db24c4e005643921beea92bc449aac4f4d40d60cd9ad9ab6456aec01  3.2s
 => => resolve docker.io/library/ubuntu:23.10@sha256:fd7fe639db24c4e005643921beea92bc449aac4f4d40d60cd9ad9ab6456aec01  0.0s
 => => sha256:9610c9b6cbed27d1798b34c30c1a9db4755a2ede67a8f5a4e9ad8821ac6afc22  26.42MB / 26.42MB     2.7s
 => => extracting sha256:9610c9b6cbed27d1798b34c30c1a9db4755a2ede67a8f5a4e9ad8821ac6afc22             0.4s
 => [internal] load build context                                                                     0.0s
 => => transferring context: 103B                                                                     0.0s
 => [2/6] RUN apt update                                                                             12.9s
 => [3/6] RUN apt install -y cron                                                                     3.0s
 => [4/6] COPY task.sh /usr/local/bin/                                                                0.0s
 => [5/6] COPY cron-example /etc/cron.d/                                                              0.0s
 => [6/6] RUN chmod 0644 /etc/cron.d/cron-example                                                     0.1s
 => exporting to image                                                                                1.3s
 => => exporting layers                                                                               1.0s
 => => exporting manifest sha256:76b64ba0f5a0679adbba24b7e2b9714c3b55471e120adb10b8ac51e647df59c9     0.0s
 => => exporting config sha256:5b60a338c6ed8d9ea2c15d5e4f22466ce5aadf836bfb547538b1a75e7addb810       0.0s
 => => exporting attestation manifest sha256:67b8a9a09dba03317e524f141d71196dea92ef70523e612d7d69d3c206a98225  0.0s
 => => exporting manifest list sha256:fec29b74854593d9cd48bca79726c8ea37f3e5fbe5a2641b00b5ec476c83124f  0.0s
 => => naming to docker.io/ch03/cronjob:latest                                                        0.0s
 => => unpacking to docker.io/ch03/cronjob:latest                                                     0.2s
```

그림 3.1.1-1

---

3 컨테이너의 종료를 방지하는 테크닉의 하나로 tail -f /dev/null를 실행하는 방법이 있다. 그러나 외부에서 docker container stop 등으로 SIGTERM을 전송하여 중지하려고 할 때 SIGTERM으로는 tail이 종료되지 않으므로 docker container stop의 10초 타임아웃이 경과할 때까지 컨테이너가 완전히 종료되지 않는다는 문제도 있다.

생성된 이미지를 실행해보자.

```
$ docker container run -d --rm --name cronjob ch03/cronjob:latest
d178ae72b6d1c707514a3ae2c0cb654c21b0b07b145432387fcce41b39cb4bf8
```

실행 중인 컨테이너의 출력을 `-f` 옵션으로 대기 상태로 두면 `task.sh`가 출력하는 문자열이 1분마다 추가되는 것을 확인할 수 있다.

```
$ docker container logs -f cronjob
[Mon Sep 30 08:53:01 UTC 2024] Hello!
[Mon Sep 30 08:54:01 UTC 2024] Hello!
```

하나의 컨테이너에서 두 가지 프로세스를 실행하여 정기적으로 잡을 실행할 수 있게 되었으며, 무리하여 컨테이너를 독립시키지 않고 단순하게 구현되었다.

'하나의 컨테이너=하나의 프로세스' 방식보다 간결하게 하나의 컨테이너로 여러 프로세스를 실행하는 방법으로, 이와 같은 유스 케이스가 많다.

자식 프로세스까지 과도하게 의식할 필요는 없다
프로세스를 과도하게 의식하게 되면 컨테이너를 잘 사용할 수 없다.

앞의 사용 예는 간단하므로 조금 더 실용적인 예도 생각해보자. Apache httpd는 클라이언트로부터 요청을 받을 때마다 master 프로세스가 자식 프로세스를 포크_{fork}할 때도 있으며, nginx에는 master 프로세스 외에 worker 프로세스와 캐시 관리 프로세스도 존재한다.

이와 같은 케이스까지 모두 '하나의 컨테이너=하나의 프로세스' 방식을 지키려고 한다면 매우 복잡해진다. 배포를 쉽게 하기 위해 컨테이너 기술을 사용하고 있는데, 배보다 배꼽이 더 커지는 상황이 된다. 용도에 따라서는 '하나의 컨테이너=하나의 프로세스' 방식이 될 때도 있지만 이는 절대 조건으로 인식하지 않도록 하면서 스택을 구축하는 것이 중요하다.

3.1.2 하나의 컨테이너에 하나의 관심사

'하나의 컨테이너=하나의 프로세스' 방식으로 모든 애플리케이션을 구축하는 것은 어렵다는 것을 알게 되었다. 도커는 이 문제를 어떻게 생각할까? 도커 공식 문서의 'General best practices for writing Dockerfiles'[4]에서 다음과 같은 견해를 확인할 수 있다.

> Each container should have only one concern
>
> 하나의 컨테이너는 하나의 관심사에만 집중해야 한다.

하나의 관심사라는 것은 하나의 컨테이너가 하나의 역할과 문제 영역(도메인)에만 집중해야 한다는 것을 의미한다.

전통적인 웹 애플리케이션 스택을 생각해보자. 비컨테이너 스택에서는 리버스 프록시, 웹 애플리케이션, 데이터 스토어가 각각 독립적인 역할을 하여 시스템 전체를 구성하는 상황이 많다. 이 구성이라면 그대로 컨테이너화를 해도 위화감은 없을 것이다. 많은 트래픽을 처리하는 경우 컨테이너라면 그림 3.4와 같이 리버스 프록시, 애플리케이션, 데이터 스토어의 스택을 각각 복제하여 스케일 아웃하면 좋을 것이다.[5]

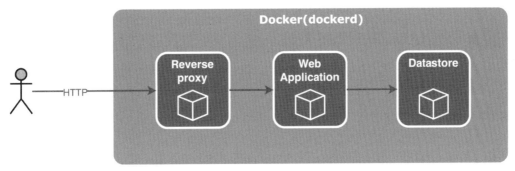

그림 3.4 컨테이너에서 일반적인 웹 애플리케이션 스택

2.6.2절에서 소개한 nginx와 echo 서버 구축도 각각의 컨테이너가 하나의 관심사에 집중한 스택의 예다. nginx는 리버스 프록시, echo 서버는 애플리케이션 서버의 역할로 나눌 수 있으며, 각각의 수가 부족하면 복제만 진행한다.

앞에서 정기적으로 잡을 실행하는 애플리케이션은 '1분 간격으로 잡 트리거를 실행하는 크론'과 'Hello!를 출력하는 잡' 이렇게 두 가지 역할로 나눌 수 있지만, 이런 식으로 컨테이너를 나누어버리면 오히려 불필요한 작업이 필요해진다. 따라서 두 가지 역할을 알기 쉽게 '1분마다 Hello!를 출력한다'로 만들고 컨테이너를 하나로 만들었다. 상세한 역할을 재정의하여 단순한 구성이 되었다.

---

4 https://docs.docker.com/develop/develop-images/guidelines/에서 인용.

5 복제한 컨테이너를 레플리카(replica)라고 부른다.

이와 같이 애플리케이션과 컨테이너의 구성에 대해 생각할 때는 '각각의 컨테이너가 맡아야 하는 역할을 적절히 정하고, 컨테이너가 복제되어도 부작용이 없는 스택으로 정확히 동작할 수 있는 상태'를 고려하여 설계를 하는 것이 중요하다.

3.2 컨테이너의 이식성

1.3.3절에서도 언급했지만 컨테이너의 큰 장점은 이식성portability이다. 컨테이너는 애플리케이션과 파일 시스템을 컨테이너라는 단위로 분리할 수 있으며, 도커와 같은 컨테이너 실행 환경이 설치되어 있는 호스트라면 애플리케이션으로 동일한 동작을 기대할 수 있는 재현성을 가진다. 호스트 OS에 상관없으며, 실행하는 플랫폼 또한 온프레미스 환경이든 클라우드든 관계없이 동작한다.

여기까지 말하면 컨테이너를 이상적이라고 느낄 수도 있다. 그러나 이 설명에 위화감을 느끼는 사람이 있을 수도 있다. 아쉽게도 컨테이너의 이식성이 완벽할 수 없는 몇 가지 예외가 존재한다.

3.2.1 커널 및 아키텍처와의 차이

호스트형 가상화 기술처럼 하드웨어를 재현하는 방식과 달리, 컨테이너형 가상화 기술은 호스트 OS와 커널의 리소스를 공유한다. 이는 사실 컨테이너가 실행할 수 있는 호스트는 특정 CPU 아키텍처나 OS를 전제로 성립하는 것을 의미한다.

예를 들어 최근 Mac에 탑재된 Apple Silicon과 같은 ARM 계열의 CPU에서 arm 아키텍처를 채용한 플랫폼에서는 x64 아키텍처를 전제로 빌드된 컨테이너를 실행할 수 없다. Intel CPU가 탑재된 Mac에서 빌드한 이미지가 Apple Silicon에서 동작하지 않아 당황하는 개발자가 있을 수도 있다. 이는 컨테이너의 이식성에 대한 오해 중 하나로 볼 수 있다.

Silicon을 탑재한 Mac 사용자도 늘어나고 있지만 아직 많은 개발자가 x64 아키텍처로 컨테이너 이미지를 빌드한다. CPU 아키텍처가 다양해지는 만큼 컨테이너 이미지 공유를 생각한다면 멀티 아키텍처에 대응하는 컨테이너 이미지를 빌드하는 것이 중요하다.

이러한 상황에서 등장한 것이 BuildKit[6]이다. BuildKit은 기존의 docker image build 커맨드를 확장하여 멀티 플랫폼에 대응하는 컨테이너 이미지를 간단하게 빌드할 수 있다. BuildKit의 보급으

---

6   BuildKit은 10.5절에서 설명한다.

로 인해 도커 허브와 같은 컨테이너 레지스트리에도 CPU 아키텍처에 상관없이 실행할 수 있는 공개 이미지가 늘어나고 있다.

COLUMN　　**Windows에서 동작하는 컨테이너**

Windows에서 도커 동작을 위한 `mcr.microsoft.com/windows/servicecore`라는 Windows 서버의 베이스 이미지도 제공된다.

이 이미지를 사용하면 Windows 플랫폼에서 Windows 기반 컨테이너를 사용할 수 있지만, 이 컨테이너는 Linux와 MacOS 플랫폼에서는 실행할 수 없다. 모든 컨테이너가 모든 호스트의 도커 환경에서 실행되는 것은 아니기 때문이다.[7]

3.2.2 라이브러리, 동적 링크

애플리케이션이 사용하는 라이브러리에 의해서도 이식성이 문제가 될 수 있다. C/C++, Go, Rust 언어로 네이티브 라이브러리를 동적dynamic 링크로 사용하는 것과 같은 상황이다. 구체적으로는 컨테이너 내부에 필요한 라이브러리가 없고, 컨테이너 외부의 OS에서는 동작하는 애플리케이션이 동작하지 않는 사례가 발생한다.

정적 링크static link와 동적 링크dynamic link는 각각 다음 표와 같은 특징이 있다.

정적 링크	동적 링크
빌드 시 바이너리에 라이브러리를 링크	실행 시 라이브러리를 링크
바이너리 사이즈가 커지기 쉬움. 라이선스 문제 발생 가능성	바이너리 사이즈가 작지만 OS에 필요한 라이브러리가 없으면 실행이 불가함

이는 도커를 사용할 때 종종 겪는 문제 중 하나다. Dockerfile에는 `ADD`와 `COPY`로 호스트에서 파일을 복사하는 기능이 있으므로 애플리케이션을 컨테이너 밖에서 복사하는 경우도 적지 않다.

CIContinuous Integration를 사용해 애플리케이션을 테스트하고 컨테이너 이미지를 패키징하는 경우를 생각해보자. 가능한 CI에 걸리는 시간을 단축하고 싶을 것이다. CI의 프로세스 중 생성된 애플리케이션을 그대로 컨테이너 내부에 복사하면 각 컨테이너에서 컴파일 시간이 줄어들어 한 번의 컴파일로 애플리케이션의 배포가 끝날 것 같다. 이 방법은 빠르고 컨테이너 내에서 애플리케이션을 빌드하는 것보다 간단하므로 하나의 기술로 인식된다.

7　이 책에서는 Windows 기반 컨테이너는 설명하지 않는다.

다만 이 방법은 함정이 있다. 동적 링크를 사용한 애플리케이션의 컨테이너에서만 사용할 수 있다.

예를 들어 CI와 컨테이너에서 사용하는 표준 C 라이브러리가 다르면 CI에서 복사한 바이너리는 컨테이너에서 동작하지 않는다. 자주 볼 수 있는 것은 CI가 glibc[8]를 동적 링크로 사용하는 바이너리를 생성하고 컨테이너가 musl[9]을 사용할 때 동작하지 않는 상황이다. 이 문제를 피하기 위해서는 모든 의존 관계의 라이브러리를 정적 링크로 사용하거나 실행 플랫폼에 glibc를 설치한다.[10]

표준 C 라이브러리를 매번 CI 서비스에 따라 전환하는 것은 효율적이지 않다. 따라서 컨테이너에서 실행을 위한 애플리케이션을 생성하려면 네이티브 라이브러리를 최대한 정적 링크로 빌드하는 것을 먼저 생각해야 한다.

정적 링크는 실행 파일의 사이즈가 커진다는 단점도 있다. 이를 피하고 싶다면 모든 빌드 프로세스를 실행하는 컨테이너를 생성하고 이 컨테이너 내부에서 빌드하여 동일한 라이브러리를 사용하게 한 뒤 다른 컨테이너로 복사하는 방법도 생각해볼 수 있지만 번거로운 작업이다.

Multi-stage builds를 활용해 이식성 확보

도커는 이 문제에 대해 **Multi-stage builds**를 통해 해결 방법을 제공한다.[11] 빌드용 컨테이너와 실행용 컨테이너를 분리하고 다양한 빌드용 도구를 사용하여 실행용 컨테이너의 사이즈가 커지는 것을 예방하고, 안정적인 이식성을 보장하므로 사용이 늘어나고 있다.

컨테이너에서 이식성이라는 단어는 종종 오해하기 쉽지만 다양한 상황과 의미를 함께 이해해야 한다.

3.3 컨테이너 친화적인 애플리케이션

컨테이너화가 쉬운 특징을 갖는 애플리케이션이 있다. 이 특징을 갖는 컨테이너 친화적인 애플리케이션은 여러 장점을 누릴 수 있다.

컨테이너화의 흐름에 있어, 컨테이너에서 실행하는 것을 염두에 두고 새롭게 애플리케이션을 구축

---

8   GNU C 라이브러리. Ubuntu와 Debian 등 일반적인 데스크톱, 서버 Linux 배포판에서 널리 사용된다. 기능이 많지만 파일 사이즈가 크기 때문에 임베디드에서는 꺼리는 경우도 있다.

9   musl libc가 정식 명칭이다. 사이즈가 작고 임베디드와 도커에서 인기가 많다. 잊기 많았던 Alpine Linux는 musl를 사용한다.

10   10.2.2절에서 설명한다.

11   Multi-stage builds의 자세한 내용은 10.4절에서 설명한다.

하는 상황에서는 이미 운영 중인 애플리케이션을 컨테이너로 이동하는 일도 있다.

이식성이 좋고 운영이 쉬운 애플리케이션을 구축하기 위해 필요한 요소는 무엇일까? 컨테이너의 동작과 제어, 설정의 관점에서 생각해보자.

3.3.1 설정 파일을 포함하여 이미지 빌드하기

2.6.2절의 nginx 컨테이너 이미지 빌드를 생각해보자. 이때 nginx를 리버스 프록시로 사용하기 위해 `upstream.conf`와 `echo.conf`라는 설정 파일을 추가했다.

만약 이 컨테이너에 추가한 설정 파일을 변경하고 싶을 때는 어떻게 할까? 다시 `docker image build`와 `docker compose up`을 할 필요가 생긴다. 파일 시스템을 캡슐화하고 이 상태를 컨테이너로 다양한 환경에 배포할 수 있는 이식성이 컨테이너의 장점이므로 다시 빌드하는 것이 나쁜 것은 아니다.

nginx의 리버스 프록시의 예는 변경이 거의 없는 설정 파일이므로 변경 시 이미지 빌드를 허용할 수도 있지만 설정에 따라서는 이미지 빌드 없이 업데이트하고 싶을 때도 있다. 애플리케이션의 동작을 바꾸기 위한 플래그값, API와 데이터베이스 접속 정보, 커넥션 수와 타임아웃 시간 등 성능을 제어하는 설정값 등은 이미지 빌드를 동반하지 않고 설정 변경만으로도 변경 동작을 확인할 수 있다면 번거로움이 줄어든다. 설정의 업데이트 빈도가 적다면 이미지 안에 설정 파일을 포함하고, 업데이트 빈도가 많다면 컨테이너 외부에서 사용하면 좋을 것이다.

3.3.2 컨테이너 외부의 설정 파일 사용하기

컨테이너 실행 시 컨테이너 외부에서 설정 파일을 전달하려면 어떻게 해야 할까? 먼저 애플리케이션이나 미들웨어가 설정을 전달받을 수 있도록 재사용성이나 유연성이 높은 구조로 되어 있는지 확인하는 것이 중요하다.

컨테이너에서 실행되는 애플리케이션의 동작을 컨테이너 외부에서 제어하는 방법은 다음과 같다.

- 커맨드 라인 인수로 값 전달하기
- 환경 변수로 값 전달하기
- 설정 파일 전달하기

각각의 특징이 있으므로 장점과 단점을 확인해보자.

커맨드 라인 인수로 값 전달하기

컨테이너에서는 `CMD`와 `ENTRYPOINT`로 컨테이너 런타임 시 커맨드를 지정할 수 있으며, 커맨드 라인 인수를 추가하거나 덮어쓰기를 통해 값을 전달할 수 있다.

컴포즈에서 커맨드 라인 인수를 추가하고 전달하려면 리스트 3.4와 같이 `command` 속성을 사용해 포트나 로그 레벨, 디버그 모드 등의 값을 전달한다. 애플리케이션에서는 이를 인수로 받아 제어를 구현해야 한다.

리스트 3.4 커맨드 라인 인수로 값 전달하기

```
version: "3.9"
services:
  api:
    build: .
    command:
      - server
      - --port=8080
      - --log-level=warn
      - --debug-mode=true
```

이 방법은 커맨드 라인 인수가 늘어나면 애플리케이션에서 처리해야 하는 인수도 늘어난다. 또한 컴포즈의 `yaml` 파일도 커진다.

환경 변수로 값 전달하기

커맨드 라인 인수와 같이 환경 변수도 컨테이너 외부에서 설정을 전달할 수 있다.

`docker container run`으로 환경 변수를 전달할 때는 `-e` 옵션을 다음과 같이 사용한다.

```
docker container run -e VARIABLE=VALUE ...
```

컴포즈로 환경 변수를 전달할 때는 리스트 3.5와 같이 `environment` 속성을 사용한다. 커맨드 라인 인수와 동일하게 애플리케이션에서 환경 변수를 받아서 처리하는 작업이 필요하다.

리스트 3.5 환경 변수로 값 전달하기

```
version: "3.9"
services:
```

```
api:
  build: .
  command:
    - server
  environment:
    PORT: 8080
    LOG_LEVEL: warn
    DEBUG: true
```

컴포즈는 `compose.yaml`의 `command`와 `environment` 속성에 나열한다. 쿠버네티스와 Amazon ECS 에도 동일한 구조가 존재한다.

커맨드 라인 인수와 환경 변수 방식의 공통적인 단점으로, 계층 구조와 같이 복잡한 데이터는 사용하기 어렵다. 설정 파일이라면 JSON이나 XML, TOML과 같은 계층 데이터 구조를 쉽게 가질 수 있으므로 이 점에서는 불리하다.

복잡한 데이터를 Base64 형식으로 인코딩한 문자열로 전달하는 방법도 있지만 애플리케이션에서 디코딩 작업이 필요하다. 게다가 yaml을 GitHub 등의 리포지터리에서 관리한다면 인코딩으로 인해 검색 결과에도 영향을 끼칠 수 있다.

컨테이너 실행에서는 커맨드 라인 인수 방식과 비교해도 큰 차이가 없지만 애플리케이션을 비컨테이너 환경에서 실행할 때는 환경 변수 방식이 사용하기 쉽다. 또한 현재 서드 파티 소프트웨어와 프레임워크에서는 환경 변수 방식이 더 많이 사용된다.

독자적으로 애플리케이션을 구현할 때는 환경 변수 방식을 우선하면서도 각각의 방식으로 처리하는 라이브러리와 구현성도 포함해 종합적으로 판단하는 것이 좋다.

설정 파일 전달하기

3.3.1절에서 언급한 방법은 컨테이너 이미지 빌드 시 설정 파일을 포함하는 방법이지만, 컨테이너 실행 시 컨테이너 외부에서 설정 파일을 전달하는 방법도 있다.

앞에서 설명한 복잡한 데이터 구조를 무리하게 환경 변수로 전달하게 되면 구현이나 운영도 복잡해진다. 이때는 설정 파일별로 컨테이너 외부에서 전달하는 것도 선택사항에 넣어야 한다.

애플리케이션의 동작을 설정 파일로 제어하는 방법은 매우 인기가 많으며, 컨테이너를 사용하기 전부터 전통적으로 사용한 방법이다. 실행 애플리케이션에 `development`와 `production` 환경명을 전달하여 사용하는 설정 파일을 전환한다. Ruby on Rails와 Maven, Gradle 등을 사용하는 자바의 웹서버에서 자주 사용한다.

이러한 애플리케이션을 컨테이너화하려면 어떻게 하는 것이 적절할까? 설정 파일 방식의 애플리케이션은 필요한 모든 환경에 대응하는 설정 파일을 리포지터리에 두고 사용하는 방식이 많을 것이다. 이때 하나의 컨테이너 이미지에 애플리케이션과 모든 설정 파일을 포함해 빌드하는 것은 어떨까?

그전에 먼저 컨테이너의 장점을 다시 한번 생각해보자. 컨테이너의 장점은 언제나 환경에 상관없이 배포할 수 있는 것이다. 특정 환경의 설정 파일을 컨테이너 이미지에 넣어버리면 이식성이 저하되기 쉽다. 완전하게 특정할 수 있는 환경에 한정된다면 타협할 수 있을지 몰라도, 실행 환경을 계속 추가하는 상황이라면 컨테이너에도 새로운 설정 파일을 계속 추가해서 이미지를 빌드해야 한다.

설정 파일을 사용할 때 컨테이너 외부에서 런타임 시 전달할 수 있으면 환경이 추가되어도 컨테이너 이미지를 새롭게 빌드할 필요가 없다. 컴포즈로 컨테이너 외부에서 설정 파일을 전달하려면 리스트 3.6과 같이 volumes를 정의한다.

리스트 3.6 설정 파일로 값 전달하기

```
version: "3.9"
services:
  api:
    build: .
    command:
      - server
      # 호스트에서 컨테이너로 전달되는 설정 파일 경로 지정
      - config-file=/var/lib/server/conf/dev.yaml
    volumes:
      # [호스트 경로]:[컨테이너 경로]
      - ./conf:/var/lib/server/conf
```

COLUMN **컨테이너 친화적인 프로덕트만 있는 것은 아니다.**

도커 허브에는 많은 프로덕트의 공식 이미지가 존재한다. 또한 최근 프로덕트는 처음부터 컨테이너의 사용을 전제로 만들어진 것도 많다. 그러나 이미 전 세계에서 많은 개발자가 사용 중인 컨테이너 이미지라도 컨테이너 친화적이지 않은 것이 존재하는 것도 사실이다.

애플리케이션을 구축할 때는 데이터 스토어와 웹서버로 미들웨어 컨테이너 이미지를 사용하는 일도 많다. 설정 파일에 환경 변수를 포함할 수 있는 구조는 문제가 될 일이 거의 없지만, 그렇지 않은 구조도 분명 존재한다. 이때는 런타임 시 환경 변수를 기반으로 하여 설정 파일을 생성하는 구조를 만들거나 컨테이너 사용을 쉽게 하기 위한 해결책이 필요하다. 따라서 기존의 프로덕트를 컨테이너에서 쉽게 사용하기 위한 기술과 컨테이너 친화적인 애플리케이션을 작성하는 기술이 중요해지고 있다.

3.4 보안 정보를 다루는 방법

앞 절에서는 커맨드 라인 인수와 환경 변수를 사용해 컨테이너를 제어하는 방법에 대해 설명하고, 컨테이너에 전달하는 값으로 매우 간단한 예제를 다루었다.

그러나 실제 컨테이너를 운영할 때는 더 많은 설정값을 사용할 때도 있다. 애플리케이션이 다른 시스템이나 API에 의존하는 일도 많고 이를 연동하기 위해 ID, 비밀번호, API 키 등 보안 정보가 필요할 때도 있다. 보안 정보는 제3자에게 유출되지 않도록 관리해야 한다. 구체적인 방법을 알아보자.

3.4.1 보안 정보를 받는 컨테이너

비밀번호를 컨테이너에서 다루는 상황을 살펴보자. 예를 들어 관계형 데이터베이스인 MySQL을 실행하기 위한 컨테이너 이미지로 `mysql:8.0.33`이 있다. 이 컨테이너는 런타임에 몇 가지 환경 변수가 필요하며 root 유저의 비밀번호를 환경 변수 `MYSQL_ROOT_PASSWORD`로 설정한다.[12]

리스트 3.7과 같이 `MYSQL_ROOT_PASSWORD`를 설정하고 MySQL 컨테이너를 실행하면 컨테이너 내부에서 설정한 비밀번호로 로그인할 수 있다.

리스트 3.7 MySQL 컨테이너에 root 비밀번호 설정하고 실행하기(커맨드 라인)

```
$ docker container run -d --rm --name mysql \
  -e "MYSQL_ROOT_PASSWORD=root_password" \
  -e "MYSQL_DATABASE=test" \
```

---

12 환경 변수 `MYSQL_ALLOW_EMPTY_PASSWORD`를 yes로 설정하면 root 비밀번호에 공백 문자를 허가한다.

```
  mysql:8.0.33

$ docker exec -it mysql bash
bash-4.4# mysql -u root -p
Enter password:
Welcome to the MySQL monitor. Commands end with ; or \g.
Your MySQL connection id is 10
Server version: 8.0.33 MySQL Community Server - GPL
...
Type 'help;' or '\h' for help. Type '\c' to clear the current input statement.

mysql>
```

컴포즈에서 실행할 때는 리스트 3.8과 같이 `compose.yaml`을 작성한다.

리스트 3.8 MySQL 컨테이너에 root 비밀번호 설정 후 실행하기(컴포즈)

```
version: "3.9"

services:

  mysql:
    container_name: mysql
    image: mysql:8.0.33
    environment:
      MYSQL_ROOT_PASSWORD: root_password
      MYSQL_DATABASE: test
```

MySQL을 비롯해 컨테이너 레지스트리에 공개된 이미지는 이와 같이 보안 정보를 환경 변수로 설정하거나 커맨드 라인으로 설정하는 방법을 주로 사용한다.

3.4.2 버전 관리 시스템과 보안 정보 관리의 어려움

로컬 환경에서 사용하면 직접 보안 정보 설정을 허용할 수 있지만 실제 팀 개발에서는 이와 같이 사용할 수 없다.

실제 팀 개발 시에는 개발 환경과 운영 환경에서 실행하는 컨테이너 구성은 `compose.yaml`과 같은 YAML 기반의 구성 파일로 코드화하고, Git을 비롯한 버전 관리 시스템(이하 VCS)으로 팀 내에서 공유하면 환경을 쉽게 재현할 수 있다.

그러나 컨테이너에서 사용하는 보안 정보를 VCS에서 코드로 직접 작성하는 것은 보안의 위험이 있다. 이를 해결하기 위한 몇 가지 방법이 있지만 모두 완벽한 방법은 아니라는 것을 알아야 한다.

VCS 리포지터리를 비공개로 만들고 권한을 제한하는 방법이 가장 전통적인 방법이다. 유저나 팀 단위로 접근 권한을 적절히 제어하면 괜찮다고 생각할 수도 있지만 이는 위험한 발상이다. 권한 제어나 네트워크 제한이 있더라도 보안 정보에는 다음과 같은 위험이 존재한다는 것을 파악해두어야 한다.

- 인위적인 실수로 인한 전체 공개
- 멀웨어malware로 인한 유출
- 리포지터리 액세스 권한을 가진 서드 파티 도구와 서비스를 통한 유출

다양한 위험이 존재하지만 특히 서드 파티 도구를 사용하려면 주의가 필요하다. 이들은 생산성과 품질 향상을 제공하지만 보안 위험을 어느 정도 감수해야 한다. 이와 같은 소프트웨어 공급망[13]을 목표로 하는 공격이 존재하므로 VCS에 보안 정보를 저장하는 일은 피하는 것이 중요하다.

3.4.3 시크릿을 사용한 보안 정보 관리

보안 정보를 VCS에 저장하지 않고 컨테이너에 전달하는 방법을 알아보자. 컴포즈에서는 컨테이너 외부에서 보안 정보를 최대한 안전하게 전달하기 위한 시크릿secrets이라는 구조가 존재한다.

mysql:8.0.33 컨테이너에는 root 비밀번호를 직접 전달하는 MYSQL_ROOT_PASSWORD 이외에도 비밀번호가 기술된 파일을 전달하는 MYSQL_ROOT_PASSWORD_FILE이라는 환경 변수가 존재한다.

다음과 같은 디렉터리를 생성해보자.

```
$ mkdir -p ~/work/ch03/mysql-secrets/
```

구체적인 설정을 위해 compose.yaml(리스트 3.9)를 생성한다.

리스트 3.9 시크릿을 사용해 보안 정보를 컨테이너로 전달하기 (~/work/ch03/mysql-secrets/compose.yaml)

```
version: "3.9"

services:
```

---

13 소프트웨어 개발 프로세스 전반에 걸쳐 관여하는 시스템과 도구, 구조를 총칭한다.

```
  mysql:
    container_name: mysql
    image: mysql:8.0.33
    environment:
      MYSQL_ROOT_PASSWORD_FILE: /run/secrets/mysql_root_password ## 1
      MYSQL_DATABASE: test
    secrets: ## 2
      - mysql_root_password

secrets: ## 3
  mysql_root_password: ## 임의의 시크릿명
    file: ./mysql_root_password
```

compose.yaml의 최상위 레벨에 3과 같이 secrets을 정의할 수 있다. secrets은 컨테이너 외부의 파일 시스템(호스트 환경)에서 보안 정보를 읽을 수 있다. 여기서는 작업 디렉터리에 mysql_root_password라는 root 비밀번호가 저장된 파일을 준비한다.

컨테이너에서 이 보안 정보 파일을 사용하기 위한 설정은 2다. 3에서 정의한 시크릿명을 secrets에 정의하여 사용할 수 있다. secrets은 배열 타입이므로 여러 값을 설정할 수 있다. 이 설정은 일반적으로 '시크릿을 컨테이너에 마운트한다'라고 한다. 시크릿은 Data Volume(3.5.1)과 같은 구조를 사용한다.

2에서 컨테이너에 마운트된 시크릿은 컨테이너 내부 /run/secrets 디렉터리에 위치한다. 실제로 mysql 컨테이너를 확인해보면 이 디렉터리에 mysql_root_password가 존재하는 것을 알 수 있다.

```
$ docker exec -it mysql bash
bash-4.4# ls -l /run/secrets
total 4
-rw-r--r-- 1 root root 10 Jun 26 04:34 mysql_root_password
```

1에서 보안 파일의 경로를 환경 변수 MYSQL_ROOT_PASSWORD_FILE로 설정한다. 이것이 파일 경로를 기반으로 보안 정보를 전달하는 방법이다.

VCS 리포지터리에서 컴포즈 구성을 관리할 때는 컨테이너 외부의 보안 정보 파일을 버전 관리 대상에서 제외하면 보안 정보를 직접 정의하지 않아도 된다. Git은 보안 파일을 .gitignore 파일에 추가하면 버전 관리 대상에서 제외된다.

시크릿을 사용해 파일 경로 기반으로 보안 정보를 설정하는 방법은 `mysql:8.0.33`과 같이 컨테이너에서 구현할 필요가 있다. 직접 보안 정보를 처리할 뿐만 아니라 파일 경로 기반에도 대응할 수 있으면 컨테이너 친화적인 애플리케이션이라고 볼 수 있다.

COLUMN **소프트웨어 공급망 공격**

최근 몇 년 동안 소프트웨어 공급망을 겨냥한 공격이 급증하고 있다. 대표적인 사고는 2021년 발생한 Codecov[14]가 제공하는 스크립트를 사용하는 유저를 표적으로 한 사례다.

Codecov에 의한 테스트 커버리지 수집은 주로 CI 환경에서 수행된다. CI 환경에서 Codecov에 테스트 커버리지를 전송하기 위해 Codecov에서 제공하는 Bash Uploader 스크립트를 다운로드하고 실행한다. 2021년 발생한 사고는 Bash Uploader에 악성 코드가 심어진 것이 원인이었다.

악성 코드를 통해 애플리케이션 코드나 다양한 보안 정보 등 스크립트 액세스 가능한 리소스가 제3자에게 전송되어 많은 정보가 유출되었다.

이에 따라 Codecov를 사용하는 많은 개발 프로젝트가 보안 정보를 무효화하거나 영향 범위 조사를 시행하는 등의 대응을 하면서 세계적으로도 많은 영향을 끼쳤다.

이 사고는 서드 파티 도구에 의존하는 위험을 부각시키고 많은 개발자와 기업에게 안전한 소프트웨어 공급망에 대한 인식을 높이는 계기가 되었다.

3.4.4 완벽한 대책은 존재하지 않는다

컨테이너에서 보안 정보를 다룰 때의 위험 요인과 해결 방법에 대해 알아보았다. 보안 파일 경로 기반 구조를 사용하면 VCS를 통한 관리 시 안전성이 높다고 할 수 있지만, 소프트웨어 공급망(칼럼 참조)과 같이 스크립트 변조에 의한 공격이나 제3자의 컨테이너 호스트 환경 침입과 같은 상황에는 무력하다.

기본적인 대책을 확실히 만드는 것은 중요하지만 컨테이너에 대한 보안 사고는 어떻게 대처할지와 어떤 관점에서 시스템을 설계하고 운영하여 피해를 최소화할지가 중요하다. 다음과 같은 구축 방식은 문제를 최소화할 수 있다는 관점에서 유용하다.

- 보안 정보의 부정 사용을 감지하기 위한 구조(로그 감시 및 이상 탐지)
- 신속하게 자격 증명을 무효화하고 로테이션할 수 있는 구조

---

14 테스트 코드의 커버리지를 계산하고 가시화하는 서비스. https://about.codecov.io/

- 만료 시간이 짧은 임시 자격 증명을 사용하는 구조[15]

필자는 초판에서 환경 변수의 적극적인 사용을 추천했지만 보안 면에서는 위험 요소에 대한 언급이 부족하다고 느꼈다. 컨테이너가 널리 사용되면서 수많은 위험 요소가 나타나고 실제로도 많은 보안 문제가 발생한 것을 감안한다면 컨테이너에서 자격 증명은 조금 더 엄격해져야 한다.

3.5 영속성 데이터의 사용 방법

컨테이너가 실행되는 동안 기록되는 파일은 호스트에 파일과 디렉터리를 마운트하지 않는 한 컨테이너를 파기할 때 함께 제거된다. 컨테이너에서 실행되는 애플리케이션이 변경한 파일이나 디렉터리를 이용하면서 상태를 갖는 상태 유지stateful 성질을 갖는다면 한번 파기한 컨테이너는 동일한 상태를 갖는 컨테이너로 재현하기 어렵다.

무상태stateless 애플리케이션과 비교해 데이터 영속성과 컨테이너 복제 등으로 인해 운영의 난이도가 올라간다. 데이터 스토어와 같은 상태 유지 애플리케이션은 컨테이너에서 구축을 피하고 분리하여 매니지드 서비스에 의존하는 것도 현실적인 옵션이다.

그러나 상태 유지 컨테이너의 운영이 필요할 때도 있다. 여기서는 상태 유지 컨테이너에 필수적인 영속성 데이터persistent data를 다루는 방법에 대해 알아보자.

상태 유지의 성질을 갖는 애플리케이션을 컨테이너에서 운영하려면 새 버전의 컨테이너가 배포되어도 이전 버전의 컨테이너에서 사용했던 파일과 디렉터리를 그대로 사용할 수 있어야 한다. 이러한 상황에서는 Data Volume이 사용된다.

Data Volume으로 각 컨테이너와 호스트 간 영속성 데이터를 공유하는 방법 이외에 Data Volume 컨테이너라는 영속성 데이터를 위한 컨테이너를 사용하는 방법도 있다.

3.5.1 Data Volume

Data Volume은 컨테이너 내부의 디렉터리를 호스트 공간에 저장하기 위한 구조로, 호스트와 컨테이너 간 디렉터리의 공유와 재사용이 가능하다. 이미지를 업데이트하고 새로운 컨테이너를 생성해도 동일한 Data Volume을 계속 사용할 수 있다. 컨테이너에서 상태 유지 성질을 갖는 애플리케

---

15 OIDC(OpenID Connect) 토큰을 사용하는 방법이 증가하는 추세

이션의 실행 용도로 적합하다.

Data Volume의 생성은 다음과 같이 `docker container run` 커맨드에서 `-v` 옵션을 사용한다.

```
docker container run [options] -v 호스트 디렉터리:컨테이너 디렉터리 리포지터리명[:태그]
 [커맨드] [커맨드 인수]
```

먼저 가장 간단한 Data Volume을 사용해보자. Data Volume의 유스 케이스 중 하나는 컨테이너에서 생성된 파일을 호스트에서 참조하는 것이다. 테스트를 위해 `ubuntu:23.10` 이미지를 사용해 생성한 컨테이너에서 텍스트 파일을 생성한다.

리스트 3.10의 커맨드로 `ubuntu` 컨테이너를 실행하고 bash로 작업할 수 있는 상태로 만든다.

리스트 3.10 Data Volume에 텍스트 파일 출력하기

```
(~/work/ch03/volume-test) $ docker container run -v ${PWD}:/var/local/ch03 -it ubuntu:23.10
 bash
root@1a009911ad65:/# echo "Volume test" > /var/local/ch03/text.txt
root@1a009911ad65:/# exit
exit

(~/work/ch03/volume-test) $ cat text.txt
Volume test
```

`-v` 옵션으로 Data Volume을 설정하고 있으며, 컨테이너 내부의 `/var/local/ch03` 디렉터리는 환경 변수 $PWD로 표현되는 디렉터리(호스트의 현재 디렉터리)에 마운트된다. `/var/local/ch03` 디렉터리에 텍스트 파일을 생성하고 `exit` 커맨드로 컨테이너 bash를 종료한다. 호스트의 현재 디렉터리를 확인해보면 컨테이너에서 생성한 텍스트 파일이 존재한다.

```
$ ls -l
.rw-r--r-- user 1796141739 12 B Wed Sep 21 17:53:44 2024  test.txt
```

Data Volume은 공유 방식이다. 따라서 호스트에서 편집한 파일은 Data Volume을 통해 이미지 업데이트 없이 컨테이너로 공유할 수 있다.

이 방법은 호스트에서 컨테이너 내부의 설정 파일을 쉽게 수정할 수 있다. 그러나 호스트의 특정 경로에 의존하고 있으며, 호스트의 Data Volume 오조작으로 인해 애플리케이션에서 부작용이 발생할 수도 있다. 따라서 이식성 면에서는 완벽하다고 할 수 없는 부분이 있음을 알아두자.

3.5.2 Data Volume 컨테이너

컨테이너 데이터의 영속성을 위한 또 다른 방법으로는 Data Volume 컨테이너가 있다.

앞에서 설명한 Data Volume은 컨테이너와 호스트 간 직접 디렉터리를 공유하지만, Data Volume 컨테이너를 사용하면 컨테이너 간에 디렉터리를 공유한다.

Data Volume 컨테이너는 이름 그대로 데이터만을 위한 컨테이너다. 앞에서는 컨테이너를 파기하지 않는 한 데이터가 유지되는 것을 알아보았는데, Data Volume 컨테이너는 이 특성을 활용한다. 디스크에 유지되는 컨테이너가 갖는 영속성 데이터의 일부를 Volume으로 다른 컨테이너에 공유할 수 있도록 한 것이 Data Volume 컨테이너다.

Data Volume 컨테이너가 공유하는 디렉터리도 호스트의 스토리지에 존재한다는 점은 Data Volume과 동일하다.

호스트와 컨테이너 간 Data Volume은 호스트의 특정 디렉터리에 의존하는 특성을 갖는다. Data Volume 컨테이너의 Volume은 도커의 관리 영역인 호스트의 `/var/lib/docker/volumes`에 위치하며, Data Volume 컨테이너 방식은 도커가 관리하는 디렉터리에만 영향을 준다. 호스트와 컨테이너 간의 Data Volume 방식과 비교하면 컨테이너에 전달하는 영향을 최소화할 수 있다. 또한 Data Volume 컨테이너는 Volume의 중개 역할을 하므로 Volume을 필요로 하는 컨테이너는 호스트의 해당 위치를 알 필요가 없고, Data Volume 컨테이너만 지정하면 된다.

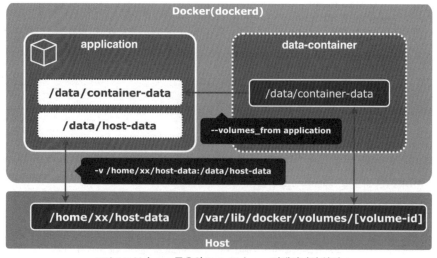

그림 3.5 Volume 공유와 Data Volume 컨테이너의 차이

Data Volume 컨테이너는 Data Volume에 대한 작업이 캡슐화되므로 호스트를 의식하지 않고도 Data Volume을 사용할 수 있다. 컨테이너 내부 애플리케이션과 데이터의 밀접한 결합이 완화되어 애플리케이션 컨테이너와 Data Volume 컨테이너의 교체 및 마이그레이션을 원활하게 진행할 수 있다.

MySQL 데이터를 Data Volume 컨테이너에 저장하기

MySQL을 사용해 Data Volume 컨테이너를 사용해보자. 다음 작업 디렉터리를 생성한다.

```
$ mkdir -p ~/work/ch03/mysql-volume/
```

Data Volume 컨테이너로 사용할 컨테이너 이미지를 준비하기 위해 다음과 같은 Dockerfile을 생성한다.

리스트 3.11 **Data Volume 컨테이너용 이미지를 생성하는 Dockerfile** (~/work/ch03/mysql-volume/Dockerfile)

```
# 1 베이스 이미지
FROM busybox

# 2 디렉터리가 Volume으로 호스트에 보관됨
VOLUME /var/lib/mysql

CMD ["bin/true"]
```

1의 busybox는 최소한의 OS 기능을 갖춘 매우 가벼운 OS로 베이스 컨테이너 이미지로 자주 사용된다. Data Volume 컨테이너는 데이터 보관 목적만 갖는 컨테이너다. 따라서 이렇게 작은 이미지를 사용하는 것이 효과적이다.[16]

2의 VOLUME에 임의 경로를 설정하면 해당 디렉터리의 내용은 컨테이너가 종료되어도 호스트에 보관된다. 이 Volume은 종료한 컨테이너 재가동[17] 시에 다시 사용하거나 다른 컨테이너가 참조할 수도 있다.

다음 커맨드로 이미지를 빌드한다.

---

16 10.2.2절 참조
17 `docker container restart [ 컨테이너 ID | 컨테이너명 ] 커맨드`

```
(~/work/ch03/mysql-volume) $ docker image build -t ch03/mysql-data:latest .
```

mysql-data라는 이름을 붙이고 Data Volume 컨테이너를 실행한다. 이 컨테이너는 busybox의 bin/true만 실행하므로 컨테이너는 실행 직후 바로 종료된다.

리스트 3.12 이름을 붙인 Data Volume 컨테이너 실행

```
$ docker container run -d --name mysql-data ch03/mysql-data:latest
163ff06a567b59be01f2439a8ea235e855007f6fd78eff7b9e8d0a917eab3bdc
```

계속해서 MySQL 컨테이너를 다음 커맨드로 실행한다.

```
$ docker container run -d --rm --name mysql \
  -e "MYSQL_ALLOW_EMPTY_PASSWORD=yes" \
  -e "MYSQL_DATABASE=volume_test" \
  --volumes-from mysql-data \
  mysql:8.0.33
```

환경 변수는 데이터베이스와 유저, 비밀번호를 설정한다.

-volumes-from은 다른 컨테이너에 마운트된 Volume을 해당 컨테이너에도 마운트하는 옵션이다.

먼저 리스트 3.12로 실행한 mysql-data 컨테이너를 여기서 실행하는 컨테이너에 마운트한다. 이를 통해 MySQL 컨테이너의 /var/lib/mysql 데이터가 호스트의 Volume에 저장된다. 이 컨테이너를 종료하더라도 다시 다른 컨테이너를 실행하면 Volume에 저장, 참조가 가능하다.

실행 중인 mysql 컨테이너에 root 계정으로 로그인하고(비밀번호는 비움), 초기 데이터로 다음과 같은 CREATE 문과 INSERT 문을 MySQL에 전달한다.

```
$ docker container exec -it mysql mysql -u root -p volume_test
Enter password:
mysql>
```

```
CREATE TABLE user(
  id int PRIMARY KEY AUTO_INCREMENT,
  name VARCHAR(191)
) ENGINE=InnoDB DEFAULT CHARSET=utf8mb4 COLLATE utf8mb4_unicode_ci;

INSERT INTO user (name) VALUES ('jpub'), ('docker'), ('Solomon Hykes');
```

이제 데이터가 입력되었다. 확인을 위해 컨테이너를 중지해보자. `mysql` 컨테이너는 `--rm` 옵션을 추가했으므로 컨테이너 중지 시 컨테이너도 제거된다. 다시 새로운 컨테이너를 실행하고 앞에서 등록한 데이터가 유지되고 있는지 확인해보자.

```
$ docker container stop mysql
mysql

$ docker container run -d --rm --name mysql \
  -e "MYSQL_ALLOW_EMPTY_PASSWORD=yes" \
  -e "MYSQL_DATABASE=volume_test" \
  --volumes-from mysql-data \
  mysql:8.0.33

$ docker container exec -it mysql mysql -u root -p volume_test
Enter password:
mysql> SELECT * FROM user;
+----+---------------+
| id | name          |
+----+---------------+
| 1  | jpub          |
| 2  | docker        |
| 3  | Solomon Hykes |
+----+---------------+
3 rows in set (0.00 sec)
```

앞에서 등록한 데이터가 남아 있는 것을 확인할 수 있다. 이와 같이 애플리케이션 컨테이너와 Data Volume 컨테이너를 분리하는 것으로 데이터와 컨테이너의 교체가 쉬워진다.

또한 컴포즈도 리스트 3.13과 같이 설정할 수 있다.

리스트 3.13 **컴포즈로 Data Volume 컨테이너를 사용하는 예 (~/work/ch03/mysql-volume/compose.yaml)**

```
version: "3.9"

services:

  mysql:
    container_name: mysql
    image: mysql:8.0.33
    environment:
      MYSQL_ALLOW_EMPTY_PASSWORD: yes
      MYSQL_DATABASE: volume_test
    volumes_from:
      - mysql_data
```

```
mysql_data:
  container_name: mysql-data
  build: .
```

데이터의 내보내기와 복원하기

Data Volume 컨테이너는 좋은 구조이지만 어디까지나 동일한 컨테이너 호스트[18] 내에서만 유효하다는 것을 기억해야 한다. Data Volume 컨테이너에서 사용하는 데이터를 다른 컨테이너 호스트에 복원하려는restore 상황이 발생할 수 있다. 데이터를 내보내고export 다른 위치에서 복원하려면 먼저 Data Volume 컨테이너에서 내보내고 싶은 데이터를 호스트에 파일로 꺼내야 한다. 그리고 앞의 예와 같이 Volume의 데이터를 호스트에 내보낸다.

busybox를 새로 실행하고 Data Volume 컨테이너에 `mysql-data`를 지정한다. 컨테이너에서 `tar` 커맨드로 아카이브를 만들고, 출력 대상의 `/tmp` 디렉터리를 현재 디렉터리로 마운트한다. 이제 호스트에서 아카이브 데이터를 꺼낼 수 있다.

```
$ docker container run -v ${PWD}:/tmp \
  --volumes-from mysql-data \
  busybox \
  tar cvzf /tmp/mysql-backup.tar.gz /var/lib/mysql
```

다른 호스트로 복원하려면 이 아카이브를 확장한 Data Volume 컨테이너를 생성하면 된다.

`docker image save` 커맨드가 존재하지만 이는 컨테이너 이미지를 파일로 아카이브하는 기능이므로 Data Volume은 적용되지 않는다. 컨테이너는 애플리케이션의 이식성이 뛰어나지만, 표준 기능만으로 여러 호스트를 넘나드는 이식성이 좋은 데이터를 구현하는 것은 꽤 어렵다. 이 문제는 쿠버네티스로 대표되는 컨테이너 오케스트레이션 기술로 해결할 수 있다.[19]

이제 2장과 3장에서 학습한 컨테이너 구축 기술을 활용해 여러 컨테이너로 실용적인 애플리케이션을 개발하는 방법을 알아보자.

---

18 `dockerd`와 같이 컨테이너 실행 환경이 설치되어 있고 컨테이너를 실행할 수 있는 호스트
19 6.2.3절에서 구체적인 예와 함께 설명한다.

4

여러 컨테이너의 구성을 통한
애플리케이션 구축

앞에서는 컨테이너를 사용한 애플리케이션 생성의 기본적인 사고 방식과 컴포즈를 사용한 배포, 컨테이너 간 연동 등 컨테이너를 실용적으로 사용하기 위한 기초를 배웠다.

이번 장에서는 학습한 내용을 실습하면서 전통적인 웹 애플리케이션을 구축해보자.[1, 2]

4.1 웹 애플리케이션 구성

먼저 어떤 웹 애플리케이션을 구현하는지 전체적인 내용부터 살펴보자.

완성된 애플리케이션은 github.com/jpubdocker/taskapp[3]에 공개되어 있으므로 로컬에 clone하여 내용을 확인하면서 살펴보도록 하자.

```
$ mkdir -p ~/go/src/github.com/jpubdocker
$ cd ~/go/src/github.com/jpubdocker
(~/go/src/github.com/jpubdocker) $ git clone https://github.com/jpubdocker/taskapp
```

---

1 데이터베이스의 구축과 애플리케이션 구현도 진행하지만 이 기술에 대한 사전 지식은 필요하지 않다. 컨테이너로 시스템을 구축하는 것과 관련하여 애플리케이션의 구현과 미들웨어의 설정 등을 이해하는 방향으로 읽도록 하자.
2 이번 장에서 구현하는 샘플 애플리케이션의 일부 코드에 대한 해석도 있지만, 이 책의 목적은 어디까지나 컨테이너를 실용적으로 사용하기 위함이므로 설명은 컨테이너에 대한 부분에 중점을 둔다.
3 https://github.com/jpubdocker/taskapp

애플리케이션의 구현과 실행에 필요한 도구는 .tool-versions에 정의되어 있다.

```
(~/go/src/github.com/jpubdocker/taskapp) $ cat .tool-versions
golang 1.21.6
tilt 0.33.10
kustomize 5.3.0
kubectx 0.9.5
helm 3.13.3
```

.tool-versions는 asdf라는 패키지 매니저의 설정 파일이다. asdf 설정은 부록 A.2절을 참조하자.

hack/install-tools.sh의 스크립트를 실행하면 asdf를 사용하여 필요한 도구를 모두 설치할 수 있다.[4]

```
(~/go/src/github.com/jpubdocker/taskapp) $ sh hack/install-tools.sh
```

4.1.1 애플리케이션 스펙

타이틀은 '작업 관리 앱'이다. 요구사항은 다음과 같으며, 프록시를 사용하고 API 서버를 준비하는 등 일반적으로 사용되는 실용적인 구성을 가진다.

— 작업을 등록하고 업데이트나 삭제할 수 있다.

— 등록된 작업 리스트를 표시할 수 있다.

— 브라우저에서 사용할 수 있는 웹 애플리케이션으로 구현한다.

— 브라우저 이외의 플랫폼에서도 사용할 수 있도록 JSON API 엔드포인트도 생성한다.

4.1.2 아키텍처

컨테이너 오케스트레이션 시스템에는 컴포즈를 사용한다. 쿠버네티스와 Amazon ECS와 같은 오케스트레이션 시스템이 널리 사용되고 있지만, 여기서는 3장에서 학습한 기본 기술을 활용하면서 가볍게 구축하는 것을 목표로 하므로 컴포즈를 사용한다.[5]

---

4   asdf install 커맨드로 .tool-versions에 기재되어 있는 도구를 설치할 수 있지만 플러그인의 추가는 조금 번거로울 수 있다.
5   초판에서는 컴포즈로 여러 노드나 여러 컨테이너를 가동시키는 스웜 모드를 사용했지만, 이제는 쿠버네티스나 ECS가 더 많이 사용되므로 컴포즈 스웜 모드는 여기에서 다루지 않는다.

애플리케이션의 아키텍처는 그림 4.1과 같다.

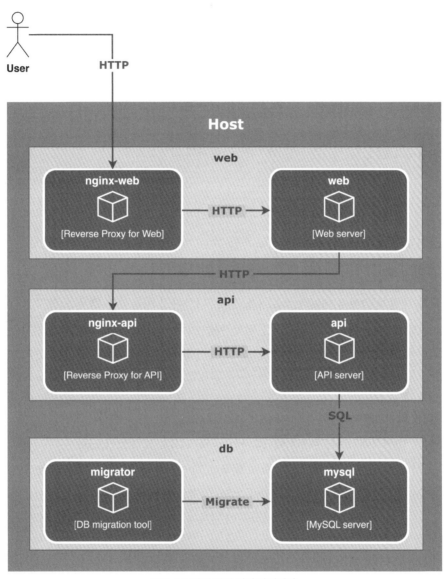

그림 4.1 작업 관리 앱의 아키텍처

아키텍처의 구성 요소

아키텍처의 구성 요소를 컨테이너별로 적용해보자. 알기 쉽도록 하기 위해 다음과 같은 이름을 사용한다. 이번 장에서는 이 표의 순서대로 애플리케이션을 구현하고 컨테이너 구성을 설명한다.

이름	컨테이너명	컨테이너 용도
MySQL	`mysql`	taskapp 데이터 스토어
데이터베이스 마이그레이터	`migrator`	MySQL에 대해 DDL을 실행하고 스키마를 구축
API 서버	`api`	작업을 조작하기 위한 API 서버
웹서버	`web`	웹 UI를 생성하는 웹서버
리버스 프록시(API)	`nginx-api`	api 리버스 프록시
리버스 프록시(웹)	`nginx-web`	웹 리버스 프록시

상세히 알아보기 전에 각각의 컨테이너에 대해 간략하게 알아보자.

MySQL

데이터 스토어는 MySQL을 사용한다.[6] 하나의 컨테이너로 MySQL을 구축하고 데이터 이중 저장은 사용하지 않으며, 업데이트와 참조 관련 쿼리 모두 이 컨테이너에서 수행한다. 학습이 목적이므로 하나의 MySQL 컨테이너가 SPOF[7]가 되는 것을 허용한다.

로컬 환경과 개발 환경에서 데이터 스토어를 컨테이너화하여 사용하는 경우는 많지만, 운영 환경에서는 가용성 담보를 위한 스토리지의 운영과 이중 저장 작업[8]을 함께 고려해야 한다. 클라우드의 매니지드 서비스도 잘 되어 있으므로 컨테이너에서 데이터 스토어를 구축하는 것은 피하는 것이 좋다.

데이터베이스 마이그레이터

데이터베이스 마이그레이터는 데이터베이스 마이그레이션[9]을 수행하기 위한 컨테이너다. MySQL 컨테이너에서 작업 관리 앱의 데이터 보관에 필요한 테이블을 구축하기 위해 DDL을 실행한다. 여기서 데이터베이스 마이그레이션 도구 github.com/golang-migrate/migrate[10]를 사용한다.

API 서버

API 서버는 작업 관리 앱에서 기본 작업을 제공하는 RESTful API로, GO 언어로 구현한다.

---

6 3장에서도 Data Volume을 통해 간단하게 MySQL 컨테이너에 대해 알아보았다.

7 Single Point Of Failure의 약자로 단일 장애 지점을 의미한다.

8 MHA와 같은 도구를 이용해 source(구 명칭은 master)에 장애가 발생했을 때 replica(구 명칭은 slave)를 source로 승격시켜 페일오버(failover)하는 구조.

9 데이터베이스의 테이블과 인덱스 정의한 데이터베이스 스키마의 변경 이력을 관리한다. 변경사항을 반영하거나 경우 따라서는 롤백을 수행한다.

10 https://github.com/golang-migrate/migrate

작업 관리 앱의 도메인에 특화된 마이크로서비스로 볼 수 있다. API 서버는 MySQL에 데이터를 업데이트하거나 쿼리 작업을 한다.

Web 서버

웹서버는 브라우저에 표시하는 웹 페이지의 HTML을 반환한다.[11] 웹서버는 API와 동일하게 GO 언어로 구현된다.[12]

웹서버에서는 직접 MySQL을 조작하지 않고, API 서버를 경유한다. HTML 생성도 API에서 데이터를 가져와서 결과를 사용해 동적으로 생성한다.

리버스 프록시

애플리케이션의 웹서버와 API 서버 앞 단에 nginx를 배치하고 리버스 프록시로 동작하도록 한다.

nginx는 캐시 사용, 유연한 백엔드 라우팅, 액세스 로그 출력 등을 위해서 사용한다.

4.2 MySQL 구축

먼저 작업 관리 앱의 데이터 스토어가 되는 MySQL 컨테이너를 구축한다. 3장에서는 `mysql:8.0.33` 컨테이너 이미지를 그대로 사용했지만 여기서는 약간의 작업을 추가한다. 작업 관리 앱의 리포지터리를 보면서 진행하자.

리포지터리의 MySQL 관련 디렉터리 구성은 리스트 4.1과 같다.

리스트 4.1 MySQL 관련 디렉터리 구성

```
.
├── secrets # * 버전 관리 대상 제외
│   ├── mysql_user_password
│   └── mysql_root_password
├── containers
│   └── mysql
│       ├── Dockerfile
│       └── etc
│           └── mysql
│               └── conf.d
│                   └── slowlog.cnf
```

---

11   서버에서 동적으로 HTML 생성까지 담당하는 방식. SSR(Server Side Rendering)이라고 한다.
12   SSR의 역할을 하는 웹서버는 Node.js와 Next.js로 구현하는 것이 인기이지만 이 책에서는 간단한 구현을 위해 GO 언어를 사용한다.

```
└─ compose.yaml
```

secrets 디렉터리는 MySQL에 접속하는 유저의 비밀번호를 기술한 파일을 저장하는 디렉터리
이지만 버전 관리 대상은 아니다. secrets 디렉터리와 내부 비밀번호 파일은 각자 생성해야 한다
(4.2.1절 참고).

containers/mysql은 이미지 빌드의 기점이 되는 디렉터리로 Dockerfile과 컨테이너에 포함하고
싶은 설정 파일을 둔다. 순서대로 살펴보자.

4.2.1 MySQL에 접속하는 유저의 비밀번호 생성하기

3.4.1절에서 mysql:8.0.33의 컨테이너는 환경 변수로 비밀번호를 설정할 수 있다는 것을 소개했다.
비밀번호를 환경 변수로 설정하면 VCS에서 구성 관리상의 리스크가 발생하므로 해당 리스크를
줄이는 방법으로 시크릿을 사용해 비밀번호 설정 파일의 경로를 전달하는 방법도 3.4.3절에서 설
명했다. 이번에도 이 방법을 사용한다.

secrets 디렉터리는 비밀번호 파일이 위치하는 디렉터리다. mysql_root_password는 root 유저의
비밀번호이며, mysql_user_password는 작업 관리 앱의 애플리케이션에 연결하기 위한 비밀번호다.

비밀번호는 작업 관리 앱의 리포지터리에서 리스트 4.2와 같이 make make-mysql-passwords 커
맨드를 사용하면 무작위로 적절한 안전성의 비밀번호를 생성할 수 있다.[13] 직접 임의의 비밀번호를
기술한 파일을 생성해도 문제없다.

리스트 4.2 taskapp의 비밀번호 생성 커맨드

```
(~/go/src/github.com/jpubdocker/taskapp) $ make make-mysql-passwords
2024/09/30 22:42:38 INFO running application by generate-password command
2024/09/30 22:42:38 INFO Completed generating the root and user passwords
```

이 구성은 secrets 디렉터리에 비밀번호 파일이 포함되어 있으므로 .gitignore 파일을 통해 버전
관리 대상에서 제외하도록 한다(리스트 4.3).

---

13 작업 관리 앱을 위해 필자가 구현한 암호 생성 유틸리티다.

리스트 4.3 secrets 디렉터리를 버전 관리 대상에서 제외

```
# ...
secrets/
# ...
```

이것으로 비밀번호 준비가 완료되었다.

4.2.2 MySQL 컨테이너 추가 설정하기

MySQL에 추가 설정을 하려면 어떻게 해야 할까? 2.6.2절에서 추가 설정 파일을 nginx에 로드하는 방법에 대해 설명했다. nginx에서는 /etc/nginx/conf.d 디렉터리에 파일을 배치하는 방법이었으며, MySQL 8 버전의 컨테이너 이미지도 같은 방식을 제공한다.

MySQL에는 기본 설정을 작성하는 my.cnf 파일이 있다. mysql:8.0.33 컨테이너의 /etc/my.cnf에 위치하고 있으며 파일 내용은 리스트 4.4와 같다.[14]

리스트 4.4 MySQL 8 버전 컨테이너의 /etc/my.cnf 파일

```
[mysqld]
# (코멘트 부분 생략)
skip-host-cache
skip-name-resolve
datadir=/var/lib/mysql
socket=/var/run/mysqld/mysqld.sock
secure-file-priv=/var/lib/mysql-files
user=mysql

pid-file=/var/run/mysqld/mysqld.pid
[client]
socket=/var/run/mysqld/mysqld.sock

# 1 /etc/mysql/conf.d/*.cnf 파일 존재 시 로드
!includedir /etc/mysql/conf.d/
```

마지막 1 부분에 /etc/mysql/conf.d에 있는 설정 파일을 로드하는 부분이 존재한다. 컨테이너 이미지를 빌드할 때 이 디렉터리에 설정 파일을 배치하면 좋다.

다음으로 추가하는 설정 파일을 알아보자.

---

14 mysqld는 상주 애플리케이션인 MySQL 서버의 설정, client는 MySQL 서버에 접속하는 클라이언트의 설정이다.

설정 파일로 `slowlog.cnf`를 준비한다. 이 파일은 슬로 쿼리[15] 설정을 하고 있으며, 리스트 4.5와 같다. `long_query_time = 1`은 1초 이상의 시간이 걸리는 쿼리를 슬로 쿼리로 인식하여 슬로 로그 파일에 출력한다.

리스트 4.5 slowlog.cnf (~/go/src/github.com/jpubdocker/taskapp/containers/mysql/etc/mysql/conf.d/slowlog.cnf)

```
[mysqld]
slow_query_log = on
slow_query_log_file = /var/log/mysql/mysql-slow.log
long_query_time = 1
log_queries_not_using_indexes = on
```

4.2.3 MySQL의 Dockerfile

다음으로는 이 파일을 컨테이너에 추가하기 위한 Dockerfile을 살펴보자. Dockerfile은 이미지 빌드의 기점이 되는 `containers/mysql` 디렉터리 바로 아래에 위치한다. Dockerfile은 리스트 4.6과 같이 호스트 `./etc/mysql/conf.d` 디렉터리를 컨테이너 `/etc/mysql/conf.d`에 복사하는 처리를 작성한다. 이것으로 MySQL 이미지 준비가 완료되었다.

리스트 4.6 MySQL의 Dockerfile (~/go/src/github.com/jpubdocker/taskapp/containers/mysql/Dockerfile)

```
FROM mysql:8.0.33

COPY ./etc/mysql/conf.d /etc/mysql/conf.d
```

4.2.4 MySQL 컨테이너의 구성 설정하기

실행할 MySQL 컨테이너의 구성은 `compose.yaml`에 작성한다(리스트 4.7).

리스트 4.7 compose.yaml에서 MySQL 관련 부분 (~/go/src/github.com/jpubdocker/taskapp/compose.yaml)

```
version: '3.9'
services:

  mysql:
    build: # 4  이미지 빌드 콘텍스트 디렉터리 설정
```

---

15 계산량이 크고 응답에 시간이 걸리는 쿼리. MySQL에서는 슬로 쿼리의 감지가 기본적으로 OFF 상태이지만 운영에서는 데이터베이스 성능에 악영향을 끼치는 쿼리를 특정하기 위해 ON 상태가 많다.

```
      context: ./containers/mysql
    environment: # 3 환경 변수 설정
      MYSQL_ROOT_PASSWORD_FILE: /run/secrets/mysql_root_password
      MYSQL_DATABASE: taskapp
      MYSQL_USER: taskapp_user
      MYSQL_PASSWORD_FILE: /run/secrets/mysql_user_password
    secrets: # 2-1 컨테이너에 시크릿 파일 마운트
      - mysql_root_password
      - mysql_user_password
    volumes: # 1-1 MySQL 데이터를 Data Volume에 마운트
      - mysql_data:/var/lib/mysql
    ports:
      - "3306:3306"

secrets: # 2-2 비밀번호 파일을 시크릿으로 설정
  mysql_root_password:
    file: ./secrets/mysql_root_password
  mysql_user_password:
    file: ./secrets/mysql_user_password

volumes: # 1-2 Data Volume 생성
  mysql_data:
```

1-1과 1-2는 Data Volume 설정이다. 1-2 volumes에 `mysql_data`로 Data Volume을 생성하고 1-1의 volumes에는 보관할 디렉터리인 `/var/lib/mysql` 디렉터리를 마운트한다.

2-1과 2-2는 시크릿 설정이다. 2-2 secrets은 호스트에서 준비한 비밀번호 파일을 시크릿으로 등록한다. 2-1 secrets은 컨테이너에 시크릿을 마운트한다. 마운트된 파일은 각각 `/run/secrets/mysql_root_password`와 /run/secrets/mysql_user_password 경로를 참조한다.

3은 컨테이너에 전달하는 환경 변수 설정으로 상세한 내용은 다음과 같다.

환경 변수명	내용
MYSQL_ROOT_PASSWORD_FILE	root 유저의 비밀번호 파일 경로
MYSQL_DATABASE	생성하는 데이터베이스명. taskapp으로 설정
MYSQL_USER	애플리케이션에서 접속하는 MySQL 유저명. taskapp_user로 설정
MYSQL_PASSWORD_FILE	애플리케이션에서 접속하는 MySQL 유저 비밀번호 파일. taskapp_user의 비밀번호

4는 컨테이너 이미지를 빌드하는 기점이 되는 호스트의 디렉터리를 설정한다. 컨테이너 빌드의 콘텍스트 디렉터리라고 한다.

이것으로 MySQL 컨테이너 구성이 완료되었다.

4.3 데이터베이스 마이그레이터 구축

이제 데이터베이스 마이그레이터를 구축해보자. 데이터베이스의 테이블과 인덱스는 컨테이너 MySQL에 로그인하여 SQL을 통해 정의할 수 있지만, 개발자가 직접 SQL로 작업하는 것보다 컨테이너화하여 순서나 구성을 코드로 관리하는 것이 더 좋다.

리포지터리의 데이터베이스 마이그레이터 관련 파일 구성은 리스트 4.8과 같다. `containers/migrator` 디렉터리는 이 이미지를 빌드하는 기점이 되는 디렉터리다.

리스트 4.8 데이터베이스 마이그레이터 관련 파일 구성

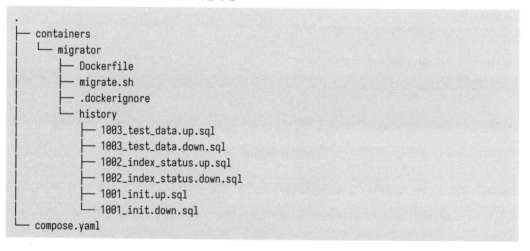

```
.
├── containers
│   └── migrator
│       ├── Dockerfile
│       ├── migrate.sh
│       ├── .dockerignore
│       └── history
│           ├── 1003_test_data.up.sql
│           ├── 1003_test_data.down.sql
│           ├── 1002_index_status.up.sql
│           ├── 1002_index_status.down.sql
│           ├── 1001_init.up.sql
│           └── 1001_init.down.sql
└── compose.yaml
```

4.3.1 golang-migrate로 데이터베이스 마이그레이션하기

데이터베이스 마이그레이션 도구로 github.com/golang-migrate/migrate(이하, golang-migrate)를 사용한다. golang-migrate는 Go 언어로 구현된 데이터베이스 마이그레이션 도구로, MySQL을 비롯해 PostgreSQL과 MongoDB와 같은 데이터베이스를 지원한다. golang-migrate를 사용하여 작업 관리 앱의 데이터베이스 마이그레이션을 진행해보자.

작업 관리 앱은 리스트 4.9와 같은 내용의 DDL로 테이블과 인덱스를 구축한다. 작업 내용을 보관하는 `task` 테이블과 해당 작업의 상태(`BACKLOG | PROGRESS | DONE`)를 표현하는 `status` 칼럼에 대한 인덱스다.

```
CREATE TABLE task
(
    `id` CHAR(26) NOT NULL COMMENT 'ULID 26bytes',
    `title` VARCHAR(191) NOT NULL COMMENT '타이틀',
    `content` TEXT COMMENT '내용',
    `status` ENUM('BACKLOG', 'PROGRESS', 'DONE') COMMENT '상태',
    `created` DATETIME NOT NULL COMMENT '생성시간',
    `updated` DATETIME NOT NULL COMMENT '업데이트시간',
    PRIMARY KEY (`id`)
) ENGINE=InnoDB DEFAULT CHARSET=utf8mb4 COLLATE=utf8mb4_unicode_ci;

ALTER TABLE task ADD INDEX idx_status (`status`);
```

golang-migrate는 이러한 SQL을 사용해 임의의 디렉터리에 마이그레이션을 진행할 수 있다. 작업 관리 앱은 `containers/migrator/history` 디렉터리를 생성한다.

golang-migrate로 마이그레이션하는 SQL 파일명은 다음과 같은 명명 규칙이 있다.

— 임의의 번호_임의의 이름`.up.sql`
— 임의의 번호_임의의 이름`.down.sql`

`containers/migrator/history`에 위치하는 SQL 파일에는 `1001`, `1002`, `1003`이라는 번호가 붙어 있다. golang-migrate는 이 번호의 오름차순으로 SQL을 실행하고, 어떤 파일까지 데이터베이스에 적용되었는지를 기록한다. 접미사가 `up.sql`인 파일은 다음과 같이 DDL을 정의한다. 3개의 SQL을 각각 리스트 4.10, 리스트 4.11, 테스트 데이터 `1003_test_data.up.sql`의 형태로 기술하고 번호의 오름차순으로 적용한다.[16]

리스트 4.10 **1001_init.up.sql** (~/go/src/github.com/jpubdocker/taskapp/containers/migrator/ history/1001_init.up.sql)

```
CREATE TABLE task
(
    `id` CHAR(26) NOT NULL COMMENT 'ULID 26bytes',
    `title` VARCHAR(191) NOT NULL COMMENT '타이틀',
    `content` TEXT COMMENT '내용',
    `status` ENUM('BACKLOG', 'PROGRESS', 'DONE') COMMENT '상태',
    `created` DATETIME NOT NULL COMMENT '생성시간',
```

---

[16] 이 예에서는 마이그레이션의 이미지를 더 쉽게 이해할 수 있도록 두 개의 파일로 나누지만 하나의 파일로도 사용할 수 있다.

```
    `updated` DATETIME NOT NULL COMMENT '업데이트시간',
    PRIMARY KEY (`id`)
) ENGINE=InnoDB DEFAULT CHARSET=utf8mb4 COLLATE=utf8mb4_unicode_ci;
```

리스트 4.11 1002_index_status.up.sql (~/go/src/github.com/jpubdocker/taskapp/containers/migrator/history/1002_index_status.up.sql)

```
ALTER TABLE task ADD INDEX idx_status (`status`);
```

golang-migrate는 이러한 DDL을 어디까지 적용했는지 체크포인트로 기록하고 있으며, 이 특성을 통해 스키마 롤백 기능도 제공한다. 또한 이 기능을 활용하기 위해 스키마를 되감기 위한 DDL도 제공한다. 이러한 파일명의 접미사는 `down.sql`로 정의한다. 작업 관리 앱에서는 리스트 4.12, 리스트 4.13, 테스트 데이터 삭제 SQL `1003_test_data.down.sql`의 형태로 작성하며, 체크포인트에서 내림차순으로 적용한다.[17]

리스트 4.12 1001_init_down.sql (~/go/src/github.com/jpubdocker/taskapp/containers/migrator/history/1001_init.down.sql)

```
DROP TABLE IF EXISTS `task`;
```

리스트 4.13 1002_index_status.down.sql (~/go/src/github.com/jpubdocker/taskapp/containers/migrator/history/1002_index_status.down.sql)

```
ALTER TABLE task DROP INDEX idx_status;
```

`1003`에 관한 SQL은 테스트 데이터 삽입과 삭제 관련 SQL이므로 내용은 생략한다.

golang-migrate의 실행은 `migrate` 커맨드를 사용한다. `migrate` 커맨드는 리스트 4.14와 같다. `up`은 모든 `up.sql`을 실행하고, `down`은 모든 `down.sql`을 실행한다. `up|down` 뒤에 숫자를 지정하면 해당 수만큼 SQL 파일의 실행을 지정할 수 있다.

---

17 데이터베이스의 순수한 롤백 기능이 아니라 어디까지나 롤백을 위한 SQL을 개발자가 준비하는 구조다.

리스트 4.14 golang-migrate 실행 예

```
# 체크포인트 이후의 모든 up.sql 실행
$ migrate -path [마이그레이션 SQL 디렉터리] -database [데이터베이스 접속 문자열] up
# 체크포인트 이후의 up.sql을 하나만 실행
$ migrate -path [마이그레이션 SQL 디렉터리] -database [데이터베이스 접속 문자열] up 1
# 체크포인트 이전의 모든 down.sql 실행
$ migrate -path [마이그레이션 SQL 디렉터리] -database [데이터베이스 접속 문자열] down
# 체크포인트 이전의 down.sql을 하나만 실행
$ migrate -path [마이그레이션 SQL 디렉터리] -database [데이터베이스 접속 문자열] down 1
```

4.3.2 마이그레이션 실행 스크립트

마이그레이션을 위한 SQL을 준비했으므로 데이터베이스 마이그레이터 컨테이너를 실행하기 위한 구조를 생각해보자. 데이터베이스 마이그레이터 컨테이너에서 MySQL 컨테이너 실행을 위해 리스트 4.15와 같은 `containers/migrator/migrate.sh` 스크립트를 준비한다. 몇 가지 고려할 사항이 있으므로 각각 살펴보자.

리스트 4.15 마이그레이션을 실행하기 위한 스크립트 (~/go/src/github.com/jpubdocker/taskapp/containers/migrator/migrate.sh)

```bash
#!/usr/bin/env bash

set -o errexit
set -o nounset
set -o pipefail

# 1-1 커맨드 라인 인수의 수 체크
if [ "$#" -ne 6 ]; then
  echo "usage: $0 <db_host> <db_port> <db_name> <username> <password> <command>"
  exit 1
fi

# 1-2 커맨드 라인 인수의를 변수에 저장
db_host=$1
db_port=$2
db_name=$3
db_username=$4
# 1-3 파일 경로 지정과 비밀번호 지정 대응
if [ -e "$5" ]; then
  db_password=`cat $5`
else
  db_password=$5
fi
```

4.3 데이터베이스 마이그레이터 구축

```
command=$6

# 2 마이그레이션 대상 MySQL 상태를 1초마다 체크
echo "Waiting for MySQL to start..."
until mysql -h $db_host -P $db_port -u $db_username -p$db_password -e "show databases;" &> /
dev/null; do
  >&2 echo "MySQL is unavailable - sleeping"
  sleep 1
done
echo "MySQL is up - executing command"

# 3 golang-migrate 실행
migrate -path ./history -database mysql://$db_username:$db_password@tcp\($db_host:$db_
port\)/$db_name $command
```

1-1, 1-2에서는 스크립트에 전달된 커맨드 라인 인수를 셸 변수에 저장한다. 1-3은 비밀번호를 파일 경로 지정과 비밀번호 직접 지정에 모두 대응한다. 커맨드 라인 인수로 마이그레이션을 실행하는 MySQL의 접속 정보 등을 저장한다. command에는 3에서 사용하는 golang-migrate에 전달하는 서브 커맨드를 가져올 수 있도록 한다.

2는 마이그레이션 대상 MySQL이 제대로 실행되고 SQL을 실행할 수 있는지 체크한다. 작업 관리 앱의 컨테이너는 컴포즈에서 실행하므로 컨테이너 간 통신과 의존 관계 설정이 가능하지만, 데이터베이스 마이그레이터 컨테이너의 실행 타이밍에 MySQL의 준비가 완료되었는지 보장할 수 없으므로 이와 같은 상태 체크 처리가 필요하다.

3에서 migrate 커맨드로 golang-migrate를 실행한다. -path 옵션은 마이그레이션 SQL 파일의 디렉터리를 지정하고, -database는 셸 변수에서 데이터베이스로 연결 문자열을 지정한다. $command에는 golang-migrate의 서브 커맨드인 up과 down이 입력된다.

4.3.3 데이터베이스 마이그레이터의 Dockerfile

이제 이 파일을 컨테이너에 추가하기 위해 Dockerfile을 작성한다. Dockerfile은 이미지 빌드의 기점이 되는 containers/migrator 디렉터리 바로 아래 위치한다. Dockerfile은 리스트 4.16과 같이 작성한다.

리스트 4.16 데이터베이스 마이그레이터의 Dockerfile (~/go/src/github.com/jpubdocker/taskapp/containers/migrator/Dockerfile)

```
# 1 베이스 이미지
FROM golang:1.21.6

WORKDIR /migrator

# 2 필요한 패키지를 설치
RUN apt update
RUN apt install -y default-mysql-client
# 3 golang-migrate 설치
RUN go install -tags 'mysql' github.com/golang-migrate/migrate/v4/cmd/migrate@v4.17.0

# 4 containers/migrate 아래 WORKDIR에 그대로 복사
COPY . .
```

1에서는 베이스 이미지로 golang 이미지를 지정한다. golang-migrate가 Go 언어로 만들어졌으므로 go install 커맨드로 가볍게 설치할 수 있다.

2에서는 필요한 패키지를 설치한다. golang:1.21.6은 Debian을 기반으로 하는 이미지로 만들어 졌으므로 패키지 매니저 apt를 사용할 수 있다. apt update로 패키지 리스트를 업데이트하고, golang-migrate를 실행하는 데 필요한 default-mysql-client를 설치한다.

3에서는 go install 커맨드를 사용해 golang-migrate를 설치한다. 이번에는 MySQL 실행을 위해 --tag 옵션을 사용해 mysql을 지정해야 한다.

4는 호스트의 migrator 디렉터리 내용을 컨테이너 WORKDIR의 /migrator 디렉터리로 복사하는 작업을 진행한다.

COLUMN **.dockerignore 파일**

리스트 4.16과 같이 `COPY . [컨테이너 디렉터리]`로 호스트의 디렉터리를 그대로 컨테이너에 복사할 수 있어 편리하지만 불필요한 파일도 함께 복사되기 쉽다.

이때는 Dockerfile과 같은 디렉터리에 `.dockerignore`를 사용해 `COPY` 대상이 되는 파일과 디렉터리를 제외할 수 있다.

`.dockerignore`은 Git의 `.gitignore`과 유사하다. 예를 들어 Dockerfile은 컨테이너 내부에서 필요하지 않으므로 리스트 4.17과 같이 작성할 수 있다.

리스트 4.17 dockerignore 파일 예

```
Dockerfile
```

`.dockerignore`은 와일드카드로 작성할 수도 있지만 `.gitignore`처럼 정규 표현식으로는 작성할 수 없으므로 주의하자.

4.3.4 데이터베이스 마이그레이터 컨테이너의 구성 설정하기

MySQL의 구성을 정의한 `compose.yaml`에 데이터베이스 마이그레이터의 구성도 정의한다. 리스트 4.18과 같다.

리스트 4.18 MySQL과 마이그레이터의 구성을 정의한 compose.yaml (~/go/src/github.com/jpubdocker/taskapp/compose.yaml)

```
version: '3.9'
services:

  mysql:
    build:
      context: ./containers/mysql
    environment:
      MYSQL_ROOT_PASSWORD_FILE: /run/secrets/mysql_root_password
      MYSQL_DATABASE: taskapp
      MYSQL_USER: taskapp_user
      MYSQL_PASSWORD_FILE: /run/secrets/mysql_user_password
    secrets:
      - mysql_root_password
      - mysql_user_password
    volumes:
      - mysql_data:/var/lib/mysql
    ports:
      - "3306:3306"
```

```yaml
  migrator:
    build:
      context: ./containers/migrator
    depends_on: # 1 mysql 컨테이너 의존 관계 설정
      - mysql
    working_dir: /migrator
    environment: # 2 환경 변수 설정
      DB_HOST: mysql
      DB_NAME: taskapp
      DB_PORT: "3306"
      DB_USERNAME: taskapp_user
    # 4 비밀번호를 셸 변수로 지정하고 스크립트 실행
    command: >
      sh -c '
        bash /migrator/migrate.sh $$DB_HOST $$DB_PORT $$DB_NAME $$DB_USERNAME /run/secrets/
mysql_user_password up
      '
    secrets: # 3 컨테이너에 시크릿 파일 마운트
      - mysql_user_password
secrets:
  mysql_root_password:
    file: ./secrets/mysql_root_password
  mysql_user_password:
    file: ./secrets/mysql_user_password

volumes:
  mysql_data:
```

1의 depends_on은 mysql 컨테이너와 migrator 컨테이너를 의존 관계에 둔다. 이를 통해 migrator 컨테이너에서 MySQL 컨테이너는 mysql 이름을 사용해 통신할 수 있다.

2는 컨테이너에 부여하는 환경 변수를 설정한다. MySQL의 호스트와 유저명 등을 설정한다. 이 환경 변수는 4에서 사용한다.

3은 mysql 컨테이너에도 마운트한 mysql_user_password의 시크릿을 마운트한다.

4의 command는 컨테이너 런타임 셸 스크립트를 작성한다. 비밀번호를 코드로 남기지 않기 위해 마운트된 비밀번호 파일인 /run/secrets/mysql_user_password의 내용을 DB_PASSWORD 변수에 설정한다. 그리고 bash 커맨드로 /migrator/migrate.sh를 실행한다. 2의 환경 변수와 DB_PASSWORD 변수를 지정하지만 $를 두 개 겹친 부분에 대한 주의가 필요하다. 컴포즈의 command로 변수를 참조할 때 $가 하나일 때는 호스트의 환경 변수가 사용된다. 이를 피하기 위해 $ 두 개($$)를 사용해

이스케이프를 진행하여 컨테이너 내부의 변수를 사용할 수 있도록 한다. 마지막으로 인수로 `up`를 지정하여 마이그레이션을 실행한다.

MySQL과 데이터베이스 마이그레이터의 동작 확인하기

이제 MySQL과 데이터베이스 마이그레이터를 각각 구성했으므로 동작을 확인해보자. `docker compose up -d --build mysql migrator`를 실행한다.[18]

```
jpub@Mac taskapp % docker compose up -d --build mysql migrator
[+] Building 1.9s (20/20) FINISHED                                                    docker:desktop-linux
 => [mysql internal] load build definition from Dockerfile                                            0.0s
 => => transferring dockerfile: 97B                                                                   0.0s
 => [mysql internal] load metadata for docker.io/library/mysql:8.0.33                                 0.8s
 => [mysql internal] load .dockerignore                                                               0.0s
 => => transferring context: 2B                                                                       0.0s
 => [mysql internal] load build context                                                               0.0s
 => => transferring context: 138B                                                                     0.0s
 => CACHED [migrator 2/6] WORKDIR /migrator                                                            0.0s
 => CACHED [migrator 3/6] RUN apt update                                                               0.0s


      . . .


 => => exporting config sha256:617737298f6b46ec46fe22bfb6e2d247404c314921667933d45fc213e1c8d31b       0.0s
 => => exporting attestation manifest sha256:ec95b0bd8ec6d1373abeed7b76c379fbe673ef38165237d9c6c4b1523fff1f37  0.0s
 => => exporting manifest list sha256:8f39afbc31058acd7ea349da4083244e599b286d0e3b6bcd821457b2b0b0c6d6  0.0s
 => => naming to docker.io/library/taskapp-migrator:latest                                            0.0s
 => => unpacking to docker.io/library/taskapp-migrator:latest                                         0.0s
 => [migrator] resolving provenance for metadata file                                                 0.0s
[+] Running 4/4
 ✓ Network taskapp_default          Created                                                           0.0s
 ✓ Volume "taskapp_mysql_data"      Created                                                           0.0s
 ✓ Container taskapp-mysql-1        Started                                                           0.2s
 ✓ Container taskapp-migrator-1     Started                                                           0.3s
```

그림 4.2 컴포즈로 mysql과 migrator 컨테이너 실행

잠시 후 `docker compose ps -a`를 실행하면 MySQL 컨테이너는 실행 중이지만 데이터베이스 마이그레이터 컨테이너의 STATUS가 `Exited`로 종료된 것을 알 수 있다.

```
jpub@Mac taskapp % docker compose ps -a
NAME                IMAGE             COMMAND                SERVICE    CREATED        STATUS                   PORTS
taskapp-migrator-1  taskapp-migrator  "sh -c '\n    bash /m…" migrator   5 minutes ago  Exited (0) 5 minutes ago
taskapp-mysql-1     taskapp-mysql     "docker-entrypoint.s…"  mysql      5 minutes ago  Up 5 minutes             0.0.0.0:3306->3306/tcp, 33060/tcp
```

그림 4.3 종료된 migrator 컨테이너

종료된 데이터베이스 마이그레이터의 로그는 다음과 같이 `docker compose logs` 커맨드로 확인할 수 있다.

---

18 `taskapp` 리포지터리의 `compose.yaml`은 완성된 버전이므로 다른 컨테이너 정의도 추가되어 있지만, 이와 같은 방식으로 실행하려는 컨테이너를 한정해도 된다.

```
(~/go/src/github.com/jpubdocker/taskapp) $ docker compose logs -f migrator
taskapp-migrator-1 | Waiting for MySQL to start...
taskapp-migrator-1 | MySQL is unavailable - sleeping
taskapp-migrator-1 | MySQL is unavailable - sleeping
taskapp-migrator-1 | MySQL is unavailable - sleeping
taskapp-migrator-1 | MySQL is unavailable - sleeping
taskapp-migrator-1 | MySQL is unavailable - sleeping
taskapp-migrator-1 | MySQL is unavailable - sleeping
taskapp-migrator-1 | MySQL is unavailable - sleeping
taskapp-migrator-1 | MySQL is unavailable - sleeping
taskapp-migrator-1 | MySQL is unavailable - sleeping
taskapp-migrator-1 | MySQL is up - executing command
taskapp-migrator-1 | 1001/u init (25.173667ms)
taskapp-migrator-1 | 1002/u index_status (47.704917ms)
taskapp-migrator-1 | 1003/u test_data (59.115042ms)
```

로그의 내용을 확인하면 `migrator.sh`에서 `echo`로 작성한 출력이 표시되고 몇 번의 상태 체크를 통해 MySQL에 접속이 되는 것을 알 수 있다. `1001/u`, `1002/u`, `1003/u`는 대상 번호의 SQL이 실행되었음을 나타낸다.

이어서 `taskapp` 데이터베이스에 스키마가 구축되었는지 확인한다. 리스트 4.19와 같이 `mysql` 컨테이너에서 `bash`를 실행한다. 컨테이너 내부에서 `mysql` 커맨드를 통해 `show tables;` 쿼리를 실행하면 `task` 테이블이 생성된 것을 알 수 있다.

리스트 4.19 show tables 실행

```
(~/go/src/github.com/jpubdocker/taskapp) $ docker compose exec -it mysql bash
bash-4.4# mysql -u taskapp_user -p taskapp --default-character-set=utf8
Enter password:
Reading table information for completion of table and column names
You can turn off this feature to get a quicker startup with -A

Welcome to the MySQL monitor. Commands end with ; or \g.
Your MySQL connection id is 10
Server version: 8.0.33 MySQL Community Server - GPL

Copyright (c) 2000, 2023, Oracle and/or its affiliates.

Oracle is a registered trademark of Oracle Corporation and/or its
affiliates. Other names may be trademarks of their respective
owners.

Type 'help;' or '\h' for help. Type '\c' to clear the current input statement.
```

```
mysql> show tables;
+-------------------+
| Tables_in_taskapp |
+-------------------+
| schema_migrations |
| task              |
+-------------------+
2 rows in set (0.01 sec)
```

show create table task;로 테이블 내용을 확인하면 리스트 4.20과 같이 task 테이블의 생성과 idx_status 인덱스도 확인할 수 있다.

리스트 4.20 show create table 실행

```
mysql> show create table task\G
*************************** 1. row ***************************
       Table: task
Create Table: CREATE TABLE `task` (
  `id` char(26) COLLATE utf8mb4_unicode_ci NOT NULL COMMENT 'ULID 26bytes',
  `title` varchar(191) COLLATE utf8mb4_unicode_ci NOT NULL COMMENT '타이틀',
  `content` text COLLATE utf8mb4_unicode_ci COMMENT '내용',
  `status` enum('BACKLOG','PROGRESS','DONE') COLLATE utf8mb4_unicode_ci DEFAULT NULL COMMENT
'상태',
  `created` datetime NOT NULL COMMENT '생성시간',
  `updated` datetime NOT NULL COMMENT '업데이트시간',
  PRIMARY KEY (`id`),
  KEY `idx_status` (`status`)
) ENGINE=InnoDB DEFAULT CHARSET=utf8mb4 COLLATE=utf8mb4_unicode_ci
1 row in set (0.00 sec)
```

task 테이블에 SELECT 문을 사용하면 리스트 4.21과 같은 결과를 얻을 수 있으며, 1003번 sql 파일에 정의한 데이터가 삽입되어 있음을 알 수 있다.

리스트 4.21 테스트 데이터 확인

```
mysql> SELECT id, title, status FROM task;
+----------------------------+-------------------------------------+----------+
| id | title | status |
+----------------------------+-------------------------------------+----------+
| 01H4QEZ39F0MCJERZ7BFHSG92E | Kubernetes 테스트                    | PROGRESS |
| 01H4QEZ39F1NMC3CKQ8BPSCNA8 | 지속적 전달 테스트                    | BACKLOG  |
| 01H4QEZ39F1ZKC2T54SAYQZPCC | 컨테이너 이미지 CI                    | PROGRESS |
| 01H4QEZ39FBP67SS9V042ZJ5H1 | Docker 설치                          |   DONE   |
```

```
| 01H4QEZ39FHB1QQJAYJEN373VA | 클라우드 선정          |  PROGRESS |
| 01H4QEZ39FKNA78DZQ6CGSCJJM | OrbStack 테스트        |  BACKLOG |
| 01H4QEZ39FZVW6Y6HVQDHQ192K | asdf 설치              |    DONE |
+----------------------------+------------------------+----------+
7 rows in set (0.01 sec)
```

또한 `schema_migrations` 테이블이 생성된 것을 알 수 있다. 이 테이블은 golang-migrate가 SQL 파일을 어디까지 적용했는지 기록하는 테이블이다.

```
mysql> SELECT * FROM schema_migrations;
+---------+-------+
| version | dirty |
+---------+-------+
| 1003    |   0   |
+---------+-------+
1 row in set (0.00 sec)

mysql> exit
Bye
bash-4.4# exit
exit
```

내용이 확인되면 `exit`으로 `mysql` 커맨드와 셸을 종료한다.

이것으로 MySQL과 데이터베이스 마이그레이터의 구축이 완료되었다. 컴포즈로 실행한 `mysql`과 `migrator` 컨테이너는 다음 절에서도 사용하므로 그대로 두자.

4.4 API 서버와 웹서버 구축

이어서 작업 관리 앱의 API 서버와 웹서버의 구축을 살펴보자. API 서버와 웹서버는 Go 언어로 구현한다.

최종적으로 컨테이너 이미지 빌드 시 컨테이너에서 Go 언어 애플리케이션을 빌드하고 생성된 실행 파일을 컨테이너에서 실행할 수 있도록 한다.

4.4.1 리포지터리 디렉터리 구성

API 서버와 웹서버의 구현은 모두 taskapp 리포지터리에 함께 존재한다. 이번에는 하나의 리포지터리 내에서 모든 서브시스템을 관리하는 모노레포monorepo 스타일을 구현해보자.[19]

API, 웹서버 모두 Go 언어로 구현하고 있으며, 서브시스템 간 공통 컴포넌트의 공유가 간편해지고, 하나의 리포지터리에서 학습과 코드 리딩의 용이성을 고려한다는 점에서서 모노레포를 사용해보도록 한다.[20]

작업 관리 앱 리포지터리의 디렉터리 구성은 리스트 4.22와 같다. 이 장에서 모든 파일과 구현을 소개하지는 않으며, API 서버와 웹서버 컨테이너 구축에서 포인트가 되는 구현이나 파일에 초점을 맞춰서 설명한다.[21]

리스트 4.22 **API 서버, 웹서버 관련 디렉터리 구성**

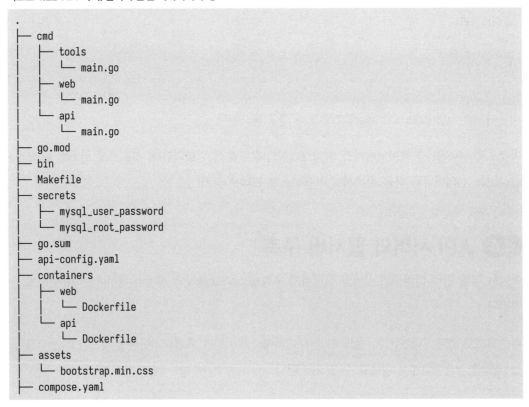

```
.
├── cmd
│   ├── tools
│   │   └── main.go
│   ├── web
│   │   └── main.go
│   └── api
│       └── main.go
├── go.mod
├── bin
├── Makefile
├── secrets
│   ├── mysql_user_password
│   └── mysql_root_password
├── go.sum
├── api-config.yaml
├── containers
│   ├── web
│   │   └── Dockerfile
│   └── api
│       └── Dockerfile
├── assets
│   └── bootstrap.min.css
├── compose.yaml
```

---

19 모노레포와는 반대로, 각각 독립된 리포지터리를 사용하는 폴리레포(polyrepo) 개발 스타일도 존재한다.

20 이와 같은 고려사항은 칼럼 '폴리레포와 모노레포'에서 설명한다.

21 빈 디렉터리도 구현이 가능하지만 의도와는 맞지 않으므로 생략한다.

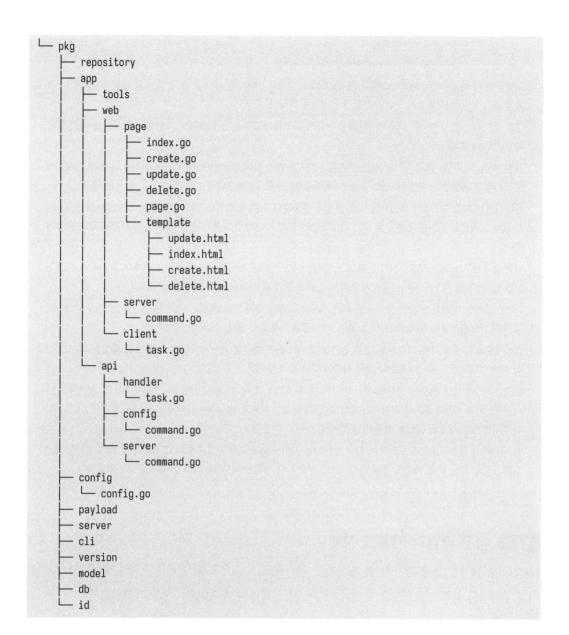

```
└─ pkg
   ├─ repository
   ├─ app
   │  ├─ tools
   │  ├─ web
   │  │  ├─ page
   │  │  │  ├─ index.go
   │  │  │  ├─ create.go
   │  │  │  ├─ update.go
   │  │  │  ├─ delete.go
   │  │  │  ├─ page.go
   │  │  │  └─ template
   │  │  │     ├─ update.html
   │  │  │     ├─ index.html
   │  │  │     ├─ create.html
   │  │  │     └─ delete.html
   │  │  ├─ server
   │  │  │  └─ command.go
   │  │  └─ client
   │  │     └─ task.go
   │  └─ api
   │     ├─ handler
   │     │  └─ task.go
   │     ├─ config
   │     │  └─ command.go
   │     └─ server
   │        └─ command.go
   ├─ config
   │  └─ config.go
   ├─ payload
   ├─ server
   ├─ cli
   ├─ version
   ├─ model
   ├─ db
   └─ id
```

COLUMN   폴리레포와 모노레포

오늘날의 시스템은 여러 서브시스템과 컴포넌트의 조합으로 이루어진 구성이 많다. MSA의 대두와 컨테이너 기술의 보급에 따라 이와 같은 구성의 개발과 운영이 쉬워졌다.

그러나 여러 서브시스템을 리포지터리에서 어떻게 관리해야 할지는 현재까지도 다양한 시행착오를 겪고 있으며 의견도 다양하다.

특히 MSA가 인기를 얻기 시작할 때는 분리된 서브시스템과 마이크로서비스별 리포지터리를 사용하여 개발하는 스타일이 유행했다. 이는 마이크로서비스와 리포지터리를 1:1로 관리하는 폴리레포polyrepo 방식이다.

폴리레포는 리포지터리가 독립적이므로 변경이 발생해도 다른 리포지터리에 영향을 미치지 않는다. 또한 특정 업무 도메인과 기능에 초점을 맞추기 쉬우므로 코드의 비대화도 피하기 쉽고 빌드와 CI 시간도 짧은 경향이 있다.

반면 폴리레포는 여러 리포지터리 간의 코드 중복이나 모든 리포지터리에서 일관성을 갖기 어려운 측면이 있다. 보안 업데이트를 각 리포지터리별로 수행하는 것도 구조가 잘 짜여져 있지 않다면 쉽지 않다.

이러한 문제를 해결하는 방법 중 하나로 최근 주목받고 있는 것이 모노레포다. 모노레포는 하나의 리포지터리에서 여러 서브시스템과 마이크로서비스 코드, 기타 공통 유틸리티 등을 관리하는 방법이다.

폴리레포와 다르게 코드 재사용과 공유, 일관성 유지가 쉽기 때문에 서브시스템에 따른 코드 품질의 차이가 적다. 보안 업데이트도 폴리레포보다 짧은 시간에 대응이 가능하다.

이러한 부분은 모노레포의 강점이지만 코드베이스가 커지는 것은 최대의 단점이다. 코드베이스의 크기는 빌드 시간, CI, 배포 시간의 증가로 이어지기 쉽다. 이 문제를 최소화하기 위해서는 차분 빌드나 캐시 활용에 신경을 써야 하지만 해당 구조를 만드는 것은 간단하지 않다.

현 시점에서 폴리레포와 모노레포는 모두 장단점을 가지고 있으므로 정답은 없다고 생각한다. 서비스 상황이나 개발 조직의 규모, 문화, 숙련도 등을 종합적으로 판단하여 적절한 리포지터리를 선택하는 것이 필요하다.

4.4.2 실행 파일과 커맨드 상세

Go 언어로 작성한 애플리케이션을 빌드하면 아티팩트artifact[22]로 바이너리 파일이 생성된다. API 서버와 웹서버를 각각 빌드하고 컨테이너 내부에서 실행하여 애플리케이션을 동작시킨다.

`taskapp` 리포지터리는 `make` 작업으로 정의된 `vendor` 작업을 실행하면 의존 라이브러리를 다운로드한다. `build-api`, `build-web`을 실행하면 `./bin` 디렉터리에 각각 실행 파일이 생성된다. 이 작업은 컨테이너 외부에서도 수행할 수 있지만 최종적으로는 컨테이너 이미지를 빌드해야 하므로 컨테이너 내부(리스트 4.30)에서 실행한다.

---

22 애플리케이션이 빌드되어 실행, 배포 가능 상태가 된 것을 뜻한다. 실행 파일이나 아카이브된 zip 파일, 넓은 의미에서는 컨테이너 이미지도 아티팩트다.

```
(~/go/src/github.com/jpubdocker/taskapp) $ make vendor
(~/go/src/github.com/jpubdocker/taskapp) $ make build-api
(~/go/src/github.com/jpubdocker/taskapp) $ make build-web
```

./bin/api 파일의 server --help 커맨드를 실행하면 API 서버의 커맨드 상세(리스트 4.23)가 표시된다.

리스트 4.23 API 서버의 커맨드 라인 상세

```
(~/go/src/github.com/jpubdocker/taskapp) $ ./bin/api server --help
Start up the api server

Usage:
  taskapp-api server [flags]

Flags:
      --config-file string The path to the config file.
      --grace-period duration How long to wait for graceful shutdown. (default 5s)
  -h, --help help for server
      --port int The port number used to run HTTP api. (default 8180)
```

--port(포트 번호)와 --grace-period(Graceful Shutdown까지의 시간(초)) 옵션을 사용하지만 API 서버 고유의 옵션으로 --config-file이 존재한다.

--config-file 옵션은 데이터베이스의 접속 정보 등이 작성된 설정 파일의 경로를 가져온다. 설정 파일에 대해서는 4.4.3절에서 자세히 설명한다.

./bin/web 파일의 server --help 커맨드를 실행하면 웹서버의 커맨드 라인 상세(리스트 4.24)가 표시된다.

리스트 4.24 웹서버의 커맨드 라인 상세

```
(~/go/src/github.com/jpubdocker/taskapp) $ ./bin/web server --help
Start up the web server

Usage:
  taskapp-web server [flags]

Flags:
      --api-address string The API address. (default "http://127.0.0.1:8180")
      --assets-dir string The path to the assets directory.
      --grace-priod duration How long to wait for graceful shutdown. (default 5s)
```

```
    -h, --help help for server
      --port int The port number used to run HTTP api. (default 8280)
```

--port와 --grace-period는 API 서버와 유사하지만 웹서버 고유의 옵션으로 --api-address(API 서버 주소)와 --assets-dir(정적 파일의 디렉터리)을 사용한다.

4.4.3 API 서버의 구축

API 서버의 구축에 대해 알아보자. 서버의 가동, 설정 파일, HTTP 핸들러, Dockerfile을 순서대로 설명한다.

API 서버 가동까지

API 서버의 애플리케이션 실행은 리스트 4.25에서 시작된다. 여기서는 커맨드 라인 애플리케이션 (CLI)으로 어떤 처리를 추가할지 정의한다.

리스트 4.25 API 서버의 커맨드라인 애플리케이션을 시작하는 코드 (~/go/src/github.com/jpubdocker/taskapp/cmd/api/main.go)

```go
package main

import (
    "log"

    "github.com/jpubdocker/taskapp/pkg/app/api/cmd/config"
    "github.com/jpubdocker/taskapp/pkg/app/api/cmd/server"
    "github.com/jpubdocker/taskapp/pkg/cli"
)

func main() {
    // 1 커맨드라인 애플리케이션의 인스턴스 생성
    c := cli.NewCLI("taskapp-api", "The API application of taskapp")
    // 2 서브 커맨드 정의
    c.AddCommands(
        // 2-1 API 서버 가동 커맨드
        server.NewCommand(),
        config.NewCommand(),
    )
    // 3, 1과 2의 정의에 따라 커맨드라인 애플리케이션 실행
    if err := c.Execute(); err != nil {
        log.Fatal(err)
    }
}
```

리스트 4.26은 API 서버를 시작하기 위해 서브 커맨드인 server의 작업을 진행한다. 커맨드 라인 옵션의 값을 가져와서 해당 값에 따라 MySQL에 접속 처리 등의 초기 처리를 실행하고, HTTP Request 대기 상태를 생성한다.

리스트 4.26 **커맨드 라인을 처리하고 API 서버를 시작하는 코드** (~/go/src/github.com/jpubdocker/taskapp/pkg/app/api/cmd/server/command.go)

```go
package server

import (
    "context"
    "database/sql"
    "net/http"
    "time"

    "github.com/spf13/cobra"
    "golang.org/x/exp/slog"
    "golang.org/x/sync/errgroup"

    "github.com/jpubdocker/taskapp/pkg/app/api/handler"
    "github.com/jpubdocker/taskapp/pkg/cli"
    "github.com/jpubdocker/taskapp/pkg/config"
    "github.com/jpubdocker/taskapp/pkg/db"
    "github.com/jpubdocker/taskapp/pkg/repository"
    "github.com/jpubdocker/taskapp/pkg/server"
)

type command struct {
    port int
    gracePeriod time.Duration
    configFile string
}

// 1 CLI 라이브러리 cobra 인스턴스 생성
func NewCommand() *cobra.Command {
    // 1-1 CLI 옵션으로 가져오는 값의 기본값 설정
    c := &command{
        port: 8180,
        gracePeriod: 5 * time.Second,
    }
    cmd := &cobra.Command{
        Use: "server",
        Short: "Start up the api server",
        RunE: cli.WithContext(c.execute),
    }
    // 1-2 API 서버를 Listen하는 포트 번호 정의
```

```go
    cmd.Flags().IntVar(&c.port, "port", c.port, "The port number used to run HTTP api.")
    // 1-3 Graceful Shutdown까지 대기 시간 정의
    cmd.Flags().DurationVar(&c.gracePeriod, "grace-period", c.gracePeriod, "How long to wait
for graceful shutdown.")
    // 1-4 API 서버의 설정 파일 경로 정의
    cmd.Flags().StringVar(&c.configFile, "config-file", c.configFile, "The path to the
config file.")

    // 1-5 --config-file 옵션을 필수로 설정
    cmd.MarkFlagRequired("config-file")
    return cmd
}

func (c *command) execute(ctx context.Context) error {
    group, ctx := errgroup.WithContext(ctx)

    // 2 --config-file 옵션으로 지정한 API 서버의 설정 파일 가져오기
    appConfig, err := config.LoadConfigFile(c.configFile)
    if err != nil {
        slog.Error("failed to load api configuration",
            slog.String("config-file", c.configFile),
            err,
        )
        return err
    }

    // 3 설정 파일 정보 기반으로 MySQL 커넥션 생성
    dbConn, err := createMySQL(*appConfig.Database)
    if err != nil {
        slog.Error("failed to open MySQL connection", err)
        return err
    }

    // 4 task 테이블을 조작하는 리포지터리 작성
    taskRepo := repository.NewTask(dbConn)

    // 5 task 관련 API 처리를 수행하는 HTTP 핸들러 생성
    taskHandler := handler.NewTask(taskRepo)

    options := []server.Option{
        server.WithGracePeriod(c.gracePeriod),
    }
    // 6 HTTP 서버의 인스턴스 생성, 엔드포인트 등록
    httpServer := server.NewHTTPServer(c.port, options...)
    // 6-1 상태 체크용 API 설정
    httpServer.Get("/healthz", func(w http.ResponseWriter, r *http.Request) {
        w.WriteHeader(http.StatusOK)
    })
```

```go
    // 6-2 taskHandler 구현을 API 경로에 매핑
    httpServer.Put("/api/tasks/{id}", taskHandler.Update)
    httpServer.Delete("/api/tasks/{id}", taskHandler.Delete)
    httpServer.Get("/api/tasks/{id}", taskHandler.Get)
    httpServer.Post("/api/tasks", taskHandler.Create)
    httpServer.Get("/api/tasks", taskHandler.List)

    // 7 비동기로 HTTP 서버 시작
    group.Go(func() error {
        return httpServer.Serve(ctx)
    })

    // 8 대기 상태
    if err := group.Wait(); err != nil {
        slog.Error("failed while running", err)
        return err
    }
    return nil
}

func createMySQL(conf config.Database) (*sql.DB, error) {...}
```

API 서버의 설정 파일

API 서버에서 MySQL에 접속하는 정보 등의 설정은 `yaml` 형식의 설정 파일로 정의할 수 있다. 리스트 4.27은 구체적인 파일의 예다.[23] 실제로 사용하는 설정 파일은 리스트 4.43에서 커맨드를 사용해 생성한다.

리스트 4.27 API 서버의 yaml 형식 설정 파일

```yaml
database:
  host: 127.0.0.1
  username: taskapp_user
  password: ********
  dbname: taskapp
  maxIdleConns: 5
  maxOpenConns: 10
  connMaxLifetime: 1h0m0s
```

이 `yaml` 설정 파일을 API 서버에 전달해야 한다. 리스트 4.28은 설정 파일을 읽고 API 서버에서 다루기 쉽도록 `Application`이라는 구조체에 저장하는 처리다.

---

23 `password`는 *로 마스킹 처리한다.

```go
package config

import (
  "os"
  "time"

  "gopkg.in/yaml.v3"
)

// 1 최상위 레벨로 확장되는 구조체 정의
type Application struct {
  Database *Database `yaml:"database"`
}

// 2 database 자식 요소로 구성되는 구조체 정의
type Database struct {
  Host string `yaml:"host"`
  Username string `yaml:"username"`
  Password string `yaml:"password"`
  DBName string `yaml:"dbname"`
  MaxIdleConns int `yaml:"maxIdleConns"`
  MaxOpenConns int `yaml:"maxOpenConns"`
  ConnMaxLifetime time.Duration `yaml:"connMaxLifetime"`
}

// 3 yaml 설정 파일을 불러와 해당 데이터를 구조체에 설정하고 반환하기 위한 함수
func LoadConfigFile(configPath string) (*Application, error) {
  data, err := os.ReadFile(configPath)
  if err != nil {
    return nil, err
  }

  var appConfig Application
  if err := yaml.Unmarshal([]byte(data), &appConfig); err != nil {
    return nil, err
  }
  return &appConfig, nil
}
```

HTTP 핸들러

HTTP 핸들러는 클라이언트에서 HTTP Request를 받고 Response를 반환하기 위한 처리를 한다. API 서버의 HTTP 핸들러는 RESTful API 역할을 담당한다. 핸들러의 구현은 리스트 4.29를 참조한다.

2의 `GET /api/tasks`의 엔드포인트에 대응하는 함수이지만, 데이터베이스에서 작업 데이터를 가져오고 JSON으로 클라이언트에 반환하기 위한 작업을 처리한다. 이 외에도 조회, 업데이트 관련 함수를 제공하지만 데이터베이스에 액세스하여 Response를 반환하는 처리는 동일하므로 생략한다.

리스트 4.29 HTTP 엔드포인트를 처리하기 위한 코드 (~/go/src/github.com/jpubdocker/taskapp/pkg/app/api/handler/task.go)

```go
package handler

import (
  "database/sql"
  "encoding/json"
  "net/http"
  "time"

  "github.com/go-chi/chi/v5"
  "golang.org/x/exp/slog"
  "github.com/jpubdocker/taskapp/pkg/id"
  "github.com/jpubdocker/taskapp/pkg/model"
  "github.com/jpubdocker/taskapp/pkg/payload"
  "github.com/jpubdocker/taskapp/pkg/repository"
)

type Task struct {
  // 1 task 테이블에 대해 조회, 업데이트, 삭제 등을 진행하는 리포지터리
  taskRepo repository.Task
}

func NewTask(taskRepo repository.Task) *Task {
  return &Task{
    taskRepo: taskRepo,
  }
}

func (h *Task) Update(w http.ResponseWriter, r *http.Request) {...}

func (h *Task) Delete(w http.ResponseWriter, r *http.Request) {...}

func (h *Task) Get(w http.ResponseWriter, r *http.Request) {...}

func (h *Task) Create(w http.ResponseWriter, r *http.Request) {...}

// 2 GET /api/tasks 구현
func (h *Task) List(w http.ResponseWriter, r *http.Request) {
  // 2-1 작업 데이터 모두 가져오기
```

```
  tasks, err := h.taskRepo.FindAll(r.Context())
  if err != nil {
    slog.Error("failed to get tasks", err)
    http.Error(w, http.StatusText(http.StatusInternalServerError), http.
StatusInternalServerError)
    return
  }


  // 2-2 Response 헤더와 상태 코드를 설정
  w.Header().Set("Content-Type", "application/json; charset=utf-8")
  w.WriteHeader(http.StatusOK)
  // 2-3 작업 리스트를 JSON으로 변환하여 Response 반환
  if err := json.NewEncoder(w).Encode(tasks); err != nil {
    slog.Error("failed to marshal json", err)
  }
}
}
```

Dockerfile

API 서버의 Dockerfile은 리스트 4.30과 같다. API 서버의 빌드에 필요한 파일을 복사하고 빌드하여 생성된 실행 파일을 `ENTRYPOINT`에 설정한다.

리스트 4.30 **API 서버의 Dockerfile** (~/go/src/github.com/jpubdocker/taskapp/containers/api/Dockerfile)

```
FROM golang:1.21.6

WORKDIR /go/src/github.com/jpubdocker/taskapp

# 1 빌드에 필요한 파일 복사
COPY ./cmd ./cmd
COPY ./pkg ./pkg
COPY go.mod .
COPY go.sum .
COPY Makefile .

# 2 빌드 관련 처리
RUN make mod
RUN make vendor
RUN make build-api

# 3 API 서버의 실행 파일을 ENTRYPOINT에 설정
ENTRYPOINT ["./bin/api"]
```

웹서버 구축

웹서버 구축에 대해 알아보자. 서버의 가동, HTTP 핸들러, HTML 템플릿, Dockerfile을 순서대로 설명한다.

웹서버의 가동

이어서 웹서버의 구현을 살펴보자. 가동까지는 API 서버의 구현과 크게 다르지 않다. 애플리케이션 실행은 리스트 4.31과 같다.

리스트 4.31 웹서버의 커맨드라인 애플리케이션을 시작하기 위한 코드 (~/go/src/github.com/jpubdocker/taskapp/cmd/web/main.go)

```
package main

import (
  "log"

  "github.com/jpubdocker/taskapp/pkg/app/web/cmd/server"
  "github.com/jpubdocker/taskapp/pkg/cli"
)

func main() {
  c := cli.NewCLI("taskapp-web", "The web application of taskapp")
  c.AddCommands(
    server.NewCommand(),
  )
  if err := c.Execute(); err != nil {
    log.Fatal(err)
  }
}
```

리스트 4.32는 웹서버를 시작하기 위한 서브 커맨드인 server의 작업을 진행한다. API 서버에서는 MySQL 접속 정보 등을 작성한 설정 파일을 다루고 있지만 여기서는 API 서버에 비하면 설정이 단순하므로 커맨드 라인 옵션만 사용한다. 값을 가져와서 초기 작업을 수행하고 HTTP Request 의 대기 상태를 생성한다.

리스트 4.32 커맨드 라인을 처리하고 웹서버를 시작하기 위한 코드 (~/go/src/github.com/jpubdocker/taskapp/pkg/app/web/cmd/server/command.go)

```
package server

import (
  "context"
```

```go
    "net/http"
    "time"

    "github.com/spf13/cobra"
    "golang.org/x/exp/slog"
    "golang.org/x/sync/errgroup"

    "github.com/jpubdocker/taskapp/pkg/app/web/client"
    "github.com/jpubdocker/taskapp/pkg/app/web/handler"
    "github.com/jpubdocker/taskapp/pkg/cli"
    "github.com/jpubdocker/taskapp/pkg/server"
)

type command struct {
    port int
    apiAddress string
    assetsDir string
    gracePeriod time.Duration
}

// 1 CLI 라이브러리 cobra 인스턴스 생성
func NewCommand() *cobra.Command {
    // 1-1 CLI 옵션으로 가져오는 값의 기본값 설정
    c := &command{
        port: 8280,
        apiAddress: "http://127.0.0.1:8180",
        gracePeriod: 5 * time.Second,
    }
    cmd := &cobra.Command{
        Use: "server",
        Short: "Start up the web server",
        RunE: cli.WithContext(c.execute),
    }
    // 1-2 Web 서버를 Listen하는 포트 번호 정의
    cmd.Flags().IntVar(&c.port, "port", c.port, "The port number used to run HTTP api.")
    // 1-3 API 서버 주소 정의
    cmd.Flags().StringVar(&c.apiAddress, "api-address", c.apiAddress, "The API address.")
    // 1-4 assets 디렉터리 경로 정의
    cmd.Flags().StringVar(&c.assetsDir, "assets-dir", c.assetsDir, "The path to the assets
directory.")
    // 1-5 Graceful Shutdown까지 대기 시간 정의
    cmd.Flags().DurationVar(&c.gracePeriod, "grace-period", c.gracePeriod, "How long to wait
for graceful shutdown.")

    return cmd
}

func (c *command) execute(ctx context.Context) error {
```

```go
  group, ctx := errgroup.WithContext(ctx)

  options := []server.Option{
    server.WithGracePeriod(c.gracePeriod),
  }

  // 2 API에 접속하기 위한 클라이언트 생성
  taskCli := client.NewTask(c.apiAddress)

  // 3 Web 페이지를 반환하기 위한 page 구현
  indexHandler := handler.NewIndex(taskCli)
  deleteHandler := handler.NewDelete(taskCli)
  updateHandler := handler.NewUpdate(taskCli)
  createHandler := handler.NewCreate(taskCli)

  // 4 HTTP 서버 인스턴스 생성, 엔드포인트 등록
  httpServer := server.NewHTTPServer(c.port, options...)
  // 4-1 상태 체크용 API 설정
  httpServer.Get("/healthz", func(w http.ResponseWriter, r *http.Request) {
    w.WriteHeader(http.StatusOK)
  })

  // 5 정적 파일의 디렉터리를 /assets로 전달
  if c.assetsDir != "" {
    httpServer.Handle("/assets/*", http.StripPrefix("/assets", http.FileServer(http.Dir(c.
assetsDir))))
  }

  // 6 각 page 구현 경로를 매핑
  httpServer.Post("/tasks/{id}/update/complete", updateHandler.Complete)
  httpServer.Get("/tasks/{id}/update", updateHandler.Input)
  httpServer.Post("/tasks/{id}/delete/complete", deleteHandler.Complete)
  httpServer.Get("/tasks/{id}/delete", deleteHandler.Confirm)
  httpServer.Post("/tasks/create/complete", createHandler.Complete)
  httpServer.Get("/tasks/create", createHandler.Input)
  httpServer.Get("/", indexHandler.Index)
  // 7 비동기로 HTTP 서버 시작
  group.Go(func() error {
    return httpServer.Serve(ctx)
  })

  // 8 대기 상태
  if err := group.Wait(); err != nil {
    slog.Error("failed while running", err)
    return err
  }
  return nil
}
```

HTTP 핸들러

웹서버는 웹 페이지의 HTML을 반환하는 HTTP 핸들러를 구현한다. 웹 페이지를 생성하는 핸들러는 여러 번 구현되었지만, 여기서는 작업 리스트 화면을 구현하는 리스트 4.33을 소개한다.

2-1에서 가져온 작업 데이터를 HTML 템플릿에 넣기 위한 구조체 `indexParam`에 데이터를 다시넣고 동적으로 생성한 HTML을 Response로 반환한다.

리스트 4.33 **동적으로 HTML을 생성하고 클라이언트에 반환하기 위한 코드** (~/go/src/github.com/jpubdocker/taskapp/pkg/app/web/handler/index.go)

```go
package handler

import (
  "html/template"
  "net/http"

  "golang.org/x/exp/slog"

  "github.com/jpubdocker/taskapp/pkg/app/web/client"
  "github.com/jpubdocker/taskapp/pkg/model"
)

type Index struct {
  // 1 API 서버에 접속하기 위한 클라이언트
  taskCli client.TaskClient
}

func NewIndex(taskCli client.TaskClient) *Index {
  return &Index{
    taskCli: taskCli,
  }
}

type indexParam struct {
  Backlog []*model.Task
  Progress []*model.Task
  Done []*model.Task
}

// 2 GET / 구현
func (p *Index) Index(w http.ResponseWriter, r *http.Request) {
  // 2-1 API 경유해서 작업 데이터 모두 가져오기
  tasks, err := p.taskCli.List()
  if err != nil {
    slog.Error("failed to get tasks", err)
```

```go
    http.Error(w, http.StatusText(http.StatusInternalServerError), http.
StatusInternalServerError)
    return
  }

  // 2-2 템플릿에 포함된 변수에 값을 전달하기 위해 구조체 생성
  param := indexParam{
    Backlog: make([]*model.Task, 0),
    Progress: make([]*model.Task, 0),
    Done: make([]*model.Task, 0),
  }

  // 2-3 작업 데이터는 BACKLOG, PROGRESS, DONE의 상태로 나누어 구조체에 저장
  for _, t := range tasks {
    switch t.Status {
    case model.TaskStatusBACKLOG:
      param.Backlog = append(param.Backlog, t)
    case model.TaskStatusPROGRESS:
      param.Progress = append(param.Progress, t)
    case model.TaskStatusDONE:
      param.Done = append(param.Done, t)
    default:
      slog.Error("unknown status: %s", t.Status)
      http.Error(w, http.StatusText(http.StatusInternalServerError), http.
StatusInternalServerError)
      return
    }
  }

  // 2-4 HTML 템플릿 불러오기
  tmpl := template.Must(template.ParseFS(templateFS, "template/index.html"))
  // 2-5 HTML 템플릿에 구조체를 적용해서 HTML 렌더링
  if err := tmpl.Execute(w, param); err != nil {
    slog.Error("failed to execute template", err)
    http.Error(w, http.StatusText(http.StatusInternalServerError), http.
StatusInternalServerError)
    return
  }
}
```

HTML 템플릿

리스트 4.33의 2-4에서 지정한 HTML 템플릿의 내용은 리스트 4.34이다. 이 템플릿은 `html/`
`template`이라는 Go 언어의 표준 패키지로 구현되었다.

`indexParam` 구조체의 `Backlog`, `Progress`, `Done`이 각각 배열로 되어 있고, 1~3에서는 `range` 구문

을 사용해 데이터의 건수만큼 루프 반복을 통해 렌더링하도록 되어 있다.

리스트 4.34 작업 관리 앱 최상단 페이지용 HTML 템플릿 (~/go/src/github.com/jpubdocker/taskapp/pkg/app/web/page/template/index.html)

```html
<!DOCTYPE html>
<html>
<head>
  <meta http-equiv="Content-Type" content="text/html; charset=UTF-8"/>
  <title>Task Management Application by jpubdocker</title>
  <link href="/assets/bootstrap.min.css" rel="stylesheet">
</head>

<body>
<div class="container">
  <div class="row my-md-3">
    <h2>Task Management Application</h2>
    <div class="row">
      <div class="alert alert-primary" role="alert">
        This is a simple application implemented for learning purposes.
      </div>
      <a href="/tasks/create">Create Task</a>
    </div>
  </div>
  <div class="row">
    <div class="col-sm mx-md-2">
      <h4>BACKLOG</h4>
      <!-- 1 indexParam.Backlog 배열을 range로 루프 반복 -->
      {{ range .Backlog }}
      <div class="row my-md-2">
        <div class="card" style="width: 18rem;">
          <div class="card-body">
            <!-- 1-1 구조체 Title 변수 설정 -->
            <h5 class="card-title">{{ .Title }}</h5>
            <!-- 1-2 구조체 Content 변수 설정 -->
            <p class="card-text">{{ .Content }}</p>
            <a href="/tasks/{{ .ID }}/update" class="card-link">Update</a>

            <a href="/tasks/{{ .ID }}/delete" class="card-link">Delete</a>

          </div>
        </div>
      </div>
      {{ end }}
    </div>
    <div class="col-sm mx-md-2">
      <h4>PROGRESS</h4>
```

```
    <!-- 2 indexParam.Progress 배열을 range로 루프 반복 -->
    {{ range .Progress }}
    <div class="row my-md-2">
      <div class="card" style="width: 18rem;">
        <div class="card-body">
          <h5 class="card-title">{{ .Title }}</h5>
          <p class="card-text">{{ .Content }}</p>
          <a href="/tasks/{{ .ID }}/update" class="card-link">Update</a>

          <a href="/tasks/{{ .ID }}/delete" class="card-link">Delete</a>
        </div>
      </div>
    </div>
    {{ end }}
  </div>
  <div class="col-sm mx-md-2">
    <h4>DONE</h4>
    <!-- 3 indexParam.Done 배열을 range로 루프 반복 -->
    {{ range .Done }}
    <div class="row my-md-2">
      <div class="card" style="width: 18rem;">
        <div class="card-body">
          <h5 class="card-title">{{ .Title }}</h5>
          <p class="card-text">{{ .Content }}</p>
          <a href="/tasks/{{ .ID }}/update" class="card-link">Update</a>

          <a href="/tasks/{{ .ID }}/delete" class="card-link">Delete</a>
        </div>
      </div>
    </div>
    {{ end }}
  </div>
 </div>
 </div>
</body>

</html>
```

Dockerfile

웹서버의 Dockerfile도 API 서버와 거의 동일하며 리스트 4.35와 같다.

리스트 4.35 **웹서버의 Dockerfile** (~/go/src/github.com/jpubdocker/taskapp/containers/web/Dockerfile)

```
FROM golang:1.21.6

WORKDIR /go/src/github.com/jpubdocker/taskapp
```

```
# 1 빌드에 필요한 파일 복사
COPY ./cmd ./cmd
COPY ./pkg ./pkg
COPY go.mod .
COPY go.sum .
COPY Makefile .
COPY ./assets ./assets

# 2 빌드 관련 처리
RUN make mod
RUN make vendor
RUN make build-web

# 3 웹서버 실행 파일을 ENTRYPOINT에 설정
ENTRYPOINT ["./bin/web"]
```

4.5 리버스 프록시 구축

클라이언트에서 받은 HTTP Request를 nginx의 리버스 프록시 기능을 사용해 백엔드로 전달한다. 또한 웹에서 API로 Request를 전송하기 위해서도 사용한다.

nginx 설정 파일은 API 서버용과 웹서버용이 조금 다르므로 이번에는 각각의 컨테이너 이미지를 구축해보자. 디렉터리 구성은 리스트 4.36과 같다.

리스트 4.36 nginx 관련 디렉터리 구성

```
.
└── containers
    ├── nginx-web
    │   ├── Dockerfile
    │   └── etc
    │       └── nginx
    │           └── templates
    │               ├── 20-upstream.conf.template
    │               ├── 30-web.conf.template
    │               └── 10-log.conf.template
    └── nginx-api
        ├── Dockerfile
        └── etc
            └── nginx
                └── templates
                    ├── 30-api.conf.template
```

```
├── 20-upstream.conf.template
└── 10-log.conf.template
```

4.5.1 nginx 컨테이너의 템플릿 구조

2.6.2절에서 컨테이너 `/etc/nginx/conf.d` 디렉터리에 설정 파일을 복사하면 가상 호스트 등에 임의의 설정 파일을 추가할 수 있다는 것을 언급했다. 이 방법으로도 임의의 설정을 추가할 수 있지만 내용을 변경하고 싶을 때마다 컨테이너 이미지를 생성해야 한다. 3.3절에서도 설명한 것과 같이 설정을 변경해도 이미지 빌드가 필요 없는 방법이 컨테이너에 친화적이다. nginx 컨테이너는 이를 해결하기 위한 템플릿 구조를 제공한다.

envsubst로 nginx 컨테이너에 환경 변수 설정하기

nginx 컨테이너는 문자열과 텍스트 파일에 환경 변숫값을 포함하는 `envsubst`라는 커맨드 라인 도구를 제공한다. 이는 nginx를 더욱 컨테이너 친화적으로 운영하기 위한 방법이다. `envsubst`를 사용하면 환경 변수의 값에 따라 동적으로 설정 파일의 내용을 변경할 수 있다. 여기서는 컨테이너 이미지 빌드 시 `/etc/nginx/templates`의 템플릿 파일을, 컨테이너 실행 시 환경 변숫값을 적용하여 `/etc/nginx/conf.d`에 출력한다. 구체적으로 템플릿 파일을 살펴보자.

10-log.conf.template

리스트 4.37은 nginx 액세스 로그 포맷을 JSON 형식으로 새롭게 정의한다. 보통 nginx는 `main`이라는 이름의 로그 포맷이 기본값으로 정의되어 있지만 자체 로그 포맷을 추가할 수 있다.

API 서버와 웹서버 모두 동일한 내용의 파일을 사용한다.

리스트 4.37 로그 포맷 설정 파일용 템플릿 (~/go/src/github.com/jpubdocker/taskapp/containers/nginx-(web|api)/etc/nginx/templates/10-log.conf.template)

```
log_format json escape=json '{'
  '"time": "$time_local",'
  '"remote_addr": "$remote_addr",'
  '"host": "$host",'
  '"remote_user": "$remote_user",'
  '"status": "$status",'
  '"server_protocol": "$server_protocol",'
  '"request_method": "$request_method",'
  '"request_uri": "$request_uri",'
  '"request": "$request",'
  '"body_bytes_sent": "$body_bytes_sent",'
```

```
'"request_time": "$request_time",'
'"upstream_response_time": "$upstream_response_time",'
'"http_referer": "$http_referer", '
'"http_user_agent": "$http_user_agent",'
'"http_x_forwarded_for": "$http_x_forwarded_for",'
'"http_x_forwarded_proto": "$http_x_forwarded_proto"'
'}';
```

이 파일에는 nginx의 내장 변수가 정의되어 있으며, 환경 변수는 정의하지 않고 그대로 /etc/ nginx/conf.d에 출력한다. /etc/nginx/conf.d 디렉터리는 파일명 오름차순으로 로드되지만, log_format의 정의는 다른 설정보다 먼저 로드될 필요가 있으므로 파일명에 편의상 번호를 붙인다.

20-upstream.template

리스트 4.38에서 리버스 프록시의 백엔드가 되는 서버를 backend로 정의한다. 이 설정 파일은 이미지를 빌드하지 않고도 변경할 수 있어야 운영하기 쉬우므로 환경 변수로 변경할 수 있도록 한다.

API 서버, 웹서버 모두 동일한 내용의 파일을 사용한다.

리스트 4.38 백엔드 설정 파일용 템플릿 (~/go/src/github.com/jpubdocker/taskapp/containers/nginx-(web|api)/ etc/nginx/templates/20-upstream.conf.template)

```
upstream backend {
  server ${BACKEND_HOST} max_fails=${BACKEND_MAX_FAILS} fail_timeout=${BACKEND_FAIL_
TIMEOUT};
}
```

백엔드는 BACKEND_HOST, 백엔드 액세스 실패 시 설정값도 BACKEND_MAX_FAILS와 BACKEND_FAIL_ TIMEOUT라는 이름으로 기본값을 갖는 형태로 환경 변수화한다.

프록시 목적지는 nginx의 proxy_pass 디렉티브에 직접 기술할 수 있지만 upstream 디렉티브를 정의하면 프록시 목적지의 서버를 여러 개로 지정해 로드 밸런싱을 하거나 장애 시 Sorry 서버에 프록시할 수 있다는 장점이 있다. 이번에는 nginx에서 로드 밸런싱을 하지는 않지만 upstream을 사용하는 습관을 들이면 좋다.

30-vhost.template

마지막으로 가상 호스트의 설정 파일이다. API 서버와 웹서버의 내용이 다르므로 각각 살펴보자.

리스트 4.39는 API 서버에 대한 리버스 프록시 설정이다.

리스트 4.39 API 서버의 리버스 프록시 설정용 템플릿 (~/go/src/github.com/jpubdocker/taskapp/containers/nginx-api/etc/nginx/templates/30-vhost.conf.template)

```
server {
  listen ${NGINX_PORT};
  server_name ${SERVER_NAME};

  location / {
    proxy_pass http://backend;
    proxy_set_header Host $host;
    proxy_set_header X-Forwarded-For $remote_addr;
    access_log /dev/stdout json;
    error_log /dev/stderr;
  }
}
```

`NGINX_PORT`는 HTTP Request를 대기 중인 포트 번호다. 가상 호스트의 서버명으로 설정할 수 있는 값도 `SERVER_NAME`으로 환경 변수화한다.

`location` 디렉티브는 백엔드에 대한 프록시 설정으로 경로를 /로 정의하므로 받은 Request를 모두 백엔드로 전송한다. `proxy_pass`는 `20-upstream.conf`에서 `upstream` 디렉티브로 정의한 것이 있으므로 `http://backend`로 설정한다.

리스트 4.40은 웹서버용 리버스 프록시 설정으로, API와 조금 다르다.

리스트 4.40 웹서버 리버스 프록시 설정용 템플릿 (~/go/src/github.com/jpubdocker/taskapp/containers/nginx-web/etc/nginx/templates/30-vhost.conf.template)

```
server {
  listen ${NGINX_PORT};
  server_name ${SERVER_NAME};

  # 1 정적 파일을 /assets로 반환 설정
  location /assets/ {
    # 1-1 컨테이너 내부 디렉터리에 파일 반환
    alias ${ASSETS_DIR}/;
    access_log /dev/stdout json;
    error_log /dev/stderr;
  }

  location / {
    proxy_pass http://backend;
```

```
    proxy_set_header Host $host;
    proxy_set_header X-Forwarded-For $remote_addr;
    access_log /dev/stdout json;
    error_log /dev/stderr;
  }
}
```

기본 설정은 API 서버와 다르지 않지만 1의 `location` 디렉티브 부분이 다르다. `/assets` 경로로 요청되었을 때는 웹서버에 프록시하지 않고, 1–1의 `ASSETS_DIR`이라는 환경 변수로 정의된 디렉터리의 파일을 그대로 반환하도록 한다. 라우팅은 그림 4.4와 같다.

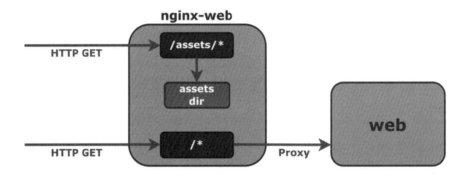

그림 4.4 assets와 nginx-web에서 반환

작업 관리 앱의 웹서버는 단독으로 css와 js 같은 정적 파일을 반환할 수 있도록 구현되어 있지만, 실제로는 nginx와 같은 서버에 정적 파일을 배치하여 응답하도록 하는 방식이 많다.

정적 파일은 기본적으로 동일한 버전에서는 파일 내용이 변하지 않으므로 일부러 웹서버에 프록시하면 오버헤드가 되어버린다.

또한 nginx는 gzip나 Brotli와 같은 압축 기술을 지원한다는 것도 장점이다. 이러한 압축 기술을 통해 클라이언트로 전송량을 줄일 수 있어 프런트엔드의 성능을 향상시킬 수 있다. 웹서버에서도 구현이 가능하지만 nginx와 같은 서버에서는 이것을 간편하게 도입할 수 있다는 장점이 있다.

nginx 컨테이너에서 정적 파일을 반환하려면 웹서버의 컨테이너 이미지에 포함된 `assets` 디렉터리가 nginx 컨테이너에도 필요하다. 이 디렉터리를 전달하는 방법은 4.6.1절에서 설명한다.

COLUMN	entrykit

컨테이너 실행 시 환경 변수의 값을 이용한 설정 파일의 생성과 적용을 위한 entrykit[24]이라는 도구가 있다.

entrykit의 템플릿 기능은 `envsubst`와 동일한 환경 변수의 내장과 `if` 조건 분기도 지원한다. 또한 `ENTRYPOINT`와 `CMD`로 실행하고 싶은 처리를 `prehook`으로 삽입할 수 있는 강력한 기능 등을 제공한다.

초판에서는 entrykit을 컨테이너 이미지 빌드 시 활용했지만 최신 버전에서는 다음의 이유로 사용하지 않는다.

– entrykit의 유지, 보수가 되고 있지 않다.
– 많은 컨테이너 이미지가 컨테이너 친화적이 되었다.

초판을 발간할 때는 활발하게 개발이 이루어졌던 entrykit이지만 현재는 거의 개발이 멈춘 상태다. entrykit 리포지터리를 포크하는 유저도 있긴 하지만 향후 커뮤니티의 발전은 전망이 어렵다.

또한 이전에는 entrykit의 리포지터리에 있는 아티팩트를 컨테이너 이미지 빌드 시 다운로드하여 설치했지만 이 아티팩트는 멀티 CPU 아키텍처를 지원하지 않는다. Linux 환경에서 사용한다면 문제가 없지만 ARM 아키텍처인 Apple Silicon의 M 시리즈 칩에서는 사용할 수 없다. 소스 코드를 빌드하여 멀티 CPU에 대응하는 방법도 있지만, 컨테이너 이미지를 빌드해야 하는 번거로움도 있으며, 빌드 시간도 늘어난다.

entrykit이 많이 이용되던 시기에는 nginx를 비롯해 많은 컨테이너 이미지가 컨테이너 친화적이라고는 할 수 없었다. entrykit은 이미지 빌드 시 높은 표현력과 자유도를 제공했으므로 좋은 의미에서 컨테이너 해킹 도구였다. 반면 Dockerfile의 가독성 저하라는 부정적인 측면도 함께 존재했던 것은 사실이다.

그동안 컨테이너 기술의 보급과 함께 많은 이미지가 운영이 쉽도록 개선되었다. entrykit을 통하지 않아도 좋은 컨테이너 이미지의 구축과 운영이 가능해졌다. 특히 공식 이미지는 많은 검토를 통해 만들어지고 공식 문서도 잘 작성되어 있으므로 이를 활용하면 좋다.

필자는 현재 entrykit 사용을 추천하지 않는다. 컨테이너 이미지를 빌드할 때 entrykit을 사용하고 싶을 때도 있겠지만, 향후 관리 단계에서 추가로 발생하는 번거로움과 트레이드 오프의 관계에 있다고 생각하고 사용 여부를 고려해보는 것이 좋다.

4.5.2 Dockerfile

nginx-api는 `containers/nginx-api/`, nginx-web은 `containers/nginx-web/` 디렉터리에 각각 Dockerfile이 위치하지만 모두 내용은 동일하다(리스트 4.41).

리스트 4.41 nginx-api와 nginx-web의 Dockerfile (~/go/src/github.com/jpubdocker/taskapp/containers/nginx-(web|api)/Dockerfile)

```
FROM nginx:1.25.1

COPY ./etc/nginx /etc/nginx
RUN rm /etc/nginx/conf.d/default.conf
```

---

24 https://github.com/progrium/entrykit

각각 ./etc/nginx 디렉터리를 컨테이너 /etc/nginx 디렉터리에 그대로 복사한다.

4.6 여러 컨테이너를 구성하여 작업 관리 앱 실행하기

작업 관리 앱을 구성하기 위한 컴포넌트의 준비가 완료되었다. 이번 절에서는 완성된 compose.yaml의 내용을 설명하고 실제로 작업 관리 앱을 실행해보자.

4.6.1 compose.yaml

리스트 4.7에서 이미 compose.yaml을 살펴보았다. 여기서는 API 서버, 웹서버, 각 리버스 프록시 설정도 추가하여 완성된 형태인 리스트 4.42를 살펴보자.

리스트 4.42 완성된 compose.yaml (~/go/src/github.com/jpubdocker/taskapp/compose.yaml)

```
version: '3.9'
services:

  mysql:
    build:
      context: ./containers/mysql
    environment:
      MYSQL_ROOT_PASSWORD_FILE: /run/secrets/mysql_root_password
      MYSQL_DATABASE: taskapp
      MYSQL_USER: taskapp_user
      MYSQL_PASSWORD_FILE: /run/secrets/mysql_user_password
    secrets:
      - mysql_root_password
      - mysql_user_password
    volumes:
      - mysql_data:/var/lib/mysql
    ports:
      - "3306:3306"

  migrator:
    build:
      context: ./containers/migrator
    depends_on:
      - mysql
    environment:
      DB_HOST: mysql
      DB_NAME: taskapp
      DB_PORT: "3306"
      DB_USERNAME: taskapp_user
```

```yaml
    command: >
      sh -c '
          bash /migrator/migrate.sh $$DB_HOST $$DB_PORT $$DB_NAME $$DB_USERNAME /run/
secrets/mysql_user_password up
      '
    secrets:
      - mysql_user_password

  api:
    # 1 이미지 빌드 설정
    build:
      # 1-1 taskapp 디렉터리를 기점으로 빌드
      context: .
      # 1-2 Dockerfile 경로 지정
      dockerfile: ./containers/api/Dockerfile
    depends_on:
      - mysql
    # 4 상태 체크 설정
    healthcheck:
      test: "curl -f http://localhost:8180/healthz || exit 1"
      interval: 10s
      timeout: 10s
      retries: 3
      start_period: 30s
    command:
      - "server"
      # 3-3 시크릿 설정 파일 경로 지정
      - "--config-file=/run/secrets/api_config"
    secrets:
      # 3-2 시크릿 마운트
      - api_config

  nginx-api:
    build:
      context: ./containers/nginx-api
    # 8 api가 Healthy 상태면 가동
    depends_on:
      api:
        condition: service_healthy
    healthcheck:
      test: "curl -H 'Host: api' -f http://localhost:80/healthz || exit 1"
      interval: 10s
      timeout: 10s
      retries: 3
      start_period: 30s
    environment:
      NGINX_PORT: 80
      SERVER_NAME: api
```

```yaml
      BACKEND_HOST: api:8180
      BACKEND_MAX_FAILS: 3
      BACKEND_FAIL_TIMEOUT: 10s
    ports:
      - "9180:80"

web:
  # 2 이미지 빌드 설정
  build:
    # 2-1 taskapp 디렉터리를 기점으로 빌드
    context: .
    # 2-2 Dockerfile 경로 지정
    dockerfile: ./containers/web/Dockerfile
  depends_on:
    - nginx-api
  # 5 상태 체크 설정
  healthcheck:
    # 5-1 상태 체크 커맨드
    test: "curl -f http://localhost:8280/healthz || exit 1"
    interval: 10s
    timeout: 10s
    retries: 3
    start_period: 30s
  command:
    - "server"
    # 7-1 API 서버 주소. nginx-api로 이름 사용
    - "--api-address=http://nginx-api:80"
  volumes:
    # 10-2 정적 파일 공유를 위해 assets_data 볼륨에 마운트
    - assets_data:/go/src/github.com/jpubdocker/taskapp/assets
nginx-web:
  build:
    context: ./containers/nginx-web
  # 9 web이 Healthy 상태면 가동
  depends_on:
    web:
      condition: service_healthy
  healthcheck:
    test: "curl -f http://localhost:80/healthz || exit 1"
    interval: 10s
    timeout: 10s
    retries: 3
    start_period: 30s
  environment:
    NGINX_PORT: 80
    SERVER_NAME: localhost
    # 10-4 정적 파일의 디렉터리 설정
    ASSETS_DIR: /var/www/assets
```

```
      BACKEND_HOST: web:8280
      BACKEND_MAX_FAILS: 3
      BACKEND_FAIL_TIMEOUT: 10s
    ports:
      - "9280:80"
    volumes:
      # 10-3 정적 파일 볼륨을 컨테이너에 마운트
      - assets_data:/var/www/assets

secrets:
  mysql_root_password:
      file: ./secrets/mysql_root_password
  mysql_user_password:
      file: ./secrets/mysql_user_password
  # 3-1 API 서버 설정 파일을 시크릿화
  api_config:
    file: ./api-config.yaml

volumes:
  mysql_data:
  # 10-1 정적 파일용 볼륨 정의
  assets_data:
```

services 키 바로 아래에 api, nginx-api, web, nginx-web을 정의한다. command에서 커맨드 라인을 설정하고 environment에서 환경 변수를 각각 요구에 맞추어 정의하고 있으므로 내용을 확인해보자.

여기서는 앞에서 사용하지 않았던 기능과 유의사항을 중심으로 알아본다.

빌드 콘텍스트 설정

taskapp의 리포지터리는 ./containers/[컨테이너명]의 형식으로 디렉터리를 구성하고 이를 기점으로 Dockerfile을 배치한다. mysql, migrator, nginx-api, nginx-web은 이 디렉터리에서 파일로 컨테이너 이미지를 빌드할 수 있지만, api와 web은 Go로 구현하고 빌드하므로 ./containers/[컨테이너명]의 디렉터리와는 다르게 빌드해야 한다.[25]

api와 web은 2와 3의 설정을 사스트 디렉터리(이미지 빌드 기점)로 설정하고 dockerfile에 각각 Dockerfile의 상대 경로를 지정하면 이와 같은 디렉터리 구성에도 대응할 수 있다.

---

25 Dockerfile의 COPY로 호스트의 기점이 되는 디렉터리로 갈 수 없기 때문이다.

compose 실행용 API 서버 설정 파일

작업 관리 앱의 API 서버는 설정 파일을 읽어오는 방식(리스트 4.26 참조)으로 구현되어 있으므로 커맨드 라인 옵션 `--config-file`을 통해 경로를 지정해야 한다.

먼저 컴포즈에서 API 서버를 실행하는 데 필요한 설정 파일을 생성한다. 간단하게 생성할 수 있도록 준비한 `make` 작업을 실행하자(리스트 4.43).

리스트 4.43 api-config.yaml 생성 커맨드

```
(~/go/src/github.com/jpubdocker/taskapp) $ make api-config.yaml
2024/09/30 23:37:09 INFO running application by config command
2024/09/30 23:37:09 INFO Completed generating the api config file. outputPath=/Users/user/
go/src/github.com/jpubdocker/taskapp/api-config.yaml
```

`taskapp` 디렉터리 바로 아래에 다음과 같은 `api-config.yaml`이 생성된다.[26, 27]

리스트 4.44 데이터베이스 접속 정보를 정의한 설정 파일 (~/go/src/github.com/jpubdocker/taskapp/api-config.yaml)

```
database:
  host: mysql
  username: taskapp_user
  password: ****************
  dbname: taskapp
  maxIdleConns: 5
  maxOpenConns: 10
  connMaxLifetime: 1h0m0s
```

이 설정 파일은 MySQL의 접속 정보를 포함하므로 가능한 시크릿 파일로 취급하고 싶은 부분이다. 따라서 `compose.yaml`의 3-1에서 이 파일을 `api_config`라는 이름으로 시크릿화한다. 시크릿 파일은 3-2에서 컨테이너에 마운트하고, 3-3의 `--config-file` 옵션으로 마운트된 시크릿 파일의 경로인 `/run/secrets/api_config`를 지정한다.

상태 체크 설정

컴포즈는 상태 체크(상태 모니터링) 기능을 제공한다. 상태 체크는 컨테이너 애플리케이션 상태 모니터링에 필수 요소다. 또한 이상이 발생했을 때 자동으로 재시작하도록 할 수도 있다.

---

26 이 책에서 MySQL의 비밀번호는 *로 마스킹한다.

27 이 파일은 `.gitignore`에 등록되어 있으므로 버전 관리 대상에서 제외된다.

4와 5의 `healthcheck` 키로 대상 컨테이너의 상태 체크를 설정한다. 리스트 4.26과 리스트 4.32는 `GET /healthz`에 Request를 보내면 상태 코드 200을 반환한다. 상태 체크를 설정하면 대상 컨테이너가 **좋은 상태(Healthy)**인지 **나쁜 상태(Unhealthy)**인지를 지속적으로 체크할 수 있다. 상태 체크의 상세한 설정 항목은 다음과 같다.

키	용도
test	상태 체크 커맨드
interval	상태 체크 커맨드 실행 간격
timeout	상태 체크 완료까지 최대 시간. 최대 시간 초과 시 실패로 간주
retries	상태 체크가 연속으로 실패하는 횟수. 최대 횟수 초과 시 Unhealthy로 간주
start_period	컨테이너 시작부터 상태 체크 시작까지 시간. 컨테이너 시작 시 시간이 소요될 때 설정

이번 작업 관리 앱의 상태 체크 엔드 포인트는 200의 상태 코드만 반환하지만 실제 운영 시에는 데이터베이스의 접속 체크 등 애플리케이션 정상 동작에 필요한 조건 확인 처리를 구현한다.

7-1의 `--api-address`에는 API 서버 주소가 필요하다. 컴포즈에서는 다른 컨테이너(서비스)를 정의한 명칭으로 이름 분석을 할 수 있으므로 `nginx-api`를 지정한다.

또한 다른 컨테이너의 상태 확인 후 컨테이너를 가동하도록 제어할 수도 있다. `depends_on`을 사용하면 컨테이너의 의존 관계를 설정할 수 있으며, 8과 9에서는 해당 조건으로 상태 체크를 하는 `service_healthy`의 결과를 사용한다. `condition` 키는 다음 값을 설정할 수 있다.

condition 키 값	내용
service_started	의존 관계의 컨테이너가 가동 상태라면 시작
service_healthy	의존 관계의 컨테이너가 가동 상태이며, Healthy 상태라면 시작
service_completed_successfully	의존 관계의 컨테이너가 정상 종료되면 시작

유스 케이스에 따라 구분하여 상세한 설정이 가능하다.

정적 파일을 nginx-web에서 전달
정적 파일은 웹이 아닌 `nginx-web`에서 응답하고 싶으므로 웹의 컨테이너에 포함된 `assets` 디렉터리를 `nginx-web` 컨테이너에도 공유해야 한다. `assets` 디렉터리는 볼륨을 통해 공유한다.

10-1에서는 이를 위한 볼륨을 정의한다. 10-2에서는 웹 컨테이너의 `/go/src/github.com/jpubdocker/taskapp/assets` 디렉터리를 이 볼륨에 마운트하고 공유하는 설정을 진행한다. 10-3

에서 볼륨을 컨테이너에 마운트하고, 10-4에서 환경 변수 `ASSETS_DIR`에 경로를 설정한다.

4.6.2 작업 관리 앱 실행하기

이제 작업 관리 앱 실행을 위한 모든 준비가 완료되었다. 작업 관리 앱의 리포지터리에는 별 다른 작업 없이 컴포즈로 실행할 수 있지만 다음 작업은 필수이므로 잊지 말고 진행하도록 한다.

- `make make-mysql-passwords` 커맨드로 MySQL용 비밀번호 파일 생성(리스트 4.2)
- `make api-config.yaml` 커맨드로 API용 설정 파일 생성(리스트 4.43)

이제 컴포즈로 실행해보자. `docker compose up -d --build`를 실행하고 문제가 없다면 그림 4.5와 같은 화면을 확인할 수 있다.

```
[+] Running 6/6
✓ Container taskapp-mysql-1       Started
✓ Container taskapp-api-1         Healthy
✓ Container taskapp-migrator-1    Starte...
✓ Container taskapp-nginx-api-1   Start...
✓ Container taskapp-web-1         Healthy
✓ Container taskapp-nginx-web-1   Start...
```

그림 4.5 컴포즈로 모든 컨테이너 실행

브라우저에서 작업 관리 앱을 확인해보자. `nginx-web` 컨테이너는 호스트 `9280` 포트에 포트 포워딩이 설정되어 있으므로 `http://localhost:9280`에 접속하면 그림 4.6과 같은 웹 페이지가 표시된다.

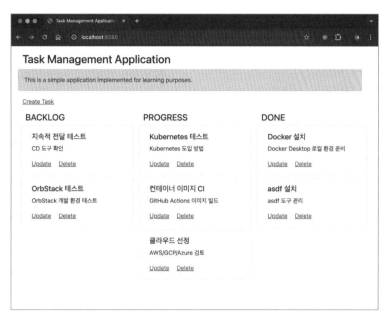

그림 4.6 브라우저에서 작업 관리 앱 확인

4.7 Tilt로 여러 컨테이너 구성을 통한 개발 경험 향상

지금까지는 매번 `docker compose up`을 실행하고 컨테이너 로그를 확인하기 위해 `docker compose logs -f`와 같은 컴포즈 명령을 자주 실행했다. 개발자는 가능한 한 많은 시간을 애플리케이션 개발에 집중하는 것이 좋기 때문에 이와 같은 실행은 번거로운 작업이 될 수 있다.

이러한 개발 경험을 개선하는 도구로 Tilt[28]가 있다. Tilt는 로컬 환경에서 여러 컨테이너 구성의 애플리케이션을 효과적으로 다룰 수 있도록 한다. 쿠버네티스뿐만 아니라 컴포즈에서도 사용할 수 있다.

작업 관리 앱도 Tilt를 사용해 관리해보자.[29]

4.7.1 Tilt 실행

Tilt를 컴포즈에서 사용하기 위해서는 약간의 설정이 필요하다. 리스트 4.45와 같은 파일(`Tiltfile`)을 생성하자. `docker_compose` 함수의 인수에는 `compose.yaml`에 대한 경로를 전달한다.

---

28 https://tilt.dev/
29 Tilt는 asdf를 통해 설치되어 있다.

리스트 4.45 Tilt를 컴포즈에서 사용하기 위한 설정 (~/go/src/github.com/jpubdocker/taskapp/Tiltfile)

```
config.define_string_list("to-run", args=True)
cfg = config.parse()

docker_compose("./compose.yaml")
```

Tilt의 실행은 다음과 같이 `tilt up` 커맨드 하나로 가능하다.

```
(~/go/src/github.com/jpubdocker/taskapp) $ tilt up
Tilt started on http://localhost:10350/
v0.33.10, built 2023-12-15

(space) to open the browser
(s) to stream logs (--stream=true)
(t) to open legacy terminal mode (--legacy=true)
(ctrl-c) to exit
```

Tilt의 커맨드 라인 애플리케이션은 포어그라운드에서 실행되는 동안 키 입력을 대기한다. 스페이스바를 누르면 브라우저가 자동으로 열리고 그림 4.7과 같이 Tilt 대시보드 화면으로 이동한다.

그림 4.7 Tilt 대시보드

4.7.2 Tilt의 강력한 기능

Tilt의 로그 실시간 표시, 라이브 업데이트 등 강력한 기능에 대해 알아보자.

컨테이너 로그의 실시간 표시

대시보드의 Resource name에서 `nginx-web`을 클릭하면 작업 관리 앱의 액세스 로그가 그림 4.8
과 같이 표시된다.

그림 4.8 Tilt에서 로그 표시

이 화면을 보면서 작업 관리 앱을 조작해보자. Tilt 화면에 새로운 로그가 거의 실시간으로 표시
된다. 지금까지 로그를 확인하고 싶을 때는 `docker logs -f [컨테이너 ID]`를 사용하거나 `docker
compose logs -f [서비스명]`을 사용했지만 Tilt에서는 매우 간단하게 로그를 확인할 수 있다.

라이브 업데이트 기능

컴포즈의 커맨드를 직접 사용해 개발할 때는 소스 코드를 변경할 때마다 `docker compose up`을 사
용해야 하므로 번거롭다. 그러나 Tilt는 변경사항을 자동으로 감지하고 리빌드하여 컨테이너 배포
까지 한 번에 진행할 수 있는 라이브 업데이트라는 강력한 기능을 제공한다.

작업 관리 앱의 각 컨테이너는 다음과 같은 리소스를 컨테이너에 복사하거나 빌드를 통해 이미지
를 빌드한다.

- Dockerfile
- MySQL의 설정 파일
- 데이터베이스 마이그레이터

- 리버스 프록시 설정 파일

- API서버, 웹서버가 의존하는 라이브러리

- API서버, 웹서버의 `.go` 파일

- 웹서버의 `.html` 파일

`docker compose up`에서도 서비스 이름을 지정하고 부분적으로는 컨테이너를 업데이트할 수 있다. 그러나 수정된 리소스를 확인하고 업데이트가 필요한 컨테이너의 지정 작업을 반복하는 일은 매우 힘들다.

Tilt는 `compose.yaml`을 통해 컨테이너 이미지의 빌드 내용을 따라가고, 수정된 리소스가 포함된 컨테이너만을 감지하여 자동으로 업데이트한다.

확인을 위해 `containers/nginx-web/etc/nginx/templates/30-vhost.conf.template`를 약간 수정해보자. 리스트 4.46과 같이 두 개의 `location` 디렉티브에서 `access_log`의 포맷을 `json`에서 `main`으로 변경한다.

리스트 4.46 **30-vhost.conf.template 로그 포맷 변경** (~/go/src/github.com/jpubdocker/taskapp/containers/nginx-web/etc/nginx/templates/30-vhost.conf.template)

```
server {
  listen ${NGINX_PORT};
  server_name ${SERVER_NAME};

  location /assets/ {
    alias ${ASSETS_DIR}/;
    # 로그 포맷을 json에서 main으로 변경
    access_log /dev/stdout main;
    error_log /dev/stderr;
  }

  location / {
    proxy_pass http://backend;
    proxy_set_header Host $host;
    proxy_set_header X-Forwarded-For $remote_addr;
    # 로그 포맷을 json에서 main으로 변경
    access_log /dev/stdout main;
    error_log /dev/stderr;
  }
}
```

저장 후 바로 Tilt가 업데이트를 시작한다. 그림 4.9에서는 `nginx-web`이 한번 종료되고 업데이트 처리가 이루어지는 것을 알 수 있다.

그림 4.9 Tilt에서 컨테이너가 업데이트되는 화면

`nginx-web`은 그림 4.10과 같이 빠르게 업데이트가 완료된다. 업데이트 완료 후 작업 관리 앱을 조작해보면 업데이트 이전에는 JSON 형식으로 표시되던 액세스 로그가 `main` 포맷(구조화되어 있지 않은 형식)으로 출력되는 것을 확인할 수 있다.

그림 4.10 업데이트 후 컨테이너

이와 같이 개발자는 업데이트된 코드를 신경 쓰지 않아도 Tilt가 업데이트에 필요한 컨테이너를 감지하여 리빌드와 배포까지 실시한다. Tilt는 컨테이너 개발 시 디버깅 등을 지원해주므로 개발자 경험을 향상시켜준다.

컴포즈에서 멀티 컨테이너의 구성과 Tiltfile만 준비해두면 컨테이너 기술과 Tilt에 익숙하지 않은 팀원도 쉽게 사용할 수 있으며, 팀 개발 표준화에도 기여할 수 있다.

4.8 컨테이너 오케스트레이션 기초 정리

이번 장에서는 작업 관리 앱을 소재로 하여 MySQL, 데이터베이스 마이그레이터, API 서버, 웹서버, 리버스 프록시 등 여러 컨테이너의 구성으로 애플리케이션을 구축했다.

컴포즈는 가장 간단한 컨테이너 오케스트레이션 시스템으로, 동일 컨테이너 복제에 의한 부하 분산과 같은 운영 환경에서는 사용이 적합하지 않다. 그러나 컨테이너 오케스트레이션 기술에 익숙하지 않은 유저에게는 최적의 구조다.

다음 장에서는 대표적인 컨테이너 오케스트레이션 도구인 쿠버네티스를 사용하는 애플리케이션 구축에 대해 알아본다. 컴포즈에는 없는 기술 용어도 많지만 이번 장에서 배운 내용은 많은 도움이 될 것이다.

5

쿠버네티스 입문

컨테이너 역사와 함께 다양한 컨테이너 오케스트레이션 시스템이 등장했다. 도커도 독자적으로 도커 스웜Docker Swarm을 개발했다.

그러나 구글이 개발한 컨테이너 오케스트레이션 시스템인 쿠버네티스Kubernetes가 도커 스웜보다 훨씬 빠르게 보급되었다. 그 배경에는 많은 기업과 개발 커뮤니티의 지지가 있었다.

2017년 가을에는 우위를 결정하는 상징적인 일이 발생했다. 도커 데스크톱에서 공식적으로 쿠버네티스의 실행 환경을 지원하게 된 것이다. 이를 통해 쿠버네티스는 컨테이너 오케스트레이션 시스템의 표준으로 자리 잡았다고 볼 수 있다.[1]

쿠버네티스는 컨테이너의 기초 기술 중 일부로 점점 더 중요해질 것이다.

이번 장에서는 쿠버네티스를 사용하는 컨테이너 오케스트레이션을 경험하고 이를 통해 개념과 기본 조작 방법을 익혀본다.

먼저 작업 디렉터리로 ~/k8s/intro를 생성하자.

```
$ mkdir -p ~/k8s/intro
```

---

[1] 쿠버네티스는 기능이 많고 복잡해 학습이 어렵다는 의견도 있다. 심플한 Amazon ECS(Amazon Elastic Container Service)도 인기가 많다.

5.1 쿠버네티스란?

쿠버네티스[2]는 구글의 주도로 개발된 컨테이너 운영 자동화를 위한 컨테이너 오케스트레이션 시스템이다.[3] 컨테이너 오케스트레이션을 구현하고 관리하기 위한 통합 시스템으로, 조작을 위한 API와 CLI 도구[4]도 함께 제공한다.

또한 컨테이너를 사용한 애플리케이션 배포를 비롯하여 다양한 운영 관리 자동화를 구현한다. 컨테이너 호스트 관리, 서버 리소스의 빈 상태를 고려한 컨테이너 배치, 스케일링과 여러 컨테이너의 액세스를 관리하는 로드 밸런서, 상태 모니터링 등의 기능을 제공한다.

쿠버네티스는 다양한 부품[5]을 조합하여 유연한 애플리케이션을 구축할 수 있다는 것이 가장 큰 특징이다. 5.3절에서 자세히 설명한다.

5.1.1 도커의 번성과 쿠버네티스의 탄생

얼리어답터 개발자들이 도커를 이용하기 시작했을 때 도커가 컨테이너를 신속하게 실행하고 파기할 수 있다는 점은 큰 장점이었지만, 시스템을 다양한 컨테이너로 운용해야 한다는 점에서는 큰 과제를 안고 있었다. 즉 배포와 컨테이너 배치 전략, 스케일 인, 스케일 아웃, 서비스 디스커버리, 운용의 용이성 등의 과제가 있었다.

이러한 생태계 부족 상황에서도 도커는 컨테이너 기술의 메인 스트림으로 지지를 받으면서 폭발적으로 확장세를 이어갔다. 이와 함께 많은 기업과 커뮤니티에서 도커를 더욱 잘 이용하기 위한 구조와 도구를 개발했다.[6] 도커에서도 컴포즈와 스웜을 제공했다.[7]

접근법은 다르지만 다양한 오케스트레이션 시스템이 등장했다. Apache Mesos로 구축된 시스템의 사례가 늘어나고, AWS에서는 Amazon ECS[8]의 등장으로 컨테이너를 사용한 애플리케이션 개

---

2   https://kubernetes.io

3   앞에서 살펴본 컴포즈와 비슷한 역할을 한다. 컴포즈나 다른 시스템에 비해 기능이 풍부하고 주변 생태계도 잘 되어 있으며, 현재 대표적인 컨테이너 오케스트레이션 시스템이라고 볼 수 있다.

4   CLI 도구로 kubectl, 로컬 테스트를 위한 도구로 Minikube, MicroK8s, k3s 등 다양한 도구를 제공한다. 모두 이 장에서 설명한다.

5   리소스라고 부른다.

6   앞에서 언급한 대로 컴포즈는 Orchard가 개발한 Fig를 인수하고 통합한 것이다.

7   당초에는 스웜은 물론 컴포즈도 존재하지 않았으므로 도커가 제공하는 기술만으로 시스템을 구축하고 운영하는 것은 무리가 있었다. 도커에서는 이러한 문제를 인식하고 있었으며, 생태계를 빠르게 늘려갈 필요가 있었다. 그러나 도커에서 제공하는 오케스트레이션 시스템 스웜도 도커 1.12 버전에서야 출시가 되었다.

8   Amazon Elastic Container Service. 부록 B.5절에서 설명한다.

발이 더욱 현실로 다가왔다.

그중에서도 지난 몇 년 동안 특히 존재감을 발휘한 것이 2014년에 구글이 OSS로 공개한 **쿠버네티스다.**[9]

쿠버네티스는 구글이 컨테이너를 운영하면서 얻은 지식을 바탕으로 만들어졌다.[10, 11] OSS이면서도 컨테이너 초창기부터 구글의 오케스트레이션 노하우를 도입하고 있으며, 많은 유스 케이스에 대응할 수 있을 정도의 범용성과 유연함을 가지고 있다.

게다가 많은 기업과 커뮤니티의 컨트리뷰터를 보유한 프로덕트라는 점에서도 많은 지지를 받는다.

클라우드 플랫폼의 쿠버네티스 지원

구글 플랫폼인 구글 클라우드[12]는 GKE[13]라는 컨테이너 매니지드 서비스가 존재하지만, 쿠버네티스는 구글 클라우드용 프로덕트가 아니다. GKE는 구글 클라우드에서 쿠버네티스 매니지드 서비스라는 포지션이며, 어디까지나 쿠버네티스는 독립적인 OSS 프로덕트다.

다른 클라우드 플랫폼에서는 어떨까? 애저는 AKS,[14] AWS는 EKS[15]를 발표하고 매니지드 서비스를 제공하기 시작했다. 이제 클라우드 사업자는 쿠버네티스와 각각의 플랫폼을 원활하게 연계하여 효율적으로 개발할 수 있는 서비스를 제공하는 것이 필수가 되었다.

5.1.2 쿠버네티스의 위상

앞에서는 도커의 생태계 중 하나인 컴포즈를 사용해 애플리케이션을 구축했으며, 이를 통해 컨테이너 오케스트레이션의 기초를 익혔다. 이러한 경험을 바탕으로 도커, 컴포즈, 스웜, 쿠버네티스의 관계를 정리해보자.

---

9 Kubernetes는 읽고 쓰기가 쉬운 철자는 아니다. k8s, kube로 기술하거나 호칭하는 일도 많다.
10 구글은 대규모 컨테이너를 가장 앞서 운영하는 기업 중 하나다. https://speakerdeck.com/jbeda/containers-at-scale
11 쿠버네티스는 구글에서 개발, 운영한 컨테이너 클러스터 매니지먼트 시스템인 Borg 기반이다. https://cloud.google.com/blog/products/containers-kubernetes/from-google-to-the-world-the-kubernetes-origin-story?hl=en
12 이전에는 Google Cloud Platform의 약자인 GCP로 불렀으나 현재는 Google Cloud로 변경되었다.
13 Google Kubernetes Engine. https://cloud.google.com/kubernetes-engine/
14 Azure Kubernetes Service. https://azure.microsoft.com/products/kubernetes-service/
15 Amazon Elastic Kubernetes Service. https://aws.amazon.com/eks/

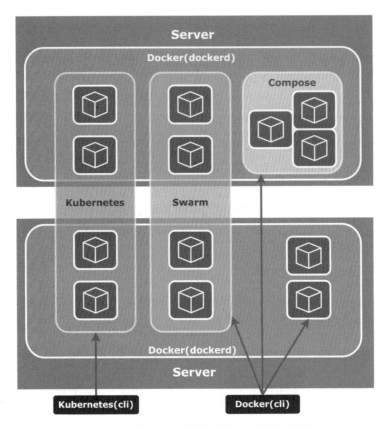

그림 5.1 도커/컴포즈/스웜/쿠버네티스 컨테이너 실행

도커는 컨테이너를 관리하기 위해 dockerd라는 상주 프로그램과 CLI로 구성된다. 컴포즈는 멀티 컨테이너를 배포할 수 있지만 단일 호스트에서 관리할 수 있다. 스웜은 여러 호스트를 묶어 기본적인 컨테이너 오케스트레이션을 구현하는 도커 관련 기술의 일부다. 쿠버네티스는 스웜보다 기능이 풍부한 컨테이너 오케스트레이션 시스템이다. 여러 서버에 걸쳐 컨테이너를 관리한다는 의미에서 쿠버네티스는 스웜과 거의 비슷한 위치에 있다.

쿠버네티스는 컴포즈와 스웜의 기능을 통합하면서 좀 더 고도로 관리할 수 있게 되었다. 실제로 이번 장에서 쿠버네티스를 학습하면서 쿠버네티스의 인기와 위상을 느낄 수 있을 것이다. 쿠버네티스 컨테이너 오케스트레이션에 대해 자세히 알아보자.

5.2 로컬 환경에서 쿠버네티스 실행하기

로컬에서 쿠버네티스를 사용하면서 기본적인 사용 방법을 알아보자.[16] 쿠버네티스의 특징과 개념에 대해서는 환경을 먼저 설정한 뒤 5.3절에서 설명한다.

이 책에서는 로컬 환경의 도커 데스크톱에서 쿠버네티스를 실행한다.

먼저 로컬 환경인 도커 데스크톱에 쿠버네티스 환경을 구축하고, 쿠버네티스를 조작하는 CLI 도구인 kubectl를 사용한다.

5.2.1 도커 데스크톱에서 로컬 쿠버네티스 환경 구축하기

로컬 환경에서 쿠버네티스 환경을 실행하기 위해 도커 데스크톱에서 쿠버네티스 실행 환경을 만든다.[17] 이미 사용 중인 도커 데스크톱에서 쿠버네티스 환경을 구축할 수 있다.

쿠버네티스 환경 설정

도커 데스크톱의 쿠버네티스 환경은 기본값으로 비활성화 상태이므로, 활성화하여 쿠버네티스 환경을 구축한다.[18]

Windows는 작업 표시줄, Mac은 도커 메뉴 모음의 오른쪽 상단에 있는 도커 아이콘에서 [Settings]을 클릭해 설정 화면을 연다. Kubernetes 탭은 쿠버네티스 환경 설정이다.

[Enable Kubernetes]를 체크하고 [Apply & restart]를 클릭한다.

---

16 쿠버네티스를 지원하는 여러 클라우드가 있지만 테스트 환경으로 로컬을 사용하는 것이 가장 좋다.
17 도커 데스크톱 이외에도 Rancher Desktop도 쿠버네티스 실행 환경을 지원한다.
18 여기서 구축한 환경은 앞으로 '로컬 쿠버네티스'라고 칭한다.

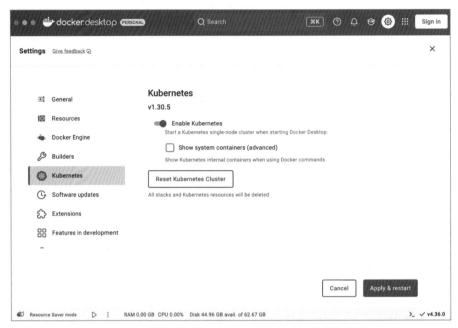
그림 5.2 도커 데스크톱으로 쿠버네티스 활성화하기

확인창이 나오면 [Install]을 클릭한다.

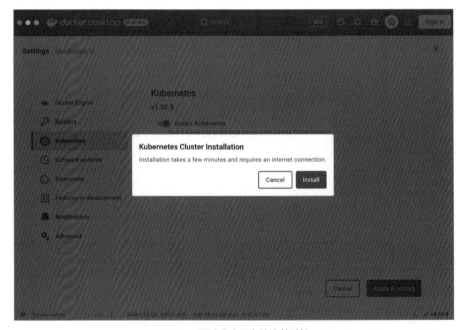
그림 5.3 쿠버네티스의 설치 확인창

설치가 정상적으로 완료되면 설정 화면 하단에 있는 쿠버네티스 아이콘이 녹색으로 변하고 'Kubernetes running'이 표시된다.

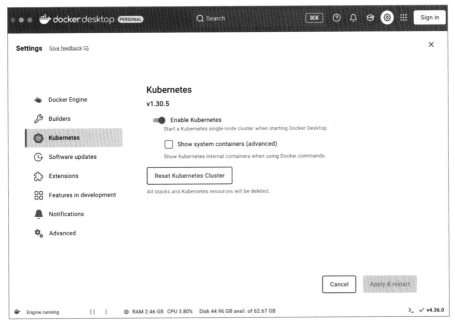

그림 5.4 도커 데스크톱에서 쿠버네티스의 실행 상태

kubectl

kubectl은 쿠버네티스를 조작하기 위한 커맨드 라인 도구다. kubectl은 로컬 쿠버네티스 환경이나 매니지드 환경에서도 사용한다. 도커 데스크톱을 설치하면 kubectl도 자동으로 설치된다.

테스트를 위해 `kubectl cluster-info`라는 커맨드를 실행해보자. 실제로 쿠버네티스 환경의 API 와 통신하여 리스트 5.1과 같이 쿠버네티스가 문제없이 실행되는 것을 확인할 수 있다.

리스트 5.1 쿠버네티스의 API와 연결 확인하기

```
$ kubectl cluster-info
Kubernetes control plane is running at https://127.0.0.1:6443
CoreDNS is running at https://127.0.0.1:6443/api/v1/namespaces/kube-system/services/kube-dns:dns/proxy

To further debug and diagnose cluster problems, use 'kubectl cluster-info dump'.
```

kubectl은 5.6절 등에서 실제 쿠버네티스 클러스터를 조작하면서 사용 방법을 배워볼 것이다.[19]

대시보드 설치

대시보드는 쿠버네티스에 배포된 컨테이너 등을 확인할 수 있는 웹 기반 관리 도구다. kubectl에 익숙해질 때까지는 편리하게 사용할 수 있다.

로컬 쿠버네티스 환경에서 `kubectl apply`(리스트 5.2)를 사용해 배포할 수 있다. 대시보드를 쿠버네티스에서 실행하기 위한 구성의 파일이 지정되어 있으며, 이 파일은 GitHub에 공개되어 있다.[20]

리스트 5.2 쿠버네티스 대시보드 배포

```
$ kubectl apply -f https://raw.githubusercontent.com/kubernetes/dashboard/v2.7.0/aio/deploy/
recommended.yaml
```

리스트 5.3의 커맨드를 실행하고, `STATUS=Running` 상태가 되면 배포 완료다.

리스트 5.3 대시보드의 STATUS 확인

```
$ kubectl get pod --namespace=kubernetes-dashboard -l k8s-app=kubernetes-dashboard
NAME                                    READY STATUS  RESTARTS AGE
kubernetes-dashboard-6967859bff-t7dbm 1/1    Running 0        3h57m
```

대시보드를 브라우저에서 확인하기 위해 리스트 5.4 커맨드로 대시보드의 프록시 서버를 실행한다.

리스트 5.4 대시보드를 확인하기 위한 proxy 실행

```
$ kubectl proxy
Starting to serve on 127.0.0.1:8001
```

http://localhost:8001/api/v1/namespaces/kubernetes-dashboard/services/https:kubernetes-dashboard:/proxy/에 접속하면 그림 5.5와 같이 로그인 페이지가 표시된다.

---

19 이 책에서는 kubectl 관련하여 서브 커맨드나 옵션을 모두 설명하지는 않는다. 중요한 커맨드는 https://kubernetes.io/docs/reference/kubectl/을 참고하자.

20 kubectl의 사용법은 아직 설명하지 않았으나 여기서는 대시보드 적용(추가)하는 작업만 진행한다.

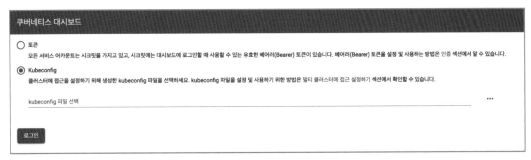

그림 5.5 쿠버네티스 대시보드의 로그인 화면

대시보드를 사용하기 위해서는 인증 토큰이 필요하다. 해당 토큰을 발행하기 위해서는 먼저 대시보드의 유저를 생성한다. `dashboard-user.yaml` 파일명으로 리스트 5.5와 같은 매니페스트 파일을 생성한다.

리스트 5.5 대시보드의 유저와 권한을 생성하는 매니페스트 파일 (~/k8s/intro/dashboard-user.yaml)

```
apiVersion: v1
kind: ServiceAccount
metadata:
  name: admin-user
  namespace: kubernetes-dashboard

---
apiVersion: rbac.authorization.k8s.io/v1
kind: ClusterRoleBinding
metadata:
  name: admin-user
roleRef:
  apiGroup: rbac.authorization.k8s.io
  kind: ClusterRole
  name: cluster-admin
subjects:
- kind: ServiceAccount
  name: admin-user
  namespace: kubernetes-dashboard
```

`dashboard-user.yaml`을 리스트 5.6과 같이 반영한다.

리스트 5.6 대시보드의 유저 관련 리소스 생성

```
(~/k8s/intro) $ kubectl apply -f dashboard-user.yaml
serviceaccount/admin-user created
clusterrolebinding.rbac.authorization.k8s.io/admin-user created
```

작성한 유저의 인증 토큰을 생성하려면 리스트 5.7을 실행한다. 긴 문자열의 인증 토큰이 출력되므로 이는 생략한다.

리스트 5.7 인증 토큰 생성하기

```
$ kubectl -n kubernetes-dashboard create token admin-user
eyJhbGciOi......(생략)
```

그림 5.6과 같이 [토큰]을 체크하고, 텍스트 파일에 인증 토큰을 붙여넣어서 [로그인]을 클릭한다.

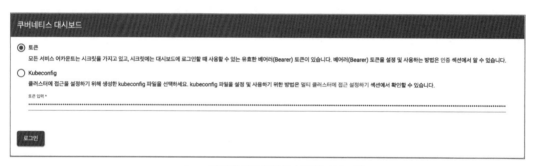

그림 5.6 토큰에 인증 토큰을 설정하고 로그인

로그인에 성공하면 대시보드 페이지가 표시된다. 어떤 컨테이너가 배포되어 있는지 확인할 수 있다.

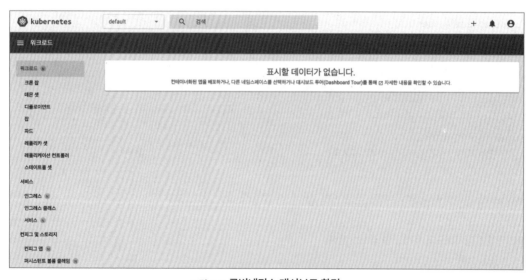

그림 5.7 쿠버네티스 대시보드 화면

COLUMN   다른 쿠버네티스 구축 도구

도커 데스크톱 이외에도 로컬 쿠버네티스 환경을 만들 수 있는 도구가 있다.

Minikube[21]는 도커 데스크톱이 쿠버네티스를 지원하기 전부터 존재했던 도구로 현재도 많이 이용된다.

Microk8s[22]는 다양한 Linux 환경에 싱글 바이너리로 간단하게 설치할 수 있는 도구다. 매우 경량으로 만들어져 적은 리소스로도 사용할 수 있다. Windows라면 WSL2에서 Linux나 Multipass[23, 24]로 생성한 Linux에서도 구축할 수 있다.

k3s[25]는 Microk8s와 마찬가지로 가벼운 쿠버네티스 환경을 제공하는 도구다. k3s는 일부 쿠버네티스 기능을 비활성화하여 리소스 효율을 높이고 설정 간소화를 구현한다.

5.3 쿠버네티스 개요

쿠버네티스 로컬 환경이 갖추어진 곳에서 쿠버네티스에 대해 알아보자.

쿠버네티스에서 실행되는 애플리케이션은 다양한 리소스와 협력하며 동작한다.

쿠버네티스 리소스[26]는 애플리케이션의 배포 구성을 위한 요소로, 앞으로 설명하는 Node, Namespace, 파드 구성 요소를 의미한다.[27]

컨테이너와 리소스는 다른 구성을 가진다.

이 책에서 다루는 쿠버네티스 리소스는 다음과 같다. 쿠버네티스 클러스터 내에서 이러한 리소스가 협력하면서 컨테이너 시스템을 구성한다.

---

21 https://github.com/kubernetes/minikube

22 https://microk8s.io/

23 https://canonical.com/multipass

24 Canonical 사가 개발한 가상 환경 관리 도구. 여러 가상 환경을 간편하게 생성, 조작할 수 있다.

25 https://k3s.io/

26 이후 리소스로만 표기되는 부분은 쿠버네티스의 리소스를 의미하며, 쿠버네티스와 구별해야 할 리소스에 관해서는 'OO리소스'로 표기하여 구별한다.

27 리소스에 대해 다양한 개념이 등장하지만 컨테이너 오케스트레이션에 대해서는 3장, 4장의 컴포즈에서 다루었으므로, 처음부터 쿠버네티스를 배우는 것보다 이해가 빠를 것이다.

리소스	용도
노드Node	쿠버네티스 클러스터에서 실행되는 컨테이너 배포 서버
네임스페이스Namespace	쿠버네티스 클러스터 내부에서 생성하는 가상 클러스터
파드Pod	컨테이너 집합체 단위로 컨테이너 실행 방법을 정의
레플리카셋ReplicaSet	동일한 스펙의 여러 파드를 생성, 관리
디플로이먼트Deployment	레플리카셋의 세대 관리
서비스Service	파드 집합에 액세스하기 위한 경로 정의
인그레스Ingress	서비스를 쿠버네티스 클러스터 외부에 공개
컨피그 맵ConfigMap	설정 정보 정의, 파드에 공급
퍼시스턴트 볼륨PersistentVolume	파드가 사용하는 스토리지의 크기와 유형을 정의
퍼시스턴트 볼륨 클레임PersistentVolumeClaim	퍼시스턴트 볼륨을 동적으로 확보
스토리지 클래스StorageClass	퍼시스턴트 볼륨이 확보한 스토리지 유형 정의
스테이트풀셋StatefulSet	같은 스펙으로 고유성이 있는 여러 파드를 생성, 관리
데몬셋DaemonSet	모든 Worker Node에서 단일 파드를 생성, 관리
잡Job	상주 목적이 아닌 여러 파드를 생성하고 정상 종료 보장
크론 잡CronJob	cron 기법으로 스케줄링하여 실행되는 잡
시크릿Secret	인증 정보 등 보안 데이터 정의
롤Role	네임스페이스 내부에서 조작할 수 있는 쿠버네티스 리소스 규칙 정의
롤 바인딩RoleBinding	Role과 쿠버네티스 리소스 사용 유저 연결
클러스터 롤ClusterRole	Cluster 전체에서 조작할 수 있는 쿠버네티스 리소스 규칙 정의
클러스터 롤 바인딩ClusterRoleBinding	ClusterRole과 쿠버네티스 리소스 사용 유저 연결
서비스 어카운트ServiceAccount	파드가 쿠버네티스 리소스를 조작할 때의 계정

5.4 쿠버네티스 클러스터와 노드

쿠버네티스 클러스터[28]는 쿠버네티스의 다양한 리소스를 관리하는 집합 그룹을 의미한다.

클러스터 리소스에서 가장 큰 단위가 노드다. 노드는 쿠버네티스 클러스터에서 등록된 컨테이너의 호스트[29]이며, 쿠버네티스에서 컨테이너 배포에 사용된다.

---

28 이하 클러스터
29 물리 머신. VM은 노드다.

쿠버네티스 클러스터에는 전체를 관리하는 서버인 컨트롤 플레인Control Plane이 적어도 하나는 배치되어 있다. 쿠버네티스 클러스터는 다음과 같이 컨트롤 플레인 노드 그룹과 워커 노드Worker Node 그룹으로 구성된다.

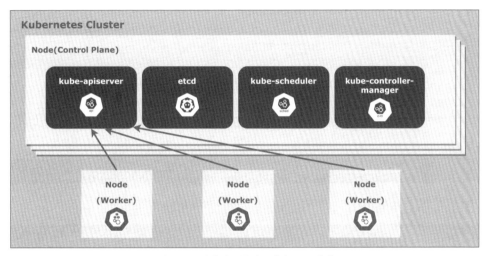

그림 5.8 **쿠버네티스 클러스터와 노드 관련도**

쿠버네티스는 노드의 리소스 상태와 배치 전략에 따라 컨테이너를 적절하게 배치한다. 클러스터에 배치된 노드의 수와 노드 스펙으로 배치할 수 있는 컨테이너의 수는 다르다. 따라서 노드에 따라 클러스터의 용량을 조정한다.

로컬 환경의 쿠버네티스는 클러스터 생성 시 만들어진 VM이 노드의 하나로 등록되어 있어 컨트롤 플레인이 워커의 기능도 겸한다. kubectl get nodes 커맨드를 사용해 클러스터에서 사용하는 노드의 리스트를 확인할 수 있다.[30]

```
$ kubectl get nodes
NAME             STATUS   ROLES          AGE     VERSION
docker-desktop   Ready    control-plane  3h53m   v1.27.2
```

---

30 kubectl get [리소스명]으로 리소스 리스트를 가져온다.

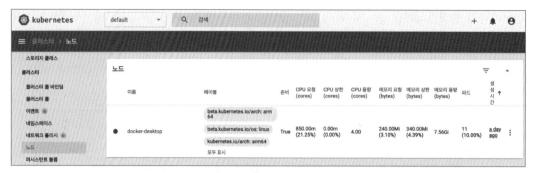

그림 5.9 쿠버네티스 대시보드의 노드 리스트 화면

클라우드 기반 쿠버네티스에서 노드는 GCP의 GCE,[31] AWS의 EC2[32] 인스턴스로 구성된다.

COLUMN   컨트롤 플레인을 구성하는 관리 컴포넌트

쿠버네티스 컨트롤 플레인 서버에 배포되는 관리 컴포넌트는 다음과 같이 구성된다.

컴포넌트명	역할
kube-apiserver	쿠버네티스의 API를 공개하는 컴포넌트. kubectl로 리소스 조작
etcd	높은 가용성을 갖춘 분산 key-value 스토어로, 쿠버네티스 클러스터의 백업 스토어로 사용
kube-scheduler	노드를 모니터링하고 컨테이너를 배치할 최적의 노드 선택
kube-controller-manager	리소스를 제어하는 컨트롤러를 실행

컨트롤 플레인에서 이러한 관리 컴포넌트가 협력하여 쿠버네티스 클러스터가 동작한다.

부록 B에서 소개하는 GKE, EKS, AKS는 쿠버네티스 매니지드 서비스이므로 개발자가 컨트롤 플레인 존재를 의식할 필요가 없다.

쿠버네티스의 내부 구현에 대해 알고 싶다면 컨트롤 플레인 구성을 파악하면 이해하기 쉽다.

온프레미스On-premise 환경에서 쿠버네티스를 운영할 때는 컨트롤 플레인이 단일 장애 지점이 되지 않도록 보통 다중 컨트롤 플레인으로 3대[33]를 배치한다.

---

31 Google Compute Engine

32 Amazon Elastic Compute Cloud

33 3대를 배치하면 하나의 노드가 고장나거나 유지 보수 상태가 되어도 안정성을 유지할 수 있다.

5.5 네임스페이스

쿠버네티스는 클러스터 안에 삽입할 수 있는 가상 클러스터를 만들 수 있으며, 이것이 네임스페이스다.

클러스터를 생성하면 default, kube-node-lease, kube-public, kube-system이라는 네임스페이스가 준비되어 있다. kubectl get namespace 커맨드를 실행하면 클러스터가 가진 네임스페이스를 리스트 5.8과 같이 가져올 수 있다.[34]

리스트 5.8 네임스페이스 리스트 표시

```
$ kubectl get namespace
NAME                  STATUS   AGE
default               Active   4h42m
kube-node-lease       Active   4h42m
kube-public           Active   4h42m
kube-system           Active   4h42m
kubernetes-dashboard  Active   4h38m
```

그림 5.10 쿠버네티스 대시보드의 네임스페이스 리스트 화면

네임스페이스 사용은 일정 규모 이상의 팀 개발에서 유용하다. 예를 들어 각 개발자가 네임스페이스를 준비하여 메인 네임스페이스의 혼란을 방지할 수 있다. 네임스페이스별로 조작 권한을 설정할 수 있으므로 좀 더 견고하면서도 섬세하게 권한을 제어할 수 있다.[35]

---

34 쿠버네티스 대시보드를 배포하면 kubernetes-dashboard라는 네임스페이스도 생성된다.
35 권한 제어에 대해서는 7.3절에서 설명한다.

5.6 파드

파드Pod는 컨테이너 집합 그룹의 단위로 적어도 하나의 컨테이너를 갖는다.

4장에서도 확인했지만 여러 컨테이너 애플리케이션을 구축하려면 nginx 컨테이너와 Go 애플리케이션 컨테이너처럼 밀접하게 결합한 관계가 더 편리한 상황이 존재한다.

쿠버네티스는 그림 5.11과 같이 파드라는 단위로 컨테이너를 세트로 배포한다. 컨테이너가 하나인 상황에서도 파드로 배포한다.

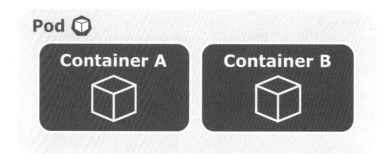

그림 5.11 파드와 컨테이너의 관련도

파드는 그림 5.12와 같이 워커 노드에 배치된다. 같은 파드를 복수의 노드에 배치하거나 하나의 노드에 여러 개를 배치할 수도 있다.

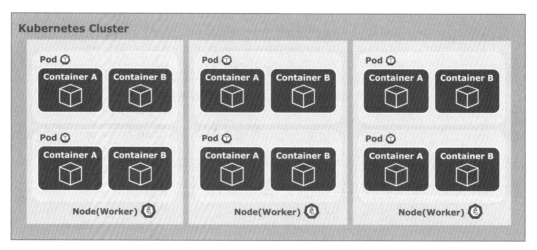

그림 5.12 노드에 배치된 파드

동일한 파드 내부의 컨테이너는 모두 동일한 노드에 배치된다. 그림 5.13과 같이 하나의 파드 내부의 컨테이너는 여러 노드에 걸쳐 배치할 수 없다.

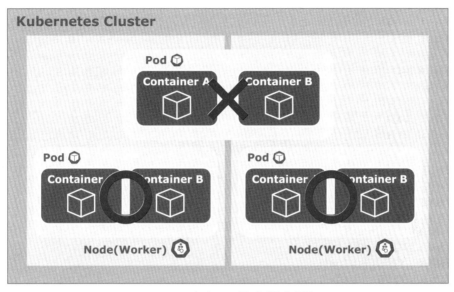

그림 5.13 **파드는 노드를 넘어갈 수 없음**

처음에는 파드를 어떻게 세분화할지 고민될 수도 있다. 동일한 노드에 배치되는 특성을 반대로 생각해보면 알기 쉽다. 예를 들어 리버스 프록시 nginx와 뒷단의 애플리케이션을 하나의 파드로 사용하는 방식은 인기가 많은 구성이다.

동시에 배포하지 않으면 정합성이 유지되지 않는 상황에서도 동일한 파드를 사용해 컨테이너를 한 곳에서 관리하는 것도 유용한 배포 전략이다.

파드를 비롯한 쿠버네티스 리소스를 만들고 실제로 동작을 확인해보자.

5.6.1 파드 생성하고 배포하기

파드를 만들고 배포해보자. 2.2절에서 사용한 `echo` 애플리케이션과 리버스 프록시 nginx로 구성된 파드를 로컬 쿠버네티스 환경에 배포한다. nginx의 컨테이너 이미지는 `ghcr.io/jpubdocker/simple-nginx-proxy`를 사용한다.

파드 생성은 kubectl만으로 수행할 수도 있지만, 버전 관리를 생각하여 `yaml` 파일로 정의하는 것이 대부분이다. 쿠버네티스의 다양한 리소스를 정의하는 파일을 매니페스트 파일이라고 한다.

nginx와 echo로 구성된 파드를 정의하는 매니페스트 파일인 `pod.yaml`을 다음과 같이 생성한다.

리스트 5.9 nginx와 echo 컨테이너로 구성된 파드의 매니페스트 파일 (~/k8s/intro/pod.yaml)

```
apiVersion: v1
kind: Pod # 1
metadata: # 2
  name: echo
  labels: # 2-1
    app: echo
spec: # 3
  containers: # 4
  - name: nginx # 4-1
    image: ghcr.io/jpubdocker/simple-nginx-proxy:v0.1.0 # 4-2
    env: # 5
    - name: NGINX_PORT
      value: "80"
    - name: SERVER_NAME
      value: "localhost"
    - name: BACKEND_HOST # 5-1
      value: "localhost:8080"
    - name: BACKEND_MAX_FAILS
      value: "3"
    - name: BACKEND_FAIL_TIMEOUT
      value: "10s"
    ports: # 6
    - containerPort: 80
  - name: echo
    image: ghcr.io/jpubdocker/echo:v0.1.0
    ports:
    - containerPort: 8080
```

설정 파일을 살펴보자.

1의 `kind`는 쿠버네티스의 리소스 유형을 지정하는 속성으로, 여기서는 파드를 지정한다. `kind`의 값에 따라 `spec` 하위의 스키마가 변경된다.

2의 `metadata`는 이름 그대로 리소스에 부여하는 메타 데이터로, `metadata.name` 속성으로 지정한 값이 리소스의 이름으로 사용된다. 2-1에서는 임의의 레이블을 지정할 수 있다. 레이블을 사용하면 쿠버네티스의 리소스를 그룹화할 수 있으므로 kubectl과 프로그램에서 리소스를 쉽게 식별하고 조작할 수 있다.

3의 `spec`은 리소스를 정의하기 위한 속성으로 파드를 구성하는 컨테이너 그룹을 `containers`로 정의한다.

4의 `containers` 하위를 살펴보자. 4-1 `name`은 각 컨테이너의 이름, 4-2 `image`는 이미지 저장 위치를 지정한다. 여기서는 `ghcr.io`에 존재하는 이미지를 지정하고 있지만 로컬 환경에서 빌드한 이미지도 지정할 수 있다.

5의 `env` 속성으로 환경 변수를 나열할 수 있다. nginx는 Request의 프록시를 5-1 `BACKEND_HOST` 등으로 설정한다.

6의 `ports` 속성은 컨테이너의 공개 포트를 지정한다.

이 파드를 리스트 5.10 커맨드로 로컬 쿠버네티스 클러스터에 반영해보자. 매니페스트 파일 내용을 그대로 반영하려면 다음과 같이 kubectl로 매니페스트 파일 경로를 `-f` 옵션으로 지정하고 `apply`한다.

`apply`는 신규 작성과 내용 변경이 있을 때만 반영된다. 따라서 신규 작성과 업데이트를 따지지 않고 `apply`를 사용하면 좋다.

리스트 5.10 파드 반영

```
(~/k8s/intro) $ kubectl apply -f pod.yaml
pod "echo" created
```

동작은 하지만 이대로 파드에 액세스할 수는 없다. 파드 액세스는 5.9절에서 설명한다.

5.6.2 파드 조작하기

매니페스트 파일을 통해 파드를 생성했다. 이제 파드의 기본적인 조작 방법을 알아보자.

파드의 상태는 리스트 5.11과 같은 방법으로 확인할 수 있다. `STATUS`가 `Running` 상태라면 파드의 모든 컨테이너가 실행 중인 상태를 나타낸다. `READY`의 분모는 파드에 정의된 컨테이너 수, 분자는 실행 상태 컨테이너의 수다.

리스트 5.11 파드 리스트 가져오기

```
$ kubectl get pod
NAME   READY   STATUS    RESTARTS   AGE
echo   2/2     Running 0            7s
```

kubectl을 사용해 컨테이너 내부로 들어갈 수도 있다. 지금까지 도커에서는 `docker container exec`를 사용해 컨테이너 내부 프로그램을 실행했다. kubectl도 동일한 방식으로 `kubectl exec -it [파드명] -c [컨테이너명] -- [컨테이너에서 실행하는 커맨드]`로 실행할 수 있다. 리스트 5.12의 커맨드를 실행해보자.

리스트 5.12 파드의 컨테이너에 대해 셸을 대화식으로 실행

```
$ kubectl exec -it echo -c nginx -- sh
#
```

`kubectl logs -f [파드명] -c [컨테이너명]` 커맨드[36]로 파드의 컨테이너를 표준 스트림에 출력할 수 있다. 리스트 5.13 커맨드를 실행한다.

리스트 5.13 파드 컨테이너를 지정하고 표준 스트림 출력을 실시간으로 표시

```
$ kubectl logs -f echo -c echo
2024/09/30 23:28:55 Start server
```

파드를 삭제하려면 리스트 5.14와 같이 `kubectl delete pod [파드명]`을 사용한다. `kubectl delete`는 파드 이외의 리소스에도 사용할 수 있다. 사용이 끝난 리소스 삭제 등에 사용하도록 한다.

리스트 5.14 파드 삭제

```
$ kubectl delete pod echo
pod "echo" deleted
```

또한 리스트 5.15와 같이 매니페스트 파일 기반으로 파드를 삭제할 수도 있다. 이 방법은 매니페스트 파일에 작성된 모든 리소스를 삭제한다.

리스트 5.15 매니페스트 파일을 통한 삭제

```
(~/k8s/intro) $ kubectl delete -f pod.yaml
```

---

36 `-f` 옵션은 `docker container logs -f`와 동일하게 표준 스트림 출력을 실시간으로 표시한다.

COLUMN **파드와 파드 내부 컨테이너의 주소**

2.6.2에서 컴포즈로 `nginx`와 `echo`를 실행했을 때를 생각해보자. `nginx` 컨테이너 뒤에 배치된 `echo` 컨테이너에 Request를 프록시하기 위해 `upstream.conf`에 프록시 대상으로 `echo:8080`의 값을 설정했다. 컴포즈는 같은 네트워크상의 컨테이너명(컴포즈의 서비스명)이면 해당 명칭으로 이름 분석을 할 수 있기 때문이다.

이번에는 쿠버네티스에서 실행하고 있지만 리스트 5.9의 5-1과 같이 `localhost:8080`을 지정하는 것만으로 작동한다. 파드와 해당 파드에 속하는 컨테이너 네트워크와 관련성을 알아보자.

파드에는 각각 고유의 가상 IP 주소가 할당된다. 컨테이너 집합 그룹의 개념인 파드에 IP 주소가 할당되는 것은 조금 이상하게 생각될 수도 있다.

파드에 할당된 가상 IP 주소는 해당 파드에 속한 모든 컨테이너와 공유된다. 동일한 파드 내 모든 컨테이너의 가상 IP 주소는 동일하므로 그림 5.14와 같이 컨테이너 간 통신을 할 수 있다. 예를 들어 파드에서 `nginx` 컨테이너의 80 포트까지는 `localhost:80`으로 도달할 수 있으며, `nginx` 컨테이너에서 `echo` 컨테이너의 8080 포트는 `localhost:8080`으로 도달할 수 있다. 파드에 할당된 가상 IP를 사용하면 다른 파드와 통신할 수도 있다.

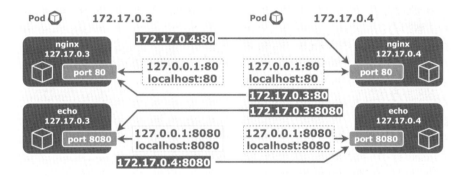

그림 5.14 파드와 컨테이너 가상 IP 주소

프록시 대상의 주소로 지정해야 하는 것은 **파드의 IP 주소:echo컨테이너의 포트**이므로 `localhost:8080`을 지정하면 된다. 파드는 보유한 컨테이너를 캡슐화한 가상 머신과 같다고 볼 수 있다.[37]

5.7 레플리카셋

파드를 정의한 매니페스트 파일은 하나의 파드만 만들 수 있다. 그러나 일정 규모 이상의 애플리케이션을 구축할 때는 동일한 파드를 복제하여 실행하면서 가용성을 높이는 것이 필요하다.

이때는 **레플리카셋**ReplicaSet을 사용한다. 레플리카셋은 동일한 스펙의 파드를 복제 생성하고 관리

---

[37] 파드에서 실행 중인 컨테이너가 포트를 공개하는 경우, 다른 컨테이너의 포트와 충돌하지 않도록 해야 한다.

하기 위한 리소스다.[38] 5.6.1절에서 생성한 파드 내역을 레플리카셋의 `yaml` 파일에 기재해보자.

레플리카셋을 정의하는 매니페스트 파일인 `replicaset.yaml`을 리스트 5.16과 같이 생성한다. 다른 설정 파일은 사용하지 않고 하나의 `yaml` 파일만 사용한다.

리스트 5.16 파드를 복제하는 레플리카셋의 매니페스트 파일 (~/k8s/intro/replicaset.yaml)

```yaml
apiVersion: apps/v1
kind: ReplicaSet
metadata:
  name: echo
  labels:
    app: echo
spec:
  replicas: 3
  selector:
    matchLabels:
      app: echo
  template: # template 하위는 파드 리소스 정의와 같음
    metadata:
      labels:
        app: echo
    spec:
      containers:
      - name: nginx
        image: ghcr.io/jpubdocker/simple-nginx-proxy:v0.1.0
        env:
        - name: NGINX_PORT
          value: "80"
        - name: SERVER_NAME
          value: "localhost"
        - name: BACKEND_HOST
          value: "localhost:8080"
        - name: BACKEND_MAX_FAILS
          value: "3"
        - name: BACKEND_FAIL_TIMEOUT
          value: "10s"
        ports:
        - containerPort: 80
      - name: echo
        image: ghcr.io/jpubdocker/echo:v0.1.0
        ports:
        - containerPort: 8080
```

---

38 이전에는 ReplicationController로 제공되던 리소스가 레플리카셋으로 변경되었다.

레플리카셋은 생성하는 파드 수를 `replicas`로 설정한다. `template` 속성의 내용은 파드 정의와 동일하다. 레플리카셋이 이 정의를 `replica` 수만큼 동일하게 복제한다.

이 레플리카셋을 반영하면 파드가 세 개 만들어진 것을 확인할 수 있다. 동일한 파드가 복제되며, 파드명은 `echo-8gr9p`와 같이 임의의 식별자가 접미사에 부여된다.

리스트 5.17 레플리카셋 반영

```
(~/k8s/intro) $ kubectl apply -f replicaset.yaml
replicaset.apps/echo created

$ kubectl get pod
NAME            READY     STATUS       RESTARTS     AGE
echo-8gr9p      2/2       Running      0            14s
echo-kmh92      2/2       Running      0            14s
echo-1h54g      2/2       Running      0            14s
```

레플리카셋을 조작[39]하여 파드의 수를 줄이면 줄어든 만큼의 파드는 삭제된다. 삭제된 파드는 복원할 수 없다. 따라서 웹서버와 같이 무상태 성질을 갖는 파드에 적절하다.[40]

생성한 레플리카셋은 리스트 5.18과 같이 매니페스트 파일을 사용해 삭제한다. 레플리카셋과 관련된 파드가 삭제된다.

리스트 5.18 레플리카셋 삭제

```
(~/k8s/intro) $ kubectl delete -f replicaset.yaml
replicaset.apps "echo" deleted
```

5.8 디플로이먼트

레플리카셋보다 상위 리소스로 **디플로이먼트**Deployment라는 리소스가 제공된다. 디플로이먼트는 애플리케이션 배포의 기본 단위가 되는 리소스다.

레플리카셋은 동일한 스펙의 파드 복제 수를 관리, 제어하기 위한 리소스인 반면, 디플로이먼트는 레플리카셋을 관리하고 조작하기 위해 제공되는 리소스다.

---

39 `yaml` 파일의 편집과 반영 등
40 상태 유지 파드를 여러 개 생성하려면 스테이트풀셋이라는 리소스를 생성한다. 6.2.3절에서 사용한다.

파드, 레플리카셋, 디플로이먼트의 관계는 그림 5.15와 같다.

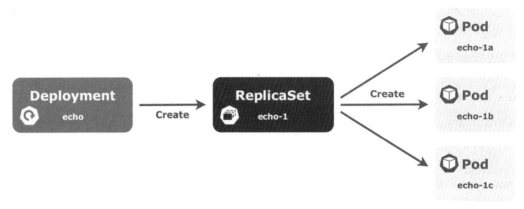

그림 5.15 **디플로이먼트/레플리카셋/파드의 관계도**

디플로이먼트를 정의한 매니페스트 파일 `deployment.yaml`은 다음과 같이 작성한다.

리스트 5.19 **디플로이먼트의 매니페스트 파일 (~/k8s/intro/deployment.yaml)**

```yaml
apiVersion: apps/v1
kind: Deployment
metadata:
  name: echo
  labels:
    app: echo
spec:
  replicas: 3
  selector:
    matchLabels:
      app: echo
  template: # template 하위는 파드 리소스의 spec 정의와 동일
    metadata:
      labels:
        app: echo
    spec:
      containers:
      - name: nginx
        image: ghcr.io/jpubdocker/simple-nginx-proxy:v0.1.0
        env:
        - name: NGINX_PORT
          value: "80"
        - name: SERVER_NAME
          value: "localhost"
        - name: BACKEND_HOST
          value: "localhost:8080"
```

```
          - name: BACKEND_MAX_FAILS
            value: "3"
          - name: BACKEND_FAIL_TIMEOUT
            value: "10s"
        ports:
        - containerPort: 80
      - name: echo
        image: ghcr.io/jpubdocker/echo:v0.1.0
        ports:
        - containerPort: 8080
```

실제로 디플로이먼트 정의는 레플리카셋과 크게 차이가 없다. 다른 점은 디플로이먼트가 레플리카셋의 세대 관리[41]가 가능하다는 점이다.

이 매니페스트 파일은 리스트 5.20과 같이 반영한다.

리스트 5.20 디플로이먼트 반영

```
(~/k8s/intro) $ kubectl apply -f deployment.yaml
deployment.apps/echo created
```

리스트 5.21의 커맨드를 확인해보자. `-l` 옵션으로 레이블과 일치하는 리소스만 확인할 수 있다. 디플로이먼트 리소스는 물론이고 레플리카셋과 파드가 생성되었는지도 확인할 수 있다.

리스트 5.21 디플로이먼트와 관련 리소스 확인

```
$ kubectl get pod,replicaset,deployment -l app=echo
NAME                         READY   STATUS    RESTARTS   AGE
pod/echo-cb8ccb665-fc4sh     2/2     Running   0          8s
pod/echo-cb8ccb665-kqxvc     2/2     Running   0          8s
pod/echo-cb8ccb665-19hpd     2/2     Running   0          8s


NAME                          DESIRED CURRENT READY AGE
replicaset.apps/echo-cb8ccb665 3       3       3     8s


NAME                    READY UP-TO-DATE AVAILABLE AGE
deployment.apps/echo    3/3   3          3         8s
```

디플로이먼트의 리비전은 리스트 5.22와 같이 `kubectl rollout history`로 확인할 수 있다. 초기

---

41 리비전(revision) 관리

는 REVISION=1이다. 디플로이먼트를 업데이트할 때마다 버전이 올라간다.

리스트 5.22 디플로이먼트 리비전 가져오기

```
$ kubectl rollout history deployment echo
deployments "echo"
REVISION    CHANGE-CAUSE
1           <none>
```

5.8.1 레플리카셋 라이프 사이클

쿠버네티스는 디플로이먼트를 하나의 단위로 하여 애플리케이션을 배포한다.

실제 운영에서는 대부분 레플리카셋을 직접 사용하지 않고, 디플로이먼트의 매니페스트 파일을 다루는 방식을 사용한다.

디플로이먼트가 관리하는 레플리카셋은 지정된 파드의 수를 확보, 새로운 버전의 파드로 변경, 이전 버전의 파드로 롤백 등 중요한 역할을 담당한다.

애플리케이션 배포를 제대로 관리하려면 디플로이먼트의 레플리카셋이 어떤 동작을 수행하는지 파악하는 것이 중요하다. 디플로이먼트 업데이트에 따라 레플리카셋을 새롭게 생성하고[42] 레플리카셋을 교체한다.

새로운 레플리카셋 생성 트리거를 살펴보자.

파드의 수를 변경해도 신규 레플리카셋은 생성되지 않는다.

먼저 파드의 수만 업데이트해보자. 매니페스트 파일 `deployment.yaml`의 `replicas`를 3에서 4로 변경한다.

```
(~/k8s/intro) $ kubectl apply -f deployment.yaml
deployment.apps/echo configured
```

리스트 5.23과 같이 기존의 파드가 그대로 유지되고 하나의 컨테이너가 새롭게 생성되는 것을 확인할 수 있다.

---

[42] 리비전 번호가 하나 증가한다.

```
$ kubectl get pod
NAME                     READY   STATUS             RESTARTS   AGE
echo-cb8ccb665-fc4sh     2/2     Running            0          45s
echo-cb8ccb665-kqxvc     2/2     Running            0          45s
echo-cb8ccb665-l9hpd     2/2     Running            0          45s
echo-cb8ccb665-x4kdg     0/2     ContainerCreating  0          0s
```

새로운 레플리카셋이 생성되면 리비전 번호가 2가 되어야 하지만 표시되지 않는다. 따라서 `replicas` 변경에도 레플리카셋의 교체가 발생하지 않는다는 것을 의미한다.

```
$ kubectl rollout history deployment echo
deployment.apps/echo
REVISION   CHANGE-CAUSE
1          <none>
```

컨테이너 정의 업데이트

컨테이너 이미지를 변경한 상황을 확인해보자. 리스트 5.24와 같이 `deployment.yaml`의 echo 컨테이너 이미지를 `ghcr.io/jpubdocker/echo:v0.1.0-patch`로 변경한다.

리스트 5.24 echo 이미지 변경 (~/k8s/intro/deployment.yaml)

```
# 생략...
- name: echo
  image: ghcr.io/jpubdocker/echo:v0.1.0-patch
  ports:
  - containerPort: 8080
```

```
(~k8s/intro) $ kubectl apply -f deployment.yaml
deployment.apps/echo configured
```

리스트 5.25와 같이 새로운 파드가 생성되고 이전 파드가 단계적으로 중지되는 것을 알 수 있다.

리스트 5.25 이미지 변경에 따른 파드의 교체

```
$ kubectl get pod --selector app=echo
NAME                     READY   STATUS             RESTARTS   AGE
echo-5c6fff4fc9-cqf4g    0/2     ContainerCreating  0          0s
echo-5c6fff4fc9-wsdsx    0/2     ContainerCreating  0          0s
echo-cb8ccb665-fc4sh     2/2     Running            0          26s
echo-cb8ccb665-kqxvc     2/2     Running            0          25s
```

```
echo-cb8ccb665-l9hpd      2/2    Running        0        26s
echo-cb8ccb665-x4kdg      0/2    Terminating    0        25s
```

디플로이먼트의 리비전을 확인하면 REVISION=2가 생성되어 있다. kubectl apply를 사용하면 디플로이먼트의 내용이 변경되었을 때 새로운 리비전이 생성된다.

```
$ kubectl rollout history deployment echo
deployment.apps/echo
REVISION   CHANGE-CAUSE
1          <none>
2          <none>
```

5.8.2 롤백 실행하기

디플로이먼트의 리비전이 기록되어 있으므로 특정 리비전의 내용은 리스트 5.26으로 확인할 수 있다.

리스트 5.26 디플로이먼트 상세 리비전

```
$ kubectl rollout history deployment echo --revision=1
deployment.apps/echo with revision #1
Pod Template:
  Labels: app=echo
    pod-template-hash=cb8ccb665
  Containers:
   nginx:
     Image: ghcr.io/jpubdocker/simple-nginx-proxy:v0.1.0
     Port: 80/TCP
     Host Port: 0/TCP
     Environment:
       NGINX_PORT: 80
       SERVER_NAME: localhost
       BACKEND_HOST: localhost:8080
       BACKEND_MAX_FAILS: 3
       BACKEND_FAIL_TIMEOUT: 10s
     Mounts: <none>
   echo:
     Image: ghcr.io/jpubdocker/echo:v0.1.0
     Port: 8080/TCP
     Host Port: 0/TCP
     Environment: <none>
     Mounts: <none>
  Volumes: <none>
```

리스트 5.27과 같이 undo 커맨드(kubectl rollout undo)를 실행하면 이전의 리비전으로 디플로이먼트를 롤백할 수 있다.

리스트 5.27 한 단계 전의 디플로이먼트로 롤백

```
$ kubectl rollout undo deployment echo
deployment.apps/echo rolled back
```

롤백을 제공하므로 최신 디플로이먼트에 문제가 있을 때 바로 이전 버전으로 되돌릴 수 있으며, 애플리케이션 이전 버전의 동작을 확인할 때도 활용할 수 있다.

생성한 디플로이먼트는 다음과 같이 매니페스트 파일을 이용해 삭제한다. 디플로이먼트와 관련된 레플리카셋과 파드가 삭제된다.

```
(~/k8s/intro) $ kubectl delete -f deployment.yaml
```

5.9 서비스

서비스Service는 쿠버네티스 클러스터 내에서 파드 집합(주로 레플리카셋[43])에 대한 경로와 서비스 디스커버리Service Discovery[44]를 제공하기 위한 리소스다. 서비스의 대상이 되는 파드와 서비스로 정의된 레이블 셀렉터에 의해 결정된다.

예를 들어 replicaset-with-label.yaml 매니페스트 파일을 리스트 5.28과 같이 생성하고, 레플리카셋을 두 개 정의한다. 내용은 이미 생성한 echo의 레플리카셋과 거의 동일하지만 release라는 레이블이 붙어 각각 spring과 summer가 된다.

리스트 5.28 spring과 summer의 레플리카셋을 정의한 매니페스트 파일 (~/k8s/intro/replicaset-with-label.yaml)

```
apiVersion: apps/v1
kind: ReplicaSet
metadata:
  name: echo-spring
  labels: # 레플리카셋에 레이블 붙이기
```

---

43 예외로는 쿠버네티스 클러스터 외부 서버에 액세스하는 ExternalService가 있다.

44 API 주소가 동적으로 변할 때 클라이언트가 주소를 전환하는 것이 아니라 클라이언트에서는 일관된 이름으로 액세스할 수 있도록 하는 구조다.

```yaml
    app: echo
    release: spring
spec:
  replicas: 1
  selector:
    matchLabels:
      app: echo
      release: spring
  template:
    metadata: # 레플리카셋이 생성하는 파드에 레이블 붙이기
      labels:
        app: echo
        release: spring
    spec:
      containers:
      - name: nginx
        image: ghcr.io/jpubdocker/simple-nginx-proxy:v0.1.0
        env:
        - name: NGINX_PORT
          value: "80"
        - name: SERVER_NAME
          value: "localhost"
        - name: BACKEND_HOST
          value: "localhost:8080"
        - name: BACKEND_MAX_FAILS
          value: "3"
        - name: BACKEND_FAIL_TIMEOUT
          value: "10s"
        ports:
        - containerPort: 80
      - name: echo
        image: ghcr.io/jpubdocker/echo:v0.1.0
        ports:
        - containerPort: 8080


---
apiVersion: apps/v1
kind: ReplicaSet
metadata:
  name: echo-summer
  labels: # 레플리카셋에 레이블 붙이기
    app: echo
    release: summer
spec:
  replicas: 2
  selector:
    matchLabels:
      app: echo
```

```
        release: summer
  template:
    metadata: # 레플리카셋이 생성하는 파드에 레이블 붙이기
      labels:
        app: echo
        release: summer
    spec:
      containers:
      - name: nginx
        image: ghcr.io/jpubdocker/simple-nginx-proxy:v0.1.0
        env:
        - name: NGINX_PORT
          value: "80"
        - name: SERVER_NAME
          value: "localhost"
        - name: BACKEND_HOST
          value: "localhost:8080"
        - name: BACKEND_MAX_FAILS
          value: "3"
        - name: BACKEND_FAIL_TIMEOUT
          value: "10s"
        ports:
        - containerPort: 80
      - name: echo
        image: ghcr.io/jpubdocker/echo:v0.1.0
        ports:
        - containerPort: 8080
```

리스트 5.29와 같이 매니페스트 파일을 `apply`하고 생성된 파드를 확인해보자. release 레이블에 spring과 summer를 갖는 파드가 각각 실행되는 것을 알 수 있다.

리스트 5.29 spring과 summer의 레이블을 갖는 레플리카셋 생성

```
(~/k8s/intro) $ kubectl apply -f replicaset-with-label.yaml
replicaset.apps/echo-spring created
replicaset.apps/echo-summer created

# spring 레이블을 갖는 파드 가져오기
$ kubectl get pod -l app=echo -l release=spring
NAME READY STATUS RESTARTS AGE
echo-spring-99v6q 2/2 Running 0 2m1s

# summer 레이블을 갖는 파드 가져오기
$ kubectl get pod -l app=echo -l release=summer
NAME READY STATUS RESTARTS AGE
echo-summer-fckhq 2/2 Running 0 2m13s
```

```
echo-summer-p59kk 2/2 Running 0 2m13s
```

5.9.1 레이블 셀렉터를 사용한 트래픽 라우팅

`release=summer`의 파드에서만 HTTP 트래픽이 발생하는 서비스를 생성해보자. 리스트 5.30과
같이 `service.yaml`을 생성한다. `spec.selector` 속성은 서비스 대상이 될 파드의 레이블을 설정
한다.

리스트 5.30 summer 파드에 트래픽 흐름을 발생시키는 매니페스트 파일 (~/k8s/intro/service.yaml)

```
apiVersion: v1
kind: Service
metadata:
  name: echo
  labels:
    app: echo
spec:
  selector: # 트래픽 흐름의 파드를 특정하는 레이블
    app: echo
    release: summer
  ports:
    - name: http
      port: 80
```

그림 5.16에서 서비스와 레이블로 구별되는 파드의 관계를 확인할 수 있다. 파드의 레이블이 서비
스에 셀렉터로 정의되어 있는 레이블과 일치할 때 대상 파드는 해당 서비스의 대상이 되고, 서비스
를 통해 트래픽[45] 흐름이 발생한다.

---

[45] 이때는 HTTP Request

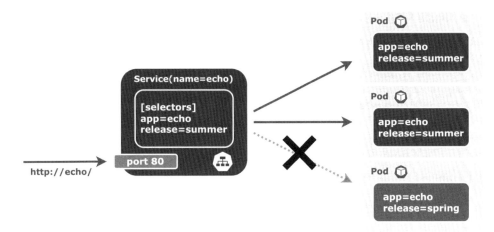

그림 5.16 **서비스에서 파드에 트래픽 라우팅**

리스트 5.31과 같이 서비스를 생성한다.[46]

리스트 5.31 **서비스 반영**

```
$ kubectl apply -f service.yaml
service/echo created

$ kubectl get service echo
NAME   TYPE        CLUSTER-IP      EXTERNAL-IP   PORT(S)   AGE
echo   ClusterIP   10.106.160.179  <none>        80/TCP    7s
```

실제로 `release=summer`의 파드에만 트래픽이 발생하는지 확인해보자.

기본적으로 서비스는 쿠버네티스 클러스터 내에서만 액세스할 수 있다. 따라서 쿠버네티스 클러스터에 임시 디버깅 컨테이너를 배포하고 `curl` 커맨드로 HTTP Request를 전송해 확인한다. 디버깅 컨테이너 내부에서 `http://echo/`에 HTTP Request를 전송해보자.

디버깅 파드에서 HTTP Request 전송하기

쿠버네티스 클러스터에서 HTTP Request를 전송하기 위해 디버깅용 파드를 리스트 5.32와 같이 생성한다. HTTP Request는 `curl`이 설치된 컨테이너 이미지인 `ghcr.io/jpubdocker/debug`를 사용한다.[47]

---

46 서비스의 확인은 `kubectl get svc`의 짧은 커맨드로도 동일한 결과를 확인할 수 있다.

47 디버깅용 컨테이너 이미지는 https://github.com/jpubdocker/container-kit/blob/main/containers/debug/Dockerfile에 공개되어 있다. 개발 시에는 자신에게 편리한 디버깅용 이미지를 준비해두면 좋다.

리스트 5.32 디버깅용 파드를 생성하고 bash 실행

```
$ kubectl run -i --rm --tty debug --image=ghcr.io/jpubdocker/debug:v0.1.0 --restart=Never --
bash
If you don't see a command prompt, try pressing enter.
root@debug:/# curl http://echo/
Hello Container!!root@debug:/#
```

생성된 파드 컨테이너는 쿠버네티스 클러스터에 있으므로 이름 분석은 서비스의 이름인 `echo`로 가능하다. 서비스에 의한 이름 분석은 중요한 기능으로, 쿠버네티스 클러스터 내부의 애플리케이션끼리 작업할 때 힘을 발휘한다.

디버깅 컨테이너에서 여러 번 HTTP Request를 전송하고 파드의 로그를 확인해보자. `kubectl logs` 커맨드로 리스트 5.33과 같이 파드의 단위뿐만 아니라 레이블을 사용한 복수의 파드 로그도 확인할 수 있다. `release=summer`의 파드에만 [received request] 로그가 출력되고, `release=spring` 레이블의 파드에는 더 이상 로그가 출력되지 않는 것을 확인할 수 있다.

리스트 5.33 레이블을 지정한 표준 스트림의 출력 확인

```
$ kubectl logs -f -l release=spring -c echo
2024/09/30 21:50:24 Start server

$ kubectl logs -f -l release=summer -c echo
2024/09/30 21:50:24 Start server
2024/09/30 22:31:06 Received request
2024/09/30 22:50:24 Start server
2024/09/30 23:32:41 Received request
2024/09/30 23:32:42 Received request
...
```

이와 같이 디버깅 파드는 트러블슈팅에 유용하지만 디버깅 파드를 노린 공격이 있을 수도 있으므로 보안 면에서 해결해야 할 부분이 있다는 것도 사실이다. 이 책에서는 테스트를 위해 사용하지만 운영 환경에서는 사용을 자제하는 것이 좋다.

유사한 작업으로 쿠버네티스 1.23에서 도입된 이페머럴 컨테이너[48]라는 기능도 존재한다.

---

48 이페머럴 컨테이너(Ephemeral Container)는 부록 C.2.1절에서 설명한다.

COLUMN 서비스의 이름 분석

쿠버네티스 클러스터의 DNS에서 서비스를 <서비스명>.<네임스페이스명>.svc.local로 이름 분석이 가능하다.

예를 들어 echo는 default의 네임스페이스에 위치하므로 다음과 같다.

```
$ curl http://echo.default.svc.local
```

여기서 svc.local은 생략할 수 있다. 다른 네임스페이스의 서비스 이름 분석은 다음 표기법이 가장 짧다.

```
$ curl http://echo.default
```

동일한 네임스페이스라면 다음과 같이 서비스명만으로 이름 분석이 가능하다. 이 표기 방법을 가장 많이 사용한다.

```
$ curl http://echo
```

5.9.2 ClusterIP 서비스

생성되는 서비스는 다양한 종류가 있으며, yaml에서 정의할 수 있다. 기본값은 ClusterIP 서비스다.[49]

ClusterIP는 쿠버네티스 클러스터 내부 IP 주소로 서비스를 공개할 수 있다. 이를 통해 한 파드에서 다른 파드 그룹에 대한 액세스는 서비스를 통해 가능하며, 서비스명으로 이름 분석도 할 수 있다. 그러나 쿠버네티스 클러스터 외부에서는 접근할 수 없다.

5.9.3 Headless 서비스

Headless 서비스는 ClusterIP 서비스의 한 종류이지만 조금 특별한 서비스다.

기본적인 ClusterIP 서비스는 파드 그룹에 대한 액세스 포인트로, 다음과 같이 IP 주소가 부여된다.

```
$ kubectl get service echo
NAME    TYPE        CLUSTER-IP     EXTERNAL-IP   PORT(S)   AGE
echo    ClusterIP   10.98.211.22   <none>        80/TCP    8s
```

---

49 type: ClusterIP

또한 로드 밸런서와 같이 트래픽을 균등하게 배분하거나 서비스 디스커버리의 역할도 담당한다.

반대로 Headless 서비스는 서비스에 고유한 IP 주소를 설정하지 않는 구조다. `service-headless.yaml` 파일을 리스트 5.34와 같이 생성하고, `clusterIP`에 `None`을 지정한다.

리스트 5.34 **Headless Service 매니페스트 파일 (~/k8s/intro/service-headless.yaml)**

```
apiVersion: v1
kind: Service
metadata:
  name: echo
  labels:
    app: echo
spec:
  type: ClusterIP
  clusterIP: None
  selector:
    app: echo
  ports:
    - name: http
      port: 80
```

리스트 5.35와 같이 기존의 서비스를 삭제하고, `service-headless.yaml`을 반영한다.

리스트 5.35 **Headless Service 생성**

```
$ kubectl delete service echo
(~/k8s/intro) $ kubectl apply -f service-headless.yaml
service/echo created
```

생성된 서비스의 `CLUSTER-IP`가 `None`이 되고 IP 주소가 부여되지 않는 것을 알 수 있다.

```
$ kubectl get service echo
NAME    TYPE        CLUSTER-IP    EXTERNAL-IP    PORT(S)  AGE
echo    ClusterIP   None          <none>         80/TCP   3s
```

대신 서비스의 백엔드에 연결하는 각 파드의 IP 주소를 직접 조회할 수 있다. 기본 ClusterIP 서비스가 로드 밸런서와 같다면 Headless 서비스는 DNS 라운드 로빈round robin과 같다.

Headless 서비스의 용도는 Headless 서비스를 통해 조회한 IP 주소의 파드에 애플리케이션이 계속해서 접속하고자 할 때 사용한다. 이와 같은 요구사항이나 기본 ClusterIP 서비스와 같이 트래픽을 균등하게 분산할 필요가 없을 때 사용을 고려할 수 있다.

5.9.4 NodePort 서비스

NodePort 서비스는 클러스터 외부에서 액세스할 수 있는 서비스다.

NodePort 서비스는 ClusterIP를 생성한다는 점에서 ClusterIP 서비스와 동일하지만, 각 노드에서 서비스 포트로 접속하기 위해 글로벌 포트를 연다는 점이 다르다.

`service-nodeport.yaml` 파일을 리스트 5.36과 같이 생성하고, `type`에 `NodePort`를 지정한다.

리스트 5.36 NodePort 서비스의 매니페스트 파일 (~/k8s/intro/service-nodeport.yaml)

```
apiVersion: v1
kind: Service
metadata:
  name: echo
  labels:
    app: echo
spec:
  type: NodePort
  selector:
    app: echo
  ports:
    - name: http
      port: 80
```

리스트 5.37과 같이 기존의 서비스를 삭제하고, `service-nodeport.yaml`을 반영한다.

리스트 5.37 NodePort Service 생성

```
$ kubectl delete service echo
(~/k8s/intro) $ kubectl apply -f service-nodeport.yaml
service/echo created
```

생성된 NodePort 서비스를 확인해보자. `80:30434/TCP`로 표시된 대로 노트의 `30434` 포트[50]에서 서비스에 액세스할 수 있다. 이를 통해 서비스를 쿠버네티스 클러스터의 외부에 공개할 수 있다.[51]

---

[50] NodePort는 30000번부터 32767번 사이에서 사용된다.

[51] NodePort는 서비스를 L4계층(전송 계층) 수준에서 공개할 수 있으므로 TCP/UDP를 사용할 수 있다. HTTP는 물론 MySQL 프로 토콜을 통한 서비스를 쿠버네티스 클러스터 외부의 서버에서도 이용할 수 있도록 공개할 수도 있다.

```
$ kubectl get service echo
NAME   TYPE       CLUSTER-IP      EXTERNAL-IP   PORT(S)        AGE
echo   NodePort   10.103.68.156   <none>        80:30434/TCP   15s
```

다음과 같이 로컬에서 HTTP로 액세스할 수 있다.

```
$ curl http://127.0.0.1:30434
Hello Container!!%
```

5.9.5 LoadBalancer 서비스

LoadBalancer 서비스는 로컬 쿠버네티스 환경에서 사용할 수 없는 서비스다. 주로 각 클라우드 플랫폼에서 제공되는 로드 밸런서와 연동하기 위해 사용한다.

구글 클라우드는 Cloud Load Balancing,[52] AWS는 Elastic Load Balancing[53]이 지원된다.

5.9.6 ExternalName 서비스

ExternalName Service는 selector도 port 정의도 가지지 않는 특별한 서비스다. 쿠버네티스 클러스터 내부에서 외부 호스트를 해결하기 위해 별칭을 제공한다.

예를 들어 다음과 같이 서비스를 생성하면 jpub.com을 jpub으로 이름 분석할 수 있다.[54]

리스트 5.38 **External 서비스의 매니페스트 예**

```
apiVersion: v1
kind: Service
metadata:
  name: jpub
spec:
  type: ExternalName
  externalName: jpub.com
```

ExternalName 서비스를 사용하면 외부의 엔드포인트를 추상화할 수 있다. 외부의 엔드포인트가 도메인이나 호스트명의 변경으로 바뀔 때 ExternalName으로 정의한 서비스를 통해 애플리케이

---

52 https://cloud.google.com/load-balancing/
53 https://aws.amazon.com/ko/elasticloadbalancing/
54 ExternalName 서비스를 이해하기만 하면 충분하므로 매니페스트 파일의 작성은 생략한다.

션의 이름 분석을 진행하면, ExternalName만 변경하면 되므로 애플리케이션에서는 수정사항이 필요하지 않다.

5.10 인그레스

쿠버네티스 클러스터 외부에 서비스를 공개하려면 서비스를 NodePort로 공개해야 한다. 그러나 이 방법은 L4 계층까지로 한정되므로 HTTP/HTTPS와 같이 경로 베이스로 대상 서비스를 전환하는 L7 계층의 제어는 할 수 없다.

이 문제를 해결하기 위한 리소스가 인그레스_{Ingress}다. 서비스를 쿠버네티스 클러스터 외부에 공개하고 VirtualHost와 경로 베이스의 고급 HTTP 라우팅을 제공한다. 따라서 HTTP/HTTPS 서비스를 공개할 때는 인그레스를 사용하게 된다.

5.10.1 인그레스 컨트롤러와 인그레스 클래스

기본 상태의 로컬 쿠버네티스 환경에서는 인그레스를 사용하여 서비스를 공개할 수 없다. 인그레스의 정의에 따라 서비스로 라우팅을 담당하는 컨트롤러가 필요하다. 이를 인그레스 컨트롤러_{Ingress Controller}라고 한다.

인그레스 컨트롤러는 몇 가지 구현 방법이 존재한다. 그중 하나인 Ingress NGINX Controller[55]는 nginx를 활용해 인그레스 컨트롤러를 구현하는 것으로 퍼블릭 클라우드, 온프레미스, 도커 데스크톱 등 플랫폼에 상관없이 사용할 수 있다.

여기서는 로컬 쿠버네티스 환경에서 Ingress NGINX Controller를 사용한다. Ingress NGINX Controller는 리스트 5.39의 커맨드로 배포할 수 있다.

리스트 5.39 Ingress NGINX Controller 설치

```
$ kubectl apply -f https://raw.githubusercontent.com/kubernetes/ingress-nginx/
controller-v1.8.1/deploy/static/provider/cloud/deploy.yaml
```

ingress-nginx라는 네임스페이스에 서비스와 파드가 그림 5.17과 같이 생성된다. `kubectl -n ingress-nginx get service,pod` 커맨드로 확인할 수 있다. 이것으로 인그레스 리소스를 사용할

---

[55] https://github.com/kubernetes/ingress-nginx

준비가 되었다.

```
jpub@Mac intro % kubectl -n ingress-nginx get service,pod
NAME                                       TYPE           CLUSTER-IP      EXTERNAL-IP    PORT(S)                       AGE
service/ingress-nginx-controller           LoadBalancer   10.97.54.104    localhost      80:30728/TCP,443:32403/TCP    7s
service/ingress-nginx-controller-admission ClusterIP      10.111.45.9     <none>         443/TCP                       7s

NAME                                            READY   STATUS            RESTARTS   AGE
pod/ingress-nginx-admission-create-l57br        0/1     Completed         0          7s
pod/ingress-nginx-admission-patch-cd7z8         0/1     Completed         0          7s
pod/ingress-nginx-controller-7b967458dd-x6bfj   0/1     ContainerCreating 0          7s
```

그림 5.17 Ingress NGINX Controller 관련 서비스와 파드

```
$ kubectl -n ingress-nginx get service,pod
NAME                                     TYPE          CLUSTER-IP       EXTERNAL-IP
       PORT(S)                   AGE
service/ingress-nginx-controller         LoadBalancer  10.103.169.239 localhost
       80:31157/TCP,443:32633/TCP 102s
service/ingress-nginx-controller-admission ClusterIP   10.100.195.5     <none>
       443/TCP                   102s


NAME                                            READY   STATUS      RESTARTS   AGE
pod/ingress-nginx-admission-create-lndvh        0/1     Completed   0          102s
pod/ingress-nginx-admission-patch-jm6v5         0/1     Completed   1          102s
pod/ingress-nginx-controller-79d66f886c-8x45k   1/1     Running     0          102s
```

쿠버네티스 클러스터 내에서 사용할 수 있는 인그레스 컨트롤러는 인그레스 클래스IngressClass로
확인할 수 있다. Ingress NGINX Controller는 nginx라는 이름의 인그레스 클래스가 생성된다. 이
인그레스 클래스의 이름은 인그레스를 정의할 때 필요하다.

리스트 5.40 인그레스 클래스 확인

```
$ kubectl get ingressclass
NAME    CONTROLLER           PARAMETERS    AGE
nginx   k8s.io/ingress-nginx <none>        11h
```

5.10.2 인그레스를 통한 액세스

인그레스를 통해 서비스에 액세스해보자. 5.9.1절에서 생성한 service.yaml을 리스트 5.41과 같이
변경한다. release 레이블을 주석 처리하고, 모든 echo 파드에 트래픽이 발생하도록 한다.

리스트 5.41 release 레이블을 주석 처리한 서비스 매니페스트 파일 (~/k8s/intro/service.yaml)

```
apiVersion: v1
```

```
kind: Service
metadata:
  name: echo
  labels:
    app: echo
spec:
  selector:
    app: echo
    # release: summer
  ports:
    - name: http
      port: 80
```

리스트 5.42와 같이 기존의 서비스를 삭제하고, `service.yaml`을 반영한다.

리스트 5.42 인그레스에 서비스 반영

```
$ kubectl delete service echo
(~/k8s/intro) $ kubectl apply -f service.yaml
```

인그레스를 정의한 매니페스트 파일 `ingress.yaml`은 리스트 5.43과 같이 생성한다.

리스트 5.43 인그레스를 정의한 매니페스트 파일 (~/k8s/intro/ingress.yaml)

```
apiVersion: networking.k8s.io/v1
kind: Ingress
metadata:
  name: echo
  labels:
    app: echo
spec:
  ingressClassName: nginx # 1
  rules:
  - host: ch05.jpub.local # 2
    http:
      paths:
      - pathType: Prefix # 3
        path: / # 4
        backend: # 5
          service:
            name: echo
            port:
              number: 80
```

이 파일을 반영하면 리스트 5.44와 같이 인그레스가 생성된다. `ADDRESS`는 반영 직후에는 비어 있으나 수십 초 정도 지나면 `localhost`가 표시된다. `ADDRESS`의 값이 표시될 때까지 인그레스는 Request를 받을 수 없다.

리스트 5.44 인그레스 반영

```
(~/k8s/intro) $ kubectl apply -f ingress.yaml
ingress "echo" created

$ kubectl get ingress echo
NAME   CLASS   HOSTS            ADDRESS     PORTS   AGE
echo   nginx   ch05.jpub.local  localhost   80      99s
```

리스트 5.43의 내용을 살펴보자.

1에서는 리스트 5.40에서 확인한 인그레스 클래스 이름을 지정한다.

2에서는 경로 기반 라우팅을 배열로 작성할 수 있다. 인그레스는 L7 계층의 라우팅이 가능하며, VirtualHost의 구조와 같이 지정한 호스트나 경로에 맞는 서비스로 요청을 넘길 수 있으므로 호스트명을 지정한다. 5에서는 라우팅 대상 서비스명과 포트 번호를 지정한다.

경로 매칭 제어

3과 4는 HTTP Request의 경로 매칭 제어를 위한 설정이다. `pathType`은 `Prefix`, `Exact`, `ImplementationSpecific`, 이렇게 세 종류가 지원되고 있으며, 각각의 동작이 다르다.

- Prefix

`Prefix`는 Request 경로가 `path`의 값으로 시작될 때 매칭한다. 예를 들어 `path`가 `/api`라면 `http://ch05.jpub.local/api-v2`와 `http://ch05.jpub.local/api/hello` 같은 케이스일 때 매칭된다.

이번 예제에서는 `pathType`이 `Prefix`, `path`가 `/`다. 따라서 모든 경로가 대상 서비스로 라우팅된다.

- Exact

`Exact`는 Request 경로가 `path`의 값과 완전히 일치할 때 매칭한다. `path`가 `/hello`라면 `http://ch05.jpub.local/hello`와 같은 케이스일 때만 매칭된다.

- ImplementationSpecific

ImplementationSpecific은 인그레스 컨트롤러의 구현에 맡기는 설정이다.

인그레스로 공개한 엔드 포인트에 HTTP Request 전송

실제로 로컬에서 HTTP Request를 전송해보자. 인그레스를 통해 서비스에서 리스트 5.45와 같이 Response를 반환한다. /etc/hosts에 인그레스로 정의한 호스트를 127.0.0.1로 정의하는 방법도 같은 결과를 확인할 수 있다.

리스트 5.45 인그레스로 공개한 서비스에 HTTP Request 전송

```
$ curl http://127.0.0.1 -H 'Host: ch05.jpub.local'
Hello Container!!%
```

인그레스 계층에서 HTTP Request 제어

이 외에도 인그레스 계층에서 HTTP Request를 다양하게 제어할 수 있다. ingress.yaml을 리스트 5.46과 같이 변경해보자.

리스트 5.46 Ingress NGINX Controller 자체 제어 추가 (~/k8s/intro/ingress.yaml)

```yaml
apiVersion: networking.k8s.io/v1
kind: Ingress
metadata:
  name: echo
  labels:
    app: echo
  annotations:
    nginx.ingress.kubernetes.io/server-snippet: |
      set $agentflag 0;

      if ($http_user_agent ~* "(Mobile)" ){
        set $agentflag 1;
      }

      if ( $agentflag = 1 ) {
        return 301 http://jpub.tistory.com/;
      }

spec:
  ingressClassName: nginx
  rules:
  - host: ch05.jpub.local
    http:
      paths:
```

```
        - pathType: Prefix
          path: /
          backend:
            service:
              name: echo
              port:
                number: 80
```

`ingress.yaml`의 변경을 반영한다.

```
(~/k8s/intro) $ kubectl apply -f ingress.yaml
ingress.networking.k8s.io/echo configured
```

인그레스 컨트롤러 자체 제어를 `metadata.annotations`에 설정할 수 있다. Ingress NGINX Controller에 `nginx.ingress.kubernetes.io/server-snippet`을 설정하면 nginx 설정 파일로 Request의 필터링 처리 등을 삽입할 수 있다.

여기서는 `User-Agent`에 `Mobile`이 포함된 Request를 다른 URL로 리다이렉션한다. `User-Agent`에 `Mobile`을 추가하여 전송하면 301로 리다이렉션되는 것을 알 수 있다.

리스트 5.47 User-Agent를 변경한 HTTP Request

```
$ curl -I http://127.0.0.1 \
-H 'Host: ch05.jpub.local' \
-H 'User-Agent: Mozilla/5.0 (iPhone; CPU iPhone OS 16_1_1 like Mac OS X) AppleWebKit/605.1.15
(KHTML, like Gecko) Version/16.100000 Mobile/15E148'

HTTP/1.1 301 Moved Permanently
Date: Mon, 30 Sep 2024 07:02:46 GMT
Content-Type: text/html
Content-Length: 162
Connection: keep-alive
Location: https://jpub.tistory.com/
```

인그레스는 이와 같은 HTTP Request를 제어할 수 있으므로 Request를 전송하는 백엔드 웹서버나 애플리케이션에서 이와 같은 처리를 넣을 필요가 없다. Ingress NGINX Controller는 여러 가지 다른 기능도 제공한다.[56]

---

56 https://github.com/kubernetes/ingress-nginx/blob/main/docs/user-guide/nginx-configuration/annotations.md

인그레스는 클라우드에서 해당 플랫폼의 L7 로드 밸런서를 사용할 수 있다. 구글 클라우드는 기본으로 Cloud Load Balancing을 제공하며, AWS는 Application Load Balancer를 제공하는 등 각각 인그레스 컨트롤러를 제공한다.

여기까지 로컬 쿠버네티스 환경을 사용해 쿠버네티스의 기본적인 개념과 조작에 대해 살펴보았다. 다만 로컬 쿠버네티스 환경은 어느 정도 제약이 있으며, 모든 기능을 갖춘 것은 아니므로 한계가 있다.

다음 장에서는 클라우드를 이용해 좀더 실용적인 쿠버네티스 애플리케이션을 구축하고, 온프레미스에서 쿠버네티스 클러스터의 구축도 함께 알아보자.

COLUMN **kubectl로 리소스 타입과 리소스명을 지정하는 방법**

이번 장에서 kubectl 커맨드로 리소스를 조작해보았다. kubectl 커맨드를 사용하면 다양한 작성 방식으로 사용할 수 있으므로 기억해두면 좋다. 다음 내용을 확인해보자.

- 리소스 타입과 리소스명 구분
- 리소스 타입의 약칭
- 한 번에 여러 리소스 타입을 조작

kubectl get 커맨드로 다음과 같이 작성했다.

```
kubectl get [리소스 타입] [리소스명]
```

이와 같이 리소스 타입과 리소스명을 공백으로 구분하는 방법 외에 슬래시로 구분할 수도 있다. 예를 들어 echo의 서비스 개요를 확인하는 방법은 다음과 같다.

```
$ kubectl get service/echo
```

리소스 타입은 약칭으로도 작성할 수 있다. 이번 장에서 사용한 리소스 타입의 약칭은 다음과 같다.

정식	약칭
`pod`	`po`
`replicaset`	`rs`
`deployment`	`deploy`
`service`	`svc`
`ingress`	`ing`

echo의 서비스 개요를 확인할 때는 다음과 같이 약칭 svc를 사용할 수 있다.

```
$ kubectl get svc echo
```

앞에서 사용한 리소스 타입은 긴 이름이 아니지만 쿠버네티스에는 긴 이름을 가진 리소스도 많다. 상세한 내용은 공식 문서[57]에 기재되어 있으므로 확인해보자.

kubectl 커맨드로 한 번에 여러 리소스 타입을 조작할 수도 있다. 다음과 같이 리소스 타입을 쉼표로 구분하여 실행한다.

```
$ kubectl get service,deployment -l app=echo
NAME          TYPE        CLUSTER-IP      EXTERNAL-IP   PORT(S)   AGE
service/echo   ClusterIP   10.105.93.239   <none>        80/TCP    5h


NAME                   READY   UP-TO-DATE   AVAILABLE   AGE
deployment.apps/echo   1/1     1            1           5h
```

COLUMN **Tilt로 매니페스트 파일의 업데이트를 감지하고, 자동으로 리소스 업데이트하기**

4.7절에서 컴포즈로 관리하는 멀티 컨테이너 애플리케이션을 Tilt로 자동 업데이트하도록 구현하여 개발자 경험을 향상시킬 수 있다.

쿠버네티스에서도 Tilt를 사용할 수 있다. 리스트 5.48과 같이 Tiltfile을 생성하고, `k8s_yaml` 함수를 사용해 `deployment.yaml`과 `service.yaml`을 관리 대상으로 지정한다.

리스트 5.48 여러 매니페스트 파일을 관리하는 Tiltfile (~/k8s/intro/Tiltfile)

```
k8s_yaml('./deployment.yaml')
k8s_yaml('./service.yaml')
```

Tiltfile을 생성한 디렉터리에서 `tilt up`을 실행하고, 브라우저에서 Tilt 관리 화면을 열어보자.

```
$ tilt up
```

---

[57] https://kubernetes.io/docs/reference/kubectl/#resource-types

그림 5.18 Tilt로 쿠버네티스 애플리케이션 실행

`deployment.yaml`의 `replicas` 수와 환경 변수의 값 등을 적당히 변경해보자. Tilt가 변경을 감지하고 바로 업데이트를 반영한다. 로컬 쿠버네티스 환경에서도 적극적으로 Tilt를 사용할 수 있다.

COLUMN **k9s**

kubectl은 쿠버네티스 리소스를 조작하기 위한 표준 CLI 도구이지만 익숙해질 때까지는 어려울 수도 있다. 쿠버네티스는 많은 생태계와 도구가 개발되어 있으므로 더욱 직관적으로 쿠버네티스 리소스를 조작할 수 있는 도구도 존재한다.

그중 하나가 k9s[58]다. k9s의 설치 방법은 여러 가지가 있지만 여기서는 asdf를 사용해 설치하는 방법을 소개한다.

```
$ asdf plugin add k9s
$ asdf install k9s latest
$ asdf global k9s latest
```

커맨드 라인으로 k9s를 실행하면 된다.

---

58 https://github.com/derailed/k9s

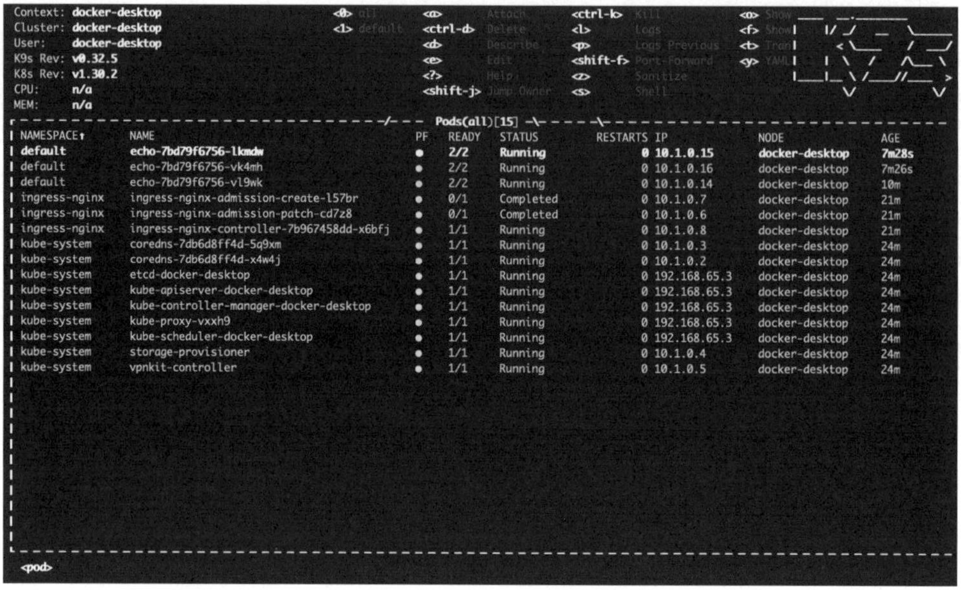

그림 5.19 터미널에서 k9s의 실행 화면

그림 5.19와 같이 실행 중인 파드 등의 리소스 리스트를 확인하거나 파드 내부 컨테이너에서 셸과 임의의 커맨드 실행, 로그의 확인 등 기본적인 조작을 직관적으로 할 수 있다.

또한 k9s과 유사한 도구로 Rust로 만든 KDash[59]도 존재한다.

kubectl로 다양한 커맨드를 직접 입력하는 것보다 조작 순서가 단순해지므로 한번 사용해보도록 하자.

COLUMN 쿠버네티스 API

앞에서 몇 가지 매니페스트 파일을 다루었지만, `apiVersion`의 값이 리소스 종류에 따라 다르다는 것을 깨달았을 수도 있다.

쿠버네티스의 리소스 생성, 업데이트, 삭제는 쿠버네티스 클러스터에 배포된 API에 의해 실행된다. 이 API는 복수의 API 그룹을 묶는 형식으로 구성되어 있으며, `apiVersion`은 리소스 조작에 사용하는 API의 종류를 나타낸다.

쿠버네티스 클러스터에서 사용할 수 있는 API는 다음과 같이 확인할 수 있다.

```
$ kubectl api-versions
admissionregistration.k8s.io/v1
apiextensions.k8s.io/v1
apiregistration.k8s.io/v1
```

---

59 https://github.com/kdash-rs/kdash

```
apps/v1
authentication.k8s.io/v1
authorization.k8s.io/v1
autoscaling/v1
autoscaling/v2
batch/v1
certificates.k8s.io/v1
coordination.k8s.io/v1
discovery.k8s.io/v1
events.k8s.io/v1
flowcontrol.apiserver.k8s.io/v1beta2
flowcontrol.apiserver.k8s.io/v1beta3
networking.k8s.io/v1
node.k8s.io/v1
policy/v1
rbac.authorization.k8s.io/v1
scheduling.k8s.io/v1
storage.k8s.io/v1
v1
```

쿠버네티스의 다양한 리소스가 어떤 API에 대응하는지는 쿠버네티스 API 리포지터리[60]를 보면 확인할 수 있다. 서비스와 파드는 쿠버네티스의 근간이 되는 API인 v1, 디플로이먼트는 파드의 생성을 컨트롤하는 API인 apps/v1에 속한다.

인그레스는 현재 `networking.k8s.io/v1`의 API에 속하고 있지만 이전에는 `networking.k8s.io/v1beta1`에 속했다. 쿠버네티스에서 새로운 기능의 리소스는 알파 버전이나 베타 버전으로 먼저 사용되는 일이 많았으며, 스테이블 버전에 도달할 때까지는 API나 매니페스트 파일의 스키마가 변경되었다. `xxx/v1beta1`, `xxx/v1beta2`와 같은 형식의 API가 존재하는 이유가 이 때문이다. 쿠버네티스의 버전이 올라감에 따라 지원되는 API도 늘어난다.

지금까지 쿠버네티스 버전이 올라가면서 새로운 API 버전이 나오거나 특정 버전이 삭제되기도 했다. 쿠버네티스를 활용한 개발은 새로운 API 버전으로 마이그레이션 계획을 세우고 진행해야 하는 등의 어려움이 존재하는 것도 사실이다.

---

60 gRPC + Protocol Buffers 기반 인터페이스로 제공되며, kubectl를 통한 리소스 조작도 이 API를 호출한다. https://github.com/kubernetes/api

CHAPTER

6

쿠버네티스 배포와
클러스터 구축

앞에서는 도커 데스크톱을 사용해 쿠버네티스를 간단하게 경험했다. 이번 장에서는 작업 관리 앱을 소재로 좀 더 실용적인 쿠버네티스 애플리케이션 구축 방법을 설명한다.

작업 관리 앱의 구성과 사용하는 리소스를 확인하고, 실제로 애플리케이션을 구축하여 로컬 쿠버네티스 환경(앞 장과 동일하게 도커 데스크톱)에 배포한다.

마지막으로 로컬 쿠버네티스 환경에서는 어려운 온라인 공개를 매니지드 쿠버네티스 서비스인 Azure Kubernetes ServicesAKS를 사용해서 공개한다.

6.1 작업 관리 앱 구성

4장에서 구축한 작업 관리 앱에는 컴포넌트 간 통신, 시크릿 사용, 정적 파일의 볼륨 활용 등 다양한 요소가 존재한다. 이러한 요소를 포함해 작업 관리 앱을 쿠버네티스의 어떤 리소스와 조합하여 구성할지 생각해보자.

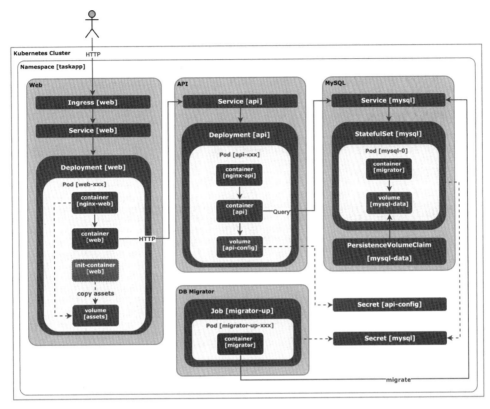

그림 6.1 쿠버네티스에서 실행하는 작업 관리 앱 구성

쿠버네티스에서 실행하는 작업 관리 앱은 그림 6.1과 같이 구성되어 있다. 복잡한 구성으로 인해 어렵게 느껴질 수도 있지만, 여기서는 Web, API, Database Migrator, MySQL의 각 컴포넌트가 서비스를 통해 통신하고, Web은 클러스터 외부에서 인그레스를 통해 액세스할 수 있도록 되어 있다는 것만 파악해도 충분하다. 각 컴포넌트가 어떤 방식으로 구성되어 있는지는 다음 절에서 하나씩 설명한다.

6.2 작업 관리 앱을 쿠버네티스에 배포하기

쿠버네티스 매니페스트 파일을 생성하고, 실제로 로컬 쿠버네티스 환경을 사용해 작업 관리 앱을 배포해보자. 매니페스트 파일의 작업 디렉터리 `~/k8s/taskapp/local/`을 생성하고 해당 위치로 이

동한다.[1]

```
$ mkdir -p ~/k8s/taskapp/local/
```

각 컴포넌트를 배포하기 전에 먼저 네임스페이스와 시크릿을 생성한다.

6.2.1 네임스페이스

앞 장에서는 네임스페이스를 의식하지 않고 매니페스트 파일을 적용했다. 이때는 default라는 네임스페이스에 리소스가 생성된다.

이번에는 작업 관리 앱을 위해 taskapp이라는 네임스페이스를 생성해보자.

```
$ kubectl create namespace taskapp
namespace/taskapp created
```

리스트 6.1과 같은 매니페스트 파일을 kubectl apply로 생성할 수도 있다.

리스트 6.1 네임스페이스 매니페스트 파일

```
apiVersion: v1
kind: Namespace
metadata:
  name: taskapp
```

애플리케이션용 네임스페이스를 제공하여 쿠버네티스 클러스터 내부에서 실행 중인 다른 리소스와 분리할 수 있으며, 서로 영향을 주지 않고 관리할 수 있다.

6.2.2 시크릿

4장에서 작업 관리 앱을 구축할 때 MySQL의 접속 정보와 같은 보안 정보를 다루기 위해 시크릿 Secret 파일을 사용하는 방법을 알아보았다. 쿠버네티스에서도 동일한 구조를 제공하므로 시크릿 리소스로 관리할 수 있다.

MySQL의 접속 정보를 시크릿 리소스화하기 전에 간단하게 시크릿 리소스를 살펴보자. 먼저 리스

---

[1] 완성된 매니페스트 파일은 https://github.com/jpubdocker/taskapp/tree/main/k8s/plain/local에 공개되어 있다.

트 6.2의 커맨드를 실행한다.

리스트 6.2 시크릿 리소스를 생성하는 커맨드

```
$ kubectl create secret generic test-secret --from-literal=password=jpub_password
secret/test-secret created
```

이 커맨드는 `test-secret`이라는 이름의 시크릿 리소스를 생성한다. `generic`은 로컬 파일과 `key-value`의 값에서 시크릿을 생성하기 위한 서브 커맨드다.[2] `--from-literal=<key>=<value>` 옵션을 지정하면 key와 value 쌍으로 보안 정보를 대상 시크릿에 등록할 수 있다. 여기서는 `password`라는 key에 대해 `jpub_password`라는 평문의 값을 지정한다.

생성한 시크릿을 확인해보자. 리스트 6.3과 같이 `kubectl get` 커맨드에 `-o yaml` 옵션을 추가하면 YAML 파일 형식이 출력된다.

리스트 6.3 생성한 시크릿 리소스 확인

```
$ kubectl get secret/test-secret -o yaml
apiVersion: v1
data:
  password: anB1Yl9wYXNzd29yZA==
kind: Secret
metadata:
  creationTimestamp: "2024-09-30T15:36:44Z"
  name: test-secret
  namespace: default
  resourceVersion: "3355"
  uid: 4f0baf05-d1ec-454a-af7f-62c40cca1cde
type: Opaque
```

`password`의 값이 평문이 아닌 것을 알 수 있다. 이는 Base64 형식으로 인코딩된 문자열로, 시크릿 리소스에 등록된 값은 이와 같이 Base64 형식으로 관리된다.

Base64는 간단하게 디코딩할 수 있다. 따라서 매니페스트 파일을 Git으로 관리할 때는 안전을 위해 `.gitignore`에 시크릿 매니페스트 파일을 추가하는 것이 좋다.

이제 작업 관리 앱에서 시크릿 리소스를 생성해보자.

---

[2] `generic` 외에도 공개 키/개인 키 쌍에서 TLS의 시크릿을 생성하는 `tls`와 컨테이너 레지스트리 인증에 사용하는 시크릿을 만드는 `docker-registry`가 존재한다.

MySQL 접속 정보용 시크릿 생성하기

그림 6.1을 참고해 `mysql` 이름의 시크릿을 생성한다. 이 시크릿은 MySQL과 데이터베이스 마이그레이터에서 참조한다.

4장 작업 관리 앱의 MySQL 비밀번호는 다음 파일에서 확인할 수 있다.

- **root용**: `~/go/src/github.com/jpubdocker/taskapp/secrets/mysql_root_password`
- **taskapp_user용**: `~/go/src/github.com/jpubdocker/taskapp/secrets/mysql_user_password`

이 파일을 사용해 리스트 6.4의 순서에 따라 시크릿 매니페스트 파일을 생성한다. `--dry-run=client` 옵션을 사용하면 쿠버네티스에 적용되지 않는 드라이런 모드가 된다. `-o yaml` 옵션을 사용하면 YAML 형식의 매니페스트 파일을 출력할 수 있으므로 이를 파일로 리다이렉트할 수 있다. 시크릿의 매니페스트를 파일로 다루고 싶을 때 사용하는 기술이다.

리스트 6.4 값에서 시크릿 생성하기

```
$ MYSQL_ROOT_PASSWORD=$(cat ~/go/src/github.com/jpubdocker/taskapp/secrets/mysql_root_
password)
$ MYSQL_USER_PASSWORD=$(cat ~/go/src/github.com/jpubdocker/taskapp/secrets/mysql_user_
password)

$ kubectl create secret generic mysql --dry-run=client -o yaml \
--from-literal=root_password=$MYSQL_ROOT_PASSWORD \
--from-literal=user_password=$MYSQL_USER_PASSWORD > ~/k8s/taskapp/local/mysql-secret.yaml
```

생성된 매니페스트 파일은 리스트 6.5와 같다.[3]

리스트 6.5 MySQL용 시크릿의 매니페스트 파일 (~/k8s/taskapp/local/mysql-secret.yaml)

```
apiVersion: v1
data:
  root_password: aUVRUTdEenZWQ2RMQXhNSw==
  user_password: WDllT01NQl9ZQm5iMTcxNQ==
kind: Secret
metadata:
  creationTimestamp: null
  name: mysql
```

---

[3] 비밀번호에 따라 Base64로 인코딩된 문자열도 달라진다.

생성한 매니페스트 파일을 적용해보자. 이번에는 작업 관리 앱용으로 `taskapp` 네임스페이스를 준비했으므로 `-n` 옵션에 네임스페이스를 지정하여 적용한다.

```
(~/k8s/taskapp/local) $ kubectl -n taskapp apply -f mysql-secret.yaml
secret/mysql created
```

API 서버 설정 파일용 시크릿 생성하기

4장에서 생성한 API 서버의 설정 파일인 `~/go/src/github.com/jpubdocker/taskapp/api-config.yaml`를 시크릿으로 만들어보자. 리스트 6.6의 커맨드로 시크릿 매니페스트 파일을 생성한다. `--from-file=<value>=<source>` 옵션을 사용해 시크릿으로 만들 파일의 경로를 지정한다.[4]

리스트 6.6 파일에서 시크릿 생성하기

```
(~/go/src/github.com/jpubdocker/taskapp) $ kubectl create secret generic api-config --dry-run=client -o yaml \
--from-file=api-config.yaml=./api-config.yaml > ~/k8s/taskapp/local/api-config-secret.yaml
```

파일을 시크릿화해도 파일의 내용이 다음과 같이 Base64 형식으로 인코딩된다.

리스트 6.7 API 서버 설정 파일용 시크릿 매니페스트 파일 (~/k8s/taskapp/local/api-config-secret.yaml)

```
apiVersion: v1
data:
  api-config.yaml: ZGF0YWJhc2U6CiAgICBob3N0OiBt... # 생략
kind: Secret
metadata:
  creationTimestamp: null
  name: api-config
```

```
(~/k8s/taskapp/local) $ kubectl -n taskapp apply -f api-config-secret.yaml
secret/api-config created
```

적용된 시크릿 리소스는 다음과 같이 확인할 수 있다.

```
$ kubectl -n taskapp get secret
NAME         TYPE      DATA   AGE
api-config   Opaque    1      6s
```

---

4   `--from-file` 옵션은 `key`는 생략할 수 있다. 생략하게 되면 파일명이 `key`로 사용된다.

```
mysql        Opaque   2      12s
```

또한 다음과 같이 시크릿명을 지정하고 `-o yaml` 옵션을 사용하면 실제 적용된 시크릿 리소스의 내용을 확인할 수 있다.

```
$ kubectl -n taskapp get secret/api-config -o yaml
```

6.2.3 MySQL 배포

먼저 데이터 스토어인 MySQL을 구축해보자. MySQL은 그림 6.2와 같이 구성된다.

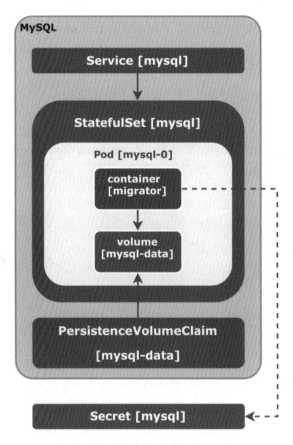

그림 6.2 작업 관리 앱의 MySQL

도커와 컴포즈에서 지속성 데이터를 다루는 컨테이너를 실행하기 위해서는 데이터 볼륨을 사용한다. 그리고 컨테이너와 데이터 볼륨이 존재하는 호스트는 밀접하게 연결된다. 컴포즈와 같이 단일 호스트에서만 사용하게 되면 문제가 없지만, 복수의 호스트 구성을 가진 컨테이너 환경에서는 구현이 어렵다.

하지만 쿠버네티스는 호스트에서 분리 가능한 외부 스토리지를 볼륨으로 사용할 수 있다. 파드가 다른 호스트에 재배치되면 외부 스토리지의 볼륨은 해당 호스트에 자동으로 할당된다. 이를 통해 호스트와 데이터 볼륨의 밀접한 연결이 느슨해지고, 외부 스토리지를 이용해 지속성 데이터를 다루는 애플리케이션 컨테이너를 쉽게 운영할 수 있다.

이 구조를 구현하기 위한 쿠버네티스 리소스는 다음과 같다.

- **퍼시스턴트 볼륨**PersistentVolume
- **퍼시스턴트 볼륨 클레임**PersistentVolumeClaim
- **스테이트풀셋**StatefulSet

퍼시스턴트 볼륨과 퍼시스턴트 볼륨 클레임

쿠버네티스는 스토리지를 사용하기 위해 퍼시스턴트 볼륨과 퍼시스턴트 볼륨 클레임[5] 리소스를 제공한다. 이들은 클러스터가 구축되는 플랫폼에 대응하는 지속성 볼륨을 생성하기 위한 리소스다.

PV[6]는 스토리지다. PVC는 스토리지 추상화 리소스를 통해 쿠버네티스 실행 플랫폼에서 필요한 용량의 PV를 동적으로 확보한다.

실제로 확인해보자. 퍼시스턴트 볼륨 클레임의 매니페스트 파일 이미지는 다음과 같다.

```
apiVersion: v1
kind: PersistentVolumeClaim
metadata:
  name: pvc-example
spec:
  accessModes:
    - ReadWriteOnce
  resources:
    requests:
      storage: 1Gi
```

---

5 퍼시스턴트 볼륨은 PV, 퍼시스턴트 볼륨 클레임은 PVC로 표기한다.
6 https://kubernetes.io/docs/concepts/storage/persistent-volumes/#persistent-volumes

accessModes는 파드에서 스토리지로 마운트하는 정책이다. ReadWriteOnce면 하나의 노드에 R/W 마운트만 허용한다. ReadOnlyMany와 ReadWriteMany는 ReadWriteOnce보다 느슨한 마운트 정책이지만 일부 플랫폼에서는 사용할 수 없으므로 주의해야 한다. 볼륨이 필요한 용량은 .resources. requests.storage에서 지정할 수 있다. 파드에서 PVC로 요청한 볼륨을 직접 마운트할 수 있으며, 데이터를 볼륨에 가지고 있으면 파드를 정지하거나 재생성해도 애플리케이션 상태는 유지된다.

예에서는 PVC 매니페스트 파일을 보여주지만 작업 관리 앱의 MySQL 배포 시에는 PVC 리소스의 매니페스트를 정의하지 않고 구현하는 방법을 소개한다.

스테이트풀셋

5.8절에서 설명한 디플로이먼트는 정의된 파드 스펙에 따라 파드를 생성하는 리소스로, 고유성을 갖는 파드와 지속성 데이터를 가질 필요가 없는 무상태 애플리케이션 배포에 적합하다.

반대로 스테이트풀셋은 데이터 스토어와 같이 지속적으로 데이터를 유지하는 상태 유지 애플리케이션 관리에 적합한 리소스다.

디플로이먼트는 파드에 임의의 식별자를 부여하지만 스테이트풀셋에서는 pod-0, pod-1, pod-2와 같이 연속된 임의 식별자로 파드를 생성한다. 스테이트풀셋이 생성하는 파드의 식별자는 파드가 재생성되어도 유지된다. 또한 스케일링도 식별자 번호가 유지된다.

파드가 안정적인 식별자를 갖게 되면 파드가 재생성되더라도 스토리지를 계속해서 동일한 파드에 연결할 수 있으므로 파드가 보유한 데이터를 이전과 동일한 상태로 복원할 수 있다.

여기서는 스테이트풀셋을 사용해 MySQL의 파드를 생성하고, 리스트 6.8과 같이 mysql.yaml 파일을 생성한다. MySQL의 파드를 생성하는 스테이트풀셋과 MySQL로 트래픽을 전달하는 서비스를 정의한다.

리스트 6.8 MySQL 매니페스트 파일 (~/k8s/taskapp/local/mysql.yaml)

```
apiVersion: apps/v1
kind: StatefulSet
metadata:
  name: mysql
  labels:
    app: mysql
spec:
  selector:
```

```yaml
    matchLabels:
      app: mysql
# 5 특정 파드 이름 분석을 위한 설정. 칼럼에서 상세 설명
serviceName: "mysql"
replicas: 1
template:
  metadata:
    labels:
      app: mysql
  spec:
    terminationGracePeriodSeconds: 10
    containers:
      - name: mysql
        # 1 MySQL의 완성된 이미지 사용
        image: ghcr.io/jpubdocker/taskapp-mysql
        env:
          # 2-3 root의 비밀번호를 시크릿으로 설정
          - name: MYSQL_ROOT_PASSWORD_FILE
            value: /var/run/secrets/mysql/root_password
          - name: MYSQL_DATABASE
            value: taskapp
          - name: MYSQL_USER
            value: taskapp_user
          # 2-4 tasapp_user의 비밀번호를 시크릿으로 설정
          - name: MYSQL_PASSWORD_FILE
            value: /var/run/secrets/mysql/user_password
        ports:
          - containerPort: 3306
            name: mysql
        volumeMounts:
          # 3-2 지속성 볼륨 마운트
          - name: mysql-data
            mountPath: /var/lib/mysql
          # 2-2 시크릿 마운트
          - name: mysql-secret
            mountPath: "/var/run/secrets/mysql"
            readOnly: true
    volumes:
      # 2-1 시크릿을 볼륨으로 정의
      - name: mysql-secret
        secret:
          secretName: mysql
# 3-1 파드마다 PVC를 요청하고 볼륨으로 정의
volumeClaimTemplates:
- metadata:
    name: mysql-data
  spec:
    accessModes: [ "ReadWriteOnce" ]
```

```
      resources:
        requests:
          storage: 1Gi


---
# 4 MySQL의 파드에 트래픽을 전달하는 서비스
apiVersion: v1
kind: Service
metadata:
  name: mysql
  labels:
    app: mysql
spec:
  ports:
    - protocol: TCP
      port: 3306
      targetPort: 3306
  selector:
    app: mysql
  clusterIP: None
```

4장에서 컴포즈를 통한 구축은 이미지를 빌드해서 실행했지만 여기서는 1과 같이 `ghcr.io/jpubdocker/taskapp-mysql` 컨테이너 이미지를 사용한다.[7]

2-1과 2-2에서는 6.2.2절에서 만든 시크릿을 볼륨으로 마운트한다. 2-3과 2-4에서는 시크릿 파일의 경로를 환경 변수로 설정한다. 시크릿을 경유하면 매니페스트 파일에 보안 정보를 직접 기술하지 않아도 된다.

스테이트풀셋은 상태 유지 레플리카셋으로 볼 수 있다. 파드의 복제 컨테이너와 환경 변수 정의는 레플리카셋 정의와 동일하다.

차이점은 3-1과 같이 PVC를 파드별로 자동 생성하기 위한 템플릿인 `volumeClaimTemplates`를 정의할 수 있다는 점이다. 이를 통해 파드가 요청하는 볼륨을 생성하기 위한 PVC를 매번 만들 필요가 없다. 3-2에서는 지속성 데이터 저장을 위해 해당 볼륨을 MySQL을 마운트한다.

스테이트풀셋으로 생성한 파드에 트래픽을 전달하기 위해 4에서 서비스도 정의한다.

`mysql.yaml`을 다음과 같이 `apply`하여 스테이트풀셋과 서비스를 생성한다. 스테이트풀셋에 맞춰

---

7   쿠버네티스에 집중하기 위해 필자가 GHCR에 완성된 이미지를 준비해두었다.

PVC도 생성된 것을 알 수 있다.

```
(~/k8s/taskapp/local) $ kubectl -n taskapp apply -f mysql.yaml
statefulset.apps/mysql created
service/mysql created
```

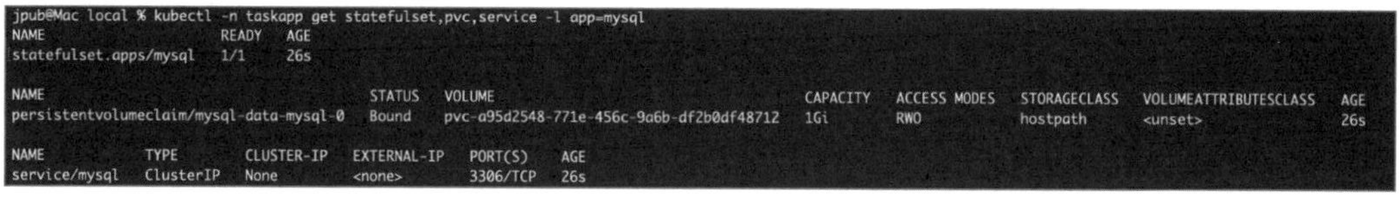

```
jpub@Mac local % kubectl -n taskapp get statefulset,pvc,service -l app=mysql
NAME                    READY   AGE
statefulset.apps/mysql  1/1     26s

NAME                                     STATUS  VOLUME                                    CAPACITY  ACCESS MODES  STORAGECLASS  VOLUMEATTRIBUTESCLASS  AGE
persistentvolumeclaim/mysql-data-mysql-0 Bound   pvc-a95d2548-771e-456c-9a6b-df2b0df48712  1Gi       RWO           hostpath      <unset>                26s

NAME           TYPE       CLUSTER-IP  EXTERNAL-IP  PORT(S)   AGE
service/mysql  ClusterIP  None        <none>       3306/TCP  26s
```

그림 6.2.3-1

COLUMN 스테이트풀셋의 serviceName

웹과 API는 기본적으로 상태를 가지지 않지만 MySQL과 같이 상태를 갖는 특정 파드에 대해서는 네트워크를 통해 조작하고 싶을 때가 있을 수도 있다.

5장의 칼럼 '파드와 파드 내부 컨테이너의 주소'에서 설명한 것과 같이 쿠버네티스 클러스터 내 파드에는 가상 IP 주소가 할당된다. 리스트 6.9의 커맨드로 파드의 IP 주소를 확인하고[8] IP 주소 기반 작업도 가능하지만, 파드가 재생성되면 IP 주소도 변경된다.

리스트 6.9 파드의 IP 주소 확인

```
$ kubectl -n taskapp get pod -l app=mysql -o wide
NAME READY STATUS RESTARTS AGE IP NODE NOMINATED NODE READINESS GATES
mysql-0 1/1 Running 0 5m22s 10.1.3.27 docker-desktop <none> <none>
```

가능하면 IP 주소가 아닌 불변의 호스트명으로 특정 파드에 액세스하려고 할 때, 이를 해결해주는 것이 스테이트풀셋의 `.spec.serviceName`이다.

리스트 6.8의 5와 같이 `.spec.serviceName`에 기존의 서비스명을 지정하면 특정 파드에 대해 `[파드명].[서비스명].[네임스페이스].svc.cluster.local`이라는 호스트명으로 이름 분석을 할 수 있다.

리스트 6.10과 같이 `taskapp`의 네임스페이스로 디버깅 컨테이너를 실행하면 `mysql-0.mysql`[9]에 대한 이름 분석을 수행한다.

---

8 `-o wide` 옵션을 사용하면 IP 열에 파드의 IP 주소가 표시된다.

9 `mysql-0.mysql.taskapp.svc.cluster.local`과 동일하다.

리스트 6.10 호스트명으로 특정 파드 이름 분석하기

```
$ kubectl run -n taskapp -i --rm --tty debug --image=ghcr.io/jpubdocker/debug:v0.1.0
--restart=Never -- bash
root@debug:/# nslookup mysql-0.mysql
Server:  10.96.0.10
Address: 10.96.0.10#53

Name:    mysql-0.mysql.taskapp.svc.cluster.local
Address: 10.1.3.27
```

지정한 호스트명으로 이름 분석을 할 수 있으며, 이를 통해 스테이트풀셋이 생성한 파드의 IP 주소를 매번 확인하지 않고도 특정 파드에 액세스할 수 있다.

.spec.serviceName은 생략 가능하지만 설정해도 문제는 없다.

6.2.4 데이터베이스 마이그레이터 배포

컴포즈에서 데이터베이스 마이그레이터를 구축할 때 마이그레이션 실행 후 컨테이너가 종료된 것을 확인했다. 작업 완료 후 상주하지 않고 종료되는 컨테이너를 처리하고 싶을 때 쿠버네티스는 잡 리소스를 사용한다.

데이터베이스 마이그레이터는 그림 6.3과 같이 잡을 사용해 구성한다.

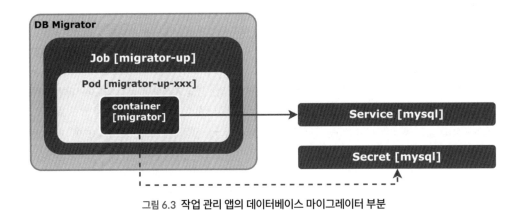

그림 6.3 작업 관리 앱의 데이터베이스 마이그레이터 부분

잡

잡Job은 하나 이상의 파드를 생성하고, 지정한 수의 파드가 정상 종료될 때까지 관리하는 리소스다.

디플로이먼트와 레플리카셋으로 생성된 파드는 웹서버와 같은 상주 애플리케이션에 적합하지만, 잡은 대규모의 계산과 배치batch형 애플리케이션에 적합하다. 잡은 모든 파드가 정상 종료되어도 파드는 삭제되지 않고 유지되므로 종료 후 파드의 로그와 실행 결과를 분석할 수 있다. 잡은 여러 파드를 병렬로 실행하여 쉽게 스케일 아웃할 수 있으며, 파드로 실행되어 쿠버네티스의 서비스와 연동하여 처리하기 쉽다는 점도 있다.

데이터베이스 마이그레이터의 잡을 구축하기 위해 리스트 6.11과 같이 `migrator.yaml` 파일을 생성한다.

리스트 6.11 마이그레이터 매니페스트 파일 (~/k8s/taskapp/local/migrator.yaml)

```yaml
apiVersion: batch/v1
kind: Job
metadata:
  name: migrator-up
  labels:
    app: migrator
spec:
  template:
    metadata:
      labels:
        app: migrator
    spec:
      containers:
        - name: migrator
          # 1 데이터베이스 마이그레이터의 완성된 이미지 사용
          image: ghcr.io/jpubdocker/taskapp-migrator
          env:
            - name: DB_HOST
              value: mysql
            - name: DB_NAME
              value: taskapp
            - name: DB_PORT
              value: "3306"
            - name: DB_USERNAME
              value: taskapp_user
          # 2 컨테이너에서 실행하는 커맨드
          command:
            - "bash"
            - "/migrator/migrate.sh"
          # 3 커맨드에 전달하는 인수
          args:
            - "$(DB_HOST)"
            - "$(DB_PORT)"
```

```
        - "$(DB_NAME)"
        - "$(DB_USERNAME)"
        - "/var/run/secrets/mysql/user_password"
        - "up"
      volumeMounts:
        # 4-2 시크릿 마운트
        - name: mysql-secret
          mountPath: "/var/run/secrets/mysql"
          readOnly: true
    volumes:
      # 4-1 시크릿을 볼륨으로 정의
      - name: mysql-secret
        secret:
          secretName: mysql
  # 5 파드 종료 시 재실행 설정
  restartPolicy: Never
```

1은 `ghcr.io/jpubdocker/taskapp-migrator`에 공개된 데이터베이스 마이그레이터의 컨테이너 이미지를 사용한다.

이 파드에도 MySQL의 접속 정보가 필요하므로 `mysql`의 시크릿으로 `taskapp_user`의 비밀번호를 환경 변수에 설정한다.

마이그레이션의 실행은 2에서 커맨드, 3에서 인수의 배열을 전달한다. `env`로 설정한 환경 변수는 `"$(DB_HOST)"`와 같은 형식으로 참조할 수 있다. 다섯 번째 인수는 비밀번호 파일의 경로가 필요하므로 리스트 6.8과 같이 4–1, 4–2에서 시크릿을 마운트하여 파일을 참조하도록 한다.

잡의 매니페스트는 디플로이먼트와 스테이트풀셋과 유사한 구조이지만 잡 자체의 설정 항목이 있다.

5의 `restartPolicy`는 파드 종료 시 재실행을 제어한다. 기본값은 `Always`이며, `Never`나 `OnFailure`도 설정할 수 있다. 각각의 동작은 다음과 같다.

— `Always`: 파드 종료 시 다시 실행하고, 파드 동작 상태를 상시 유지하려고 함
— `Never`: 실패 시 파드를 새로 생성하고 실행함
— `OnFailure`: 실패한 파드를 그대로 재실행함

`migrator.yaml`을 다음과 같이 `apply`하고 잡을 생성한다.

```
(~/k8s/taskapp/local) $ kubectl -n taskapp apply -f migrator.yaml
```

```
job.batch/migrator-up created
```

다음과 같이 잡과 함께 파드도 생성되는 것을 알 수 있다. STATUS가 Completed가 되면 정상 종료다.

```
$ kubectl -n taskapp get job,pod -l app=migrator
NAME                     COMPLETIONS   DURATION   AGE
job.batch/migrator-up    1/1           3s         34s

NAME                     READY   STATUS      RESTARTS   AGE
pod/migrator-up-vkrsb    0/1     Completed   0          34s
```

kubectl logs 커맨드를 사용하면 잡이 생성한 파드의 로그를 확인할 수 있다.

```
$ kubectl -n taskapp logs -f pod/migrator-up-vkrsb
Waiting for MySQL to start...
MySQL is up - executing command
1001/u init (11.892041ms)
1002/u index_status (25.923292ms)
1003/u test_data (32.310417ms)
```

이것으로 MySQL의 구축과 마이그레이션이 완료되었다.

6.2.5 API 서버 배포

API 서버는 그림 6.4와 같이 구성된다. 지금까지 학습한 서비스, 디플로이먼트, 시크릿의 조합만으로 구축할 수 있다.

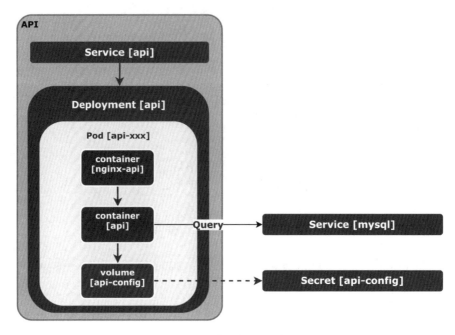

그림 6.4 작업 관리 앱의 API 서버 부분

사이드카 컨테이너 활용하기

여기까지는 파드의 예에서 컨테이너가 하나인 경우였지만, 5.6절에서 언급한 대로 파드는 컨테이너 집합체이므로 여러 컨테이너를 가질 수 있다.

API 서버에서는 리버스 프록시인 `nginx-api`가 받은 HTTP Request가 뒤에 있는 `api`로 프록시된다. 일반적으로 리버스 프록시는 액세스 로그의 기록을 확인하거나 API 서버에 손을 대지 않고 ACL과 캐시의 제어도 가능하여 애플리케이션 서버를 보조하는 역할을 담당한다. 작업 관리 앱의 API 서버는 이 두 컨테이너가 밀접한 관계에 있으므로 동일한 파드를 사용한다.

이 리버스 프록시와 같이 주 컨테이너를 보조하기 위한 컨테이너를 **사이드카 컨테이너**라고 한다. 사이드카 컨테이너는 주 컨테이너와 동일한 파드에 위치하며, 이러한 컨테이너 디자인 패턴을 **사이드카 패턴**이라고 한다.

실제로 API 서버의 매니페스트 파일을 구축하면서 살펴보자.

API 서버 매니페스트 파일

API 서버를 구축하기 위해 리스트 6.12와 같은 `api.yaml` 파일을 생성한다.

리스트 6.12 APi 서버 매니페스트 파일 (~/k8s/taskapp/local/api.yaml)

```yaml
apiVersion: apps/v1
kind: Deployment
metadata:
  name: api
  labels:
    app: api
spec:
  replicas: 1
  selector:
    matchLabels:
      app: api
  template:
    metadata:
      labels:
        app: api
    spec:
      containers:
        - name: nginx-api
        # 1-1 API 서버 리버스 프록시 완성 이미지 사용
        image: ghcr.io/jpubdocker/taskapp-nginx-api
        env:
          - name: NGINX_PORT
            value: "80"
          - name: SERVER_NAME
            value: "nginx-api"
          # 2 api 컨테이너 주소 설정
          - name: BACKEND_HOST
            value: "localhost:8180"
          - name: BACKEND_MAX_FAILS
            value: "3"
          - name: BACKEND_FAIL_TIMEOUT
            value: "10s"
      # 1-2 API 서버의 완성 이미지 사용
      - name: api
        image: ghcr.io/jpubdocker/taskapp-api
        ports:
          - containerPort: 8180
        args:
          - "server"
          # 3-3 마운트된 설정 파일의 경로 지정
          - "--config-file=/var/run/secrets/api-config.yaml"
        volumeMounts:
          # 3-2 API 서버의 설정 파일이 있는 볼륨 마운트
          - name: api-config
            mountPath: "/var/run/secrets"
            readOnly: true
```

```
    volumes:
      # 3-1 시크릿으로 API 서버의 설정 파일이 있는 볼륨 설정
      - name: api-config
        secret:
          secretName: api-config
          items:
            - key: api-config.yaml
              path: api-config.yaml


---

# 4 API 서버의 파드에 트래픽을 전달하는 서비스
apiVersion: v1
kind: Service
metadata:
  name: api
  labels:
    app: api
spec:
  ports:
    - protocol: TCP
      port: 80
      targetPort: 80
  selector:
    app: api
```

API 서버는 상태가 없는 애플리케이션이므로 디플로이먼트를 사용해 구축한다. `containers`에
`nginx-api`와 `api` 컨테이너가 정의되어 복수의 컨테이너를 갖는 파드가 된다. `nginx-api`는 `api`의
사이드카 컨테이너 역할을 한다.[10] 각각의 이미지는 1-1과 1-2에서 지정하고 있는 공개 이미지를
사용한다.

2에서는 `nginx-api`에서 `api` 컨테이너의 대상인 환경 변수 `BACKEND_HOST`를 지정한다. 5장의 칼럼
'파드와 파드 내부 컨테이너의 주소'에서 설명한 대로 동일한 파드 내부에 있는 컨테이너는 모두
같은 프라이빗 IP 주소가 설정된다. `api` 컨테이너는 `8180` 포트에서 Request를 대기하고 있으므로
`nginx-api` 컨테이너에서는 `localhost:8180`으로 참조할 수 있다.

`api` 컨테이너에는 설정 파일이 필요하므로 3-1에서는 6.2.2절에서 만든 시크릿을 볼륨으로 설정
한다. 3-2에서 볼륨을 컨테이너에 마운트하고, 3-3에서 설정 파일의 경로를 인수로 지정한다.

---

10 사이드카로 지정하는 설정은 없다.

마지막으로 4에서 파드 내부의 `nginx-api` 컨테이너에 트래픽을 전달하는 서비스를 생성한다. `80` 포트에서 Request 대기 중인 `nginx-api` 컨테이너에 트래픽을 전달한다.

`api.yaml`을 다음과 같이 `apply`하여 API 서버를 생성한다.

```
(~/k8s/taskapp/local) $ kubectl -n taskapp apply -f api.yaml
deployment.apps/api created
service/api created
```

다음과 같이 디플로이먼트, 파드, 서비스가 생성된 것을 확인할 수 있다.

```
$ kubectl -n taskapp get deployment,pod,service -l app=api
NAME                   READY  UP-TO-DATE  AVAILABLE  AGE
deployment.apps/api    1/1    1           1          22s

NAME                          READY  STATUS   RESTARTS  AGE
pod/api-7f6cfdbb8f-cjk4z      2/2    Running  0         22s

NAME          TYPE       CLUSTER-IP     EXTERNAL-IP  PORT(S)  AGE
service/api   ClusterIP  10.98.87.119   <none>       80/TCP   22s
```

이것으로 API 서버의 구축이 완료되었다.

6.2.6 웹서버 배포

웹서버는 그림 6.5와 같이 구성한다. 서비스와 디플로이먼트, 그리고 웹서버를 공개하기 위한 인그레스가 필요하다.

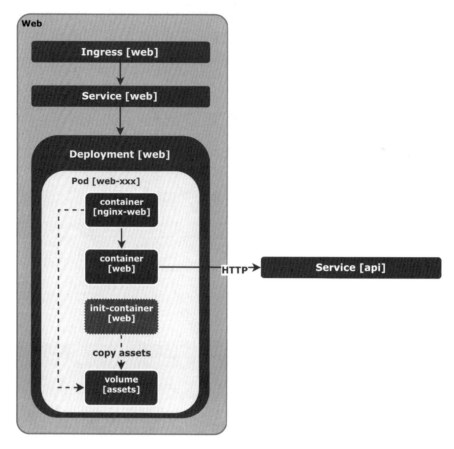

그림 6.5 **작업 관리 앱의 웹서버 부분**

Init 컨테이너로 주요 컨테이너 실행 전 전처리 실시하기

`nginx-web` 컨테이너는 정적 파일의 `assets` 디렉터리를 파일 기반으로 참조할 수 있어야 한다. 4장에서 작업 관리 앱을 컴포즈로 구축하면서 `web`과 `nginx-web` 컨테이너에서 공유 볼륨을 만들 때 이를 구현했다.

쿠버네티스에서도 마찬가지로 공유 볼륨을 준비하기 위해 웹 컨테이너에서 공유 볼륨에 대해 `assets` 디렉터리를 복사하는 단계가 필요하다. 이를 구현하기 위해 주요 컨테이너의 요건을 만족시키기 위한 전처리 작업을 진행하는 `Init` 컨테이너 구조를 사용한다.

실제 웹서버의 매니페스트 파일을 구축하면서 살펴보자.

웹서버 매니페스트

웹서버를 구축하기 위해 리스트 6.13과 같이 `web.yaml` 파일을 생성한다.

리스트 6.13 웹서버 매니페스트 파일 (~/k8s/taskapp/local/web.yaml)

```yaml
apiVersion: apps/v1
kind: Deployment
metadata:
  name: web
  labels:
    app: web
spec:
  replicas: 1
  selector:
    matchLabels:
      app: web
  template:
    metadata:
      labels:
        app: web
    spec:
      # 2 assets 디렉터리를 볼륨에 복사하기 위한 Init 컨테이너
      initContainers:
        - name: init
          # 2-1 Web 서버 완성 이미지 사용
          image: ghcr.io/jpubdocker/taskapp-web
          # 2-3 볼륨이 마운트된 디렉터리에 복사
          command:
          - "sh"
          - "-c"
          - "cp -r /go/src/github.com/jpubdocker/taskapp/assets/* /var/www/assets"
          # 2-2 볼륨 마운트
          volumeMounts:
            - name: assets-volume
              mountPath: "/var/www/assets"
      containers:
      # 3 사이드카인 리버스 프록시 컨테이너 정의
        - name: nginx-web
          image: ghcr.io/jpubdocker/taskapp-nginx-web:v1.0.0
          env:
            - name: NGINX_PORT
              value: "80"
            - name: SERVER_NAME
              value: "localhost"
            - name: ASSETS_DIR
              value: "/var/www/assets"
            - name: BACKEND_HOST
              value: "localhost:8280"
            - name: BACKEND_MAX_FAILS
              value: "3"
            - name: BACKEND_FAIL_TIMEOUT
```

```yaml
        value: "10s"
      # 1-2 볼륨 마운트
      volumeMounts:
        - name: assets-volume
          mountPath: "/var/www/assets"
          readOnly: true
    # 4 Web 서버 컨테이너 정의
    - name: web
      image: ghcr.io/jpubdocker/taskapp-web:v1.0.0
      ports:
        - containerPort: 9280
      args:
        - "server"
        - "--api-address=http://api:80"
  # 1-1 파드 내부에서 공유할 수 있는 볼륨 생성
  volumes:
    - name: assets-volume
      emptyDir: {}

---
# 5 Web 서버의 파드에 트래픽을 전달하는 서비스
apiVersion: v1
kind: Service
metadata:
  name: web
  labels:
    app: web
spec:
  ports:
    - protocol: TCP
      port: 80
      targetPort: 80
  selector:
    app: web

---
# 6 서비스 공개를 위한 인그레스
apiVersion: networking.k8s.io/v1
kind: Ingress
metadata:
  name: web
  labels:
    app: web
spec:
  ingressClassName: nginx
  rules:
    - host: localhost
      http:
```

```
        paths:
          - pathType: Prefix
          path: /
          backend:
            service:
              name: web
              port:
                number: 80
```

1–1에서 `assets` 디렉터리용 공유 볼륨을 생성한다. `emptyDir:{}`을 설정하면 파드에서 공유할 수 있는 빈 볼륨을 생성할 수 있다. 1–2에서 `nginx-web` 컨테이너가 이 볼륨을 참조할 수 있도록 한다.

2의 `initContainers`에서 `containers`보다 먼저 실행되는 Init 컨테이너를 정의한다. 2–1과 같이 여기서는 `assets` 디렉터리가 포함된 `ghcr.io/jpubdocker/taskapp-web:v1.0.0` 이미지를 사용한다. 2–2에서 볼륨을 마운트하고, 2–3에서 컨테이너에 포함된 `assets` 디렉터리를 볼륨에 복사한다. 이것이 전처리다.

3에서 `nginx-web`, 4에서 `web`을 정의한다. 웹 컨테이너와 Init 컨테이너의 이미지는 동일하므로 웹 컨테이너 시작 시 볼륨에 `assets` 디렉터리의 복사도 가능하다. 그러나 `taskapp-web` 컨테이너 이미지의 `ENTRYPOINT`를 사용하거나 매니페스트 파일에서 커맨드와 인수를 정의하는 것은 번거롭기 때문에 Init 컨테이너를 사용하는 것이 좋다.

5에서는 파드 내부 `nginx-web` 컨테이너에 트래픽을 전달하기 위한 서비스를 생성한다. 이를 공개하기 위해 6에서 인그레스를 정의하고 있으며, 호스트명은 `localhost`를 설정한다.[11]

`web.taml`을 다음과 같이 `apply`하여 웹서버를 생성한다.

```
(~/k8s/taskapp/local) $ kubectl -n taskapp apply -f web.yaml
deployment.apps/web created
service/web created
ingress.networking.k8s.io/web created
```

다음과 같이 인그레스, 디플로이먼트, 파드, 서비스가 생성된 것을 확인할 수 있다. 인그레스의 `ADDRESS` 값이 `localhost`가 되면 Request를 받을 수 있는 상태가 된다.

---

[11] `/etc/hosts`에서 `127.0.0.1`에 다른 도메인을 설정하고 `Host` 헤더를 수정해도 좋지만, 브라우저에서 확인은 번거롭기 때문에 `localhost`로 설정한다.

```
$ kubectl -n taskapp get ing,service,deployment,pod -l app=web
NAME                               CLASS HOSTS     ADDRESS   PORTS AGE
ingress.networking.k8s.io/web nginx localhost localhost 80    34s


NAME        TYPE      CLUSTER-IP      EXTERNAL-IP PORT(S) AGE
service/web ClusterIP 10.105.84.78 <none>        80/TCP  34s


NAME                    READY UP-TO-DATE AVAILABLE AGE
deployment.apps/web 1/1     1            1         34s


NAME                      READY STATUS  RESTARTS AGE
pod/web-66fd84f7c8-2jsld 2/2   Running 0        34s
```

브라우저에서 `http://localhost`를 열면 그림 6.6과 같이 작업 관리 앱이 표시된다.

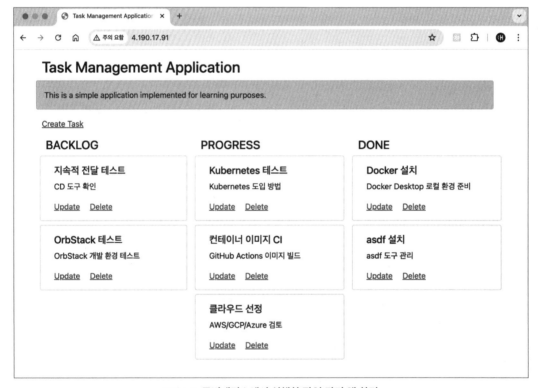

그림 6.6 쿠버네티스에서 실행한 작업 관리 앱 화면

여기까지 쿠버네티스를 활용한 애플리케이션의 배포와 공개의 기본적인 내용을 알아보았다.

6.3 쿠버네티스 애플리케이션 온라인에 공개하기

지금까지는 쿠버네티스의 로컬 환경에서 애플리케이션을 구축하는 일련의 과정을 확인했지만 실제로는 로컬환경 외에도 클라우드 개발 환경과 운영 환경에도 배포하고 애플리케이션을 공개하기도 한다. 인그레스 리소스는 애플리케이션 공개를 위한 구조이지만 로컬 환경에서 구축했을 때는 온라인에 공개할 수 없다.

따라서 이번 절에서는 작업 관리 앱을 클라우드의 쿠버네티스 환경에 배포하고 실제 애플리케이션을 온라인에 공개해보자. 클라우드 환경은 Azure Kubernetes Service$_{AKS}$를 사용한다(클라우드에서 실행에 대한 부분은 부록 B를 참조).

6.3.1 Azure Kubernetes Service 배포

Azure Kubernetes Service$_{AKS}$는 Microsoft Azure가 제공하는 쿠버네티스 매니지드 서비스다.

그림 6.7 AKS 소개 페이지

Microsoft Azure 로그인과 AKS 클러스터의 구축은 부록 B.3에서 설명한다. 부록 B.3.1, 부록 B.3.2를 참조하여 AKS 클러스터 구축까지 완료해두자.

AKS 쿠버네티스 클러스터 조작 설정

지금까지는 kubectl을 사용해 도커 데스크톱으로 구축된 쿠버네티스 클러스터를 조작했다. AKS 로 구축한 쿠버네티스 클러스터도 kubectl로 조작할 수 있다. 조작 가능한 클러스터는 콘텍스트 로 관리하고 있다.

리스트 6.14 커맨드로 콘텍스트 리스트를 확인할 수 있다. kubectl config는 쿠버네티스 연결에 대한 설정을 관리하는 파일 kubconfig에서 정보를 가져오거나 파일 정보를 변경하는 커맨드다.

리스트 6.14 kubectl로 조작 가능한 콘텍스트 리스트

```
$ kubectl config get-contexts
CURRENT   NAME              CLUSTER           AUTHINFO                  NAMESPACE
          docker-desktop    docker-desktop    docker-desktop
 *        jpub-aks          jpub-aks          clusterUser_jpub_jpub-aks
```

CURRENT에 *가 표시되는 콘텍스트가 현재 콘텍스트다. docker desktop에 현재 콘텍스트가 표시 되면 다음 커맨드를 사용해 jpub-aks로 변경한다.

```
$ az aks get-credentials --resource-group jpub --name jpub-aks
Merged "jpub-aks" as current context in /Users/jpub/.kube/config
```

kubectl의 콘텍스트를 docker-desktop으로 되돌리려면 다음 커맨드를 사용한다(지금은 실행하지 않는다).

```
$ kubectl config use-context docker-desktop
```

kubectl cluster-info 커맨드를 실행하고 AKS 클러스터와 통신을 확인한다. 리스트 6.15와 같이 표시되면 문제 없다.

리스트 6.15 AKS로 구축한 쿠버네티스와 통신 확인하기

```
$ kubectl cluster-info
Kubernetes control plane is running at https://jpub-aks-jpub-352eac-ksdjl8u6.hcp.japaneast.
azmk8s.io:443
```

```
CoreDNS is running at https://jpub-aks-jpub-352eac-ksdjl8u6.hcp.japaneast.azmk8s.io:443/api/
v1/namespaces/kube-system/services/kube-dns:dns/proxy
Metrics-server is running at https://jpub-aks-jpub-352eac-ksdjl8u6.hcp.japaneast.azmk8s.
io:443/api/v1/namespaces/kube-system/services/https:metrics-server:/proxy

To further debug and diagnose cluster problems, use 'kubectl cluster-info dump'.
```

AKS 클러스터에 작업 관리 앱 배포하고 공개하기

kubectl을 사용해 AKS 클러스터에 작업 관리 앱을 배포해보자.

필요한 매니페스트 파일은 ~/go/src/github.com/jpubdocker/taskapp/k8s/plain/aks 디렉터리 내부에 존재한다.

로컬용과 마찬가지로 시크릿 매니페스트 파일인 `mysql-secret.yaml`과 `api-config-secret.yaml` 을 생성해야 하므로 다음 커맨드를 실행한다.[12]

```
(~/go/src/github.com/jpubdocker/taskapp) $ make make-k8s-mysql-secret
(~/go/src/github.com/jpubdocker/taskapp) $ make make-k8s-api-config
```

AKS용 매니페스트 파일은 로컬용과 거의 동일하지만 인그레스를 작성하는 `web.yaml`만 약간 다르다. 먼저 `api.yaml`까지의 매니페스트를 `apply`하자.

```
$ cd ~/go/src/github.com/jpubdocker/taskapp/k8s/plain/aks
(../k8s/plain/aks) $ kubectl apply -f mysql-secret.yaml
secret/mysql created

(../k8s/plain/aks) $ kubectl apply -f api-config-secret.yaml
secret/api-config created

(../k8s/plain/aks) $ kubectl apply -f mysql.yaml
statefulset.apps/mysql created
service/mysql created

(../k8s/plain/aks) $ kubectl apply -f migrator.yaml
job.batch/migrator-up created

(../k8s/plain/aks) $ kubectl apply -f api.yaml
deployment.apps/api created
service/api created
```

---

12 필자가 시크릿 매니페스트 작성을 위해 준비한 make다.

web.yaml의 디플로이먼트와 서비스 부분은 로컬과 동일하지만 인그레스 부분이 다르다.

5.10.1절에서 쿠버네티스 인그레스 컨트롤러에 몇 가지 구현 방법이 있는 것을 설명했다. 도커 데스크톱에서는 Ingress NGINX Controller를 사용했지만, AKS에서는 Application Gateway Ingress ControllerAGIC[13]를 제공한다.

AKS에 공개하기 위해 web.yaml의 인그레스 부분만 리스트 6.16과 같이 수정한다.

리스트 6.16 웹서버 AKS용 매니페스트 파일 (~/go/src/github.com/jpubdocker/taskapp/k8s/plain/aks/web.yaml)

```
# 디플로이먼트, 서비스 생략
---
apiVersion: networking.k8s.io/v1
kind: Ingress
metadata:
  name: web
  labels:
    app: web
spec:
  # 1 AGIC용 인그레스 컨트롤러 지정
  ingressClassName: azure-application-gateway
  rules:
    - http:
      paths:
        - pathType: Prefix
        path: /
        backend:
          service:
            name: web
            port:
              number: 80
```

1의 .spec.ingressClassName은 사용하는 인그레스 컨트롤러 설정이다. AGIC를 사용하려면 azure-application-gateway를 지정한다.

web.yaml은 다음과 같이 apply한다.

---

[13] https://learn.microsoft.com/ko-kr/azure/application-gateway/ingress-controller-overview

```
(../k8s/plain/aks) $ kubectl apply -f web.yaml
deployment.apps/web created
service/web created
ingress.networking.k8s.io/web created
```

생성한 인그레스를 확인해보자. `ADDRESS`에는 글로벌 IP 주소가 존재한다.

```
$ kubectl get ingress web
NAME CLASS                      HOSTS  ADDRESS        PORTS  AGE
web  azure-application-gateway  *      20.194.184.14  80     30s
```

할당된 IP 주소에 `http://`를 추가해서 브라우저에서 열면 그림 6.8과 같이 AKS에 공개된 작업 관리 앱이 표시된다.

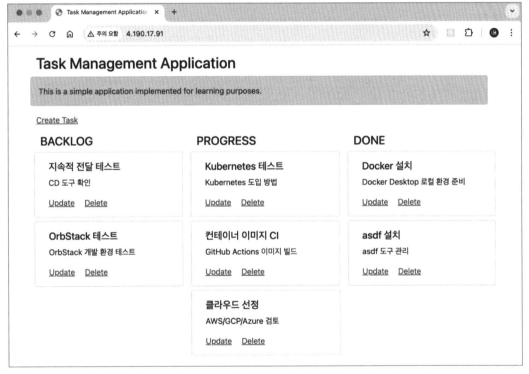

그림 6.8 **AKS에 공개된 작업 관리 앱**

여기까지 쿠버네티스 호스팅 서비스를 사용하는 애플리케이션 배포와 공개 프로세스를 알아보았다. AKS 이외에도 구글 클라우드의 GKE, AWS의 EKS와 같은 매니지드 쿠버네티스 서비스가 있다. 과정은 거의 동일하지만 각 서비스 고유의 설정이 존재한다.

이번에는 HTTPS가 아니라 IP 주소 베이스로 진행했지만, 실제 운영에서는 도메인 설정과 HTTPS 접속을 위한 인증서 설정 등이 필요하다.

매니지드 쿠버네티스의 대시보드

`kubectl` 커맨드로 각 리소스의 상태와 파드의 로그를 확인할 수 있지만, 매니지드 쿠버네티스는 더욱 풍부한 기능의 웹 기반 대시보드를 제공한다.

AKS는 Azure 관리 화면인 Azure portal[14]에서 확인할 수 있다. 예를 들어 파드의 리스트는 그림 6.9와 같이 확인할 수 있다.

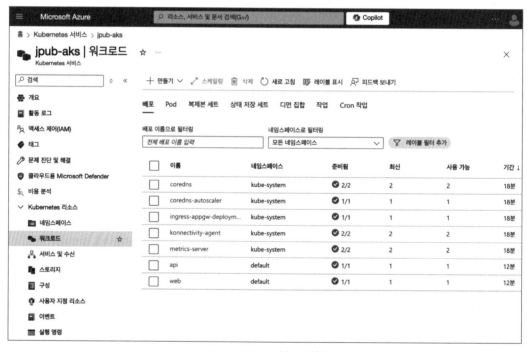

그림 6.9 **AKS workload 화면**

파드를 선택하면 로그를 그림 6.10과 같이 거의 실시간으로 확인할 수 있다.

---

14 https://portal.azure.com에서 로그인

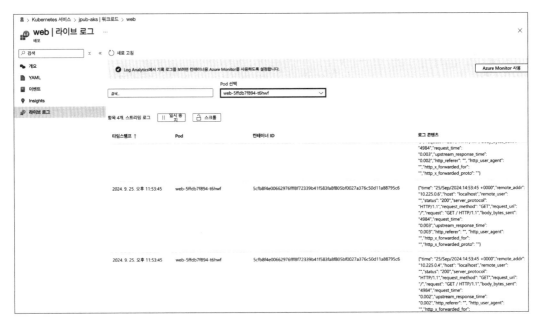

그림 6.10 **web**의 파드 액세스 로그 표시

GKE와 EKS도 각 리소스와 파드의 로그를 확인할 수 있는 웹 기반 대시보드를 제공한다.

매니지드 쿠버네티스 서비스를 사용할 때는 쿠버네티스 이외의 컴포넌트도 함께 연동해서 구축하는 것이 대부분이므로 전체를 조감할 수 있는 대시보드는 매우 유용하다.

AKS를 사용하는 학습이 끝나면 생성한 클러스터는 다음 커맨드로 삭제하도록 한다.

```
$ az group delete --name jpub --yes --no-wait
```

COLUMN **자체 도메인과 HTTPS로 애플리케이션 공개하기**

IP 주소 베이스로 애플리케이션을 공개 방법을 소개했지만, 실제 운영에서는 자체 도메인을 할당하고 HTTPS로 통신할 수 있도록 한다.

따라서 자체 도메인과 SSL/TLS 인증서가 필요하며, 클라우드 서비스는 DNS 레코드 추가와 인증서 프로비저닝 기능도 제공한다.

주요 클라우드 사업자가 제공하는 서비스는 다음과 같다.

클라우드 사업자	DNS 서비스	SSL/TLS 인증서
구글 클라우드	Cloud DNS	Certificate Manager
AWS	Amazon Route 53	AWS Certificate Manager
애저	Azure DNS	Azure Key Vault

Azure에서 인그레스로 자체 도메인과 SSL/TLS 인증서를 적용하려면 다음과 같이 매니페스트를 작성한다.

리스트 6.17 자체 도메인과 HTTPS 통신이 가능한 매니페스트 파일

```
apiVersion: networking.k8s.io/v1
kind: Ingress
metadata:
  name: web
  labels:
    app: web
spec:
  # 1 시크릿에 등록한 SSL/TLS 인증서 지정
  tls:
    - secretName: your-secret-name
  ingressClassName: azure-application-gateway
  rules:
    # 2 자체 도메인 지정
    - host: yourdomain.com
      http:
        paths:
          - pathType: Prefix
            path: /
            backend:
              service:
                name: web
                port:
                  number: 80
```

또한 인증서 프로비저닝에는 cert-manager[15]라는 OSS도 널리 사용된다.

cert-manager는 Let's Encrypt[16]로도 인증서를 취득할 수 있으므로 설치와 업데이트 작업의 자동화도 할 수 있다.

---

15 https://github.com/cert-manager/cert-manager
16 Internet Security Research Group(ISRG)가 제공하는 개방형 인증 기관으로, 무료로 인증서를 제공한다.

COLUMN   kubectx

여러 쿠버네티스 클러스터를 다룰 때 조작 대상인 콘텍스트를 전환하는 작업이 다소 번거로울 수 있는데, kubectx[17]를 사용하면 콘텍스트를 쉽게 전환할 수 있다.

```
$ kubectx docker-desktop
Switched to context "docker-desktop".
```

바로 전의 콘텍스트 작업으로 되돌리고 싶을 때는 kubectx -를 실행한다.

```
$ kubectx -
Switched to context "jpub-aks".
```

콘텍스트는 네임스페이스도 설정할 수 있다. kubectx와 함께 설치된 kubens를 사용하면 kubectl에서 작동하는 기본 네임스페이스를 쉽게 설정할 수 있으므로 편리하다.

kubens에서 콘텍스트 기본 네임스페이스를 설정하면 kubectl을 사용해 네임스페이스를 지정하지 않고도 리소스를 조작할 수 있다. 예를 들어 로컬 쿠버네티스 환경에서 작업 관리 앱의 네임스페이스인 taskapp-[GitHub계정이름]을 다음과 같이 설정할 수 있다.

```
$ kubectx docker-desktop
Switched to context "docker-desktop".

$ kubens taskapp
Context "docker-desktop" modified.
Active namespace is "taskapp".
```

kubens를 사용해 네임스페이스를 설정했으므로 -n taskapp 옵션 없이 대상 네임스페이스의 리소스를 조작할 수 있다.

```
$ kubectl get pod
NAME                    READY   STATUS     RESTARTS   AGE
api-7f6cfdbb8f-cjk4z    2/2     Running    0          23h
migrator-up-vkrsb       0/1     Completed  0          29h
mysql-0                 1/1     Running    0          30h
web-7566654496-ft22z    2/2     Running    0          11h
```

---

17 https://github.com/ahmetb/kubectx

7

쿠버네티스 활용

앞에서는 쿠버네티스의 기본 개념과 배포를 통해 기본적인 사용 방법을 알아보았다. 이번 장에서는 쿠버네티스의 활용과 다양한 기술에 대해 설명한다.

더욱 실용적인 애플리케이션 구축 방식을 살펴보자.

7.1 파드 배포 전략

배포 구조와 전략을 짜는 것은 개발자에게 중요한 일이다.

컨테이너가 등장하기 전에는 아티팩트 아카이브나 실행 파일을 서버에 전송하고 각 서버에 배포하는 스크립트를 작성하거나 다운타임이 발생하지 않도록 순서대로 배포[1]하는 등 다양한 사항을 고려해야 했다.

그러나 컨테이너로 애플리케이션을 배포하는 시대가 되면서 배포 전략도 바뀌었다. 컨테이너를 통한 배포는 각 노드가 컨테이너 이미지를 가져오는 PULL 타입 배포이므로 배포와 스케일 아웃이 쉽다. 배포의 기본적인 부분이 도커와 컨테이너 오케스트레이션에 포함되어 있으므로 번거로운 방식은 이제 필요가 없다.

---

1   Rolling Update

쿠버네티스에서도 컨테이너의 장점을 살린 배포가 가능하지만, 운영하기 쉽고 다운타임을 피하도록 하여 안전하게 파드를 배치하려면 몇 가지 고려사항이 필요하다. 여기서 몇 가지 유스 케이스를 통해 파드의 배포 전략을 생각해보자.

실제로 로컬 쿠버네티스 환경에서 배포 동작을 확인하도록 한다.

매니페스트 파일용 작업 디렉터리로 ~/k8s/strategy/를 생성하고 해당 위치로 이동한다.

```
$ mkdir -p ~/k8s/strategy/
```

7.1.1 RollingUpdate

디플로이먼트는 새로운 파드로 변경하는 전략을 .spec.strategy.type으로 정의할 수 있다. .spec.strategy.type은 RollingUpdate 또는 Recreate[2] 중 하나를 지정한다. 기본값은 RollingUpdate다.

RollingUpdate는 구 버전의 애플리케이션을 실행한 상태에서 새 버전의 애플리케이션을 가동하고 준비가 완료된 것부터 순서대로 교체하는 구조다.

RollingUpdate 동작

HTTP로 GET Request를 전송하면 버전 번호만 Response로 반환하는 애플리케이션 동작을 확인해보자.

서비스와 디플로이먼트가 정의된 매니페스트 print-version.yaml을 리스트 7.1과 같이 생성한다.

리스트 7.1 print-version 애플리케이션의 매니페스트 파일 (~/k8s/strategy/print-version.yaml)

```
apiVersion: v1
kind: Service
metadata:
  name: print-version
  labels:
    app: print-version
spec:
  ports:
  - port: 80
```

---

2   기존 파드가 모두 삭제되고 새로운 파드를 생성한다.

```
      targetPort: 8080
  selector:
    app: print-version
---
apiVersion: apps/v1
kind: Deployment
metadata:
  name: print-version
  labels:
    app: print-version
spec:
  replicas: 1
  selector:
    matchLabels:
      app: print-version
  template:
    metadata:
      labels:
        app: print-version
    spec:
      containers:
      - name: print-version
        image: ghcr.io/jpubdocker/print-version:v0.0.1
        ports:
        - containerPort: 8080
```

apply한다.

```
(~/k8s/strategy) $ kubectl apply -f print-version.yaml
service/print-version created
deployment.apps/print-version created
```

print-version 애플리케이션의 버전을 확인하기 위해 확인용 파드인 update-checker를 준비한다. 이 파드는 print-version의 서비스에 대해 1초 간격으로 GET Request 요청을 전송한다.

매니페스트로 update-checker.yaml을 리스트 7.2와 같이 생성한다.

리스트 7.2 update-checker 매니페스트 파일 (~/k8s/strategy/update-checker.yaml)

```
apiVersion: v1
kind: Pod
metadata:
  name: update-checker
  labels:
```

```
    app: update-checker
spec:
  containers:
  - name: kubectl
    image: ghcr.io/jpubdocker/debug:v0.1.0
    command:
    - sh
    - -c
    - |
      while true
      do
        VERSION=`curl -s http://print-version/`
        echo "[`date`] $VERSION"
        sleep 1
      done
```

apply한다.

```
(~/k8s/strategy) $ kubectl apply -f update-checker.yaml
pod/update-checker created
```

update-checker의 출력을 확인하면 현재 배포된 print-version의 버전 번호인 v0.0.1이 계속
출력된다. print-version의 변화를 관찰하기 위해 kubectl logs -f 커맨드를 실행 상태로 둔다.

```
$ kubectl logs -f update-checker
...
[Mon Sep 30 17:58:34 UTC 2024] VERSION=v0.0.1
[Mon Sep 30 17:58:35 UTC 2024] VERSION=v0.0.1
...
```

- 컨테이너 이미지 교체하기

RollingUpdate 동작을 확인하기 위해 다른 버전의 print-version을 배포해보자.

컨테이너 이미지를 ghcr.io/jpubdocker/print-version:v0.0.1에서 ghcr.io/jpubdocker/
print-version:v0.0.2로 변경한다. 이미지 변경에 따라 파드도 변경된다.

지금까지는 매니페스트 파일을 편집하여 반영했지만 쿠버네티스 리소스의 값은 직접 편집할 수
있다. kubectl edit [리소스타입]/[리소스명] 커맨드를 사용하면 현재 매니페스트 파일이 에디
터에서 열리므로 그대로 편집할 수 있다.

print-version의 디플로이먼트 매니페스트를 에디터[3]에서 열어보자.

```
$ kubectl edit deployment/print-version
```

다음의 diff와 같이 이미지 태그를 `v0.0.1`에서 `v0.0.2`로 변경한다(그림 7.1).

```
- - image: ghcr.io/jpubdocker/print-version:v0.0.1
+ - image: ghcr.io/jpubdocker/print-version:v0.0.2
```

```
# Please edit the object below. Lines beginning with a '#' will be ignored,
# and an empty file will abort the edit. If an error occurs while saving this file will be
# reopened with the relevant failures.
#
apiVersion: apps/v1
kind: Deployment
metadata:
  annotations:
    deployment.kubernetes.io/revision: "1"
    kubectl.kubernetes.io/last-applied-configuration: |
      {"apiVersion":"apps/v1","kind":"Deployment","metadata":{"annotations":{},"labels":{"app":"print-version"},"name":"print-version","name
space":"default"},"spec":{"replicas":1,"selector":{"matchLabels":{"app":"print-version"}},"template":{"metadata":{"labels":{"app":"print-ver
sion"}},"spec":{"containers":[{"image":"ghcr.io/jpubdocker/print-version:v0.0.1","name":"print-version","ports":[{"containerPort":8080}]}]}}}
}}
  creationTimestamp: "2024-09-30T17:04:03Z"
  generation: 1
  labels:
    app: print-version
  name: print-version
  namespace: default
  resourceVersion: "11197"
  uid: 836b28a8-d41c-4ebe-86c1-9b9765b185ee
spec:
  progressDeadlineSeconds: 600
  replicas: 1
  revisionHistoryLimit: 10
  selector:
    matchLabels:
      app: print-version
  strategy:
    rollingUpdate:
      maxSurge: 25%
      maxUnavailable: 25%
    type: RollingUpdate
  template:
    metadata:
      creationTimestamp: null
      labels:
        app: print-version
    spec:
      containers:
      - image: ghcr.io/jpubdocker/print-version:v0.0.1
        imagePullPolicy: IfNotPresent
        name: print-version
        ports:
        - containerPort: 8080
          protocol: TCP
        resources: {}
        terminationMessagePath: /dev/termination-log
        terminationMessagePolicy: File
      dnsPolicy: ClusterFirst
      restartPolicy: Always
```

그림 7.1 kubectl edit로 열린 에디터

---

3 이미지는 필자의 Vim 환경이다. 어떤 에디터가 사용되는지는 환경에 따라 다르지만 `EDITOR`와 `KUBE_EDITOR` 환경 변수로 정할 수 있다.

매니페스트를 저장하고 에디터를 종료하면 변경된 매니페스트가 적용된다. 바로 `update-checker` 출력으로 표시되는 버전이 다음과 같이 `v0.0.2`로 변경된다. 서비스 외부에서 보면 배포된 애플리케이션에 변화가 있는 것을 알 수 있다.

```
[Mon Sep 30 17:58:34 UTC 2024] VERSION=v0.0.1
[Mon Sep 30 17:58:35 UTC 2024] VERSION=v0.0.1
[Mon Sep 30 17:58:36 UTC 2024] VERSION=v0.0.2
[Mon Sep 30 17:58:37 UTC 2024] VERSION=v0.0.2
```

이때 실행 중인 파드에는 어떤 변화가 있는지 확인해보자. 다음과 같이 `kubectl` 커맨드에 `-w` 옵션을 사용하면 파드의 상태 변화를 실시간으로 확인할 수 있다.

```
$ kubectl get pod -l app=print-version -w
```

- 배포 전 파드 상태

```
NAME                          READY STATUS   RESTARTS AGE
print-version-659799fc86-z9fhq 1/1  Running  0        113s
```

- 배포 시 상태
새로운 파드가 생성(ContainerCreating)되지만 기존의 파드는 변함없이 실행 상태(Running)다.

```
NAME                          READY STATUS            RESTARTS AGE
print-version-55887b9bd5-nvwf7 0/1  ContainerCreating 0        0s
print-version-55887b9bd5-nvwf7 1/1  Running           0        1s
```

- 파드 교체
새로운 파드가 실행 상태(Running)가 되면 이전의 파드는 중지 준비 상태(Terminating)가 된다. 서비스 외부에서 보면 `print-version`이 반환하는 버전 번호가 변경되는 것은 이때다.

```
NAME                          READY STATUS      RESTARTS AGE
print-version-659799fc86-4r7mp 1/1  Running     0        1s
print-version-55887b9bd5-nvwf7 1/1  Terminating 0        92s
```

-배포 완료
이전의 파드가 완전히 파기되고 파드의 교체가 완료된다.

```
NAME                                READY  STATUS    RESTARTS  AGE
print-version-659799fc86-4r7mp      1/1    Running   0         20s
```

이것이 쿠버네티스에서 RollingUpdate의 기본적인 동작이며, 서비스 외부에서 보면 다운타임 없이 배포가 진행되는 것이다.

COLUMN   **리소스의 일부를 업데이트하는 kubectl patch 커맨드**

kubectl edit으로 에디터에서 매니페스트 내용을 변경할 수 있는 방법을 소개했다. 에디터를 통해 업데이트할 수 있는 것은 편리하지만 작업을 스크립트로 진행할 때는 이 방법을 사용할 수 없다.

이와 같은 작업을 커맨드 라인으로 완료하기 위해서는 patch를 통해 리소스 일부를 업데이트할 수 있는 kubectl patch 커맨드를 사용한다. patch는 다음과 같이 문자열이나 파일에도 적용된다.

- kubectl patch [리소스 타입]/[리소스명] -p [patch 문자열]
- kubectl patch [리소스 타입]/[리소스명] --patch-file [patch 매니페스트 파일]

이번 절에서 kubectl edit을 통해 변경한 컨테이너 이미지를 kubectl patch 커맨드로 실행하는 방법은 리스트 7.3과 같다.

리스트 7.3 kubectl patch 커맨드를 통한 컨테이너 이미지 변경

```
$ kubectl patch deployment/print-version -p \
'{
  "spec": {
    "template": {
      "spec": {
        "containers": [{
          "name": "print-version",
          "image": "ghcr.io/jpubdocker/print-version:v0.0.2"
        }]
      }
    }
  }
}'
```

매니페스트 파일에서 업데이트하려는 위치를 추출하고 JSON화하여 -p 옵션을 지정하면 부분 업데이트를 할 수 있다.

또한 patch 방법은 --type 옵션으로 제어할 수 있다. strategic(기본값), json, merge 세 가지 옵션을 사용할 수 있으며, strategic은 쿠버네티스에 최적인 형태로 patch한다.

kubectl patch의 자세한 내용은 도움말 커맨드나 공식 문서[4]를 참조하자.

---

4 https://kubernetes.io/docs/tasks/manage-kubernetes-objects/update-api-object-kubectl-patch/

RollingUpdate 동작 제어하기

`replicas=1`의 디플로이먼트로 신버전과 구버전 파드를 교체하는 RollingUpdate를 확인했지만 실제로는 더 많은 파드를 사용하는 경우가 대부분이다. 많은 파드를 운영할 때는 파드의 삭제 수와 생성 수를 적절히 설정하는 것이 필요하다. 쿠버네티스의 디플로이먼트 리소스는 특별한 설정을 하지 않아도 RollingUpdate를 구현하지만 `strategy`의 설정을 통해 RollingUpdate의 동작을 제어할 수 있다.

관련 전략인 maxUnavailable과 maxSurge를 살펴보자. 리스트 7.4의 디플로이먼트 매니페스트를 살펴본다.

리스트 7.4 RollingUpdate 동작을 제어하는 매니페스트 파일 (~/k8s/strategy/print-version-strategy.yaml)

```
apiVersion: apps/v1
kind: Deployment
metadata:
  name: print-version-strategy
  labels:
    app: print-version
spec:
  replicas: 4
  strategy:
    type: RollingUpdate
    rollingUpdate:
      maxUnavailable: 3
      maxSurge: 4
  selector:
    matchLabels:
      app: print-version
  template:
    metadata:
      labels:
        app: print-version
    spec:
      containers:
      - name: print-version
        image: ghcr.io/jpubdocker/print-version:v0.0.1
        ports:
        - containerPort: 8080
```

maxUnavailable은 RollingUpdate 시 동시에 삭제할 수 있는 파드의 최대수로, `replicas`에 지정된 파드 수에 대해 비율(%)도 지정할 수 있다. 기본값은 `replicas`값의 25%로, 만약 `replicas`가

8이라면 25%인 2개의 파드가 한 번에 삭제된다.

이 매니페스트는 `replicas`가 4, `maxUnavailable`이 3이므로 RollingUpdate 시작 후 3개의 파드가 중지된다. 이런 방식으로 `maxUnavailable`에 높은 값을 설정하면 한 번에 멈추는 파드의 수를 늘릴 수 있으므로 RollingUpdate 완료에 걸리는 시간을 단축할 수 있다.

그러나 트레이드 오프도 생각해야 한다. 일시적으로 서비스하는 파드의 수가 줄어들면 남은 하나의 파드에 발생하는 요청이 늘어나게 된다. 적절한 설정값은 애플리케이션의 트래픽을 확인하면서 결정해야 하므로 처음에는 `maxUnavailable=1`을 지정하고, 하나씩 순서대로 파드를 바꾸는 방법이 안전하다.

maxSurge는 RollingUpdate를 실행할 때 새로운 파드를 생성하는 숫자다. 기본값은 `replicas`의 값의 25%로, 만약 `replicas`가 4, `maxSurge`가 4라면 RollingUpdate 시작 후 새로운 버전의 파드는 4개를 생성한다. 필요한 수의 파드를 즉시 준비하면 교체 시간을 단축할 수 있지만 순간적으로 필요한 리소스는 증가하게 된다.

7.1.2 컨테이너 실행 시 상태 체크 설정하기

쿠버네티스는 파드 내부 컨테이너가 모두 가동을 시작하면 서비스에서 Request를 받을 수 있는 상태가 된다. 그러나 일부 애플리케이션은 가동이 완료된 후에도 클라이언트에서 Request를 받을 수 있는 상태가 되기까지 시간이 조금 더 필요할 수도 있다. 이때는 파드가 Running 상태인데도 애플리케이션은 제대로 된 응답을 줄 수 없는 상태가 된다.

이 문제를 해결하기 위해 쿠버네티스는 `livenessProbe`와 `readinessProbe`라는 컨테이너의 상태 체크 기능을 제공한다. 매니페스트 파일로 `print-version-hc.yaml`(리스트 7.5)을 생성하고 `apply` 해보자.[5]

리스트 7.5 상태 체크를 설정한 매니페스트 파일 (~/k8s/strategy/print-version-hc.yaml)

```
apiVersion: apps/v1
kind: Deployment
metadata:
  name: print-version
  labels:
```

---

[5] 7.1.1절에서 생성한 `print-update`의 디플로이먼트를 덮어쓰기 한다.

```
      app: print-version
spec:
  replicas: 1
  selector:
    matchLabels:
      app: print-version
  template:
    metadata:
      labels:
        app: print-version
    spec:
      containers:
      - name: print-version
        image: ghcr.io/jpubdocker/print-version:v0.0.2
        livenessProbe: # 1
          exec:
            command:
            - cat
            - /var/tmp/live.txt # 1-1
          initialDelaySeconds: 3
          periodSeconds: 5
        readinessProbe: # 2
          httpGet:
            path: /hc
            port: 8080
          timeoutSeconds: 3
          initialDelaySeconds: 15
        ports:
        - containerPort: 8080
```

```
(~/k8s/strategy) $ kubectl apply -f print-version-hc.yaml
deployment.apps/print-version configured
```

print-version 컨테이너에 상태 체크 기능을 추가했다.

1의 livenessProbe는 애플리케이션의 live 상태 여부를 확인하여 컨테이너 내부에서 애플리케이션이 의존하고 있는 파일과 실행 파일 등의 존재를 체크하는 용도로 설정한다. 예를 들어 1–1에 존재하지 않는 파일 경로를 지정하면 그림 7.2와 같이 체크 결과가 Unhealthy가 되고 파드는 재실행을 반복한다.

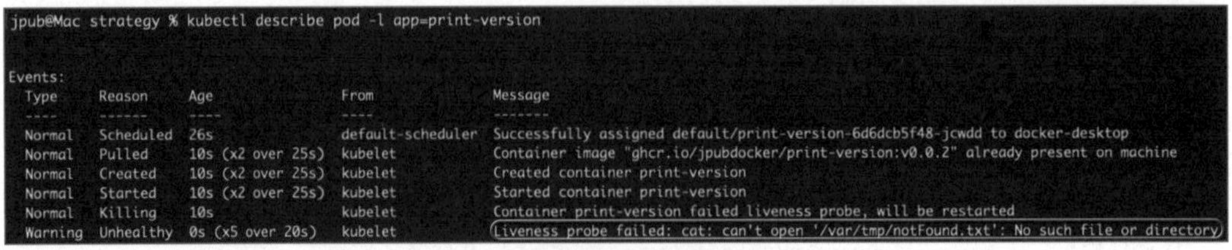

```
jpub@Mac strategy % kubectl describe pod -l app=print-version


Events:
  Type     Reason     Age                 From               Message
  ----     ------     ----                ----               -------
  Normal   Scheduled  26s                 default-scheduler  Successfully assigned default/print-version-6d6dcb5f48-jcwdd to docker-desktop
  Normal   Pulled     10s (x2 over 25s)   kubelet            Container image "ghcr.io/jpubdocker/print-version:v0.0.2" already present on machine
  Normal   Created    10s (x2 over 25s)   kubelet            Created container print-version
  Normal   Started    10s (x2 over 25s)   kubelet            Started container print-version
  Normal   Killing    10s                 kubelet            Container print-version failed liveness probe, will be restarted
  Warning  Unhealthy  0s (x5 over 20s)    kubelet            Liveness probe failed: cat: can't open '/var/tmp/notFound.txt': No such file or directory
```

그림 7.2 livenessProbe의 상태 체크 결과

반면 2의 `readinessProbe`는 컨테이너 외부에서 HTTP Request 등의 트래픽을 받을 수 있는 상태인지를 확인하는 설정을 할 수 있다. HTTP를 받는 애플리케이션이라면 `httpGet`으로 L7 레이어에서 체크가 가능하다. `timeoutSeconds`는 상태 체크 요청의 타임 아웃 시간이고, `initialDelaySeconds`는 컨테이너 시작 후 상태 체크 시작까지의 시간이다.

또한 L4 레이어의 TCP 레벨에서 체크에 대응하는 `tcpSocket`이라는 설정도 존재한다.[6] 애플리케이션이 HTTP 이외의 프로토콜을 취급할 때는 `httpGet`이 아니라 `tcpSocket`을 사용한다.

컨테이너 외부에서 트래픽을 받는 애플리케이션이라면 `readinessProbe`를 설정하여 상태가 좋지 않은unhealthy 상태의 애플리케이션 서비스를 방지할 수 있으므로 반드시 설정하는 것을 추천한다.

`livenessProbe`와 `readinessProbe`를 설정한 파드는 `Running` 상태가 되어도 `READY`[7]는 0/1이며, 상태 체크를 모두 통과한 후 1/1로 변경되어 트래픽을 받을 수 있는 상태가 된다. 다음을 확인해 보자.

```
$ kubectl get pod -l app=print-version
NAME                             READY STATUS   RESTARTS   AGE
print-version-844ff7fd47-kcwvl  0/1   Running 0          5s

$ kubectl get pod -l app=print-version
NAME                             READY   STATUS    RESTARTS   AGE
print-version-844ff7fd47-kcwvl  1/1     Running   0          26s
```

6 자세한 내용은 https://kubernetes.io/docs/tasks/configure-pod-container/configure-liveness-readiness-startup-probes/ 참조

7 준비가 완료된 컨테이너의 수

쿠버네티스의 RollingUpdate는 차례로 파드를 중지하고, 새로운 파드로 교체하는 동작을 한다. 이는 강력한 구조이지만 파드를 삭제할 때는 주의해야 할 점이 존재한다.

만약 파드의 컨테이너가 삭제될 때 유저의 HTTP Request를 처리 중이라면 유저는 기대한 응답을 받을 수 없다.

데이터 스토어라면 종료까지 어느 정도 시간이 걸릴 때도 있으므로 종료 처리의 완료를 기다리지 않고 파드가 삭제될 수도 있다.

따라서 애플리케이션을 안전하게 중지하고 파드 내부의 컨테이너가 삭제되도록 제어하는 것이 중요하다. 이와 같이 애플리케이션을 정상적인 방법을 거쳐 안전하게 종료하는 것을 Graceful Shutdown이라고 한다.

파드에 종료 명령이 전달되면 파드에 속하는 컨테이너 프로세스에는 `SIGTERM`이 전송된다. `SIGTERM`을 받은 컨테이너는 `terminationGracePeriodSeconds`로 설정된 초(기본값은 30초) 이내에 애플리케이션이 정상 종료되지 않으면 SIGKILL이 전송되고 컨테이너는 강제로 종료된다.

즉, 종료 처리에 시간이 걸리는 것과 같은 컨테이너는 `terminationGracePeriodSeconds`의 값을 다음과 같이 길게 설정해두는 것이 좋다.

리스트 7.6 terminationGracePeriodSeconds 설정 예

```
apiVersion: apps/v1
kind: Deployment
metadata:
  name: long-termination-app
  labels:
    app: long-termination-app
spec:
  # 생략...
  template:
    # 생략...
    spec:
      terminationGracePeriodSeconds: 60
      containers:
        # 생략...
```

nginx는 다른 고려사항이 필요하다. nginx는 `SIGTERM`을 받으면 Graceful Shutdown이 아니라 즉시 종료한다. 게다가 master 프로세스뿐만 아니라 worker 프로세스도 동작하고 있으므로 모두 안전하게 종료해야 한다.

쿠버네티스는 `lifecycle.preStop`으로 컨테이너가 종료되기 전에 훅 작업을 정의할 수 있다. 이를 사용해 nginx를 안전하게 종료하는 커맨드인 `quit`를 실행한다.

리스트 7.7 lifecycle.preStop으로 Nginx 안전하게 중지하기

```
apiVersion: apps/v1
kind: Deployment
metadata:
  name: nginx-graceful
  labels:
```

```
      app: nginx-graceful
spec:
  # 생략...
  template:
    # 생략...
    spec:
      containers:
      - name: nginx
        image: nginx:1.25.1
        ports:
        - containerPort: 80
        lifecycle:
          preStop:
            exec:
              command:
                - "/bin/sh"
                - "-c"
                - "nginx -s quit"
```

컨테이너에서 실행하는 애플리케이션의 특성을 고려하여 컨테이너를 안전하게 중지하는 것이 중요하다.

7.1.3 Blue-Green Deployment

RollingUpdate 구조는 강력하지만 다음과 같이 신버전과 구버전의 파드가 혼재하는 시간이 발생한다. 이 특성은 애플리케이션의 사용자나 다른 프로그램에 의해 의도하지 않은 부작용이 발생할 수 있으므로 RollingUpdate가 적절하지 않은 애플리케이션도 있다.

리스트 7.8 RollingUpdate 신버전과 구버전이 혼재하는 예

```
$ kubectl logs -f update-checker
[Mon Sep 30 16:43:24 UTC 2024] VERSION=v0.0.1
[Mon Sep 30 16:43:25 UTC 2024] VERSION=v0.0.2
[Mon Sep 30 16:43:30 UTC 2024] VERSION=v0.0.2
[Mon Sep 30 16:43:31 UTC 2024] VERSION=v0.0.1
[Mon Sep 30 16:43:35 UTC 2024] VERSION=v0.0.2
```

이 문제를 해결하는 배포 방법 중 하나로 Blue-Green Deployment가 있다. 신버전과 구버전을 각각 두 그룹의 서버로 만들고 전환하는 배포 방법이다. 쿠버네티스에서 이를 구현해보자.

Blue-Green Deployment

Blue-Green Deployment는 배포 시 기존에 배포된 서버 그룹과는 별도로 새로운 애플리케이션을 배포할 서버 그룹을 준비하고, 로드 밸런서와 서비스 디스커버리 레벨에서 참조 대상을 교체하여 배포하는 방법이다.

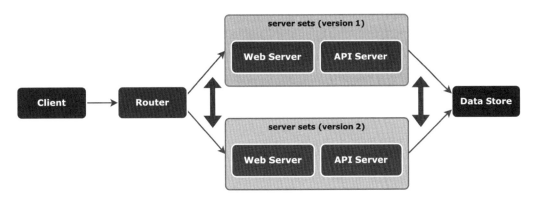

그림 7.3 **Blue-Green Deployment 개념도**

도커와 쿠버네티스는 서버 그룹이 아니라 컨테이너 그룹이지만 일시적일지라도 동시에 두 그룹의 서버를 사용하게 되므로 필요한 리소스는 RollingUpdate보다 많아진다.

그렇다고 하더라도 뛰어난 점이 많은 방식이다. RollingUpdate처럼 두 버전이 혼재하는 시간 없이 바로 교체할 수 있으며, 한쪽의 서버 그룹을 배포 전 Standby 상태로 이용할 수 있으므로 운영 시에도 장점이 큰 배포 방법이다.

두 버전의 디플로이먼트 준비하기

쿠버네티스에서 Blue-Green Deployment를 구현하려면 디플로이먼트를 두 가지 버전으로 준비하는 방법을 생각해볼 수 있다. 배포 시 기존의 디플로이먼트를 업데이트하는 것이 아니라 새로운 디플로이먼트 리소스를 준비하고 교체 후 이전 버전의 디플로이먼트를 파기하는 것이다.

7.1.1절에서도 사용한 `print-version`을 참고하여 새롭게 `print-version-blue.yaml`(Blue 버전)과 `print-version-green.yaml`(Green 버전)의 두 가지 버전의 매니페스트 파일을 준비하고, 각각 디플로이먼트를 정의한다.

Blue Deployment의 파드에는 `ghcr.io/jpubdocker/print-version:v0.0.1`, Green Deployment의 파드에는 `ghcr.io/jpubdocker/print-version:v0.0.2`의 이미지를 사용한다. 또한 `labels.color`로 각각의 버전을 식별하는 색(blue or green)을 설정한다.

- print-version-blue.yaml(Blue 버전)

리스트 7.9 Blue 버전의 매니페스트 파일 (~/k8s/strategy/print-version-blue.yaml)

```
apiVersion: apps/v1
kind: Deployment
metadata:
  name: print-version-blue
  labels:
    app: print-version
    color: blue
spec:
  replicas: 1
  selector:
    matchLabels:
      app: print-version
      color: blue
  template:
    metadata:
      labels:
        app: print-version
        color: blue
    spec:
      containers:
      - name: print-version
        image: ghcr.io/jpubdocker/print-version:v0.0.1
        ports:
        - containerPort: 8080
```

- print-version-green.yaml(Green 버전)

리스트 7.10 Green 버전의 매니페스트 파일 (~/k8s/strategy/print-version-green.yaml)

```
apiVersion: apps/v1
kind: Deployment
metadata:
  name: print-version-green
  labels:
    app: print-version
    color: green
spec:
  replicas: 1
  selector:
    matchLabels:
      app: print-version
      color: green
  template:
    metadata:
```

```
      labels:
        app: print-version
        color: green
    spec:
      containers:
      - name: print-version
        image: ghcr.io/jpubdocker/print-version:v0.0.2
        ports:
        - containerPort: 8080
```

생성한 매니페스트 파일을 각각 kubectl로 적용한다.

```
(~/k8s/strategy) $ kubectl apply -f print-version-blue.yaml
deployment.apps/print-version-blue created

(~/k8s/strategy) $ kubectl apply -f print-version-green.yaml
deployment.apps/print-version-green created
```

selector 레이블 변경을 통한 디플로이먼트 교체

서비스는 `spec.selector`로 레이블을 지정하여 Request를 전송할 디플로이먼트를 결정할 수 있다. 이 구조를 사용하면 서비스의 `spec.selector.color`의 값을 변경하여 사용하는 디플로이먼트를 교체할 수 있다.

리스트 7.11과 같이 `print-version-service-color.yaml` 매니페스트 파일을 생성하고 `apply`한다. 이미 생성된 `print-version`의 서비스가 업데이트된다.

리스트 7.11 Blue 버전에 Request를 전송하기 위한 매니페스트 파일 (~/k8s/strategy/print-version-service-color.yaml)

```
apiVersion: v1
kind: Service
metadata:
  name: print-version
  labels:
    app: print-version
spec:
  ports:
  - port: 80
    targetPort: 8080
  selector:
    app: print-version # 1
    color: blue # 2
```

```
(~/k8s/strategy) $ kubectl apply -f print-version-service-color.yaml
service/print-version configured
```

1의 `selector.app`에는 `print-version`, 2의 `selector.color`에는 이전 애플리케이션이 배포된 `blue`를 지정한다.

이 상태에서는 Blue 버전인 `ghcr.io/jpubdocker/print-version:v0.0.1`의 디플로이먼트가 선택되어 있으므로 Response는 `v0.0.1`을 반환한다.

```
$ kubectl logs -f update-checker
[Mon Sep 30 17:21:12 UTC 2024] VERSION=v0.0.1
[Mon Sep 30 17:21:13 UTC 2024] VERSION=v0.0.1
[Mon Sep 30 17:21:14 UTC 2024] VERSION=v0.0.1
[Mon Sep 30 17:21:15 UTC 2024] VERSION=v0.0.1
...
```

`kubectl edit service/print-version` 커맨드를 사용해 에디터를 열고 서비스의 `spec.selector.color`값을 변경해보자.

```
apiVersion: v1
kind: Service
metadata:
  name: print-version
  labels:
    app: print-version
spec:
  ports:
  - port: 80
    targetPort: 8080
  selector:
    app: print-version
    color: green # blue를 green으로 변경
```

`selector.color`값 변경 후 바로 `v0.0.2`의 Response가 반환된다.

리스트 7.12 Blue-Green Deployment를 통한 교체

```
[Mon Sep 30 17:23:33 UTC 2024] VERSION=v0.0.1
[Mon Sep 30 17:23:34 UTC 2024] VERSION=v0.0.1
[Mon Sep 30 17:23:35 UTC 2024] VERSION=v0.0.2
[Mon Sep 30 17:23:37 UTC 2024] VERSION=v0.0.2
```

새로 배포한 애플리케이션에 문제가 있을 때는 `selector.color`의 값을 원래 값으로 되돌리면 즉시 롤백할 수 있다. 문제가 없다면 이전 애플리케이션의 디플로이먼트 리소스(여기서는 `color:blue` 레이블)는 `kubectl` 등을 사용해 삭제해도 된다.

이와 같이 Blue-Green Deployment는 신버전과 구버전이 혼재하는 문제도 없으며, 교체 시간도 거의 발생하지 않는다. 따라서 애플리케이션의 특성을 고려하여 RollingUpdate 또는 Blue-Green Deployment를 배포 전략으로 선택하는 것이 좋다.[8]

지금까지 생성한 리소스는 다음 커맨드를 사용해 제거할 수 있다.

```
$ kubectl delete service,deploy -l app=print-version
service "print-version" deleted
deployment.apps "print-version" deleted
deployment.apps "print-version-blue" deleted
deployment.apps "print-version-green" deleted

$ kubectl delete pod -l app=update-checker
pod "update-checker" deleted
```

COLUMN **서비스 메시를 구현하는 프로덕트**

최근에는 모든 기능을 하나로 구현하는 모놀리식 시스템이 아니라 시스템의 기능이나 도메인 단위로 애플리케이션을 나누고 복수의 서비스 그룹으로 시스템을 구성하는 마이크로서비스 아키텍처가 유행하고 있다. 마이크로서비스 아키텍처는 서비스 간 연동에 RESTful API와 gRPC 같은 인터페이스의 활용을 통해 다음의 장점을 갖는다.

  – 각 서비스에 적합한 언어와 프레임워크를 선택할 수 있다.
  – 서비스 단위로 배포가 가능하다.
  – 장애 발생이 작은 단위로 발생한다.

이와 같은 장점이 있지만 서비스 간의 라우팅 관리와 서비스가 에러를 반환할 때 적절한 핸들링 등, 운영 시에는 고려해야 할 사항이 많다.

이러한 과제를 해결하는 것이 서비스 메시service mesh다. 서비스 메시는 서비스와 네트워크 사이에 주입되며, 개발자가 애플리케이션 코드로 작성하지 않고도 라우팅 고급 제어가 가능하다. 또한 일부 서비스 고장 시 과도한 트래픽이 흐르지 않도록 제어하는 서킷 브레이커 등 내결함성을 높이는 구조도 제공한다.

---

8 쿠버네티스에 Linkerd와 Istio를 연동하여 카나리 릴리스(Canary Release) 전략을 사용할 수도 있다. 일부 유저의 액세스를 다른 버전의 애플리케이션으로 트래픽 전송하거나 A/B 테스트에 활용할 수 있다.

서비스 메시를 구축하는 OSS의 대표적인 프로덕트가 Istio[9]와 Linkerd[10]다.

Istio는 가장 많이 사용되는 서비스 메시 시스템으로, 설정은 약간 복잡하다. 구글 클라우드에서 GKE를 선택하면 Anthos Service Mesh[11, 12]라는 Istio 기반의 매니지드 서비스 메시를 사용할 수 있게 되어 도입이 간단해진다.

Linkerd도 유명한 서비스 메시 시스템이다. Linkerd의 버전 1은 JVM 계열의 기술 스택으로 개발되었지만 버전 2부터는 Go와 Rust로 새롭게 개발되어 성능도 개선되었다. Istio보다 더 간편하다는 평이 많다.

Linkerd, Istio 모두 유연한 라우팅 기능을 제공하고, Blue-Green Deployment와 카나리 릴리스도 가능하다. 또한 수집할 수 있는 메트릭metric도 다양하다.

둘 다 Cloud Native Computing FoundationCNCF[13] 프로젝트로 활발하게 개발이 진행되고 있으며, 세계적으로 널리 사용되는 서비스 메시 시스템이다.

서비스 메시는 상당히 강력한 기능을 제공하지만 도입은 자신의 프로덕트와 잘 맞는지에 대한 고려가 필요하다. 많은 마이크로서비스를 사용하는 대규모 프로덕트에서는 충분한 효과를 볼 수 있을지 모르지만 규모에 따라 오버엔지니어링이 될 가능성도 검토해야 한다.

7.2 쿠버네티스에서 정기적인 배치 작업 실행하기

웹과 상주 API 애플리케이션이라면 디플로이먼트 리소스를 통해 쿠버네티스에 구축할 수 있다. 그러나 시스템 개발에서는 일회성이나 정기적으로 실행하는 배치batch 작업이 필요한 상황도 있다.

6.2.4절에서 구축한 데이터베이스 마이그레이터도 배치 작업의 하나로, 잡이라는 리소스를 사용해 일회성 배치 작업을 구현한다. 여기서는 쿠버네티스에서 정기적인 배치 작업을 구현하기 위해 크론잡CronJob이라는 리소스에 대해 설명한다.

7.2.1 크론잡

잡은 일회성 파드를 실행하지만 크론잡 리소스를 사용하면 스케줄링을 통해 정기적으로 파드를 실행할 수 있다. 이름 그대로 크론cron과 systemd-timer 등으로 정기적으로 실행하는 작업을 실행할 때 최적이다.

---

9   https://istio.io/

10   https://linkerd.io/

11   https://cloud.google.com/anthos/service-mesh

12   이전에는 Istio on GKE라는 이름으로 제공되었다.

13   Cloud Native Computing Foundation은 Linux Foundation 산하 기관으로, 쿠버네티스와 프로메테우스(Prometheus) 등을 지원한다. https://www.cncf.io/

자체 크론으로 이벤트를 실행하는 애플리케이션을 준비할 필요가 없으며, 무엇보다 컨테이너 친화적인 스케줄링이 가능하다는 것이 가장 큰 장점이다.

일반 크론은 서버의 크론탭_{CronTab}에서 관리하지만 크론잡은 매니페스트 파일 정의를 통해 관리할 수 있다. 스케줄링 정의 리뷰를 GitHub의 Pull Request를 사용해 코드로 관리할 수 있다는 점도 유리하다.

실제로 크론잡을 생성하고 스케줄링된 잡을 실행해보자. 매니페스트 파일용 작업 디렉터리로 ~/k8s/cronjob/을 생성하고 해당 위치로 이동한다.

리스트 7.13과 같이 `cronjob.yaml` 파일을 생성하고 `apply`한다.

리스트 7.13 CronJob 매니페스트 파일

```
apiVersion: batch/v1
kind: CronJob
metadata:
  name: pingpong
  labels:
    app: pingpong
spec:
  schedule: "*/1 * * * *" # 1 크론 기법으로 스케줄 정의
  jobTemplate: # 2 잡 리소스 템플릿
    spec:
      template:
        metadata:
          labels:
            app: pingpong
        spec:
          containers:
          - name: pingpong
            image: ubuntu:23.10
            command:
              - "sh"
              - "-c"
              - |
                echo [`date`] ping!
                sleep 10
                echo [`date`] pong!
          restartPolicy: OnFailure
```

```
(~/k8s/cronjob) $ kubectl apply -f cronjob.yaml
cronjob.batch/pingpong created
```

매니페스트 파일의 구조는 잡과 거의 동일하지만 가장 큰 차이점의 하나로 1의 `schedule`에 크론 기법으로 잡의 작동 스케줄을 정의할 수 있다. 여기서는 `*/1 * * * *`로 스케줄을 설정하고 있으며, 1분 간격으로 실행된다.

2의 `jobTemplate` 하위는 잡 리소스로 정의하는 파드 정의 템플릿과 동일하다.

크론잡 매니페스트 파일을 적용하면 다음과 같이 작업을 생성하고 지정된 크론의 조건을 기반으로 스케줄에서 파드를 생성한다.

스케줄 작업은 바로 실행되지 않으므로 몇 분 후 리스트 7.14 커맨드를 실행한다. 크론잡에 의해 1분 간격으로 생성되는 잡과 잡이 생성한 파드가 표시된다.

리스트 7.14 크론잡에 의한 잡과 파드의 생성

```
$ kubectl get cronjob,job,pod -l app=pingpong
NAME                    SCHEDULE      SUSPEND ACTIVE LAST SCHEDULE AGE
cronjob.batch/pingpong */1 * * * * False    0      34s           3m51s


NAME                         COMPLETIONS  DURATION  AGE
job.batch/pingpong-28195683  1/1          13s       2m34s
job.batch/pingpong-28195684  1/1          13s       94s
job.batch/pingpong-28195685  1/1          13s       34s


NAME                        READY  STATUS     RESTARTS  AGE
pod/pingpong-28195683-xjv24 0/1    Completed  0         2m34s
pod/pingpong-28195684-4mmvn 0/1    Completed  0         94s
pod/pingpong-28195685-f8xdr 0/1    Completed  0         34s
```

실행한 파드의 로그는 다음과 같이 레이블로 필터링하여 추출할 수 있다.

```
$ kubectl logs -l app=pingpong
[Tue Oct 01 08:05:00 UTC 2024] ping!
[Tue Oct 01 08:05:10 UTC 2024] pong!
[Tue Oct 01 08:06:00 UTC 2024] ping!
[Tue Oct 01 08:03:00 UTC 2024] ping!
[Tue Oct 01 08:03:10 UTC 2024] pong!
[Tue Oct 01 08:04:00 UTC 2024] ping!
[Tue Oct 01 08:04:10 UTC 2024] pong!
```

정기적으로 작업을 실행하는 케이스에서 이전의 비컨테이너 환경에서는 Linux의 크론탭에 스케줄과 실행하는 스크립트를 정의하는 방법이 중심이었다. 쿠버네티스의 크론잡을 사용하면 모든 것을 컨테이너 기반으로 해결할 수 있다. 즉 환경 관리, 구축, 실행의 모든 부분을 코드 하나로 관리할 수 있다.

이번 예와 같이 Ubuntu 이미지 컨테이너의 실행 처리를 매니페스트 파일에 기술하는 형식도 좋으며, 매니페스트에 기술하지 않고 컨테이너 이미지에 포함해서 실행하는 형식도 좋다.

또한 실행하는 잡의 특성에 따라 크론잡의 동작을 조정해야 한다. 이를 위한 설정을 몇 가지 알아보자.

Concurrency Policy

Concurrency Policy는 크론잡으로 생성된 잡의 병렬 실행 동작을 제어하는 설정으로 `.spec.concurrencyPolicy` 필드로 설정한다. 값은 다음 표와 같이 세 가지를 제공한다.

concurrencyPolicy값	디폴트	동작
Allow	O	크론잡의 잡 병렬 실행을 허가
Forbid		병렬 실행 금지. 과거 잡이 미완료 상태인 경우 크론잡은 새로운 잡 생성을 스킵
Replace		과거 잡 미완료 상태에서 새로운 잡 실행 시간이 되었을 때, 크론잡이 이를 새로운 잡으로 교체

병렬로 잡을 실행하지 않으려면 리스트 7.15와 같이 `Forbid`를 설정한다.

리스트 7.15 **Concurrency Policy 설정 (~/k8s/cronjob/cronjob.yaml)**

```yaml
apiVersion: batch/v1
kind: CronJob
metadata:
  name: pingpong
  labels:
    app: pingpong
spec:
  schedule: "*/1 * * * *"
  concurrencyPolicy: Forbid # 병렬로 Job 실행 금지
  jobTemplate:
    spec: # 생략
```

애플리케이션과 도구의 구현에 따라 병렬 처리로 인해 사이드이펙트가 발생할 수도 있다. 따라서 특성에 따라 Concurrency Policy를 구분하는 것이 중요하다.

Suspend

Suspend는 후속 잡의 실행을 일시 정지하기 위한 설정으로, `.spec.suspend` 필드에 BOOL값으로 설정한다. 기본값은 `false`다.

크론잡을 통해 잡의 실행을 일시 정지하는 방법은 리스트 7.16과 같다.

리스트 7.16 Suspend 설정 (~/k8s/cronjob/cronjob.yaml)

```
apiVersion: batch/v1
kind: CronJob
metadata:
  name: pingpong
  labels:
    app: pingpong
spec:
  schedule: "*/1 * * * *"
  suspend: true # 일시 정지하여 후속 Job을 실행하지 않음
  jobTemplate:
    spec: # 생략
```

`suspend`를 `true`로 설정하면 이후 잡의 생성이 다음과 같이 정지된다.

```
$ kubectl get cronjob,job,pod -l app=pingpong
NAME                     SCHEDULE     SUSPEND ACTIVE LAST SCHEDULE AGE
cronjob.batch/pingpong */1 * * * * True     0      5m54s         8h

NAME                        COMPLETIONS DURATION AGE
job.batch/pingpong-28196185 1/1         13s      7m54s
job.batch/pingpong-28196186 1/1         13s      6m54s
job.batch/pingpong-28196187 1/1         13s      5m54s

NAME                          READY STATUS    RESTARTS AGE
pod/pingpong-28196185-nrgdx 0/1   Completed 0        7m54s
pod/pingpong-28196186-sxptk 0/1   Completed 0        6m54s
pod/pingpong-28196187-lwqhq 0/1   Completed 0        5m54s
```

Suspend의 장점은 크론잡을 제거하지 않고 잡의 실행을 중지할 수 있다는 것이다. 잡 실행을 멈추고 싶을 때 크론잡을 제거할 필요가 없다.

Job History Limit

`pingpong`의 크론잡은 1분에 한 번 실행하는 스케줄이지만 실행한 잡과 파드는 최근 3건밖에 표

시되지 않는다는 점을 알 수 있다. 이는 크론잡에서 실행하는 잡을 유지하는 수를 설정하는 Job History Limit 설정과 관련이 있다.

`.spec.successfulJobsHistoryLimit`은 성공한 잡을 유지하는 수를 설정하며 기본값은 3이다.

`.spec.failedJobsHistoryLimit`은 실패한 잡을 유지하는 수를 설정하며 기본값은 1이다.

설정의 변경은 리스트 7.17과 같다.

리스트 7.17 Job History Limit 설정 (~/k8s/cronjob/cronjob.yaml)

```
apiVersion: batch/v1
kind: CronJob
metadata:
  name: pingpong
  labels:
    app: pingpong
spec:
  schedule: "*/1 * * * *"
  successfulJobsHistoryLimit: 5
  failedJobsHistoryLimit: 3
  jobTemplate:
    spec: # 생략
```

Job History Limit의 값을 변경하면 다음과 같이 잡을 유지하는 수가 변경된다. 상황에 따라 적절하게 수를 설정하는 것이 좋다.

```
$ kubectl get cronjob,job,pod -l app=pingpong
NAME                    SCHEDULE      SUSPEND ACTIVE LAST SCHEDULE AGE
cronjob.batch/pingpong */1 * * * * False   0      20s           8h

NAME                        COMPLETIONS DURATION AGE
job.batch/pingpong-28196215 1/1            13s    4m20s
job.batch/pingpong-28196216 1/1            12s    3m20s
job.batch/pingpong-28196217 1/1            13s    2m20s
job.batch/pingpong-28196218 1/1            13s    80s
job.batch/pingpong-28196219 1/1            13s    20s

NAME                        READY STATUS    RESTARTS AGE
pod/pingpong-28196215-s2xhm 0/1   Completed 0        4m20s
pod/pingpong-28196216-rfhg8 0/1   Completed 0        3m20s
pod/pingpong-28196217-2158w 0/1   Completed 0        2m20s
pod/pingpong-28196218-p7zgf 0/1   Completed 0        80s
pod/pingpong-28196219-6984k 0/1   Completed 0        20s
```

7.2.2 타임존을 고려한 크론잡 실행

크론잡은 크론 형식으로 잡의 스케줄링을 설정할 수 있지만, 타임존은 Control Plane의 kube-controller-manager 타임존에 의존한다.

이전의 쿠버네티스에서는 Control Plane의 노드 자체를 임의의 타임존으로 설정하여 해당 타임존에서 크론잡을 실행했다. 그러나 이 방법은 타임존이 Control Plane에 의존하게 된다. 또한 매니지드 쿠버네티스 서비스에서는 Control Plane의 노드 설정은 손댈 수 없으므로 사용자가 제어할 수 없다는 문제도 있다.

그러나 쿠버네티스 1.27 버전부터 크론잡은 타임존의 설정을 지원한다. 크론잡의 타임존은 `.spec.timezone`으로 설정할 수 있으며, 기본값은 `Etc/UTC`다.

타임존 설정의 예는 리스트 7.18과 같으며, 한국 시간은 `Asia/Seoul`을 사용한다.[14]

리스트 7.18 크론잡 타임존 설정 (~/k8s/cronjob/cronjob.yaml)

```
apiVersion: batch/v1
kind: CronJob
metadata:
  name: pingpong
  labels:
    app: pingpong
spec:
  schedule: "10 12 * * *" # 한국 시간 12시 10분에 실행되는 스케줄
  timezone: "Asia/Seoul"
  jobTemplate:
    spec: # 생략
```

7.2.3 크론잡에서 잡을 일회성으로 실행하기

앞에서 사용한 크론잡과 같이 1분 간격으로 잡이 실행되면 잡이 생성한 파드의 동작을 바로 확인하는 것은 간단하다. 그러나 실제로는 더 긴 간격이나 특정 시간에 스케줄링하는 상황도 있으므로 바로 동작을 확인할 수 없는 상황도 많다.

이런 상황에서는 기존의 크론잡에서 일회성으로 잡을 실행하는 방법을 사용할 수 있다. 즉 크론잡의 스케줄 정의를 변경하지 않고 바로 잡을 실행할 수 있다.

---

14 타임존 식별자는 https://en.wikipedia.org/wiki/List_of_tz_database_time_zones을 참고한다.

`kubectl create job [Job명] --from=cronjob/[CronJob명]`의 형식을 사용해 리스트 7.19와 같이 일회성 잡을 생성할 수 있다. 스케줄 정의를 변경하지 않고 잡을 실행할 수 있으므로 테스트 작업 시에도 유용하다.

리스트 7.19 CronJob에서 일회성 잡 생성

```
$ kubectl create job onetime-pingpong --from=cronjob/pingpong
job.batch/onetime-pingpong created
```

생성한 크론잡의 리소스는 다음 커맨드로 삭제할 수 있다.

```
(~/k8s/cronjob) $ kubectl delete -f cronjob.yaml
```

7.3 유저 관리와 Role-Based Access Control(RBAC)

안전하게 쿠버네티스를 운영하기 위해서는 몇 가지 대책이 필요하다. 유저별로 권한을 제한하는 작업은 기본적인 대책 중 하나다.

쿠버네티스도 유저를 제공한다. 쿠버네티스에서 유저[15]는 다음과 같이 두 가지 개념으로 나뉜다.

명칭	내용
서비스 어카운트	쿠버네티스 내부에서 관리되며, 파드 자체로 쿠버네티스 API[16]를 조작하기 위한 계정
일반 유저	클러스터 외부에서 쿠버네티스를 조작하기 위한 계정으로, 다양한 방법으로 인증

서비스 어카운트는 쿠버네티스의 리소스로 제공된다. 쿠버네티스 클러스터 내부의 권한을 관리하기 위한 용도로, 서비스 어카운트와 연결된 파드는 주어진 권한 범위 내에서 쿠버네티스 리소스를 조작할 수 있다.

일반 유저는 개발자와 운영 담당자가 kubectl 등으로 쿠버네티스를 조작하기 위해 제공한다. 쿠버네티스 클러스터 외부의 액세스를 관리하기 위한 유저로, 일반 유저를 그룹화하기 위한 개념도 존재하고 그룹 단위로 권한 제어도 가능하다.

---

15 UNIX 유저와는 전혀 다르다. 이번 절 이후 유저는 쿠버네티스의 유저를 의미한다.

16 쿠버네티스의 파드와 디플로이먼트와 같은 리소스 정보의 참조, 생성, 업데이트 조작을 제공하기 위한 API. kubectl은 쿠버네티스 API와 상호작용한다.

서비스 어카운트와 일반 유저가 할 수 있는 작업은 Role-Based Access Control[17]로 권한을 제어할 수 있다. RBAC는 쿠버네티스 리소스에 대한 액세스를 역할로 제어하기 위한 개념이자 기능이다. RBAC를 적절하게 사용하면 쿠버네티스 리소스에 대한 보안 액세스 제어를 구현할 수 있다.

서비스 어카운트는 애플리케이션을 통해 쿠버네티스 작업을 제어할 수 있다는 것이 장점이다. 클러스터 내부에서 독자적인 확장 도구[18]와 운영 도구를 동작시키는 파드에 권한을 주어 다른 리소스의 생성과 업데이트 등에 활용할 수 있다.

일반 유저 권한 제어의 예로는 배포와 관련한 서비스와 디플로이먼트 조작 권한을 일부 유저에게는 제한하거나, 파드의 로그 확인 등은 다른 유저와 동일하게 권한을 부여하는 것과 같은 방식이 있다.

실제로 RBAC 관련 리소스를 생성하고 서비스 어카운트를 사용하는 파드에서 쿠버네티스 API 사용에 대해 알아보자. 다음으로는 일반 유저로 인증 후 쿠버네티스 조작에 대해 알아본다.

7.3.1 RBAC를 사용해 권한 제어 구현하기

RBAC의 권한 제어는 쿠버네티스 API에서 어떤 작업이 가능한지 정의하는 역할과, 유저와 역할을 연결하는 두 가지 요소로 구성된다.

쿠버네티스에서는 권한 제어의 역할을 표현하는 롤Role과 클러스터 롤ClusterRole 리소스, 연결을 표현하는 롤 바인딩RoleBinding과 클러스터 롤 바인딩ClusterRoleBinding 리소스를 제공한다. 서비스 어카운트 방식과 일반 유저 방식은 그림 7.4와 같이 연동하고 권한 제어를 구현할 수 있다.

---

17 RBAC
18 https://kubernetes.io/docs/concepts/extend-kubernetes/api-extension/custom-resources/
    쿠버네티스 사용자 정의 리소스는 각 리소스의 조작과 운영을 지원하기 위한 확장 기능이다.

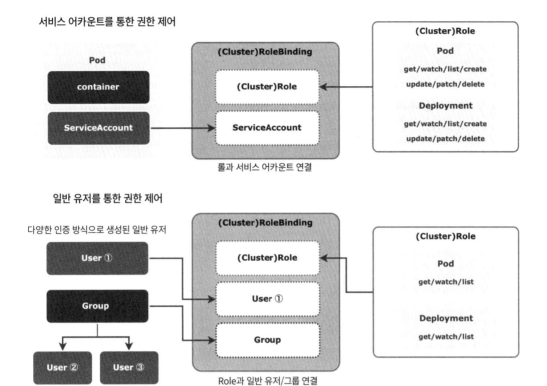

그림 7.4 **쿠버네티스의 권한 제어**

리소스 접두사에 `Cluster`가 붙는 것은 네임스페이스에 관계없이 유효하며, 붙어 있지 않은 것은 지정된 네임스페이스 내에서만 유효하다.

리소스명	내용
Role	쿠버네티스 API에 대한 조작 허가 규칙을 정의하고, 지정된 네임스페이스 내부에서만 유효
RoleBinding	일반 유저, 그룹, 서비스 어카운트와 롤의 연결을 정의
ClusterRole	쿠버네티스 API에 대한 조작 허가 규칙을 정의. 클러스터 전체에서 유효
ClusterRoleBinding	일반 유저, 그룹, 서비스 어카운트와 클러스터 롤의 연결을 정의

이러한 리소스를 사용해 로컬 쿠버네티스 환경에서 서비스 어카운트 유저로 권한을 제어해보자. 매니페스트 파일용 작업 디렉터리 `~/k8s/rbac/`를 생성하고 해당 위치로 이동한다.

```
$ mkdir -p ~/k8s/rbac/
```

7.3.2 클러스터 롤 생성

cr-reader.yaml 파일명으로 리스트 7.20의 매니페스트 파일을 생성하고 apply한다. 이 클러스터 롤은 파드 정보를 참조할 수 있는 권한을 정의한다.

리스트 7.20 클러스터 롤 매니페스트 파일 (~/k8s/rbac/cr-reader.yaml)

```
kind: ClusterRole
apiVersion: rbac.authorization.k8s.io/v1
metadata:
  name: pod-reader
rules:
- apiGroups: [""]
  resources: ["pods"]
  verbs: ["get", "watch", "list"]
```

.rules로 권한을 설정한다. .rules.apiGroups는 쿠버네티스 API의 유형, .rules.resources는 대상 리소스, .rules.verbs는 허가하는 조작[19]을 의미한다.

apiGroups와 resources에 지정할 값을 찾기 위해서는 kubectl api-resources --sort-by name 커맨드를 그림 7.5와 같이 실행한다.

---

19 kubectl의 인수에 지정하는 get, list, delete 등의 조작을 의미

```
jpub@Mac strategy % kubectl api-resources --sort-by name
NAME                            SHORTNAMES    APIVERSION                              NAMESPACED    KIND
apiservices                                   apiregistration.k8s.io/v1               false         APIService
bindings                                      v1                                      true          Binding
certificatesigningrequests      csr           certificates.k8s.io/v1                  false         CertificateSigningRequest
clusterrolebindings                           rbac.authorization.k8s.io/v1            false         ClusterRoleBinding
clusterroles                                  rbac.authorization.k8s.io/v1            false         ClusterRole
componentstatuses               cs            v1                                      false         ComponentStatus
configmaps                      cm            v1                                      true          ConfigMap
controllerrevisions                           apps/v1                                 true          ControllerRevision
cronjobs                        cj            batch/v1                                true          CronJob
csidrivers                                    storage.k8s.io/v1                       false         CSIDriver
csinodes                                      storage.k8s.io/v1                       false         CSINode
csistoragecapacities                          storage.k8s.io/v1                       true          CSIStorageCapacity
customresourcedefinitions       crd,crds      apiextensions.k8s.io/v1                 false         CustomResourceDefinition
daemonsets                      ds            apps/v1                                 true          DaemonSet
deployments                     deploy        apps/v1                                 true          Deployment
endpoints                       ep            v1                                      true          Endpoints
endpointslices                                discovery.k8s.io/v1                     true          EndpointSlice
events                          ev            v1                                      true          Event
events                          ev            events.k8s.io/v1                        true          Event
flowschemas                                   flowcontrol.apiserver.k8s.io/v1         false         FlowSchema
horizontalpodautoscalers        hpa           autoscaling/v2                          true          HorizontalPodAutoscaler
ingressclasses                                networking.k8s.io/v1                    false         IngressClass
ingresses                       ing           networking.k8s.io/v1                    true          Ingress
jobs                                          batch/v1                                true          Job
leases                                        coordination.k8s.io/v1                  true          Lease
limitranges                     limits        v1                                      true          LimitRange
localsubjectaccessreviews                     authorization.k8s.io/v1                 true          LocalSubjectAccessReview
mutatingwebhookconfigurations                 admissionregistration.k8s.io/v1         false         MutatingWebhookConfiguration
namespaces                      ns            v1                                      false         Namespace
networkpolicies                 netpol        networking.k8s.io/v1                    true          NetworkPolicy
nodes                           no            v1                                      false         Node
persistentvolumeclaims          pvc           v1                                      true          PersistentVolumeClaim
persistentvolumes               pv            v1                                      false         PersistentVolume
poddisruptionbudgets            pdb           policy/v1                               true          PodDisruptionBudget
pods                            po            v1                                      true          Pod
podtemplates                                  v1                                      true          PodTemplate
priorityclasses                 pc            scheduling.k8s.io/v1                    false         PriorityClass
prioritylevelconfigurations                   flowcontrol.apiserver.k8s.io/v1         false         PriorityLevelConfiguration
replicasets                     rs            apps/v1                                 true          ReplicaSet
replicationcontrollers          rc            v1                                      true          ReplicationController
resourcequotas                  quota         v1                                      true          ResourceQuota
rolebindings                                  rbac.authorization.k8s.io/v1            true          RoleBinding
roles                                         rbac.authorization.k8s.io/v1            true          Role
runtimeclasses                                node.k8s.io/v1                          false         RuntimeClass
secrets                                       v1                                      true          Secret
selfsubjectaccessreviews                      authorization.k8s.io/v1                 false         SelfSubjectAccessReview
selfsubjectreviews                            authentication.k8s.io/v1                false         SelfSubjectReview
selfsubjectrulesreviews                       authorization.k8s.io/v1                 false         SelfSubjectRulesReview
serviceaccounts                 sa            v1                                      true          ServiceAccount
services                        svc           v1                                      true          Service
```

그림 7.5 쿠버네티스 각 리소스 리스트

파드는 `APIVERSION=1`이며, 버전 번호만 표시된다. 버전 번호만 있는 리소스는 쿠버네티스 코어 API에 속하며, 코어 API는 생략하여 표시된다. 따라서 코어 API 리소스를 정의할 때는 `apiGroups`에 빈 문자를 지정한다.

코어 API 이외의 리소스도 살펴보자. 디플로이먼트는 `APIVERSION=apps/v1`로 되어 있으며, 슬래시 앞의 `apps`를 `apiGroups`로 취급한다.

생성한 클러스터 롤의 매니페스트는 다음과 같이 `apply`한다.

```
(~/k8s/rbac) $ kubectl apply -f cr-reader.yaml
clusterrole.rbac.authorization.k8s.io/pod-reader created
```

다음으로는 클러스터 롤을 할당하기 위한 서비스 어카운트가 필요하다.

7.3.3 서비스 어카운트 생성

서비스 어카운트는 클러스터 내부에서 실행되는 파드에 쿠버네티스 API에 대한 인증과 권한을 관리하는 리소스다.

서비스 어카운트는 그 자체가 리소스이므로, 쿠버네티스 API로 리소스를 제어하는 확장 기능을 사용하는 Bot이 포함된 파드 생성 등에 사용한다.

`kube-system`의 네임스페이스에서는 쿠버네티스 리소스를 제어하기 위한 몇 개의 파드가 실행된다. 이러한 파드는 서비스 어카운트의 동작에 따라 다른 네임스페이스에서 실행되고 있는 파드와 서비스, 인그레스 등의 리소스 정보를 참고하고 조작할 수 있다.

권한 확장 외에 RBAC를 통해 목적 이외의 리소스에 액세스를 제한하는 것으로도 페일 세이프fail safe한 애플리케이션 구축에 기여할 수 있다.

`sa-reader.yaml` 매니페스트 파일을 리스트 7.21과 같이 생성하고 `apply`한다.

리스트 7.21 서비스 어카운트 매니페스트 파일 (~/k8s/rbac/sa-reader.yaml)

```
apiVersion: v1
kind: ServiceAccount
metadata:
  name: pod-reader
```

```
(~/k8s/k8s) $ kubectl apply -f sa-reader.yaml
serviceaccount/pod-reader created
```

여기서는 매니페스트 파일로 서비스 어카운트를 생성했지만 다음과 같이 커맨드로 생성할 수도 있다.

```
$ kubectl create serviceaccount pod-reader
```

(클러스터)롤과 서비스 어카운트의 연결을 담당하는 것이 (클러스터)롤 바인딩 리소스다.

`crb-reader.yaml` 파일명으로 리스트 7.22의 매니페스트 파일을 생성하고 `apply`한다.

리스트 7.22 ClusterRoleBinding 매니페스트 파일 (~/k8s/rbac/crb-reader.yaml)

```
kind: ClusterRoleBinding
apiVersion: rbac.authorization.k8s.io/v1
metadata:
  name: pod-reader
subjects:
- kind: ServiceAccount
  name: pod-reader
  namespace: default
roleRef:
  kind: ClusterRole
  name: pod-reader
  apiGroup: rbac.authorization.k8s.io
```

`.subjects`에는 역할을 연결하는 일반 유저나 그룹, 서비스 어카운트를 설정한다. `.roleRef`는 연결할 역할의 리소스를 지정한다.

생성한 ClusterRoleBinding의 매니페스트는 다음과 같이 `apply`한다.

```
(~/k8s/k8s) $ kubectl apply -f crb-reader.yaml
clusterrolebinding.rbac.authorization.k8s.io/pod-reader created
```

서비스 어카운트와 파드 연결

서비스 어카운트와 연결되는 클러스터 롤 바인딩의 두 가지 리소스를 생성했으므로 이제 실제로 동작하는 파드가 필요하다. kubectl을 사용해[20] 모든 네임스페이스의 파드 리스트를 가져오는 작업을 반복하는 파드를 생성한다.

`pod-reader.yaml` 매니페스트 파일을 리스트 7.23과 같이 생성하고 `apply`한다.

파드 정의에서 `serviceAccountName`에 사용하는 서비스 어카운트를 지정하면 파드에서 권한이 부여된 쿠버네티스 API를 조작할 수 있다.

---

[20] kubectl을 사용할 수 있는 이미지는 도커 허브에서 가져온다. https://hub.docker.com/r/bitnami/kubectl

리스트 7.23 서비스 어카운트를 설정한 파드의 매니페스트 파일 (~/k8s/rbac/pod-reader.yaml)

```yaml
apiVersion: v1
kind: Pod
metadata:
  name: pod-reader
  labels:
    app: pod-reader
spec:
  serviceAccountName: pod-reader
  containers:
  - name: kubectl
    image: bitnami/kubectl:1.27.4
    command:
    - sh
    - -c
    - |
      while true
      do
        echo "Checking pod..."
        kubectl get pod --all-namespaces
        sleep 30
      done
```

```
(~/k8s/k8s) $ kubectl apply -f pod-reader.yaml
pod/pod-reader created
```

실행 중인 파드의 로그를 확인해보면 정확한 파드 리스트를 가져오는 것을 확인할 수 있다.

```
jpub@Mac rbac % kubectl logs -f pod-reader
Checking pod...
NAMESPACE       NAME                                              READY   STATUS             RESTARTS        AGE
default         echo-7bd79f6756-lkmdw                             2/2     Running            0               164m
default         echo-7bd79f6756-vk4mh                             2/2     Running            0               164m
default         echo-7bd79f6756-vl9wk                             2/2     Running            0               167m
default         pod-reader                                        1/1     Running            0               4m43s
default         print-version-6d6dcb5f48-2964p                    0/1     CrashLoopBackOff   4 (17s ago)     112s
default         update-checker                                    1/1     Running            0               54m
ingress-nginx   ingress-nginx-admission-create-l57br              0/1     Completed          0               178m
ingress-nginx   ingress-nginx-admission-patch-cd7z8               0/1     Completed          0               178m
ingress-nginx   ingress-nginx-controller-7b967458dd-x6bfj         1/1     Running            0               178m
kube-system     coredns-7db6d8ff4d-5q9xm                          1/1     Running            0               3h1m
kube-system     coredns-7db6d8ff4d-x4w4j                          1/1     Running            0               3h1m
kube-system     etcd-docker-desktop                               1/1     Running            0               3h1m
kube-system     kube-apiserver-docker-desktop                     1/1     Running            0               3h1m
kube-system     kube-controller-manager-docker-desktop            1/1     Running            0               3h1m
kube-system     kube-proxy-vxxh9                                  1/1     Running            0               3h1m
kube-system     kube-scheduler-docker-desktop                     1/1     Running            0               3h1m
kube-system     storage-provisioner                               1/1     Running            0               3h1m
kube-system     vpnkit-controller                                 1/1     Running            0               3h1m
```

그림 7.6 pod-reader가 출력하는 파드 리스트

pod-reader의 서비스 어카운트는 파드의 참조 권한만 부여하고 있으므로 이 외의 다른 조작이 가능한지 확인해보자.

deployment-reader.yaml 매니페스트 파일을 리스트 7.23과 같이 생성하고 apply한다. 사용하는 서비스 어카운트는 pod-reader 그대로 디플로이먼트의 리스트를 가져오는 kubectl get deployment 커맨드를 실행한다.

리스트 7.24 **서비스 어카운트를 설정하는 디플로이먼트 매니페스트 파일** (~/k8s/rbac/deployment-reader.yaml)

```
apiVersion: v1
kind: Pod
metadata:
  name: deployment-reader
  labels:
    app: deployment-reader
spec:
  serviceAccountName: pod-reader
  containers:
  - name: kubectl
    image: bitnami/kubectl:1.27.4
    command:
    - sh
    - -c
    - |
      while true
      do
        echo "Checking pod..."
        kubectl get deployment --all-namespaces
        sleep 30
      done
```

```
(~/k8s/k8s) $ kubectl apply -f deployment-reader.yaml
pod/deployment-reader created
```

파드의 출력을 확인해보면 디플로이먼트 리소스에 액세스가 제한되어 있는 것을 알 수 있다.

```
$ kubectl logs -f deployment-reader
Checking pod...
Error from server (Forbidden): deployments.apps is forbidden: User "system:serviceaccount:default:pod-reader" cannot list resource "deployments" in API group "apps" at the cluster scope
```

이와 같이 서비스 어카운트를 사용하면 파드의 쿠버네티스 API에 안전하게 액세스할 수 있다. 특히 파드 내부에서 업데이트나 삭제와 같은 조작을 실행하는 애플리케이션을 구축하는 상황에서 이 구조는 유용하다.

또한 `serviceAccountName`은 파드에 대한 정의이므로 레플리카셋과 디플로이먼트, 스테이트풀셋과 잡 같은 리소스에 의해 생성된 파드에도 부여할 수 있다.

7.3.5 일반 유저

쿠버네티스에서 일반 유저는 다음과 같은 방법으로 생성할 수 있다.

- 서비스 어카운트 토큰 방식
- 정적 토큰 파일 방식[21]
- X509 클라이언트 인증서 방식[22]
- 부트스트랩 토큰 방식[23]
- OpenID Connect 방식[24]

서비스 어카운트 토큰 방식은 서비스 어카운트를 일반 유저처럼 인증하는 방식이다. 서비스 어카운트 토큰 방식으로 생성한 일반 유저는 서비스 어카운트와 동등한 권한을 가진다.

이번에는 앞에서 작성한 `pod-reader`의 서비스 어카운트를 일반 유저로 생각하고 쿠버네티스 클러스터 외부에서 일반 유저로 조작해보자.[25]

서비스 어카운트 토큰 생성

서비스 어카운트 토큰 방식은 쿠버네티스에 시간 제한 토큰 발급을 요청할 수 있다. 리스트 7.25와 같은 커맨드로 토큰을 발급받을 수 있다.[26]

---

21 Request에 Bearer 토큰을 포함하여 인증하는 방식으로 정적 파일에 허가하는 토큰을 나열한다.
22 클라이언트 인증서를 사용한 인증 방법
23 kube-system의 네임스페이스에 동적인 시크릿로 저장되는 토큰을 사용하는 인증 방법
24 OpenID 프로바이더(구글 등)를 통한 인증 방법
25 다른 인증 방식에 대해서는 다루지 않는다.
26 토큰은 길이가 길어 일부를 생략한다.

리스트 7.25 **ServiceAccount 토큰 생성**

```
$ kubectl create token pod-reader
eyJhbGciOiJSUzI1NiIsImtpZCI6......
```

이 토큰을 보관해두자.

생성한 일반 유저 이용하기

kubectl은 쿠버네티스의 API에서 HTTP/HTTPS를 통해 Control Plane API[27]에 액세스한다.

필요한 인증 정보는 Control Plane 노드의 `~/.kube/config`라는 `YAML` 파일에 설정되어 있다. 리스트 7.26과 같은 커맨드를 사용하여 참조할 수 있다.[28]

리스트 7.26 **쿠버네티스 접속 정보**

```
$ kubectl config view
apiVersion: v1
clusters:
- cluster:
    certificate-authority-data: DATA+OMITTED
    server: https://127.0.0.1:6443
  name: docker-desktop # 1 클러스터 정보
contexts:
- context:
    cluster: docker-desktop # 3-1 조작 대상의 클러스터
    user: docker-desktop # 3-2 일반 유저 인증
  name: docker-desktop # 3 콘텍스트
current-context: docker-desktop # 4 현재 콘텍스트
kind: Config
preferences: {}
users:
- name: docker-desktop # 2 일반 유저 정보
  user:
    client-certificate-data: DATA+OMITTED
    client-key-data: DATA+OMITTED
```

1은 쿠버네티스 클러스터의 연결 대상이며, 2는 일반 유저의 정보를 나타낸다. 도커 데스크톱은 모두 도커 데스크톱이 된다.

---

27 로컬 쿠버네티스 환경이라면 `localhost`

28 로컬 쿠버네티스 환경에서의 표시 결과다. 6.3.1절에서 AKS를 사용했다면 AKS 접속 정보도 표시된다.

3은 '어떤 일반 유저가 어떤 쿠버네티스 클러스터 API를 조작할지 결정하는 정보'인 콘텍스트를 보여준다. 3-1과 3-2에서 조작 대상 클러스터와 인증하는 일반 유저를 설정한다.

4의 `current-context`에 현재 콘텍스트인 `docker-desktop`이 설정되어 있다. kubectl은 현재 콘텍스트를 기반으로 쿠버네티스 클러스터를 조작한다.

실제로 로컬 쿠버네티스 클러스터에 대해 서비스 어카운트의 `pod-reader`를 일반 유저로 사용하여 권한 제어가 이루어지고 있는지 확인해보자.

리스트 7.25에서 생성한 서비스 어카운트 토큰을 리스트 7.27과 같이 `--token` 옵션으로 설정한다. `local-pod-reader`는 2의 일반 유저 명칭으로 이용되어 `pod-reader`의 서비스 어카운트와 동등하게 조작할 수 있다.

리스트 7.27 일반 유저 설정

```
$ kubectl config set-credentials local-pod-reader --token=eyJhbGciOiJSUzI1NiIsImtpZCI6......
User "local-pod-reader" set.
```

리스트 7.28과 같이 `--cluster` 옵션과 `--user` 옵션을 지정하여 콘텍스트를 생성한다.

리스트 7.28 콘텍스트 생성

```
$ kubectl config set-context local-pod-reader --cluster=docker-desktop --user=local-pod-
reader
Context "local-pod-reader" created.
```

사용할 수 있는 콘텍스트는 다음과 같이 확인할 수 있다. 이 시점에서 현재 콘텍스트를 나타내는 `CURRENT`에는 `docker-desktop` 콘텍스트가 선택된다. `AUTHINFO`는 리스트 7.28에서 커맨드로 설정한 `--user`의 값이다.

```
$ kubectl config get-contexts
CURRENT  NAME             CLUSTER         AUTHINFO         NAMESPACE
*        docker-desktop   docker-desktop  docker-desktop
         local-pod-reader docker-desktop  local-pod-reader
```

리스트 7.29 커맨드를 실행하고 현재 콘텍스트를 `local-pod-reader`로 변경한다.

```
$ kubectl config use-context local-pod-reader
Switched to context "local-pod-reader".
```

콘텍스트가 변경되었으므로 로컬에서 pod-reader의 서비스 어카운트로 쿠버네티스 작업이 가능한지 확인해보자. 먼저 파드 리스트를 다음과 같이 확인한다.

```
jpub@Mac rbac % kubectl logs -f pod-reader
Checking pod...
NAMESPACE      NAME                                          READY  STATUS           RESTARTS
default        echo-7bd79f6756-lkmdw                         2/2    Running          0
default        echo-7bd79f6756-vk4mh                         2/2    Running          0
default        echo-7bd79f6756-vl9wk                         2/2    Running          0
default        pod-reader                                    1/1    Running          0
default        print-version-6d6dcb5f48-2964p                0/1    CrashLoopBackOff 4 (17s ago)
default        update-checker                                1/1    Running          0
ingress-nginx  ingress-nginx-admission-create-l57br          0/1    Completed        0
ingress-nginx  ingress-nginx-admission-patch-cd7z8           0/1    Completed        0
ingress-nginx  ingress-nginx-controller-7b967458dd-x6bfj     1/1    Running          0
kube-system    coredns-7db6d8ff4d-5q9xm                      1/1    Running          0
kube-system    coredns-7db6d8ff4d-x4w4j                      1/1    Running          0
kube-system    etcd-docker-desktop                           1/1    Running          0
kube-system    kube-apiserver-docker-desktop                 1/1    Running          0
kube-system    kube-controller-manager-docker-desktop        1/1    Running          0
kube-system    kube-proxy-vxxh9                              1/1    Running          0
kube-system    kube-scheduler-docker-desktop                 1/1    Running          0
kube-system    storage-provisioner                           1/1    Running          0
kube-system    vpnkit-controller                             1/1    Running          0
taskapp        mysql-0                                       1/1    Running          0
```

그림 7.7 일반 유저로 쿠버네티스 조작

파드 리스트를 확인해보면 pod-reader의 서비스 어카운트는 파드 조회 이외의 권한은 없으므로 다음과 같이 디플로이먼트와 같은 다른 리소스를 참조할 수 없다.

```
$ kubectl get deployment --all-namespaces
Error from server (Forbidden): deployments.apps is forbidden: User "system:serviceaccount:
default:pod-reader" cannot list resource "deployments" in API group "apps" at the cluster
scope
```

이것으로 일반 유저의 권한 제어 동작을 확인했다.

실행 유저를 되돌리려면 콘텍스트를 docker-desktop으로 되돌리면 된다.

```
$ kubectl config use-context docker-desktop
Switched to context "docker-desktop".
```

이와 같이 서비스 어카운트와 일반 유저를 생성하고 쿠버네티스 클러스터에 대한 접근을 적절하게 제어하는 것이 보안 측면에서 중요하며, 개발자의 의도하지 않은 조작으로부터 리소스를 지키기 위해서도 중요하다.

다음 예는 일반 유저와 RBAC를 사용한 팀 개발의 권한 관리의 예다. 이 외에도 다양한 권한 설계 방법이 있으므로 프로젝트에 맞는 권한 설계를 생각해보자.

- admin, deployer, viewer 등 액세스 권한의 차이를 갖는 그룹을 만들고 일반 유저 그룹을 적절히 설정하여 배포 작업과 서비스, 인그레스 변경을 일반 유저에 따라 제한
- 큰 구성 변경을 동반하는 조작은 강력한 권한을 가진 전용 유저로 전환하여 실시하고, 해당 유저의 인증 정보는 극히 일부에게만 공유

앞에서 생성한 RBAC 관련 리소스는 다음 커맨드로 삭제할 수 있다.

```
(~/k8s/rbac) $ kubectl delete -f deployment-reader.yaml
(~/k8s/rbac) $ kubectl delete -f pod-reader.yaml
(~/k8s/rbac) $ kubectl delete -f sa-reader.yaml
(~/k8s/rbac) $ kubectl delete -f crb-reader.yaml
(~/k8s/rbac) $ kubectl delete -f cr-reader.yaml
```

쿠버네티스
애플리케이션 패키징

쿠버네티스를 운영하면서 클러스터를 하나만 사용하는 일은 많지 않다. 개발 환경과 운영 환경으로 클러스터를 나누거나 부하 테스트를 위한 클러스터 사용 등 다양한 케이스가 있다. 이와 같이 여러 클러스터를 사용할 때는 동일한 애플리케이션을 많은 클러스터에 배포하는 상황이 발생한다.[1]

쿠버네티스는 하나의 애플리케이션과 미들웨어를 디플로이먼트와 서비스 같은 여러 리소스를 조합해서 배포한다.

애플리케이션의 규모가 커지면 다루는 매니페스트 파일도 많아지므로 관리와 운영이 복잡해진다. 따라서 쿠버네티스 애플리케이션의 매니페스트 파일을 공통화하여 패키징을 쉽게 재배포할 수 있도록 만드는 구조가 필요하다.

이번 장에서는 쿠버네티스 리소스의 구성 관리 및 패키징을 지원하는 도구인 Kustomize와 Helm에 대해 설명한다.

각각 특징이 있지만 필자의 구분법은 다음과 같다.

Kustomize는 개발 환경이나 운영 환경 등 여러 환경에 배포할 때 필요한 최소한의 매니페스트 파일을 관리하기 위해 사용한다.

---

1 하나의 클러스터에 네임스페이스를 나누는 방법도 있다.

Helm은 Kustomize보다 세세한 매니페스트 파일 제어가 필요할 때 사용한다. 또한 쿠버네티스 애플리케이션을 다른 프로젝트에서 다시 사용하거나 OSS로 공개하는 용도로도 유용하다.

실제로 이러한 도구를 사용해 배포를 진행해보자.

8.1 Kustomize

Kustomize[2]는 쿠버네티스 매니페스트 관리 도구로 매니페스트의 구성 관리를 구현한다. Kustomize의 기본인 매니페스트 생성 기능은 kubectl도 제공한다.

Kustomize는 간단한 구성 관리 도구로 기본적인 개념은 그림 8.1과 같다. base 매니페스트의 변경 위치를 정의한 패치 매니페스트를 준비하고 병합된 매니페스트를 출력한다.[3]

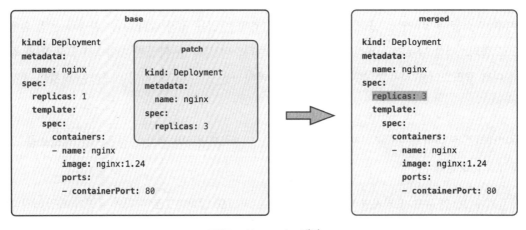

그림 8.1 Kustomize 개념

Kustomize는 다른 유용한 기능도 제공한다.

- **여러 매니페스트 파일을 하나의 매니페스트 파일로 병합**
- **레이블 등 공통 부분을 설정하여 매니페스트 파일의 중복 감소**
- **오버레이의 재사용성을 통해 복수의 환경 구성 관리가 용이**
- **시크릿 생성**

2　https://kustomize.io/
3　Kustomize의 오버레이 기능이다.

Kustomize는 asdf를 사용해 리스트 8.1과 같이 설치할 수 있다.[4] kubectl에도 Kustomize가 포함되어 있지만 kubectl에서 제공하는 Kustomize로는 할 수 없는 기능을 이 책에서 사용하므로 Kustomize를 별도로 설치한다.

리스트 8.1 asdf로 Kustomize 설치

```
$ asdf plugin add kustomize
$ asdf install kustomize 5.3.0
$ asdf global kustomize 5.3.0
```

8.1.1 기본적인 사용 방법

먼저 간단한 echo 애플리케이션을 통해 Kustomize의 기본 기능을 살펴보자. 다음과 같이 작업 디렉터리를 생성하고 해당 위치로 이동한다.

```
$ mkdir -p ~/k8s/kustomize/echo/base/
```

먼저 디플로이먼트, 서비스, 인그레스 매니페스트 파일을 준비한다. 리스트 8.2, 리스트 8.3, 리스트 8.4의 세 가지 파일을 생성하자.

리스트 8.2 echo 애플리케이션의 디플로이먼트 매니페스트 파일 (~/k8s/kustomize/echo/base/deployment.yaml)

```
apiVersion: apps/v1
kind: Deployment
metadata:
  name: echo
  labels:
    app.kubernetes.io/name: echo
spec:
  replicas: 1
  selector:
    matchLabels:
      app.kubernetes.io/name: echo
  template:
    metadata:
      labels:
        app.kubernetes.io/name: echo
    spec:
      containers:
```

---

4 다른 설치 방법은 https://kubectl.docs.kubernetes.io/installation/kustomize/을 참고하자.

```
        - name: nginx
          image: ghcr.io/jpubdocker/simple-nginx-proxy:v0.1.0
          env:
          - name: NGINX_PORT
            value: "80"
          - name: SERVER_NAME
            value: "localhost"
          - name: BACKEND_HOST
            value: "localhost:8080"
          - name: BACKEND_MAX_FAILS
            value: "3"
          - name: BACKEND_FAIL_TIMEOUT
            value: "10s"
          ports:
          - name: http
            containerPort: 80
        - name: echo
          image: ghcr.io/jpubdocker/echo:v0.1.0
```

리스트 8.3 echo 애플리케이션의 Service 매니페스트 파일 (~/k8s/kustomize/echo/base/service.yaml)

```
apiVersion: v1
kind: Service
metadata:
  name: echo
  labels:
    app.kubernetes.io/name: echo
spec:
  selector:
    app.kubernetes.io/name: echo
  ports:
    - name: echo
      port: 80
      targetPort: http
      protocol: TCP
```

리스트 8.4 echo 애플리케이션의 인그레스 매니페스트 파일 (~/k8s/kustomize/echo/base/ingress.yaml)

```
apiVersion: networking.k8s.io/v1
kind: Ingress
metadata:
  name: echo
  labels:
    app.kubernetes.io/name: echo
spec:
  ingressClassName: nginx
```

```
  rules:
  - host: echo.jpub.local
    http:
      paths:
      - pathType: Prefix
        path: /
        backend:
          service:
            name: echo
            port:
              number: 80
```

이번 장에서는 애플리케이션을 식별하는 레이블에 `app.kubernetes.io/name`을 사용한다. 이 형식은 칼럼 '쿠버네티스 추천 레이블'에서 소개하므로 여기서는 깊이 생각할 필요는 없다.

Kustomize는 `kustomization.yaml`이라는 설정 파일에서 매니페스트의 구성을 관리한다. 실제로 `kustomization.yaml`을 생성하고 기능을 살펴보자.

매니페스트 정리하기

먼저 매니페스트 파일을 정리하기 위해 `kustomization.yaml`을 생성한다. 매니페스트 파일 결합은 Kustomize의 가장 기본 기능이다.

`kustomization.yaml` 형식은 `kustomize create` 커맨드로 생성할 수 있다. 옵션을 추가하지 않으면 설정이 없는 파일이 생성된다. 리스트 8.5와 같이 `--autodetect` 옵션을 사용하면 현재 디렉터리 내 존재하는 매니페스트 파일을 정리하기 위한 `kustomization.yaml`을 생성할 수 있다.

리스트 8.5 매니페스트 파일을 정리하는 kustomization.yaml 생성

```
(~/k8s/kustomize/echo/base) $ kustomize create --autodetect
```

작업 디렉터리에 리스트 8.6과 같이 `kustomization.yaml` 설정 파일을 생성한다.

리스트 8.6 kustomize create --autodetect로 생성된 kustomization.yaml (~/k8s/kustomize/echo/base/kustomization.yaml)

```
apiVersion: kustomize.config.k8s.io/v1beta1
kind: Kustomization
resources: # 현재 디렉터리로부터 매니페스트의 상대 경로 나열
- deployment.yaml
- ingress.yaml
```

```
- service.yaml
```

.resources에는 구성 관리의 대상이 되는 매니페스트 파일이 현재 디렉터리의 상대 경로로 나열된다.

Kustomize를 통해 정리된 매니페스트를 출력하기 위해 kustomize build [kustomization.yaml 디렉터리]의 커맨드를 실행한다.

리스트 8.7의 커맨드를 사용해 매니페스트를 생성한다.[5] 매니페스트는 파일이 아닌 표준 출력에 표시된다.

리스트 8.7 **Kustomize로 출력하는 완성된 매니페스트**

```
(~/k8s/kustomize/echo/base) $ kustomize build .
apiVersion: v1
kind: Service
metadata:
  labels:
    app.kubernetes.io/name: echo
  name: echo
spec:
  ports:
  - name: http
    port: 80
  selector:
    app.kubernetes.io/name: echo
---
apiVersion: apps/v1
kind: Deployment
metadata:
  labels:
    app.kubernetes.io/name: echo
  name: echo
spec:
  replicas: 1
  selector:
    matchLabels:
      app.kubernetes.io/name: echo
  template:
    metadata:
```

---

5   kubectl에 포함된 Kustomize에서는 kubectl kustomize build [kustomization.yaml이 존재하는 디렉터리] 커맨드로 실행할 수 있다.

```yaml
      labels:
        app.kubernetes.io/name: echo
    spec:
      containers:
      - env:
        - name: NGINX_PORT
          value: "80"
        - name: SERVER_NAME
          value: localhost
        - name: BACKEND_HOST
          value: localhost:8080
        - name: BACKEND_MAX_FAILS
          value: "3"
        - name: BACKEND_FAIL_TIMEOUT
          value: 10s
        image: ghcr.io/jpubdocker/simple-nginx-proxy:v0.1.0
        name: nginx
        ports:
        - name: http
          containerPort: 80
      - image: ghcr.io/jpubdocker/echo:v0.1.0
        name: echo
---
apiVersion: networking.k8s.io/v1
kind: Ingress
metadata:
  labels:
    app.kubernetes.io/name: echo
  name: echo
spec:
  ingressClassName: nginx
  rules:
  - host: echo.jpub.local
    http:
      paths:
      - backend:
        service:
          name: echo
          port:
            number: 80
        path: /
        pathType: Prefix
```

이를 통해 하나의 단계로 여러 매니페스트를 정리할 수 있다. 실제로 이 매니페스트를 사용해 배포
해보자.

`kustomize build` 커맨드는 매니페스트를 표준 출력하므로 리스트 8.8과 같이 파이프_{pipe}를 사용해 `kubectl apply`를 실행한다.

리스트 8.8 **Kustomize로 정리한 매니페스트를 apply**

```
(~/k8s/kustomize/echo/base) $ kustomize build . | kubectl apply -f -
service/echo created
deployment.apps/echo created
ingress.networking.k8s.io/echo created
```

삭제는 리스트 8.9와 같이 파이프를 사용해 `kubectl delete`를 실행한다.

리스트 8.9 **Kustomize로 정리한 매니페스트를 delete**

```
(~/k8s/kustomize/echo/base) $ kustomize build . | kubectl delete -f -
service "echo" deleted
deployment.apps "echo" deleted
ingress.networking.k8s.io/echo deleted
```

공통 부분 설정

쿠버네티스에서 다양한 매니페스트를 생성하면 레이블(`.metadata.labels`)과 같이 매니페스트에 나타나는 몇 가지 메타 데이터가 존재하는 것을 알 수 있다. Kustomize는 이와 같은 공통 부분도 간단하게 관리할 수 있다.

echo 애플리케이션의 매니페스트는 `app.kubernetes.io/name:echo` 레이블을 매니페스트 여러 곳에 사용한다. 먼저 이것을 각각 주석 처리한다.

리스트 8.10 **레이블을 주석 처리한 디플로이먼트 매니페스트 파일 (~/k8s/kustomize/echo/base/deployment.yaml)**

```
apiVersion: apps/v1
kind: Deployment
metadata:
  name: echo
  # labels:
    # app.kubernetes.io/name: echo
spec:
  replicas: 1
  # selector:
    # matchLabels:
      # app.kubernetes.io/name: echo
  template:
    metadata:
```

```
    # labels:
      # app.kubernetes.io/name: echo
  spec:
    containers:
    - name: nginx
      image: ghcr.io/jpubdocker/simple-nginx-proxy:v0.1.0
      env:
      - name: NGINX_PORT
        value: "80"
      - name: SERVER_NAME
        value: "localhost"
      - name: BACKEND_HOST
        value: "localhost:8080"
      - name: BACKEND_MAX_FAILS
        value: "3"
      - name: BACKEND_FAIL_TIMEOUT
        value: "10s"
      ports:
      - name: http
        containerPort: 80
    - name: echo
      image: ghcr.io/jpubdocker/echo:v0.1.0
```

리스트 8.11 레이블을 주석 처리한 Service 매니페스트 파일 (~/k8s/kustomize/echo/base/service.yaml)

```
apiVersion: v1
kind: Service
metadata:
  name: echo
  #labels:
    #app.kubernetes.io/name: echo
spec:
  #selector:
    #app.kubernetes.io/name: echo
  ports:
    - name: echo
      port: 80
      targetPort: http
      protocol: TCP
```

리스트 8.12 레이블을 주석 처리한 인그레스 매니페스트 파일 (~/k8s/kustomize/echo/base/ingress.yaml)

```
apiVersion: networking.k8s.io/v1
kind: Ingress
metadata:
  name: echo
```

```
    #labels:
      #app.kubernetes.io/name: echo
spec:
  ingressClassName: nginx
  rules:
  - host: echo.jpub.local
    http:
      paths:
      - pathType: Prefix
        path: /
        backend:
          service:
            name: echo
            port:
              number: 80
```

다음으로는 `kustomization.yaml`로 각 매니페스트에 부여할 레이블을 설정한다. 리스트 8.13 커맨드로 설정할 수 있다. `kustomize edit` 커맨드를 실행하면 대상 `kustomization.yaml`을 편집할 수 있다.

리스트 8.13 kustomize edit 커맨드로 레이블 설정하기

```
(~/k8s/kustomize/echo/base) $ kustomize edit set label "app.kubernetes.io/name:echo"
```

업데이트된 `kustomization.yaml`에 `commonLabels`가 설정되어 있다(리스트 8.14).[6]

리스트 8.14 commonLables를 설정한 kustomization.yaml (~/k8s/kustomize/echo/base/kustomization.yaml)

```
apiVersion: kustomize.config.k8s.io/v1beta1
kind: Kustomization
resources:
- deployment.yaml
- ingress.yaml
- service.yaml
commonLabels: # 매니페스트에 부여하는 레이블
  app.kubernetes.io/name: echo
```

이 상태에서 `kustomize build .`을 실행하면 이전과 동일한 결과를 확인할 수 있으며, `common Labels` 내용이 반영되어 있는 것을 알 수 있다. `commonLabels`는 `.metadata.labels`뿐만 아니라

---

6 `apiVersion`과 `kind`는 생략해도 동작한다.

디플로이먼트의 `.spec.selector.matchLabels`와 서비스의 `.spec.selector` 같은 레이블을 사용하는 항목에도 적용된다.

쿠버네티스에서는 레이블 외에 어노테이션(`.metadata.annotation`)을 부여하는 경우도 있다. 어노테이션은 `commonAnnotations`이라는 키를 사용해 `commonLabels`과 동일하게 부여할 수 있다.[7]

COLUMN **권장하지 않는 commonLabels**

Kustomize 5.3.0 버전에서 `commonLabels`를 사용해 매니페스트를 출력하면 다음과 같은 경고가 표시된다.

```
(~/k8s/kustomize/echo/base) $ kustomize build .
# Warning: 'commonLabels' is deprecated. Please use 'labels' instead. Run 'kustomize
edit fix' to update your Kustomization automatically.
```

`commonLabels`는 더 이상 권장하지 않으며, 대신 `labels` 속성으로 설정할 수 있다.

`kustomize edit set label` 커맨드는 `commonLabels`가 설정되므로 이를 새로운 `labels`로 변환하려면 다음 커맨드를 사용한다.

```
(~/k8s/kustomize/echo/base) $ kustomize edit fix
```

customization.yaml(리스트 8.15)는 `labels`를 사용하도록 변환된다.

리스트 8.15 **labels를 사용하는 설정**

```
apiVersion: kustomize.config.k8s.io/v1beta1
kind: Kustomization
resources:
- deployment.yaml
- ingress.yaml
- service.yaml
labels:
- includeSelectors: true
  pairs:
    app.kubernetes.io/name: echo
```

여기서도 `commonLabels`를 사용하지만 추후에는 삭제될 가능성이 있으므로 참고하도록 한다.

---

7 `kustomize edit set annotation` 커맨드로 설정한다.

재사용과 부분 오버레이

Kustomize를 통해 매니페스트를 재사용하고, 여러 환경에 배포할 수 있는 매니페스트를 생성하는 방법에 대해 살펴보자.

`dev` 환경을 가정하고 이 환경에 적합한 매니페스트의 구성 관리를 진행해보자. 먼저 `kustomization.yaml`을 사용하기 위한 디렉터리를 생성한다. Kustomize는 설정 파일의 위치를 `overlays/[환경]` 경로에 두는 것이 일반적이다.

여기서는 배포하는 애플리케이션명인 `echo` 폴더 아래에 생성한다.

```
$ mkdir -p ~/k8s/kustomize/echo/overlays/dev
```

디렉터리 구조는 리스트 8.16과 같다.

리스트 8.16 ~/k8s/kustomize/echo 디렉터리 구조

```
.
├── overlays
│   └── dev
└── base
    ├── deployment.yaml
    ├── ingress.yaml
    ├── kustomization.yaml
    └── service.yaml
```

여러 환경에 배포하면 각 환경마다 다른 설정이 필요하다. 다른 설정의 예로는 데이터베이스, API, 파드 수, 도메인 등이 있다.

여기서는 디플로이먼트 파드 수와 환경 변수를 변경한다. 또한 인그레스로 설정하는 도메인은 `dev-echo.jpub.local`로 변경한다.

지금까지 Kustomize 기본 기능을 알아보면서 생성한 파일은 `base` 디렉터리에 위치한다. 눈치챈 독자도 있겠지만 `base` 디렉터리에 위치한 매니페스트를 재사용하여 각 환경의 필요에 따라 설정을 오버레이할 수 있다.

`dev` 디렉터리에서 리스트 8.17과 같이 `kustomization.yaml`을 생성한다. `--resources` 옵션으로 `base` 디렉터리의 매니페스트를 사용할 수 있도록 설정한다.

```
$ cd ~/k8s/kustomize/echo/overlays/dev/
(~/k8s/kustomize/echo/overlays/dev) $ kustomize create --resources ../../base
```

디플로이먼트 패치 파일 생성

`base` 디렉터리의 매니페스트를 오버레이하기 위해 패치 파일을 준비한다. 먼저 디플로이먼트 패치 파일을 생성해보자.

Kustomize에는 매니페스트 파일을 그대로 패치 파일로 다루고 쿠버네티스에 최적의 형태로 병합해주는 Strategic Merge Patch 구조가 존재한다.

Strategic Merge Patch는 일치하는 속성(키)을 기반으로 패치를 적용하는 기능이다. Strategic Merge Patch의 구체적인 예를 살펴보자. `overlays/dev` 디렉터리에 `patch-deployment.yaml` 패치 파일을 리스트 8.18과 같이 생성한다.

리스트 8.18 디플로이먼트 일부를 변경하는 패치 파일 (~/k8s/kustomize/echo/overlays/dev/patch-deployment.yaml)

```
apiVersion: apps/v1
kind: Deployment
metadata:
  name: echo
spec:
  replicas: 2 # 오버레이하고 싶은 데이터
  template:
    spec:
      containers:
      - name: nginx
        env:
        - name: BACKEND_MAX_FAILS
          value: "5" # 오버레이하고 싶은 데이터
```

이 방법이라면 오버레이 하고 싶은 부분만 기술하면 된다. 이 예에서는 `.spec.replicas`와 환경 변수 `BACKEND_MAX_FAILS`를 다른 값으로 변경한다.

인그레스 패치 파일 생성

계속해서 인그레스 패치 파일을 생성한다. 디플로이먼트와 동일하게 Strategic Merge Patch를 사용하고 싶지만 이 상황에서는 어렵다.

Kustomize에서 인그레스를 변경할 때는 주로 호스트(`.spec.rules[0].host`)를 업데이트하지만 Strategic Merge Patch 방식으로는 구현이 어렵다. Strategic Merge Patch 방식은 업데이트 위치를 식별하는 키를 사용하므로 패치 파일로 이 값을 변경하면 오버레이할 수 없다.

리스트 8.19 **Strategic Merge Patch 방식이 맞지 않는 매니페스트 예**

```
# ...
spec:
  ingressClassName: nginx
  rules:
  - host: echo.jpub.local # 이 부분을 오버레이하고 싶지만 업데이트 위치를 식별하는 값으로
사용된다
    http:
# ...
```

디플로이먼트의 예에서는 `.spec.replicas`와 `.spec.template.spec.containers[0].name`의 값을 식별할 수 있으므로 Strategic Merge Patch가 유효하다.

이와 같은 케이스를 해결하기 위해 Kustomize는 JSON Patch 방식을 패치에도 사용한다.

JSON Patch 방식은 JSON으로 변환 가능한 `YAML` 파일로 패치를 작성할 수 있다. Strategic Merge Patch보다 작성하는 양은 증가하지만 Strategic Merge Patch로는 할 수 없는 패치 방법을 적용할 수 있다.

JSON Patch 방식의 상세한 구성은 설명하지 않지만, 실제 예를 확인해보면 바로 이해할 수 있다. `~/k8s/kustomize/echo/overlays/dev/patch-ingress.yaml` 파일을 리스트 8.20과 같이 생성한다.

리스트 8.20 **인그레스의 일부를 변경하는 패치 파일 (~/k8s/kustomize/echo/overlays/dev/patch-ingress.yaml)**

```
- op: replace # 1 동작
path: "/spec/rules/0/host" # 2 대상 위치
value: "dev-echo.jpub.local" # 3 변경하는 데이터
```

1의 `op`는 `replace`로 데이터 오버레이 지시를 전달한다. Kustomize 운영 시에는 `add`(추가), `remove`(제거)를 사용하는 일도 많다.

2는 오버레이 대상 항목의 경로를 지정한다. 이를 통해 `base`의 `echo.jpub.local`값을 오버레이할

수 있다. 3은 변경하는 데이터다.

리스트 8.21의 커맨드로 `kustomization.yaml`에 패치 파일을 추가한다. Strategic Merge Patch 방식인 디플로이먼트는 `--patch` 옵션으로 패치 파일을 지정하는 것으로 충분하다. JSON Patch 방식인 인그레스는 패치 파일만으로는 전달할 수 있는 정보가 적으므로 `--kind`와 `--name` 옵션을 사용해 대상 리소스를 특정할 수 있도록 한다.

리스트 8.21 패치 파일을 kustomization.yaml에 추가

```
(~/k8s/kustomize/echo/overlays/dev) $ kustomize edit add patch --path patch-deployment.yaml
(~/k8s/kustomize/echo/overlays/dev) $ kustomize edit add patch --kind Ingress --path patch-
ingress.yaml --name echo
```

dev의 `kustomization.yaml`은 리스트 8.22와 같다.

리스트 8.22 패치 파일이 추가된 kustomization.yaml (~/k8s/kustomize/echo/overlays/dev/kustomization.yaml)

```
apiVersion: kustomize.config.k8s.io/v1beta1
kind: Kustomization
resources:
- ../../base
patches:
- path: patch-deployment.yaml
- path: patch-ingress.yaml
  target:
    kind: Ingress
    name: echo
```

이것으로 dev용 매니페스트 준비가 완료되었으므로 리스트 8.23 커맨드로 매니페스트를 출력한다. 패치 파일에서 의도한 위치가 오버레이된 것을 알 수 있다.

리스트 8.23 dev의 완성된 매니페스트

```
(~/k8s/kustomize/echo/overlays/dev) $ kustomize build .
# Service 생략...
---
apiVersion: apps/v1
kind: Deployment
metadata:
  labels:
    app.kubernetes.io/name: echo
  name: echo
spec:
```

```yaml
      replicas: 2 # dev용 데이터로 오버레이
    selector:
      matchLabels:
        app.kubernetes.io/name: echo
    template:
      metadata:
        labels:
          app.kubernetes.io/name: echo
      spec:
        containers:
        - env:
          - name: BACKEND_MAX_FAILS
            value: "5" # dev용 데이터로 오버레이
          - name: NGINX_PORT
            value: "80"
          - name: SERVER_NAME
            value: "localhost"
          - name: BACKEND_HOST
            value: "localhost:8080"
          - name: BACKEND_FAIL_TIMEOUT
            value: "10s"
          image: ghcr.io/jpubdocker/simple-nginx-proxy:v0.1.0
          name: nginx
          ports:
          - name: http
            containerPort: 80
        - image: ghcr.io/jpubdocker/echo:v0.1.0
          name: echo

---
apiVersion: networking.k8s.io/v1
kind: Ingress
metadata:
  labels:
    app.kubernetes.io/name: echo
  name: echo
spec:
  ingressClassName: nginx
  rules:
  - host: dev-echo.jpub.local # dev용 데이터 오버레이
    http:
      paths:
      - backend:
          service:
            name: echo
            port:
              number: 80
        path: /
```

```
      pathType: Prefix
```

이와 같이 Kustomize는 베이스가 되는 매니페스트를 재사용하여 각 환경에 적용할 수 있다. 이 구조를 통해 매니페스트의 중복을 줄이고 효율적인 구성 관리를 할 수 있다.

매니페스트의 VCS 버전 관리는 `kustomize build` 커맨드로 출력하는 완성형 매니페스트를 관리하는 것이 아니라, `base`나 `overlays/dev`와 같은 디렉터리를 그대로 리포지터리에서 관리한다.[8]

8.1.3 Kustomize에서 시크릿 다루기

6.2.2에서 `kubectl create secret` 명령을 사용해 시크릿을 다루는 방법을 설명했다. 여기서는 Kustomize로 시크릿을 사용해보자.

작업 디렉터리로 ~/k8s/kustomize/mysql을 생성하고, 해당 위치로 이동한다.

```
$ mkdir -p ~/k8s/kustomize/mysql
```

작업 관리 앱 MySQL(스테이트풀셋)의 비밀번호를 시크릿으로 관리하는 방법에 대해 알아보자. Kustomize는 미리 생성한 시크릿 매니페스트를 관리 대상으로 하는 것이 아니라, 완성된 매니페스트를 출력할 때 시크릿의 매니페스트를 생성한다. 시크릿의 매니페스트는 버전 관리 대상에서 제외할 수 있다.

리스트 8.24와 같이 `statefulset.yaml` 매니페스트 파일을 생성한다. 레이블은 `kustomization.yaml`에서 설정하므로 이 파일에서는 설정하지 않는다.

리스트 8.24 MySQL의 스테이트풀셋 매니페스트 파일 (~/k8s/kustomize/mysql/statefulset.yaml)

```
apiVersion: apps/v1
kind: StatefulSet
metadata:
  name: mysql
spec:
  serviceName: "mysql"
  replicas: 1
  template:
```

---

8   GitOps라는 방법이다. 11.1.3절에서 자세히 설명한다.

```
spec:
  terminationGracePeriodSeconds: 10
  containers:
    - name: mysql
      image: ghcr.io/jpubdocker/taskapp-mysql:v1.0.0
      env:
        - name: MYSQL_ROOT_PASSWORD_FILE
          value: /var/run/secrets/mysql/root_password
        - name: MYSQL_DATABASE
          value: taskapp
        - name: MYSQL_USER
          value: taskapp_user
        - name: MYSQL_PASSWORD_FILE
          value: /var/run/secrets/mysql/user_password
      ports:
        - containerPort: 3306
          name: mysql
      volumeMounts:
        - name: mysql-persistent-storage
          mountPath: /var/lib/mysql
        - name: mysql-secret
          mountPath: "/var/run/secrets/mysql"
          readOnly: true
  volumes:
    - name: mysql-secret
      secret:
        secretName: mysql
volumeClaimTemplates:
  - metadata:
      name: mysql-persistent-storage
    spec:
      accessModes: [ "ReadWriteOnce" ]
      resources:
        requests:
          storage: 1Gi
```

kustomization.yaml을 다음 커맨드로 생성한다.

리스트 8.25 매니페스트 파일을 정리하는 kustomization.yaml 생성

```
(~/k8s/kustomize/mysql) $ kustomize create --autodetect
```

생성된 kustomization.yaml은 리스트 8.26과 같다.

리스트 8.26 kustomize create --autodetect로 생성한 kustomization.yaml (~/k8s/kustomize/mysql/kustomization.yaml)

```
apiVersion: kustomize.config.k8s.io/v1beta1
kind: Kustomization
resources:
- statefulset.yaml
```

secretGenerator

6.2.2절에서도 설명한 대로 쿠버네티스의 시크릿에 등록된 데이터는 Base64로 인코딩된 값이다. 수동으로 시크릿 매니페스트 파일을 생성하면 해당 파일을 버전 관리 대상에서 제외해야 하는 번거로움이 발생한다.

따라서 Kustomize는 시크릿을 생성하는 secretGenerator라는 구조를 제공한다. 이 방식으로 MySQL의 비밀번호를 관리해보자.

먼저 `MYSQL_ROOT_PASSWORD`와 `MYSQL_PASSWORD`에 설정하려는 비밀번호 파일을 다음과 같이 생성한다.[9]

```
(~/k8s/kustomize/mysql) $ echo -n "your-root-password" > mysql_root_password
(~/k8s/kustomize/mysql) $ echo -n "your-user-password" > mysql_user_password
```

`kustomize edit add secret [시크릿명]` 커맨드로 secretGenerator을 설정한다. 생성한 비밀번호 파일을 사용해 root와 유저의 비밀번호를 추가한다(리스트 8.27).

리스트 8.27 secretGenerator 설정을 추가하는 커맨드

```
(~/k8s/kustomize/mysql) $ kustomize edit add secret mysql --from-file=root_password=./mysql_
root_password
(~/k8s/kustomize/mysql) $ kustomize edit add secret mysql --from-file=user_password=./mysql_
user_password
```

다음으로 레이블을 설정한다.

```
(~/k8s/kustomize/mysql) $ kustomize edit set label "app.kubernetes.io/component:mysql"
```

---

9   시크릿의 확인을 위해 단순한 비밀번호를 작성한다.

완성된 매니페스트 출력하기

MySQL에는 Service도 필요하므로 매니페스트 파일인 service.yaml(리스트 8.28)을 생성한다.

리스트 8.28 MySQL의 Service 매니페스트 파일 (~/k8s/kustomize/mysql/service.yaml)

```
apiVersion: v1
kind: Service
metadata:
  name: mysql
spec:
  ports:
    - protocol: TCP
      port: 3306
      targetPort: 3306
  clusterIP: None
```

service.yaml을 Kustomize의 관리 대상으로 한다.

```
(~/k8s/kustomize/mysql) $ kustomize edit add resource service.yaml
```

Kustomization.yaml은 리스트 8.29와 같다.

리스트 8.29 완성된 kustomization.yaml

```
apiVersion: kustomize.config.k8s.io/v1beta1
kind: Kustomization
resources:
- statefulset.yaml
- service.yaml
secretGenerator:
- files:
  - root_password=./mysql_root_password
  - user_password=./mysql_user_password
  name: mysql
  type: Opaque
commonLabels:
  app.kubernetes.io/component: mysql
```

리스트 8.30의 커맨드로 매니페스트를 출력한다. 시크릿의 매니페스트가 생성된 것을 알 수 있다.

리스트 8.30 시크릿을 포함하는 완성된 매니페스트

```
(~/k8s/kustomize/mysql) kustomize build .
apiVersion: v1
data:
  root_password: cm9vdF9wYXNzd29yZAo=
  user_password: aG9nZWhvZ2U3U3Cg==
kind: Secret
metadata:
  labels:
    app.kubernetes.io/component: mysql
  name: mysql-2dmc629c5m # 1 secretGenerator로 생성된 시크릿명
type: Opaque
---
apiVersion: v1
kind: Service
metadata:
  labels:
    app.kubernetes.io/component: mysql
  name: mysql
spec:
  clusterIP: None
  ports:
  - port: 3306
    protocol: TCP
    targetPort: 3306
  selector:
    app.kubernetes.io/component: mysql
---
apiVersion: apps/v1
kind: StatefulSet
metadata:
  labels:
    app.kubernetes.io/component: mysql
  name: mysql
spec:
  replicas: 1
  selector:
    matchLabels:
      app.kubernetes.io/component: mysql
  serviceName: mysql
  template:
    metadata:
      labels:
        app.kubernetes.io/component: mysql
    spec:
      containers:
      - env:
```

```
              - name: MYSQL_ROOT_PASSWORD_FILE
                value: /var/run/secrets/mysql/root_password
              - name: MYSQL_DATABASE
                value: taskapp
              - name: MYSQL_USER
                value: taskapp_user
              - name: MYSQL_PASSWORD_FILE
                value: /var/run/secrets/mysql/user_password
            image: ghcr.io/jpubdocker/taskapp-mysql
            name: mysql
            ports:
            - containerPort: 3306
              name: mysql
            volumeMounts:
            - mountPath: /var/lib/mysql
              name: mysql-persistent-storage
            - mountPath: /var/run/secrets/mysql
              name: mysql-secret
              readOnly: true
          terminationGracePeriodSeconds: 10
          volumes:
          - name: mysql-secret
            secret:
              secretName: mysql-2dmc629c5m # 2 1의 시크릿 참조
  volumeClaimTemplates:
  - metadata:
      labels:
        app.kubernetes.io/component: mysql
      name: mysql-persistent-storage
      spec:
        accessModes:
        - ReadWriteOnce
        resources:
          requests:
            storage: 1Gi
```

1의 .metadata.name 접미사에 부여되는 영숫자는 secretGenerator에 의한 것으로 시크릿의 내용
에 따라 변한다. 2는 1의 시크릿명을 참조한다.

Kustomize의 secretGenerator를 사용하면 시크릿의 매니페스트 파일을 직접 다루지 않아도 되
므로 비교적 안전하게 보안 정보를 다룰 수 있다.

이 방법으로 Kustomize를 사용해 MySQL을 구축할 수 있으며, 다른 컴포넌트도 동일한 방식으로
매니페스트를 구성하여 생성할 수 있다. 작업 관리 앱 리포지터리에는 Kustomize 매니페스트가

포함되어 있으므로 구성을 확인해보자. 완성된 매니페스트는 다음 커맨드로 출력할 수 있다.

```
(~/go/src/github.com/jpubdocker/taskapp/k8s/kustomize/base) $ kustomize build .
```

8.1.4 네트워크를 경유해서 매니페스트 생성하기

5.10.1절에서 GitHub에 공개된 Ingress NGINX Controller 매니페스트를 `kubectl apply -f` 커맨드로 배포했다. 매니페스트 파일과 같이 특정 리소스에 대한 `kustomization.yaml`이 공개되어 있을 때는 이 파일만 있으면 바로 배포할 수 있다.

Ingress NGINX Controller의 `kustomization.yaml`은 리스트 8.31과 같이 간단하게 `deploy.yaml`만 관리한다.

리스트 8.31

```
$ curl https://raw.githubusercontent.com/kubernetes/ingress-nginx/controller-v1.8.1/deploy/
static/provider/cloud/kustomization.yaml
resources:
  - deploy.yaml
```

`kustomization.yaml`에서 GitHub 파일은 `https://github.com/[유저]/[리포지터리].git//[kustomization.yaml 디렉터리]/?ref=[태그명]` 형식으로 참조할 수 있다. Ingress NGINX Controller는 `https://github.com/kubernetes/ingress-nginx.git//deploy/static/provider/cloud/?ref=controller-v1.8.1`로 참조할 수 있다.

리스트 8.32 ingress-nginx를 관리 대상으로 추가한 kustomization.yaml 생성

```
$ mkdir -p ~/k8s/kustomize/ingress-nginx

(~/k8s/kustomize/ingress-nginx) $ kustomize create --resources "https://github.com/
kubernetes/ingress-nginx.git//deploy/static/provider/cloud?ref=controller-v1.8.1"
```

생성한 `kustomization.yaml`은 리스트 8.33과 같다.

리스트 8.33 ingress-nginx를 사용하는 kustomization.yaml (~/k8s/kustomize/ingress-nginx/ kustomization.yaml)

```
apiVersion: kustomize.config.k8s.io/v1beta1
kind: Kustomization
resources:
- https://github.com:kubernetes/ingress-nginx.git//deploy/static/provider/
cloud/?ref=controller-v1.8.1
```

리스트 8.34의 커맨드로 매니페스트를 출력한다.[10]

리스트 8.34 ingress-nginx 완성된 매니페스트

```
(~/k8s/kustomize/ingress-nginx) $ kustomize build .
apiVersion: v1
kind: Namespace
metadata:
  labels:
    app.kubernetes.io/instance: ingress-nginx
    app.kubernetes.io/name: ingress-nginx
  name: ingress-nginx
---
apiVersion: v1
automountServiceAccountToken: true
kind: ServiceAccount
metadata:
  labels:
    app.kubernetes.io/component: controller
    app.kubernetes.io/instance: ingress-nginx
    app.kubernetes.io/name: ingress-nginx
## 생략...
```

이와 같이 네트워크를 통해 Kustomize로 매니페스트를 생성할 수 있다. Kustomize를 사용해 생성한 쿠버네티스 애플리케이션의 배포나 유저 커스터마이징도 가능하므로 재사용성도 좋다.

Kustomize는 매우 간단한 구성 관리 도구이므로 쉽게 익숙해질 수 있다. 이번 절에서는 기본적인 내용만 살펴보았으니 더 상세한 내용이 궁금하다면 공식 문서[11]를 참고하자.

---

10 네트워크를 경유하므로 매니페스트 출력까지 수 초가 걸린다.

11 https://kubectl.docs.kubernetes.io/references/kustomize/

8.2 Helm

Helm[12]은 CNCF가 관리하는 쿠버네티스용 패키지 도구다. Helm 공식 사이트에서는 다음과 같은 글을 확인할 수 있다.[13]

> Helm is a tool for managing Charts. Charts are packages of pre-configured Kubernetes resources.
>
> Helm은 Charts를 관리하기 위한 도구다. Charts는 설정이 완료된 쿠버네티스 리소스의 패키지다.

Helm은 패키지 관리 도구이며, Chart는 쿠버네티스 리소스와 설정을 정리한 패키지다. Helm, Chart, 매니페스트 파일의 관계를 살펴보자.

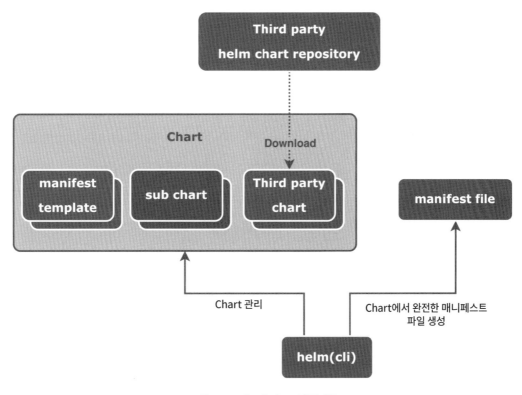

그림 8.2 Helm과 Chart의 관계도

---

12 https://helm.sh/

13 https://github.com/helm/helm에서 확인할 수 있다.

Chart는 여러 매니페스트 파일의 템플릿을 정리할 수 있다. 대규모 애플리케이션이라면 매니페스트 템플릿도 많아지고 관리도 복잡해지므로 이를 하위 Chart로 분할하여 관리할 수 있다.

또한 Chart는 다른 Chart와 의존 관계를 가질 수도 있다. 서드 파티의 Helm 차트 리포지터리[14]에서 Chart를 다운로드하고 사용할 수 있다.

Helm으로 Chart를 관리하여 번거로운 매니페스트 파일을 쉽게 관리하는 것이 목적이다. Helm을 통해 여러 클러스터의 배포도 간결하게 관리할 수 있다. Helm은 강력한 패키지 관리자이며, 쿠버네티스 애플리케이션의 종합적인 관리 도구로 사용된다.

실제 개발에서 로컬 환경과 운영 환경의 클러스터에 상관없이 여러 환경에 배포하기 위한 애플리케이션이라면 Chart로 패키징을 실시하고, kubectl이 아닌 Helm을 통해 배포와 업데이트를 완료할 수 있다. kubectl은 배포된 리소스 수정[15] 시 사용한다.

실제로 Helm을 사용해보자. Helm의 설치와 개념, 실제 사용 예를 설명한다.

작업 디렉터리 ~/k8s/helm을 생성하고 해당 위치로 이동한다.

```
$ mkdir -p ~/k8s/helm/
```

8.2.1 Helm 설치

먼저 Helm을 설치한다. 여기서는 asdf를 사용해 리스트 8.35와 같이 Helm v3[16]의 최신 버전을 설치한다.[17]

리스트 8.35 asdf로 Helm 설치

```
$ asdf plugin add helm
$ asdf install helm 3.13.3
$ asdf global helm 3.13.3
```

---

14 Chart는 리포지터리에 버전을 추가하여 관리할 수 있으며, 패키지로 공개할 수 있다.
15 일시적인 labels의 변경이나 추가 등
16 Helm v2까지는 커맨드 라인 도구와 Tiller라는 서버 애플리케이션 세트로 Helm이 구성되었지만, Helm v3에서는 커맨드 라인 도구만으로도 해결할 수 있게 되었다.
17 https://github.com/helm/helm/releases에서 다운로드하여 설치할 수도 있다.

다음 helm 커맨드로 설치를 확인할 수 있다.

```
$ helm version
version.BuildInfo{Version:"v3.13.3", GitCommit:"c8b948945e52abba22ff885446a1486cb5fd3474",
GitTreeState:"clean", GoVersion:"go1.20.11"}
```

8.2.2 Helm Chart와 리포지터리

먼저 쿠버네티스 애플리케이션 패키지인 Helm Chart와 리포지터리에 대해 살펴보자. 서드 파티 리포지터리에 있는 Chart를 사용할 수 있다.

Chart 리포지터리

Helm의 Chart 리포지터리는 Helm의 공식 리포지터리와 서드 파티 Chart 리포지터리가 존재한다. 유명한 리포지터리는 다음과 같다.

명칭	역할
stable	Helm 공식 stable 버전 Chart 리포지터리. 현재 개발은 멈춘 상태
incubator	Helm 공식 stable 이전 버전 Chart 리포지터리. 현재 개발은 멈춘 상태
bitnami	Bitnami[18]가 운영하는 서드 파티 리포지터리. stable보다 개발과 유지가 활발하며 공식 버전보다 더 인기 있음

원래 Helm의 공식 리포지터리인 stable과 incubator가 널리 사용되고 있었지만 현재는 Bitnami의 리포지터리[19]가 활발하게 사용되고 있으며, Bitnami는 품질이 높은 Chart를 제공한다. 현재 Helm의 공식 문서의 퀵 스타트 가이드[20]에서 stable 리포지터리를 사용하는 예를 확인할 수 있지만, 많은 Chart가 deprecated 상태이므로 사용하지 않는 것이 좋다.

이 책에서는 Bitnami의 리포지터리를 사용해 서드 파티 Chart로 애플리케이션을 배포한다. Helm 설치 후 Chart 리포지터리를 참조할 수 없으므로 bitnami 리포지터리를 리스트 8.36의 커맨드로 추가한다.

리스트 8.36 bitnami 리포지터리 추가

```
$ helm repo add bitnami https://charts.bitnami.com/bitnami
```

---

18 Bitnami는 VMware 사가 인수하여 운영 중이다.
19 https://github.com/bitnami/charts
20 https://helm.sh/ja/docs/intro/quickstart/

```
"bitnami" has been added to your repositories
```

참조할 수 있는 Chart 리포지터리는 리스트 8.37 커맨드로 확인할 수 있다.

리스트 8.37 참조할 수 있는 Chart 리포지터리 리스트 표시

```
$ helm repo list
NAME    URL
bitnami https://charts.bitnami.com/bitnami
```

참조할 수 있는 Chart는 `helm search repo [키워드]` 커맨드로 검색할 수 있다. 예를 들어 Redis 관련 Chart를 검색하려면 리스트 8.38과 같이 키워드를 검색한다.

리스트 8.38 사용가능한 Chart 검색

```
$ helm search repo redis
helm search repo redis
NAME                   CHART VERSION APP VERSION DESCRIPTION
bitnami/redis          20.1.5        7.4.0       Redis(R) is an open source, advanced key-
value ...
bitnami/redis-cluster 11.0.5         7.4.0       Redis(R) is an open source, scalable,
distribut...
```

또한 브라우저에서도 Chart를 검색할 수 있다. Artifact Hub[21]는 CNCF 아래에서 운영되는 프로젝트로 Bitnami 이외의 리포지터리 Chart도 검색할 수 있다. 활용할 수 있는 Chart가 있는지 찾아보자.

---

21 https://artifacthub.io/

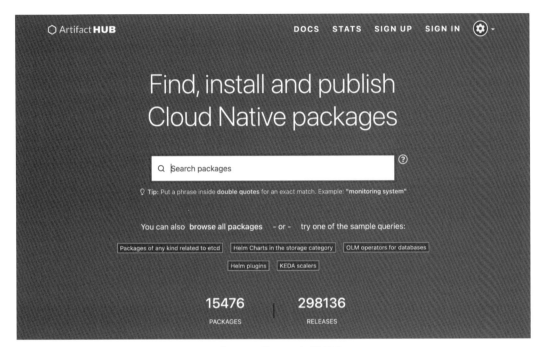

그림 8.3 **Artifact Hub 첫 화면**

Chart 구성

다음으로 Chart가 어떤 구성으로 만들어졌는지 살펴보자. 리스트 8.39와 같은 구성이다.

리스트 8.39 **Chart 구성**

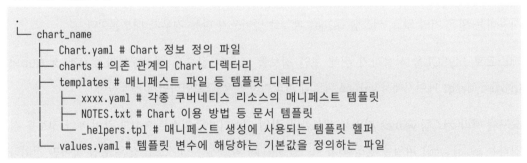

```
.
└── chart_name
    ├── Chart.yaml # Chart 정보 정의 파일
    ├── charts # 의존 관계의 Chart 디렉터리
    ├── templates # 매니페스트 파일 등 템플릿 디렉터리
    │   ├── xxxx.yaml # 각종 쿠버네티스 리소스의 매니페스트 템플릿
    │   ├── NOTES.txt # Chart 이용 방법 등 문서 템플릿
    │   └── _helpers.tpl # 매니페스트 생성에 사용되는 템플릿 헬퍼
    └── values.yaml # 템플릿 변수에 해당하는 기본값을 정의하는 파일
```

Chart는 애플리케이션 동작을 제어하기 위한 기본 설정을 '디폴트 value 파일'이라고 하는 `values.yaml`로 정의한다. 설치 시 디폴트 values 파일의 값을 변경하려면 '커스텀 value 파일'을 생성한다.

8.2.3 Chart 설치하기

Helm을 사용해 로컬 쿠버네티스 환경에 애플리케이션을 설치해보자. 테스트를 위해 MySQL의 Chart인 `bitnami/mysql`을 설치한다. Chart 설치는 `helm install` 커맨드를 사용한다. 이 커맨드에는 몇 가지 옵션이 필요하므로 옵션에 설정하는 값을 먼저 준비한다.

설치 Chart 버전 결정하기

먼저 설치할 MySQL의 Chart 버전을 결정한다. `helm search repo [Chart리포지터리명]/[Chart명] -l` 커맨드를 사용해 Chart의 버전 리스트를 확인할 수 있다(리스트 8.40). 이 시점의 최신 버전인 11.1.17을 사용하도록 한다.

리스트 8.40 **Chart의 버전 리스트 표시**

```
$ helm search repo bitnami/mysql -l
NAME            CHART VERSION   APP VERSION   DESCRIPTION
bitnami/mysql 11.1.17          8.4.2          MySQL is a fast, reliable, scalable, and
 easy t...
bitnami/mysql 11.1.16          8.4.2          MySQL is a fast, reliable, scalable, and
 easy t...
bitnami/mysql 11.1.15          8.4.2          MySQL is a fast, reliable, scalable, and
 easy t...
```

커스텀 values 파일 생성하기

Chart는 Chart에 포함된 디폴트 `values` 파일의 설정값에 따라 설치된다. 기본 설정값을 그대로 사용하는 일은 거의 없고, 커스텀 `values` 파일로 덮어쓰기 하는 경우가 대부분이다.

테스트로 MySQL을 사용하기 위해 보안 정보를 고유의 값으로 설정해보자. Artifact Hub의 `bitnami/mysql` 페이지에서 `values` 파일의 파라미터 상세를 확인하면서 진행한다.

요구에 따라 커스텀 `values` 파일을 생성한다. 작업 디렉터리에 리스트 8.41과 같이 보안 정보를 설정하는 `mysql.yaml` 파일을 생성한다. 커스텀 `values` 파일에는 덮어쓰고 싶은 설정 항목만 정의하면 된다.

리스트 8.41 **MySQL 구축용 커스텀 values 파일 (~/k8s/helm/mysql.yaml)**

```
auth:
  rootPassword: root_password
  database: ch08
  username: jpub
```

```
password: jpub_password
```

helm install로 Chart 설치하기

Chart 설치는 리스트 8.42와 같이 `helm install` 커맨드를 사용한다. 인수와 옵션에 대해 알아보자.

리스트 8.42 helm install 커맨드
```
helm install [릴리스명] [Chart리포지터리명]/[Chart명] \
  --namespace [설치하는 위치의 네임스페이스] \
  --create-namespace \
  --version [Chart 버전] \
  --values [커스텀 values 파일]
```

릴리스명은 Helm에서 사용되는 이름이며 임의로 지정할 수 있다. 이는 쿠버네티스의 네임스페이스에서 고유성을 갖는다. 릴리스명은 Chart 업데이트와 삭제 시 필요하다.

`--namespace` 옵션은 Chart를 설치하는 쿠버네티스의 네임스페이스를 지정한다. 지정하지 않으면 `default` 네임스페이스를 사용한다. 기존의 네임스페이스를 오염시키지 않기 위해 전용 네임스페이스를 사용하는 경우가 많다. 대상 네임스페이스가 존재하지 않을 때는 `--create-namespace` 옵션을 부여하면 `--namespace`로 지정한 네임스페이스가 생성된다.

`--version` 옵션은 선택사항이지만 명시적으로 특정 버전을 지정하는 것이 좋다. `--values` 옵션은 커스텀 `values` 파일의 경로를 지정한다.

실제로 `bitnami/mysql`의 Chart를 사용해 MySQL을 설치한다. 리스트 8.43의 커맨드를 실행한다.

리스트 8.43 MySQL 설치
```
(~/k8s/helm) $ helm install mysql bitnami/mysql \
  --namespace helm-mysql \
  --create-namespace \
  --version 11.1.17 \
  --values mysql.yaml
```

실행하면 그림 8.4와 같이 설치된 Chart 정보와 배포된 MySQL의 사용 방법이 표시된다.

```
jpub@Mac helm % helm install mysql bitnami/mysql \
  --namespace helm-mysql \
  --create-namespace \
  --version 11.1.17 \
  --values mysql.yaml

NAME: mysql
LAST DEPLOYED: Tue Oct  1 12:26:02 2024
NAMESPACE: helm-mysql
STATUS: deployed
REVISION: 1
TEST SUITE: None
NOTES:
CHART NAME: mysql
CHART VERSION: 11.1.17
APP VERSION: 8.4.2

** Please be patient while the chart is being deployed **

Tip:

  Watch the deployment status using the command: kubectl get pods -w --namespace helm-mysql

Services:

  echo Primary: mysql.helm-mysql.svc.cluster.local:3306

Execute the following to get the administrator credentials:

  echo Username: root
  MYSQL_ROOT_PASSWORD=$(kubectl get secret --namespace helm-mysql mysql -o jsonpath="{.data.mysql-root-password}" | base64 -d)

To connect to your database:

  1. Run a pod that you can use as a client:

      kubectl run mysql-client --rm --tty -i --restart='Never' --image  docker.io/bitnami/mysql:8.4.2-debian-12-r4 --namespace helm-
mysql --env MYSQL_ROOT_PASSWORD=$MYSQL_ROOT_PASSWORD --command -- bash

  2. To connect to primary service (read/write):

      mysql -h mysql.helm-mysql.svc.cluster.local -uroot -p"$MYSQL_ROOT_PASSWORD"
```

그림 8.4 helm install 결과

설치된 Chart는 리스트 8.44와 같이 확인할 수 있다.

리스트 8.44 설치된 릴리스 리스트

```
$ helm ls --namespace helm-mysql
NAME  NAMESPACE  REVISION UPDATED                                      STATUS   CHART           APP
VERSION
mysql helm-mysql 1        2024-10-01 12:26:02.706289 +0900 KST deployed mysql-11.1.17 8.4.2
```

Helm에 배포된 쿠버네티스의 리소스는 kubectl을 통해 그림 8.5와 같이 확인할 수 있다. `helm install` 커맨드만으로 MySQL 실행에 필요한 쿠버네티스 리소스를 일괄적으로 배포할 수 있다는 것을 알아보았다.

```
jpub@Mac helm % kubectl -n helm-mysql get service,statefulset,pod,secret
NAME                        TYPE          CLUSTER-IP        EXTERNAL-IP    PORT(S)     AGE
service/mysql               ClusterIP     10.103.192.112    <none>         3306/TCP    4m24s
service/mysql-headless      ClusterIP     None              <none>         3306/TCP    4m24s

NAME                        READY    AGE
statefulset.apps/mysql      1/1      4m24s

NAME                READY    STATUS      RESTARTS    AGE
pod/mysql-0         1/1      Running     0           4m24s

NAME                                        TYPE                 DATA    AGE
secret/mysql                                Opaque               2       4m24s
secret/sh.helm.release.v1.mysql.v1          helm.sh/release.v1   1       4m25s
```

그림 8.5 bitnami/mysql의 Chart로 생성된 쿠버네티스 리소스

설정한 인증 정보로 MySQL 사용을 확인해보자. 리스트 8.45와 같이 디버깅 파드를 실행하고 rootPassword로 지정한 비밀번호를 입력한다. MySQL의 서비스는 helm-mysql의 네임스페이스에 있으므로 mysql.helm-mysql.svc.cluster.local[22] 이름 분석으로 접속할 수 있다.

리스트 8.45 디버깅 파드에서 MySQL에 접속

```
$ kubectl run -i --rm --tty debug --image=ghcr.io/jpubdocker/debug:v0.1.0 --restart=Never --
bash
If you don't see a command prompt, try pressing enter.
root@debug:/# mysql -h mysql.helm-mysql.svc.cluster.local -uroot -p
Enter password:
Welcome to the MySQL monitor. Commands end with ; or \g.
Your MySQL connection id is 132
Server version: 8.4.2 Source distribution

Copyright (c) 2000, 2024, Oracle and/or its affiliates.

Oracle is a registered trademark of Oracle Corporation and/or its
affiliates. Other names may be trademarks of their respective
owners.

Type 'help;' or '\h' for help. Type '\c' to clear the current input
statement.

mysql> show databases;
+--------------------+
| Database           |
+--------------------+
```

---

22   같은 네임스페이스에서 .svc.cluster.local은 생략 가능하므로 mysql.helm-mysql로도 이름 분석을 할 수 있다.

```
| ch08               |
| information_schema |
| mysql              |
| performance_schema |
| sys                |
+--------------------+
5 rows in set (0.02 sec)
mysql>
```

커스텀 values 파일에서 덮어쓴 설정 정보가 반영되어 있는 것을 알 수 있다.

또한 Helm으로 설치한 릴리스를 업데이트하려면 helm upgrade를 실행한다. Chart와 커스텀 values 파일에 변경이 있을 때 사용한다.

```
(~/k8s/helm) $ helm upgrade mysql bitnami/mysql --version 11.1.17 -f mysql.yaml --namespace
helm-mysql
```

Chart를 삭제하려면 다음과 같이 릴리스명을 지정한다.

```
$ helm delete mysql --namespace helm-mysql
release "mysql" uninstalled
```

8.2.4 자체 Chart 생성하기

자체 Chart를 생성하고 이 Chart를 사용해 애플리케이션을 설치하고 사용해보자. 쿠버네티스에서 동작하는 애플리케이션은 대부분 서비스, 인그레스, 디플로이먼트의 여러 쿠버네티스 리소스로 구성된다. Chart는 해당 구성을 추상화하고 패키징하여 배포할 수 있으므로, 매니페스트 파일을 복사하여 여러 환경에 배포하는 운영 방식과 비교하면 유지 보수성이 좋다.

먼저 간단한 echo 애플리케이션을 위해 Helm Chart를 생성해보자.

Chart 모형 생성하기

Chart를 생성하기 위해 먼저 Chart 디렉터리를 구성해야 하지만 Helm에는 모형을 생성하는 기능이 있다.

helm create [Chart명]으로 Chart 모형 디렉터리를 생성할 수 있다. 리스트 8.46 커맨드를 실행한다.

리스트 8.46 echo Chart명 모형 생성

```
(~/k8s/helm) $ helm create echo
Creating echo
```

Chart 모형은 다음과 같은 디렉터리 구성으로 생성된다.

리스트 8.47 Chart 모형의 디렉터리 구성

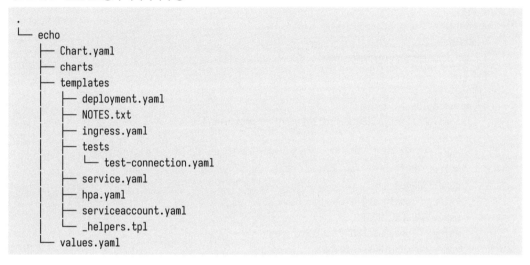

```
.
└── echo
    ├── Chart.yaml
    ├── charts
    ├── templates
    │   ├── deployment.yaml
    │   ├── NOTES.txt
    │   ├── ingress.yaml
    │   ├── tests
    │   │   └── test-connection.yaml
    │   ├── service.yaml
    │   ├── hpa.yaml
    │   ├── serviceaccount.yaml
    │   └── _helpers.tpl
    └── values.yaml
```

echo 애플리케이션에서는 몇 가지 불필요한 템플릿이 있으므로 먼저 이를 삭제한다.[23]

```
(~/k8s/helm/echo/templates) $ rm -rf hpa.yaml serviceaccount.yaml tests
```

디플로이먼트

기본설정으로 `deployment.yaml`이 자동으로 생성되지만 처음에는 어떻게 수정할지 파악이 쉽지 않다. 먼저 템플릿 파일을 의식하지 않고, 생성할 디플로이먼트의 매니페스트 파일인 리스트 8.48을 생각해보자. 8.1.1절에서 사용한 매니페스트와 동일하므로 매니페스트의 설명은 생략한다.

리스트 8.48 echo의 디플로이먼트 매니페스트

```
apiVersion: apps/v1
kind: Deployment
```

---

23 `hpa.yaml`은 HorizonalPodAutoscaler 리소스(9.2.4절에서 설명), `serviceaccount.yaml`은 서비스 어카운트 리소스, `tests` 디렉터리는 Chart의 품질을 확인하기 위한 테스트를 보관한다.

```
metadata:
  name: echo
  labels:
    app.kubernetes.io/name: echo
spec:
  replicas: 1
  selector:
    matchLabels:
      app.kubernetes.io/name: echo
  template:
    metadata:
      labels:
        app.kubernetes.io/name: echo
    spec:
      containers:
      - name: nginx
        image: ghcr.io/jpubdocker/simple-nginx-proxy:v0.1.0
        env:
        - name: NGINX_PORT
          value: "80"
        - name: SERVER_NAME
          value: "localhost"
        - name: BACKEND_HOST
          value: "localhost:8080"
        - name: BACKEND_MAX_FAILS
          value: "3"
        - name: BACKEND_FAIL_TIMEOUT
          value: "10s"
        ports:
        - name: http
          containerPort: 80
      - name: echo
        image: ghcr.io/jpubdocker/echo:v0.1.0
```

모형인 `deployment.yaml`을 echo 애플리케이션에 맞게 리스트 8.49와 같이 수정한다. 많은 변수가 내장되어 있어 어렵게 느껴질 수 있지만 구조가 변하는 부분은 `containers`밖에 없다.

리스트 8.49 수정한 디플로이먼트의 템플릿 파일 (~/k8s/helm/echo/templates/deployment.yaml)

```
apiVersion: apps/v1
kind: Deployment
metadata:
  name: {{ include "echo.fullname" . }}
  labels:
    {{- include "echo.labels" . | nindent 4 }}
spec:
```

```
{{- if not .Values.autoscaling.enabled }}
replicas: {{ .Values.replicaCount }}
{{- end }}
selector:
  matchLabels:
    {{- include "echo.selectorLabels" . | nindent 6 }}
template:
  metadata:
    {{- with .Values.podAnnotations }}
    annotations:
      {{- toYaml . | nindent 8 }}
    {{- end }}
    labels:
      {{- include "echo.selectorLabels" . | nindent 8 }}
  spec:
    {{- with .Values.imagePullSecrets }}
    imagePullSecrets:
      {{- toYaml . | nindent 8 }}
    {{- end }}
    serviceAccountName: {{ include "echo.serviceAccountName" . }}
    securityContext:
      {{- toYaml .Values.podSecurityContext | nindent 8 }}
    containers:
    # 1 nginx 컨테이너 설정
    - name: nginx
      # 1-1 컨테이너 이미지
      image: "{{ .Values.nginx.image.repository }}:{{ .Values.nginx.image.tag }}"
      imagePullPolicy: "{{ .Values.nginx.image.pullPolicy }}"
      # 1-2 환경 변수
      env:
      - name: NGINX_PORT
        value: "{{ .Values.nginx.port }}"
      - name: SERVER_NAME
        value: "{{ .Values.nginx.serverName }}"
      - name: BACKEND_HOST
        value: "{{ .Values.nginx.backendHost }}"
      - name: BACKEND_MAX_FAILS
        value: "{{ .Values.nginx.maxFails }}"
      - name: BACKEND_FAIL_TIMEOUT
        value: "{{ .Values.nginx.failTimeout }}"
      ports:
      # 1-3 컨테이너 포트
      - name: http
        containerPort: {{ .Values.nginx.port }}
    # 2 echo 컨테이너 설정
    - name: echo
      # 2-1 echo 컨테이너 이미지
      image: "{{ .Values.echo.image.repository }}:{{ .Values.echo.image.tag }}"
```

```
        imagePullPolicy: "{{ .Values.echo.image.pullPolicy }}"
    {{- with .Values.nodeSelector }}
    nodeSelector:
      {{- toYaml . | nindent 8 }}
    {{- end }}
    {{- with .Values.affinity }}
    affinity:
      {{- toYaml . | nindent 8 }}
    {{- end }}
    {{- with .Values.tolerations }}
    tolerations:
      {{- toYaml . | nindent 8 }}
    {{- end }}
```

1에서 nginx 컨테이너, 2에서 echo 컨테이너를 설정하고 각각 컨테이너 이미지와 환경 변수에 설정하는 데이터를 변수화한다.

.Values로 시작하는 변수에 대응하는 기본값으로 values.yaml을 리스트 8.50과 같이 편집한다. nginx와 echo를 각각 최상위 레벨에 위치시키고, 각 설정은 그 아래에 위치시킨다.

리스트 8.50 values.yaml의 디플로이먼트에 대응하는 부분 (~/k8s/helm/echo/values.yaml)

```
nginx:
  image:
    repository: ghcr.io/jpubdocker/simple-nginx-proxy
    tag: v0.1.0
    pullPolicy: IfNotPresent

    port: 80
    serverName: localhost
    backendHost: localhost:8080
    maxFails: 3
    failTimeout: 10s

echo:
  image:
    repository: ghcr.io/jpubdocker/echo
    tag: v0.1.0
    pullPolicy: IfNotPresent
  port: 8080

# ...
```

모형은 최대한 모든 항목을 변수화하지만 과도하게 추상화하면 애플리케이션 조정에도 시간이 많이 소요된다. 이번의 `nginx` 컨테이너와 같이 정해진 80번 포트를 EXPOSE하고 있는 컨테이너도 있으므로, 외부에 공개하는 Chart가 아니라면 템플릿에 80을 직접 기술하는 것과 같은 방식으로 어느 정도는 타협해도 좋다. 또한 다음과 같이 템플릿에 기본값을 설정하는 것도 선택지 중의 하나다.

리스트 8.51 기본값을 설정한 템플릿 파일의 예

```
# ...
env:
- name: NGINX_PORT
  value: {{ .Values.nginx.port | default "80" }}
# ...
ports:
  - name: http
    containerPort: {{ .Values.nginx.port | default "80" }}
```

Service

서비스의 완성된 매니페스트는 리스트 8.52와 같다.

리스트 8.52 echo의 Service 매니페스트

```
apiVersion: v1
kind: Service
metadata:
  name: echo
  labels:
    app.kubernetes.io/name: echo
spec:
  selector:
    app.kubernetes.io/name: echo
  ports:
    - name: echo
      port: 80
      targetPort: http
      protocol: TCP
```

서비스 템플릿은 리스트 8.53과 같다. 리스트 8.52를 구현하기 위해 필요한 수정사항은 없다.

리스트 8.53 Service 템플릿 파일 (~/k8s/helm/echo/templates/service.yaml)

```
apiVersion: v1
kind: Service
metadata:
```

```
    name: {{ include "echo.fullname" . }}
    labels:
      {{- include "echo.labels" . | nindent 4 }}
spec:
  type: {{ .Values.service.type }}
  ports:
    - port: {{ .Values.service.port }}
      targetPort: http
      protocol: TCP
      name: http
  selector:
    {{- include "echo.selectorLabels" . | nindent 4 }}
```

리스트 8.54와 같이 `values.yaml`의 서비스 부분도 수정할 필요가 없다.

리스트 8.54 values.yaml의 서비스에 대응하는 부분 (~/k8s/helm/echo/values.yaml)

```
# ...
service:
  type: ClusterIP
  port: 80
# ...
```

인그레스

인그레스의 완성된 매니페스트는 리스트 8.55와 같다.

리스트 8.55 echo의 인그레스 매니페스트

```
apiVersion: networking.k8s.io/v1
kind: Ingress
metadata:
  name: echo
  labels:
    app.kubernetes.io/name: echo
spec:
  ingressClassName: nginx
  rules:
  - host: echo-example.jpub.local
    http:
      paths:
      - pathType: Prefix
        path: /
        backend:
          service:
            name: echo
```

```
        port:
          number: 80
```

인그레스 템플릿 파일은 리스트 8.56과 같으며, 이번 용도로는 수정이 필요 없다. 인그레스는 상당
히 복잡한 템플릿이라고 느껴질 수도 있는데, 쿠버네티스의 버전 차이에 따라 이전 버전과 호환성
을 유지하기 위해 템플릿 안에서 조건 분기가 많이 행해지는 것도 원인이 될 수 있다.

리스트 8.56 인그레스 템플릿 파일 (~/k8s/helm/echo/templates/ingress.yaml)

```
{{- if .Values.ingress.enabled -}}
{{- $fullName := include "echo.fullname" . -}}
{{- $svcPort := .Values.service.port -}}
{{- if and .Values.ingress.className (not (semverCompare ">=1.18-0" .Capabilities.
KubeVersion.GitVersion)) }}
  {{- if not (hasKey .Values.ingress.annotations "kubernetes.io/ingress.class") }}
  {{- $_ := set .Values.ingress.annotations "kubernetes.io/ingress.class" .Values.ingress.
className}}
  {{- end }}
{{- end }}
{{- if semverCompare ">=1.19-0" .Capabilities.KubeVersion.GitVersion -}}
apiVersion: networking.k8s.io/v1
{{- else if semverCompare ">=1.14-0" .Capabilities.KubeVersion.GitVersion -}}
apiVersion: networking.k8s.io/v1beta1
{{- else -}}
apiVersion: extensions/v1beta1
{{- end }}
kind: Ingress
metadata:
  name: {{ $fullName }}
  labels:
    {{- include "echo.labels" . | nindent 4 }}
  {{- with .Values.ingress.annotations }}
  annotations:
    {{- toYaml . | nindent 4 }}
  {{- end }}
spec:
  {{- if and .Values.ingress.className (semverCompare ">=1.18-0" .Capabilities.KubeVersion.
GitVersion) }}
  ingressClassName: {{ .Values.ingress.className }}
  {{- end }}
  {{- if .Values.ingress.tls }}
  tls:
    {{- range .Values.ingress.tls }}
    - hosts:
        {{- range .hosts }}
```

```
        - {{ . | quote }}
      {{- end }}
    secretName: {{ .secretName }}
   {{- end }}
 {{- end }}
 rules:
   {{- range .Values.ingress.hosts }}
   - host: {{ .host | quote }}
     http:
       paths:
         {{- range .paths }}
         - path: {{ .path }}
           {{- if and .pathType (semverCompare ">=1.18-0" $.Capabilities.KubeVersion.
GitVersion) }}

           pathType: {{ .pathType }}
           {{- end }}
           backend:
             {{- if semverCompare ">=1.19-0" $.Capabilities.KubeVersion.GitVersion
}}

           service:
             name: {{ $fullName }}
             port:
               number: {{ $svcPort }}
           {{- else }}
           serviceName: {{ $fullName }}
           servicePort: {{ $svcPort }}
           {{- end }}
       {{- end }}
   {{- end }}
{{- end }}
```

`values.yaml`의 인그레스 부분은 리스트 8.57과 같다. echo 애플리케이션용 일부를 수정한다.

리스트 8.57 values.yaml의 인그레스에 대응하는 부분 (~/k8s/helm/echo/values.yaml)

```
# ...
ingress:
  enabled: true # 1 모형에서는 false
  className: "nginx" # 2 Ingress NGINX Controller
  annotations: {}
    # kubernetes.io/ingress.class: nginx
    # kubernetes.io/tls-acme: "true"
  hosts:
    - host: chart-example.local
      paths:
```

```
      - path: /
        pathType: Prefix # 3 ImplementationSpecific에서 변경
  tls: []
  # - secretName: chart-example-tls
  # hosts:
  # - chart-example.local
# ...
```

모형에서 `.ingress.enabled`는 `false`다. 인그레스 동작은 쿠버네티스의 플랫폼에 의존하는 면이 많으므로 기본값을 `false`로 하는 Chart가 대부분이지만, 이번과 같이 공개하지 않고 고정된 환경은 1과 같이 `true`로 설정한다.

2의 `.ingress.className`은 모형에서는 빈 문자이지만 Ingress NGINX Controller는 2와 같이 기본값을 설정해도 좋다. 3의 `pathType`도 `ImplementationSpecific`에서 `Prefix`로 변경한다.

서비스 어카운트

Chart 모형에는 서비스 어카운트를 생성하는 기능이 있으며, `values.yaml`의 `.serviceAccount.create`가 기본적으로 `true`다. 이번은 서비스 어카운트가 필요하지 않으므로 리스트 8.58과 같이 설정한다.

리스트 8.58 values.yaml의 ServiceAccount에 대응하는 부분 (~/k8s/helm/echo/values.yaml)

```
# ...
serviceAccount:
  create: false
# ...
```

values.yaml의 완성형

완성된 `values.yaml`은 리스트 8.59와 같다. 몇 가지 처음 보는 항목이 있지만 여기서는 신경 쓰지 않아도 괜찮다.

리스트 8.59 완성된 values.yaml (~/k8s/helm/echo/values.yaml)

```
replicaCount: 1

imagePullSecrets: []
nameOverride: ""
fullnameOverride: ""

serviceAccount:
```

```
    create: false

nginx:
  image:
    repository: ghcr.io/jpubdocker/simple-nginx-proxy
    tag: v0.1.0
    pullPolicy: IfNotPresent

  port: 80
  serverName: localhost
  backendHost: localhost:8080
  maxFails: 3
  failTimeout: 10s

echo:
  image:
    repository: ghcr.io/jpubdocker/echo
    tag: v0.1.0
    pullPolicy: IfNotPresent
  port: 8080

podAnnotations: {}

podSecurityContext: {}
  # fsGroup: 2000

securityContext: {}
  # capabilities:
  # drop:
  # - ALL
  # readOnlyRootFilesystem: true
  # runAsNonRoot: true
  # runAsUser: 1000

service:
  type: ClusterIP
  port: 80

ingress:
  enabled: true
  className: "nginx"
  annotations: {}
    # kubernetes.io/ingress.class: nginx
    # kubernetes.io/tls-acme: "true"
  hosts:
    - host: chart-example.local
      paths:
        - path: /
```

```
        pathType: Prefix
  tls: []
  # - secretName: chart-example-tls
  #   hosts:
  # - chart-example.local

resources: {}
  # limits:
  #   cpu: 100m
  #   memory: 128Mi
  # requests:
  #   cpu: 100m
  #   memory: 128Mi

autoscaling:
  enabled: false

nodeSelector: {}

tolerations: []

affinity: {}
```

매니페스트 출력하기

템플릿과 `values.yaml` 파일을 생성했으므로 실제로 어떤 매니페스트가 출력되는지 확인해보자.
`helm template [Chart 디렉터리]` 커맨드로 디폴트 `values` 파일을 사용하여 매니페스트를 출력
할 수 있다.

리스트 8.60을 실행하면 서비스, 디플로이먼트, 인그레스 매니페스트가 출력된다.

리스트 8.60 helm template 커맨드로 출력한 매니페스트

```
(~/k8s/helm) $ helm template echo
---
# Source: echo/templates/service.yaml
apiVersion: v1
kind: Service
metadata:
  name: release-name-echo
  labels:
    helm.sh/chart: echo-0.1.0
    app.kubernetes.io/name: echo
    app.kubernetes.io/instance: release-name
    app.kubernetes.io/version: "1.16.0"
```

```
      app.kubernetes.io/managed-by: Helm
spec:
  type: ClusterIP
  ports:
    - port: 80
      targetPort: http
      protocol: TCP
      name: http
  selector:
    app.kubernetes.io/name: echo
    app.kubernetes.io/instance: release-name
---
# Source: echo/templates/deployment.yaml
# 생략...
# Source: echo/templates/ingress.yaml
# 생략...
```

`.metadata.name`에 `release-name-`이라는 접두사가 부여되지만 여기는 실제로 Chart를 설치할 때 지정하는 릴리스명으로 변경된다. `.metadata.labels`에도 익숙하지 않은 레이블이 붙어 있지만 이는 Chart의 헬퍼[24]가 기본으로 부여하는 레이블이다.

템플릿 파일과 `values.yaml`에 이상이 있으면 매니페스트 파일은 제대로 출력되지 않는다. Chart를 패키징하기 전에 `helm template` 커맨드로 동작을 확인해두자.

Chart 패키징하기

생성된 echo의 Chart를 패키징한다. `Chart.yaml`에는 Chart의 정보를 정의할 수 있으며, 패키징 시 이 정보를 사용한다.

리스트 8.61과 같이 `Chart.yaml`을 변경한다.

리스트 8.61 Chart의 설정 파일 (~/k8s/helm/echo/Chart.yaml)

```
apiVersion: v2
name: echo
description: Jpub echo application chart for Kubernetes
type: application
version: 0.0.0
appVersion: "0.0.0"
```

---

24 변수와 함수를 정의하여 템플릿의 로직을 공통화하거나 가독성을 높이기 위한 구조다. `templates/_helpers.tpl`에 정의한다.

version은 Chart 자체 버전, appVersion은 애플리케이션 고유의 버전을 지정하지만 여기서는 그
대로 0.0.0을 사용해도 문제없다.[25]

version에는 0.0.1과 같이 시맨틱 버전 형식이나 2와 같은 자연수를 지정할 수 있다. 최신 Chart
를 패키징할 때마다 이 값을 증가시킨다.

패키징은 helm package [Chart 디렉터리] 커맨드를 사용한다. 리스트 8.62를 실행하면 echo-
0.0.0.tgz라는 tgz 파일이 생성되는데 패키지는 단순히 tgz 파일로도 볼 수 있다.

리스트 8.62 Chart의 패키지 생성

```
(~/k8s/helm) $ helm package echo
Successfully packaged chart and saved it to: /Users/jpub/k8s/helm/echo-0.0.0.tgz
```

생성한 Chart 설치하기

생성한 Chart 패키지를 사용해 echo 애플리케이션을 로컬 쿠버네티스 환경에 설치해보자. 생성한
차트는 디폴트 values 파일 설정만으로도 동작하지만, 여기서는 커스텀 values 파일을 준비해 설
정을 조금 변경하여 설치해보자.

local-echo.yaml 파일을 리스트 8.63과 같이 생성한다.

리스트 8.63 커스텀 values 파일 (~/k8s/helm/local-echo.yaml)

```
ingress:
  hosts:
    - host: ch08-echo.jpub.local
      paths:
        - path: /
          pathType: Prefix
```

로컬 Chart 패키지는 helm install [릴리스명] [Chart 패키지 경로] -f [커스텀 values 파일]
커맨드로 설치한다. 리스트 8.64를 실행한다.

리스트 8.64 Chart 패키지에서 설치

```
(~/k8s/helm) $ helm install echo ./echo-0.0.0.tgz -f local-echo.yaml
NAME: echo
```

---

25 이 예에서는 같은 값을 설정하지만 공개된 Chart의 대부분은 version과 appVersion이 다른 경우가 많다.

```
LAST DEPLOYED: Tue Oct 1 13:53:46 2024
NAMESPACE: default
STATUS: deployed
REVISION: 1
TEST SUITE: None
NOTES:
1. Get the application URL by running these commands:
   http://ch08-echo.jpub.local/
```

Chart 설치를 통해 echo 애플리케이션의 디플로이먼트/서비스/인그레스가 각각 구축된다.

```
$ kubectl get deployment,service,ingress -l app.kubernetes.io/name=echo
NAME                    READY    UP-TO-DATE   AVAILABLE    AGE
deployment.apps/echo    1/1      1            1            61s

NAME           TYPE        CLUSTER-IP       EXTERNAL-IP   PORT(S)   AGE
service/echo   ClusterIP   10.110.139.237   <none>        80/TCP    61s

NAME                               CLASS   HOSTS               ADDRESS     PORTS   AGE
ingress.networking.k8s.io/echo     nginx   ch08-echo.jpub.local   localhost   80      61s
```

Host 헤더에 `ch08-echo.jpub.local`을 지정하여 HTTP Request를 전송하면 echo 애플리케이션
의 Response가 반환된다.

```
$ curl http://localhost -H 'Host: ch08-echo.jpub.local'
Hello Container!!%
```

이러한 방식으로 쿠버네티스의 다양한 리소스를 조합하여 Chart로 패키징하면 여러 쿠버네티스
클러스터에 간단하게 배포를 진행할 수 있다.

템플릿을 구축하려면 그만큼 익숙해져야 하므로 초기 학습 비용은 Kustomize보다 높다. 그러나
단순한 Kustomize와 비교하면 Helm의 템플릿 기능은 더욱 강력하며 세세한 제어도 가능하다.
Chart를 추상화 형태로 만들면 하나의 Chart로 다양한 쿠버네티스 플랫폼에 대응할 수 있다.

COLUMN　　쿠버네티스의 권장 레이블

앞에서는 쿠버네티스 리소스에 `app:echo`와 같이 간단한 레이블만 사용했다. 이번 장부터는 `app.kubernetes.io/name:echo`라는 쿠버네티스의 도메인이 붙은 형식의 레이블을 사용한다.

이 형식을 권장 레이블이라고 한다. `app`과 같이 간단한 레이블을 사용하면 다른 애플리케이션의 레이블과 충돌하거나 운영에서 문제가 발생할 가능성도 있다. 레이블의 접두사에 도메인명을 붙이면 이와 같은 문제를 피할 수 있다.

권장 레이블은 다음과 같이 부여한다.

```
apiVersion: v1
kind: Service
metadata:
  labels:
    app.kubernetes.io/name: mysql
    app.kubernetes.io/instance: mysql-abcxzy
```

`app.kubernetes.io/name`은 애플리케이션 이름을 나타낸다. 애플리케이션의 이름이나 GitHub의 리포지터리 등을 많이 사용한다.

`app.kubernetes.io/instance`는 애플리케이션의 인스턴스를 나타내는 식별자다. 쿠버네티스 클러스터에는 동일한 애플리케이션이 여러 번 배포될 수 있다. 이때 `name`은 애플리케이션의 이름, `instance`에는 해당 애플리케이션의 배포 단위인 식별자를 지정한다.

이 외에도 몇 가지 권장 레이블이 있으므로 공식 문서를 확인하도록 하자.[26] Helm Chart 모형은 이러한 권장 레이블을 설정할 수 있도록 만들어졌다.

애플리케이션 이름 이외에 독자적인 레이블을 부여하고 싶을 때는 다음과 같이 도메인을 접두사에 사용하면 좋다.

```
apiVersion: v1
kind: Service
metadata:
  labels:
    app.kubernetes.io/name: mysql
    app.kubernetes.io/instance: mysql-abcxzy
    jpubdocker.jpub.com/version: 2nd-print
```

8.2.5　Chart를 레지스트리에 등록하기

echo 애플리케이션을 Chart로 구축할 수 있게 되었으므로 이 Chart를 패키징하여 공개해보자.

26　https://kubernetes.io/docs/concepts/overview/working-with-objects/common-labels/

Chart의 저장, 공개에 대응하는 GHCR

생성한 Chart를 공개하는 방법에 대해 알아보자. 8.2.3절에서 MySQL을 설치했으나 이는 MySQL의 Chart가 Bitnami의 Chart 리포지터리에 공개되어 있어서 가능했다.

자신의 Chart를 공개하려면 Bitnami와 같은 공개 리포지터리를 만들어 Chart를 저장해야 한다. 구글 클라우드는 Artifact Registry,[27] AWS는 Amazon ECR,[28] Azure는 Azure Container Registry[29]의 호스팅 서비스를 사용해 구축할 수 있다.

그러나 가장 쉬운 방법은 GitHub 컨테이너 레지스트리GitHub Container Registry, GHCR를 사용하는 것이다. 여기서는 이미 컨테이너 이미지의 저장과 공개를 위해 사용했지만 GHCR은 Helm Chart도 지원한다. GitHub를 사용하고 있다면 GHCR을 사용할 수 있으며, GitHub 리포지터리에 컨테이너 이미지와 Helm Chart를 연결할 수 있으므로 사용하기 쉽다.

GHCR에 Helm Chart를 공개해보자. Chart를 저장하려면 Personal access token이 필요하지만 컨테이너 이미지를 저장할 때와 동일한 토큰을 사용할 수도 있다.[30]

버전을 인수로 전달하여 패키징

8.2.4에서는 `Chart.yaml`에 `version`이 기술되어 있으며, 이 값에 따라 Chart가 패키징된다. 다만 패키징마다 매번 version을 변경하는 것은 번거롭다.

`helm package` 커맨드는 `--version`과 `--app-version`을 각각 지정할 수 있는 옵션을 제공한다. 이를 통해 각각 `v0.0.1` 버전으로 패키징해보자.

```
(~/k8s/helm) $ helm package echo --version v0.0.1 --app-version v0.0.1
Successfully packaged chart and saved it to: /Users/jpub/k8s/helm/echo-v0.0.1.tgz
```

`tgz` 파일 내부의 `Chart.yaml`은 지정된 버전으로 덮어쓴다. Chart의 패키징은 GitHub Actions과 같이 CI 환경에서 수행하는 경우가 많으므로 이와 같은 옵션을 사용해 버전을 간단하게 지정할 수 있다.

---

27 https://cloud.google.com/artifact-registry
28 https://aws.amazon.com/ko/ecr/
29 https://azure.microsoft.com/products/container-registry/
30 토큰이 없다면 2.3.6절을 참조한다.

리포지터리에 Chart 저장하기

Chart의 저장 위치는 `oci://ghcr.io/[GitHub 유저명|organization명]/` 경로의 하위다. `oci`는 Open Container Initiative$_{OCI}$라는 표준 스펙의 리포지터리를 의미하며, GHCR은 OCI를 사용할 수 있다.[31] 이 책에서 사용하는 organization인 jpubdocker라면 다음과 같은 경로로 저장할 수 있다. 자신의 GitHub 유저명과 organization명으로 변경해보자.

```
oci://ghcr.io/jpubdocker/echo
```

그러나 GHCR에는 컨테이너 이미지와 Chart 모두 저장할 수 있으므로 컨테이너 이미지와 Chart가 동일한 이름을 갖고 있다면 이 경로는 중복된다. 따라서 컨테이너 이미지와 명확하게 구분하기 위해 다음과 같이 접두사에 `chart/`를 붙이는 것이 좋다.

```
oci://ghcr.io/jpubdocker/chart/echo
```

Chart 리포지터리에 저장은 `helm push [Chart의 tgz파일] [저장 경로]` 커맨드를 사용한다.

리스트 8.65 GHCR에 Chart 저장

```
(~/k8s/helm) $ helm push echo-v0.0.1.tgz oci://ghcr.io/jpubdocker/chart/
Pushed: ghcr.io/jpubdocker/chart/echo:v0.0.1
Digest: sha256:93b10429eebccf949060d4ef76975c4b74364ef02398ea005d6b93a2dc5b6178
```

실제로 저장된 Chart는 그림 8.6과 같이 Packages 화면에서 확인할 수 있다.

---

[31] OCI에 대해서는 칼럼 'Open Container Initiative(OCI)'에서 설명한다.

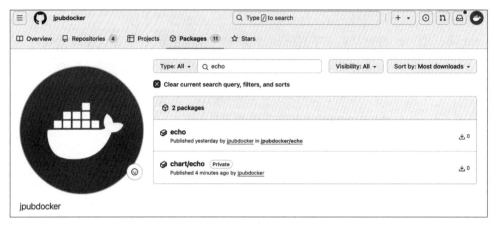

그림 8.6 **GitHub의 Packages 화면**

저장된 Chart는 기본적으로 비공개private 상태이므로 공개 상태로 변경한다. [chart/echo]의 상세 페이지를 열고 [Package settings]의 [Change package visibility]를 그림 8.7과 같이 공개 상태로 변경하면 Chart가 공개된다.

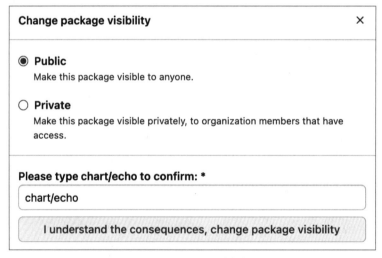

그림 8.7 **Chart 공개하기**

공개한 Chart 설치하기

공개한 Chart는 리스트 8.66과 같이 공개한 경로와 버전을 지정하면 설치할 수 있다.[32]

---

32 이미 echo가 설치되어 있을 때는 `helm upgrade` 커맨드를 사용한다.

리스트 8.66 공개한 Chart 설치

```
(~/k8s/helm) $ helm install echo oci://ghcr.io/jpubdocker/chart/echo --version v0.0.1 -f
local-echo.yaml
Pulled: ghcr.io/jpubdocker/chart/echo:v0.0.1
Digest: sha256:741ac6ded8830cba683349b99ea8e6573024136610fb2e5afe65fddeefb2dcae
NAME: echo
LAST DEPLOYED: Tue Oct 1 18:17:23 2024
NAMESPACE: default
STATUS: deployed
REVISION: 1
TEST SUITE: None
NOTES:
1. Get the application URL by running these commands:
  http://ch08-echo.jpub.local/
```

이것으로 Chart 생성과 공개 프로세스를 확인했다.

Chart로 설치한 echo는 다음과 같이 삭제할 수 있다.

```
$ helm delete echo
```

COLUMN **GHCR의 패키지와 리포지터리 연결하기**

이 장에서 다루는 echo 애플리케이션은 GitHub의 https://github.com/jpubdocker/echo에 공개되어 있으며, 컨테이너 이미지와 Helm Chart도 공개하고 있다.

jpubdocker/echo 페이지에는 그림 8.8과 같이 오른쪽 하단에 [Packages] 부분에 패키지가 표시되어 있지만, 실제로 패키지를 GHCR에 push하는 것만으로는 구현할 수 없다.

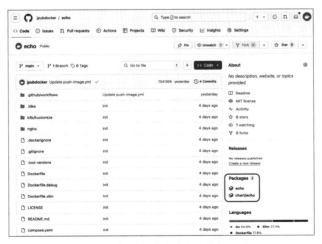

그림 8.8 리포지터리 페이지의 패키지 표시

그러나 한 가지만 추가하면 자동으로 리포지터리와 패키지를 연결해준다.

Helm Chart는 `Chart.yaml`의 `sources[]`에 GitHub 리포지터리 URL을 정의하기만 하면 된다.

```
apiVersion: v2
name: echo
description: Jpub echo application chart for Kubernetes
type: application
version: 0.0.0
appVersion: "0.0.0"
sources:
  - https://github.com/jpubdocker/echo
```

`jpubdocker/echo`에서는 컨테이너 이미지도 패키지로 연결되어 있다. 이것은 Dockerfile의 `LABEL`에 `org.opencontainers.image.source=[GitHub 리포지터리 URL]` 형식으로 레이블을 설정하여 구현할 수 있다.

```
FROM golang:1.21.6

LABEL org.opencontainers.image.source=https://github.com/jpubdocker/echo

WORKDIR /go/src/github.com/jpubdocker/echo
COPY main.go .
RUN go mod init

CMD ["go", "run", "main.go"]
```

GitHub 리포지터리와 패키지를 연결해두면 매우 편리하므로 사용해보도록 하자.

COLUMN **Open Container Initiative(OCI)**

이번 장에서는 Helm Chart를 저장하기 위해 GHCR를 사용했지만 '컨테이너 레지스트리'인 GHCR이 Chart를 지원하는 것에 부자연스러움을 느낀 독자도 있을 것이다.

GHCR이 컨테이너 이미지뿐만 아니라 Helm Chart도 지원하는 이유는 OCI 아티팩트라는 구조 때문이다. OCI 는 Open Container Initiative[33]의 약자로, 컨테이너 표준화를 촉진하기 위한 프로젝트다. OCI는 컨테이너 형식을 업계 표준으로 확립하기 위해 활동하고 있다.

컨테이너 이미지에는 버전 관리와 서명과 같은 아티팩트의 필수 정보를 포함한다. OCI 아티팩트는 이러한 프로세스를 컨테이너 이미지뿐만 아니라 다른 컨테이너 관련 객체에서도 사용할 수 있는데, Helm Chart가 그중 하나다.

GHCR은 컨테이너 레지스트리지만 OCI 아티팩트를 관리할 수 있는 레지스트리이기도 하다. 따라서 Helm Chart도 컨테이너 이미지와 마찬가지로 저장할 수 있다. 구글 클라우드의 Artifact Registry, Amazon ECR, Azure Container Registry도 GHCR과 동일하게 OCI 아티팩트를 사용할 수 있으므로 Helm Chart를 저장할 수 있다.

칼럼 'GHCR 패키지와 리포지터리를 연결하기'에서 Dockerfile에 `org.opencontainers.image.source` 레이블을 사용해 리포지터리 연결을 구현했다. 이것도 OCI가 정한 표준이며, Helm의 `Chart.yaml` 내부 `.sources[]`는 이것의 별칭alias으로 동작한다.

9

컨테이너 운영

앞 장에서는 컨테이너 친화적인 애플리케이션과 미들웨어의 구축방법, 쿠버네티스에서의 오케스트레이션 등 컨테이너 시스템 생성 부분을 학습했다.

실제 운영 환경에서 여러 컨테이너를 사용하는 애플리케이션을 지속적으로 운영하기 위해서는 개발 지식 이외에도 다양한 상황을 고려해야 한다.

이번 장에서는 컨테이너 운영 환경에 필수인 로그를 효율적으로 관리하는 방법과 쿠버네티스 애플리케이션의 가용성을 높게 유지하는 방법에 대해 설명한다.

9.1 로그 운영

지금까지 컴포즈와 쿠버네티스를 사용해 여러 컨테이너로 구성된 애플리케이션을 구축했지만 애플리케이션의 로그 처리는 다루지 않았다.

구체적인 로그 기법을 설명하기 전에 컨테이너 환경에서 로그를 어떻게 처리하는지 살펴보자. 쿠버네티스가 아닌 일반 로컬 환경에서 테스트한다.

9.1.1 컨테이너 로그

기존의 비컨테이너형 서버 애플리케이션에서 어떤 로깅 방법을 사용하고 있었는지 생각해보자.

웹서버라면 프레임워크 로그 라이브러리가 포함되어 있거나 옵션으로 로깅 구현을 전환할 수 있는 구조가 갖추어져 있다.

이러한 라이브러리 대부분은 로깅 로테이션과 포맷 기능 등을 제공한다. 특히 비컨테이너 환경에서 생존 기간이 긴 서버의 로그는 점점 쌓이므로 서버의 디스크를 점유하게 된다. 따라서 로그 로테이션 기능이 중요하다.

대조적으로 컨테이너에서는 로그 라이브러리를 사용해도 파일이 아닌 표준 스트림에 출력하고 이를 Fluentd, Fluent Bit, Elastic Beats 등의 데이터 시퍼data shipper[1]로 수집하는 경우가 많다.

컨테이너 애플리케이션 로그 출력

컨테이너에서 실행하는 애플리케이션은 로그를 어떻게 구현하면 좋을까? GET Request를 전송하면 간단한 문자열을 반환하는 컨테이너인 `ghcr.io/jpubdocker/echo:v0.0.1`의 구현을 알아보자.[2]

리스트 9.1 echo 애플리케이션의 main.go

```go
package main

import (
  "context"
  "fmt"
  "log"
  "net/http"
  "os"
  "os/signal"
  "syscall"
  "time"
)

func main() {
  http.HandleFunc("/", func(w http.ResponseWriter, r *http.Request) {
    log.Println("Received request") // 표준 에러 출력
    fmt.Fprintf(w, "Hello Container!!")
  })

  log.Println("Start server") // 표준 에러 출력
  server := &http.Server{Addr: ":8080"}
```

---

[1]   로그 컬렉터라고도 하지만 이 책에서는 데이터 시퍼라고 한다.
[2]   2.2절의 main.go 애플리케이션이다.

```
go func() {
  if err := server.ListenAndServe(); err != http.ErrServerClosed {
    log.Fatalf("ListenAndServe(): %s", err)
  }
}()

quit := make(chan os.Signal, 1)
signal.Notify(quit, syscall.SIGINT, syscall.SIGTERM)
<-quit
log.Println("Shutting down server...") // 표준 에러 출력

ctx, cancel := context.WithTimeout(context.Background(), 5*time.Second)
defer cancel()
if err := server.Shutdown(ctx); err != nil {
  log.Fatalf("Shutdown(): %s", err)
}

log.Println("Server terminated") // 표준 에러 출력
}
```

log.Println을 사용해 애플리케이션 실행과 종료 시 HTTP Request를 받을 때 메시지를 로그로 출력한다. 여기서 말하는 로그 출력이란 표준 스트림 출력(표준 출력, 표준 에러 출력)으로, 애플리케이션 로그를 파일에 기록하는 것은 아니다.

리스트 9.2와 같이 echo 컨테이너를 포어그라운드에서 실행하고, http://localhost:8080에 GET Request를 전송해보자. 애플리케이션의 로그 출력은 컨테이너에서 실행해도 표준 스트림으로 출력된다.

리스트 9.2 echo 컨테이너 실행

```
$ docker container run -it --rm -p 8080:8080 ghcr.io/jpubdocker/echo:v0.1.0
2024/10/01 08:15:01 Start server
2024/10/01 08:15:26 Received request
```

docker logs와 kubectl logs 등의 커맨드를 사용해 백그라운드에서 실행되고 있는 컨테이너의 로그도 확인할 수 있다. 이러한 방법이 존재하는 것은 표준 스트림 출력 로그가 컨테이너 호스트에서 유지되는 것을 의미한다. 실제로 로그는 어떻게 유지되는지 알아보자.

컨테이너 호스트에 유지되는 로그

Docker 컨테이너 호스트에서 로그의 위치는 리스트 9.3과 같이 `docker inspect [컨테이너 ID]` 커맨드로 결과를 확인할 수 있다.[3]

리스트 9.3 컨테이너 로그의 파일 경로 가져오기

```
$ docker container ls --filter "ancestor=ghcr.io/jpubdocker/echo:v0.1.0" -q
9fab2e77801f

$ docker inspect 9fab2e77801f | grep LogPath
        "LogPath": "/var/lib/docker/containers/9fab2e77801f.../9fab2e77801f...-json.log",
```

컨테이너 로그가 호스트 파일인 `/var/lib/docker/containers/[컨테이너 ID]/[컨테이너 ID]-json.log`에 출력되는 것을 알 수 있다. 실제 출력을 확인해보자.

이 책에서 로컬 컨테이너 환경인 도커 데스크톱은 도커 데스크톱이 구축한 가상 머신에 출력된다. 이 가상 머신에 SSH 로그인하여 확인하는 것은 조금 번거롭기 때문에 리스트 9.4와 같이 특수한 권한(권한 모드)[4]의 컨테이너에서 `nsenter` 커맨드[5]를 통해 확인할 수 있다.

리스트 9.4 가상 머신에서 컨테이너 로그 파일 표시

```
$ docker run -it --rm --privileged --pid=host ubuntu:23.10 nsenter -t 1 -m -u -n -i sh
/ # uname -a
Linux docker-desktop 6.10.4-linuxkit-pr #1 SMP Mon Aug 12 08:47:01 UTC 2024 aarch64 Linux

/ # cat /var/lib/docker/containers/9fab2e77801f.../9fab2e77801f...-json.log
2-json.log
{"log":"2024/09/30 08:15:01 Start server\r\n","stream":"stdout","time":"
2024-09-30T08:15:01.98883638Z"}
{"log":"2024/09/30 08:15:26 Received request\r\n","stream":"stdout","time":"2024-09-30T08:15
:26.546685877Z"}
```

이와 같이 컨테이너 표준 스트림 출력으로 표시되는 내용의 로그가 JSON 형식으로 출력되는 것을 알 수 있다. 따라서 애플리케이션에서 로그를 파일에 출력하도록 구현하지 않아도 컨테이너에

---

3 컨테이너 ID는 길이로 인해 일부를 생략한다.

4 권한 모드에서 컨테이너를 실행하기 위해 `--priviledged` 옵션을 사용한다. 권한 모드에서는 컨테이너에서 호스트 환경의 리소스에 액세스할 수 있다.

5 Linux의 네임스페이스에 들어가기 위한 CLI. 도커의 네임스페이스에 들어가면 컨테이너 호스트에 로그인한 것처럼 작업이 가능하다.

서는 표준 스트림 출력을 로그로 출력하는 기능을 제공한다. 또한 완전히 로그 출력을 컨테이너에 맡길 수도 있다.

실제로 어떻게 컨테이너에서 로깅하는 것이 가장 좋은지 9.1.2절에서 설명한다.

로깅 드라이버

컨테이너 로그의 json 형식 출력은 dockerd가 기본값으로 사용하는 `json-file` **로깅 드라이버** logging driver에 의한 것이다. 로깅 드라이버는 컨테이너가 출력하는 로그의 동작을 제어하는 역할을 한다.[6] `json-file` 외에도 다음과 같은 로깅 드라이버가 제공된다.

logging driver	용도
`local`	사용자 정의 형식으로 설계한 로그를 저장
`syslog`	syslog로 관리
`journald`	systemd의 journald로 관리
`awslogs`	AWS CloudWatch Logs에 로그 전송
`gcplogs`	Google Cloud Logging에 로그 전송
`fluentd`	Fluentd로 로그 관리

컨테이너 로그를 `fluentd`로 수집하는 것은 기본적인 방법이다. 또한 클라우드에서 컨테이너를 사용할 때는 `awslogs`와 `gcplogs`를 사용하는 경우가 많다.

9.1.2 컨테이너 로그 운영

비컨테이너에서 실행되는 애플리케이션은 로그를 파일로 내보내는 것이 당연했다. 그러나 이 방법은 컨테이너에서 몇 가지 문제가 발생한다.

오류로 예기치 않게 컨테이너가 중지되고 완전히 제거된 상황을 가정해보자. 컨테이너에서 로그를 파일로 출력하는 방법은 컨테이너가 삭제되는 상황에서는 로그 손실을 의미하므로 큰 문제가 된다.

컨테이너에서는 로그를 표준 스트림에 출력하면 호스트의 파일에 출력된다. 컨테이너 내 로그를 호스트에 볼륨 마운트하여 전달할 수도 있지만, 표준 스트림으로 출력한 로그가 호스트 파일에 출력되는 구조를 사용하는 것이 더 간단하다. 컨테이너에서는 이 로그의 표준 스트림 출력이 정석처럼 사용된다.

---

6   로깅 드라이버는 도커뿐만 아니라 쿠버네티스와 Amazon ECS와 같은 컨테이너 실행 환경에도 사용할 수 있다.

구체적으로 컨테이너에 출력하는 로그는 어떻게 운영하는 것이 좋을지 살펴보자.

컨테이너 로그 로테이션

애플리케이션에서 표준 스트림 출력만으로 로그를 파일로 출력할 수 있지만, 웹서버와 같은 컨테이너는 장시간 실행되므로 액세스의 수가 증가하면 증가할수록 로그 출력도 증가한다. 따라서 컨테이너의 JSON 로그 파일 사이즈도 점점 커지게 된다. 장시간 동안 컨테이너를 운영하기 위해서는 컨테이너 로그를 적절히 로테이션해야 한다.

도커는 로깅 동작을 제어하기 위해 `--log-opt`를 제공하며, 컨테이너의 로그 로테이션을 위한 파라미터를 설정할 수 있다. `max-size`는 로테이션이 발생하는 로그 파일의 크기로, k(kilobyte)/m(megabyte)/g(gigabyte) 단위로 지정할 수 있다. `max-file`은 남은 로그 파일의 수를 지정하고, `max-file`의 값을 초과하면 이전 로그부터 삭제한다.

리스트 9.5 로테이션을 설정한 컨테이너 실행

```
$ docker container run -it --rm -p 8080:8080 \
  --log-opt max-size=50k \
  --log-opt max-file=5 \
  ghcr.io/jpubdocker/echo:v0.1.0
```

`max-size`로 지정한 용량에 도달하면 컨테이너 로그가 로테이션된다(리스트 9.6).

리스트 9.6 컨테이너 로그의 로테이션

```
/# ls -lh *log*
-rw-r----- 1 root root 870 Aug 22 17:22 1cad5294515f...-json.log
-rw-r----- 1 root root 48.9K Aug 22 17:21 1cad5294515f...-json.log.1
```

컨테이너별로 하지 않고 dockerd의 기본값으로도 `log-opt`를 설정할 수 있다. 도커 데스크톱에서 [Settings] → [Docker Engine]에서 JSON을 설정한다.[7]

리스트 9.7 dockerd의 설정 파일에 log-opts 설정

```
{
  "builder": {
    "features": {
      "buildkit": true
```

---

7   Linux 계열의 OS는 `/etc/docker/daemon.json`

```
    },
    "gc": {
      "defaultKeepStorage": "20GB",
      "enabled": true
    }
  },
  "experimental": false,
  "log-opts":{
    "max-size" : "50k",
    "max-file" : "5"
  }
}
```

쿠버네티스에서는 컨테이너 호스트의 `/var/log/pods` 아래에 각 파드별로 디렉터리가 생성되고, 그 아래에 파드의 각 컨테이너 로그가 출력된다.[8]

`/var/log/pods` 디렉터리의 로테이션 설정은 노드에 배포된 쿠버네티스의 컴포넌트인 kubelet을 다음 옵션으로 설정할 수 있다.

- `--container-log-max-size`(로테이션이 동작하는 로그 파일 사이즈)
- `--container-log-max-files`(유지하는 로그 파일의 수)

도커 데스크톱의 쿠버네티스 환경에서 kubelet은 백그라운드에서 실행되며 설정을 제어할 수는 없다. 개발, 운영 환경에서 자체적으로 쿠버네티스의 노드를 운영할 때는 이와 같은 설정을 기억해 두면 좋다.

9.1.3 Elastic Stack에 의한 로그 수집, 관리 구성의 구축

파일 기반으로 로그를 관리하는 방법은 컨테이너 호스트를 여러 개 운영하게 되면 더욱 복잡해진다. 따라서 컨테이너가 출력하는 JSON 로그 파일을 다른 위치로 전송하여 집계하고 관리, 확인하는 구조가 필요하다.

로그 수집과 관리하는 방법은 여러 가지 옵션이 있지만 추상화하면 그림 9.1과 같은 구성이 된다.

애플리케이션의 표준 스트림 출력 로그는 컨테이너 호스트에 파일로도 출력된다. 데이터 시퍼data shipper는 이러한 로그를 수집하여 데이터 스토어로 전송한다. 개발자는 데이터 뷰어를 통해 데이터

---

8   파드를 구성하는 컨테이너 로그는 `/var/log/containers` 디렉터리에도 출력된다.

스토어에 저장된 로그 데이터를 확인하거나 검색할 수 있다.

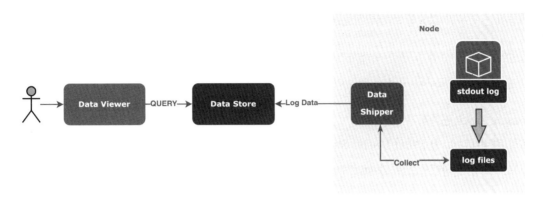

그림 9.1 일반적인 컨테이너 로그의 수집과 관리

Elastic Stack

이번 장에서는 Elastic Stack을 통해 이 구조를 구축한다. Elastic Stack은 Elasticsearch, Kibana, Beats, LogStash 등으로 구성된 프로덕트다.

Elasticsearch[9]는 전체 텍스트 검색 엔진으로 널리 사용된다. 여기서는 로그를 저장하기 위한 데이터 스토어와 데이터 시퍼를 통해 수집한 로그를 검색하는 용도로 사용한다.

Kibana[10]는 다양한 데이터 스토어와 연결하여 데이터를 가시화하거나 분석하기 위한 웹 애플리케이션이다. 여기서는 Elasticsearch와 연결하여 로그를 검색하는 용도로 사용한다.

Beats[11]는 다양한 데이터를 데이터 스토어에 전송하기 위한 데이터 시퍼다. 여기서는 로그 파일의 전송에 사용하지만 시스템과 애플리케이션의 자체 메트릭 등 다양한 데이터 포맷을 사용할 수 있다.

Logstash[12]는 데이터 처리 및 출력 등과 같은 역할을 담당하는 파이프라인과 같다. Elastic Stack은 Beats에서 로그 데이터를 받아 Elasticsearch용으로 가공한다.

이 외에도 로그의 수집과 관리의 용도로 다양한 솔루션과 조합이 존재한다. 데이터 스토어와 데

---

9   https://www.elastic.co/elasticsearch
10 https://www.elastic.co/kibana
11 https://www.elastic.co/beats/
12 https://www.elastic.co/logstash

이터 시퍼를 일관되게 구축할 때는 보통 Fluentd[13]와 Fluent Bit[14] 같은 데이터 시퍼에서 Elastic search에 로그를 보낸다. 클라우드를 사용할 때는 매니지드 로그용 데이터 스토어와 검색 도구를 제공하는 경우가 많으므로 개발자는 데이터 시퍼만 구축하는 경우도 있다.

이번에는 로그 수집 도구를 이해하기 위해 Elastic Stack을 로컬 쿠버네티스 환경에 구축하고, 로그 수집과 검색 도구의 구조를 만들어보자.

Elastic Stack 구축하기

로컬 쿠버네티스 환경에서 Elastic Stack을 구축한다. 앞 장에서는 Helm을 사용해 애플리케이션 배포 방법을 설명했으므로 Elastic Stack도 Helm으로 구축한다.

작업 디렉터리로 `~/k8s/logging/`을 생성하고 해당 위치로 이동한다.

```
$ mkdir -p ~/k8s/logging/
```

Elastic Stack의 Helm Chart는 Elastic이 공개하고 있는 Helm 리포지터리에 공개되어 있다. 리스트 9.8의 커맨드를 사용해 해당 리포지터리를 사용할 수 있다.

리스트 9.8 Elastic의 Helm 리포지터리 추가

```
$ helm repo add elastic https://helm.elastic.co
$ helm repo update
```

Elastic 관련 Chart와 버전은 리스트 9.9 커맨드로 확인할 수 있으며, Artifact Hub[15]에서도 확인할 수 있다.

리스트 9.9 Elastic 관련 Chart 리스트

```
$ helm search repo elastic/
NAME                    CHART VERSION  APP VERSION  DESCRIPTION
elastic/apm-attacher    1.1.1                       A Helm chart installing the
Elastic APM mutatin...
elastic/apm-server      8.5.1          8.5.1        Official Elastic helm chart for
Elastic APM Server
```

---

13 오픈 소스 데이터 시퍼이며, 루비(Ruby)로 작성되어 있다. 컨테이너 이전부터 널리 사용되었다.
14 C 언어로 작성된 Fluentd의 경량 버전. GKE는 Fluent Bit 기반 에이전트로 노드에서 컨테이너 로그가 수집된다.
15 https://artifacthub.io/packages/search?repo=elastic&sort=relevance&page=1

elastic/eck-agent ECK operator	0.12.1		Elastic Agent managed by the
elastic/eck-apm-server ECK operator	0.12.1		Elastic Apm Server managed by the
elastic/eck-beats ECK operator	0.12.1		Elastic Beats managed by the
elastic/eck-elasticsearch ECK operator	0.12.1		Elasticsearch managed by the
elastic/eck-enterprise-search by the ECK operator	0.12.1		Elastic Enterprise Search managed
elastic/eck-fleet-server managed by the...	0.12.1		Elastic Fleet Server as an Agent
elastic/eck-kibana	0.12.1		Kibana managed by the ECK operator
elastic/eck-logstash operator	0.12.1		Logstash managed by the ECK
elastic/eck-operator (ECK) operator	2.14.0	2.14.0	Elastic Cloud on Kubernetes
elastic/eck-operator-crds Definitions	2.14.0	2.14.0	ECK operator Custom Resource
elastic/eck-stack Operator	0.12.1		Elastic Stack managed by the ECK
elastic/elasticsearch Elasticsearch	8.5.1	8.5.1	Official Elastic helm chart for
elastic/filebeat Filebeat	8.5.1	8.5.1	Official Elastic helm chart for
elastic/kibana Kibana	8.5.1	8.5.1	Official Elastic helm chart for
elastic/logstash Logstash	8.5.1	8.5.1	Official Elastic helm chart for
elastic/metricbeat Metricbeat	8.5.1	8.5.1	Official Elastic helm chart for
elastic/pf-host-agent For everybody.	8.14.3	8.14.3	Hyperscaler software efficiency.

- ECK Operator 배포

Elastic Stack 배포의 전제 조건으로 ECK Operator 배포가 필요하다. ECK Operator는 쿠버네티스의 커스텀 오퍼레이터로서 구현되며, Elastic Stack의 구축과 운영을 효율화하기 위해 확장 기능[16]을 제공한다. 여기서는 필요한 컴포넌트만 확인해서 읽어보자.

ECK Operator의 Chart는 `elastic/eck-operator`로 공개되어 있다.[17] 리스트 9.10의 커맨드로

---

16 확장 기능을 통해 자체 쿠버네티스 리소스를 사용할 수 있다.
17 https://artifacthub.io/packages/helm/elastic/eck-operator

ECK Operator를 배포한다.

리스트 9.10 ECK Operator 배포

```
$ helm install elastic-operator elastic/eck-operator \
  --version 2.9.0 -n elastic-system --create-namespace
NAME: elastic-operator
LAST DEPLOYED: Tue Oct 1 14:53:02 2024
NAMESPACE: elastic-system
STATUS: deployed
REVISION: 1
TEST SUITE: None
NOTES:
1. Inspect the operator logs by running the following command:
   kubectl logs -n elastic-system sts/elastic-operator
```

- Elastic Stack 배포

Elastic Stack을 배포해보자. Elastic Stack의 Chart는 `elastic/eck-stack`에 공개되어 있다.[18]

배포 후 실제로 적용되는 매니페스트를 참조하면서 어떻게 구성되어 있는지 살펴보자. 먼저 `eck.yaml`의 커스텀 `values` 파일을 리스트 9.11과 같이 생성한다. Elasticsearch, Kibana, Beats를 사용하도록 했지만 현 시점에서는 아직 자세히 이해하지 않아도 된다.

리스트 9.11 ECK용 커스텀 values 파일 (~/k8s/logging/eck.yaml)

```
# 1 Elasticsearch 설정
eck-elasticsearch:
 enabled: true
 annotations:
   # 무료 플랜 설정
   eck.k8s.elastic.co/license: basic

# 2 Kibana 설정
eck-kibana:
 enabled: true
 annotations:
   # 무료 플랜 설정
   eck.k8s.elastic.co/license: basic

 spec:
   http:
```

---

18 https://artifacthub.io/packages/helm/elastic/eck-stack

```
      tls:
        selfSignedCertificate: # HTTPS 무효화
          disabled: true


# 3 Beats 설정
eck-beats:
 enabled: true
 annotations:
   # 무료 플랜 설정
   eck.k8s.elastic.co/license: basic

 serviceAccount:
   name: filebeat

 clusterRole:
   name: filebeat
   rules:
     - apiGroups: [""] # "" indicates the core API group
       resources:
         - namespaces
         - pods
         - nodes
       verbs:
         - get
         - watch
         - list
     - apiGroups: ["apps"]
       resources:
         - replicasets
       verbs:
         - get
         - list
         - watch
     - apiGroups: ["batch"]
       resources:
         - jobs
       verbs:
         - get
         - list
         - watch

 clusterRoleBinding:
   name: filebeat
   subjects:
     - kind: ServiceAccount
       name: filebeat
   roleRef:
     kind: ClusterRole
```

```yaml
      name: filebeat
      apiGroup: rbac.authorization.k8s.io

spec:
  # 1 Filebeat 사용
  type: filebeat
  elasticsearchRef:
    name: elasticsearch

  daemonSet:
    podTemplate:
      spec:
        serviceAccountName: filebeat
        automountServiceAccountToken: true
        terminationGracePeriodSeconds: 30
        dnsPolicy: ClusterFirstWithHostNet
        hostNetwork: true # Allows to provide richer host metadata
        containers:
          - name: filebeat
            securityContext:
              runAsUser: 0
            volumeMounts:
              - name: varlogcontainers
                mountPath: /var/log/containers
              - name: varlogpods
                mountPath: /var/log/pods
              - name: varlibdockercontainers
                mountPath: /var/lib/docker/containers
            env:
              - name: NODE_NAME
                valueFrom:
                  fieldRef:
                    fieldPath: spec.nodeName
        volumes:
          - name: varlogcontainers
            hostPath:
              path: /var/log/containers
          - name: varlogpods
            hostPath:
              path: /var/log/pods
          - name: varlibdockercontainers
            hostPath:
              path: /var/lib/docker/containers
  config:
    filebeat:
      autodiscover:
        providers:
          - type: kubernetes
```

```
            node: ${NODE_NAME}
        hints:
          enabled: true
          default_config:
            type: container
            paths:
              - /var/log/containers/*${data.kubernetes.container.id}.log
```

1의 `.eck-beats.spec.type`은 Beats의 유형이다.[19] 로그의 전송은 파일을 취급하는 Filebeat을 사용하므로 `filebeat`을 설정한다.

매니페스트 파일을 확인 후 리스트 9.12와 같이 `eck`라는 릴리스명으로 Elastic Stack를 배포한다.

리스트 9.12 Elastic Stack 배포

```
(~/k8s/logging) $ helm install eck elastic/eck-stack -n elastic-stack -f eck.yaml --create-
namespace
NAME: eck
LAST DEPLOYED: Tue Oct 1 14:58:03 2024
NAMESPACE: elastic-stack
STATUS: deployed
REVISION: 1
TEST SUITE: None
NOTES:
Elasticsearch ECK-Stack 0.12.1 has been deployed successfully!

To see status of all resources, run

kubectl get elastic -n elastic-stack -l "app.kubernetes.io/instance"=eck

More information on the Elastic ECK Operator, and its Helm chart can be found within our
documentation.

https://www.elastic.co/guide/en/cloud-on-k8s/current/index.html
```

이를 통해 Elasticsearch, Kibana, Beats가 배포되었다. 이제 이 컴포넌트가 어떻게 구성되어 있는지 알아보도록 한다.

Elasticsearch 구성

`elastic/eck-stack`의 Chart를 배포하면 ECK Operator의 확장 기능인 Elasticsearch 리소스가

---

19 시스템 메트릭을 수집하는 `metricbeat`, 서비스 가동 시간을 감시하는 `heartbeat` 등이 있다.

생성된다. 리스트 9.13을 통해 Elasticsearch 리소스를 확인할 수 있다.

리스트 9.13 Elasticsearch 리소스 가져오기

```
$ kubectl -n elastic-stack get elasticsearch/elasticsearch
NAME            HEALTH NODES VERSION PHASE AGE
elasticsearch yellow 1       8.15.0  Ready 7m51s
```

리스트 9.14 커맨드로 적용된 Elasticsearch 리소스를 확인할 수 있다. 주로 `.spec` 하위에 Elasticsearch의 구성이 정의되어 있다.[20]

리스트 9.14 Elasticsearch 리소스의 매니페스트 확인

```
$ kubectl -n elastic-stack get elasticsearch/elasticsearch -o yaml
apiVersion: elasticsearch.k8s.elastic.co/v1
kind: Elasticsearch
metadata:
  # 생략...
  name: elasticsearch
  namespace: elastic-stack
  # 생략...
spec:
  auth: {}
  http:
    service:
      metadata: {}
      spec: {}
    tls:
      certificate: {}
  monitoring:
    logs: {}
    metrics: {}
  nodeSets:
  - config:
      node.store.allow_mmap: false
    count: 1
    name: default
    podTemplate:
      metadata:
        creationTimestamp: null
      spec:
        containers:
        - name: elasticsearch
```

---

20 https://www.elastic.co/docs/reference/cloud-on-k8s/api-docs#elasticsearch

```
        resources:
          limits:
            memory: 2Gi
          requests:
            memory: 2Gi
    transport:
      service:
        metadata: {}
        spec: {}
      tls:
        certificate: {}
        certificateAuthorities: {}
    updateStrategy:
      changeBudget: {}
    version: 8.15.0
status:
# 생략...
```

리스트 9.15의 커맨드를 실행하면 ECK Operator가 생성한 서비스, 스테이트풀셋, 파드 등의 리소스를 확인할 수 있다. Elasticsearch는 데이터 스토어이므로 스테이트풀셋으로 구성되어 있다.

리스트 9.15 ECK Operator가 생성한 Elasticsearch 관련 리소스

```
$ kubectl -n elastic-stack get service,statefulset,pod -l "common.k8s.elastic.co/
type=elasticsearch"
NAME                                   TYPE        CLUSTER-IP     EXTERNAL-IP PORT(S)   AGE
service/elasticsearch-es-default       ClusterIP None           <none>      9200/TCP  36m
service/elasticsearch-es-http          ClusterIP 10.103.156.21  <none>      9200/TCP  36m
service/elasticsearch-es-internal-http ClusterIP 10.98.72.189   <none>      9200/TCP  36m
service/elasticsearch-es-transport     ClusterIP None           <none>      9300/TCP  36m


NAME                                    READY AGE
statefulset.apps/elasticsearch-es-default 1/1   36m


NAME                          READY STATUS  RESTARTS AGE
pod/elasticsearch-es-default-0 1/1  Running 0        36m
```

Kibana 구성

리스트 9.16 커맨드로 Kibana 리소스를 확인할 수 있다.

리스트 9.16 Kibana 리소스 가져오기

```
$ kubectl -n elastic-stack get kibana
NAME            HEALTH NODES VERSION AGE
```

```
eck-eck-kibana green 1    8.15.0  39m
```

리스트 9.17 커맨드로 적용한 Kibana 리소스를 확인할 수 있다. 주로 `.spec` 하위 Kibana 구성이 정의되어 있다.[21]

리스트 9.17 Kibana 리소스의 매니페스트 확인

```
$ kubectl -n elastic-stack get kibana/eck-eck-kibana -o yaml
apiVersion: kibana.k8s.elastic.co/v1
kind: Kibana
metadata:
  # 생략...
  name: eck-eck-kibana
  namespace: elastic-stack
  # 생략...
spec:
  count: 1
  elasticsearchRef:
    name: elasticsearch
  enterpriseSearchRef: {}
  http:
    service:
      metadata: {}
      spec: {}
    tls:
      certificate: {}
      selfSignedCertificate:
        disabled: true
  monitoring:
    logs: {}
    metrics: {}
  podTemplate:
    metadata:
      creationTimestamp: null
    spec:
      containers: null
  version: 8.15.0
status:
# 생략...
```

리스트 9.18 커맨드를 실행하면 ECK Operator가 생성한 서비스, 디플로이먼트, 파드 등의 리소스

---

21 https://www.elastic.co/docs/reference/cloud-on-k8s/api-docs#kibanak8selasticcov1

를 확인할 수 있다. Kibana는 데이터를 가시화하므로 일반적인 웹 애플리케이션과 동일한 구성을
갖추고 있다.

리스트 9.18 ECK Operator가 생성한 Kibana 관련 리소스

```
$ kubectl -n elastic-stack get service,deployment,pod -l "common.k8s.elastic.co/type=kibana"
NAME                              TYPE       CLUSTER-IP       EXTERNAL-IP PORT(S)  AGE
service/eck-eck-kibana-kb-http ClusterIP 10.97.133.128 <none>        5601/TCP 48m

NAME                                    READY UP-TO-DATE AVAILABLE AGE
deployment.apps/eck-eck-kibana-kb 1/1    1          1         48m

NAME                                      READY STATUS  RESTARTS AGE
pod/eck-eck-kibana-kb-5f7d5bcb8-nsd5l 1/1   Running 0        48m
```

Beats 구성

리스트 9.19 커맨드로 Beats 리소스를 확인할 수 있다.

리스트 9.19 Beats 리소스 가져오기

```
$ kubectl -n elastic-stack get beats
NAME            HEALTH AVAILABLE EXPECTED TYPE      VERSION AGE
eck-eck-beats green  1         1        filebeat 8.15.0  39m
```

리스트 9.20 커맨드로 적용된 Beats 리소스를 확인할 수 있다. 주로 .spec 하위에 Beats 구성이
정의되어 있다.[22]

리스트 9.20 Beats 리소스 매니페스트 확인

```
$ kubectl -n elastic-stack get beats/eck-eck-beats -o yaml
apiVersion: beat.k8s.elastic.co/v1beta1
kind: Beat
metadata:
  annotations:
    association.k8s.elastic.co/es-conf: '{"authSecretName":"eck-eck-beats-beat-user","
authSecretKey":"elastic-stack-eck-eck-beats-beat-user","isServiceAccount":false,"
caCertProvided":true,"caSecretName":"eck-eck-beats-beat-es-ca","url":"https://elasticsearch-
es-http.elastic-stack.svc:9200","version":"8.15.0"}'
    eck.k8s.elastic.co/license: basic
    meta.helm.sh/release-name: eck
    meta.helm.sh/release-namespace: elastic-stack
```

---

22 https://www.elastic.co/docs/reference/cloud-on-k8s/api-docs#beatspec

```yaml
      creationTimestamp: "2024-10-01T14:58:03Z"
      generation: 2
      labels:
        app.kubernetes.io/instance: eck
        app.kubernetes.io/managed-by: Helm
        app.kubernetes.io/name: eck-beats
        helm.sh/chart: eck-beats-0.12.1
      name: eck-eck-beats
      namespace: elastic-stack
      resourceVersion: "12917"
      uid: f86bacc0-fd7c-497a-9c66-6337965eab0d
spec:
  config:
    filebeat:
      autodiscover:
        providers:
        - hints:
            default_config:
              paths:
              - /var/log/containers/*${data.kubernetes.container.id}.log
              type: container
            enabled: true
          node: ${NODE_NAME}
          type: kubernetes
  daemonSet:
    podTemplate:
      metadata:
        creationTimestamp: null
      spec:
        automountServiceAccountToken: true
        containers:
        - env:
          - name: NODE_NAME
            valueFrom:
              fieldRef:
                fieldPath: spec.nodeName
          name: filebeat
          resources: {}
          securityContext:
            runAsUser: 0
          volumeMounts:
          - mountPath: /var/log/containers
            name: varlogcontainers
          - mountPath: /var/log/pods
            name: varlogpods
          - mountPath: /var/lib/docker/containers
            name: varlibdockercontainers
        dnsPolicy: ClusterFirstWithHostNet
```

```
        hostNetwork: true
        serviceAccountName: filebeat
        terminationGracePeriodSeconds: 30
        volumes:
        - hostPath:
            path: /var/log/containers
          name: varlogcontainers
        - hostPath:
            path: /var/log/pods
          name: varlogpods
        - hostPath:
            path: /var/lib/docker/containers
          name: varlibdockercontainers
    updateStrategy: {}
  elasticsearchRef:
      name: elasticsearch
  kibanaRef: {}
  monitoring:
    logs: {}
    metrics: {}
  type: filebeat
  version: 8.15.0
status:
# 생략...
```

Beats는 데이터 시퍼이며, 컨테이너와 파드 로그를 실시간으로 Elasticsearch에 전송한다. 쿠버네티스는 어떤 권한과 구성으로 배포되어 있는지 확인해보자.

- 컨테이너 호스트의 로그를 가져오기 위한 RBAC

Elastic Stack에서 로그 수집과 검색 도구는 단순히 로그의 검색만 가능한 것이 아니다. 로그가 어떤 노드, 컨테이너, 파드에서 출력되는지 식별할 수 있으며, 메타 데이터로 필터링하여 검색할 수도 있다. 컨테이너와 파드는 배포에 따라 자주 변경되므로 이러한 구조는 필수다.

로그에 메타데이터를 부여하고 전송하기 위해서도 데이터 시퍼에는 쿠버네티스의 리소스를 볼 수 있는 권한이 필요하다. 7.3절에서 RBAC에 대해 설명했지만 Beats에서도 RBAC로 적절하게 권한 제어를 할 수 있다. 리스트 9.21 커맨드로 관련 리소스를 확인할 수 있다.

리스트 9.21 Beats의 권한 제어 관련 리소스

```
$ kubectl -n elastic-stack get clusterrole,clusterrolebinding,serviceaccount -l "app.
kubernetes.io/name=eck-beats"
NAME                                              CREATED AT
```

```
clusterrole.rbac.authorization.k8s.io/filebeat 2024-10-01T14:58:03Z

NAME                                                        ROLE                  AGE
clusterrolebinding.rbac.authorization.k8s.io/filebeat      ClusterRole/filebeat  121m

NAME                      SECRETS  AGE
serviceaccount/filebeat 0         121m
```

리스트 9.22 커맨드로 ClusterRole을 확인할 수 있다. 파드와 노드 등 로그에 부여하는 레이블 등의 메타데이터를 가져오기 위한 권한을 정의한다.

리스트 9.22 Beats의 ClusterRole 매니페스트

```
$ kubectl get clusterrole/filebeat -o yaml
apiVersion: rbac.authorization.k8s.io/v1
kind: ClusterRole
metadata:
  # 생략...
  name: filebeat
  # 생략...
rules:
- apiGroups: # apiVersion=v1 네임스페이스/파드/노드와 관련된 권한
  - ""
  resources:
  - namespaces
  - pods
  - nodes
  verbs:
  - get
  - watch
  - list
- apiGroups: # apiVersion=apps/v1 레플리카셋과 관련된 권한
  - apps
  resources:
  - replicasets
  verbs:
  - get
  - list
  - watch
- apiGroups: # apiVersion=batch/v1 잡과 관련된 권한
  - batch
  resources:
  - jobs
  verbs:
  - get
  - list
```

```
  - watch
```

클러스터 롤과 서비스 어카운트의 `filebeat`을 리스트 9.23과 같이 클러스터 롤 바인딩에 연결한다.

리스트 9.23 Beats의 ClusterRoleBinding 매니페스트

```
$ kubectl get clusterrolebinding/filebeat -o yaml
apiVersion: rbac.authorization.k8s.io/v1
kind: ClusterRoleBinding
metadata:
  annotations:
    eck.k8s.elastic.co/license: basic
    meta.helm.sh/release-name: eck
    meta.helm.sh/release-namespace: elastic-stack
  creationTimestamp: "2024-10-01T14:58:03Z"
  labels:
    app.kubernetes.io/instance: eck
    app.kubernetes.io/managed-by: Helm
    app.kubernetes.io/name: eck-beats
    helm.sh/chart: eck-beats-0.12.1
  name: filebeat
  resourceVersion: "12749"
  uid: 83d3ce5c-a175-4a22-9cbb-80d9b0ab0f70
roleRef:
  apiGroup: rbac.authorization.k8s.io
  kind: ClusterRole
  name: filebeat
subjects:
- kind: ServiceAccount
  name: filebeat
  namespace: elastic-stack
```

Beats를 실행하는 파드에는 `filebeat`의 서비스 어카운트를 설정한다.

- 데몬셋으로 모든 노드의 파드에 배치하기

남은 것은 Beats의 파드 배포다. Beats는 모든 컨테이너의 로그를 Elasticsearch에 전송하는 데이터 시퍼로, 모든 노드의 파드에 배포하고자 한다.

이때는 **데몬셋**DaemonSet이라는 리소스를 사용한다. 데몬셋은 쿠버네티스 클러스터에서 관리하는 모든 노드에 하나씩 배포되는 파드를 관리하기 위한 리소스다. 데이터 시퍼 같은 호스트에서 에이전트를 배포하려는 용도로 사용한다. 로컬 쿠버네티스 환경에서는 노드가 하나밖에 없지만 여러 노드 환경이라면 자동으로 파드가 배포된다.

리스트 9.24는 데몬셋의 매니페스트다.

리스트 9.24 Beats의 데몬셋 매니페스트

```
$ kubectl -n elastic-stack get daemonset/eck-eck-beats-beat-filebeat -o yaml
apiVersion: apps/v1
kind: DaemonSet
metadata:
  # 생략...
  labels:
    beat.k8s.elastic.co/name: eck-eck-beats
    # 생략...
  name: eck-eck-beats-beat-filebeat
  namespace: elastic-stack
  # 생략...
spec:
  revisionHistoryLimit: 10
  selector:
    # 생략...
  template:
    metadata:
      # 생략...
    spec:
      automountServiceAccountToken: true
      containers:
      - args:
        - -e
        - -c
        - /etc/beat.yml
        env:
        - name: NODE_NAME
          valueFrom:
            fieldRef:
              apiVersion: v1
              fieldPath: spec.nodeName
        image: docker.elastic.co/beats/filebeat:8.15.0
        imagePullPolicy: IfNotPresent
        name: filebeat
        resources:
          limits:
            cpu: 100m
            memory: 300Mi
          requests:
            cpu: 100m
            memory: 300Mi
        securityContext:
          runAsUser: 0
```

```yaml
    terminationMessagePath: /dev/termination-log
    terminationMessagePolicy: File
    volumeMounts:
    - mountPath: /usr/share/filebeat/data
      name: beat-data
    - mountPath: /etc/beat.yml
      name: config
      readOnly: true
      subPath: beat.yml
    - mountPath: /mnt/elastic-internal/elasticsearch-certs
      name: elasticsearch-certs
      readOnly: true
    # 2-1 Volume 마운트
    - mountPath: /var/lib/docker/containers
      name: varlibdockercontainers
    # 2-2 Volume 마운트
    - mountPath: /var/log/containers
      name: varlogcontainers
    # 2-3 Volume 마운트
    - mountPath: /var/log/pods
      name: varlogpods
# 생략...
serviceAccount: filebeat
serviceAccountName: filebeat
terminationGracePeriodSeconds: 30
volumes:
- hostPath:
    path: /var/lib/elastic-stack/eck-eck-beats/filebeat-data
    type: DirectoryOrCreate
  name: beat-data
- name: config
  secret:
    defaultMode: 292
    optional: false
    secretName: eck-eck-beats-beat-filebeat-config
- name: elasticsearch-certs
  secret:
    defaultMode: 420
    optional: false
    secretName: eck-eck-beats-beat-es-ca
# 1-1 호스트 /var/lib/docker/containers를 볼륨으로 사용
- hostPath:
    path: /var/lib/docker/containers
    type: ""
  name: varlibdockercontainers
# 1-2 호스트 /var/log/containers를 볼륨으로 사용
- hostPath:
    path: /var/log/containers
```

```
        type: ""
      name: varlogcontainers
 # 1-3 호스트 /var/log/pods를 볼륨으로 사용
 - hostPath:
       path: /var/log/pods
       type: ""
     name: varlogpods
# 생략...
```

데몬셋은 파드를 관리하는 리소스이므로 `.spec.template.spec` 하위는 디플로이먼트, 스테이트풀셋과 기본적으로 동일하다.

1-1에서 1-3까지는 노드에 저장된 컨테이너 관련 로그의 디렉터리를 볼륨으로 설정한다. 디렉터리의 경로는 `hostPath`로 지정한다.

2-1에서 2-3까지는 볼륨으로 설정한 로그 디렉터리를 파드에 마운트한다.

애플리케이션 파드를 실행하고 Kibana로 로그 확인하기

이제 구축한 로그 수집과 검색 도구를 사용해 Kibana로 애플리케이션의 로그를 확인해보자.

- Kibana 인증 정보 가져오기

Kibana는 인증이 필요하다. 여기서는 기본 설정으로 생성된 `elastic` 유저의 정보를 사용한다.

인증 정보는 `elasticsearch-es-elastic-user`라는 시크릿으로 생성된다. 리스트 9.25를 통해 확인할 수 있다.

리스트 9.25 elastic 유저의 인증 정보 시크릿

```
$ kubectl -n elastic-stack get secret/elasticsearch-es-elastic-user -o yaml
apiVersion: v1
data:
  elastic: Wjd3eTE1MTNPWnZONHg0bzU1VEI2SXZZ
kind: Secret
metadata:
  creationTimestamp: "2024-10-01T14:58:03Z"
  labels:
    common.k8s.elastic.co/type: elasticsearch
    eck.k8s.elastic.co/credentials: "true"
    eck.k8s.elastic.co/owner-kind: Elasticsearch
    eck.k8s.elastic.co/owner-name: elasticsearch
    eck.k8s.elastic.co/owner-namespace: elastic-stack
    elasticsearch.k8s.elastic.co/cluster-name: elasticsearch
```

```
  name: elasticsearch-es-elastic-user
  namespace: elastic-stack
  resourceVersion: "12778"
  uid: d9407094-c90e-4663-a58f-a2d372127cf5
type: Opaque
```

`.data.elastic`은 비밀번호가 Base64로 인코딩된 값이다. 이 값을 디코딩하면 비밀번호를 가져올
수 있다. 인코딩된 값을 직접 `base64 -d` 커맨드로 디코딩해도 되지만 다음과 같은 커맨드로 가져
올 수도 있다. 디코딩된 비밀번호를 잘 보관해두자.

```
$ kubectl -n elastic-stack get secret/elasticsearch-es-elastic-user -o=jsonpath='{.data.
elastic}' | base64 -d
```

이번에 배포한 Kibana에는 인그레스가 작성되지 않았다. 클러스터 외부에서 액세스할 수 있도록
로컬 포트를 서비스로 포트 포워딩한다.[23] 서비스 리스트는 리스트 9.26과 같이 확인할 수 있다.

리스트 9.26 Elastic Stack 관련 Service 리스트

```
$ kubectl -n elastic-stack get service
NAME                                TYPE        CLUSTER-IP      EXTERNAL-IP PORT(S)   AGE
eck-eck-kibana-kb-http              ClusterIP 10.97.133.128 <none>        5601/TCP 34h
elasticsearch-es-default            ClusterIP None            <none>        9200/TCP 34h
elasticsearch-es-http               ClusterIP 10.103.156.21 <none>        9200/TCP 34h
elasticsearch-es-internal-http ClusterIP 10.98.72.189  <none>        9200/TCP 34h
elasticsearch-es-transport          ClusterIP None            <none>        9300/TCP 34h
```

로컬에서 Kibana에 액세스하기 위해 `eck-eck-kibana-kb-http`의 서비스를 5601번으로 포트 포워
딩한다.

```
$ kubectl -n elastic-stack port-forward svc/eck-eck-kibana-kb-http 5601:5601
Forwarding from 127.0.0.1:5601 -> 5601
Forwarding from [::1]:5601 -> 5601
```

브라우저에서 `http://localhost:5601`에 접속하고, 앞에서 보관한 인증 정보를 사용해 로그인한
다(그림 9.2). 로그인에 성공하면 홈 화면(그림 9.3)이 표시된다.

---

23 실제로 개발, 운영 환경에 배포할 때는 적절하게 인그레스를 생성하여 공개한다.

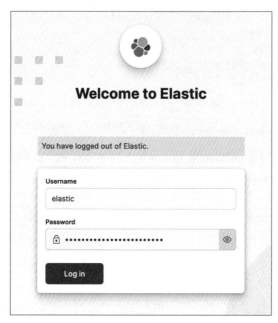

그림 9.2 **Kibana 로그인 화면**

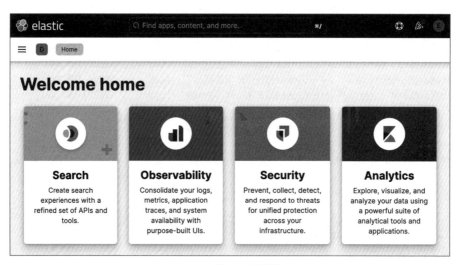

그림 9.3 **Kibana 홈 화면**

이것으로 Kibana의 준비가 완료되었다.

- 애플리케이션의 파드를 실행하고 로그 출력하기

애플리케이션의 로그를 출력해보자. echo 애플리케이션을 Helm으로 배포하고, HTTP Request를 몇 회 반복해서 전송한다.

```
$ helm install echo oci://ghcr.io/jpubdocker/chart/echo --version v0.0.1
Pulled: ghcr.io/jpubdocker/chart/echo:v0.0.1
Digest: sha256:741ac6ded8830cba683349b99ea8e6573024136610fb2e5afe65fddeefb2dcae
NAME: echo
LAST DEPLOYED: Tue Oct 1 15:15:27 2024
NAMESPACE: default
STATUS: deployed
REVISION: 1
TEST SUITE: None
NOTES:
1. Get the application URL by running these commands:
  http://chart-example.local/
```

```
$ curl http://localhost/ -H 'Host: chart-example.local'
Hello Container!!
```

- Kibana로 컨테이너 로그 확인하기

Kibana의 왼쪽 메뉴에서 [Analytics] → [Discover] 화면으로 이동한다.[24] [Create data view] 버튼을 클릭하면 그림 9.4와 같은 대화창이 표시된다. Beats가 Elasticsearch에 전송한 데이터를 통해 생성된 인덱스 리스트가 표시된다.

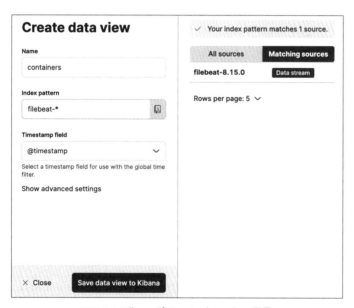

그림 9.4 Kibana의 Create data view 등록

---

24   http://localhost:5601/app/discover

여기서는 [Name]에 .[containers], [Index pattern]에 [filebeat-*], [Timestamp field]에 [@timestamp]를 선택하고, [Save data view to Kibana]를 클릭한다.

그림 9.5 화면으로 이동한다. 컨테이너와 쿠버네티스 관련 로그가 시퀀스로 표시된다.

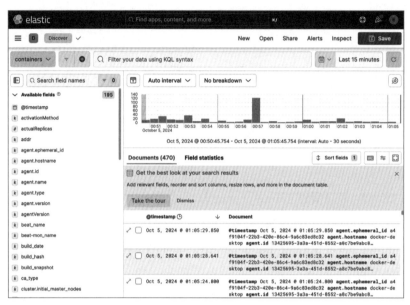

그림 9.5 **Kibana의 Discover 화면**

검색 텍스트 필드에 로그의 메타데이터인 키와 필터링하는 값을 입력하여 검색할 수 있다.

예를 들어 `app.kubernetes.io/name`이라는 권장 레이블은 `kubernetes.labels.app_kubernetes_io/name`이라는 키에 대응한다. 쿠버네티스의 레이블에 `kubernetes.labels.` 접두사가 붙고 `.`은 `_`로 치환된 형식이다.

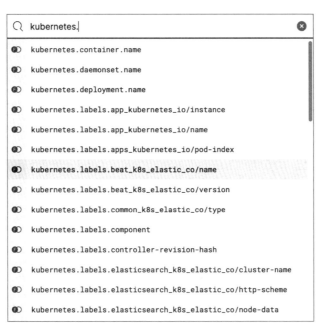

그림 9.6 검색 키 제안

kubernetes.labels.app_kubernetes_io/name을 선택하면 그림 9.7과 같이 레이블값의 후보가
표시된다.

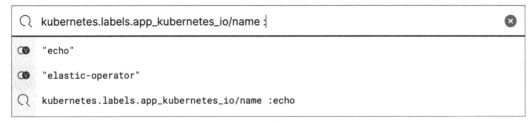

그림 9.7 레이블값 후보

echo를 선택하고 kubernetes.labels.app_kubernetes_io/name:"echo"[25]가 입력된 상태에서 [새
로고침] 버튼을 클릭한다.

그림 9.8과 같이 로그 검색 결과가 표시된다. app.kubernetes.io/name: echo에 대응하는 파드인
nginx와 echo의 컨테이너 로그가 표시된다.

---

25 KQL(Kibana Query Language)이라는 쿼리다. SQL과 같이 AND나 OR 조건으로도 검색할 수 있다. https://www.elastic.co/docs/
explore-analyze/query-filter/languages/kql

그림 9.8 **로그의 검색 결과**

이와 같이 로그의 수집과 관리 도구를 구축하면 간단하게 컨테이너의 로그를 검색할 수 있다. 컨테이너는 배포나 스케일 아웃을 통해 컨테이너의 교체나 추가, 제거가 많이 발생하므로 운영 시에는 필수 도구다.

COLUMN **안정화된 Elasticsearch 선택하기**

애플리케이션 로그와 액세스 로그는 매우 중요하므로 최대한 손실 없이 로그 스토리지에 전송하는 것이 필요하다.

높은 트래픽으로 인해 로그가 많이 출력되는 환경에서는 Elasticsearch가 갖는 디스크와 노드 수도 그에 맞는 규모가 필요하며 높은 가용성이 요구된다. 그럼에도 불구하고 Elasticsearch와 같은 데이터 스토어를 안정적으로 운영하는 것이 쉽지만은 않다. Elastic 사가 제공하는 Elastic Cloud가 유력한 선택지다.

또한 구글 클라우드 마켓플레이스와 AWS 마켓플레이스에서도 Elastic Cloud를 제공하므로 자체 클라우드 영역에 Elasticsearch를 간단하게 구축할 수 있다.

AWS는 Amazon OpenSearch Service(구 Amazon Elasticsearch Service)라는 매니지드 서비스를 제공하지만 이는 Elasticsearch가 아니다. Amazon OpenSearch 서비스는 Elasticsearch 이전 버전을 포크하여 만들어졌다. 구 Elasticsearch Service는 Elastic 사와 사용 파트너십이 체결되지 않아 상표권 소송 문제까지 발생했지만 현재는 해결된 상태다. AWS는 Elasticsearch의 이름을 제외한 OpenSearch Service로 제공한다.

COLUMN | 클라우드의 자체 로그 관리

Elastic Stack을 구축하는 것도 좋지만 대표적인 클라우드는 자체적으로 로그를 관리하는 프로덕트를 제공한다. 컨테이너는 클라우드에서 운영하는 경우가 많으므로 로그 관리는 클라우드에 맡기는 편이 간단하다.

구글 클라우드, AWS, Azure는 각각 다음과 같은 로그 관리 프로덕트를 제공한다.

- Google Cloud Logging[26]
- Amazon CloudWatch Logs[27]
- Azure LogAnalytics[28]

사용법은 차이가 있지만 노드에서 데이터 시퍼로 수집되는 로그를 레이블로 검색할 수 있다는 점은 Elastic Stack과 거의 동일하다.

9.1.4 stern

Kibana와 각 클라우드 플랫폼에서 로그를 확인하는 것도 편리하지만 조금 거창한 느낌도 있다. 개발자는 커맨드 라인을 통해 확인하는 것이 더 편리할 수도 있다.

`kubectl logs -f {파드 ID}` 커맨드로 실행 중인 파드의 로그를 확인할 수 있지만, 파드 ID를 매번 확인하는 것은 번거로울 수 있다.

이러한 상황에서 쿠버네티스의 로그를 확인하기 위한 도구로 stern[29]이 존재한다.

```
$ asdf plugin add stern
$ asdf install stern 1.26.0
$ asdf global stern 1.26.0
```

stern은 레이블 지정만으로 간단하게 로그를 확인할 수 있다. 로컬 쿠버네티스 환경에서 실행 중인 echo 파드에 대한 로그를 확인해보자. echo 파드는 레이블로 `app.kubernetes.io/name:echo`가 설정되어 있다. 다음과 같이 레이블을 지정하면 실행 중인 파드에 속한 컨테이너 로그를 확인할 수 있다.

```
$ stern -l app.kubernetes.io/name=echo
+ echo-54858bd9fd-smm8d › nginx
```

---

26 구 명칭은 Stackdriver Logging이다. https://cloud.google.com/logging
27 https://docs.aws.amazon.com/AmazonCloudWatch/latest/logs/WhatIsCloudWatchLogs.html
28 https://learn.microsoft.com/azure/azure-monitor/logs/log-analytics-overview
29 https://github.com/stern/stern

```
+ echo-54858bd9fd-smm8d › echo
echo-54858bd9fd-smm8d echo 2024/10/11 16:11:00 Received request
echo-54858bd9fd-smm8d nginx 10.1.3.39 - - [11/Oct/2024:16:11:00 +0000] "GET / HTTP/1.1" 200
17 "-" "curl/7.87.0" "192.168.65.4"
echo-54858bd9fd-smm8d echo 2024/10/11 16:11:01 Received request
echo-54858bd9fd-smm8d echo 2024/10/11 16:11:02 Received request
echo-54858bd9fd-smm8d echo 2024/10/11 16:11:03 Received request
echo-54858bd9fd-smm8d echo 2024/10/11 16:24:24 Received request
echo-54858bd9fd-smm8d echo 2024/10/11 16:24:27 Received request
echo-54858bd9fd-smm8d echo 2024/10/11 16:40:40 Received request
echo-54858bd9fd-smm8d nginx 10.1.3.39 - - [11/Oct/2024:16:11:01 +0000] "GET / HTTP/1.1" 200
17 "-" "curl/7.87.0" "192.168.65.4"
echo-54858bd9fd-smm8d nginx 10.1.3.39 - - [11/Oct/2024:16:11:02 +0000] "GET / HTTP/1.1" 200
17 "-" "curl/7.87.0" "192.168.65.4"
echo-54858bd9fd-smm8d nginx 10.1.3.39 - - [11/Oct/2024:16:11:03 +0000] "GET / HTTP/1.1" 200
17 "-" "curl/7.87.0" "192.168.65.4"
echo-54858bd9fd-smm8d nginx 10.1.3.39 - - [11/Oct/2024:16:24:24 +0000] "GET / HTTP/1.1" 200
17 "-" "curl/7.87.0" "192.168.65.4"
echo-54858bd9fd-smm8d nginx 10.1.3.39 - - [11/Oct/2024:16:24:27 +0000] "GET / HTTP/1.1" 200
17 "-" "curl/7.87.0" "192.168.65.4"
echo-54858bd9fd-smm8d nginx 10.1.3.39 - - [11/Oct/2024:16:40:40 +0000] "GET / HTTP/1.1" 200
17 "-" "curl/7.87.0" "192.168.65.4"
```

이와 같이 레이블 베이스로 로그를 테일tail할 수 있으므로 파드가 삭제되고 다시 같은 레이블을 갖는 파드가 실행될 때도 stern의 실행 프로세스는 그 상태 그대로 로그를 열람할 수 있다.

물론 이는 로컬 쿠버네티스 환경만이 아니라 매니지드 서비스를 포함한 모든 쿠버네티스 클러스터에서도 사용할 수 있다. 6.1절에서 구축한 작업 관리 앱도 다음과 같이 `--context`를 사용해 확인할 수 있다.[30]

```
$ stern -n taskapp-jpubdocker -l app=api --context jpub-aks
+ api-7d68b7d8fc-4r79m › nginx-api
+ api-7d68b7d8fc-4r79m › api
...
```

bash와 zsh용 Completion(보완 함수)을 함께 사용하면 로그를 더 쉽게 열람할 수 있다.

---

30 `-n` 옵션으로 지정하는 네임스페이스는 임의로 생성한다.

9.2 가용성이 높은 쿠버네티스 운영

쿠버네티스는 애플리케이션의 개발과 운영 효율성, 장애 저항성이 뛰어난 컨테이너 오케스트레이션 시스템이다. 그러나 만능 해결책은 아니므로 상황에 따라서는 장애가 발생하기도 한다.

이번 절에는 컨테이너를 사용하면서 장애 저항성이 뛰어난 애플리케이션을 구축하기 위해 장애 원인이 되기 쉬운 부분과 대처법에 대해 알아보자.

도커 데스크톱의 로컬 쿠버네티스 환경은 싱글 노드 구성이므로 가용성을 의식한 구성을 만들기가 어렵다. 따라서 이 책에서는 멀티 노드 클러스터를 구축하기 위해 kind라는 도구를 사용한다. kind의 설치와 클러스터의 구축은 부록 A.3절을 참고하자.

작업 디렉터리는 `~/k8s/availability`를 생성하고, 해당 위치로 이동한다.

```
$ mkdir -p ~/k8s/availability
```

9.2.1 노드 장애 시 쿠버네티스 동작

쿠버네티스에서 애플리케이션 파드를 배포할 때 레플리카셋이 자동으로 파드를 배포하므로 개발자는 노드를 의식하지 않아도 된다고 생각할 수도 있다. 그러나 실제로는 그렇지 않다.

쿠버네티스에서도 기존과 같이 서버를 운영하는 것은 동일하다. 따라서 서버의 장애로 인해 노드가 중지될 가능성을 염두에 두고 파드를 배포해야 한다.

먼저 노드가 장애를 일으켜서 다운되었을 때 해당 노드에 배포된 파드는 어떻게 되는지 살펴보자.

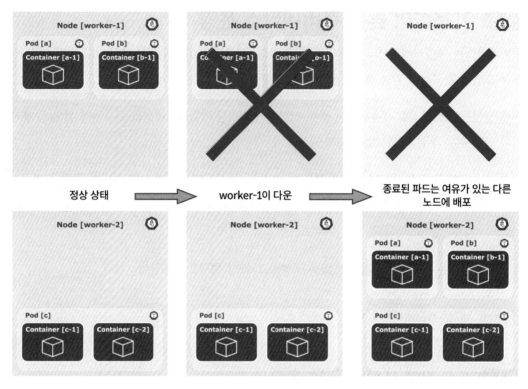

그림 9.9 **노드 다운 시 파드 재배포**

그림 9.9는 두 개의 노드 중 하나가 다운되었을 때 파드의 배포 상태를 보여준다.

다운된 노드에 배포되어 있는 모든 파드는 바로 중지되고 정상 동작하는 다른 노드에 재배포된다. 파드를 생성하는 레플리카셋이 지정한 수를 유지하기 위해 재배포를 수행한다.

이 작업을 오토 힐링auto healing이라고 한다. 의도적으로 노드에서 레플리카셋으로 관리하는 파드를 삭제했을 때도 같은 동작을 한다.

따라서 쿠버네티스에서 애플리케이션의 배포는 레플리카셋을 관리하는 디플로이먼트, 스테이트풀셋, 데몬셋을 사용해 파드를 생성하는 것이 첫 번째 장애에 대한 대책이다.

9.2.2 Pod AntiAffinity를 통해 장애 저항성이 뛰어난 파드 배포 전략

레플리카셋을 통한 오토 힐링은 편리하지만 완벽하지는 않다. replicas=1일 때는 '노드 다운에 의한 파드 중지'부터 '다른 노드에 파드 재배치'까지 다운타임이 발생한다.

그렇다면 `replicas`를 늘려보자. 파드가 여러 노드에 걸쳐 배포되어 있으면 서비스 다운 없이 파드를 재배포할 수 있다.

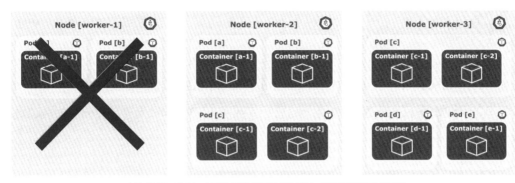

다운되어도 서비스가 다운되지 않도록 충분한 노드를 준비하고 동일한
유형의 파드를 멀티 노드에 배포

그림 9.10 동일한 유형의 파드를 멀티 노드에 배포

파드 재배치에는 함정이 있다. 예를 들어 `replicas=2`로 생성한 파드가 모두 같은 노드에 배치되는 상황을 생각해보자. 해당 노드가 다운되면 파드도 모두 멈추게 되므로 다운타임이 발생하게 된다. 파드를 여러 개 준비했지만 단일 장애점이 되어버린다.

쿠버네티스는 시스템 리소스가 자유로운 노드를 선택하여 파드를 배치하는 전략을 사용하므로, 동일한 노드에 동일한 파드가 여러 개 배포될 가능성도 있다.

이 문제를 해결하기 위한 구조가 **Pod AntiAffinity**다. 파드 간 친화성을 고려하여 파드의 배포 규칙을 정의한다.[31] Pod AntiAffinity는 'C 파드가 존재하는 노드에 D 파드를 함께 배포하지 않는다' 와 같은 상황에서 사용할 수 있다. 장애 저항성을 위해 동일한 유형의 파드는 동일한 노드에 배포하지 않도록 할 때 활용한다.

실제 동작을 확인하기 위해 kind로 멀티 노드 클러스터를 생성한다. `kind-config-jpub-multi-workers.yaml` 설정 파일을 리스트 9.27과 같이 생성한다.

리스트 9.27 **멀티 노드 클러스터 설정 파일** (~/k8s/availability/kind-config-jpub-multi-workers.yaml)

```
kind: Cluster
```

---

31 Pod Affinity라는 구조도 존재한다. Pod Affinity는 'A 파드는 B 파드와 자주 통신하므로 동일한 노드에 배포한다'와 같은 상황에서 사용할 수 있다. 명칭대로 pod AntiAffinity와 반대되는 기능이다. Affinity는 친화성을 의미한다.

```
apiVersion: kind.x-k8s.io/v1alpha4
name: jpub-multi-workers
nodes:
  - role: control-plane
  - role: worker
  - role: worker
  - role: worker
```

jpub-multi-workers라는 kind 클러스터명으로 3개의 워커 노드를 갖는 클러스터를 준비한다. 리스트 9.28 커맨드를 사용해 클러스터를 생성한다. 쿠버네티스의 클러스터명은 kind-jpub-multi-workers다.

리스트 9.28 여러 워커 클러스터 생성

```
(~/k8s/availability) $ kind create cluster --config kind-config-jpub-multi-workers.yaml
Creating cluster "jpub-multi-workers" ...
 ✓ Ensuring node image (kindest/node:v1.27.3) 🖼
 ✓ Preparing nodes 📦 📦 📦 📦
 ✓ Writing configuration 📜
 ✓ Starting control-plane 🕹
 ✓ Installing CNI 🔌
 ✓ Installing StorageClass 💾
 ✓ Joining worker nodes 🚜
Set kubectl context to "kind-jpub-multi-workers"
You can now use your cluster with:

kubectl cluster-info --context kind-jpub-multi-workers

Have a question, bug, or feature request? Let us know! https://kind.sigs.k8s.io/#community
😊
```

이 클러스터에서 echo 애플리케이션의 디플로이먼트를 활용한다. anti-affinity-deployment.yaml의 매니페스트 파일을 리스트 9.29와 같이 생성한다.

리스트 9.29 Pod AntiAffinity를 설정하는 매니페스트 파일 (~/k8s/availability/anti-affinity-deployment.yaml)

```
apiVersion: apps/v1
kind: Deployment
metadata:
  name: echo
  labels:
    app.kubernetes.io/name: echo
spec:
  # 1 파드 3개 배포
```

```
replicas: 3
selector:
  matchLabels:
    app.kubernetes.io/name: echo
template:
  metadata:
    labels:
      app.kubernetes.io/name: echo
  spec:
    affinity:
      # 2 Pod AntiAffinity 설정
      podAntiAffinity:
        requiredDuringSchedulingIgnoredDuringExecution:
        - labelSelector: # 2-1 레이블 조건 설정
            matchExpressions:
            - key: "app.kubernetes.io/name"
              operator: In
              values:
              - echo
          topologyKey: "kubernetes.io/hostname" # 2-2 조건 적용 대상
    containers:
    - name: nginx
      image: ghcr.io/jpubdocker/simple-nginx-proxy:v0.1.0
      env:
      - name: NGINX_PORT
        value: "80"
      - name: SERVER_NAME
        value: "localhost"
      - name: BACKEND_HOST
        value: "localhost:8080"
      - name: BACKEND_MAX_FAILS
        value: "3"
      - name: BACKEND_FAIL_TIMEOUT
        value: "10s"
      ports:
      - name: http
        containerPort: 80
    - name: echo
      image: ghcr.io/jpubdocker/echo:v0.1.0
```

1에서는 배포하는 파드의 수를 설정한다. kind로 구축한 `kind-jpub` 클러스터는 3개의 워커 노드를 갖고 있으므로 3개의 노드에 하나씩 파드를 배포하고자 한다.

2에서는 Pod AntiAffinity를 설정한다. `requiredDuringSchedulingIgnoredDuringExecution`의 규칙을 만족하지 않으면 해당 노드에 파드를 배포하지 않는다.

2-1의 `labelSelector`는 'app.kubernetes.io/name=echo인 파드'라는 조건을 나타낸다. 2-2의 `topologyKey`는 해당 조건을 적용하는 대상이며, `kubernetes.io/hostname`은 노드에 반드시 붙는 레이블이다. 조건은 '레이블 `app.kubernetes.io/name=echo`인 파드가 배포된 노드'이며, `podAntiAffinity`에 의해 부정된다. 따라서 다음 규칙으로 파드가 배포된다.

- `app.kubernetes.io/name=echo`인 **파드가 배포된 노드**에는 `app.kubernetes.io/name=echo`인 **파드를 배포하지 않음**

이 규칙에 의한 파드 배포 방법은 그림 9.11과 같다. 동일한 유형의 파드가 하나의 노드에만 배포되는 문제를 해결할 수 있다. 또한 `replicas` 수가 배포할 수 있는 노드의 수보다 많을 때는 `Pending` 상태가 되어 해당 파드는 배포되지 않는다.

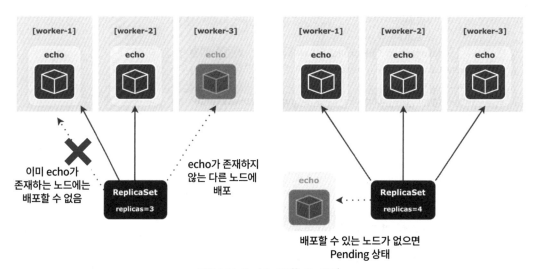

그림 9.11 **Pod AntiAffinity 동작**

실제 동작을 확인해보자. `kind-jpub` 클러스터에 `anti-affinity-deployment.yaml`을 적용하고 파드를 배포한다.

```
(~/k8s/availability) $ kubectl apply -f anti-affinity-deployment.yaml
deployment.apps/echo created
```

리스트 9.30 커맨드로 파드가 어떻게 노드에 배포되는지 확인할 수 있다. `NODE` 열을 확인해보면 kind로 구축한 3개의 노드에 각각 배포되어 있는 것을 알 수 있다.

리스트 9.30 **각 노드에 파드 배포 확인**

```
$ kubectl get pod -l app.kubernetes.io/name=echo -o wide
NAME                     READY STATUS  RESTARTS AGE IP                  NODE NOMINATED NODE
READINESS GATES
echo-66cc48b75c-5mk27 2/2    Running 0        69s 10.244.1.3 jpub-worker    <none>
<none>
echo-66cc48b75c-5vnlq 2/2    Running 0        69s 10.244.3.3 jpub-worker2   <none>
<none>
echo-66cc48b75c-jq7hf 2/2    Running 0        69s 10.244.2.3 jpub-worker3   <none>
<none>
```

이 결과는 Pod AntiAffinity를 설정하지 않고도 확인할 수 있는 결과이지만, Pod AntiAffinity를 설정하면 동일한 노드에는 파드가 배포되지 않는 것을 보증할 수 있다.

다음으로는 3개의 노드에 대해 echo 파드의 `replicas` 수를 변경한다. `kubectl edit deployment echo` 커맨드를 실행하고 vim으로 `replicas`의 수를 4로 변경하자.

리스트 9.31 커맨드를 사용해 다시 파드의 상태를 확인한다. 새로운 파드를 생성하려고 하지만 `STATUS` 열이 `Pending`인 파드가 나타난다.

리스트 9.31 **배포할 수 없는 파드 확인**

```
$ kubectl get pod -l app.kubernetes.io/name=echo -o wide
NAME                     READY STATUS  RESTARTS AGE    IP             NODE NOMINATED NODE
READINESS GATES
echo-66cc48b75c-5mk27 2/2    Running 0        8m26s  10.244.1.3 jpub-worker    <none>
<none>
echo-66cc48b75c-5vnlq 2/2    Running 0        8m26s  10.244.3.3 jpub-worker2   <none>
<none>
echo-66cc48b75c-9b4mc 0/2    Pending 0        16s    <none>     <none>         <none>
<none>
echo-66cc48b75c-jq7hf 2/2    Running 0        8m26s  10.244.2.3 jpub-worker3   <none>
<none>
```

레플리카셋은 지정된 `replicas` 수의 파드를 실행하려고 하지만 Pod Affinity/PodAntiAffinity 규칙에 따라 배포 가능한 노드가 부족할 때는 지정한 수의 파드를 배포할 수 없다. 이때는 `Pending`으로 배포 보류 상태의 파드가 표시된다.

`Pending` 상태의 파드는 새롭게 배포 가능한 노드가 클러스터에 추가되는 타이밍에 배포된다.

이와 같이 Pod Affinity/AntiAffinity를 사용하면 더 전략적으로 파드를 배포할 수 있다. 이를 활용하기 전에 먼저 앞에서 설명한 단일 장애점을 회피하는 방식을 기억해두자.

9.2.3 CPU를 많이 사용하는 파드를 Node Affinity로 분리하기

특성상 CPU를 많이 사용하는 애플리케이션이 존재한다.

배치 작업과 같이 일시적으로 많은 CPU 리소스를 소비하는 파드를 실행할 때는 동일한 노드의 다른 파드 성능이 저하될 수 있다. 따라서 이럴 때는 과도하게 많은 CPU 리소스를 사용하는 파드는 전용 노드로 분리하여 다른 파드에 영향을 주지 않도록 해야 한다.

이를 구현하기 위해서는 노드 용도별 그룹화를 위한 레이블을 부여하고 파드를 배포하는 규칙은 대상 레이블을 갖는 노드에만 배포하도록 한다. 임의 레이블의 노드에만 파드가 배포되도록 하는 규칙을 정의하기 위해 **Node Affinity**를 사용한다.

NodeAffinity 동작을 확인하기 위해 Node에 레이블을 부여한 kind 클러스터를 생성하고, `kind-config-jpub-node-labels.yaml` 설정 파일을 생성한다.

리스트 9.32 **노드에 레이블을 부여한 클러스터 설정 파일** (~/k8s/availability/kind-config-jpub-node-labels.yaml)

```
kind: Cluster
apiVersion: kind.x-k8s.io/v1alpha4
name: jpub-node-labels
nodes:
  - role: control-plane
  - role: worker # 1 webapi 레이블을 갖는 노드
    labels:
      group: webapi
  - role: worker # 2 batch 레이블을 갖는 노드
    labels:
      group: batch
```

`jpub-node-labels`이라는 kind 클러스터명을 사용해 1에서 `webapi` 레이블을 갖는 노드와 2에서 `batch` 레이블을 갖는 노드를 하나씩 준비하고 리스트 9.33 커맨드로 클러스터를 생성한다. 쿠버네티스 클러스터명은 `kind-jpub-node-labels`다.

리스트 9.33 레이블을 부여한 노드를 갖는 클러스터 생성

```
(~/k8s/availability) $ kind create cluster --config kind-config-jpub-node-labels.yaml
Creating cluster "jpub-node-labels" ...
 ✓ Ensuring node image (kindest/node:v1.27.3) 📦
 ✓ Preparing nodes 📦 📦 📦
 ✓ Writing configuration 📜
 ✓ Starting control-plane 🕹
 ✓ Installing CNI 🔌
 ✓ Installing StorageClass 💾
 ✓ Joining worker nodes 🚜
Set kubectl context to "kind-jpub-node-labels"
You can now use your cluster with:

kubectl cluster-info --context kind-jpub-node-labels

Have a nice day! 👋
```

생성한 노드를 확인해보자. 리스트 9.34와 같이 group 레이블에 webapi와 batch가 부여된 노드를 확인할 수 있다.

리스트 9.34 레이블이 부여된 노드

```
$ kubectl get node -l group=webapi
NAME                        STATUS ROLES  AGE VERSION
jpub-node-labels-worker  Ready   <none> 31h v1.27.3

$ kubectl get node -l group=batch
NAME                         STATUS ROLES  AGE VERSION
jpub-node-labels-worker2  Ready   <none> 31h v1.27.3
```

노드에 group 레이블을 부여하고, 웹과 API 서버만 배포하고 싶은 노드에는 webapi, 배치 작업만 배포하고 싶은 노드에는 batch 레이블을 부여하여 구분한다.

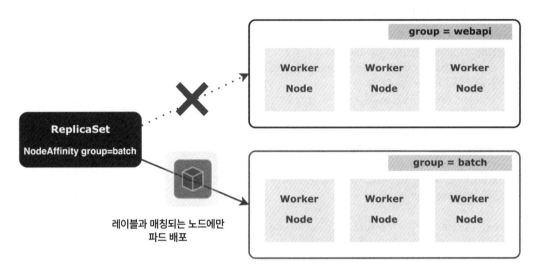

그림 9.12 Node Affinity로 파드를 배포하는 노드 제어

실제로 kind 클러스터의 동작을 확인해보자. `time-limit-job.yaml` 매니페스트 파일을 리스트 9.35와 같이 생성한다.

이를 구현하기 위해 작업 매니페스트는 `.spec.affinity.nodeAffinity`로 다음과 같은 규칙을 정의한다.

리스트 9.35 batch의 노드에서만 실행되는 작업 매니페스트 파일 (~/k8s/availability/time-limit-job.yaml)

```
apiVersion: batch/v1
kind: Job
metadata:
  name: time-limit-job
  labels:
    app.kubernetes.io/name: time-limit-job
spec:
  parallelism: 5 # 2 실행 파드 수
  template:
    metadata:
      labels:
        app.kubernetes.io/name: time-limit-job
    spec:
      affinity:
        # 3 Node Affinity 설정
        nodeAffinity:
          requiredDuringSchedulingIgnoredDuringExecution:
            nodeSelectorTerms:
            - matchExpressions:
```

```
        # 3-1 배포 가능한 노드 설정
      - key: group
        operator: In
        values:
        - "batch"
    containers:
    - name: job
      # 1 지정된 초만큼 실행되는 컨테이너 이미지
      image: ghcr.io/jpubdocker/time-limit-job:v0.1.0
      env:
        # 1-1 초 지정
        - name: EXECUTION_SECONDS
          value: "60"
    restartPolicy: Never
```

1은 작업으로 실행되는 파드의 컨테이너 이미지로 1–1에서 지정된 초만큼 실행된다.[32]

2의 `.spec.parallelism`은 작업이 실행하는 파드의 수를 지정하며, 파드는 병렬로 실행된다.

3은 Node Affinity 설정으로 3–1에서 배포 가능한 노드를 레이블로 제어하는 설정을 한다. 여기서는 group=batch인 노드에서만 5개의 파드가 실행되는 것을 확인하면 된다.

실제로 동작을 확인해보자. `kind-jpub-node-labels`의 클러스터에 `time-limit-job.yaml`을 적용하여 작업을 실행한다.

```
(~/k8s/availability) $ kubectl apply -f time-limit-job.yaml
job.batch/time-limit-job created
```

리스트 9.36 커맨드를 실행하면 group=batch 레이블을 갖는 jpub-node-labels-worker2에만 파드가 배포되는 것을 알 수 있다.

리스트 9.36 group=batch의 노드에서만 실행되는 파드

```
$ kubectl get pod -l app.kubernetes.io/name=time-limit-job -o wide
NAME                     READY STATUS  RESTARTS AGE IP            NODE NOMINATED
NODE READINESS GATES
time-limit-job-9t4tp 1/1   Running 0        11s 10.244.1.8 jpub-node-labels-worker2 <none>
<none>
time-limit-job-j87sw 1/1   Running 0        11s 10.244.1.10 jpub-node-labels-worker2 <none>
```

---

[32] 필자가 검증용으로 생성한 컨테이너 이미지. https://github.com/jpubdocker/container-kit/pkgs/container/time-limit-job

```
<none>
time-limit-job-lt2c2 1/1    Running 0      11s 10.244.1.7 jpub-node-labels-worker2 <none>
<none>
time-limit-job-n62mj 1/1    Running 0      11s 10.244.1.11 jpub-node-labels-worker2 <none>
<none>
time-limit-job-vfmxq 1/1    Running 0      11s 10.244.1.9 jpub-node-labels-worker2  <none>
<none>
```

이와 같이 Node Affinity를 사용하면 워크 로드_{work load}에 적합한 노드에 파드를 배포할 수 있으며, 다른 파드의 성능에도 영향을 주지 않는다.

Node Affinity의 정의와 일치하는 노드가 존재하지 않으면 모든 파드는 `Pending` 상태가 되며, 어느 곳에도 배포되지 않는다. 따라서 Node Affinity의 조건에 부합하지 않는 레이블을 설정하지 않도록 주의해야 한다. 또한 Node Affinity의 조건에 부합하는 노드가 존재하더라도 시스템 리소스에 여유가 없다면 역시 배포할 수 없다.

마지막으로 kind로 생성한 클러스터는 다음과 같이 `kind delete cluster` 커맨드를 사용해 삭제하고, `docker-desktop`으로 콘텍스트를 전환한다.

```
$ kind delete cluster --name jpub-node-labels
Deleting cluster "jpub-node-labels" ...
Deleted nodes: ["jpub-node-labels-control-plane" "jpub-node-labels-worker2" "jpub-node-
labels-worker"]

$ kind delete cluster --name jpub-multi-workers
Deleting cluster "jpub-multi-workers" ...
Deleted nodes: ["jpub-multi-workers-control-plane" "jpub-multi-workers-worker3" "jpub-multi-
workers-worker" "jpub-multi-workers-worker2"]

$ kubectl config use-context docker-desktop
Switched to context "docker-desktop".
```

매니지드 쿠버네티스 서비스에서 노드 그룹화하기

각 매니지드 쿠버네티스 서비스에서 노드는 가상 서버의 인스턴스를 나타낸다. 인스턴스는 다양한 스펙을 제공하며, 가용성과 비용 최적화 관점에서 인스턴스를 파드의 특성에 따라 구분하는 방식도 자주 사용한다. 9.2.3절에서 소개한 `webapi`와 `batch`로 노드를 나누는 방식이 전형적인 예다.

매니지드 쿠버네티스에는 이러한 운영이 가능하도록 인스턴스를 그룹화하는 방식이 존재한다.

GKE와 AKS에서는 노드 풀,[33, 34] EKS에서는 인스턴스 그룹[35]이라는 개념으로 구현한다.

이름은 다르지만 기본적인 개념은 동일하다. EKS는 EC2의 범용 `m5.large`로 만들어진 인스턴스 그룹과 컴퓨팅 최적화의 `c5.xlarge` 인스턴스 그룹으로 클러스터를 구성할 수 있다. 각 그룹을 생성할 때 임의의 레이블을 부여할 수 있으므로 해당 레이블을 사용해 Node Affinity에서 파드의 배포를 구현할 수 있다.

9.2.4 Horizontal Pod Autoscaler를 사용한 파드의 오토스케일

Horizontal Pod Autoscaler[36]는 파드의 시스템 리소스의 사용률에 따라 파드의 수를 자동으로 증가 또는 감소시키는 쿠버네티스 리소스이고, HPA는 디플로이먼트와 레플리카셋에 파드의 오토스케일 실행 조건을 설정하기 위한 리소스다.

실제로 echo 애플리케이션에 HPA를 설정하고 파드의 수를 변경해보자. Helm을 사용해 다음과 같이 echo 애플리케이션을 배포한다.

```
$ helm install echo oci://ghcr.io/jpubdocker/chart/echo --version v0.0.1
Pulled: ghcr.io/jpubdocker/chart/echo:v0.0.1
Digest: sha256:741ac6ded8830cba683349b99ea8e6573024136610fb2e5afe65fddeefb2dcae
NAME: echo
LAST DEPLOYED: Tue Oct 1 15:46:53 2024
NAMESPACE: default
STATUS: deployed
REVISION: 1
TEST SUITE: None
NOTES:
1. Get the application URL by running these commands:
  http://chart-example.local/
```

echo-hpa.yaml 매니페스트 파일을 리스트 9.37과 같이 생성한다.

리스트 9.37 HorizontalPodAutoscaler 매니페스트 파일 (~/k8s/availability/echo-hpa.yaml)

```
apiVersion: autoscaling/v2
kind: HorizontalPodAutoscaler
```

---

33 https://cloud.google.com/kubernetes-engine/docs/node-pools
34 https://learn.microsoft.com/ko-kr/azure/aks/create-node-pools
35 https://docs.aws.amazon.com/eks/latest/userguide/managed-node-groups.html
36 이하 HPA

```
metadata:
  name: echo
  labels:
    app.kubernetes.io/name: echo
spec:
  scaleTargetRef: # 1 HPA 대상 리소스
    apiVersion: apps/v1
    kind: Deployment
  name: echo
  minReplicas: 1 # 3-1 replica 수(min)
  maxReplicas: 3 # 3-2 replica 수(max)
  metrics:
  - type: Resource # 2 HPA 동작을 위한 임곗값 설정
    resource:
      name: cpu # 2-1 대상은 CPU
      target:
        type: Utilization # 2-2 CPU 사용률
        averageUtilization: 40 # 2-3 임곗값
```

1에서 HPA의 대상이 되는 리소스인 echo의 디플로이먼트를 설정한다.

2는 어떤 조건에서 HPA가 파드의 증감을 조절할지 설정한다. 2-1~3에서는 CPU 사용률 40%를 임곗값으로 설정한다.[37]

3-1과 3-2는 대상 리소스가 생성하는 파드 수의 최솟값과 최댓값을 설정한다. 파드의 수는 이 최솟값과 최댓값의 사이에서 2에서 설정하는 임곗값에 따라 변한다.

다음과 같이 echo-hpa.yaml을 apply하고, HPA와 파드의 실행 상황을 확인한다.

```
(~/k8s/availability) $ kubectl apply -f echo-hpa.yaml
horizontalpodautoscaler.autoscaling/echo created

$ kubectl get hpa -l "app.kubernetes.io/name=echo"
NAME REFERENCE         TARGETS       MINPODS MAXPODS REPLICAS AGE
echo Deployment/echo <unknown>/40% 1       3       1        8m56s

$ kubectl get pod -l "app.kubernetes.io/name=echo"
NAME                     READY STATUS  RESTARTS AGE
echo-54858bd9fd-tmhbt 2/2   Running 0        68s
```

---

[37] CPU 이외에 memory도 대상으로 할 수 있다. 애플리케이션 고유의 메트릭을 활용한 오토스케일도 가능하다.

echo 애플리케이션이 많은 HTTP Request를 받으면 CPU 사용률이 증가한다. HPA의 임곗값을 초과하면 `REPLICAS` 열의 값이 증가하고, 파드가 추가된다.

그러나 로컬 쿠버네티스 환경에서 이 임곗값을 초과하는 것은 강력한 부하 테스트를 실행하지 않는 한 어렵다. 이번에는 HPA의 `.spec.minReplicas`의 값을 변경하고 파드가 증가하는 모습을 확인해보자. `kubectl edit hpa echo`로 `.spec.minReplicas`의 값을 2로 변경한다.

곧 다음과 같이 새로운 파드가 추가된다. HPA의 `.spec.minReplicas`값을 1로 되돌리면 파드의 수도 하나로 돌아간다.

```
$ kubectl get pod -l "app.kubernetes.io/name=echo"
NAME                      READY STATUS  RESTARTS AGE
echo-54858bd9fd-5wsbn 2/2     Running 0          22s
echo-54858bd9fd-tmhbt 2/2     Running 0          10m
```

HPA는 이와 같은 파드의 증감을 CPU 사용률이라는 시스템 메트릭을 기반으로 실행한다. HPA를 사용하면 개발자가 매번 파드의 수를 조정할 필요가 없다. HPA는 다음의 ClusterAutoscaler와 함께 사용하면 진가를 발휘한다.

9.2.5 Cluster Autoscaler를 사용한 노드의 오토 스케일

HPA는 파드의 증감을 위한 기술이지만 파드를 증가시킬 때는 배포하는 노드의 리소스가 부족할 때도 있다.

이와 같은 상황에서는 Cluster Autoscaler를 사용한다. Cluster Autoscaler는 쿠버네티스 클러스터 내부의 노드 수를 자동으로 조정한다. Cluster Autoscaler는 쿠버네티스 리소스가 아니라 노드의 오토 스케일을 위해 제공하는 도구다.

쿠버네티스의 노드 증감 작업은 쿠버네티스를 실행하는 플랫폼에 따라 다르다. Cluster Autoscaler는 GKE, EKS, AKS 등 각각의 매니지드 쿠버네티스 서비스에서 사용할 수 있다.

GKE[38]와 AKS[39]는 Cluster Autoscaler를 활성화하여 사용할 수 있으며, EKS는 별도의 설정이 필

---

38 https://cloud.google.com/kubernetes-engine/docs/how-to/cluster-autoscaler
39 https://learn.microsoft.com/ko-kr/azure/aks/cluster-autoscaler?tabs=azure-cli

요하다.[40]

Cluster Autoscaler는 HPA로 파드를 증감하면서 클러스터에서 실행되는 노드의 수를 자동으로 조정할 수 있다. 이는 클러스터의 서버 비용을 컨트롤하기 위한 필수 작업이다.

COLUMN　**쿠버네티스 클러스터와 노드 운영을 가볍게 하는 구조**

쿠버네티스를 활용한 시스템을 안정적으로 가동하려면 쿠버네티스 클러스터의 노드 관리와 디스크 용량의 프로비저닝, 버전 업, 부하에 따른 오토 스케일링 등 다양한 고려가 필요하다. 쿠버네티스 활용은 이제 드물지 않지만 운영 방식은 여전히 고민거리다.

이러한 부담을 해결하기 위해 GKE에서는 클러스터와 노드의 운영을 대행하는 Autopilot[41]을 제공한다. AWS 는 EKS Fargate[42]를 제공하여 개발자가 쿠버네티스 운영에 소비하는 시간을 크게 줄일 수 있게 되었다.

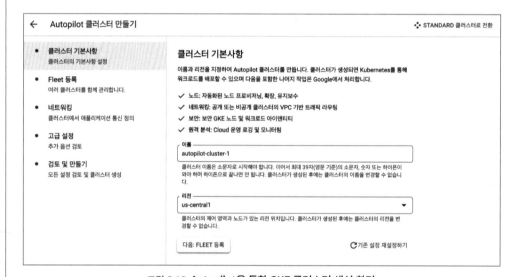

그림 9.13 Autopilot을 통한 GKE 클러스터 생성 화면

필자도 쿠버네티스 구축에서 Autopilot과 Fargate을 활용한다. 운영에 소비하는 시간이 줄어들어 애플리케이션의 개발과 관리에 더욱 신경 쓸 수 있기 때문이다.

그러나 GKE와 EKS는 기존의 클러스터, 노드의 관리의 방법을 그대로 유지한다. Autopilot과 Fargate는 운영이 편해지는 반면, 일반적인 쿠버네티스 클러스터와 비교하면 비용이 조금 더 비싸다. 또한 권한 컨테이너의 사용과 노드의 상세 설정을 할 수 없다는 제한이 있다.

비용이나 제한사항에 문제가 없다면 사용을 검토해보는 것도 좋다.

---

40 https://github.com/kubernetes/autoscaler/blob/master/cluster-autoscaler/cloudprovider/aws/README.md
41 https://cloud.google.com/kubernetes-engine/docs/concepts/autopilot-overview
42 https://docs.aws.amazon.com/eks/latest/userguide/fargate.html

CHAPTER **10**

최적의 컨테이너 이미지
생성과 운영

앞에서는 다양한 컨테이너 이미지를 사용했으며, 도커 허브에 공개된 이미지와 이 책에서 새롭게 생성한 이미지도 있다.

지금까지는 컨테이너 이미지 최적화에 전혀 신경 쓰지 않고 애플리케이션의 동작을 우선으로 생성했다. 그러나 실제로 운영을 의식하면서 컨테이너를 사용한 시스템을 구축하다 보면 컨테이너 이미지 빌드 프로세스가 이미지의 크기와 공격의 대비, 취약성 대응, 빌드의 자동화 등 다양한 문제와 도전에 직면하게 된다.

이번 장에서는 이러한 과제에 대응해 최적의 컨테이너 이미지를 생성하고 운영하는 방법에 대해 설명한다.

10.1 운영에 최적인 컨테이너 이미지란?

이 책에서 사용한 주요 컨테이너 이미지의 크기는 다음과 같다.

이미지	사이즈
ubuntu:23.10	93MB
golang:1.21.6	822MB
nginx:1.25.1	192MB
mysql:8.0.33	587MB

주로 echo 애플리케이션과 작업 관리 앱의 베이스 이미지로 사용한 것으로, 크기는 약 100MB~1GB 미만이다. `docker image ls` 커맨드 실행 시 이미지 크기도 표시되므로 이미 의식하고 있는 독자도 있을 것이다. 과연 이 크기가 운영에 적절하다고 볼 수 있을까?

10.1.1 이미지 사이즈 증가로 인해 발생하는 문제

먼저 이미지의 사이즈 증가가 개발과 운영에 어떤 영향을 주는지 알아보자. 이미지 사이즈는 다음과 같은 요인이 이미지 빌드와 컨테이너 실행까지의 시간에 영향을 준다. 100MB~1GB의 큰 이미지를 계속 사용하다 보면 이미지 작업 시간이 쌓여 꽤 긴 시간이 된다.

- 이미지 빌드 시간(베이스 이미지 다운로드 시간도 포함)
- 컨테이너 레지스트리에 이미지를 푸시하는 시간
- 컨테이너를 실행하는 호스트, 노드에 이미지를 다운로드하는 시간

이로 인해 개발과 운영에서는 다음과 같은 과제를 만나게 된다.

- 쿠버네티스 등 컨테이너 클러스터를 구성하는 노드의 디스크 사용
- CI 시간 증가
- 테스트의 어려움과 생산성 저하
- 오토 스케일로 컨테이너가 서비스될 때까지 시간이 길어짐(노드에 이미지가 존재하지 않을 때는 새롭게 다운로드하기 때문)

규모가 큰 시스템을 컨테이너로 구축할 때는 오토 스케일이 가장 큰 문제다. 오토 스케일은 머신 리소스가 부족하면 새로운 노드를 추가하고, 생성된 새로운 노드(인스턴스)에 얼마나 빠르게 컨테이너 이미지를 배포할 수 있는지가 중요하다.

어느 수준까지 컨테이너 이미지의 크기를 줄이고 현실적으로 운영할 수 있는 이미지로 만들 수 있을지 알아보자.

10.2 경량 베이스 이미지

이 책에서 지금까지 이용한 베이스 이미지는 대부분 100MB를 초과한다. 먼저 이 베이스 이미지에서 사용하고 있는 크기를 어느 정도 줄일 수 있을지 생각해보는 것이 중요하다.

컨테이너는 '애플리케이션 배포에 특화된 가상 기술'이라는 관점에서만 본다면 필요한 최소한의 도구와 라이브러리만 있어도 문제는 없다.

이번 절에서는 크기가 작은 경량 이미지를 구축해나가기 위한 몇 개의 베이스 이미지를 소개한다. 실제로 이미지를 구축해보자.

10.2.1 scratch

scratch는 빈 컨테이너 이미지로, 도커에 의해 예약된 특수한 이미지다.

scratch 이미지는 도커 허브에 등록되어 있지만[1] `docker image pull` 커맨드로 가져올 수는 없으며 Dockerfile의 `FROM`으로만 참조할 수 있다.

scratch 이미지는 Dockerfile 명령에 의해 컨테이너 외부에서 파일을 주입받아 처음으로 이미지를 이룬다. 현존하는 모든 컨테이너 이미지의 부모를 따라가면 모두 scratch 이미지에 도달한다. 즉, scratch는 컨테이너 이미지의 조상에 해당한다.

scratch 내부는 비어 있다. 이를 베이스로 이미지를 만들 때 컨테이너 외부에서 필요한 파일을 복사하여 이미지를 구성한다. 지금까지는 **sh**를 사용해 컨테이너 내부에 들어갈 수 있어서 컨테이너 내부가 언뜻 보기에는 보통의 Linux와 차이가 없다고 느꼈을 수 있다. 그러므로 빈 scratch 이미지에서 어떻게 이와 같이 OS가 충실하게 재현되는 것처럼 보이는 이미지를 생성하는지 의문이 생길 수도 있다.

실제로 Ubuntu 이미지를 생성해보자.

scratch로 빌드 알아보기

scratch를 베이스 이미지로 하여 Ubuntu 컨테이너 이미지를 생성한다. 다음 작업 디렉터리를 생성한다.

```
$ mkdir -p ~/work/ch10/ubuntu
```

Ubuntu 다운로드 사이트에서 OS 아카이브 파일을 작업 디렉터리로 다운로드한다. 이 아카이브

---

[1] https://hub.docker.com/r/library/scratch/

가 Ubuntu 이미지의 베이스가 된다.[2]

```
(~/work/ch10/ubuntu) $ curl -O https://cdimage.ubuntu.com/ubuntu-base/daily/current/
oracular-base-arm64.tar.gz
```

Ubuntu 컨테이너 이미지를 생성하기 위한 Dockerfile을 리스트 10.1과 같이 생성한다.

리스트 10.1 Ubuntu 이미지를 생성하는 Dockerfile (~/work/ch10/ubuntu/Dockerfile)

```
FROM scratch
# 1 OS 아카이브 파일을 추가하고 루트 디렉터리에 압축 해제
ADD oracular-base-arm64.tar.gz /

# 2 bash 실행
CMD ["/bin/bash"]
```

1의 `ADD`에서 아카이브를 루트 디렉터리에 추가한다. 지금까지는 `COPY` 명령어를 사용해 컨테이너 외부에서 파일을 추가했지만 여기서는 `ADD`를 사용한다. `COPY`는 간단하게 파일을 복사하지만 `ADD`는 복사와 아카이브의 압축 해제도 할 수 있다.

`ADD`를 통해 OS 아카이브가 파일 시스템에 압축 해제된 후 root 유저로 실행되면 환경 변수 `PATH`에 `/usr/bin` 등의 경로가 설정된다. 이를 통해 일반 Ubuntu와 같이 다양한 커맨드를 실행할 수 있다.

2의 `CMD`에서 `/bin/bash`를 지정한다. 컨테이너가 `/bin/bash`를 포어그라운드에서 실행하므로 컨테이너를 실행하면 Ubuntu 서버가 상주 서버로 실행되고 있는 것처럼 동작한다. 실제는 `/bin/bash`를 실행하는 Ubuntu의 파일과 디렉터리를 갖는 이미지다.

Dockerfile에서 컨테이너 이미지를 빌드한다. 컨테이너에 `bash`로 들어가서 Ubuntu 파일 시스템이 되어 있는 것을 확인할 수 있다.

```
(~/work/ch10/ubuntu) $ docker image build -t ubuntu:latest .
[+] Building 1.8s (5/5) FINISHED
...생략---

(~/work/ch10/ubuntu) $ docker container run -it ch10/ubuntu:latest
root@9b19da63b94b:/# uname -a
```

---

2 옮긴이 수시로 파일이 변경될 수 있으므로 https://cdimage.ubuntu.com/ubuntu-base/를 참고한다.

```
Linux 9b19da63b94b 5.15.49-linuxkit-pr #1 SMP Mon Aug 12 08:47:01 UTC 2024 aarch64 aarch64
aarch64 GNU/Linux
```

이와 같이 Linux를 재현한 것과 같은 이미지는 다양하게 사용할 수 있으므로 편리하지만, 애플리케이션의 실행이라는 목적에는 이와 같이 OS에 포함되는 다양한 프로그램이나 파일을 모두 사용하는 것은 아니다. 많은 경우에 있어 불필요한 것을 컨테이너에 많이 포함하게 된다.[3]

scratch로 최소 컨테이너 이미지 생성하기

Ubuntu 컨테이너 이미지를 통해 scratch에서 이미지를 어떻게 만들 수 있는지 확인했으므로 scratch의 특성을 살려 사이즈가 작은 애플리케이션의 이미지를 생각해보자. 궁극적으로는 실행 가능한 바이너리를 하나만 갖는 scratch 이미지를 만들 수 있는지 확인해보자.

테스트를 위해 다음과 같이 Go를 사용해 `main.go`를 생성한다.

리스트 10.2 간단한 Go 프로그램 (~/work/ch10/hello/main.go)

```go
package main

import "fmt"

func main() {
  fmt.Println("Hello, small image!")
}
```

scratch에 복사하기 위해 컨테이너 외부에서 다음과 같이 빌드한다.[4]

```
(~/work/ch10/hello) $ GOOS=linux GOARCH=$(go env GOARCH) go build -o hello main.go
```

빌드하면 `-o` 옵션으로 지정한 파일명을 갖는 실행 파일이 생성된다. Dockerfile은 리스트 10.3과 같이 생성한다. 생성된 실행 파일 `hello`를 scratch에 복사하고 `CMD`에서 실행하도록 설정한다.

리스트 10.3 hello를 실행하는 Dockerfile (~/work/ch10/hello/Dockerfile)

```
FROM scratch
```

---

3   여러 배포 버전은 컨테이너가 보급되면서부터 배포 사이즈를 줄이는 것을 목표로 한다.
4   Go 언어는 크로스 컴파일 빌드 기능을 갖추고 있으므로 여기서는 GOOS로 OS, GOARCH로 CPU 아키텍처를 지정해서 빌드한다. `go env` 변수 커맨드로 실행 환경에 맞는 값을 가져올 수 있다.

```
COPY hello /

CMD ["/hello"]
```

리스트 10.4의 커맨드로 컨테이너 이미지를 생성한다.

리스트 10.4 실행 파일 hello를 갖는 scratch 베이스 이미지 빌드

```
(~/work/ch10/hello) $ docker image build -t ch10/hello:scratch . --progress=plain
#0 building with "desktop-linux" instance using docker driver

#1 [internal] load .dockerignore
#1 transferring context: 2B done
#1 DONE 0.0s

#2 [internal] load build definition from Dockerfile
#2 transferring dockerfile: 117B done
#2 DONE 0.0s

#3 [internal] load build context
#3 transferring context: 65B done
#3 DONE 0.0s

#4 [1/1] COPY hello /
#4 CACHED

#5 exporting to image
#5 exporting layers done
#5 writing image sha256:1b6949629b99bbe14dc8178ca4e1442fd5f14bb8537bf6ef0187d3e3651222a5
done
#5 naming to docker.io/ch10/hello:scratch done
#5 DONE 0.0s
```

생성된 이미지를 사용해 컨테이너를 실행하면 'Hello, small image!'가 표시되어 컨테이너에서 생성한 애플리케이션이 제대로 동작하는 것을 알 수 있다.

```
$ docker container run -it ch10/hello:scratch
Hello, small image!
```

중요한 이미지 사이즈는 어떻게 되었을까? docker image ls로 확인해보면 1.91MB라는 것을을 확인할 수 있다. 이것은 빌드하여 생성된 실행 파일과 동일한 사이즈로, 목적을 이루면서 극한까지 이미지 크기를 줄였다고 볼 수 있다.

```
$ docker image ls ch10/hello
REPOSITORY TAG    IMAGE ID      CREATED        SIZE
ch10/hello scratch 1b6949629b99 20 minutes ago 1.91MB
```

Go 언어는 원칙적으로 애플리케이션을 빌드하면 의존성이 없는 하나의 실행 가능한 정적 바이너리 파일만 생성하므로, 이식성이 높고 이미지의 사이즈를 극한으로 줄일 수 있다. 따라서 Go 언어는 컨테이너에 적합한 언어로 볼 수 있다. 많은 언어는 런타임과 의존 라이브러리를 이미지에 포함해야 하므로 이미지의 사이즈도 커지는 경향이 있다.[5]

네이티브 라이브러리 링크

scratch 기반으로 사이즈가 작은 애플리케이션 이미지를 생성할 때는 C 언어와 Go 언어로 빌드한 실행 바이너리를 컨테이너에 복사하는 케이스가 대부분이다. 이 방법은 매우 간단하지만 애플리케이션이 의존하는 라이브러리를 동적 링크로 사용할 때는 주의해야 한다.

Go 언어와 같이 싱글 바이너리 애플리케이션을 그대로 컨테이너에 포함시키는 경우에는 의존하는 네이티브 라이브러리를 정적 링크로 빌드하면 이미지를 생성하는 번거로움도 상당히 줄어든다.

- 루트 인증서

예를 들어 리스트 10.5와 같이 애플리케이션에서 TLS/SSL로 HTTPS의 웹 사이트에 액세스하는 작업을 생각해보자.

리스트 10.5 **HTTPS의 사이트에 GET Request를 전송하는 코드**

```
package main
import (
  "fmt"
  "log"
  "io"
  "net/http"
)

func main() {
  resp, err := http.Get("https://jpub.tistory.com/")
  if err != nil {
    log.Fatal(err)
```

---

5   언어에 따라 정적 링크로 의존성을 줄이거나 컴파일로 바이너리 사이즈를 작게 유지하는 방법도 있다.

```
  }
  defer resp.Body.Close()
  body, err := io.ReadAll(resp.Body)
  if err != nil {
    log.Fatal(err)
  }

  fmt.Println(string(body))
}
```

이 애플리케이션을 빌드하고 컨테이너 이미지를 생성하여 실행하면 다음과 같은 에러가 발생한다. 루트 인증서가 없을 때 발생하는 에러다.

```
2024/10/02 17:52:46 Get "https://jpub.tistory.com/": tls: failed to verify certificate:
x509: certificate signed by unknown authority
```

이를 해결하기 위해 루트 인증서가 필요하다. 일반적인 OS라면 당연히 내장되어 있는 루트 인증서이지만, scratch 베이스 이미지에는 루트 인증서가 존재하지 않으므로 이와 같은 에러가 발생한다.

애플리케이션이 HTTPS 연결을 사용하는 일은 많다. 이를 scratch로 실행하려면 libssl이라는 라이브러리와 루트 인증서를 다운로드하여 컨테이너에 두고 HTTPS 연결을 허용해야 한다.[6] 그러나 OS 베이스 이미지는 필요한 라이브러리를 패키지 매니저로 추가하지만 scratch는 패키지 매니저가 없다. 따라서 모든 것을 직접 준비해야 한다.

scratch 이미지의 실용성

필자도 이미지 사이즈를 극한으로 줄이기 위해 scratch 이미지 활용을 모색한 적이 있다. 그러나 앞에서 설명한 HTTPS 접속 같은 문제로 인해 실제 개발에 사용하는 것은 현실적이지 않다. 예를 들어 기존 미들웨어를 scratch로 동작하게 하려면 빌드부터 시작해야 하며, 다양한 모듈이 존재하므로 번거로워진다.

현실적인 사용 사례는 상당히 한정적인데, 싱글 바이너리에서 실행되는 경량 에이전트 애플리케이션과 커맨드 라인 도구에서의 사용이 한계다.

또한 디버깅을 하고 싶어도 sh가 존재하지 않으므로 컨테이너 내부에 들어가 여러 가지를 확인할

---

6   scratch에서 이와 같이 사용할 일은 없으므로 상세한 과정은 생략한다.

수도 없다. 이는 경량성과 트레이드 오프 관계에 있으므로, 이러한 제약에도 불구하고 이미지의 경량성을 추구한다면 scratch는 하나의 선택지가 될 수 있다.

현실적으로 운영에서 사용할 수 있는 것은 뒤에서 설명할 BusyBox(10.2.2절), Alpine Linux(10.2.3절), Distroless(10.2.4절)다. 각각의 특성을 살펴보자.

10.2.2 BusyBox

BusyBox[7]는 많은 UNIX 유틸리티를 단일 바이너리에 통합한 도구로 임베디드 시스템에서 많이 사용된다.

BusyBox는 수백 가지의 기본 유틸리티(`echo`, `ls`, `pwd` 등)를 제공하면서도 사이즈 축소에 성공했다. 일반적인 OS와 다르게 `/bin/busybox`라는 단일 바이너리에 약 수백 가지의 유틸리티가 포함되어 있다.

실제 이미지의 크기를 확인해보자. busybox 이미지가 도커 허브에 공개되어 있다. 사이즈를 확인해보면 6.02MB밖에 되지 않는다. 최소한의 OS 기능을 갖춘 이미지라는 점에서 놀라운 사이즈다.

```
$ docker image ls busybox
REPOSITORY TAG    IMAGE ID    CREATED       SIZE
busybox    latest c230832bd3b0 16 months ago 6.02MB
```

약 6MB의 크기로 얼마나 사용할 수 있을지 의문이 드는 사람도 많을 것이다. 확인을 위해 BusyBox 컨테이너의 내부를 탐색해보자. 다음과 같이 busybox에서 `sh`를 실행한다.

```
$ docker container run -it busybox sh
/ #
```

리스트 10.6 커맨드를 실행하면 디렉터리별로 디스크 사용량을 확인할 수 있다. 약 6MB의 컨테이너 이미지에서 `/bin`과 `/lib`가 대부분을 점유한다.

리스트 10.6 **busybox 컨테이너의 디렉터리별 디스크 사용량**

```
/ # du -sh /*
1.1M /bin
```

---

7 https://busybox.net/about.html

```
0 /dev
56.0K /etc
4.0K /home
2.7M /lib
0 /lib64
0 /proc
8.0K /root
0 /sys
4.0K /tmp
12.0K /usr
16.0K /var
```

단일 바이너리인 `/bin/busybox`가 배포된 `/bin`을 확인해보자. 약 1MB의 `/bin/busybox`를 확인할 수 있다.

```
/ # cd /bin
/bin # ls -lh busy*
-rwxr-xr-x 404 root root 1.1M May 18 2023 busybox
```

다음과 같이 `/bin` 디렉터리 내부를 필터링하지 않고 표시하면 많은 파일이 존재하는 것을 알 수 있다. 이 파일들의 사이즈는 모두 1MB다. 1MB 파일을 이만큼 유지하고 있다면 이미지의 사이즈는 6MB로 유지하기 힘들 것이다.

여기에 BusyBox의 장치가 있다. `ls` 커맨드로 표시되는 결과의 가장 왼쪽 열값은 inode 번호다. 모두 같은 값을 나타내는 것은 하드 링크에 의해 만들어진 것을 의미한다. `/bin` 디렉터리 내부 파일은 `/bin/busybox`뿐이다.

```
/bin # ls -lhi
total 433M
1719026 -rwxr-xr-x 404 root root 1.1M May 18 2023 [
1719026 -rwxr-xr-x 404 root root 1.1M May 18 2023 [[
1719026 -rwxr-xr-x 404 root root 1.1M May 18 2023 acpid
1719026 -rwxr-xr-x 404 root root 1.1M May 18 2023 add-shell
1719026 -rwxr-xr-x 404 root root 1.1M May 18 2023 addgroup
1719026 -rwxr-xr-x 404 root root 1.1M May 18 2023 adduser
...(생략)...
```

이를 통해 `ls /bin`은 실제로 `/bin/busybox ls /bin`과 동일하다. BusyBox는 약 1MB의 작은 바이너리에 수백 가지의 기본 유틸리티를 포함하므로 작은 사이즈에도 OS 최소한의 기능을 제공할 수 있다.

표준 C 라이브러리별 이미지

도커 허브의 BusyBox 리포지터리[8]를 살펴보면 다음과 같이 동일한 BusyBox 버전이라도 `-glibc`, `-uclibc`, `-musl`이 붙는 태그가 존재한다. 이는 BusyBox가 갖는 표준 C 라이브러리의 차이다.

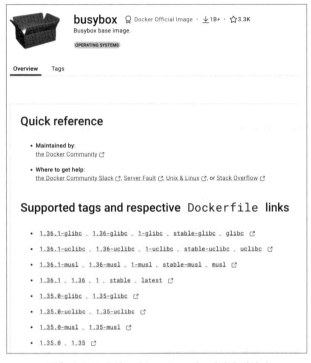

그림 10.1 도커 허브의 busybox 리포지터리 페이지

이와 같이 표준 C 라이브러리별로 이미지를 제공하는 이유가 있다.

glibc는 GNU C 라이브러리로 매우 인기 있는 표준 C 라이브러리의 구현이다. 다만 각종 스펙과 자체 확장 등 다양한 기능을 지원하는 유연성이 있지만 용량이 크다는 단점도 있다. BusyBox와 같이 임베디드 용도로 널리 사용되는 배포판에서 사용하지 않는 기능으로 디스크 용량을 낭비하는 것은 문제가 된다.

따라서 BusyBox는 표준으로 **uClibc**라는 라이브러리를 사용한다. uClibc는 수백 KB 정도의 용량밖에 되지 않으며, MB 크기 단위의 클래스 glibc보다 용량 면에서 우수하다. uClibc는 glibc에서 기능을 엄선하고 임베디드 용도로 특화하여 경량화를 구현한다.

---

8 https://hub.docker.com/_/busybox

busybox의 컨테이너 이미지는 -uclibc가 약 1.4MB, -glibc[9]가 약 4MB다.

musl도 경량 표준 C 라이브러리로 임베디드 용도로 널리 사용된다. musl은 정적static 링크에 최적화되어 있으며 애플리케이션을 싱글 바이너리로 빌드할 수 있다. musl은 비교적 새로운 구현 방법으로 glibc 이상의 POSIX를 따른다.

예를 들어 다른 OS나 컴퓨터에서 glibc를 사용해 빌드된 바이너리는 uClibc와 musl을 지원하는 컨테이너에서는 실행할 수 없다. 이러한 빌드 환경과 실행 환경의 차이로 문제가 발생하지 않도록 -glibc, -uclibc, -musl 각각에 대응하는 이미지를 제공한다.

scratch와 동일한 내용의 Dockerfile에 베이스 이미지를 busybox로 교체하여 사이즈를 비교해보면 scratch는 1.01MB, busybox는 6.02MB가 된다. scratch 사이즈보다는 크지만 이 정도의 차이는 컨테이너 이미지에서 오차 정도의 수준으로 미미한 차이로 볼 수 있다.

```
$ docker image ls ch10/hello
REPOSITORY TAG     IMAGE ID      CREATED        SIZE
ch10/hello busybox d7be2698dbea  5 seconds ago  6.02MB
ch10/hello scratch 9bf0b35263a8  6 minutes ago  1.01MB
```

BusyBox의 실용성

BusyBox는 OS 최소한의 기능을 가지면서도 한없이 사이즈를 줄일 수 있는 베이스 이미지다. Busy Box는 scratch보다 1~5MB 정도 크기가 더 크다. 하지만 sh를 가지고 있으므로 컨테이너 내부의 디버깅이 쉬워 데이터 볼륨 컨테이너로 사용하기에도 좋다. 물론 scratch처럼 커맨드 라인 도구로도 활용할 수 있으며, 특정 용도의 에이전트 애플리케이션agent application의 기반이 될 수도 있다.

BusyBox는 최소한의 기능을 갖추고 있지만 패키지 매니저 등은 없으므로 사용에 불편한 부분도 있다.

-glibc, -uclibc, -musl 각각에 대응하는 이미지도 제공하지만 무리하게 BusyBox를 이용할 일은 거의 없을 것이다. 사이즈를 신경 쓰지 않는 빌드는 Ubuntu와 CentOS 등의 이미지를 사용하는 것이 좋다. 10.2.3의 Alpine Linux 베이스의 공식 이미지가 있을 때는 그것을 사용해도 좋다.

---

[9] busybox:1.36과 busybox:1.36-glibc는 동일한 이미지이므로 태그명에 C 라이브러리명이 포함되지 않은 이미지는 glibc를 사용한다. busybox:1.34 이전에는 -uclibc와 동일한 이미지였지만 busybox:1.34부터는 -glibc와 동일하다. BusyBox 자체의 기본값은 계속 uclibc이지만 컨테이너에서는 기본값으로 glibc를 사용한다.

10.2.3 Alpine Linux

Alpine Linux[10]를 알아보자. Alpine Linux는 BusyBox를 기반으로 하는 배포판으로 '보안, 단순성, 리소스 효율을 중시하는 유저'를 위해 설계되었다. 표준 C 라이브러리는 musl을 사용한다.

BusyBox의 베이스 이미지 사이즈는 2MB 정도이지만 Alpine Linux의 베이스 이미지 사이즈는 약 7MB다. 기능이 추가되므로 당연히 BusyBox보다는 크지만 `ubuntu:23.10`이 약 90MB인 것을 감안하면 Alpine Linux도 매우 경량인 것을 알 수 있다.

도커는 2016년부터 공식 리포지터리 이미지[11]의 Alpine Linux 지원을 순차적으로 진행했다. Alpine Linux에 대응하는 이미지는 다음과 같이 접미사에 `-alpine`을 추가한다.

- `nginx:1.25.1-alpine`
- `redis:7.2-alpine`
- `python:3.9.18-alpine`

공식 nginx 이미지 페이지[12]를 확인해보면 그림 10.2와 같이 태그에 `-alpine`이 붙어 있는 것을 확인할 수 있다.

---

10 https://alpinelinux.org/
11 https://hub.docker.com/search?image_filter=official&q=
12 https://hub.docker.com/_/nginx

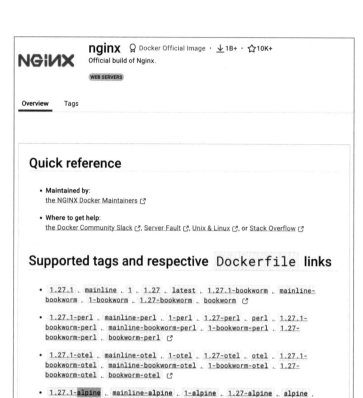

그림 10.2 도커 허브의 nginx 이미지 페이지

기본적으로 공식 리포지터리 이미지는 -alpine 이미지가 제공되지만, 어디까지나 Linux 배포판의 선택지 중 하나로 제공하는 상태다.[13]

Alpine Linux 베이스로 빌드된 이미지 사이즈

공식 리포지터리의 일반 이미지 베이스는 약 90MB인 debian 이미지를 사용한다.

alpine 베이스 이미지는 약 7MB이므로 상당한 차이가 있다. 각각을 베이스로 만들어진 완성형 nginx 이미지의 사이즈를 확인해보자. 리스트 10.7 커맨드를 사용해 이미지를 다운로드하고 사이즈의 차이를 확인할 수 있다.

리스트 10.7 공식 nginx 이미지의 사이즈 차이

```
$ docker image pull nginx:1.25.1
$ docker image pull nginx:1.25.1-alpine
```

---

13 공식 리포지터리 중에서도 태그에 배포명을 붙이지 않고 Alpine Linux를 베이스로 구축하는 이미지도 있다. `fluentd:lastest`가 대표적이다.

```
$ docker image ls nginx
REPOSITORY TAG              IMAGE ID        CREATED       SIZE
nginx      1.25.1-alpine 7987e0c18af0 3 weeks ago 40.9MB
nginx      1.25.1         ff78c7a65ec2 5 weeks ago 192MB
```

nginx:1.25.1는 약 190MB이지만 nginx:1.25.1-alpine은 약 40MB로 사이즈가 상당히 줄어들었다. 사이즈면에서 Alpine Linux는 강력한 우위에 있으며, 컨테이너 이미지의 사이즈를 중시하는 유저에게 널리 사용된다.

컨테이너 이미지로 Alpine Linux를 지원하는 이유

왜 Alpine Linux가 베이스 이미지로 지지를 받고, 공식 리포지터리에서도 지원을 할까? 경량화만이 아니라 패키지 매니저인 **apk**[14]의 존재도 큰 요인이라고 볼 수 있다.

이미지 빌드는 Dockerfile 작성을 중심으로 한다. Dockerfile의 내용이 중복되거나 Dockerfile 외에도 사용하는 방식이 많으면 구축하는 이미지의 전체를 파악하기 어렵다. 이 문제를 해결하기 위해 어느 정도는 패키지 매니저(패키지 리포지터리)가 필요하다.[15, 16]

경량화 컨테이너 이미지의 조건을 만족하면서 쾌적하게 이미지를 구축할 수 있는 패키지 매니저를 제공하므로 Alpine Linux의 인기는 자연스러운 것이다.

현재는 도커 허브 공식 리포지터리뿐만 아니라 많은 서드 파티 리포지터리도 Alpine Linux를 베이스 이미지로 하여 컨테이너 이미지를 구축하고 제공한다. 컨테이너를 일찍부터 운영에 사용하는 기업도 Alpine Linux 베이스 이미지를 많이 사용한다.

COLUMN **Alpine Linux 베이스 이미지의 사용 여부**

2015년에 도커가 본격적으로 유행할 때 컨테이너 이미지 경량화에 대한 논의는 크게 없었다. 실제로 당시 도커 허브의 공식 이미지는 Alpine Linux를 정식으로 사용하기 전이며, 100MB 가량의 실행용 베이스 이미지도 많이 존재했다.

그러나 실제로 운영 환경에서 사용하는 프로덕트가 증가하면서 이미지 사이즈가 클수록 개발의 반복과 리드 타임에 영향을 미치는 문제가 발생한다. 따라서 도커의 Alpine Linux에 대한 선호는 자연스러운 흐름이다.

---

14 apk의 사용 방법은 부록 C.5 참조

15 scratch나 BusyBox도 베이스 이미지로 많이 사용되며, 경량화되어 있지만 패키지 매니저가 없으므로 Alpine Linux보다는 편리하지 않다.

16 Alpine Linux의 리포지터리는 많은 패키지를 갖고 있으며, 유지 보수도 비교적 활발하다.

베이스 이미지에 정식으로 사용된 이후 차례대로 공식 이미지는 Alpine 베이스로 바뀌었으며, 유명한 OSS도 Alpine 베이스의 이미지를 제공하게 되었다. 현재는 많은 Alpine 베이스 이미지가 애플리케이션과 미들웨어에 상관없이 운영 환경에서 사용된다.

Alpine Linux 베이스 이미지의 신뢰성은 이미 충분히 평가되었다. 그러나 상황에 따라 Alpine Linux를 사용할 수 없는 경우도 있다. CentOS 등 레드햇 계열의 배포와 서포트에 익숙해진 개발자라면 임베디드 계열로 시작한 Alpine Linux의 사용은 불안할 수 있다. 표준 C 라이브러리인 glibc에서 벗어나게 되면 기존의 개발 방법에 큰 변화가 필요한 상황이 발생할 수도 있다. Debian과 CentOS에는 없지만 Alpine Linux에만 발생하는 문제가 있을 수도 있다.

안정된(glibc) 환경을 찾고 사이즈에 문제없이 CentOS와 Ubuntu 이미지를 선택하는 개발자도 많다.[17] Alpine Linux가 아닌 익숙한 플랫폼과 기술의 이미지를 사용하여 애플리케이션을 컨테이너에서 빌드하고 불필요한 문제를 피하는 것이 현명한 판단이다.

이미지 사이즈는 Alpine Linux와 비교하면 불리하므로 장점과 단점이 서로 상쇄된다. 그러나 컨테이너 이미지의 베이스 레이어는 캐싱되므로 베이스 레이어를 보유한 서버에 반복해서 배포하게 되면 첫 번째 이후에는 큰 오버헤드가 발생하지는 않는다. 또한 최근에는 Alpine이 아닌 공식 이미지도 꾸준히 경량화되어 왔다. ubuntu:23.10은 약 90MB까지 크기가 감소하는 등 문제가 조금씩 개선되고 있다.

그러나 여전히 Alpine Linux는 이러한 배포판과 비교해도 장점이 크다. 우선 10배 이상의 크기 차이가 있다. 레이어 캐시가 있다고 해도 모든 케이스와 모든 타이밍에서 사용할 수 있는 것은 아니므로 아직 크기는 중시해야 할 항목이다.

패키지 매니저 등 최소한의 편의성은 유지하면서 작은 크기의 이미지를 구현하는 다른 배포판은 아직 없다. 경량성과 기능을 모두 충족하는 것이 좋은 이미지라는 점은 의심의 여지가 없다. 경량성과 경량을 위해 소비하는 시간은 트레이드 오프 관계다.

Alpine Linux는 많은 사람들에게 아직 익숙하지 않은 배포판이므로 사용에 소비되는 시간도 무시할 수 없다. 경량성을 중시할지 호환성을 중시할지는 잘 고민하여 선택하는 것이 중요하다.

10.2.4 Distroless

Distroless[18]는 구글이 공개한 이미지다. 최소한의 구성으로 인해 이미지의 사이즈와 보안에서 우수하다. 또한 언어 런타임에 맞춘 이미지도 제공한다.

Distroless의 주요 이미지

Distroless는 다음과 같은 이미지를 제공한다. -debian11의 접미사는 Debian11 계열 기반으로 생성된 것을 의미한다.[19]

---

17 호환성 향상을 목표로 Alpine Linux에 glibc를 설치하는 개발자도 많다.
18 https://github.com/GoogleContainerTools/distroless
19 Debian12 계열 베이스의 -debian12도 제공한다.

이미지	사이즈	내용
gcr.io/distroless/base-debian11	17.5MB	glibc, libssl, openssl 등 기본적인 라이브러리를 포함하는 이미지
gcr.io/distroless/base-nossl-debian11	12.6MB	base-* 이미지에서 SSL 관련 라이브러리를 제외한 이미지
gcr.io/distroless/static-debian11	2.4MB	정적 링크 컨테이너 이미지
gcr.io/distroless/cc-debian11	19.8MB	libgcc1을 포함하는 이미지
gcr.io/distroless/java17-debian11	227MB	Java 17을 지원하는 이미지
gcr.io/distroless/nodejs18-debian11	162MB	Node.js v18을 지원하는 이미지

base-debian11은 애플리케이션을 실행하기 위한 기본적인 이미지로, glibc를 포함한다. glibc 환경에서는 동적 링크로 빌드된 애플리케이션을 실행할 수 있다. Go 언어와 Rust로 빌드된 애플리케이션 실행에 적합하다.

base-nossl-debian11은 base-debian11에서 SSL 관련 라이브러리를 제외하여 크기를 줄인 이미지로, 애플리케이션이 인터넷에 접속할 필요가 없으면 이것으로 충분하다.[20]

static-debian11은 Distroless에서 가장 가벼운 이미지다. 정적 링크로 빌드된 애플리케이션의 실행에 적합하다.

그 외에 cc-debian11, java17-debian11, nodejs18-debian11 등의 이미지가 있으며, 애플리케이션 런타임에 따라 적절한 것을 선택한다.

빌드한 애플리케이션을 Distroless 컨테이너에서 실행하기

Distroless 이미지는 최소한으로 구성되며, make와 gcc와 같이 애플리케이션을 빌드하기 위한 도구는 포함되어 있지 않다. 따라서 Distroless 컨테이너 내부에서 애플리케이션을 빌드하는 것은 어려우므로, 컨테이너 외부에서 빌드하여 컨테이너 내부에 실행 파일을 복사해야 한다.

10.2.1에서 빌드한 hello 실행 파일을 사용해 Distroless 베이스의 컨테이너 이미지를 생성해보자. 리스트 10.8과 같이 Dockerfile.distroless를 생성한다.

---

20 HTTPS 접속으로 TLS/SSL 인증을 실시하려면 루트 인증서나 ca-certificates 패키지가 필요하다. 인터넷 연결이 불필요하다면 이들을 포함하는 libssl이나 openssl 등의 라이브러리는 필요없다.

리스트 10.8 hello를 실행하는 Distroless 베이스 Dockerfile (~/work/ch10/hello/Dockerfile.distroless)

```
FROM gcr.io/distroless/base-debian11:latest

COPY hello /usr/bin/

CMD ["hello"]
```

작업은 scratch와 크게 다르지 않다. 다른 점은 실행 파일을 /usr/bin에 복사하는 부분이다.[21]

리스트 10.9의 커맨드를 사용해 이미지를 빌드한다.

리스트 10.9 Distroless 이미지 빌드

```
(~/work/ch10/hello) $ docker image build -f Dockerfile.distroless -t ch10/hello:distroless .
--progress=plain
#0 building with "desktop-linux" instance using docker driver

#1 [internal] load .dockerignore
#1 transferring context: 2B done
#1 DONE 0.0s

#2 [internal] load build definition from Dockerfile.distroless
#2 transferring dockerfile: 166B done
#2 DONE 0.0s

#3 [internal] load metadata for gcr.io/distroless/base-debian11:latest
#3 DONE 0.0s

#4 [internal] load build context
#4 transferring context: 65B done
#4 DONE 0.0s

#5 [1/2] FROM gcr.io/distroless/base-debian11:latest
#5 CACHED

#6 [2/2] COPY hello /usr/bin/
#6 DONE 0.0s

#7 exporting to image
#7 exporting layers 0.0s done
#7 writing image sha256:7c3248e69fc4f5cc746a7f03d38d8dcc5a01aae6807a3c1d1ca5ff11d728
f818 done
#7 naming to docker.io/ch10/hello:distroless done
```

---

[21] Distroless는 Debian 기반이므로 Linux 파일 시스템을 갖는다.

```
#7 DONE 0.0s
```

빌드한 컨테이너 이미지에서 컨테이너를 실행한다. Distroless 베이스의 컨테이너에서도 `hello`를 실행할 수 있다는 것을 알 수 있다.

```
$ docker container run -it ch10/hello:distroless
Hello, small image!
```

이미지 사이즈 비교는 다음과 같다. 사이즈는 scratch와 비교하면 크지만 Distroless 베이스도 꽤 줄어든 것을 알 수 있다.

```
$ docker image ls ch10/hello
REPOSITORY TAG      IMAGE ID      CREATED       SIZE
ch10/hello distroless 7c3248e69fc4 1 minutes ago 19.4MB
ch10/hello scratch    1b6949629b99 1 hours ago   1.91MB
```

Distroless는 애플리케이션을 실행하기에는 충분한 구성이지만, 컨테이너 내부에서 빌드를 완료하기 어려우므로 사용하기 어렵다고 느낄 수도 있다. 그러나 Distroless는 뒤에서 설명하는 Multi-stage builds(10.4절)에서 진가를 발휘한다.

Distroless 이미지의 태그

Distroless 이미지는 주로 다음의 태그로 운영, 공개된다.

태그	설명
latest	최신 이미지
debug	latest에 sh를 추가한 이미지
nonroot	root 유저가 아닌 사용자가 실행할 수 있는 이미지
debug-nonroot	nonroot에 sh를 추가한 이미지

`latest`는 최신 이미지이며, 최소한으로 구성되어 있다. 컨테이너에 `sh` 커맨드를 사용할 수도 없다.

`debug`는 `latest`에 BusyBox의 `sh`를 추가한 이미지다. `sh` 커맨드로 컨테이너에 들어가서 디버깅 용도로도 사용할 수 있는 이미지다. 개발 단계에서는 이용되지만 운영 환경에서는 사용되지 않는다.

`nonroot`와 `debug-nonroot`는 컨테이너 내부에서 root 유저가 아닌 사용자로 실행하기 위한 이미지다. root 유저가 아닌 사용자의 컨테이너 실행은 보안상 중요하다. 이유는 10.6.3절에서 설명한다.

지금까지 사용한 컨테이너 이미지는 태그 버전 번호가 붙은 것이 대부분이었다. 베이스 이미지로 사용할 때는 리스트 10.10과 같이 사용하고, 변경이 필요할 때는 사용자가 베이스 이미지의 태그를 변경한다.

리스트 10.10 베이스 이미지에 버전 번호가 있는 이미지의 사용

```
# 유저가 명시적으로 새로운 태그로 변경해야 함
FROM golang:1.21.6

# ...
```

그러나 Distroless 이미지는 버전 번호를 태그에서 사용하지 않고, 빌드마다 4개의 태그에 해당하는 이미지를 업데이트한다. 베이스 이미지로 사용하기 위해서는 리스트 10.11과 같이 사용한다. 사용자는 FROM 태그를 변경하지 않고 latest 이미지를 다시 가져오면 된다.

리스트 10.11 베이스 이미지에 latest 이미지 사용

```
# latest 이미지를 다시 가져옴
FROM gcr.io/distroless/base-debian11:latest

# ...
```

이러한 방식으로 운영하면 이미지 사용자에게 최신 이미지를 제공하기 쉽다. Distroless 이미지는 CVE[22, 23]에 대응하는 보안 패치를 적극 사용하므로 항상 Distroless 이미지를 다시 가져오도록 하면 보안에도 문제가 없다.

latest는 이미지 빌드 시 매번 다운로드하는 것이 아니라는 점에 주의해야 한다. 빌드마다 새로운 베이스 이미지를 가져오려면 docker image build 커맨드에 2.3.1절에서 소개한 --pull=true 옵션을 사용해야 한다.[24]

---

22 https://cve.mitre.org/cve/
23 공통 취약성 식별자. 소프트웨어 취약성 리스트가 공개되어 있다.
24 쿠버네티스에서는 imagePullPolicy를 Always로 설정하면 매번 레지스트리를 체크한 후 컨테이너 이미지를 가져온다.

10.3 경량 컨테이너 이미지 생성하기

컨테이너 이미지의 사이즈를 줄이기 위해서는 베이스가 되는 이미지의 사이즈를 작은 것으로 선택하는 것이 효과가 좋다. `docker image build`의 과정에서 어떻게 이미지 크기가 커지지 않도록 해야 할지 생각해보자.

10.3.1 배포하는 애플리케이션의 사이즈 줄이기

컨테이너에는 애플리케이션과 의존하는 라이브러리와 도구가 포함되어 있으므로, 이를 줄이는 것이 이미지의 사이즈를 줄이는 기본이다.

패키지 매니저의 캐시를 삭제하는 방법도 인기가 있다. 예를 들어 Ubuntu의 apt라면 `rm -rf /var/lib/apt/lists/*`로 캐시를 삭제할 수 있다. 자세한 내용은 패키지 매니저의 문서와 도커 허브를 참조하자.

애플리케이션의 사이즈 튜닝하기

애플리케이션 사이즈는 컨테이너 이미지의 사이즈와 관련이 있으므로 Dockerfile로 이미지를 구축하는 개발자는 애플리케이션과 빌드 방법도 잘 알아야 한다. 애플리케이션 수정을 통해 사이즈를 줄이는 방법도 중요하므로 다음과 같은 사항을 통해 줄일 수 있는 방법을 찾아보자. 모두 기본적인 요소이므로 애플리케이션의 사이즈는 CI로 빌드할 때 지속적으로 관찰할 수 있는 구조로 만들어야 한다.

- **불필요한 파일 삭제**
- **불필요한 프로그램 줄이기**
- **의존 관계의 라이브러리 줄이기**
- **웹 애플리케이션 assets(주로 이미지) 사이즈 줄이기**

.dockerignore

Git 리포지터리를 모두 도커 컨테이너에 `COPY`하고 빌드하는 경우도 있지만 이때도 불필요한 파일과 디렉터리는 컨테이너에 포함하지 않는 것이 중요하다. 특히 `.git/` 디렉터리처럼 불필요하지만 숨겨진 디렉터리를 추가하기 쉽다. 따라서 Dockerfile과 동일한 위치에 `.dockerignore` 파일을 두고 컨테이너에 포함하지 않을 파일과 디렉터리를 정의할 수 있다. 다음과 같이 빌드하는 애플리케이션에 맞는 내용의 `.dockerignore`를 사용하는 것이 좋다.

```
.git
.idea
*.swp
*.log
.DS_STORE
```

10.3.2 컨테이너 이미지의 레이어 구조 의식하기

지금까지는 컨테이너 이미지의 내부 구조를 의식하지 않고 이미지를 생성했지만 사이즈를 최적화하기 위해서는 내부 구조를 깊이 이해해야 한다. 실제로 이미지를 빌드하면서 구조를 확인해보자.

```
$ mkdir -p ~/work/ch10/layer # 작업 디렉터리 생성
```

GitHub CLI[25](gh)를 실행하기 위한 이미지의 Dockerfile을 생성한다(리스트 10.12).

리스트 10.12 gh를 실행하는 이미지의 Dockerfile (~/work/ch10/layer/Dockerfile)

```
FROM ubuntu:23.10

# 1 GH 버전 정의
ARG GH_VERSION=2.33.0

# 2-1 apt 리포지터리 업데이트
RUN apt update
# 2-2 curl 설치
RUN apt install -y curl

# 3-1 아카이브 다운로드
RUN curl -L -O https://github.com/cli/cli/releases/download/v${GH_VERSION}/gh_${GH_VERSION}_
linux_amd64.tar.gz
# 3-2 아카이브 압축 해제
RUN tar xvzf gh_${GH_VERSION}_linux_amd64.tar.gz
# 3-3 gh 실행 파일 이동
RUN mv gh_${GH_VERSION}_linux_amd64/bin/gh /usr/local/bin

# 4-1 아카이브와 압축 해제 디렉터리 제거
RUN rm -rf gh_${GH_VERSION}_linux_amd64*
# 4-2 curl 제거
RUN apt purge -y curl
# 4-3 apt 캐시 삭제
```

---

25 https://github.com/cli/cli

```
RUN apt clean
# 4-4 apt 패키지 리스트 삭제
RUN rm -rf /var/lib/apt/lists/*

ENTRYPOINT ["gh"]
```

1의 `ARG`에서 버전을 정의하고, Dockerfile 내부에서 사용할 수 있도록 한다.

2-1~2에서는 apt 리포지터리를 최신으로 업데이트하고, curl을 설치한다. curl은 3에서 아카이브를 다운로드하기 위해 필요하다.

3-1~3에서는 GitHub에서 아카이브를 다운로드하고 압축 해제한다. 실행 파일은 `PATH`의 디렉터리로 이동한다.

4-1~4에서는 아카이브와 apt로 가져온 파일을 제거한다. 불필요한 파일을 남겨두면 이미지의 크기가 커지기 때문이다.

리스트 10.13 커맨드로 이미지를 빌드한다.

리스트 10.13 ~/work/ch10/layer/Dockerfile 빌드

```
(~/work/ch10/layer) $ docker image build -t ch10/gh:standard .
```

컨테이너 이미지는 Dockerfile에서 만든 명령 단위로 레이어를 생성한다. 하나의 커맨드(1행)마다 레이어가 생성된다. 이 레이어를 쌓아서 업데이트하면 최종 이미지가 된다.

이미지가 어떤 레이어를 겹쳐서 구성되는지 상세한 내용을 확인하려면 `docker image history [이미지]` 커맨드를 사용한다. 각 레이어에서 실행되는 명령과 파일 사이즈를 알 수 있다.

`docker image history ch10/gh:standard` 커맨드를 실행하면 그림 10.3과 같이 이미지 레이어 구조를 확인할 수 있다.

```
jpub@Mac layer % docker image history ch10/gh:standard
IMAGE           CREATED               CREATED BY                                        SIZE      COMMENT
c4225a6161b1    About a minute ago    ENTRYPOINT ["gh"]                                 0B        buildkit.dockerfile.v0
<missing>       About a minute ago    RUN |1 GH_VERSION=2.33.0 /bin/sh -c rm -rf /…    20.5kB    buildkit.dockerfile.v0
<missing>       About a minute ago    RUN |1 GH_VERSION=2.33.0 /bin/sh -c apt clea…    4.1kB     buildkit.dockerfile.v0
<missing>       About a minute ago    RUN |1 GH_VERSION=2.33.0 /bin/sh -c apt purg…    467kB     buildkit.dockerfile.v0
<missing>       About a minute ago    RUN |1 GH_VERSION=2.33.0 /bin/sh -c rm -rf g…    4.1kB     buildkit.dockerfile.v0
<missing>       About a minute ago    RUN |1 GH_VERSION=2.33.0 /bin/sh -c mv gh_${…    43.2MB    buildkit.dockerfile.v0
<missing>       About a minute ago    RUN |1 GH_VERSION=2.33.0 /bin/sh -c tar xvzf…    43.9MB    buildkit.dockerfile.v0
<missing>       About a minute ago    RUN |1 GH_VERSION=2.33.0 /bin/sh -c curl -L …    10.6MB    buildkit.dockerfile.v0
<missing>       About a minute ago    RUN |1 GH_VERSION=2.33.0 /bin/sh -c apt inst…    16.9MB    buildkit.dockerfile.v0
<missing>       About a minute ago    RUN |1 GH_VERSION=2.33.0 /bin/sh -c apt upda…    38.1MB    buildkit.dockerfile.v0
<missing>       About a minute ago    ARG GH_VERSION=2.33.0                             0B        buildkit.dockerfile.v0
<missing>       4 months ago          /bin/sh -c #(nop)  CMD ["/bin/bash"]              0B
<missing>       4 months ago          /bin/sh -c #(nop) ADD file:f520e3c120f5d02fd…    103MB
<missing>       4 months ago          /bin/sh -c #(nop)  LABEL org.opencontainers.…    0B
<missing>       4 months ago          /bin/sh -c #(nop)  LABEL org.opencontainers.…    0B
<missing>       4 months ago          /bin/sh -c #(nop)  ARG LAUNCHPAD_BUILD_ARCH       0B
<missing>       4 months ago          /bin/sh -c #(nop)  ARG RELEASE                    0B
```

그림 10.3 이미지 레이어 리스트

docker image build를 반복하여 확인했다. 이미 빌드한 Dockerfile에 대해 RUN이나 COPY를 추가해서 다시 빌드해도 앞에서 성공한 부분부터 차분 빌드가 될 것이다. 이 차분 빌드는 이미지가 이와 같이 다중 레이어 구조로 되어 있어서 가능하다.

과거에는 중간 레이어도 이미지로 저장되었지만 현재 이미지 빌드 도구인 BuildKit은 중간 레이어를 이미지로 저장하거나 참조할 수 없다.[26]

레이어 수를 극한으로 줄이기

그림 10.3에서 각 레이어의 사이즈를 확인할 수 있었다. ch10/gh:standard 빌드는 레이어가 늘어나면 다음과 같이 이미지의 사이즈도 늘어난다.

- 2-1 : apt 업데이트로 38.1MB 증가

- 2-2 : curl 설치로 16.9MB 증가

- 3-1 : 아카이브 다운로드로 10.6MB 증가

- 3-2 : 아카이브 압축 해제로 43.9MB증가

- 3-3 : gh 이동 커맨드로 43.2MB 증가

- 4-1~4 : 삭제 관련 처리로 거의 증가 없음

컨테이너 이미지는 차분 빌드가 가능하며, 각 레이어는 캐시로 스토리지에 보관된다. 빌드 중에는 필요하지만 최종 이미지에는 불필요한 파일이 존재한다면 중간 레이어에는 불필요한 파일까지 포

---

26 도커 18.09 이후 도입되었으며, 컨테이너 이미지를 최적화하고 빌드하기 위한 툴킷이다. 기본 설정은 유효 상태이지만 DOCKER_BUILDKIT=0을 추가하고 커맨드를 실행하면 무효 상태로 설정할 수 있다.

함되어 최종 이미지의 사이즈도 커지게 된다.

각 레이어에서 파일 조작이 이루어지면 최종 이미지의 사이즈가 커지게 된다. 이를 피하기 위해 Dockerfile 빌드 시 생성되는 이미지의 레이어 수를 줄이는 것이 가장 효과적이다.

리스트 10.14와 같이 `Dockerfile-chain`이라는 Dockerfile을 생성한다. 각각 `RUN`을 정의하고 실행하는 처리를 `&&`를 사용해 연결하여 한 번에 실행하도록 한다. 이와 같이 한 번의 `RUN`으로 모두 실행하면 이미지의 레이어를 줄일 수 있다.

리스트 10.14 RUN의 횟수를 줄인 Dockerfile (~/work/ch10/layer/Dockerfile-chain)

```
FROM ubuntu:23.10

ARG GH_VERSION=2.33.0

RUN apt update && \
apt install -y curl && \
  curl -L -O  https://github.com/cli/cli/releases/download/v${GH_VERSION}/gh_${GH_VERSION}_
linux_amd64.tar.gz && \
  tar xvzf gh_${GH_VERSION}_linux_amd64.tar.gz && \
  mv gh_${GH_VERSION}_linux_amd64/bin/gh /usr/local/bin && \
  rm -rf gh_${GH_VERSION}_linux_amd64* && \
  apt purge -y curl && \
  apt clean && \
  rm -rf /var/lib/apt/lists/*

ENTRYPOINT ["gh"]
```

`ch10/gh:chain` 이미지를 리스트 10.15의 커맨드로 빌드한다.

리스트 10.15 ~/work/ch10/layer/Dockerfile-chain 빌드

```
(~/work/ch10/layer) $ docker image build -f Dockerfile-chain -t ch10/gh:chain .
```

`ch10/gh:standard`와 `ch10/gh:chain` 이미지의 사이즈를 비교해보자. 레이어를 줄인 부분에서 약 90MB가 줄어들었다.

```
$ docker image ls ch10/gh
REPOSITORY   TAG       IMAGE ID     CREATED        SIZE
ch10/gh      chain     72df5ef6dc4a 19 seconds ago 205MB
ch10/gh      standard  7291b87286a2 2 minutes ago  347MB
```

그림 10.4와 같이 RUN 레이어는 하나로 줄어들었다. 하나의 레이어에서 아카이브 파일과 apt 관련 파일도 삭제할 수 있으므로 사이즈를 줄일 수 있다.

```
jpub@Mac layer % docker image history ch10/gh:chain
IMAGE           CREATED        CREATED BY                                    SIZE     COMMENT
0e06a9d5bf13    5 minutes ago  ENTRYPOINT ["gh"]                             0B       buildkit.dockerfile.v0
<missing>       5 minutes ago  RUN |1 GH_VERSION=2.33.0 /bin/sh -c apt upda… 59.7MB   buildkit.dockerfile.v0
<missing>       5 minutes ago  ARG GH_VERSION=2.33.0                         0B       buildkit.dockerfile.v0
<missing>       4 months ago   /bin/sh -c #(nop)  CMD ["/bin/bash"]          0B
<missing>       4 months ago   /bin/sh -c #(nop) ADD file:f520e3c120f5d02fd… 103MB
<missing>       4 months ago   /bin/sh -c #(nop)  LABEL org.opencontainers.… 0B
<missing>       4 months ago   /bin/sh -c #(nop)  LABEL org.opencontainers.… 0B
<missing>       4 months ago   /bin/sh -c #(nop)  ARG LAUNCHPAD_BUILD_ARCH   0B
<missing>       4 months ago   /bin/sh -c #(nop)  ARG RELEASE                0B
```

그림 10.4 레이어의 수를 줄인 상황

가독성과 트레이드 오프

RUN의 횟수를 줄여서 이미지 레이어의 수와 사이즈를 줄이는 것은 효과적인 방법이지만, && 나 백슬래시의 사용도 늘어나므로 빌드 방법에 따라서는 cd의 사용 횟수도 늘어나고, 이에 따라 Dockerfile의 가독성이 낮아지게 된다. 또한 이미지 빌드를 몇 번이나 시도할 때는 중간 레이어가 존재하여 차분 빌드의 이점을 얻을 수 없다. 이는 개발 효율에도 영향을 끼치므로 처음에는 모든 Step을 RUN으로 정의하고 빌드 내용이 확정된 타이밍에 RUN의 횟수를 줄이도록 하는 것이 좋다.

또한 모든 상황에서 이 방법을 적용하려고 하지 않는 것이 좋다. 효과를 발휘하는 상황은 몇 MB 정도 크기의 파일을 자주 조작할 때다. 따라서 조작하는 파일 크기가 작고 충분히 무시할 수 있는 크기이거나 원래부터 중간 레이어가 적은 상황이라면 무리하게 이 방법을 적용할 필요가 없다.

컨테이너 이미지 빌드 시 Dockerfile 외의 선택지도 존재한다. 이 책에서는 자세한 내용을 설명하지는 않지만 빌드 프로세스에 스크립트를 통합할 수 있는 Buildah[27]와 뛰어난 캐시 기능을 갖는 Bazel[28] 등이 있다.

10.4 Multi-stage builds

도커 17.05 버전에서 **Multi-stage builds** 구조가 도입되었으며, 이 방법은 경량 이미지 생성에 도움이 된다.

---

27 https://github.com/containers/buildah

28 https://bazel.build/

컨테이너 이미지 구축 과정에서 애플리케이션의 빌드와 배포 과정은 대부분 동일한 컨테이너에서 수행되었다. 이 방식의 문제는 빌드 시에만 필요한 라이브러리와 불필요한 중간 결과물을 완전히 제거하기가 번거롭다는 것이다. 경량 이미지를 추구하는 개발자가 오랫동안 고민한 문제를 해결하는 것이 Multi-stage builds다.

10.4.1 빌드 컨테이너와 실행 컨테이너 나누기

Multi-stage builds는 빌드 아티팩트를 생성하기 위한 빌드 컨테이너와 생성된 빌드 아티팩트를 배포하고 실행하기 위한 컨테이너로 구분한다. 하나의 Dockerfile만으로 빌드 컨테이너와 실행 컨테이너를 나누고 가벼운 컨테이너 이미지를 원활하게 생성할 수 있다.

애플리케이션 빌드를 컨테이너 내부에서 실행할 때 Multi-stage builds를 사용하지 않는 방법은 없다.[29] 4.4.3절에서 생성한 작업 관리 앱 API의 Dockerfile을 Multi-stage builds로 변경해보자. 기존에는 리스트 10.16과 같은 Dockerfile을 사용했다.

리스트 10.16 작업 관리 앱 API의 Dockerfile

```
FROM golang:1.21.6

WORKDIR /go/src/github.com/jpubdocker/taskapp

COPY ./cmd ./cmd
COPY ./pkg ./pkg
COPY go.mod .
COPY go.sum .
COPY Makefile .

RUN make mod
RUN make vendor
RUN make build-api

ENTRYPOINT ["./bin/api"]
```

이는 애플리케이션을 빌드하고 실행하는 전형적인 패턴이지만 베이스 이미지인 `golang:1.21.6`의 사이즈가 약 820MB나 된다는 문제가 있다. 대상 언어 버전에 대응하는 이미지를 사용하면 빌드 면에서 유리하지만, Go 언어는 빌드된 바이너리를 실행할 수 있으면 런타임을 설치할 필요가 없다.

---

29 원칙적으로 운영 환경에서 컨테이너 내부에 빌드할 때는 Multi-stage builds를 사용해야 한다.

이를 Multi-stage builds를 사용해서 해보자. 리스트 10.17과 같이 ~/go/src/github.com/jpubdocker/taskapp/containers/api/Dockerfile.distroless의 Dockerfile을 생성한다.

리스트 10.17 Multi-stage builds를 사용하는 Dockerfile (~/go/src/github.com/jpubdocker/taskapp/containers/api/Dockerfile.distroless)

```
# 1 빌드용 베이스 이미지
FROM golang:1.21.6 AS build

WORKDIR /go/src/github.com/jpubdocker/taskapp

COPY ./cmd ./cmd
COPY ./pkg ./pkg
COPY go.mod .
COPY go.sum .
COPY Makefile .

RUN make mod
RUN make vendor
# 1-1 /go/src/github.com/jpubdocker/taskapp/bin/api에 실행 파일 생성
RUN make build-api

# 2 실행용 베이스 이미지
FROM gcr.io/distroless/base-debian11:latest

# 2-1 빌드용 이미지에서 빌드한 실행 파일 복사
COPY --from=build /go/src/github.com/jpubdocker/taskapp/bin/api /usr/local/bin/

ENTRYPOINT ["api"]
```

가장 큰 특징은 FROM이 두 번 사용되는 것이다. 1부터 2 앞까지가 빌드용 컨테이너 처리, 그 이후가 실행용 컨테이너의 처리다. Multi-stage builds는 이와 같이 스테이지라는 개념으로 빌드용 이미지와 실행용 이미지를 분리할 수 있다.

1에서는 FROM [이미지] AS [스테이지명] 형식으로 베이스 이미지를 정의한다. 빌드용에는 golang:1.21.6을 사용하고, build라는 스테이지명을 정의한다. 1-1에서는 빌드 후 실행 파일이 생성된다. build 스테이지 처리는 여기까지다.

2에서는 실행을 위한 베이스 이미지를 정의한다. 10.2.4에서 설명한 Distroless를 사용한다.

2-1은 Multi-stage builds를 기술한다. COPY --from=[복사 원본 스테이지명] [복사 원본 스테이지 경로] [해당 스테이지의 대상 경로] 형식을 사용하여 다른 스테이지에서 파일을 복사할 수

있다. 여기서는 1-1에서 생성한 실행 파일을 복사하는데, 빌드용 스테이지에서 생성한 아티팩트를 실행용 스테이지로 복사하는 것이다.

`ch10/taskapp-api:distroless` 이름으로 다음과 같이 빌드해보자.

```
(~/go/src/github.com/jpubdocker/taskapp/) $ docker image build -f containers/api/Dockerfile.
distroless -t ch10/taskapp-api:distroless . --progress=plain
#0 building with "desktop-linux" instance using docker driver

#1 [internal] load .dockerignore
#1 transferring context: 2B done
#1 DONE 0.0s

...(중간 생략)...

#17 [stage-1 2/2] COPY --from=build /go/src/github.com/jpubdocker/taskapp/bin/api /usr/
local/bin/
#17 DONE 0.0s

#18 exporting to image
#18 exporting layers 0.0s done
#18 writing image sha256:b0356ed1cbfe2f5fa35a90baf49959377e6f61fee56e5a8417d368b656d70e25
done
#18 naming to docker.io/ch10/taskapp-api:distroless done
#18 DONE 0.0s
```

Multi-stage builds 없이 빌드한 `ghcr.io/jpubdocker/taskapp-api:v1.0.0`과 사이즈를 비교해보자. Multi-stage builds 없이는 959MB인 반면 Multi-stage builds로 빌드한 이미지의 사이즈는 29MB까지 줄어들었다. 필요한 것은 실행 컨테이너뿐이므로 복사 원본인 빌드 컨테이너는 파기된 상태로 이미지가 생성된다.

```
$ docker image ls ghcr.io/jpubdocker/taskapp-api:v1.0.0
REPOSITORY                      TAG      IMAGE ID     CREATED       SIZE
ghcr.io/jpubdocker/taskapp-api  v1.0.0   dfd0073a5732 5 minutes ago 1.01GB

$ docker image ls ch10/taskapp-api:distroless
REPOSITORY         TAG        IMAGE ID      CREATED       SIZE
ch10/taskapp-api   distroless b0356ed1cbfe  23 seconds ago 29MB
```

영리한 방식으로 실행용 컨테이너를 오염시키지 않고 작은 크기의 이미지를 구축했다.

10.3.2에서는 `RUN`의 실행 횟수를 줄여 사이즈를 줄였지만 이는 가독성에 영향을 미친다. Multi-stage builds에서는 빌드용 스테이지가 파기되므로 무리하게 RUN의 횟수를 줄일 필요가 없다. 따라서 Dockerfile의 가독성을 유지하면서 크기를 축소할 수 있다.

Multi-stage builds는 크기 축소뿐만 아니라 이식성에도 기여한다. 다른 컨테이너나 비컨테이너 환경에서 생성된 아티팩트를 실행 컨테이너 외부에서 복사하는 방법이 있지만, 이는 빌드 환경에 의존[30]하므로 반드시 실행 컨테이너에서 의도대로 동작하는 것은 아니었다. Multi-stage builds는 하나의 Dockerfile로 스테이지 간 파일을 교환할 수 있으므로 컨테이너 호스트에 상관없이 동일한 아티팩트를 기대할 수 있는 것이 큰 장점이다.

경량 이미지를 추구하는 것은 빠른 오토 스케일과 개발 효율에 기여한다. 도커의 보급 시기에는 이미지의 크기를 축소할 수 있어도 보안이나 Dockerfile의 가독성 등의 문제를 안고 있었지만, Multi-stage builds의 등장으로 많이 해결되었다. Multi-stage builds는 컨테이너에서 애플리케이션을 개발하기 위한 필수 기술이므로 확실히 익혀두도록 한다.

COLUMN 외부 이미지를 스테이지로 사용하기

Multi-stage builds의 사용은 직전의 스테이지에서 파일을 복사하는 것에만 한정되지 않는다. 기존의 외부 이미지를 스테이지로 사용하는 것도 가능하다.

예를 들어 리스트 10.18의 Dockerfile을 살펴보자.

리스트 10.18 외부 이미지를 스테이지로 사용한 Dockerfile

```
FROM gcr.io/distroless/base-debian11:latest

COPY --from=ghcr.io/jpubdocker/taskapp-api:v1.0.0 /go/src/github.com/jpubdocker/
taskapp/bin/api /usr/local/bin/
```

직전의 스테이지를 사용하는 방식과 동일하게 COPY를 다음과 같이 작성한다.

```
COPY --from=[외부 이미지] [외부 이미지 경로] [해당 스테이지의 복사 대상 경로]
```

외부 이미지를 스테이지로 사용하면 기존 이미지에 포함된 파일을 꺼내서 새로운 이미지에 포함하므로 빌드할 때 유용하다.

---

30 glibc와 같은 C 라이브러리의 차이점 등

10.5 BuildKit

여기서는 이미지 빌더[31]에 대해 알아본다. 현재 기본값으로 구현된 BuildKit을 알아보자.

10.5.1 BuildKit이란?

BuildKit은 기존의 이미지 빌더(`docker image build` 커맨드)를 확장한 것이다. BuildKit은 도커 18 버전에서 실험적으로 제공했지만 기본 설정은 아니었다. 도커 23 버전부터는 BuildKit이 기본 설정으로 사용되어 `docker image build` 커맨드는 BuildKit을 사용한다.[32]

BuildKit은 레거시 빌더와 비교하여 다음과 같은 부분이 개선되었다.

- **빌드 프로세스 고속화**
- **분산 이미지 빌드**
- **실시간 빌드 진행 상황 시각화**
- **멀티 플랫폼 빌드**

성능과 편의성이 개선되었지만 특히 중요한 부분은 멀티 플랫폼 빌드로, BuildKit의 핵심이자 컨테이너 운영에서 빠질 수 없는 기술이다. 먼저 컨테이너에서 왜 멀티 플랫폼 대응이 필요한지 알아보자.

10.5.2 컨테이너의 멀티 플랫폼 대응

이 책에서는 다양한 컨테이너 이미지를 사용했다. 예를 들어 도커 허브에 공개된 공식 nginx 이미지는 Windows/MacOS/Linux 환경에 상관없이 사용할 수 있다. 최근에는 다양한 CPU 아키텍처가 있지만 x86_64 아키텍처나 ARM 아키텍처에서도 컨테이너가 동작한다.

컨테이너를 사용하는 유저에게는 불편함이 없을 것 같지만 실제로는 그렇게 간단한 것은 아니다.

도커 허브의 공식 nginx 이미지 페이지를 확인해보면 그림 10.5와 같이 OS/ARCH 드롭다운이 존재한다. 이 드롭다운은 실행 가능한 플랫폼(OS와 CPU 아키텍처)을 의미하며, 몇 가지 항목이 표시된다.

---

31 컨테이너 이미지의 빌드 기능. `docker image build` 커맨드의 기능을 의미한다.
32 BuildKit 이전의 이미지 빌드 기능을 레거시 빌더라고 한다. 환경 변수 `DOCKER_BUILDKIT`의 값을 0으로 설정하면 `docker image build` 커맨드는 레거시 빌더로 동작한다.

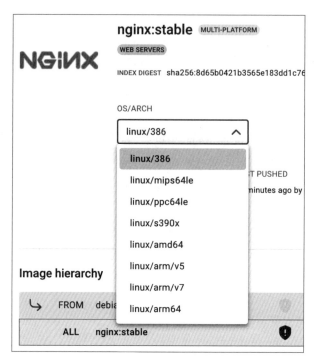

그림 10.5 도커 허브의 nginx 이미지. 여러 OS, CPU 아키텍처에 대응

OS는 호스트 환경의 OS가 아니라 컨테이너 실행을 담당하는 OS를 의미한다. Windows와 MacOS 모두 Linux 가상 환경[33]을 통해 컨테이너를 실행하므로 `OS=linux`의 이미지를 사용할 수 있다.

컨테이너 이미지의 사용 가능 여부는 ARCH만 확인하면 된다. Windows에서 일반적인 AMD64 호환 CPU라면 `amd64`, Apple Silicon의 MacOS라면 `arm64/v8`이 필요하다.[34]

1.1.1절에서도 설명했지만 컨테이너형 가상화 기술은 호스트 OS 파일 시스템을 구획화하고 격리할 뿐이다. 호스트 OS의 리소스가 그대로 컨테이너에 공유되므로 컨테이너에서 실행되는 애플리케이션은 호스트 CPU 아키텍처에 의존한다는 점을 알아야 한다.

dockerd는 실행 플랫폼에 대응할 수 있는 이미지를 자동으로 선택하고 다운로드하는 멀티 플랫폼 기능을 지원한다. 따라서 컨테이너 이미지의 사용만으로는 거의 문제가 되지 않는다.

---

33 Windows는 WSL2, macOS는 Virtualization Framework가 구축한 Linux VM에서 컨테이너 환경이 생성된다.

34 `uname -m` 커맨드를 실행하면 해당 머신의 CPU 아키텍처를 확인할 수 있다.

그러나 컨테이너 이미지를 빌드하고 팀에 공유하거나 공개할 때는 각 실행 플랫폼에 대응하는 이미지를 준비해야 한다.

필자가 ghcr.io에 공개한 `ghcr.io/jpubdocker/echo`와 `ghcr.io/jpubdocker/taskapp-api` 이미지도 실제로는 그림 10.6과 같이 멀티 플랫폼에 대응한다.

그림 10.6 멀티 플랫폼에 대응하는 taskapp-api 이미지

실제로 멀티 플랫폼을 위한 컨테이너 이미지를 구축해보자.

10.5.3 BuildKit으로 멀티 플랫폼에 대응하는 이미지 빌드하기

로컬에서 BuildKit을 사용해 이미지를 빌드한다.

먼저 멀티 플랫폼에 대응할 수 있는 이미지 빌더를 준비한다. 멀티 플랫폼 대응을 위한 Dockerfile의 작성을 알아보고 실제로 빌드해보자.

멀티 플랫폼 대응을 위한 이미지 빌드 준비

BuildKit은 이미지 빌더를 사용해 컨테이너 이미지를 빌드한다. 리스트 10.19 커맨드를 통해 사용 가능한 이미지 빌더 리스트를 확인할 수 있다.

리스트 10.19 BuildKit 이미지 빌더 리스트

```
$ docker buildx ls
```

```
NAME/NODE DRIVER/ENDPOINT STATUS BUILDKIT PLATFORMS
default * docker
default default running v0.11.6+616c3f613b54 linux/amd64, linux/amd64/v2, linux/amd64/v3,
linux/arm64, linux/riscv64, linux/ppc64le, linux/s390x, linux/386, linux/mips64le, linux/
mips64, linux/arm/v7, linux/arm/v6
desktop-linux docker
desktop-linux desktop-linux running v0.11.6+616c3f613b54 linux/amd64, linux/amd64/v2, linux/
amd64/v3, linux/arm64, linux/riscv64, linux/ppc64le, linux/s390x, linux/386, linux/mips64le,
linux/mips64, linux/arm/v7, linux/arm/v6
```

지금까지 로컬에서 빌드한 이미지에는 도커 데스크톱이 제공하는 기본 이미지 빌더가 사용되었지만, 이 기본 이미지 빌더는 멀티 플랫폼 대응을 위한 빌드가 불가능하다는 제약이 있다.

멀티 플랫폼에 대응하는 이미지 빌더는 리스트 10.20 커맨드로 생성할 수 있다.

리스트 10.20 멀티 플랫폼 대응 이미지 빌더 생성

```
$ docker buildx create --name jpub
```

--name 옵션을 생략하면 적당한 이름으로 생성되지만 여기서는 알기 쉽게 jpub을 지정한다.

생성한 jpub 이미지 빌더를 사용해 멀티 플랫폼에 대응하는 컨테이너 이미지를 빌드해보자.

COLUMN　　**QEMU**

멀티 플랫폼을 위한 빌드를 구현하기 위해서는 linux/amd64와 linux/arm64에 각각의 빌드 환경이 필요하다고 느낄 수도 있다.[35] 그러나 각 환경을 준비하는 것은 매우 번거로운 작업이다. 여기서 BuildKit의 QEMU 도구를 사용하면 문제를 해결할 수 있다.

QEMUQuick EMUlator[36]는 OSS 프로세서 에뮬레이터 및 가상화 도구로 다른 아키텍처 환경을 에뮬레이트할 수 있다. 이 구조는 linux/amd64에서 linux/arm64를 에뮬레이트하거나 반대로도 가능하다.

도커 데스크톱의 BuildKit은 QEMU를 사용할 수 있으므로 QEMU 설정이 필요하지 않다. 다만 QEMU를 사용한 빌드는 네이티브 빌드에 비해서는 느리다는 점에 주의하자.

멀티 플랫폼에 대응하는 Dockerfile

필자가 생성한 echo 애플리케이션을 사용해 멀티 플랫폼에 대응하는 이미지를 빌드해보자.

---

35 네이티브 빌드라고 한다.

36 https://www.qemu.org/

로컬에 https://github.com/jpubdocker/echo 리포지터리를 clone한다. 이 리포지터리는 지금까지 다룬 echo 애플리케이션의 완성형이다.

```
$ mkdir -p ~/go/src/github.com/jpubdocker
$ cd ~/go/src/github.com/jpubdocker
(~/go/src/github.com/jpubdocker) $ git clone https://github.com/jpubdocker/echo
```

echo 리포지터리에 `Dockerfile.slim`(리스트 10.21) 파일이 준비되어 있다. 이는 멀티 플랫폼에 대응하는 Dockerfile이다.

리스트 10.21 멀티 플랫폼에 대응하는 echo 애플리케이션 Dockerfile (~/go/src/github.com/jpubdocker/echo/Dockerfile.slim)

```
# 1-1 플랫폼에 해당하는 이미지 사용
FROM --platform=$TARGETPLATFORM golang:1.21.6 AS build
# 1-2 사용 가능하도록 BuildKit 변수 재정의
ARG TARGETARCH

WORKDIR /go/src/github.com/jpubdocker/echo
COPY . .

# 2 플랫폼에 해당하는 Go 애플리케이션 빌드
RUN GOARCH=${TARGETARCH} go build -o bin/echo main.go

# 3 Distroless 이미지에서는 플랫폼의 명시적인 지정 불필요
FROM gcr.io/distroless/base-debian11:latest
LABEL org.opencontainers.image.source=https://github.com/jpubdocker/echo

COPY --from=build /go/src/github.com/jpubdocker/echo/bin/echo /usr/local/bin/

CMD ["echo"]
```

이 Dockerfile은 멀티 플랫폼용으로 설정되어 있다. 자세히 살펴보자.

1-1의 `FROM`에는 `--platform` 옵션을 사용한다. `BUILDPLATFORM`이라는 BuildKit의 변수가 대입되고, 이 변수에는 `linux/amd64`와 `linux/arm64`값이 들어간다. 컨테이너 이미지는 해당 플랫폼에 대응하는 이미지를 사용한다. 이 구조를 통해 지정된 플랫폼별로 빌드를 할 수 있다.

BuildKit은 Dockerfile 내부에서 다음 변수를 사용할 수 있다. `BUILD`로 시작하는 변수는 이미지 빌드를 실행하는 호스트 플랫폼, `TARGET`으로 시작하는 변수는 컨테이너의 실행 대상 플랫폼을 의미한다. 이러한 변수는 상황에 따라 취사 선택한다.

변수명	내용	예
BUILDPLATFORM	빌드 실행 호스트 플랫폼	`linux/arm64`
BUILDOS	빌드 실행 호스트 OS	`linux`
BUILDARCH	빌드 실행 호스트 CPU 아키텍처	`amd64, arm64`
TARGETPLATFORM	실행 대상 플랫폼	`linux/amd64, linux/arm64`
TARGETOS	실행 대상 OS	`linux`
TARGETARCH	실행 대상 CPU 아키텍처	`amd64, arm64`

변수는 Dockerfile 내부에서 `ARG`를 사용해 재정의하는 것으로 `RUN` 등의 인스트럭션으로 사용할 수 있다.[37] 1–2의 `ARG`에서는 `TARGETARCH`를 사용하기 위해 정의한다.

2에서는 Go 언어 애플리케이션의 플랫폼을 지정하여 빌드한다. 1–2에서 재정의한 `TARGETARCH`를 `GOARCH`에 대입하여 사용한다.

3에서는 최종 아티팩트의 베이스 이미지를 원래와 같은 방식으로 지정한다. Distroless는 여러 플랫폼 이미지가 동일한 태그로 지원된다. 따라서 이미지 플랫폼을 명시적으로 지정할 필요가 없다. 이미지 태그에 플랫폼의 정보를 포함하는 이미지를 사용할 때는 `TARGETPLATFORM`을 사용하는 것이 좋다.

멀티 플랫폼에 대응하는 컨테이너 이미지 빌드하기

로컬 환경에서 멀티 플랫폼에 대응하는 이미지를 빌드해보자.

멀티 플랫폼용 이미지는 로컬에서 확인하기 어렵기 때문에 멀티 플랫폼 대응 이미지를 저장할 수 있는 `ghcr.io`에 push하여 확인한다. 이를 위해 다음과 같이 `ghcr.io`에 로그인한다.[38] GitHub 유저명은 자신의 ID를 입력한다.

```
$ echo $CR_PAT | docker login ghcr.io -u [GitHub유저명] --password-stdin
Login Succeeded
```

멀티 플랫폼 대응 이미지 빌드는 지금까지 사용한 `docker image build` 커맨드[39]를 사용한다.

---

37 1-1과 같이 `FROM`만 변수를 사용할 때는 BuildKit에 의해 자동으로 설정되므로 ARG로 재정의할 필요가 없다.

38 2.3.6절에서 로그인 방법을 설명한다.

39 `docker buildx build`(BuildKit에서 이미지 빌드 커맨드)에 대한 별칭이다.

리스트 10.22 커맨드로 컨테이너 이미지를 빌드한다. 멀티 플랫폼 관련 옵션이 필요하다.

리스트 10.22 BuildKit을 사용해 멀티 플랫폼용 빌드

```
(~/go/src/github.com/jpubdocker/echo) $ docker image build   --no-cache \
  --platform linux/amd64,linux/arm64 \
  --push \
  --builder jpub \
  -f Dockerfile.slim \
  -t ghcr.io/jpubdocker/buildkit/echo:latest .
```

`--platform`은 대상 플랫폼을 쉼표로 구분하여 지정한다. 여기서는 `linux/amd64`와 `linux/arm64`용 이미지를 각각 빌드한다.

`--push`는 빌드 후 바로 컨테이너 레지스트리에 push하는 옵션이다. `linux/amd64`와 `linux/arm64` 이미지를 빌드하지만, 하나의 컨테이너 엔진에 여러 플랫폼의 이미지를 로드할 수는 없다.[40] 따라서 로컬에서 아티팩트를 확인하기 어려우므로 직접 `ghcr.io`에 push한다.

`--builder`는 리스트 10.20 커맨드로 생성된 이미지 빌더의 이름을 지정한다. 빌드를 실행하면 그림 10.7과 같은 결과가 출력된다. `linux/amd64`와 `linux/arm64`용 빌드가 진행되는 것을 알 수 있다.

---

40 빌드하는 플랫폼 이미지가 하나라면 문제없다.

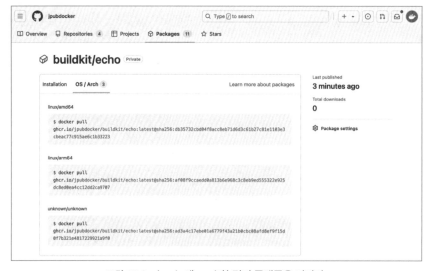

```
[+] Building 104.1s (23/23) FINISHED                                                          docker-container:jpub
 => [internal] booting buildkit                                                                              12.9s
 => => pulling image moby/buildkit:buildx-stable-1                                                           12.1s
 => => creating container buildx_buildkit_jpub0                                                               0.7s
 => [internal] load build definition from Dockerfile.slim                                                     0.1s
 => => transferring dockerfile: 447B                                                                          0.0s
 => WARN: RedundantTargetPlatform: Setting platform to predefined $TARGETPLATFORM in FROM is redundant as this is the default behavior (li  0.1s
 => [linux/arm64 internal] load metadata for gcr.io/distroless/base-debian11:latest                          3.3s
 => [linux/amd64 internal] load metadata for gcr.io/distroless/base-debian11:latest                          3.1s
 => [linux/amd64 internal] load metadata for docker.io/library/golang:1.21.6                                 3.0s
 => [linux/arm64 internal] load metadata for docker.io/library/golang:1.21.6                                 3.2s
 => [auth] library/golang:pull token for registry-1.docker.io                                                0.0s
 => [internal] load .dockerignore                                                                            0.0s
 => => transferring context: 78B                                                                             0.0s
 => [linux/amd64 stage-1 1/2] FROM gcr.io/distroless/base-debian11:latest@sha256:ac69aa622ea5dcbca0803ca877d47d069f51bd4282d5c96977e0390d7  5.0s
 => => resolve gcr.io/distroless/base-debian11:latest@sha256:ac69aa622ea5dcbca0803ca877d47d069f51bd4282d5c96977e0390d7d256455             2.6s
 => => sha256:df368711b36276ed02b2040d3e3296b919042d2a05a2bbe9f758e708436c12cf  968.57kB / 968.57kB          2.6s
 => => sha256:a4ba90834fb4abf3d80bbdaaaef36560ab1bb682f5279d44114d768e119639b9  2.06MB / 2.06MB              2.8s
 => => sha256:83f8d4690e1f293d0438aef7d1075e590ce77fdec97bb4d90b1d227aeba343fd  5.85MB / 5.85MB              4.0s
 => => sha256:9112d77ee5b16873acaa186b816c3c61f5f8eba40730e729e9614a27f40211e0  122.56kB / 122.56kB         0.7s
 => => sha256:9ef7d74bdfdf3c517b28bd694a9159e94e5f53ff1ca87b39f8ca1ac0beed317  320B / 320B                  0.3s
 => => sha256:4aa0ea1413d37a58615488592a0b827ea4b2e48fa5a77cf707d0e35f025e613f  385B / 385B                 0.3s
 => => sha256:27be814a09ebd97fac6fb7b82d19f117185e90601009df3fbab6f442f85cd6b3  938 / 93B                   0.3s
 => => sha256:5664b15f108bf9436ce3312090a767300800edbbfd4511aa1a6d64357024d5dd  168B / 168B                 0.3s
 => => sha256:33e068de264953dfdc9f9ada207e76b61159721fd64a4820b320d05133a55fb8  122B / 122B                 0.3s
 => => sha256:7c12895b777bcaa8ccae0605b4de635b68fc32d60fa08f421dc3818bf55ee212  188B / 188B                 0.3s
 => => sha256:b6824ed73363f94b3b2b44084c51c31bc32af77a96861d49e16f91e3ab6bed71  67B / 67B                   0.3s
 => => sha256:473d8557b1b27974f7dc7c4b4e1a209df0e27e8cae1e3e33b7bb45c969b6fc7e  755.28kB / 755.28kB         0.9s
 => => sha256:e33bce57de289fffd2380f73997dfb7e1ec193877904bed99f28c715d071fdc4  21.19kB / 21.19kB           0.8s
 => => sha256:1c56d6035a42c0a75d79cc88acf6c9d4104343639f19b8262b520c449731445d  104.12kB / 104.12kB         0.8s
 => => extracting sha256:1c56d6035a42c0a75d79cc88acf6c9d4104343639f19b8262b520c449731445d                    0.0s
 => => extracting sha256:e33bce57de289fffd2380f73997dfb7e1ec193877904bed99f28c715d071fdc4                    0.0s
 => => extracting sha256:473d8557b1b27974f7dc7c4b4e1a209df0e27e8cae1e3e33b7bb45c969b6fc7e                    0.0s
 => => extracting sha256:b6824ed73363f94b3b2b44084c51c31bc32af77a96861d49e16f91e3ab6bed71                    0.0s
 => => extracting sha256:7c12895b777bcaa8ccae0605b4de635b68fc32d60fa08f421dc3818bf55ee212                    0.0s
 => => extracting sha256:33e068de264953dfdc9f9ada207e76b61159721fd64a4820b320d05133a55fb8                    0.0s
 => => extracting sha256:5664b15f108bf9436ce3312090a767300800edbbfd4511aa1a6d64357024d5dd                    0.0s
 => => extracting sha256:27be814a09ebd97fac6fb7b82d19f117185e90601009df3fbab6f442f85cd6b3                    0.0s
 => => extracting sha256:4aa0ea1413d37a58615488592a0b827ea4b2e48fa5a77cf707d0e35f025e613f                    0.0s
 => => extracting sha256:9ef7d74bdfdf3c517b28bd694a9159e94e5f53ff1ca87b39f8ca1ac0beed317                    0.0s
 => => extracting sha256:9112d77ee5b16873acaa186b816c3c61f5f8eba40730e729e9614a27f40211e0                    0.0s
 => => extracting sha256:83f8d4690e1f293d0438aef7d1075e590ce77fdec97bb4d90b1d227aeba343fd                    0.1s
 => => extracting sha256:a4ba90834fb4abf3d80bbdaaaef36560ab1bb682f5279d44114d768e119639b9                    0.0s
 => => extracting sha256:df368711b36276ed02b2040d3e3296b919042d2a05a2bbe9f758e708436c12cf                    0.0s
 => [linux/arm64 build 1/4] FROM docker.io/library/golang:1.21.6@sha256:7b575fe0d9c2e01553b04d9de8ffea6d35ca3ab3380d2a8db2acc8f0f1519a53   63.2s
 => => resolve docker.io/library/golang:1.21.6@sha256:7b575fe0d9c2e01553b04d9de8ffea6d35ca3ab3380d2a8db2acc8f0f1519a53                     0.0s
```

그림 10.7 멀티 플랫폼용 이미지 빌드 결과

GitHub에서 Packages 화면을 확인하면 그림 10.8과 같이 멀티 플랫폼 대응 컨테이너 이미지를 확인할 수 있다.

그림 10.8 ghcr.io에 push한 멀티 플랫폼용 이미지

BuildKit을 이용해 멀티 플랫폼용 이미지를 빌드했다.

이번에는 멀티 플랫폼 대응 빌드를 로컬 환경에서 진행했지만 실제 운영에서는 이러한 방식의 작업은 거의 없다. 실제로는 GitHub Actions와 같은 CI 도구를 사용해 멀티 플랫폼 대응 빌드를 진행한다. 이 방법은 10.7절에서 설명한다.

COLUMN **멀티 플랫폼 이미지는 어디까지 대응해야 할까?**

도커 허브의 nginx 이미지(그림 10.5)와 같이 다양한 플랫폼에 대응하는 이미지를 제공하는 예를 확인해보았다. 그러나 실제 운영에서 이와 같이 다양하게 지원해야만 하는 것은 아니다.

도커 허브에서 제공하는 공식 이미지가 널리 지원되는 이유는 유스 케이스가 많기 때문이다. 서버로 이용되는 Linux 계열의 OS부터 Windows와 MacOS 등의 PC, 임베디드형 PC[41]까지 다양한 케이스가 있다.

그러나 컨테이너 개발에서 애플리케이션을 OSS로 공개하거나 다양한 플랫폼에서 동작할 필요가 없다면 이렇게 널리 지원하지 않아도 된다. 일반적인 웹 시스템이라면 서버는 x86_64 Linux 계열 OS, 개발자 PC는 Windows와 MacOS(Intel 또는 Apple Silicon)를 지원하면 충분하다. 즉, `linux/amd64`와 `linux/arm64`에 대한 이미지만 제공하면 문제없다.

또한 ARM 계열 CPU의 Linux 서버를 사용하는 사례도 늘어나고 있으므로 ARM에 대응하는 이미지 빌드는 의미 있는 작업이다. AWS는 ARM 아키텍처 베이스로 구축된 AWS Graviton[42]이라는 CPU를 Amazon EC2[43]에서 제공한다. AWS Graviton은 일반 프로세서보다 비용이 저렴하여 클라우드 비용을 줄이기 위한 선택지로 사용하기도 한다.

10.6 안전한 컨테이너 이미지의 사용과 생성

컨테이너형 가상화 기술은 애플리케이션 개발에 민첩성과 편의성을 가져왔지만, 한편으로는 컨테이너 기술의 특성을 노린 공격도 많아지고 있으며, 이 위협은 결코 무시할 수 없는 수준이다.

호스트 OS형 가상화 기술은 호스트 OS 리소스와 가상 머신의 공간을 강력하게 격리하는 반면, 컨테이너형 가상화 기술에서 호스트 OS 리소스의 격리 수준은 그렇게 강하지 않다. 그러다 보니 컨테이너를 통해 호스트 OS나 다른 컨테이너에 액세스하는 공격이 자주 발생한다.[44]

---

41 Raspberry Pi와 오토모티브 용으로 많이 사용되는 임베디드 OS인 Wind River Linux에서 도커를 사용하기도 한다.
42 https://aws.amazon.com/ko/ec2/graviton/
43 AWS가 제공하는 가상 서버. EKS와 ECS에서 실행하는 컨테이너를 배포하기 위해서도 사용한다.
44 이 공격은 일반적으로 컨테이너 브레이크 아웃이라고 한다.

컨테이너의 공격에 대한 위협을 줄이기 위해 다음과 같은 방법을 사용할 수 있다. 하나씩 확인해보자.

- **컨테이너 이미지를 최소한으로 구성하기**(10.6.1절)
- **권한 모드로 실행 피하기**(10.6.2절)
- **root 유저로 실행 피하기**(10.6.3절)
- **신뢰할 수 있는 컨테이너 이미지와 도구 사용하기**(10.6.4절)
- **Trivy로 컨테이너 이미지 취약성 체크하기**(10.6.5절)

10.6.1 컨테이너 이미지를 최소한으로 구성하기

컨테이너는 최소한의 파일과 도구만 포함하면 충분하다. 불필요한 도구가 없으면 해당 도구의 취약성을 이용한 공격을 피할 수 있다. 파일이나 디렉터리에 과도한 권한을 부여하지 않는 것도 중요한데, 불필요한 권한이 없으면 디렉터리 트래버설과 같은 공격의 피해를 줄일 수 있다.

10.6.2 권한 모드로 실행 피하기

일반적인 애플리케이션[45]을 컨테이너에서 실행할 때는 기본적으로 필요한 파일과 도구는 컨테이너 내부에 두고 호스트 OS의 파일에 액세스하는 상황은 원칙적으로 없어야 하지만, 컨테이너에서 호스트 OS 리소스를 조작하는 특수한 상황도 존재한다. 9.1.1의 호스트 OS에 쌓인 로그를 조작하거나 9.2 kind로 쿠버네티스 클러스터를 생성하는 등의 상황이다.

이와 같이 특수한 경우에는 컨테이너를 권한 모드privilege로 실행해야 한다. 그러나 일반적인 애플리케이션을 컨테이너에서 실행하는 용도는 권한 모드가 필요하지 않다.

컨테이너의 운영에서 로그 데이터 시퍼와 같은 예외 케이스에서 권한 모드는 신중히 사용해야 하고, 서드 파티 컨테이너 이미지를 사용할 때 권한 모드가 필요하다면 타당성을 충분히 검토해야 한다.

10.6.3 root 유저로 실행 피하기

지금까지 많은 컨테이너 이미지를 빌드하고 컨테이너를 실행했다. 그러나 해당 컨테이너가 어떤 유

---

45 호스트 파일을 읽고 쓰는 CLI 도구 등은 제외한다.

저로 실행되고 있는지는 의식하지 않았을 것이다.

다음과 같이 `ubuntu:23.10` 컨테이너에서 `whoami` 커맨드를 실행하면 `root`가 반환된다. 또한 `id` 커맨드를 실행하면 `uid`(유저ID), `gid`(소속 그룹 ID), `groups`(소속 그룹 리스트)에 각각 0이 표시된다.

```
$ docker container run -it ubuntu:23.10 bash
root@392ece8cd999:/# whoami
root

root@392ece8cd999:/# id
uid=0(root) gid=0(root) groups=0(root)
```

이와 같이 도커 컨테이너의 실행 유저는 기본이 `root`다. 호스트 OS의 root 유저 uid는 0이며, 컨테이너 root 유저의 uid도 0이다. 컨테이너형 가상화 기술에서는 호스트 OS 리소스를 컨테이너에서도 공유하므로 컨테이너와 호스트의 root 유저는 동일하다.

그러나 많은 컨테이너 런타임[46]은 컨테이너의 root가 호스트 OS와 동일한 조작을 할 수 없도록 Linux의 네임스페이스 기능을 사용하여 리소스를 분리하는 방법을 사용한다.

예를 들어 호스트 OS에서 `ps aux` 커맨드를 실행하면 많은 프로세스가 표시되지만 컨테이너의 root 유저로 이 커맨드를 실행하면 리스트 10.23과 같이 컨테이너에서 실행되고 있는 프로세스만 표시된다.

리스트 10.23 컨테이너의 root 유저로 프로세스 리스트 참조

```
$ docker container run -it ubuntu:23.10 bash
root@ed8d996beb54:/# ps aux
USER PID  %CPU %MEM VSZ  RSS  TTY   STAT START TIME COMMAND
root 1    0.0  0.0  4172 3384 pts/0 Ss   16:40 0:00 bash
root 9    0.0  0.0  7892 3564 pts/0 R+   16:40 0:00 ps aux
```

이 결과를 보면 root로 컨테이너를 실행하는 것이 좋다. 그러나 컨테이너 런타임에 유저 리소스 분리와 관련된 취약점이 발견되면 root 유저로 컨테이너를 실행하는 것이 치명적일 수 있다. 따라서 최악의 상황을 가정하면 컨테이너 실행 유저는 root 유저가 아닌 것이 좋다.

여기서는 root 유저가 아닌 상태로 실행할 수 있는 컨테이너 이미지를 생성하는 방법을 알아보자.

---

[46] 도커 등 컨테이너 엔진에서 컨테이너를 실행, 관리하기 위한 중심 부분. 컨테이너 런타임의 상세한 내용은 부록 C.1에서 설명한다.

root 유저가 아닌 상태에서 실행하는 컨테이너 이미지 생성하기

Ubuntu를 사용해 root 유저가 아닌 상태로 실행되는 컨테이너 이미지를 구축한다. 다음과 같이 작업 디렉터리를 생성한다.

```
$ mkdir -p ~/work/ch10/nonroot
```

root 유저가 아닌 상태로 컨테이너를 실행하기 위한 Dockerfile을 리스트 10.24와 같이 생성한다.

리스트 10.24 **root가 아닌 다른 유저를 설정하는 Dockerfile (~/work/ch10/nonroot/Dockerfile)**

```
FROM ubuntu:23.10

# 1 jpub 유저 생성
RUN useradd --create-home --home-dir /home/jpub --shell /bin/bash jpub

# 2 실행 유저 설정
USER jpub
```

1에서는 Linux의 `useradd` 커맨드를 사용해 `root`가 아닌 `jpub` 유저를 생성한다. 생성한 유저를 컨테이너 실행 유저로 설정하기 위해 2와 같이 `USER` 인스트럭션으로 `jpub` 유저를 지정한다.

생성한 Dockerfile을 빌드한다.

```
(~/work/ch10/nonroot) $ docker image build -t ch10/ubuntu:nonroot .
```

생성한 이미지를 사용해 다음과 같이 컨테이너를 실행한다. `root`가 아닌 유저로 실행되는 것을 알 수 있다.

```
$ docker container run -it ch10/ubuntu:nonroot
jpub@452c80f25f88:/$ whoami
jpub

jpub@452c80f25f88:/$ id
uid=1001(jpub) gid=1001(jpub) groups=1001(jpub)
```

이와 같은 방식을 통해 root 유저로 컨테이너 실행을 피할 수 있다.

Distroless의 nonroot 이미지 사용하기

Distroless를 베이스 이미지로 사용하면 더 간단하게 root가 아닌 유저의 컨테이너 실행을 구현할 수 있다.

Distroless에는 운영을 위한 이미지 태그인 `lastest`, 디버그용 이미지 태그인 `debug` 이외에도 nonroot와 debug-nonroot라는 이미지를 제공한다.[47]

Distroless 디버깅 이미지를 사용해 `whoami` 커맨드로 실행 중인 유저를 확인해보자.

디버깅 이미지인 gcr.io/distroless/base-debian11:debug에서 `whoami`는 root 유저를 반환한다.

```
$ docker container run -it --rm gcr.io/distroless/base-debian11:debug
/ # whoami
root
```

root 유저가 아닌 디버깅 이미지인 gcr.io/distroless/base-debian11:debug-nonroot에서 `whoami`는 nonroot 유저를 반환한다.

```
$ docker container run -it --rm gcr.io/distroless/base-debian11:debug-nonroot
~ $ whoami
nonroot
```

Distroless를 베이스 이미지로 사용할 때 `nonroot` 태그 이미지를 사용하면 자동으로 root가 아닌 유저를 사용하게 된다.

Multi-stage builds로 root가 아닌 유저의 이미지를 생성할 때는 주의가 필요하다. 리스트 10.25의 Dockerfile을 확인해보자.

리스트 10.25 Multi-stage builds에서 root가 아닌 유저 대응

```
FROM --platform=$BUILDPLATFORM golang:1.21.6 AS build
# ...(생략)...

FROM gcr.io/distroless/base-debian11:nonroot

# build 스테이지에서 복사하는 파일의 소유권 변경
```

---

[47] Distroless에서는 `nonroot` 태그로 구분하지만 다른 컨테이너 이미지도 같은 방식인 것은 아니다. Distroless와 같이 구분하지 않지만 root가 아닌 유저를 지원하는 컨테이너 이미지도 있다.

```
COPY --from=build --chown=nonroot:nonroot /go/src/github.com/jpubdocker/taskapp/bin/api /
usr/local/bin/

ENTRYPOINT ["api"]
```

build 스테이지의 컨테이너는 root 유저로 실행된다. 실행 컨테이너는 nonroot 유저로 실행되므로
COPY에서 --chown 옵션을 부여하여 파일의 소유권을 변경해야 한다.

10.6.4 신뢰할 수 있는 컨테이너 이미지와 도구 사용하기

사용하는 서드 파티 이미지는 신뢰할 수 있는 이미지를 사용하는 것이 중요하다. 그러나 무엇을 신
뢰할 수 있는지 판단하기는 쉽지 않다. 여기서 몇 가지 판단 방법을 소개한다.

공식 이미지와 Verified Publisher의 이미지

도커 허브의 공식 이미지[48]는 매우 많은 유저가 사용한다. 공식 이미지는 도커사가 직접 유지 보
수하는 것도 있으며, 파트너십을 맺은 기업이나 오픈 소스 프로젝트에서 유지 보수하는 것도 있다.

공식 이미지는 그림 10.9와 같이 'Docker official Image' 배지가 붙어 있다.

그림 10.9 Nginx 공식 이미지

공식 이미지에는 자바나 Go 언어 등의 언어 런타임, Ubuntu와 같은 OS, nginx와 MySQL 등 유
명한 소프트웨어 이미지를 지원하며 매우 많은 유저가 사용한다. 소프트웨어 버전을 따르는 태그
를 갖는 이미지도 비교적 빠르게 제공된다.

공식 이미지 이외에 Docker Verified Publisher Program[49]에서 인정하는 조직이나 단체를 통해
공개된 이미지도 있다.

---

48 https://docs.docker.com/docker-hub/official_images/
49 https://docs.docker.com/docker-hub/dvp-program/

Verified Publisher의 인증을 받은 조직과 그룹은 Docker의 보안과 품질 기준을 만족한다는 것을 의미한다. 이 인증을 받은 게시자는 이미지가 안전하며 지속적인 지원을 제공하는 것을 보장한다.

이 인증을 받은 조직과 그룹이 공개하는 이미지는 그림 10.10과 같이 'Verified Publisher' 배지가 붙어 있다.

그림 10.10 Verified Publisher의 공개 컨테이너 이미지

유명한 소프트웨어라면 먼저 도커 허브에서 이미지 공개 여부를 확인하는 것이 좋다. 도커 허브 웹 사이트에서 검색하거나 docker search [검색키워드] 커맨드를 사용할 수 있다. nginx는 그림 10.11과 같이 검색 결과가 표시된다.

```
jpub@Mac ~ % docker search nginx
NAME                             DESCRIPTION                                STARS   OFFICIAL
nginx                            Official build of Nginx.                   20238   [OK]
nginx/nginx-ingress              NGINX and  NGINX Plus Ingress Controllers fo…  94
nginx/nginx-prometheus-exporter  NGINX Prometheus Exporter for NGINX and NGIN…  43
nginx/unit                       This repository is retired, use the Docker o…  63
nginx/nginx-ingress-operator     NGINX Ingress Operator for NGINX and NGINX P…  2
nginx/nginx-quic-qns             NGINX QUIC interop                         1
nginx/unit-preview               Unit preview features                      0
bitnami/nginx                    Bitnami container image for NGINX          193
linuxserver/nginx                An Nginx container, brought to you by LinuxS…  218
ubuntu/nginx                     Nginx, a high-performance reverse proxy & we…  119
kasmweb/nginx                    An Nginx image based off nginx:alpine and in…  8
rancher/nginx                                                               2
redash/nginx                     Pre-configured nginx to proxy linked contain…  2
youstin/nginx                                                               0
bitnamicharts/nginx                                                        0
rapidfort/nginx                  RapidFort optimized, hardened image for NGINX  15
paketobuildpacks/nginx                                                     0
wodby/nginx                      Generic nginx                              2
bitwarden/nginx                  The Bitwarden nginx web server acting as a r…  13
starojanje/nginx                                                           0
rasa/nginx                       Rasa X nginx server                        2
nginx/nginxaas-operator                                                    0
gluufederation/nginx              A customized NGINX image containing a consu…  1
nsilpanisong/nginx               Repository used to test nginx              0
mtinny/nginx                     https://github.com/mtinny/k8s-nginx-toolbox  0
```

그림 10.11 도커 허브에서 공개 중인 nginx 관련 이미지

이미지 명칭 변경과 유지 보수 주기에 주의하기

공식 이미지와 Verified Publisher 배지가 판단에 도움이 되긴 하지만 주의해야 하는 이미지도 존재한다.

대표적으로 자바를 꼽을 수 있다. 그림 10.12와 같이 자바 이미지가 공개되어 있지만 마지막 업데이트는 7년 전이다.

java 🎖	↓100M+ · ☆2.0K
Updated 7 years ago	
DEPRECATED; use "openjdk" (or other JDK implementations) instead	

그림 10.12 DEPRECATED된 자바 이미지

현재는 DEPRECATED되었으며, 그림 10-13과 같이 openjdk가 자바 런타임 이미지를 담당한다.

OpenJDK	openjdk 🎖	↓1B+ · ☆4.0K
	Updated 7 hours ago	
	Pre-release / non-production builds of OpenJDK	

그림 10.13 openjdk 이미지

사용 중인 이미지가 마지막 업데이트로부터 많은 시간이 경과했거나 DEPRECATED되지는 않았는지 확인이 필요하다. 유지 보수되지 않는 이미지는 시간이 지나면서 취약성을 갖게 되기 때문이다.

다음에서 설명하는 컨테이너 이미지 취약성 체크 방식을 도입하면 컨테이너 이미지의 취약성과 문제점을 쉽게 발견할 수 있다.

10.6.5 Trivy로 컨테이너 이미지 취약성 체크하기

Trivy[50]는 OSS[51]의 컨테이너 이미지 취약성을 진단하는 도구다.

Trivy는 asdf로 설치할 수 있다.

---

50 https://github.com/aquasecurity/trivy
51 Trivy는 @knqyf263이 개발했으며, 현재는 Aqua Security 사에서 이어받아 관리 및 개발 중이다.

```
$ asdf plugin add trivy
$ asdf install trivy 0.45.0
$ asdf global trivy 0.45.0
```

기존 컨테이너 이미지의 취약성 스캔하기

Trivy의 가장 간단한 사용 방법은 컨테이너 이미지의 취약성 스캔이다. `trivy image [컨테이너 이미지]` 커맨드를 사용한다.

공식 이미지인 `nginx:1.25.1`의 취약성 스캔은 다음과 같다.

```
$ trivy image nginx:1.25.1
```

취약성 스캔 결과는 그림 10.14와 같이 출력된다.

nginx:1.25.1 (debian 12.1)

Total: 263 (UNKNOWN: 1, LOW: 93, MEDIUM: 100, HIGH: 57, CRITICAL: 12)

Library	Vulnerability	Severity	Status	Installed Version	Fixed Version	Title
apt	CVE-2011-3374	LOW	affected	2.6.1		It was found that apt-key in apt, all versions, do not correctly... https://avd.aquasec.com/nvd/cve-2011-3374
bash	TEMP-0841856-B18BAF			5.2.15-2+b2		[Privilege escalation possible to other user than root] https://security-tracker.debian.org/tracker/TEMP-0841856-B1-8BAF
bsdutils	CVE-2024-28085	HIGH	fixed	1:2.38.1-5+b1	2.38.1-5+deb12u1	util-linux: CVE-2024-28085: wall: escape sequence injection https://avd.aquasec.com/nvd/cve-2024-28085
	CVE-2022-0563	LOW	affected			util-linux: partial disclosure of arbitrary files in chfn and chsh when compiled... https://avd.aquasec.com/nvd/cve-2022-0563
coreutils	CVE-2016-2781		will_not_fix	9.1-1		coreutils: Non-privileged session can escape to the parent session in chroot https://avd.aquasec.com/nvd/cve-2016-2781
	CVE-2017-18018		affected			coreutils: race condition vulnerability in chown and chgrp https://avd.aquasec.com/nvd/cve-2017-18018
curl	CVE-2023-38545	CRITICAL	fixed	7.88.1-10+deb12u1	7.88.1-10+deb12u4	curl: heap based buffer overflow in the SOCKS5 proxy handshake https://avd.aquasec.com/nvd/cve-2023-38545
	CVE-2023-38039	HIGH			7.88.1-10+deb12u3	curl: out of heap memory issue due to missing limit on header... https://avd.aquasec.com/nvd/cve-2023-38039
	CVE-2024-2398				7.88.1-10+deb12u6	curl: HTTP/2 push headers memory-leak https://avd.aquasec.com/nvd/cve-2024-2398
	CVE-2023-46218	MEDIUM			7.88.1-10+deb12u5	curl: information disclosure by exploiting a mixed case flaw https://avd.aquasec.com/nvd/cve-2023-46218
	CVE-2023-46219					curl: excessively long file name may lead to unknown HSTS status https://avd.aquasec.com/nvd/cve-2023-46219
	CVE-2024-2004				7.88.1-10+deb12u6	curl: Usage of disabled protocol https://avd.aquasec.com/nvd/cve-2024-2004

그림 10.14 nginx 이미지의 취약성 스캔 결과

취약성은 CVE 식별자로 표시되며, Severity(심각도)를 확인할 수 있다. 상황에 따라 공식 이미지라도 Severity가 HIGH인 항목도 존재한다. 내용을 확인하고 적절한 대처가 필요하다.

컨테이너 이미지 빌드 전 스캔하기

컨테이너 이미지 빌드 전 파일 시스템에 대한 취약성 스캔도 가능하다. `trivy fs --scanners [검사 항목] [디렉터리 경로]` 커맨드로 실행한다.

디렉터리의 취약점을 스캔할 때는 `--scanners` 옵션으로 검사 항목을 지정해야 한다.

- **vuln**(취약성이 있는 도구 포함 여부 체크)
- **config**(Dockerfile 작성 체크)
- **secret**(보안 정보 포함 여부 체크)

실제로 ~/go/src/github.com/jpubdocker/taskapp/containers/nginx-api 디렉터리에 스캔을 실행해보자.

```
(~/go/src/github.com/jpubdocker/taskapp) $ trivy fs ./containers/nginx-api --scanners
vuln,config,secret
```

스캔 결과는 그림 10.15와 같다. root가 아닌 유저의 컨테이너 실행을 피하도록 지적한다.

그림 10.15 nginx-api 디렉터리 스캔 결과

`--scanners` 옵션으로 지정한 검사 항목은 설정 파일에 정의할 수도 있다. 검사 대상 디렉터리 루트에 `trivy.yaml`(리스트 10.26) 파일을 배치한다.

리스트 10.26 Trivy 설정 파일 (~/go/src/github.com/jpubdocker/taskapp/trivy.yaml)

```
scan:
  scanners:
    - vuln
    - config
    - secret
```

설정 파일을 사용하는 스캔은 다음 커맨드로 실행한다.

```
(~/go/src/github.com/jpubdocker/taskapp) $ trivy fs ./containers/nginx-api
```

Trivy와 같은 취약성 스캔 도구를 활용하면 컨테이너 이미지의 문제점을 쉽게 알 수 있다. 또한 Dockerfile의 Lint 서식을 체크하는 hadolint[52] 도구도 자주 사용된다. 이 도구는 보안과 품질 모두 좋은 컨테이너 이미지를 만드는 데 도움이 된다.

10.7 CI 도구로 컨테이너 이미지 빌드하기

컨테이너를 활용하는 애플리케이션 개발은 다음의 플로를 반복한다.

1. 구현
2. 유닛 테스트
3. 애플리케이션 빌드
4. 컨테이너 이미지 빌드
5. 컨테이너 레지스트리에 이미지 push
6. 환경에 배포

여기까지는 '컨테이너 이미지 빌드' 과정을 모두 직접 실시했다. 그러나 이와 같은 작업을 직접 수행하면 개발자의 시간도 뺏기지만, 실수도 쉽게 할 수 있다는 문제가 있다.

따라서 CI/CD 도구를 사용해 이러한 과정을 적절히 자동화하는 것이 중요하다. 컨테이너를 활용

---

52 https://github.com/hadolint/hadolint

한 개발은 CI[53] 시스템을 사용해 구현부터 컨테이너 레지스트리 이미지 push까지 진행하고, CD[54] 시스템을 사용해 각 환경에 배포를 수행하는 것이 일반적인 패턴이다.

이번 절에서는 GitHub Actions을 사용해 컨테이너 이미지를 `ghcr.io`에 push하는 과정까지 설명한다.

10.7.1 GitHub Actions

컨테이너 이미지 빌드를 실행하기 전에 GitHub Actions[55]에 대해 간략하게 알아보자.

GitHub Actions는 GitHub 리포지터리에서 CI/CD 워크플로를 구현하기 위한 시스템이다. 이전에는 CI/CD 시스템으로 Jenkins나 CircleCI 등 서드 파티 도구를 사용하는 것이 대부분이었다.

그러나 GitHub Actions는 GitHub와 통합된 CI/CD 도구로, GitHub Actions의 사용을 위한 설정은 필요하지 않으며, 관련 내용이 작성된 YAML 파일을 리포지터리의 `.github/workflows` 디렉터리에 생성하면 워크플로를 구현할 수 있다.

워크플로를 정의하는 YAML 파일은 직관적이다. 리스트 10.27은 GitHub Actions 사이트에서 제공하는 Quick Start[56] 설정 파일이다.

리스트 10.27 GitHub Actions 설정 예(Quickstart for GitHub Actions)

```
name: GitHub Actions Demo
run-name: ${{ github.actor }} is testing out GitHub Actions 🚀
on: [push]
jobs:
  Explore-GitHub-Actions:
    runs-on: ubuntu-latest
    steps:
      - run: echo "🎉 The job was automatically triggered by a ${{ github.event_name}}
event."
      - run: echo "🐧 This job is now running on a ${{ runner.os }} server hosted by
GitHub!"
      - run: echo "🔎 The name of your branch is ${{ github.ref }} and your repository is
${{ github.repository }}."
```

---

53 Continuous Integration. 지속적 통합
54 Continuous Delivery. 지속적 전달
55 https://github.com/features/actions
56 https://docs.github.com/en/actions/quickstart

```
    - name: Check out repository code
      uses: actions/checkout@v3
    - run: echo "💡 The ${{ github.repository }} repository has been cloned to the
runner."
    - run: echo "🖥 The workflow is now ready to test your code on the runner."
    - name: List files in the repository
      run: |
        ls ${{ github.workspace }}
    - run: echo "🍏 This job's status is ${{ job.status }}."
```

`.jobs` 하위는 임의의 워크플로 설정이다. `.jobs.Explore-GitHub-Actions.runs-on`에는 워크플로 실행 환경을 정의한다. `.jobs.Explore-GitHub-Actions.steps` 하위에는 Step이라는 워크플로 작업을 정의한다. Step에는 하나의 셸이 부여되며, 임의의 처리를 실행할 수 있다.

또한 GitHub Actions에는 기본 작업을 커스텀 액션으로 재이용하고 배포가 가능하도록 하는 구조가 존재한다. GitHub Marketplace에서는 많은 액션을 제공한다.[57] 코드의 체크아웃, 언어 런타임과 도구의 설정, 컨테이너 이미지 빌드를 위한 액션 등이 공개되어 있으며 널리 사용된다.

10.7.2 템플릿에서 리포지터리 생성하기

GitHub Actions로 컨테이너 이미지의 CI를 사용해보자. 빠르게 확인하기 위해 샘플인 `github.com/jpubdocker/image-bootstrap`[58] 리포지터리를 준비했다.

이 리포지터리는 템플릿으로 사용할 수 있으며, 커스터마이징도 할 수 있다. 리포지터리 페이지를 열고, 그림 10.16과 같이 [Use this template]을 클릭한다.

그림 10.16 github.com/jpubdocker/image-bootstrap 리포지터리

리포지터리 생성 화면으로 이동한다. 그림 10.17과 같이 `jpubdocker/image-bootstrap`이 템플릿으

---

57 https://github.com/marketplace?type=actions
58 https://github.com/jpubdocker/image-bootstrap

로 선택되어 있다. Owner에는 로그인한 유저 또는 임의의 Organization을 선택한다. Repository name은 임의로 지정해도 문제없지만 여기서는 `image-bootstrap`으로 지정한다.

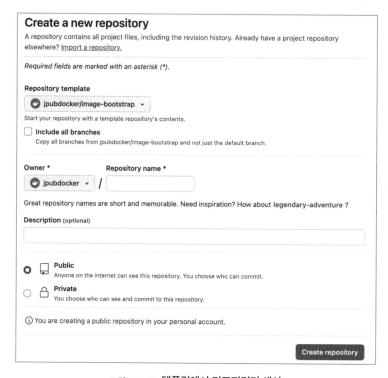

그림 10.17 템플릿에서 리포지터리 생성

그림 10.18과 같이 템플릿에서 리포지터리가 생성된다.

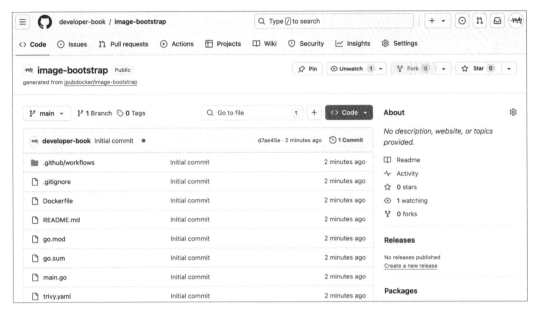

그림 10.18 템플릿에서 생성된 리포지터리

10.7.3 워크플로 설정

생성한 리포지터리의 워크플로 설정 파일을 살펴보자. GitHub Actions의 워크플로 설정 파일인 github.com/workflows/push-images.yml 파일을 확인할 수 있다.[59]

워크플로 설정 내용(리스트 10.28)을 알아보자.

리스트 10.28 컨테이너 이미지용 워크플로 설정 파일 (./github/workflows/push-images.yml)

```
name: Push the container image

on:
  # 1 워크플로 트리거 설정
  push:
    branches:
      # 1-1 main 브랜치에 push 실행
      - main
    tags:
      # 1-2 v로 시작하는 태그 push 실행
      - 'v*'

# 2 환경 변수 설정
```

---

59 GitHub Actions는 .github.com/workflows/ 디렉터리에 .yml 확장자로 설정 파일을 사용한다.

```yaml
env:
  CONTAINER_REGISTRY: ghcr.io

jobs:
  # 워크플로 설정
  push_image:
    # 3-1 최신 Ubuntu의 가상 머신 실행
    runs-on: ubuntu-latest
    # 3-2 워크플로의 퍼미션 설정
    permissions:
      contents: read
      packages: write
    steps:
      # 4-1 리포지터리 체크아웃
      - uses: actions/checkout@v4
        with:
          # 4-3 push 직전 커밋을 가져오는 설정
          fetch-depth: 0
      # 4-2 컨테이너 이미지 태그에 사용하는 버전 계산
      - name: Calculate the version
        run: echo "IMAGE_VERSION=$(git describe --tags --always)" >> $GITHUB_ENV
      # 5 QEMU 설정
      - uses: docker/setup-qemu-action@v3
      # 6 BuildKit 설정
      - uses: docker/setup-buildx-action@v3
      # 7 ghcr.io 로그인 처리
      - uses: docker/login-action@v3
        with:
          registry: ghcr.io
          username: ${{ github.actor }}
          password: ${{ secrets.GITHUB_TOKEN }}
      # 8 Trivy 취약성 스캔
      - name: Run Trivy vulnerability scanner in fs mode
        uses: aquasecurity/trivy-action@0.16.0
        with:
          scan-type: 'fs'
          scan-ref: '.'
          trivy-config: trivy.yaml
      # 9 이미지 빌드하고 push하기
      - name: Build and push plain image
        uses: docker/build-push-action@v5
        with:
          context: .
          push: true
          platforms: linux/amd64,linux/arm64
          tags: ${{ env.CONTAINER_REGISTRY }}/${{ github.repository }}:${{ env.IMAGE_VERSION
}}
          # 9-1 캐시 저장 위치 설정
```

```
        cache-to: type=registry,ref=${{ env.CONTAINER_REGISTRY }}/${{ github.repository
}}:cache,mode=max
        # 9-2 캐시 참조 위치 설정
        cache-from: type=registry,ref=${{ env.CONTAINER_REGISTRY }}/${{ github.repository
}}:cache
```

워크플로 트리거 설정

1에서는 워크플로의 트리거를 설정한다. GitHub Actions에서는 브랜치에 push, 태그의 push, Pull Request의 생성과 같은 타이밍[60]에 임의의 워크플로를 실행할 수 있다.

1-1과 1-2는 워크플로가 트리거되는 조건을 설정한다. `main` 브랜치에 push되었을 때(또는 Pull Request가 `main`에 머지되었을 때)와 Git의 태그명이 `v`로 시작할 때 실행된다.

이 리포지터리와 같이 `main` 브랜치와 관련 태그 빌드 시 컨테이너 이미지를 빌드하는 운영 방식이 많다. Pull Request에도 트리거를 설정하고, Pull Request에 연결된 컨테이너 이미지를 빌드하는 경우도 많다.

워크플로 설정

워크플로 설정에 대해 살펴보자.

- 실행 환경과 권한 설정

3-1에서는 워크플로를 실행하는 가상 머신을 지정한다. GitHub Actions에서는 이것을 러너라고 한다.

GitHub Actions이 제공하는 러너에는 Ubuntu와 MacOS, Windows Server가 존재한다.[61]

여기서는 Linux 베이스 러너로 충분하므로 `ubuntu-latest`를 사용한다.

3-2에서는 워크플로의 권한을 설정한다.

GitHub Actions에서는 GitHub의 리포지터리를 조작하기 위한 액세스 토큰을 자동으로 가져오며, 워크플로의 설정 파일에서는 `${{secrets.GITHUB_TOKEN}}`을 사용해 참조할 수 있다. GitHub Actions에서는 GitHub 리포지터리나 패키지를 조작하기 위해 액세스 토큰을 자동으로 설정하고

---

60 https://docs.github.com/actions/using-workflows/events-that-trigger-workflows

61 https://github.com/actions/runner-images를 참고하자.

참조해준다는 장점도 있다.

contents는 리포지터리 내용에 대한 권한이다. 여기서는 리포지터리 내용을 변경할 필요가 없기 때문에 read(읽기 전용)를 설정한다.

packages는 GitHub Packages에 대한 권한이다. 빌드한 컨테이너 이미지를 ghcr.io에 push해야 하므로 write(쓰기 가능)를 설정한다.

- 리포지터리 가져오기와 이미지 태그 계산
Step의 설정을 살펴보자.

4-1에서는 actions/checkout이라는 공개된 액션을 사용해 대상 리포지터리를 실행 환경으로 체크아웃한다.

4-2에서는 컨테이너 이미지 태그에 사용할 버전을 계산하는 작업을 수행한다. 태그에 사용하는 값을 어떻게 결정할지는 운영에서 고민되는 사항이다. 태그값을 결정하는 방법으로 Git 리포지터리의 버전 정보를 사용하는 방법이 있다. 구체적으로는 git describe --tags --always 커맨드로 확인할 수 있는 값을 태그에 사용한다.

예를 들어 마지막 커밋에 v0.1.0이라는 태그가 붙어 있다면 커맨드는 태그의 값을 그대로 반환한다.

```
$ git describe --tags --always
v0.1.0
```

v0.1.0 이후 커밋되어 리비전이 진행되었을 때는 마지막에 붙은 태그값을 기반으로 다음과 같은 값을 반환한다.

```
$ git describe --tags --always
v0.1.0-1-g4a61295
```

이는 리포지터리에 push 전 커밋 정보가 포함되었을 때만 계산할 수 있다.

다만 GitHub Actions에서 이 작업을 수행하려면 약간의 작업이 필요하다. `actions/checkout`[62] 리포지터리의 체크아웃 시간을 줄이기 위해 마지막 커밋만 가져올 수 있도록 되어 있으므로 이 값을 계산할 수 없다. 따라서 4-3에서 `fetch-depth` 설정을 통해 이를 가능하도록 한다.

계산한 태그값은 환경 변수로 설정하여 뒤의 Step에서 참조할 수 있다. `echo` 커맨드로 다음과 같이 구현한다.

```
echo "환경 변수명=값" >> $GITHUB_ENV
```

여기서는 다음과 같이 `IMAGE_VERSION`이라는 환경 변수를 설정한다.

```
echo "IMAGE_VERSION=$(git describe --tags --always)" >> $GITHUB_ENV
```

- 도구, 런타임 유형 설정

GitHub Actions에는 `setup-` 접두사로 공개된 많은 액션이 존재하는데, 이는 도구와 언어 런타임을 실행 환경에 설정하는 액션이다.

5에서는 QEMU, 6에서는 BuildKit을 설정한다. 컨테이너 이미지가 멀티 플랫폼에 대응하기 위해 필요하다.

- 컨테이너 레지스트리 인증

7에서는 docker/login-action[63]을 사용하여 ghcr.io에 대한 인증 처리를 진행한다.

`username`에는 리포지터리의 오너가 필요하므로 `${{ github.actor }}`로 설정할 수 있다.

`password`에는 컨테이너 레지스트리를 조작하기 위한 액세스 토큰이 필요하다. 3-2에서 설정한 권한을 갖는 액세스 토큰을 `${{ secrets.GITHUB_TOKEN }}`으로 설정할 수 있다.

`docker/login-action`에서는 ghcr.io뿐만 아니라 도커 허브와 GCR, ECR 등과 같이 다양한 컨테이너 레지스트리를 지원한다.

---

62 https://github.com/actions/checkout
63 https://github.com/docker/login-action

- Trivy 취약성 스캔

10.6.5절에서 설명한 Trivy 취약성 검사를 CI 프로세스에 통합하는 것도 좋은 방법이다. 8에서는 aquasecurity/trivy-action[64]을 사용해 취약성 스캔을 실행한다.

- 컨테이너 이미지 빌드 후 push

마지막으로 9에서 컨테이너 이미지를 빌드하고 컨테이너 레지스트리에 push를 실행하고, `docker/build-push-action`[65] 액션을 사용한다.

이미지가 포함된 컨테이너 이미지의 전체 이름은 환경 변수를 사용해 다음과 같이 설정할 수 있다.

```
${{ env.CONTAINER_REGISTRY }}/${{ github.repository }}:${{ env.IMAGE_VERSION }}
```

`github.repository`는 GitHub Actions가 기본으로 설정하는 변수다. 템플릿 리포지터리면 `jpubdocker/image-bootstrap`, 템플릿을 복사한 리포지터리면 `[GitHub유저명 | 조직명]/image-bootstrap`을 반환한다.

9-1~2는 캐시 설정이다. `type=registry`는 컨테이너 레지스트리에 저장하는 이미지를 캐시로 사용하는 방식이다.

`cache-to`는 캐시가 저장되는 위치다.

`ghcr.io/jpubdocker/image-bootstrap:cache`라는 이미지가 캐시되어 빌드마다 업데이트된다. `cache-from`은 사용하는 캐시의 참조 위치다.

이번 예에서는 컨테이너 이미지가 충분히 최적화되어 있으므로 캐시의 장점은 크지 않지만, 레이어가 많은 컨테이너 이미지라면 충분한 효과를 발휘할 수 있다.

또한 `type=registry` 이외에도 `type=inline`, `type=gha` 등의 방식도 존재한다.[66]

10.7.4 워크플로 실행

실제로 워크플로를 실행해보자.

---

64 https://github.com/aquasecurity/trivy-action
65 https://github.com/docker/build-push-action
66 상세한 내용은 https://docs.docker.com/build/ci/github-actions/cache를 참고하자.

먼저 템플릿 리포지터리를 복사하고 생성한 리포지터리를 ~/go/src/github.com/developer-book 디렉터리에 clone한다. [GitHub유저명 | 조직명]은 적절하게 변경한다.

```
(~/go/src/github.com/developer-book) $ git clone git@github.com:[GitHub유저명|조직명]/image-
bootstrap.git
```

태그를 push하고 워크플로 실행하기

실제로 리포지터리를 생성한 시점에 워크플로가 한번 실행되지만, 여기서는 다시 실행한다. 다음과 같이 v0.1.0의 태그를 만들고 GitHub에 push한다.

```
(~/go/src/github.com/developer-book/image-bootstrap) $ git tag v0.1.0

(~/go/src/github.com/developer-book/image-bootstrap) $ git push origin v0.1.0
Total 0 (delta 0), reused 0 (delta 0), pack-reused 0
To github.com:developer-book/image-bootstrap.git
 * [new tag]            v0.1.0 -> v0.1.0
```

push 직후 워크플로가 시작된다. 실행 중인 워크플로는 리포지터리의 Actions 탭에서 그림 10.19와 같이 확인할 수 있다.

그림 10.19 **워크플로의 리스트 화면**

v0.1.0의 워크플로의 상세 화면을 열어보자.

그림 10.20 워크플로의 상세 화면

`push_image`를 클릭하면 워크플로의 Step 리스트 화면으로 이동한다.

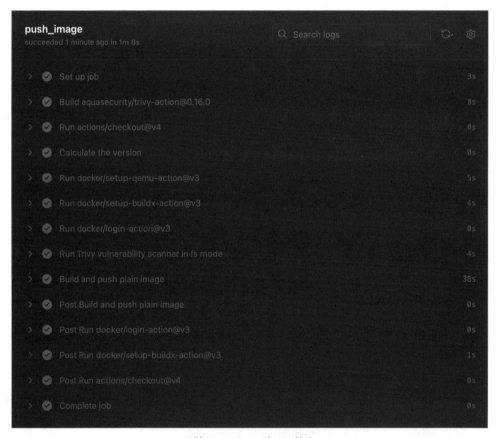

그림 10.21 Step 리스트 화면

각 Step을 열어서 해당 작업의 실행 결과를 확인할 수 있다. 컨테이너 이미지 빌드와 push 실행 결과는 다음과 같이 출력된다.

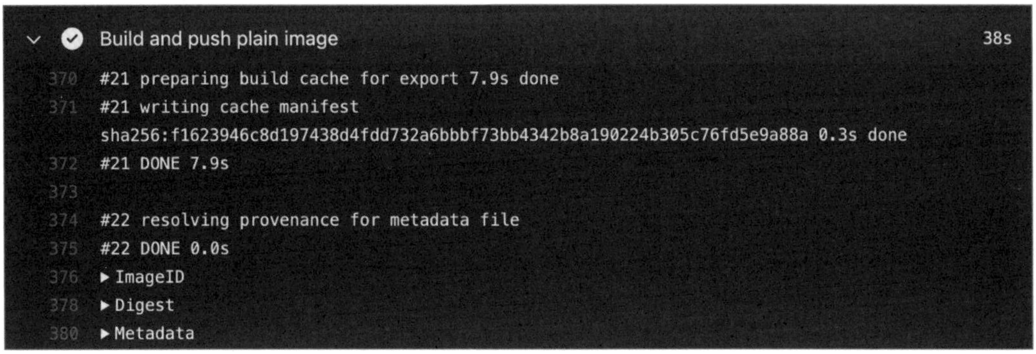

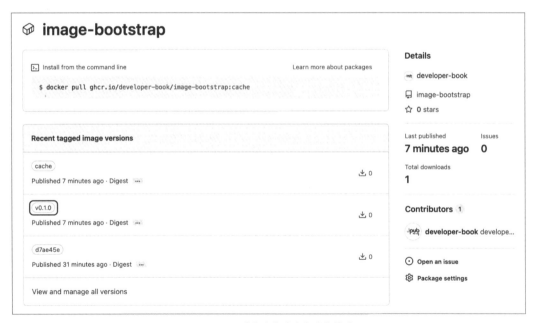

그림 10.22 이미지 빌드와 push 실행 결과

생성된 컨테이너 이미지 확인하기

워크플로를 통해 생성된 컨테이너 이미지를 확인해보자. 리포지터리 오른쪽 하단의 [Packages]에 `image-bootstrap`이 생성되어 있으므로 이를 클릭하면 그림 10.23으로 이동한다.

그림 10.23 컨테이너 이미지 상세 화면

`v0.1.0` 이미지가 생성되었다. `v0.1.0`을 클릭하면 상세 화면으로 이동한다.

OS/Arch 탭을 열면 `linux/amd64`와 `linux/arm64`용 이미지가 생성된 것을 확인할 수 있다.

그림 10.24 컨테이너 이미지 상세 화면

이와 같은 방법으로 GitHub Actions의 워크 플로 컨테이너 이미지를 빌드하고 push할 수 있다. 앞에서 살펴본 워크플로는 컨테이너를 활용한 애플리케이션 개발에 필수이므로 잘 알아두도록 한다.

이번 장에서는 컨테이너 이미지 빌드까지만 수행하고, 컨테이너 배포까지는 진행하지 않았다. '환경에 배포'는 이번 장에서 설명하는 CI의 영역이 아니라 CD의 영역이므로 GitHub Actions 이외의 도구를 사용해야 한다. 이유는 11장에서 자세히 설명한다.

COLUMN　　**운영에서는 latest 이미지 태그 피하기**

앞에서는 컨테이너 이미지를 빌드할 때 `latest` 태그를 사용하기도 했다. `latest` 태그의 컨테이너를 재배포해도 명시적으로 이미지를 다시 가져오지 않으면 컨테이너의 내용은 변경되지 않는다. 따라서 `latest` 태그 이미지를 개발과 운영 환경에서 반복해서 배포하면 컨테이너의 내용이 변하지 않는 등의 문제가 발생할 수 있다.

10.7.3에서 소개한 Git 버전 정보를 태그에 사용하는 방법은 이 문제를 해결할 수 있다.

이 방법은 소스 코드에 변경이 발생하여 리포지터리의 리비전이 변경되면 이미지 태그값도 따라서 변경된다. 즉, 이 방식으로 태그가 붙은 이미지는 강제로 덮어쓰기 하지 않는 한 변하지 않는다. 그러므로 운영 시 매우 유용하다.

`latest` 태그의 사용은 Distroless 이미지의 `latest` 태그와 같이 특별한 이유가 없다면 사용하지 않는 것이 좋다.

CHAPTER

11

컨테이너의
지속적 전달

10장에서는 컨테이너 이미지를 빌드하고 컨테이너 레지스트리에 push하는 과정까지 설명했다.

이번 장에서는 컨테이너 사용 시 지속적 전달의 구조와 도구에 대해 설명하고, 릴리스 파이프라인을 구축할 수 있도록 한다.

11.1 지속적 전달이란?

지속적 전달continuous delivery, CD이란 소프트웨어의 기능 추가나 버그 픽스 등을 최대한 사람의 손을 통하지 않고 빠르게 엔드 유저에게 제공하기 위한 방법이자 방법론이다.

지속적 전달은 소프트웨어 개발에서 빼놓을 수 없으며 세련된 방식으로 운영하는 프로젝트도 있지만, 아직 충분히 다듬어지지 않은 프로젝트도 많다.

소프트웨어 전달의 중요성을 알아보고 컨테이너 애플리케이션의 배포를 효율적으로 진행할 수 있는 GitOps를 설명한다.

11.1.1 다듬어지지 않은 배포 프로세스가 일으키는 문제

이 책에서는 로컬 환경과 클라우드 서비스에 대해 `docker container run`과 `kubectl (apply | run)` 같은 커맨드를 직접 실행하여 컨테이너를 배포했다.

그러나 프로젝트가 이와 같이 수동 배포 절차로 운영되면 다음과 같은 문제에 직면하게 된다.

- 반복되는 작업 시간 낭비
- 휴먼 에러 유발
- 배포 결과 일관성과 재현성의 보장이 어려움
- 배포의 의존화
- 시스템 확장성 감소

모두 다 해당되는 것은 아니더라도 신경 쓰이는 부분이 있을 것이다.

배포 프로세스가 제대로 정립되어 있지 않으면 개발을 위한 시간이 줄어들고, 프로덕트의 운영이나 품질에도 영향을 준다.

이는 개발자의 문제로 생각하기 쉽지만 최근에는 개발 조직의 성과에도 영향을 주는 것으로 파악되고 있다. 조금 더 자세히 알아보자.

11.1.2 소프트웨어 전달의 중요성과 CI/CD 구분

소프트웨어 개발과 운영 방법론이 개발 조직의 성과와 수익성에 어떤 영향을 미치는지에 관한 내용을 다룬 《디지털 트랜스포메이션 엔진》(에이콘, 2020)[1]이라는 책이 있다.

이 책은 수년에 걸쳐 많은 개발 조직을 조사한 결과로, 개발 생산성과 프로덕트 수익성, 구성원의 사기 등과 같은 조직의 성과가 소프트웨어 전달 성능과 상관관계가 있음을 설명한다.

여기서 말하는 소프트웨어의 전달은 '설계, 개발, 빌드, 테스트, 배포, 검증'의 단계를 말하며, 조직의 성과를 높이기 위해 네 가지 지표[2]를 중시해야 한다고 말한다. 조사에 따르면 네 가지 지표에서 좋은 수치를 내는 조직일수록 조직 성과가 높은 것으로 나타난다.

---

1 원서는 《Accelerate: The Science of Lean Software and DevOps: Building and Scaling High Performing Technology Organizations》다.
2 Four Keys로 부른다.

지표	내용
배포 빈도	운영 환경에 배포하는 빈도
변경 리드타임	커밋에서 운영 환경 배포까지 소요 시간
평균 복구 시간	운영 환경 장애 발생부터 복구까지 평균 시간
배포 실패율	배포로 인해 운영 환경에 장애가 발생하는 비율

배포 빈도와 리드타임을 높이려면 반복되는 빌드와 테스트, 배포 과정을 자동화하여 사람의 손을 통하지 않고 변경사항을 유저에게 전달하는 릴리스 파이프라인이 필요하다.

CI를 활용한 자동화와 릴리스 파이프라인의 생성은 지금까지도 널리 사용되고 있다. 다만 이에 추가로 최근에는 평균 복구 시간과 배포 실패율을 개선하는 중요성도 증가하고 있다.

카나리 릴리스나 Blue-Green Deployment 등 안전한 릴리스 방법과 장애 시 바로 이전 버전으로 되돌릴 수 있는 구조를 만드는 것이 필수다. 필수적인 부분이 갖추어지면 배포 빈도와 변경 리드타임을 높일 수 있다.

이것들은 고급 구조를 가지므로 CI로만 구현하기는 어렵다. 따라서 전문적인 CD(지속적 전달) 도구로 구현된다. 테스트와 아티팩트(컨테이너에서는 컨테이너 이미지) 빌드까지는 CI 도구, 이후의 배포는 CD 도구로 나누어 진행한다.

전문적인 CD 도구가 몇 가지 존재하지만 최근 주목받는 것은 GitOps로, 애플리케이션을 배포하는 도구다.

11.1.3 GitOps 방식의 지속적 전달

GitOps는 Weaveworks 사[3]가 제창하기 시작한 지속적 전달을 구현하기 위한 방법이다.

수동 및 CI 도구를 사용한 배포는 목표 상태를 구현하기 위해 몇 가지 방법을 반복한다. 반대로 GitOps는 애플리케이션과 인프라의 목표 상태를 선언적으로 정의한다.

컨테이너 배포의 선언적 목표 상태는 무엇일까? 컴포즈와 쿠버네티스의 매니페스트 파일은 선언형 설정 파일이며, 이는 배포의 목표 상태를 나타낸다.

---

3 https://github.com/weaveworks

즉, 모든 배포의 목표 상태를 매니페스트 파일로 정의하는 것이 선언형 지속적 전달을 구현하는 첫 번째 단계로, 이는 컨테이너에서 당연히 수행되는 것이다.

선언형의 지속적 전달은 매니페스트 파일을 정의하는 것만으로 개발자의 손을 거치지 않고 배포 대상의 클러스터에 목표 상태가 구현된다. 이 개념을 기반으로 GitOps는 Git을 통해 매니페스트 파일 그룹의 히스토리를 사용하여 목표 상태의 히스토리를 가질 수 있다.

애플리케이션에 변경이 발생하면 컨테이너 이미지 태그도 변경되므로 매니페스트 파일 정의도 환경 변수의 추가, 변경, 삭제에 따라 변경된다. Git은 히스토리를 위한 훌륭한 도구다. 히스토리를 사용하면 클러스터를 과거 리비전의 목표 상태로 롤백할 수 있다.

GitOps는 Git 리포지터리를 클러스터 목표 상태의 근거가 되는 유일한 소스[4]로 취급하여 매니페스트 파일 그룹을 관리한다. 나중에는 GitOps의 지속적 전달 도구가 그림 11.1과 같이 모든 것을 담당한다.

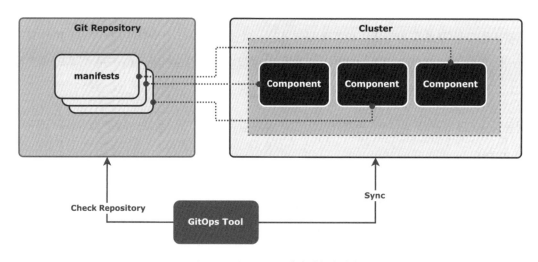

그림 11.1 GitOps 도구에서 지속적 전달

GitOps에서 지속적 전달을 구현하는 몇 가지 도구가 있다. 책에서는 쿠버네티스용 대표 전달 시스템인 Flux와 Argo CD에 대해 설명한다. 또한 쿠버네티스 이외에도 사용할 수 있는 PipeCD에 대해서도 설명한다.

4　Single Source of Truth(SSOT). 유일한 정보 소스로 일관성과 정확성을 확보한다.

11.2 Flux

Flux[5]는 OSS로, 지속적 전달 시스템이다. GitOps를 지원하며 쿠버네티스용 애플리케이션의 전달을 수행한다.

Flux는 현재 2 버전이지만 1 버전과 비교하면 매우 큰 변경이 진행되었다. 당초 Flux 2 버전에서 Flux 프로젝트는 Argo CD(11.3)와 함께 오픈 GitOps 엔진을 만들고자 했지만 이 계획은 무산되었다. 현재는 Flux와 Argo CD의 개발이 각각 진행 중이다.

이 책에서는 Flux 2 버전을 사용한다.[6]

11.2.1 Flux 설치

Flux 설치와 배포 대상 애플리케이션을 등록하기 위해 Flux의 CLI 도구가 필요하다. asdf를 사용해 설치한다.

```
$ asdf plugin add flux2
$ asdf install flux2 2.2.2
$ asdf global flux2 2.2.2
```

flux install 커맨드로 Flux를 설치한다. Flux 관련 컴포넌트는 flux-system 네임스페이스에 배포된다.

```
$ flux install
✚ generating manifests
✓ manifests build completed
▶ installing components in flux-system namespace
CustomResourceDefinition/alerts.notification.toolkit.fluxcd.io created
CustomResourceDefinition/buckets.source.toolkit.fluxcd.io created
...(중략)...
◉ verifying installation
✓ helm-controller: deployment ready
✓ kustomize-controller: deployment ready
✓ notification-controller: deployment ready
✓ source-controller: deployment ready
✓ install finished
```

---

5   https://fluxcd.io/
6   이 책에서는 버전을 생략하고 Flux라고 표기하지만 2 버전을 의미한다.

11.2.2 애플리케이션 배포

Flux를 사용해 GitOps 스타일로 echo 애플리케이션을 배포한다.

리포지터리를 Flux 관리 대상으로 하기

11.1.3절에서 설명한 대로 GitOps는 배포의 목표 상태인 매니페스트를 저장하는 Git 리포지터리가 필요하다.

echo 애플리케이션의 매니페스트를 갖춘 리포지터리를 준비한다. 템플릿 리포지터리로 `github.com/jpubdocker/echo-bootstrap`[7]을 제공하므로 이를 그림 11.2와 같이 [Use this template]에서 자신의 리포지터리를 생성하자. 리포지터리는 Private도 상관없다.

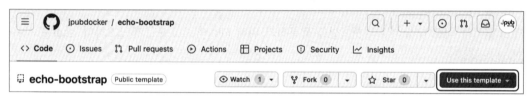

그림 11.2 echo-bootstrap 템플릿 리포지터리

그림 11.3과 같이 리포지터리가 생성된다.

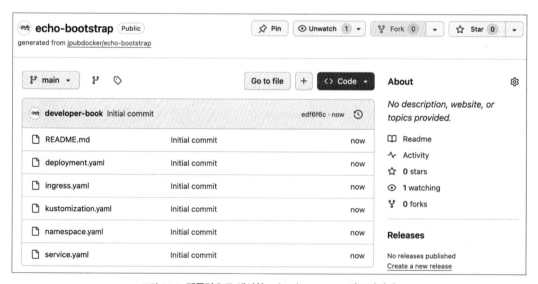

그림 11.3 템플릿으로 생성한 echo-bootstrap 리포지터리

---

7 https://github.com/jpubdocker/echo-bootstrap

이 리포지터리를 Flux 관리 대상으로 만들기 위해 Flux의 CLI 도구로 등록한다. GitHub의 퍼스널 액세스 토큰이 필요하므로 환경 변수로 정의한다.[8] 이번 장에서는 필자가 제공하는 템플릿 리포지터리를 여러분의 GitHub 계정에 복사해서 사용한다. 커맨드로 계정명을 사용할 수 있도록 `GITHUB_OWNER` 환경 변수를 준비한다.[9]

```
export GITHUB_TOKEN=ghp_**********************************
export GITHUB_OWNER=owner-name
```

리스트 11.1의 커맨드로 Git 리포지터리를 Flux의 관리 대상으로 한다. `--owner` 옵션은 리포지터리의 생성 위치를 변경하고 커맨드를 실행한다.

리스트 11.1 **Git 리포지터리를 Flux의 관리 대상으로 지정**

```
$ flux bootstrap github \
  --token-auth \
  --owner=$GITHUB_OWNER \
  --repository=echo-bootstrap \
  --components-extra=image-reflector-controller,image-automation-controller \
  --branch=main \
  --path=. \
  --read-write-key \
  --personal
▶ connecting to github.com
▶ cloning branch "main" from Git repository "https://github.com/developer-book/echo-
bootstrap.git"
✓ cloned repository
▶ generating component manifests
✓ generated component manifests
✓ component manifests are up to date
▶ installing components in "flux-system" namespace
✓ installed components
✓ reconciled components
▶ determining if source secret "flux-system/flux-system" exists
▶ generating source secret
▶ applying source secret "flux-system/flux-system"
✓ reconciled source secret
▶ generating sync manifests
✓ generated sync manifests
✓ committed sync manifests to "main" ("45fd901b916b529516ddb47ab5b1c1a775fc74b3")
▶ pushing sync manifests to "https://github.com/developer-book/echo-bootstrap.git"
```

---

8 이 책에서 지금까지 사용한 퍼스널 액세스 토큰으로도 문제가 없다.

9 `owner-name`은 임의의 GitHub 계정명 또는 조직명으로 변경한다.

```
▶ applying sync manifests
✓ reconciled sync configuration
⊙ waiting for Kustomization "flux-system/flux-system" to be reconciled
✓ Kustomization reconciled successfully
▶ confirming components are healthy
✓ helm-controller: deployment ready
✓ image-automation-controller: deployment ready
✓ image-reflector-controller: deployment ready
✓ kustomize-controller: deployment ready
✓ notification-controller: deployment ready
✓ source-controller: deployment ready
✓ all components are healthy
```

리포지터리가 Flux의 관리 대상이 되면 Flux는 리포지터리를 변경한다(그림 11.4).

Flux Add Flux sync manifests		45fd901 · 6 minutes ago ⟳
Name	**Last commit message**	**Last commit date**
📁 ..		
📄 gotk-components.yaml	Add Flux v2.2.2 component manifests	6 minutes ago
📄 gotk-sync.yaml	Add Flux sync manifests	6 minutes ago
📄 kustomization.yaml	Add Flux sync manifests	6 minutes ago

그림 11.4 Flux가 추가하는 파일

gotk-components.yaml은 flux-system에서 실행되는 Flux 컴포넌트의 매니페스트 파일이고, gotk-sync.yaml은 Flux 관리 대상이 되는 리포지터리를 설정하는 매니페스트 파일이다. 여기에 이러한 매니페스트 파일을 묶는 kustomization.yaml이 추가되었다.[10]

Flux는 flux-system에서 실행되는 컴포넌트의 매니페스트도 리포지터리에서 관리한다.

또한 리포지터리의 매니페스트는 개발자나 GitHub Actions와 같은 CI 도구로 변경할 수 있다. 이 절에서도 나중에 변경 작업을 하므로 다음과 같이 리포지터리를 작업 디렉터리로 git clone한다.

```
$ mkdir -p ~/work/ch11
(~/work/ch11) $ git clone git@github.com:$GITHUB_OWNER/echo-bootstrap.git
```

---

10 매니페스트 파일의 내용은 생략한다.

배포 실행

Flux는 관리 대상 리포지터리의 `kustomization.yaml`을 읽어서 애플리케이션을 배포한다.

로컬 환경에는 이미 Flux가 echo 애플리케이션을 배포했다. 다음 커맨드로 echo 애플리케이션 관련 쿠버네티스 리소스의 생성을 확인할 수 있다.

```
$ kubectl -n gitops-echo get ingress,deployment,service,pod
NAME                              CLASS HOSTS            ADDRESS   PORTS  AGE
ingress.networking.k8s.io/echo nginx echo.jpub.local localhost 80      4m8s

NAME                   READY UP-TO-DATE AVAILABLE AGE
deployment.apps/echo 1/1    1          1         4m8s

NAME          TYPE       CLUSTER-IP       EXTERNAL-IP PORT(S) AGE
service/echo ClusterIP 10.109.243.196 <none>       80/TCP  4m8s

NAME                        READY STATUS  RESTARTS AGE
pod/echo-76c6d58f5f-z2r88 2/2   Running 0        4m8s
```

배포한 애플리케이션의 내용은 kubectl을 실행하고 적용한 경우에는 기본적으로 내용이 변경되지 않는다. 다만 Flux에 의한 배포를 나타내기 위해 레이블에는 다음과 같이 Flux 관련 정보가 추가된다.

```
$ kubectl -n gitops-echo get deployment echo -o jsonpath='{.metadata.labels}'
{"app.kubernetes.io/name":"echo","kustomize.toolkit.fluxcd.io/name":"flux-system","
kustomize.toolkit.fluxcd.io/namespace":"flux-system"}
```

매니페스트 파일 변경에 의한 배포

GitOps는 리포지터리의 변경사항을 감지하고 해당 변경을 클러스터에 자동으로 반영하여 배포한다.

`deployment.yaml`에서 `.spec.replicas`의 값을 2로 변경해보자(리스트 11.2).

리스트 11.2 echo-bootstrap 리포지터리의 디플로이먼트 매니페스트 파일 (~/work/ch11/echo-bootstrap/deployment.yaml)

```
apiVersion: apps/v1
kind: Deployment
metadata:
  name: echo
  labels:
```

```
      app.kubernetes.io/name: echo
spec:
  replicas: 2 # 변경 부분
  selector:
    matchLabels:
      app.kubernetes.io/name: echo
  template:
    metadata:
      labels:
        app.kubernetes.io/name: echo
    spec:
      containers:
      - name: nginx
        image: ghcr.io/jpubdocker/simple-nginx-proxy:v0.1.0
        env:
        - name: NGINX_PORT
          value: "80"
        - name: SERVER_NAME
          value: "localhost"
        - name: BACKEND_HOST
          value: "localhost:8080"
        - name: BACKEND_MAX_FAILS
          value: "3"
        - name: BACKEND_FAIL_TIMEOUT
          value: "10s"
        ports:
        - name: http
          containerPort: 80
      - name: echo
        image: ghcr.io/jpubdocker/echo:v0.1.0-slim
```

변경사항은 다음과 같이 커밋하고 push한다.

```
(~/work/ch11/echo-bootstrap) $ git add -A
(~/work/ch11/echo-bootstrap) $ git commit -m "Increase the number of replicas"
(~/work/ch11/echo-bootstrap) $ git push origin main
```

push 후 1분 이내에 Flux가 변경을 감지하고, 클러스터에 반영한다. 다음과 같이 파드의 수가 2개로 증가한다.

```
$ kubectl -n gitops-echo get pod
NAME                   READY STATUS  RESTARTS AGE
echo-76c6d58f5f-n9978 2/2   Running 0        3m18s
echo-76c6d58f5f-z2r88 2/2   Running 0        42m
```

GitOps는 리포지터리의 변경사항을 정기적으로 체크하면서 변경사항이 있으면 클러스터에 반영한다. 이를 일반적으로 Sync라고 한다.[11] 이것이 GitOps의 기본 동작이다.

GitOps를 사용하면 개발자는 kubectl, Helm, Kustomize와 같은 도구를 사용하지 않고도 변경을 반영할 수 있다. 수동 배포 프로세스가 불러오는 많은 문제를 피하는 필수적인 구조다.

11.3 Argo CD

Argo CD[12]는 Flux와 동일하게 쿠버네티스를 위한 지속적 전달 시스템으로, OSS로 개발되고 있다.

Argo CD는 CLI 조작뿐만 아니라 웹 애플리케이션의 GUI도 제공한다.[13] GUI에서 클러스터 애플리케이션 배포 상황을 확인할 수 있는 등의 편의성으로 많은 기업에서 사용하고 있다.

11.3.1 Argo CD 설치

Argo CD의 조작에 CLI 도구를 사용하므로 asdf로 설치한다.

```
$ asdf plugin add argocd
$ asdf install argocd 2.9.3
$ asdf global argocd 2.9.3
```

로컬 쿠버네티스 환경에 Argo CD를 설치한다. 전용 네임스페이스로 argocd를 생성하고 Argo CD가 제공하는 매니페스트 파일을 적용한다(리스트 11.3).

리스트 11.3 **Argo CD 설치**

```
$ kubectl create namespace argocd
$ kubectl apply -n argocd -f https://raw.githubusercontent.com/argoproj/argo-cd/v2.9.3/
manifests/install.yaml
```

로컬 환경에서 조작하기 위해 몇 가지 작업을 추가한다.

Argo CD는 기본적으로 인그레스 리소스가 제공되지 않는다.[14] 여기서는 로컬 환경에서 동작을 확

---

11 GitOps는 배포를 Sync라고 부르는 개발자도 많다.
12 https://argo-cd.readthedocs.io/en/stable/
13 Flux에서도 GUI 개발 논의가 진행되고 있다.
14 로컬 이외의 환경에서 구축할 때는 해당 환경에 따라 인그레스를 생성한다.

인하기 위해 `8080` 포트에 포트 포워딩한다.

리스트 11.4 argocd-server에 포트 포워딩

```
$ kubectl -n argocd port-forward service/argocd-server 8080:443
Forwarding from 127.0.0.1:8080 -> 8080
Forwarding from [::1]:8080 -> 8080
```

이어지는 작업을 위해 포트 포워딩 화면은 유지하고 새로운 터미널에서 작업을 계속한다.

웹 애플리케이션과 CLI로 Argo CD를 조작하려면 인증이 필요하다. 다음과 같이 `argocd` 커맨드로 Argo CD의 `admin` 유저 비밀번호를 출력한다. 비밀번호는 보관해두자.

리스트 11.5 Argo CD의 admin 비밀번호 표시

```
$ argocd admin initial-password -n argocd
****************

This password must be only used for first time login. We strongly recommend you update the
password using `argocd account update-password`.
```

`argocd login` 커맨드를 사용해 포트 포워딩 대상 Argo CD에 로그인한다.[15] `--insecure` 옵션을 사용해 인증서 관련 경고를 무시한다.

```
$ argocd login localhost:8080 --insecure
Username: admin
Password:
'admin:login' logged in successfully
Context 'localhost:8080' updated
```

다음으로 Argo CD의 웹 애플리케이션에 `https://localhost:8080`로 접속한다. 인증서 경고는 무시하고 진행한다.

---

15 인증 유효기간 만료 오류(Unauthenticated desc = invalid session: Token is expired)가 표시되면 다시 실행한다.

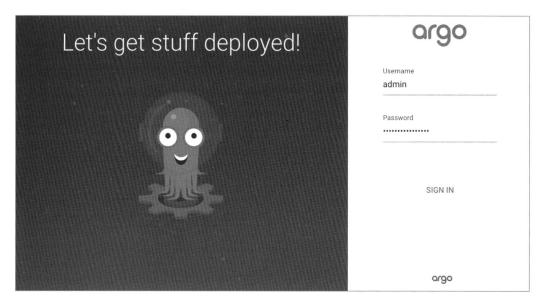

그림 11.5 Argo CD의 로그인 화면

리스트 11.5에서 가져온 비밀번호를 사용해 로그인하면 그림 11.6이 표시된다.

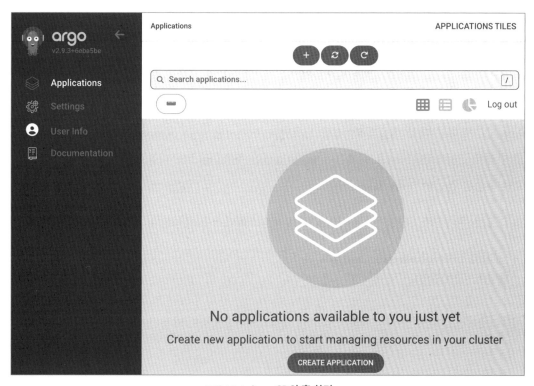

그림 11.6 Argo CD의 홈 화면

11.3.2 애플리케이션 배포

Argo CD를 사용해 GitOps 스타일로 샘플 애플리케이션을 배포한다.

샘플 리포지터리 fork하기

Argo CD의 유스 케이스 샘플 리포지터리로 `jpubdocker/argocd-example-apps`[16]를 준비했다.[17]

이 리포지터리를 그대로 사용할 수도 있지만 리포지터리를 fork하면 매니페스트의 변경을 감지하는 전달$_{delivery}$의 동작을 확인할 수 있다. `argocd-example-apps`라는 이름으로 개인 GitHub 계정 또는 임의의 Organization에 fork한다.

그림 11.7 **argoproj/argocd-example-apps를 fork한 리포지터리**

애플리케이션을 Argo CD에 등록하기

Argo CD에 배포 대상 애플리케이션을 등록한다. 여기서는 `argocd-example-apps` 리포지터리 바로 아래에 있는 `guestbook`을 등록한다. `guestbook`은 쿠버네티스의 디플로이먼트와 서비스 리소스로만 구성된 간단한 애플리케이션이다.

먼저 로컬 쿠버네티스 환경에 `guestbook` 전용 네임스페이스를 생성한다.

```
$ kubectl create namespace guestbook
namespace/guestbook created
```

애플리케이션의 배포 설정은 Argo CD의 웹 애플리케이션에서도 가능하지만 여기서는 CLI를 활용

---

16 https://github.com/jpubdocker/argocd-example-apps
17 Argo CD 공식 리포지터리인 https://github.com/argoproj/argocd-example-apps를 fork한 것이다.

한다. 리스트 11.6 커맨드로 생성한다.

리스트 11.6 Argo CD로 배포하는 애플리케이션 생성

```
$ argocd app create guestbook \
  --repo https://github.com/[fork 대상 유저 또는 Organization]/argocd-example-apps.git\
  --path guestbook \
  --dest-server https://kubernetes.default.svc \
  --dest-namespace guestbook \
  --insecure
```

Argo CD의 웹 애플리케이션을 확인해보면 guestbook 애플리케이션이 등록된다.

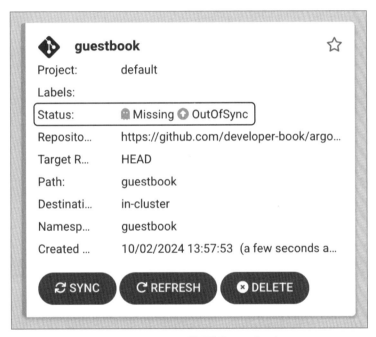

그림 11.8 Argo CD에 등록된 guestbook

여기서 주목할 부분은 [Status] 항목이다. 좌측이 APP HEALTH, 우측이 SYNC STATUS를 나타낸다. 조금 더 자세히 알아보자.

- APP HEALTH

APP HEALTH는 클러스터에 배포되는 애플리케이션의 상태를 나타낸다.

STATUS	상태
Healthy	애플리케이션의 컴포넌트가 정상 가동
Progressing	클러스터에 변경 적용 중
Degraded	컴포넌트에 문제가 존재
Missing	클러스터에 컴포넌트가 존재하지 않음
Unknown	상태 불명

guestbook의 애플리케이션은 아직 Argo CD로 배포되지 않았으므로 이 시점에서는 Missing 상태가 된다.

- SYNC STATUS

SYNC STATUS는 Git 리포지터리와 클러스터의 동기 상태를 나타낸다.

STATUS	상태
Synced	애플리케이션의 컴포넌트가 Git 리포지터리의 목표 상태와 일치
OutOfSync	클러스터와 Git 리포지터리의 차이가 존재하는 상태

애플리케이션이 등록된 시점에서는 차이만 체크된 상태이므로 OutOfSync가 된다.

Argo CD로 애플리케이션 배포하기

그림 11.8의 guestbook을 클릭하면 상세 화면(그림 11.9)이 표시된다.

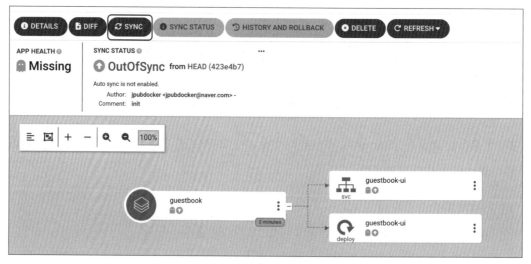

그림 11.9 등록된 guestbook 상태

상세 화면 상단의 [SYNC] 버튼으로 Sync를 실행하면 확인창이 그림 11.10과 같이 표시된다.

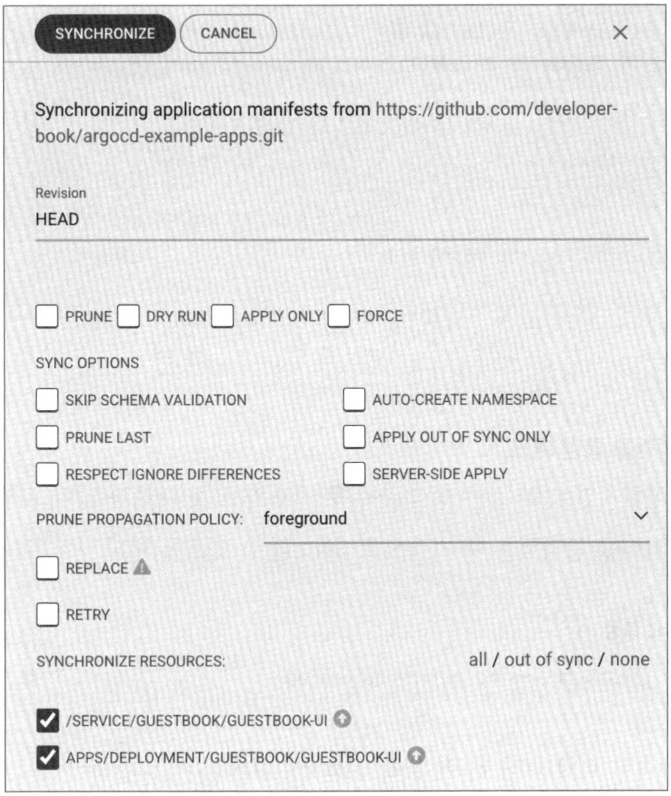

그림 11.10 Sync 확인창

설정을 그대로 두고 [SYNCHRONIZE]를 클릭하면 Sync가 시작되고 GUI는 그림 11.11과 같이 변한다.

그림 11.11 Sync 후 guestbook 애플리케이션

kubectl 커맨드로도 다음과 같이 각 리소스가 생성되었는지 확인할 수 있다.

```
$ kubectl -n guestbook get service,deploy,replicaset,pod
NAME                     TYPE       CLUSTER-IP      EXTERNAL-IP PORT(S) AGE
service/guestbook-ui ClusterIP 10.109.117.245 <none>        80/TCP  4m16s


NAME                             READY UP-TO-DATE AVAILABLE AGE
deployment.apps/guestbook-ui 1/1   1            1         4m16s


NAME                                         DESIRED CURRENT READY AGE
replicaset.apps/guestbook-ui-6b7f6d9874 1       1       1     4m16s


NAME                                     READY STATUS  RESTARTS AGE
pod/guestbook-ui-6b7f6d9874-bgh76 1/1   Running 0        4m16s
```

매니페스트 파일 변경을 통한 배포

GUI로 Sync를 실행하지만 이와 같은 방식은 수동 배포와 크게 다르지 않다. 따라서 리스트 11.7과 같이 Argo CD가 차이를 감지했을 때 자동으로 Sync할 수 있도록 한다.

리스트 11.7 Auto Sync 설정

```
$ argocd app set guestbook --sync-policy automated
```

매니페스트를 변경하기 위해 작업 디렉터리에 리포지터리를 git clone한다.

```
(~/work/ch11) $ git clone git@github.com:[리포지터리 오너]/argocd-example-apps.git
```

~/work/ch11/argocd-example-apps/guestbook/guestbook-ui-deployment.yaml의 내용을 변경한다. 리스트 11.8과 같이 .spec.replicas를 2로 변경한다.

리스트 11.8 guestbook-ui의 매니페스트 파일 (~/work/ch11/argocd-example-apps/guestbook/guestbook-ui-deployment.yaml)

```
apiVersion: apps/v1
kind: Deployment
metadata:
  name: guestbook-ui
spec:
  replicas: 2 # 변경 부분
  revisionHistoryLimit: 3
  selector:
```

```
    matchLabels:
      app: guestbook-ui
  template:
    metadata:
      labels:
        app: guestbook-ui
    spec:
      containers:
      - image: gcr.io/heptio-images/ks-guestbook-demo:0.2
        name: guestbook-ui
        ports:
        - containerPort: 80
```

변경사항을 다음과 같이 커밋하고 push한다.

```
(~/work/ch11/argocd-example-apps) $ git add -A
(~/work/ch11/argocd-example-apps) $ git commit -m "Increase the number of replicas"
(~/work/ch11/argocd-example-apps) $ git push origin main
```

Argo CD의 Auto Sync를 통해 변경사항을 감지하고 클러스터에 반영한다. GUI에서 파드가 두 개로 증가한 것을 확인할 수 있다.

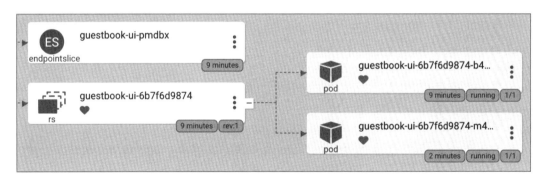

그림 11.12 **Auto Sync를 통한 파드 증가**

물론 `kubectl`을 통해서도 파드의 증가를 확인할 수 있다.

```
$ kubectl -n guestbook get pod
NAME                           READY STATUS  RESTARTS AGE
guestbook-ui-6b7f6d9874-bgh76 1/1   Running 0        24m
guestbook-ui-6b7f6d9874-rxmmd 1/1   Running 0        72s
```

이것이 Argo CD를 사용하는 GitOps의 기본적인 흐름이다.

Argo CD는 guestbook 애플리케이션과 같은 일반 매니페스트 파일과 Helm, Kustomize을 사용해서 배포할 수도 있다.

또한 Argo CD는 GUI를 제공하고 있어 Flux와 비교하면 개발자도 쉽게 익숙해질 수 있다. 쿠버네티스에 익숙하지 않은 개발자가 kubectl로 클러스터에 배포하는 애플리케이션을 확인하는 것은 쉽지 않다. 필자의 경험상 Argo CD라면 쿠버네티스에 그다지 익숙하지 않은 개발자도 쉽게 받아들일 수 있을 것이다.

다음을 진행하기 전에 리스트 11.4에서 실행한 포트 포워딩을 중지한다.

11.4 PipeCD

PipeCD[18]는 GitOps 스타일의 지속적 전달 시스템이다. OSS로, 2023년 5월에는 CNCF_{Cloud Native Computing Foundation}의 Sandbox 프로젝트로 인증되었다.[19]

11.4.1 PipeCD의 특징

PipeCD는 필자가 소속해 있는 사이버 에이전트 사에서 개발했다.

사이버 에이전트는 여러 부서에서 사업을 전개하고 있으며 각각 부서가 자체적으로 기술을 선정한다. 재량에 따라 쿠버네티스를 사용하는 부서도 있으며, ECS, Cloud Run 등을 사용하기도 한다.

지속적 전달 방법에 있어서도 CircleCI와 GitHub Actions를 사용하거나 Argo CD를 구축하여 사용하는 부서도 있다.

그러나 부서 간 이동의 기회도 많으므로 그때마다 여러 가지 도구를 다시 배워야 한다는 과제도 있다. 따라서 회사의 엔지니어 조직의 규모 확대에 따라 엔지니어의 온보딩 비용도 무시할 수 없다.

그러므로 기술 스택은 다르더라도 각 부서에서는 GitOps로 일관된 전달의 경험과 최선의 방법을 사용할 수 있는 구조가 필요하다. 이 목적을 달성하기 위해 개발된 것이 PipeCD다. PipeCD의 개념은 다음 한 문장으로 나타낼 수 있다.

---

18 https://pipecd.dev/
19 CNCF 프로젝트에는 3단계의 성숙도가 있으며, Sandbox, Incubating, Graduated의 순서로 성숙해진다. Flux와 Argo CD는 Graduated 프로젝트다.

The One CD for All {applications, platforms, operations}

PipeCD는 쿠버네티스뿐만 아니라 Google Cloud Run,[20] Amazon ECS, AWS Lambda,[21] Terraform[22] 등 다양한 전달에 대응한다. Flux CD와 Argo CD는 쿠버네티스 전용 지속적 전달 시스템이지만 이는 PipeCD의 독특한 부분이다.

11.4.2 퀵 스타트 환경 구축

로컬 쿠버네티스 환경에 PipeCD를 구축하고 실제로 확인해보자. PipeCD는 유저가 빠르게 사용할 수 있는 퀵 스타트 환경을 구축할 수 있다.

pipectl 설치

PipeCD의 CLI 도구인 pipectl로 구축할 수 있으므로 asdf로 설치한다.

```
$ asdf plugin add pipectl
$ asdf install pipectl 0.49.0
$ asdf global pipectl 0.49.0
```

샘플 리포지터리 fork하기

PipeCD의 유스 케이스 샘플 리포지터리로 jpubdocker/pipecd-examples[23]를 제공한다.[24]

이 리포지터리를 그대로 사용할 수도 있지만 리포지터리를 fork하면 매니페스트의 변경을 감지한 전달 동작을 확인할 수 있다. pipecd-examples라는 이름으로 GitHub 계정 또는 임의의 Organization에 fork한다.

---

20 https://cloud.google.com/run
21 https://aws.amazon.com/ko/lambda/
22 https://www.terraform.io/
23 https://github.com/jpubdocker/pipecd-examples
24 PipeCD 공식 리포지터리인 https://github.com/pipe-cd/examples를 fork한 것이다.

그림 11.13 pipecd-examples를 fork한 리포지터리

PipeCD의 Control Plane을 구축하기

퀵스타트용 PipeCD의 Control Plane을 구축한다. Control Plane에는 API와 웹서버와 같은 컴포넌트가 포함된다.

다음 커맨드를 PipeCD 버전을 지정하여 실행한다.

```
$ pipectl quickstart --version v0.49.0
```

내부에서는 Helm으로 설치한다. 이후 터미널은 입력 대기 상태가 되므로 그대로 둔다.

몇 분 후 브라우저가 시작되고 그림 11.14와 같이 로그인 화면이 표시된다. 퀵스타트용 PipeCD는 Username, Password 모두 `hello-pipecd`로 로그인할 수 있다. Argo CD만큼 세련된 UI/UX는 아니지만 PipeCD에서도 웹 애플리케이션의 GUI를 제공한다.

그림 11.14 PipeCD 로그인 화면

Piped(에이전트) 설치

PipeCD에서 전달은 Piped[25]라는 에이전트 컴포넌트에 의해 수행된다. 왜 Control Plane과 Piped 가 나누어져 있는지는 칼럼 'PipeCD에서 Control Plane과 Piped를 각각 구축하는 이유'에서 설명한다.

Piped는 Control Plane의 API에서 가져온 매니페스트의 변경 감지를 트리거로 하여 클러스터의 애플리케이션을 변경한다.

PipeCD 웹 애플리케이션에 로그인한 후 Piped의 [ADD]를 클릭한다. 그림 11.15와 같이 새로운 Piped를 추가하기 위한 정보를 입력하는 팝업이 표시된다. 입력 내용은 임의로 지정할 수 있지만 여기서는 Name에 jpub을 입력하고 [Save]를 클릭한다.

---

25 혼동하기 쉽지만 Piped는 PipeCD 컴포넌트의 하나다.

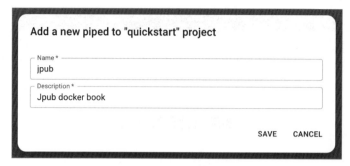

그림 11.15 Piped의 추가 팝업

새롭게 Piped가 등록되고, Piped의 Id와 Key가 발행된다. 이 정보는 Piped 설치에 필요하므로 보관해둔다.

그림 11.16 Piped Id와 Key 발행

이제 앞에서 실행한 `pipectl quickstart` 커맨드의 터미널로 돌아간다. 대기 상태로 되어 있으며, Piped의 `ID`, `Key`, `GitRemoteRepo`를 입력할 수 있다. 보관해둔 Piped의 Id와 Key를 입력한다. GitRemoteRepo는 fork한 리포지터리의 URL을 `https://github.com/[리포지터리 오너]/pipecd-examples.git`의 형식으로 입력한다.

입력 후 그림 11.17과 같이 Piped가 설치된다. 터미널은 계속 대기 상태지만 그대로 둔다.[26]

---

26 `8080` 포트로 포트 포워딩이 실행 중이다. 커맨드를 종료해도 `kubectl -n pipecd port-forward service/pipecd 8080:8080`으로 재개할 수 있다.

```
jpub@Mac ch11 % pipectl quickstart --version v0.45.3
Installing the controlplane in quickstart mode...
Release "pipecd" has been upgraded. Happy Helming!
NAME: pipecd
LAST DEPLOYED: Wed Oct  2 15:11:32 2024
NAMESPACE: pipecd
STATUS: deployed
REVISION: 7
TEST SUITE: None

Intalled the controlplane successfully!

Installing the piped for quickstart...

Openning PipeCD control plane at http://localhost:8080/
Please login using the following account:
- Username: hello-pipecd
- Password: hello-pipecd
For more information refer to https://pipecd.dev/docs/quickstart/

Fill up your registered Piped information:
ID: dbe8f644-ba36-46b7-8a20-a841b6ae8d88
GitRemoteRepo: https://github.com/developer-book/pipecd-examples.git
Release "piped" does not exist. Installing it now.
NAME: piped
LAST DEPLOYED: Wed Oct  2 15:13:36 2024
NAMESPACE: pipecd
STATUS: deployed
REVISION: 1
TEST SUITE: None
NOTES:
Now, the installed piped is connecting to .

Intalled the piped successfully!

PipeCD console is ready at http://localhost:8080/
```

그림 11.17 Piped 설치

Piped 설치가 완료되고 성공적으로 실행되면 PipeCD의 웹 애플리케이션에서 그림 11.18과 같이 실행 중인 Piped를 확인할 수 있다. 녹색은 정상 가동을 의미한다.

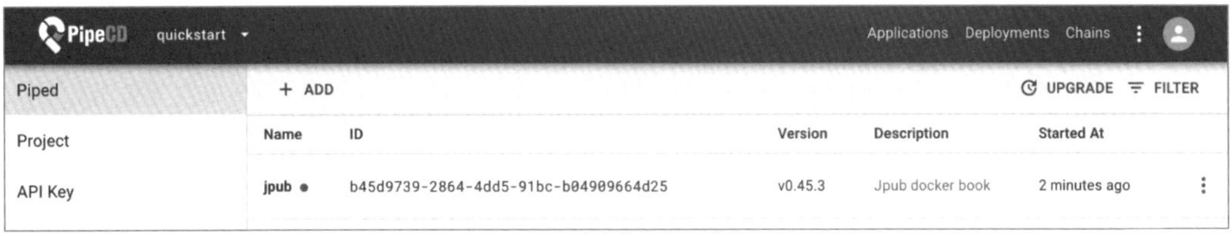
PipeCD
quickstart
Applications
Deployments
Chains
Piped
Project
API Key
+ ADD
UPGRADE
FILTER
Name
ID
Version
Description
Started At
jpub
b45d9739-2864-4dd5-91bc-b04909664d25
v0.45.3
Jpub docker book
2 minutes ago

그림 11.18 가동 중인 Piped

이것으로 PipeCD를 통한 전달 준비가 완료되었다.

11.4.3 애플리케이션 배포

fork한 pipecd-examples 리포지터리의 매니페스트를 사용해 배포해보자.

PipeCD의 GUI에서 Applications의 탭을 선택한다. PipeCD의 Application은 매니페스트를 그룹화한 것과 같다. PipeCD는 Application 단위로 매니페스트를 반영하고 배포한다.

[ADD]를 클릭하면 Application의 등록 화면이 표시된다. Platform Provider에서 `kubernetes-default`를 선택하면 examples 리포지터리의 `kubernetes` 디렉터리 하위가 애플리케이션 후보로 제안된다.

이번에는 후보 중 `helm-local-chart`를 사용한다. 그림 11.19와 같이 선택하고 [SAVE]를 클릭한다.

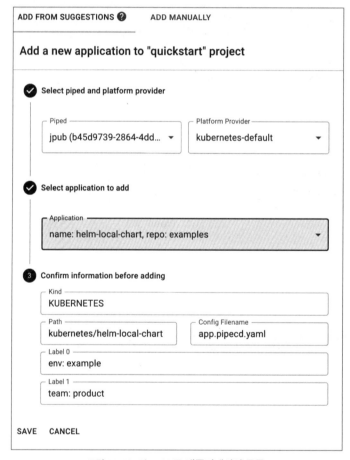

그림 11.19 PipeCD로 애플리케이션 등록

홈 화면으로 돌아가서 [REFRESH]를 클릭하면 등록된 애플리케이션의 리스트가 그림 11.20과 같이 표시된다.

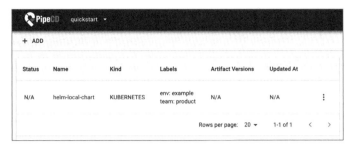

그림 11.20 등록된 애플리케이션 리스트

애플리케이션 등록 후 바로 Sync가 시작된다. GUI 상단의 [Deployments]를 클릭하면 Sync 이력
이 표시된다.

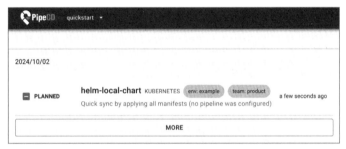

그림 11.21 PipeCD의 Deployments (Sync) 이력

helm-local-chart의 링크에서 애플리케이션 상세 화면(그림 11.22)을 열면 배포된 애플리케이션의
상태를 확인할 수 있다. 내용은 Argo CD와 거의 동일하다.

그림 11.22 애플리케이션의 상세 화면

매니페스트 파일 변경을 통한 배포

PipeCD에서도 매니페스트 변경을 통한 배포를 확인해보자. 매니페스트를 변경하기 위해 작업 디렉터리에 리포지터리를 git clone한다.

```
(~/work/ch11) $ git clone git@github.com:[리포지터리 오너]/pipecd-examples.git
```

pipecd-examples/kubernetes/helm-local-chart/values.yaml 내용을 변경한다. 리스트 11.9와 같이 .replicaCount를 2로 변경한다.

리스트 11.9 helm-local-chart의 커스텀 values 파일 (~/work/ch11/pipecd-examples/kubernetes/helm-local-chart/values.yaml)

```
replicaCount: 2 # 변경 부분

image:
  repository: gcr.io/pipecd/helloworld
  tag: v0.5.0

fullnameOverride: helm-local-chart

service:
  port: 9085
```

변경은 다음과 같이 커밋하고 push한다.

```
(~/work/ch11/pipecd-examples) $ git add -A
(~/work/ch11/pipecd-examples) $ git commit -m "Increase the number of replicas"
(~/work/ch11/pipecd-examples) $ git push origin master
```

Auto Sync로 변경사항을 감지하여 파드가 2개로 증가한 것을 확인할 수 있다.

그림 11.23 Auto Sync에 의한 파드 증가

이것이 PipeCD의 지속적 전달 방법이다. 여기서는 쿠버네티스 애플리케이션을 다루었지만 Amazon ECS와 AWS Lambda, Cloud Run 등에서도 동일하게 배포할 수 있다. 여러 프로젝트에서 다양한 기술 스택을 다룰 때도 통합된 GitOps 프로세스를 제공할 수 있다는 것이 장점이다.

여기까지 Flux, Argo CD, PipeCD 배포를 알아보았다. 각각 도구의 컨셉은 달라도 GitOps의 기본 아이디어는 동일하다. 프로덕트의 유스 케이스와 조직의 상황에 맞춰 적절한 도구를 선택하도록 하자.

<table>
<tr><td>COLUMN</td><td>PipeCD에서 Control Plane과 Piped를 각각 구축하는 이유</td></tr>
</table>

PipeCD에서 Control Plane과 Piped를 각각 구축하는 데는 이유가 있다.

지속적 전달 시스템은 강력한 구조이지만 구축과 운영에는 시간이 필요하다. 여러 프로젝트를 함께 다룰 때는 더욱 그렇다.

여러 프로젝트를 진행 중인 기업에서는 지속적 전달을 Argo CD로 사내 기반화하여 제공하는 사례도 있다. Argo CD를 한 곳에서 관리하면 관리 공수를 줄일 수 있다.

Argo CD의 구축을 생각해보자. 11.3.1절에서는 Argo CD를 로컬 쿠버네티스 환경에 구축했다. 그림 11.24와 같이 Argo CD와 애플리케이션을 같은 클러스터에 배치했기 때문에 특별히 불편함을 느끼지 않았을 것이다.

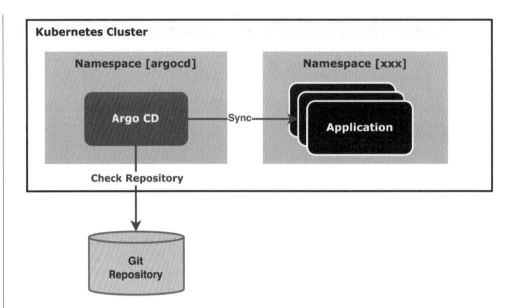

그림 11.24 애플리케이션과 Argo CD를 같은 클러스터에 배치하는 예

Argo CD로 여러 클러스터에 배포하는 상황을 생각해보자. 이때 Argo CD는 배포 대상 클러스터와는 다른 환경에 구축된다. Argo CD에서 배포 대상 클러스터를 조작하려면 그림 11.25와 같이 인터넷 또는 프라이빗 네트워크를 통해 인증이 필요하다. 이 점을 고려하여 환경을 구축해야 한다.

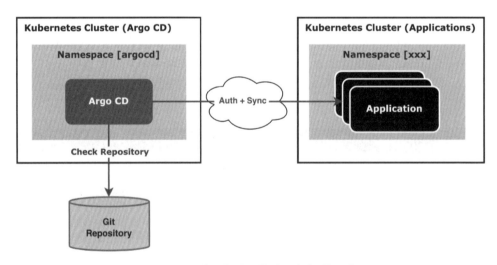

그림 11.25 네트워크를 통한 인증이 필요한 구성

반면 PipeCD에서는 클러스터 조작 부분을 Piped라는 에이전트가 담당한다. Piped는 각 프로젝트에서 배포 대상 클러스터에 배포되고 지속적 전달의 내부 기반이 되어 클러스터의 인증 프로세스를 스킵할 수 있다.

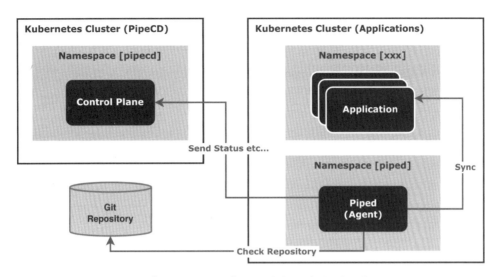

그림 11.26 PipeCD의 Control Plane과 Piped 구성

Piped의 지속적 전달 도구에서 배포 대상 클러스터로 인바운드 통신은 필요하지 않다. Piped에서 Control Plane에 아웃바운드 통신만으로 충분하다. PipeCD의 아키텍처는 보안을 강화한 후 대규모 조직에서 사용할 수 있도록 고안된 것이다.

Control Plane을 한곳에서 관리하면 PipeCD를 사내 기반으로 여러 프로젝트에 제공할 수 있다.

11.5 소프트웨어 전달의 완전 자동화

여기까지 Flux CD, Argo CD, PipeCD를 사용해 GitOps의 지속적 전달을 확인했다. 매니페스트 파일과 리포지터리의 commit, push만으로 자동 배포되므로 사용자가 kubectl을 사용할 필요가 없다.

그러나 소프트웨어 전달의 파이프라인은 이것만으로는 부족하다. 새로운 버전의 이미지를 배포할 때마다 개발자가 매니페스트 이미지 태그를 업데이트해야 한다.

따라서 GitOps 구조만으로는 코딩에서 배포까지의 프로세스를 완전히 자동화할 수 없다. 이를 해결하기 위해서는 CI와 GitOps를 결합한 소프트웨어 전달의 완전 자동화가 필요하다.

11.5.1 매니페스트로 정의하는 컨테이너 이미지 태그를 자동 업데이트하기

10.7절에서 컨테이너 이미지 빌드의 자동화를 확인했다. CI는 궁극적으로 컨테이너 레지스트리에

이미지 push까지 수행한다. 부족한 것은 '컨테이너 레지스트리의 새로운 이미지를 감지하고 매니페스트를 해당 이미지 태그로 덮어쓰기' 하는 작업이다. 이 프로세스를 자동화하면 CI와 GitOps를 소프트웨어 전달의 파이프라인으로 통합할 수 있다.

구축해야 할 소프트웨어 전달의 파이프라인 구성은 그림 11.27과 같다.

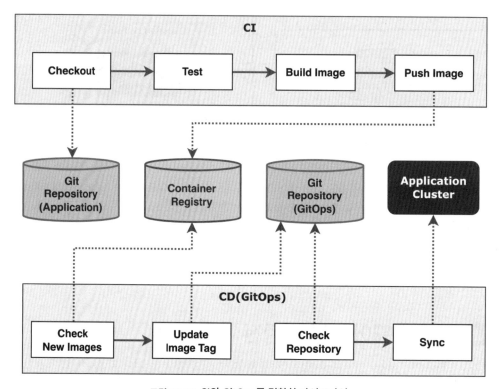

그림 11.27 CI와 GitOps를 결합한 파이프라인

여기서는 Flux를 예로 파이프라인을 구현한다.

Image reflector controller와 Image automation controller

Flux에서 이미지 업데이트를 트리거로 매니페스트 파일에 작성한 이미지 태그를 변경한다. Flux 표준에는 이런 기능이 없지만 Image reflector controller[27]와 Image automation controller[28]의 두 가지 추가 컴포넌트를 설치하면 구현할 수 있다.

---

27 https://github.com/fluxcd/image-reflector-controller
28 https://github.com/fluxcd/image-automation-controller

추가 컴포넌트는 `flux bootstrap github` 커맨드에 `--components-extra=image-reflector-controller`, `image-automation-controller` 옵션을 사용한다. 실제로 리스트 11.1에서 Flux 설치 시 이미 추가했다.

Image reflector controller와 Image automation controller의 역할은 그림 11.28과 같다.

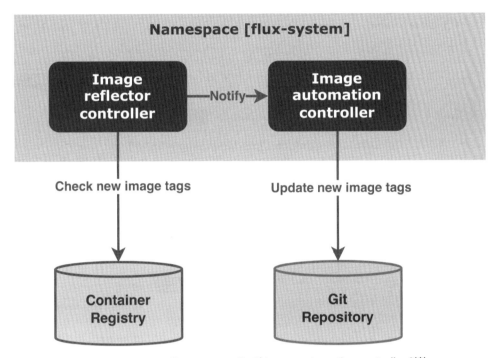

그림 11.28 Image reflector controller와 Image automation controller 역할

Image reflector controller는 일정한 간격으로 컨테이너 레지스트리를 확인하고 새로운 이미지 태그가 생성되었는지 확인한다.

새로운 이미지 태그가 존재할 때는 Image automation controller가 Git 매니페스트 파일에 작성된 이미지 태그를 덮어쓰고 push한다.

Git 리포지터리의 리비전이 새롭게 변경되므로 Flux는 새로운 리비전 내용에 따라 클러스터를 목표 상태로 만든다.

이미지를 빌드하는 리포지터리 생성하기
Git 리포지터리의 매니페스트를 자동으로 업데이트하기 위해서는 echo 애플리케이션의 이미지를 빌드하는 리포지터리가 필요하다.

템플릿 리포지터리로 github.com/jpubdocker/echo[29]를 준비했으므로 그림 11.29와 같이 [Use this template]를 사용해 자체 리포지터리를 생성하자. 이 리포지터리는 Private 상태여도 상관 없다.

그림 11.29 github.com/jpubdocker/echo 리포지터리

그림 11.30과 같이 리포지터리가 생성된다.

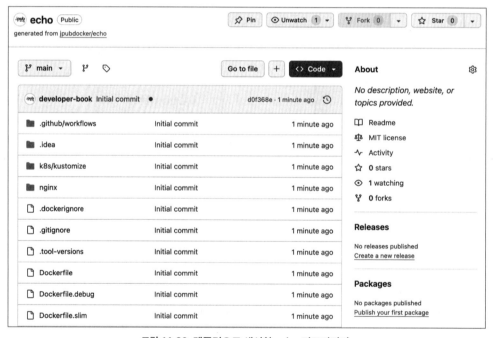

그림 11.30 템플릿으로 생성한 echo 리포지터리

---

29 https://github.com/jpubdocker/echo

템플릿으로 생성한 리포지터리를 로컬 작업 디렉터리에 clone한다.

```
(~/work/ch11) git clone git@github.com:$GITHUB_OWNER/echo.git
```

이 리포지터리는 이미 GitHub Actions에서 컨테이너 이미지를 빌드하기 위한 워크플로를 제공한 다.[30] `main` 브랜치로 변경사항을 push하거나 `v`로 시작하는 태그를 push하면 워크플로가 시작된다.

이 리포지터리에서 이미지를 빌드하기 위해서는 태그 `v0.1.0`을 생성하고 push한다.

```
(~/work/ch11/echo) $ git tag v0.1.0
(~/work/ch11/echo) $ git push origin v0.1.0
```

곧 이미지를 빌드하기 위한 워크플로(그림 11.31)가 실행된다.

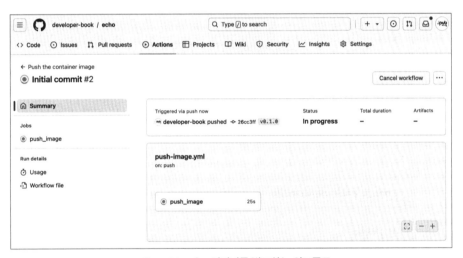

그림 11.31 echo 이미지를 빌드하는 워크플로

echo 리포지터리의 [Packages]에서 echo 이미지 패키지의 상세 화면(그림 11.32)으로 이동한다. 오른쪽 하단의 [Package settings]를 클릭한다.

---

30 `.github/workflows/push-image.yml` 파일을 참고하자.

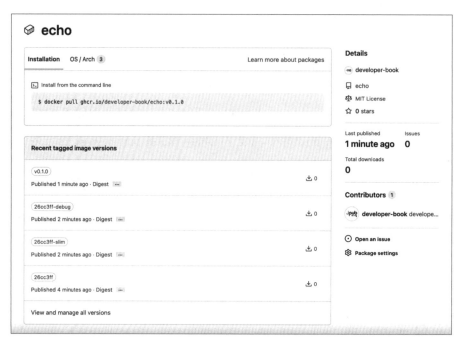

그림 11.32 echo 이미지의 패키지 페이지

컨테이너 이미지를 인증없이 pull하기 위해서는 [Change package visibility]를 Public으로 설정한다. Private는 Flux로 인증 정보를 설정하면 가능하지만, 여기에서는 무료 버전을 사용하므로 Public으로 설정한다.

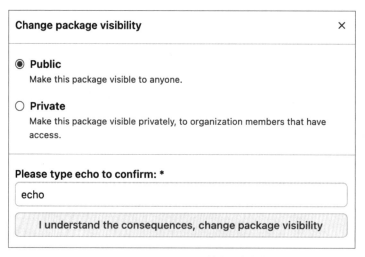

그림 11.33 Package 공개/비공개 설정

이미지 태그 자동 업데이트 설정

매니페스트에 작성한 이미지 태그를 자동으로 업데이트하는 설정을 진행해보자.

- ImageRepository 생성

ImageRepository 컴포넌트를 생성한다. ImageRepository는 모니터링할 컨테이너 레지스트리의 이미지 정보를 설정한다.

리스트 11.10의 커맨드를 실행하고 `echo` 명칭으로 ImageRepository를 생성한다.

리스트 11.10 ImageRepository 생성

```
(~/work/ch11/echo-bootstrap) $ flux create image repository echo \
  --image=ghcr.io/$GITHUB_OWNER/echo \
  --interval=1m \
  --export > ./flux-system/image-repository.yaml
```

`--image` 옵션은 모니터링 대상 이미지다.

`--interval` 옵션은 컨테이너 레지스트리에 대해 어떤 간격으로 새로운 이미지 태그를 체크할지 설정한다. 1m은 1분 간격을 의미한다.

`--export` 옵션은 ImageRepository를 매니페스트 파일에 출력하는 설정이다.

- ImagePolicy 생성

ImagePolicy 컴포넌트를 생성한다. ImagePolicy는 태그의 명명 규칙에 대한 정보를 설정한다.

리스트 11.11 커맨드를 실행하고, `echo` 명칭으로 ImagePolicy를 생성한다.

리스트 11.11 ImagePolicy 생성

```
(~/work/ch11/echo-bootstrap) $ flux create image policy echo \
  --image-ref=echo \
  --filter-regex='^(?P<version>v\d+\.\d+\.\d+(-\d+)?).*-slim' \
  --filter-extract='$version' \
  --select-alpha=asc \
  --export > ./flux-system/image-policy.yaml
```

`--image-ref` 옵션은 대상 ImageRepository의 이름이다. `echo`는 생성한 ImageRepository를 가리킨다.

`--filter-regex` 옵션은 해당 컨테이너 이미지 태그의 명명 규칙을 정규 표현식으로 설정한다. 10.7.3절에서 설명한 이미지 태그의 형식을 따르므로 `^(?P<version>v\d+\.\d+\.\d+(-\d+)?).*-slim`이라는 정규식을 사용한다. 예를 들면 다음과 같은 태그명과 일치한다.

- `v0.1.0-slim`(Git 태그의 push로 생성된 slim 이미지)
- `v0.1.0-1-g2a40c30-slim`(Git의 main 브랜치에 push하여 생성된 slim 이미지)

이번에는 정규 표현식으로 제어하지만 시맨틱 버전(`select-semver`)이나 자연수(`--select-numeric`) 태그를 위한 옵션도 제공한다.[31]

`--filter-extract` 옵션은 `--filter-regex`로 지정한 정규 표현식으로 명명된 캡쳐를 지정한다. 최신 이미지는 태그명 정렬로 계산하므로 태그 명명 규칙에 따른 조정이라고 보면 된다.

`--select-alpha` 옵션은 `--filter-*` 옵션의 설정에 따라 오름차순이나 내림차순으로 정렬한다. `asc`는 마지막 값을 최신 버전으로 인식한다.

- 자동 업데이트 대상 매니페스트 설정

자동 업데이트 대상이 되는 애플리케이션의 매니페스트도 설정이 필요하다.

echo-bootstrap 리포지터리의 `deployment.yaml`을 리스트 11.12와 같이 수정한다.

리스트 11.12 자동 업데이트를 설정하는 매니페스트 파일 (~/work/ch11/echo-bootstrap/deployment.yaml)

```
apiVersion: apps/v1
kind: Deployment
metadata:
  name: echo
  labels:
    app.kubernetes.io/name: echo
spec:
  replicas: 2
  selector:
    matchLabels:
      app.kubernetes.io/name: echo
  template:
    metadata:
      labels:
        app.kubernetes.io/name: echo
```

---

[31] 자세한 내용은 https://fluxcd.io/flux/cmd/flux_create_image_policy/에서 확인할 수 있다.

```
      spec:
        containers:
        - name: nginx
          image: ghcr.io/jpubdocker/simple-nginx-proxy:v0.1.0
          env:
          - name: NGINX_PORT
            value: "80"
          - name: SERVER_NAME
            value: "localhost"
          - name: BACKEND_HOST
            value: "localhost:8080"
          - name: BACKEND_MAX_FAILS
            value: "3"
          - name: BACKEND_FAIL_TIMEOUT
            value: "10s"
          ports:
          - name: http
            containerPort: 80
        - name: echo
          # 1 빌드한 컨테이너 이미지
          image: ghcr.io/[리포지터리 오너]/echo:v0.1.0-slim # {"$imagepolicy": "flux-
    system:echo"}
```

수정한 부분은 1 부분이다. 앞의 GitHub Actions 워크플로에서 빌드한 컨테이너 이미지로 변경한다. [리포지터리 오너] 부분도 수정한다. ImagePolicy에서 정규 표현식으로 -slim 이미지를 설정했으므로 태그는 v0.1.0-slim으로 지정한다.

{"$imagepolicy": "flux-system:echo"} 커맨드는 Image automation controller가 변경사항을 인식하기 위해 필요하다. ImagePolicy는 echo라는 이름으로 flux-system의 네임스페이스에 생성되므로 flux-system:echo가 된다.

- ImageUpdateAutomation 생성

ImageUpdateAutomation 컴포넌트를 생성한다. ImageUpdateAutomation은 태그의 자동 업데이트 설정이다.

리스트 11.13 커맨드를 실행하고 echo 이름으로 ImageUpdateAutomation을 생성한다.

리스트 11.13 ImageUpdateAutomation 생성

```
(~/work/ch11/echo-bootstrap) $ flux create image update flux-system \
  --git-repo-ref=flux-system \
  --git-repo-path="." \
```

```
--checkout-branch=main \
--push-branch=main \
--author-name=Flux \
--author-email="flux@example.com" \
--commit-template="{{range .Updated.Images}}{{println .}}{{end}}" \
--export > ./flux-system/image-automation.yaml
```

옵션의 상세 설명은 생략하지만 이미지 태그 자동 업데이트를 활성화하고 자동으로 GitOps 리포지터리에 commit, push하도록 설정되어 있다.

여기까지 --export로 출력한 매니페스트 파일은 다음과 같이 ./flux-system/kustomization.yaml에 추가한다.

```
(~/work/ch11/echo-bootstrap/flux-system) $ kustomize edit add resource image-repository.yaml
(~/work/ch11/echo-bootstrap/flux-system) $ kustomize edit add resource image-policy.yaml
(~/work/ch11/echo-bootstrap/flux-system) $ kustomize edit add resource image-automation.yaml
```

여기까지 변경한 내용을 반영하고 main 브랜치에 push한다.

```
(~/work/ch11/echo-bootstrap) $ git add -A
(~/work/ch11/echo-bootstrap) $ git commit -m "Prepare auto-update settings"
(~/work/ch11/echo-bootstrap) $ git push origin main
```

다음과 같이 kustomize 커맨드로 매니페스트 파일을 생성하고 자동 업데이트 관련 설정을 직접 반영한다.[32]

```
(~/work/ch11/echo-bootstrap) $ kustomize build ./flux-system | kubectl apply -f -
```

다음과 같이 관련 리소스가 표시되면 설정 완료다.

```
$ kubectl -n flux-system get imagerepository,imagepolicy,imageupdateautomation
NAME                                             LAST SCAN             TAGS
imagerepository.image.toolkit.fluxcd.io/echo 2025-01-18T17:23:07Z 6

NAME                                             LATESTIMAGE
imagepolicy.image.toolkit.fluxcd.io/echo ghcr.io/developer-book/echo:v0.1.0-slim
```

---

32   원래는 `reconcile kustomization flux-system --with-source` 커맨드로 반영하지만 현행 버전에서는 Flux2의 버그 문제로 동작하지 않는다.

```
NAME                                                           LAST RUN
imageupdateautomation.image.toolkit.fluxcd.io/flux-system 2025-01-18T17:23:08Z
```

코드를 변경하고 새로운 버전의 이미지 빌드하기

매니페스트 파일의 이미지 태그를 업데이트하기 위해 echo 리포지터리 코드를 변경하고 새 이미지를 빌드한다.

main.go를 변경해보자. 변경은 어떤 부분이라도 상관없으므로 리스트 11.14와 같이 [Hello Container!!]를 [Hello GitOps!!]로 변경한다.

리스트 11.14 ~/work/ch11/echo/main.go

```
func main() {
  http.HandleFunc("/", func(w http.ResponseWriter, r *http.Request){
    log.Println("Received request")
    fmt.Fprintf(w, "Hello GitOps!!") // 변경 부분
  })
// 이하 생략...
```

변경사항을 main 브랜치에 push한다.

```
(~/work/ch11/echo) $ git add -A
(~/work/ch11/echo) $ git commit -m "Change response message"
(~/work/ch11/echo) $ git push origin main
```

곧 GitHub Actions의 워크플로가 실행된다. 몇 분 후 새로운 이미지가 빌드되고 그림 11.34와 같이 v0.1.0-1의 이미지를 확인할 수 있다.

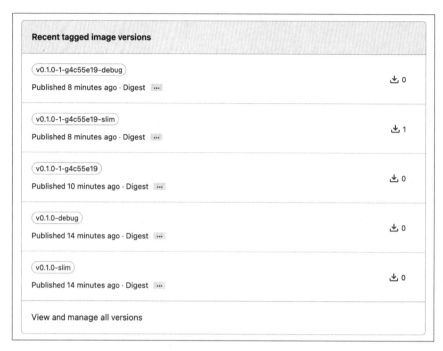

그림 11.34 새롭게 빌드된 이미지

Image reflector controller가 새로운 이미지를 감지하고, Image automation controller가 새로운 이미지 태그로 매니페스트 파일을 그림 11.35와 같이 변경한다.

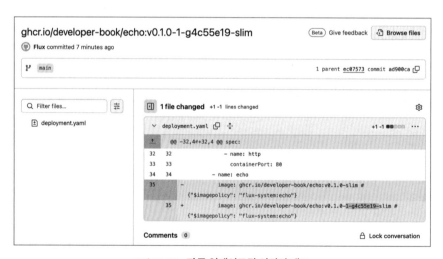

그림 11.35 자동 업데이트된 이미지 태그

이제 리포지터리가 새로운 리비전으로 변경되므로 클러스터의 디플로이먼트가 업데이트되고 새로운 파드가 생성된다. 이것이 Flux를 사용해 이미지를 자동으로 업데이트하는 구조다.

다른 GitOps 도구에도 비슷한 구조가 존재한다. Argo CD는 Argo CD Image Updater[33]를 도입하여 구현할 수 있다. PipeCD에서는 <span sakuin"Event watcher">Event watcher[34]를 사용해 구현할 수 있다.

COLUMN **GitOps에 승인 프로세스 넣기**

지금까지 확인한 자동 업데이트 구조는 새로운 이미지가 생성될 때마다 배포되었다. `main` 브랜치에 예외 없이 push하기 때문이다. 그러나 환경과 운영에 따라 자동으로 배포되는 것이 문제가 될 수도 있다.

이러한 상황에서는 승인 프로세스를 넣는 방식이 많다. 가장 기본적인 방법은 Pull Request를 활용하는 방법이다. Pull Request를 자동으로 생성하는 구조로 만들면 바로 `main` 브랜치에 push되지 않으므로 머지 타이밍을 개발자가 제어할 수 있다.

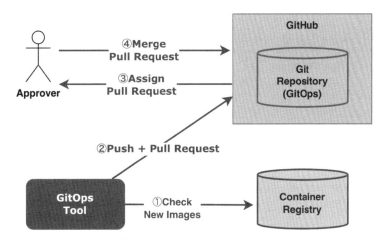

그림 11.36 **Pull Request를 사용한 GitOps 승인 프로세스**

Flux의 ImageUpdateAutomation으로 구현한다면 `main` 이외의 브랜치에 push하고 해당 브랜치의 Pull Request를 자동으로 생성하는 구조로 구현할 수 있다.[35]

또한 PipeCD는 WAIT_APPROVAL[36]이라는 승인 스테이지 추가 기능을 표준으로 제공한다.

---

33 https://argocd-image-updater.readthedocs.io/en/stable/

34 https://pipecd.dev/docs-v0.45.x/user-guide/event-watcher/

35 peter-evans/create-pull-request(https://github.com/marketplace/actions/create-pull-request) 등의 액션을 활용할 수 있다.

36 https://pipecd.dev/docs-dev/user-guide/managing-application/customizing-deployment/adding-a-manual-approval/

CHAPTER

12

컨테이너의
다양한 활용 방법

앞에서는 컨테이너를 사용한 웹 애플리케이션 구축과 쿠버네티스에서 컨테이너 오케스트레이션 등을 사용하는 방법에 대해 알아보았다. 이번 장에서는 팀 개발에서 개발 환경의 통일과 컨테이너에서 커맨드 라인 도구의 이용, 부하 테스트에서 사용 등의 활용 방법을 설명한다.

12.1 팀 개발에서 개발 환경을 통일하고 공유하기

컨테이너의 강점은 뛰어난 이식성으로 인해 높은 재현성을 확보할 수 있다는 것이다. 3.3절에서 설명한 대로 애플리케이션과 미들웨어의 동작을 환경 변수로 제어할 수 있도록 하면 컨테이너 이미지의 추상도를 높일 수 있게 되므로, 다양한 환경에서 배포가 쉬워진다.

개발과 운영 환경에서 모두 재현이 가능하도록 하는 배포 구현 방식인데, 여러 명이 함께 개발하는 팀에서 개발 환경의 공유와 통일을 위해서도 유용하게 활용할 수 있다.

12.1.1 사용하는 소프트웨어와 도구 통일하기

팀 개발에서는 사용하는 도구와 버전이 통일되어 있어야 불필요한 트러블을 피할 수 있다. 여러 프로젝트를 함께 진행할 때는 프로젝트를 전환하면서 호스트 환경이 오염될 수도 있다. 이와 같은 문제를 피하기 위해서 호스트로부터 격리하고 필요한 도구를 포함하는 컨테이너를 공통 개발 환경으로 제공하는 것이 좋다.

예를 들어 MySQL과 Redis와 같은 데이터 스토어를 사용하려면 이들을 조작하기 위한 클라이언트 도구가 필요하다. 고성능 MySQL 클라이언트인 mycli[1]와 Redis 클라이언트인 Redis Cli[2]를 포함하는 redis-tools와 같은 도구를 팀 표준으로 사용하는 것을 생각해보자.

먼저 작업 디렉터리를 생성한다.

```
$ mkdir -p ~/work/ch12/workspace/
```

작업 디렉터리에 리스트 12.1과 같이 Dockerfile을 생성한다.

리스트 12.1 **다양한 CLI 도구를 포함하는 Dockerfile (~/work/ch12/workspace/Dockerfile)**
```
FROM ubuntu:23.10

# 1 타임존 설정
ENV TZ="Asia/Seoul"
RUN ln -snf /usr/share/zoneinfo/$TZ /etc/localtime && echo $TZ >
/etc/timezone
# 2 패키지를 업데이트하고, mycli와 redis-tools 설치
RUN apt update
RUN apt -y install \
  mycli redis-tools \
  iputils-ping net-tools dnsutils telnet tcpdump traceroute

CMD ["/bin/bash"]
```

1에서는 컨테이너에 타임존을 설정한다. apt로 도구를 설치하는 동안 대화식으로 타임존 시간대를 요청받는 상황에서는 컨테이너 빌드가 잠시 중단된다. 따라서 타임존이 설정되어 있으면 지체 없이 설치를 완료할 수 있다.

2에서는 apt로 mycli와 redis-tools를 설치한다. 또한 네트워크 관련 유틸리티도 설치한다.

이 이미지는 '하나의 컨테이너에 하나의 관심사'를 벗어나는 것이지만 애플리케이션을 배포하는 것은 아니므로 허용한다.

다음과 같이 이미지를 빌드하고, workspace라는 컨테이너로 실행한다.

---

[1] https://github.com/dbcli/mycli
[2] https://redis.io/docs/connect/cli/

```
(~/work/ch12/workspace) $ docker image build -t ch12/workspace:latest .

$ docker container run --rm --name workspace -it ch12/workspace:latest
root@ac0a4933465a:/#
```

이처럼 컨테이너를 간단한 OS와 같이 다루면서 필요한 도구를 사용할 수 있다. 또한 네트워크 관련 유틸리티도 준비해두면 다른 컨테이너와 소통하는 등 디버깅 용도로도 사용할 수 있다. 컨테이너 이미지를 다른 팀 멤버와 공유하면 멤버도 동일한 환경을 경험을 할 수 있다.

필자도 이와 같이 컨테이너를 유용하게 활용하고 있다. 개발 시에는 도구의 다양한 설치 방법을 문서로 작성하는 것보다 해당 도구를 작성한 Dockerfile과 이미지를 공유하는 것이 더 빠를 때가 많다.

쿠버네티스에서도 동일하다. kubectl로 실행한 컨테이너는 쿠버네티스 클러스터에 위치하므로 디버깅은 물론이고, 생성한 서비스의 통신 확인 등에도 사용할 수 있다.

```
$ kubectl run -i --rm --tty workspace --image=ch12/workspace:latest --restart=Never -- bash
-il
```

12.1.2 개발 환경과 집단 지성

팀 내에서 통일된 개발 환경이 컨테이너로 제공된다는 점은 매우 의미가 있다. 개발 환경의 공유는 많은 개발자의 수고를 덜어주는데, 이점은 그것뿐만이 아니다.

팀 개발에서는 각자가 정통한 분야가 있으며 개발의 방법이나 도구도 각자의 방식이 있다. 따라서 개발 환경을 통일하는 것은 각자가 가진 노하우를 팀에 공유하고, 집단 지성을 활용하는 것이라고 볼 수 있다.

이를 구현하기 위해 통일된 개발 환경을 컨테이너로 사용하는 것은 매우 좋은 선택이다.

Dockerfile로 순서를 프로그래머블하게 작성할 수 있으며, 빠른 컨테이너의 가동과 파기가 가능하므로 개발 환경에서는 해당 상황에 맞는 최고의 방법을 사용할 수 있다.

개발 환경의 컨테이너화는 스펙 도입도 진행하고 있다. Microsoft가 중심이 되어 책정한 Development Containers(devcontainer)는 컨테이너(도커)를 활용하여 개발 환경을 통일하는 스펙[3]이다. Visual Studio Code에서 사용해본 독자도 많을 것이다.

COLUMN **컨테이너가 Vagrant를 대체할 수 있을까?**

개발 환경의 통일과 공유 방법으로 Vagrant[4]는 지금도 많이 사용되고 있다. 컨테이너 기술의 보급으로 인해 컨테이너로 Vagrant의 역할을 대체하려고 생각하는 사람도 많을 것이다.

컨테이너는 가동이 빠르고 볼륨 마운트 구조를 사용하여 호스트와 파일 시스템도 공유할 수 있으므로 Vagrant보다 좋아 보일 수도 있다. 필자도 이전에는 Vagrant를 애용했지만 현재는 로컬 환경에서는 컨테이너만 사용하고 있다.

그러나 Vagrant의 대안으로 컨테이너를 적극 사용해야 하는가 하면 반드시 그렇다고는 볼 수 없다. 신중한 검토 없이 가볍게 변경하는 일은 피해야 한다고 생각한다.

Vagrant를 사용하는 경우를 생각해보자. 현재 운영 환경에서 컨테이너를 사용하지 않고 Vagrant로 안정적인 개발 환경을 구축할 수 있다면 교체는 필요하지 않다.

컨테이너형 가상화 기술은 파일 시스템을 구획화하는 것에 불과하므로 완전 가상화로 볼 수는 없다. 컨테이너로 실행하지 않는 애플리케이션은 OS 상태에 의존하는 경우가 대부분이다. 따라서 구성을 극한까지 떨어뜨린 컨테이너에서는 기대처럼 동작하지 않을 수도 있다. 또한 이 문제 해결을 위해 번거로운 작업이 발생할 수 있다.

로컬의 경량화를 위해 Vagrant에서 컨테이너로 교체했다고 생각해보자. 로컬 테스트 환경에서는 가볍게 동작할지 몰라도 비컨테이너 환경의 서버에 배포했을 때는 환경 차이로 인한 트러블 발생 가능성이 높아진다. 결국 컨테이너를 운영 환경에서도 함께 사용하지 않으면 이식성을 확보할 수 없다.

컨테이너를 Vagrant의 대체제로 사용하기 위해서는 개발 환경과 운영 환경 모두 컨테이너화하지 않으면 장점을 충분히 살릴 수 없다.

컨테이너 그룹으로 구성된 시스템은 컨테이너와 컨테이너 오케스트레이션으로 구성하는 것이 좋다. 앞에서 언급한 workspace 컨테이너는 단순한 OS로 사용하고 있었으므로 Vagrant에 가까운 사용법이었지만, 애플리케이션과 미들웨어의 컨테이너는 포함하지 않는다. 이와 같은 개발 보조 도구는 컨테이너나 Vagrant로 대체할 수 있다.

필자의 생각을 정리하면 다음과 같다. 다양한 사례가 있지만 기본적으로는 이 기준을 참고하면 좋다.

- 완전하게 컨테이너로 구성된 시스템은 Vagrant가 아닌 컨테이너를 사용
- 컨테이너를 사용하지 않는 애플리케이션과 미들웨어는 Vagrant를 대체할 필요가 없음
- Vagrant에서 컨테이너로 교체하려면 운영 환경까지 컨테이너 사용을 전제로 하여 충분한 검증과 테스트 진행

또한 Vagrant의 표준 가상화 소프트웨어인 VirtualBox는 개발 단계이지만 Apple silicon도 지원한다. Windows에서는 WSL2의 사용이 증가하고 있으며, Multipass[5] 가상화 소프트웨어 사용도 증가하고 있다.

---

3 https://containers.dev/
4 VirtualBox 등 가상화 소프트웨어로 실행되는 가상 머신에 개발 환경에서 사용하는 애플리케이션이나 미들웨어를 간단하게 구축하기 위한 도구. https://www.vagrantup.com/
5 https://canonical.com/multipass

12.2 커맨드 라인 도구를 컨테이너에서 사용하기

컨테이너의 사용은 웹서버와 미들웨어, 배치 작업 등의 애플리케이션뿐만 아니라 다른 곳에서도 사용한다. 커맨드 라인 도구CLI도 컨테이너에 효과적으로 사용할 수 있는 영역 중 하나다.

12.2.1 Trivy를 컨테이너에서 실행하기

10.6.5절에서는 Trivy를 사용해 컨테이너 이미지 취약성 체크를 알아보았다. 앞에서는 Trivy를 asdf로 로컬 환경에 설치했지만 여기서는 컨테이너를 사용해 실행해보자.

먼저 컨테이너를 사용하지 않는 커맨드를 확인해보자. nginx:1.25.1의 이미지를 스캔하려면 다음 커맨드를 사용한다.

```
$ trivy image nginx:1.25.1
```

Trivy는 리스트 12.2의 커맨드로 실행할 수 있다.

리스트 12.2 컨테이너에서 Trivy 실행 커맨드

```
$ docker container run --rm -it aquasec/trivy:0.45.0 image nginx:1.25.1
```

docker container run은 컨테이너에서 실행하는 커맨드를 인수로 전달할 수 있다. aquasec/trivy:0.45.0의 이미지는 ENTRYPOINT에 trivy 커맨드를 지정하고 있으므로 trivy 뒤의 인수를 작성한다. 실행 후에는 컨테이너를 남길 필요가 없으므로 --rm 옵션도 추가한다.

커맨드를 실행하면 그림 12.1과 같이 trivy가 컨테이너에서 실행된다.

```
jpub@Mac workspace % docker container run --rm -it aquasec/trivy:0.45.0 image nginx:1.25.1
2024-10-03T14:35:24.230Z    INFO    Need to update DB
2024-10-03T14:35:24.230Z    INFO    DB Repository: ghcr.io/aquasecurity/trivy-db
2024-10-03T14:35:24.230Z    INFO    Downloading DB...
53.96 MiB / 53.96 MiB [-----------------------------------------------------------] 100.00% 7.10 MiB p/s 7.8s
2024-10-03T14:35:33.522Z    INFO    Vulnerability scanning is enabled
2024-10-03T14:35:33.526Z    INFO    Secret scanning is enabled
2024-10-03T14:35:33.526Z    INFO    If your scanning is slow, please try '--scanners vuln' to disable secret scanning
2024-10-03T14:35:33.527Z    INFO    Please see also https://aquasecurity.github.io/trivy/v0.45/docs/scanner/secret/#recommendation
```

그림 12.1 컨테이너에서 실행되는 trivy

지정한 이미지가 존재하지 않으면 docker container run 실행 시 자동으로 이미지를 다운로드한다. 따라서 처음 사용할 때도 큰 번거로움은 없다.

볼륨 마운트하여 컨테이너 실행하기

CLI를 컨테이너에서 사용할 때 컨테이너에는 없는 파일이 필요할 수 있다. 이때는 볼륨 마운트를 사용한다. Trivy의 설정 파일인 `trivy.yaml`을 사용해보자.

```
$ mkdir -p ~/work/ch12/trivy
```

작업 디렉터리를 생성하고, `trivy.yaml`(리스트 12.3)을 작성한다. `CRITICAL` 수준의 취약성만 체크하도록 설정한다.

리스트 12.3 Trivy 설정 파일 (~/work/ch12/trivy/trivy.yaml)

```
scan:
  scanners:
    - vuln

severity:
  - CRITICAL
```

리스트 12.4의 커맨드로 Trivy를 실행한다.

리스트 12.4 볼륨 마운트를 사용한 Trivy 실행 커맨드

```
(~/work/ch12/trivy) $ docker container run --rm -v .:/var/lib/trivy -it aquasec/trivy:0.45.0 \
-c /var/lib/trivy/trivy.yaml image nginx:1.25.1
```

`-v [호스트 디렉터리]:[컨테이너 디렉터리]` 옵션으로 디렉터리를 마운트할 수 있다. 여기서는 현재 디렉터리를 `/var/lib/trivy` 디렉터리에 마운트한다.

컨테이너 이미지 뒤의 인수는 `trivy` 커맨드에 전달되는 인수다. `-c /var/lib/trivy/trivy.yaml`로 Trivy 설정 파일을 지정한다.

커맨드를 실행하면 그림 12.2와 같은 결과를 확인할 수 있다. 마운트한 `trivy.yaml`이 사용되는 것을 확인할 수 있다.

```
jpub@Mac trivy % docker container run --rm -v .:/var/lib/trivy -it aquasec/trivy:0.45.0 \
-c /var/lib/trivy/trivy.yaml image nginx:1.25.1

2024-10-03T14:41:21.437Z    INFO    Loaded /var/lib/trivy/trivy.yaml
2024-10-03T14:41:21.452Z    INFO    Need to update DB
2024-10-03T14:41:21.452Z    INFO    DB Repository: ghcr.io/aquasecurity/trivy-db
2024-10-03T14:41:21.452Z    INFO    Downloading DB...
53.96 MiB / 53.96 MiB [--------------------------------------------------] 100.00% 7.95 MiB p/s 7.0s
2024-10-03T14:41:29.595Z    INFO    Vulnerability scanning is enabled
2024-10-03T14:41:38.511Z    INFO    JAR files found
2024-10-03T14:41:38.512Z    INFO    Java DB Repository: ghcr.io/aquasecurity/trivy-java-db:1
2024-10-03T14:41:38.512Z    INFO    Downloading the Java DB...
649.13 MiB / 649.13 MiB [-------------------------------------------------] 100.00% 8.58 MiB p/s 1m16s
2024-10-03T14:42:56.103Z    INFO    The Java DB is cached for 3 days. If you want to update the database more frequently, the '--reset'
flag clears the DB cache.
2024-10-03T14:42:56.124Z    INFO    Analyzing JAR files takes a while...
2024-10-03T14:42:56.299Z    INFO    Detected OS: debian
2024-10-03T14:42:56.301Z    INFO    Detecting Debian vulnerabilities...
2024-10-03T14:42:56.334Z    INFO    Number of language-specific files: 0

nginx:1.25.1 (debian 12.1)
```

그림 12.2 볼륨 마운트 설정 파일을 사용하여 Trivy 실행

컨테이너에서 출력한 파일을 그대로 로컬 환경에서 참조할 수 있다.

trivy 커맨드는 -f 옵션으로 결과 파일 포맷을 지정하고, -o 옵션으로 출력 대상 경로를 지정할 수 있다. 리스트 12.5 커맨드와 같이 결과를 컨테이너 /var/lib/trivy/results.json에 JSON으로 출력한다.

리스트 12.5 마운트한 디렉터리에 JSON 파일을 출력하는 커맨드

```
(~/work/ch12/trivy) $ docker container run --rm -v .:/var/lib/trivy -it aquasec/trivy:0.45.0
\
-c /var/lib/trivy/trivy.yaml -f json -o /var/lib/trivy/results.json image nginx:1.25.1
```

이 커맨드를 실행하면 현재 디렉터리에 results.json이 출력된다.

```
(~/work/ch12/trivy) $ ls -l
-rw-r--r-- 1 jpub staff 46046  10  3 23:46  results.json
-rw-r--r-- 1 jpub staff    54  10  3 23:39  trivy.yaml
```

볼륨 마운트를 활용하면 호스트와 컨테이너 간 파일을 쉽게 전달할 수 있다.

이와 같이 컨테이너를 사용하면 CLI 도구를 호스트에 설치하지 않고도 사용할 수 있다. 설치가 복잡한 도구를 컨테이너로 대체할 수 있으며, 다양한 버전의 컨테이너 이미지가 제공되므로 버전의 전환도 간단하다.

계속 언급한 대로 컨테이너는 하나의 애플리케이션으로 동작한다. 따라서 많은 컨테이너 레지스트리는 공식 또는 사용자 수가 많은 컨테이너를 싱글 애플리케이션 동작 형태로 배포한다. 애플리케이션의 실행 관점에서는 Vagrant나 시스템 컨테이너 등을 넘어선다고 할 수 있다.

또한 컨테이너는 일회성 스크립트 실행 환경으로도 우수하다. 이제 컨테이너에서 CLI 도구와 스크립트를 활용하는 방법에 대해 알아보자.

12.2.2 셸 스크립트를 컨테이너에서 실행하기

Trivy를 컨테이너에서 사용하는 예는 일반 CLI 실행을 단순히 컨테이너에서 실행하는 것으로 변경한 것이다. 특정 CLI 도구를 1회만 사용한다. 배포와 운영 단계에서 작업 프로세스를 기술하는 셸 스크립트는 실제로는 다양한 도구를 사용해 실행하는 경우가 많을 것이다. 이와 같은 도구를 가져오는 작업이나 작업 프로세스를 코드로 관리할 수 있으면 작업 효율을 높일 수 있으므로, 이러한 상황에서도 컨테이너를 효과적으로 사용할 수 있다.

스크립트를 여러 환경에 배포하는 것을 고려하면 필요한 도구와 라이브러리가 보장되는 환경을 준비하는 것이 중요하다. 작성한 셸 스크립트가 특정 OS와 환경에서 의도대로 동작하지 않았던 경험이 있을 것이다. 기본적으로 제공되는 커맨드나 셸의 차이, 특히 가장 널리 사용되는 bash 3과 4 버전도 동작이 다르다는 것을 알아야 한다.

스크립트가 의존하는 도구와 라이브러리 버전을 변경하는 것만으로도 실행 환경에 있는 다른 도구의 동작이 바뀌는 부작용이 발생할 수도 있다. 셸 스크립트는 쉽고 편리하지만 모든 환경에서 동작을 보증하려면 다양한 관리가 필요하다.

환경 차이에 따라 발생하는 불필요한 문제를 피하기 위해 스크립트를 의존 도구와 함께 컨테이너로 격리시키는 방법도 있다. 이는 이식성 향상을 위한 매우 효과적인 방법이다.

예를 들어 jq에 의존하는 셸 스크립트인 show-attr.sh(리스트 12.6)를 컨테이너에서 실행한다고 생각해보자. show-attr.sh는 지정된 속성값을 JSON에 출력하는 처리를 한다.

리스트 12.6 jq를 실행하는 셸 스크립트 (~/work/ch12/show-attr/show-attr.sh)

```sh
#!/bin/sh

ATTR=$1
if [ "$ATTR" = "" ]; then
  echo "required attribute name argument" 1>&2
  exit 1
fi
```

```
echo '{
  "id": 100,
  "username": "jpub",
  "comment": "Finally, jq version 1.7 has been released."
}' | jq -r ".$ATTR"
```

이 스크립트를 실행하기 위한 Dockerfile(리스트 12.7)을 생성한다.

리스트 12.7 show-attr.sh를 실행하기 위한 Dockerfile (~/work/ch12/show-attr/Dockerfile)

```
FROM --platform=$BUILDPLATFORM ubuntu:23.10 AS build

ARG TARGETARCH

RUN apt update
RUN apt install -y curl

RUN curl -L -o /tmp/jq https://github.com/jqlang/jq/releases/download/jq-1.7/jq-linux-
${TARGETARCH}
RUN chmod +x /tmp/jq

FROM gcr.io/distroless/base-debian11:debug

COPY --from=build /tmp/jq /usr/local/bin/
COPY show-attr.sh /usr/local/bin/

ENTRYPOINT ["sh", "/usr/local/bin/show-attr.sh"]
CMD [""]
```

Multi-stage builds를 사용해 Distroless를 베이스로 컨테이너 이미지를 생성한다. build 스테이지에서 다운로드한 jq와 show-attr.sh를 복사한다.

show-attr.sh는 ENTRYPOINT에 설정하고 인수만 전달하면 컨테이너에서 스크립트를 실행할 수 있다.

ch12/show-attr:latest라는 이미지 태그로 빌드한다.

```
(~/work/ch12/show-attr) $ docker image build -t ch12/show-attr:latest .
```

docker container run 커맨드로 스크립트를 실행한다. 인수에 username을 지정했으므로 JSON의 username값이 반환된다.

```
(~/work/ch12/show-attr) $ docker container run --rm ch12/show-attr:latest username jpub
```

CLI 도구와 셸 스크립트는 컨테이너로 편리하게 실행할 수 있다.

컨테이너에서 CLI 도구를 도입하면 호스트 안정 버전과 컨테이너 개발 버전 같은 구분이 간단해진다.

컨테이너가 없는 시대의 셸 스크립트는 의존하는 도구나 라이브러리의 관리가 어려웠으며, 무엇보다 스크립트를 보는 것만으로는 필요한 부분을 짐작할 수 없다는 등의 불편함도 많았다.

컨테이너를 통해 실행 환경별로 분리하는 방법은 이식성 담보는 물론이고, Dockerfile에 필요한 도구와 라이브러리가 명시된다는 장점도 있다. 게다가 CI/CD에서 스크립트를 포함한 컨테이너 자체를 테스트할 수도 있다.

12.3 부하 테스트

컨테이너의 효과적인 활용 방법 중 하나로 컨테이너를 사용한 부하 테스트가 있다. 컨테이너 복제와 복수의 노드에 배포하여 생성하는 HTTP Request 수를 한계까지 끌어올릴 수 있기 때문이다.

Locust라는 부하 테스트 도구를 사용해 부하 테스트를 확인해보자.

작업 디렉터리로 ~/work/ch12/locust/를 생성하고 해당 위치로 이동한다.

```
$ mkdir -p ~/work/ch12/locust/
```

12.3.1 Locust 개요

Locust는 부하 테스트 도구 중 하나로, 여러 worker를 사용하여 분산 실행도 가능하다.[6] 컨테이너는 수를 쉽게 증감할 수 있으므로 Locust와 같은 분산 처리 작업에도 적합하다.

Locust는 파이썬으로 작성되었으므로 부하 테스트 시나리오를 파이썬으로 작성할 수 있다. 프로그래머블하게 시나리오를 작성할 수 있으므로 자유도와 민첩성이 뛰어나다.

6　부하 테스트 도구로는 Jmeter가 유명하고 고급 기능을 제공하지만, GUI 조작부터 부하 테스트 실행까지 여러 단계가 필요하므로 테스트 실행까지는 나름대로 문턱이 높다.

확인을 위해 `locustfile.py` 파일(리스트 12.8)을 생성한다.

리스트 12.8 Locust 시나리오 구현 (~/work/ch12/locust/locustfile.py)

```python
from locust import HttpUser, task, between

class EchoUser(HttpUser):
  wait_time = between(1, 5)

  @task
  def index(self):
    self.client.get("/")
```

이 시나리오는 매우 간단하다. `/`에 GET Request 시나리오를 정의한다.

생성한 `locustfile.py`는 12.3.2에서 사용한다.

12.3.2 쿠버네티스에서 애플리케이션의 부하 테스트

Locust 실행 및 부하 테스트 대상 애플리케이션은 로컬 쿠버네티스 환경에 구축한다.

부하 테스트 대상을 쿠버네티스에 배포하기

부하 테스트 대상이 되는 환경이 필요하므로 로컬 쿠버네티스 환경에 Helm을 사용해 echo 애플리케이션을 구축한다.

`echo-values.yaml`(리스트 12.9)을 생성하고, 파드를 여러 개 실행하도록 설정한다.

리스트 12.9 replicaCount를 덮어쓰는 커스텀 values 파일 (~/work/ch12/locust/echo-values.yaml)

```yaml
replicaCount: 3
```

Helm으로 echo 애플리케이션을 `load-test`라는 네임스페이스에 배포한다.

```
(~/work/ch12/locust) $ helm install echo oci://ghcr.io/jpubdocker/chart/echo --version
v0.0.1 \
  --create-namespace \
  --namespace load-test \
  --values ./echo-values.yaml
```

Locust를 쿠버네티스에 배포하기

이제 Locust를 로컬 쿠버네티스 환경에 배포한다.

시나리오를 작성하는 `locustfile.py`를 파드에 볼륨 마운트하기 위해 설정 파일을 다루는 리소스인 ConfigMap을 생성한다. ConfigMap은 처음이지만 사용 방법은 시크릿과 크게 다르지 않다. 보안 정보를 취급하는 경우는 시크릿, 그렇지 않으면 ConfigMap으로 구분한다.

시크릿과 동일하게 `kubectl create configmap` 커맨드를 사용해 파일에서 매니페스트 파일을 생성할 수 있다.

리스트 12.10 커맨드로 `configmap.yaml` 파일로 출력한다.

리스트 12.10 locustfile.py를 ConfigMap으로 만드는 커맨드

```
(~/work/ch12/locust) $ kubectl -n load-test create configmap locust --from-file=./
locustfile.py --save-config --dry-run=client -o yaml > configmap.yaml
```

`configmap.yaml`은 리스트 12.11과 같다.

리스트 12.11 Locust의 시나리오 파일을 정의한 ConfigMap (~/work/ch12/locust/configmap.yaml)

```
apiVersion: v1
data:
  locustfile.py: |
    from locust import HttpUser, task, between

    class EchoUser(HttpUser):
      wait_time = between(1, 5)

      @task
      def index(self):
        self.client.get("/")
kind: ConfigMap
metadata:
  annotations:
    kubectl.kubernetes.io/last-applied-configuration: |
      {"kind":"ConfigMap","apiVersion":"v1","metadata":{"name":"locust","namespace":"
load-test","creationTimestamp":null},"data":{"locustfile.py":"from locust importHttpUser,
task, between\n\n\nclass EchoUser(HttpUser):\n wait_time = between(1, 5)\n\n @task\n def
index(self):\n self.client.get(\"/\")\n"}}
  creationTimestamp: null
  name: locust
  namespace: load-test
```

다음으로는 Locust를 분산하고 실행할 수 있도록 구축한다. Worker에 지시를 내리는 `locust-master`와 Worker의 컨테이너인 `locust-worker`를 구축한다.

 Master 측의 매니페스트로 `deployment-master.yaml`(리스트 12.12)을 생성한다.

리스트 12.12 master용 Locust 매니페스트 (~/work/ch12/locust/deployment-master.yaml)

```
apiVersion: apps/v1
kind: Deployment
metadata:
  name: locust-master
  namespace: load-test
  labels:
    app.kubernetes.io/name: locust-master
spec:
  replicas: 1
  selector:
    matchLabels:
      app.kubernetes.io/name: locust-master
  template:
    metadata:
      labels:
        app.kubernetes.io/name: locust-master
    spec:
      containers:
        - name: locust
          image: locustio/locust:2.16.1
          args:
            # 1 Master로 실행
            - "--master"
            # 2 부하 테스트 대상이 되는 URL 지정
            - "-H"
            - "http://echo"
            # 3-3 마운트한 파일 지정
            - "-f"
            - "/usr/share/locust/locustfile.py"
          ports:
            # 4-1 Worker에서 접속되는 포트
            - containerPort: 5557
              name: conn
              protocol: TCP
            # 5-1 Locust의 Web 서버 포트
            - containerPort: 8089
              name: web
              protocol: TCP
          volumeMounts:
            # 3-2 ConfigMap의 Volume을 마운트
```

```
            - name: locust
              mountPath: "/usr/share/locust"
              readOnly: true
      volumes:
        # 3-1 ConfigMap에서 Volume을 정의
        - name: locust
          configMap:
            name: locust

---
apiVersion: v1
kind: Service
metadata:
  name: locust-master
  namespace: load-test
  labels:
    app.kubernetes.io/name: locust-master
spec:
  ports:
    # 4-2 Worker에서 접속되는 포트
    - name: conn
      port: 5557
      targetPort: conn
    # 5-2 Locust의 Web 서버 포트
    - name: web
      port: 8089
      targetPort: web
  selector:
    app.kubernetes.io/name: locust-master
```

1에서 Locust를 Master로 실행하기 위해 --master 옵션을 지정한다.

2는 부하 테스트 대상이 되는 URL이다. Helm으로 배포된 echo의 서비스는 클러스터에서 http://echo.load-test.cluster.svc.local로 참조할 수 있다. locust-master는 동일한 네임스페이스에 배포하므로 http://echo는 생략할 수 있다.

3-1~3은 시나리오 파일을 정의한 ConfigMap을 사용하는 설정이다.

Master는 Worker의 접속이 필요하다. 또한 웹 애플리케이션의 역할도 담당한다. 따라서 4-1~2와 5-1~2에서 포트를 설정하고 서비스를 통해 참조할 수 있도록 한다.

다음으로 Worker 측의 매니페스트 파일로 deployment-worker.yaml(리스트 12.13)을 생성한다.

리스트 12.13 worker 용 Locust 매니페스트 (~/work/ch12/locust/deployment-worker.yaml)

```
apiVersion: apps/v1
kind: Deployment
metadata:
  name: locust-worker
  namespace: load-test
  labels:
    app.kubernetes.io/name: locust-worker
spec:
# 1 Worker 3개 준비
  replicas: 3
  selector:
    matchLabels:
      app.kubernetes.io/name: locust-worker
  template:
    metadata:
      labels:
        app.kubernetes.io/name: locust-worker
    spec:
      containers:
        - name: locust
          image: locustio/locust:2.16.1
          args:
            # 2 Worker로 실행
            - --worker
            # 3 Master의 서비스를 호스트로 지정
            - "--master-host=locust-master"
            - "-H"
            - "http://echo"
            - "-f"
            - "/usr/share/locust/locustfile.py"
          volumeMounts:
            - name: locust
              mountPath: "/usr/share/locust"
              readOnly: true
      volumes:
        - name: locust
          configMap:
            name: locust
```

1에서는 복제 수를 복수로 설정하여 Worker의 파드를 여러 개 실행하도록 한다. Worker 수의 조정은 복제 수를 변경하기만 하면 된다.

2에서는 Locust를 Worker로 실행하기 위해 `--worker` 옵션을 지정한다. 또한 Worker는 Master

에 접속해야 하므로 3에서 Master의 호스트명에 서비스명을 지정한다.[7]

여기까지 생성한 매니페스트 그룹을 Kustomize로 정리한다. 다음 커맨드를 사용해 `kustomi` `zation.yaml`을 생성한다.

```
(~/work/ch12/locust) $ kustomize create --autodetect
```

생성한 `kustomization.yaml`은 다음과 같다.

```
apiVersion: kustomize.config.k8s.io/v1beta1
kind: Kustomization
resources:
- configmap.yaml
- deployment-master.yaml
- deployment-worker.yaml
```

`kustomization.yaml`에서 매니페스트를 생성하고, 다음과 같이 apply한다.

```
(~/work/ch12/locust) $ kustomize build . | kubectl apply -f -
configmap/locust created
service/locust-master created
deployment.apps/locust-master created
deployment.apps/locust-worker created
```

Locust로 부하 테스트 실행하기

부하 테스트는 Locust 웹 애플리케이션에서 실행한다. 로컬 `8089` 포트를 `locust-master`의 `8089` 포트로 포트 포워딩한다.

```
$ kubectl -n load-test port-forward service/locust-master 8089:8089
Forwarding from 127.0.0.1:8089 -> 8089
Forwarding from [::1]:8089 -> 8089
```

브라우저에서 `http://localhost:8089`를 열면 Locust의 웹 애플리케이션(그림 12.3)이 표시된다.

---

7 `locust-master` Service로 정의한 5557 포트에 접속한다.

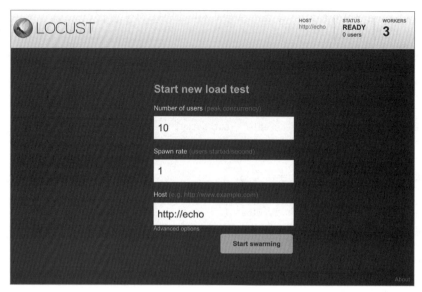

그림 12.3 Locust의 웹 애플리케이션

[Number of users]는 생성하는 클라이언트 수이고, [Spawn rate]는 초당 클라이언트 생성 수다. 확인을 위해 [Number of users]를 10, [Spawn rate]를 1로 하고 [Start swarming]을 클릭하면 부하 테스트가 시작된다.

Statistics(그림 12.4)는 Request의 실행 상태, Charts(그림 12.5)는 실시간으로 Request 수나 평균 Response 시간 등을 차트로 볼 수 있다.

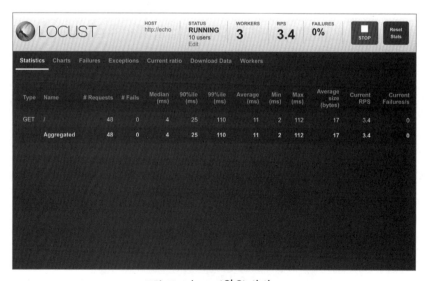

그림 12.4 Locust의 Statistics

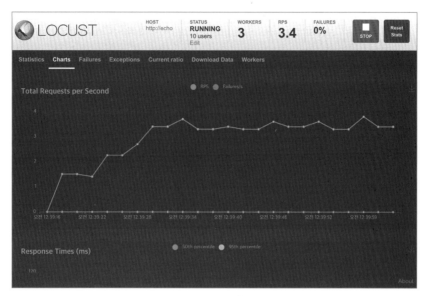

그림 12.5 Locust의 Charts

부하 테스트는 오른쪽 상단의 [STOP] 버튼으로 정지할 수 있다.

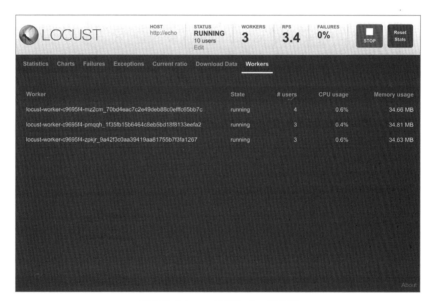

그림 12.6 Locust의 Worker 리스트

이와 같이 컨테이너를 사용하면 Master/Worker 기반 부하 테스트 환경을 간단하게 준비할 수 있다. 부하 테스트를 진행하거나 컨테이너에서 실행할 때 자주 사용된다.

최근에는 k6[8]라는 OSS의 부하 테스트 도구가 인기다. k6는 다음과 같은 특징이 있다.

- 시나리오를 자바스크립트로 작성 가능
- 대량의 유저를 효율적으로 시뮬레이션할 수 있는 아키텍처
- HTTP/2, gRPC, WebSocket 등의 프로토콜 대응

k6는 Go 언어로 작성되었지만 자바스크립트로 시나리오를 구현할 수 있다. 단순 부하 테스트 대상으로 HTTP Request를 전송할 때는 리스트 12.14와 같이 간단하게 구현할 수 있다.

리스트 12.14 k6에서 HTTP Request를 전송하는 시나리오

```
import http from 'k6/http';
import { sleep } from 'k6';

export default function () {
  http.get('https://test.k6.io');
  sleep(1);
}
```

k6는 grafana/k6[9]라는 컨테이너 이미지가 공개되어 있으므로 컨테이너에서 실행(그림 12.7)할 수도 있다.

그림 12.7 컨테이너에서 k6 실행

---

8   https://k6.io/
9   https://hub.docker.com/r/grafana/k6

k6 자체는 JMeter나 Locust와 같은 분산 실행을 지원하지 않는다.[10] 분산 실행이 불가능한 것은 불리하게 느껴질 수도 있지만 그만큼 효율적으로 리소스를 사용하므로 단일 k6 프로세스에서 동시에 3만~4만 건의 유저를 생성할 수 있다. 이 규모라면 초당 30만 Request(RPS) 생성도 무리는 아니므로 충분히 활용할 수 있다.[11]

---

10 쿠버네티스를 k6 실행 환경으로 하고, https://github.com/grafana/k6-operator를 사용하면 분산 실행할 수 있다.
11 유저 수나 Request 수의 규모는 https://k6.io/docs/testing-guides/running-large-tests/ 참고

A
APPENDIX

개발 도구 셋업

도커나 쿠버네티스를 사용하는 개발은 다양한 도구가 필요하며 이 책에서도 이러한 도구의 사용을 전제로 한다. 이번 장에서는 개발 도구 셋업에 대해 설명한다.

A.1 WSL2

WSL은 Windows Subsystem for Linux의 약자이며, 버전 2인 WSL2는 Microsoft가 Windows 용으로 구축한 Linux 커널이다. 이전 버전인 WSL1은 Linux를 에뮬레이션했지만 WSL2는 완전한 Linux 커널을 제공하며, 네이티브한 도커를 실행할 수 있다.[1]

Windows/WSL2 환경에서 도커 등의 컨테이너 환경을 구축하려면 다음과 같은 방법을 사용한다. 여기서는 도커 데스크톱을 사용한다.

- **WSL2의 Linux에서 직접 커맨드 라인으로 설치하기**
- **도커 데스크톱(1.4.1절)과 Rancher Desktop(부록 A.4절)을 사용해 WSL2를 백엔드로 사용하기**

---

[1] WSL 등장 이전에는 Hyper-V나 VMware, Virtual Box와 같은 가상화 소프트웨어로 실행한 Linux 환경에서 도커의 데몬 프로세스를 실행하는 방법으로 도커를 사용했다.

A.1.1 **WSL2의 조건**

WSL2가 동작하는 Windows OS의 조건은 다음과 같다.

- **Windows 10 May 2020 Update 이후의 Windows OS**
- **Windows의 에디션(Home, Pro 등)은 구분하지 않음**

[제어판]에서 [프로그램] → [Windows 기능 켜기/끄기]를 클릭하고 [Linux용 Windows 하위 시스템]이 체크되어 있는지 확인한다.

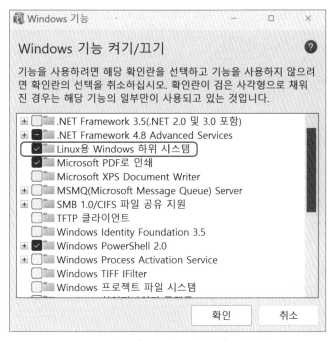

그림 A.1 Linux용 Windows 하위 시스템 설정

A.1.2 **WSL2의 설치**

PowerShell(Windows PowerShell)을 열고 `wsl --install` 커맨드를 실행하면 Ubuntu 설치가 시작된다. 이 작업은 몇 분 정도 소요된다.

```
PS C:\Users\jpub> wsl --install
설치 중: Ubuntu
Ubuntu이(가) 설치되었습니다.
요청한 작업이 잘 실행되었습니다. 시스템을 다시 시작하면 변경사항이 적용됩니다.
```

시스템을 다시 시작하면 Linux 계정 생성을 요청하므로 유저명과 비밀번호를 입력한다.[2]

```
Please create a default UNIX user account. The username does not need to match your Windows
username.
For more information visit: https://aka.ms/wslusers
Enter new UNIX username: jpub
New password:
```

입력 후 유저 초기화가 진행되고, WSL2에서 구축한 Linux를 사용할 수 있다.

```
Enter new UNIX username: jpub
New password:
Retype new password:
passwd: password updated successfully
Installation successful!
To run a command as administrator (user "root"), use "sudo <command>".
See "man sudo_root" for details.
Welcome to Ubuntu 22.04.2 LTS (GNU/Linux 5.15.90.1-microsoft-standard-WSL2 x86_64)
* Documentation: https://help.ubuntu.com
* Management: https://landscape.canonical.com
* Support: https://ubuntu.com/advantage
This message is shown once a day. To disable it please create the
/home/jpub/.hushlogin file.
jpub@DESKTOP-MP3SFL7:~$
```

A.1.3 WSL2로 사용할 수 있는 배포판

`wsl --install` 커맨드로 설치하는 Linux 배포판은 Ubuntu다. 기본 Ubuntu 이외에도 WSL2는 다양한 배포판을 제공한다.

사용 가능한 리스트는 `wsl --list --online` 커맨드로 확인할 수 있다.

```
PS C:\Users\jpub> wsl --list --online
다음은 설치할 수 있는 유효한 배포판 목록입니다.
'wsl.exe --install <Distro>'를 사용하여 설치합니다.
NAME                           FRIENDLY NAME
Ubuntu                         Ubuntu
Debian                         Debian GNU/Linux
kali-linux                     Kali Linux Rolling
Ubuntu-18.04                   Ubuntu 18.04 LTS
```

---

2 Windows 로그인 계정과 동일할 필요는 없다.

```
Ubuntu-20.04                          Ubuntu 20.04 LTS
Ubuntu-22.04                          Ubuntu 22.04 LTS
Ubuntu-24.04                          Ubuntu 24.04 LTS
OracleLinux_7_9                       Oracle Linux 7.9
OracleLinux_8_7                       Oracle Linux 8.7
OracleLinux_9_1                       Oracle Linux 9.1
SUSE-Linux-Enterprise-Server-15-SP5 SUSE Linux Enterprise Server 15 SP5
SUSE-Linux-Enterprise-Server-15-SP6 SUSE Linux Enterprise Server 15 SP6
openSUSE-Tumbleweed                   openSUSE Tumbleweed
```

Debian을 설치할 때는 `wsl --install` 커맨드에 배포판 이름을 지정한다.

```
PS C:\Users\jpub> wsl --install Debian
설치 중: Debian GNU/Linux
Debian GNU/Linux이(가) 설치되었습니다.
```

설치한 가상 머신 리스트의 상태 확인은 `wsl --list --verbose` 커맨드를 사용한다.

```
PS C:\Users\jpub> wsl --list --verbose
  NAME    STATE    VERSION
* Ubuntu Stopped 2
  Debian Stopped 2
```

배포판의 셸에 로그인하려면 `--distribution(-d)` 옵션에 배포판 이름을 지정한다.

```
PS C:\Users\jpub> wsl --distribution Debian
jpub@DESKTOP-MP3SFL7:/mnt/c/Users/jpub$
```

배포판 이름을 지정하지 않고 `wsl` 커맨드를 실행하면 기본 배포판에 로그인한다.

WSL2를 통해 간편하게 Linux 환경을 준비할 수 있으므로 컨테이너 환경 구축에도 유용하다. 따라서 적극 사용하도록 하자.

이 책에서는 Windows 환경에서 컨테이너나 샘플 애플리케이션의 조작을 커맨드 프롬프트나 PowerShell이 아니라 WSL2로 구축한 Linux(Ubuntu)에서 실시한다.

A.1.4 make 설치

이 책에서는 샘플 코드를 조작할 때 `make` 커맨드가 필요한 부분이 있다. WSL 셸에서 다음과 같이

apt 커맨드를 사용해서 설치한다.

```
$ sudo apt update
$ sudo apt install make
```

COLUMN   WSL2를 사용하는 개발 스타일 정착

Linux 환경을 간단하게 구현하는 WSL2는 Windows 환경 개발 경험을 향상시켰다. 익숙한 Windows를 사용할 수 있고, Linux나 macOS에 묶일 필요가 없다는 것도 인기의 이유이지만, 뛰어난 개발 경험을 제공하는 것도 큰 이유라고 생각한다.

Microsoft가 제공하는 Visual Studio Code$_{vscode}$[3, 4]는 Windows에서 WSL2와 함께 원활한 개발 환경을 쉽게 구축할 수 있으며, vscode에서도 기능을 모두 그대로 사용할 수 있다. 또 WSL2로 설치한 가상 환경에 접속하거나 터미널을 열고 가상 환경을 조작할 수 있으며, WSL2의 파일 조작과 수정 등이 가능하다.

그림 A.2 Visual Studio Code에서 WSL2 환경 조작

A.2 asdf

이 책에서는 컨테이너와 샘플 앱을 위해 다양한 도구를 사용하므로 도구를 각각 설치해야 한다.

그러나 설치 방법은 각각 다르며 버전도 계속 새로워진다. 이 책과 다른 버전을 사용하면 예상과 다른 결과가 발생할 수도 있다. 이를 가능한 한 피하기 위해 이 책에서는 버전 관리 도구인 asdf를 사용하여 도구의 설치를 간소화하고 버전을 고정한다.

---

3   https://code.visualstudio.com/
4   https://github.com/Microsoft/vscode-remote-release

A.2.1 asdf란?

asdf[5]는 언어 런타임과 커맨드 라인 도구의 설치 및 버전 관리를 위한 소프트웨어이며, OSS로 개발되었다. asdf를 통한 도구의 설치는 각각의 도구에 대응하는 플러그인을 사용한다. asdf 플러그인은 많이 공개되어 있으며, 인기 있는 도구의 플러그인은 대부분 제공한다. 플러그인을 생성하여 해당 도구의 설치와 버전 관리도 가능하다.

asdf의 특징은 다음과 같다.

- 동일한 조작 방식으로 도구를 설치할 수 있다.
- 동일한 도구를 여러 버전으로 설치할 수 있으며, 상황에 따라 사용 버전을 변경할 수 있다.
- 설정 파일에서 글로벌 버전과 리포지터리 내부용 버전으로 명확히 정의할 수 있다.

설정 파일을 통해 도구의 버전을 공유할 수 있으므로, 이 책에서 사용하는 도구의 버전 관리나 팀 개발 시에도 유용하다.

A.2.2 asdf 설치

asdf는 셸에서 실행되므로 Linux와 macOS 환경에서 동작한다. Windows의 셸에서는 동작을 보장할 수 없지만 부록 A.1에서 구축한 Linux 가상 머신에서 사용할 수 있다. asdf는 Git과 curl에 의존하므로 해당 도구가 설치되어 있어야 한다.[6] asdf를 설치하는 방법은 여러 가지가 있지만[7] 여기서는 Git으로 설치하는 방법을 설명한다.

먼저 asdf 리포지터리를 ~/.asdf 디렉터리에 clone한다.

```
$ git clone https://github.com/asdf-vm/asdf.git ~/.asdf --branch v0.12.0
```

다음으로 셸 가동 설정 파일(.bashrc 등)에 asdf의 스크립트와 커맨드 보완 설정을 불러올 수 있도록 다음과 같은 처리를 추가한다.

```
. "$HOME/.asdf/asdf.sh"
. "$HOME/.asdf/completions/asdf.bash"
```

---

5   https://asdf-vm.com/
6   WSL2로 구축한 Ubuntu라면 Git과 curl은 기본으로 설치되어 있다.
7   자세한 내용은 https://asdf-vm.com/guide/getting-started.html을 참고하자.

A.2.3 도구 설치

asdf는 플러그인을 통해 도구를 설치한다. 공개된 asdf 플러그인은 다음과 같이 확인할 수 있다.

```
$ asdf plugin list all
```

Neovim을 한번 설치해보자.

먼저 `asdf plugin add` 플러그인명 커맨드를 사용해 플러그인을 추가한다.

```
$ asdf plugin add neovim
```

설치 가능 버전은 `asdf list all` 플러그인명으로 확인할 수 있다.

```
$ asdf list all neovim
0.1.0
...
0.9.0
0.9.1
nightly
stable
```

Neovim 버전 `0.8.0`을 설치하려면 `asdf install` 플러그인명 버전 커맨드를 실행한다. 최신 버전을 설치하려면 `asdf install` 플러그인명 `latest`를 사용한다.

```
$ asdf install neovim 0.8.0
$ asdf install neovim latest
```

A.2.4 사용하는 버전 설정

설치된 버전의 확인 방법은 다음과 같다. 지정한 `0.8.0`과 함께 현 시점에서 최신 버전인 `0.10`도 설치된다.

```
$ asdf list neovim
0.8.0
0.10
```

사용할 버전의 설정은 `asdf global neovim` 버전 커맨드를 사용한다. 버전에는 `latest`를 지정할 수도 있다.

```
$ asdf global neovim 0.8.0
```

`global` 커맨드로 고정한 버전은 디렉터리에 관계없이 적용된다. 이 설정은 `~/.tool-versions`라는 설정 파일에 추가된다. `nvim` 커맨드로 버전을 확인하면 지정한 버전인지 확인할 수 있다.

```
$ cat ~/.tool-versions
neovim 0.8.0
$ nvim -v
NVIM v0.8.0-1210-gd367ed9b2
```

특정 디렉터리에서만 다른 버전을 사용하도록 설정할 수도 있다. `asdf local` 플러그인명 버전 커맨드로 실행한다. 이때는 대상 디렉터리에 `.tool-versions` 파일이 생성되고, 디렉터리에만 버전이 적용된다.[8]

```
$ mkdir local-test; cd local-test
(local-test) $ asdf local neovim latest

(local-test) $ cat .tool-versions
neovim 0.9.1

(local-test) $ nvim -v
NVIM v0.9.1
```

A.3 kind

kind는 컨테이너에서 쿠버네티스 클러스터를 실행하기 위한 도구로, Kubernetes in Docker의 약자다. 컨테이너를 쿠버네티스의 노드로 사용하여 쿠버네티스 클러스터를 구축한다.

---

8   `asdf local` 커맨드로 생성한 `.tool-versions`를 Git 리포지터리에 포함하여 공유하는 경우가 많다.

그림 A.3 kind 로고

보통 쿠버네티스는 물리/가상 환경에 상관없이 멀티 노드 환경에 구축된다. 그러나 도커 데스크톱과 같은 로컬 환경에서는 싱글 노드로 구성된 쿠버네티스 환경에만 구축할 수 있다. kind는 로컬 환경에서 멀티 노드와 유사한 쿠버네티스 클러스터가 필요할 때 자주 사용된다.

A.3.1 kind 설치

kind는 asdf(부록 A.2절)로 설치할 수 있다.

```
$ asdf plugin add kind
$ asdf install kind 0.20.0
$ asdf global kind 0.20.0
```

kind 커맨드가 실행되는 것을 확인한다.

```
$ kind version
kind v0.20.0 go1.20.4 darwin/arm64
```

A.3.2 멀티 노드의 쿠버네티스 클러스터를 로컬 환경에 구축하기

kind로 멀티 노드의 쿠버네티스 클러스터를 구축해보자. kind는 기본적으로 Control Plane만으로 구성된 클러스터를 생성하므로 멀티 노드를 생성하기 위한 설정이 필요하다.

홈 디렉터리에 리스트 A.1과 같이 kind-config-jpub.yaml 설정 파일을 생성한다.

리스트 A.1 멀티 노드 클러스터 설정 파일 (~/kind-config-jpub.yaml)

```
kind: Cluster
apiVersion: kind.x-k8s.io/v1alpha4
name: jpub # 1 클러스터명은 kind-jpub
nodes: # 2 Node 설정
  - role: control-plane
  - role: worker
  - role: worker
  - role: worker
```

1에서 .name으로 클러스터 이름을 설정하지만 실제로 생성되는 클러스터명에는 접두사로 kind-가 붙는다. 여기서는 kind-jpub이 클러스터명이 된다.

2에서는 .nodes 하위에 role을 정의한 노드 설정을 나열한다. 이번에는 control-plane이 되는 노드 하나, worker가 되는 노드를 3개 준비한다.

리스트 A.2로 로컬 쿠버네티스 환경에 멀티 노드의 클러스터를 생성할 수 있다.

리스트 A.2 kind로 쿠버네티스 클러스터 생성

```
$ kind create cluster --config ~/kind-config-jpub.yaml
Creating cluster "jpub" ...
 ✓ Ensuring node image (kindest/node:v1.27.3) 🖼
 ✓ Preparing nodes 📦 📦 📦 📦
 ✓ Writing configuration 📜
 ✓ Starting control-plane 🕹
 ✓ Installing CNI 🔌
 ✓ Installing StorageClass 💾
 ✓ Joining worker nodes 🚜
Set kubectl context to "kind-jpub"
You can now use your cluster with:

kubectl cluster-info --context kind-jpub

Have a nice day! 👋
```

kind로 클러스터가 구축되면 자동으로 kubectl 콘텍스트가 변경된다.

```
$ kubectl config current-context
kind-jpub
```

구축된 노드 리스트는 리스트 A.3에서 확인할 수 있다.

리스트 A.3 kind로 구축된 클러스터 노드 리스트

```
$ kubectl get nodes
NAME                STATUS  ROLES          AGE    VERSION
jpub-control-plane  Ready   control-plane  5m21s  v1.27.3
jpub-worker         Ready   <none>         5m3s   v1.27.3
jpub-worker2        Ready   <none>         5m2s   v1.27.3
jpub-worker3        Ready   <none>         5m3s   v1.27.3
```

COLUMN　　**Docker in Docker / Container in Container**

쿠버네티스는 Control Plane과 애플리케이션 컨테이너를 멀티 노드에서 실행하지만 kind는 어떻게 멀티 노드를 구현할까?

실제로 kind는 kind 컨테이너 자체가 노드로 동작하며, kind 컨테이너에서 Control Plane과 애플리케이션 컨테이너가 실행된다. 즉 컨테이너가 컨테이너 내부에서 동작하는 것이다. 그림 A.3은 이를 표현한 로고다.[9]

kind뿐만 아니라 컨테이너에서 도커 호스트를 구현하기 위한 `docker:dind` 컨테이너 이미지도 공개되어 있다.[10] dind는 Docker in Docker의 약자이며, 컨테이너의 중첩을 전제하여 dind라는 이미지 태그가 관례적으로 사용된다.

요즘에는 도커 이외의 컨테이너 엔진도 있으므로 Container in Container라는 표현이 더 적절할 수도 있다.

A.4 Rancher Desktop

Rancher Desktop은 OSS로, 데스크톱용 컨테이너 실행 환경이다.

이 책에서는 도커 데스크톱을 로컬 환경에서 사용하므로 Rancher Desktop은 설정할 필요가 없지만 참고를 위해 설명한다.[11]

Rancher Desktop은 https://rancherdesktop.io/에서 다운로드가 가능하며, Windows, macOS, Linux를 지원한다.

9　러시아의 마트료시카 인형을 이미지화하면 이해하기 쉽다.

10　dind 컨테이너는 호스트의 리소스를 다루기 위한 권한인 `--privileged` 옵션을 추가하여 실행한다.

11　Rancher Desktop으로도 이 책의 내용을 진행할 수 있다.

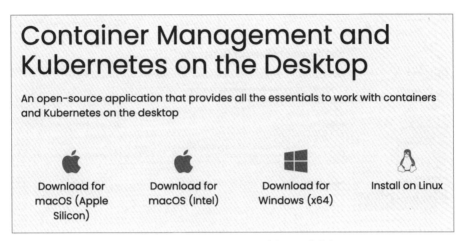

그림 A.4 **Rancher Desktop** 다운로드 페이지

다운로드한 파일을 사용해 Rancher Desktop을 설치한다. 설정 완료 화면에서 [Run Rancher Desktop]에 체크하고 [Finish]를 클릭한다.

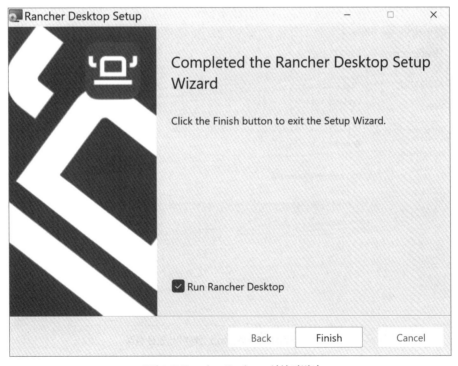

그림 A.5 **Rancher Desktop** 설치 마법사

Rancher Desktop이 가동되고, GUI 애플리케이션(그림 A.6) 화면이 열린다.

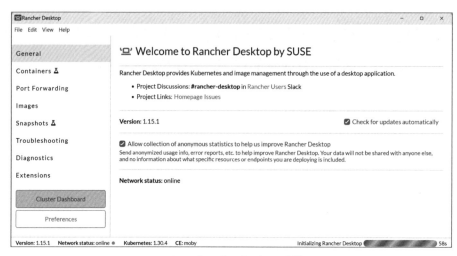

그림 A.6 Rancher Desktop GUI

Rancher Desktop에서 사용하는 컨테이너 엔진을 선택할 수 있다. 기본값은 컨테이너 엔진으로 dockerd(Moby)가 사용되지만 containerd[12]도 선택할 수 있다.

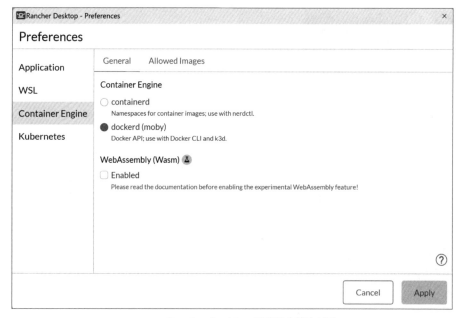

그림 A.7 Rancher Desktop 컨테이너 엔진 설정

---

12 containerd는 부록 C.1.1에서 설명한다.

Rancher Desktop에서도 도커 데스크톱과 동일하게 쿠버네티스를 실행할 수 있다. Rancher Desktop 가동 시 쿠버네티스 환경이 구축되어 있다.

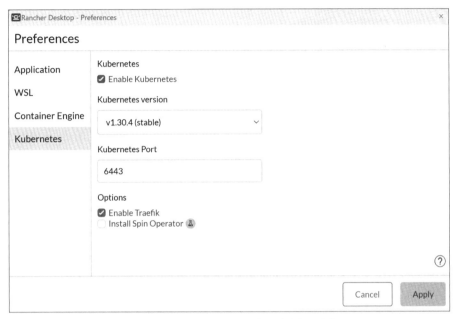

그림 A.8 Rancher Desktop의 쿠버네티스 설정

Rancher Desktop을 설치하면 `kubectl` 콘텍스트에 `rancher-desktop`이 추가된다.

```
$ kubectl config get-contexts
CURRENT   NAME              CLUSTER           AUTHINFO          NAMESPACE
*         docker-desktop    docker-desktop    docker-desktop
          rancher-desktop   rancher-desktop   rancher-desktop
```

다음과 같이 콘텍스트를 `rancher-desktop`으로 변경하면 Rancher Desktop의 쿠버네티스 환경을 사용할 수 있다.

```
$ kubectl config use-context rancher-desktop
Switched to context "rancher-desktop".
```

도커 데스크톱은 구독 플랜(1장 칼럼 '도커의 구독 플랜'에서 설명)이 도입되어 무료로 사용할 수 있는 Rancher Desktop을 선택하는 유저도 늘어나고 있다.

APPENDIX B

다양한 컨테이너 오케스트레이션 환경

이 책에서는 쿠버네티스 실행 환경으로 도커 데스크톱을 주로 사용했다. 그러나 실제 프로젝트에서는 클라우드나 온프레미스 환경에서 개발하고 쿠버네티스 운영 환경을 구축하여 운영하는 경우가 많다.

이번 장에서는 대표적인 클라우드인 구글 클라우드, AWS, Azure에서 제공하는 쿠버네티스 서비스를 사용하여 쿠버네티스 클러스터를 구축한다. 또한 온프레미스 환경의 쿠버네티스 클러스터 구축과 Amazon ECS에 대해 설명한다.

B.1 Google Kubernetes Engine

Google Kubernetes Engine(GKE)은 구글 클라우드에서 제공하는 매니지드 쿠버네티스 서비스다.

구글은 쿠버네티스 개발을 주도하고 있으며, 쿠버네티스의 다양한 매니지드 서비스 중에서는 가장 빠르게 새로운 버전을 반영하기도 한다.

먼저 GKE를 사용하기 전에 준비부터 시작해보자. 프로젝트를 생성하고 구글 클라우드의 커맨드 라인 도구인 Google Cloud SDK를 설치한다. 마지막으로는 GKE에 새로운 쿠버네티스 클러스터를 생성한다.

구글 클라우드에 등록하지 않은 독자는 구글 클라우드 무료 평가판[1]으로 신규 등록한다. 신규 등록은 90일간 유효한 평가판을 사용할 수 있다. 연간 $300 크레딧을 얻을 수 있으므로 활용하도록 하자.[2]

B.1.1 GKE 클러스터의 구축 준비

구글 클라우드는 구글 계정[3]이 있으면 사용할 수 있다.

브라우저에서 Google Cloud Console[4]을 열면 구글의 인증 화면이 표시된다. 구글 계정으로 로그인한다.

구글 클라우드 프로젝트 생성

Google Cloud Console에 로그인하고 학습용으로 구글 클라우드 프로젝트 `jpub-container`를 생성한다.[5]

그림 B.1과 같이 [프로젝트 이름]에 `jpub-docker`를 지정한다. [프로젝트 이름]과는 별도로 [프로젝트 ID]도 할당된다.[6] [만들기]를 클릭한다.

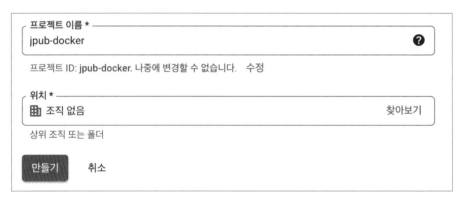

그림 B.1 GCP 프로젝트 신규 생성

---

1   https://cloud.google.com/free/
2   평가판은 변경될 수 있다. 자세한 내용은 https://cloud.google.com/free/docs/free-cloud-features를 참고한다.
3   구글이나 구글 워크스페이스를 사용하는 계정도 문제없다.
4   https://console.cloud.google.com
5   구글 클라우드에 신규 등록하면 'My First Project'라는 프로젝트가 기본으로 생성된다.
6   프로젝트 이름이 글로벌거나 유니크하지 않다면 접미사로 일련 번호가 부여된다.

gcloud CLI의 셋업

구글 클라우드의 프로덕트와 서비스를 조작하기 위해 Cloud SDK[7]라는 라이브러리와 도구가 제공된다.

커맨드 라인에서 구글 클라우드를 사용하려면 Cloud SDK의 CLI 도구인 gcloud CLI를 사용한다. gcloud CLI의 설치 방법은 사용하는 OS에 따라 다르므로 gcloud CLI의 문서를 참고한다.

gcloud CLI는 `gcloud` 커맨드로 실행할 수 있다.

본격적으로 사용하기 전에 다음 커맨드로 컴포넌트의 버전을 업데이트한다.

```
$ gcloud components update
```

GKE 1.26부터는 kubectl 인증에 대한 변경사항이 포함되어 있으므로 gke-gcloud-auth-plugin[8]을 추가로 설치해야 한다. 다음 커맨드를 사용한다.

```
$ gcloud components install gke-gcloud-auth-plugin
```

gcloud CLI를 사용해 구글 클라우드 프로젝트를 제어할 수 있도록 다음 커맨드를 사용해 인증한다. 커맨드를 실행하면 웹브라우저가 시작되고 로그인 메시지가 표시된다.

```
$ gcloud auth login
```

gcloud CLI로 조작하는 구글 클라우드 프로젝트 ID를 설정해야 한다. 프로젝트 ID는 다음 커맨드로 확인할 수 있다.

```
$ gcloud projects list
PROJECT_ID            NAME            PROJECT_NUMBER
jpub-container-400218 jpub-container  274156061871
```

`gcloud config set project [프로젝트 ID]` 커맨드로 조작하는 프로젝트를 설정할 수 있다. 다음

---

7 https://cloud.google.com/sdk?hl=ko

8 https://cloud.google.com/kubernetes-engine/docs/deprecations/auth-plugin?hl=ko

과 같이 설정한다.[9]

```
$ gcloud config set project jpub-container-xxxxxx
Updated property [core/project].
```

gcloud CLI가 조작하는 기본 지역을 설정한다. 서울 지역을 의미하는 `asia-northeast3`를 지정하고 커맨드를 실행한다.

```
$ gcloud config set compute/region asia-northeast3
Updated property [compute/region].
```

Kubernetes Engine API 유효화하기

GKE 클러스터를 조작하기 위해 구글 클라우드의 Kubernetes Engine API 유효화가 필요할 때가 있다. 다음 커맨드를 실행하여 유효화한다.[10]

```
$ gcloud services enable container.googleapis.com
```

B.1.2 GKE 클러스터 구축

실제로 GKE 클러스터를 구축해보자. GKE는 두 가지 운영 모드가 존재하므로 해당 차이점을 파악해둔다.

쿠버네티스 운영과 GKE 클러스터의 운영 모드

클러스터의 운영 모드를 사용하기 전에 쿠버네티스의 기본적인 운영 방식에 대해 생각해보자.

5.4에서 설명한 것과 같이 쿠버네티스 클러스터는 Control Plane 그룹과 Worker Node 그룹으로 구성된다. 로컬 이외의 환경에서 쿠버네티스 클러스터를 스스로 구축할 때는 kubeadm[11]이나 kubespray(부록 B.4.2절) 등의 클러스터 구축 도구를 사용한다. 이러한 도구는 간단하게 쿠버네티스 클러스터를 구축할 수 있지만 Control Plane과 Worker Node가 되는 서버는 사용자가 운영해야 한다.

---

9   생성한 프로젝트 ID로 변경하여 실행하자.

10   `compute.googleapis.com`의 API를 사용하도록 요청받는 상황이 있으므로 해당 상황에서 유효화한다.

11   https://kubernetes.io/docs/reference/setup-tools/kubeadm/

쿠버네티스를 운영하려면 다음과 같은 작업이 필요하다.

- **Control Plane 관리**
- **Worker Node 추가와 제거**
- **스토리지와 네트워크 관리**
- **모니터링**
- **쿠버네티스 업데이트**
- **서버의 보안 업데이트**

쿠버네티스 사용 자체는 그다지 어렵지 않지만 운영은 복잡하고 어렵다. GKE를 비롯한 쿠버네티스 매니지드 서비스는 이러한 운영 작업의 일부를 대체할 수 있다.

GKE 클러스터의 운영 모드는 다음 두 가지를 제공한다. 개발자는 두 가지 운영 모드 중 하나를 선택한다.

- **Standard 모드**
- **Autopilot 모드**

Standard 모드는 기본적인 운영 모드다. Control Plane은 GKE에서 관리하므로 유저가 관리해야 하는 서버는 Worker Node 그룹뿐이다. 또한 업데이트 작업도 사용자가 지시하는 타이밍에 자동으로 수행하고, 모니터링도 충실히 이행하므로 다른 이유가 없다면 GKE와 같은 매니지드 서비스를 사용하는 것이 좋다.

Autopilot 모드는 GKE 구축과 운영에 수고를 덜어주는 운영 모드다. Autopilot은 Worker Node의 관리도 필요하지 않다. 실행하는 파드가 소비하는 리소스에 대한 요금이 부과되므로 비용도 최적화할 수 있다.

이 책에서는 Autopilot 모드를 사용해 GKE 클러스터를 생성한다.

Autopilot으로 GKE 클러스터 구축

gcloud를 사용해 `jpug-gke`라는 이름으로 쿠버네티스 클러스터를 생성한다.

```
$ gcloud container clusters create-auto jpub-gke
...
kubeconfig entry generated for jpub-gke.
```

```
NAME      LOCATION      MASTER_VERSION      MASTER_IP   MACHINE_TYPE NODE_VERSION      NUM_
NODES STATUS
jpub-gke asia-northeast3 1.30.3-gke.1639000 34.22.86.227 e2-medium 1.30.3-gke.1639000 3
RUNNING
```

생성한 클러스터 정보는 `gcloud container clusters describe jpub-gke` 커맨드 또는 Cloud Console(그림 B.2)로 확인할 수 있다.

그림 B.2 Cloud Console의 GKE 클러스터 페이지

GKE 클러스터 생성 후 `kubectl` 콘텍스트는 자동으로 생성된 GKE 클러스터로 변경된다.

```
$ kubectl config current-context
gke_jpub-container-400218_asia-northeast3_jpub-gke
```

다음 커맨드로 실행 중인 노드를 확인할 수 있다. Autopilot 모드는 유저가 노드를 관리할 필요가 없지만 참조할 수는 있다.

```
$ kubectl get node
NAME                          STATUS ROLES  AGE    VERSION
gk3-jpub-gke-pool-1-3be6fb88-7xzc Ready  <none> 5m58s  v1.30.3-gke.1639000
```

GKE 클러스터 제거

생성한 GKE 클러스터는 다음 커맨드를 사용해 삭제할 수 있다. GKE 클러스터는 모드에 상관없이 파드를 배포하지 않아도 비용이 발생한다. 따라서 학습이 끝나면 빠르게 제거하는 것이 좋다.

```
$ gcloud container clusters delete jpub-gke
```

B.2 Amazon Elastic Kubernetes Service

Amazon Elastic Kubernetes Service_{EKS}는 AWS에서 제공하는 매니지드 서비스다.

AWS에는 EKS 외에 ECS(Amazon ECS) 매니지드 서비스도 있지만 ECS는 자체 스펙의 컨테이너 서비스다.

필자는 다양한 환경에서 쿠버네티스를 구축했지만 그중에서도 EKS 설정에 어려움을 느꼈다. 절차가 많고 AWS 각 리소스에 대한 지식이 다른 매니지드 서비스에 비해 많아 초심자에게는 어려울 수도 있다.

먼저 EKS 클러스터를 구축하기 전에 준비가 필요하다.

B.2.1 EKS 클러스터 구축 준비

EKS를 구축하기 전에는 AWS의 계정이 필요하다. 계정이라고 해도 특정 유저를 의미하지는 않으며 가상 서버와 EKS 등 각 리소스를 배치하기 위한 논리 그룹으로, 구글 클라우드의 프로젝트와 같다.

브라우저에서 AWS 계정 생성 화면[12]을 열고 AWS 계정을 생성한다. AWS 계정은 임의로 생성하면 된다. 계정 생성 시 개인 정보와 결제 정보 등을 입력하면 AWS 계정이 생성된다.

계정이 생성되면 AWS Management Console 화면으로 이동한다. 여기서는 AWS 각 서비스를 조작할 수 있다. 여기서 동작하는 셸 환경을 사용하면서 EKS 클러스터 구축을 준비한다.

AWS CloudShell 환경 준비

AWS 리소스를 조작하는 주요 방법은 매니지먼트 콘솔에서 GUI를 사용하거나 AWS CLI[13]를 사용하는 것이다.[14] 이 책에서는 기본적으로 커맨드 라인을 사용하므로 EKS 구축도 커맨드 라인을 사용한다.

구글 클라우드는 웹을 통해 CLI에 인증하지만 AWS는 약간 차이가 있다. AWS에는 기본적으로 해당 구조가 없다.[15]

---

12 https://portal.aws.amazon.com/billing/signup
13 https://aws.amazon.com/ko/cli/
14 AWS SDK를 프로그램에 넣어서 조작하는 방법도 있다.
15 AWS IAM Identity Center(https://aws.amazon.com/ko/iam/identity-center/)에서 구축할 수 있다.

AWS CLI를 빠르게 사용하기 위해서는 AWS Identity and Access Management[IAM]으로 필요한 권한을 갖는 유저와 해당 액세스 키를 생성해야 한다. 그러나 이와 같은 구축 작업을 위해서는 강력한 권한이 필요하지만, 강력한 권한을 갖는 IAM 유저는 가능한 한 피해야 한다.

AWS는 AWS CloudShell[16]이라는 도구를 제공한다. AWS CouldShell은 웹에서 사전 인증된 셸로, 매니지먼트 콘솔에서 실행할 수 있다. CloudShell에서는 매니지먼트 콘솔의 GUI와 같은 권한이 있다.

콘솔 상단의 검색창에 `cloudshell`을 입력하면 CloudShell에 대한 링크(그림 B.3)가 표시된다. 이 링크를 클릭하여 화면으로 이동한다.

그림 B.3 AWS CloudShell 링크

여기서는 AWS의 서울 지역에서 작업하므로 오른쪽 상단에서 [아시아 태평양 (서울) `ap-northeast-2`]를 선택한다.

그림 B.3-1

---

16 https://docs.aws.amazon.com/cloudshell/latest/userguide/welcome.html

서울 지역에서 CloudShell이 실행된다. 이 셸 환경에서 EKS 클러스터를 구축해보자.

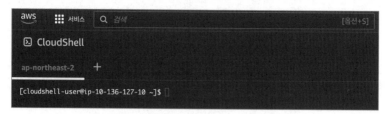

그림 B.4 AWS CloudShell 실행 환경

B.2.2 eksctl을 사용해 EKS 클러스터 구축

AWS CLI에서도 EKS 클러스터를 조작할 수 있지만 이 과정은 매우 복잡하다. 따라서 EKS의 구축 작업을 도와주는 Weaveworks의 eksctl[17]을 사용한다.[18]

eksctl은 설정 파일로 클러스터 구성을 정의할 수 있으므로 구축 작업과 운영을 간단하게 만든다. 그렇다고 해도 AWS에 익숙하지 않은 유저에게는 어려울 수 있다.

필자가 EKS를 간단하게 구축할 수 있는 스크립트를 준비했다.[19] 운영 시에는 다양한 관리가 추가로 필요하지만 학습 용도로는 충분하다.

다음 스크립트를 실행하여 설치한다. CloudShell 환경에는 원래 eksctl이 설치되어 있지 않으므로 필요한 도구를 추가한다.

```
[cloudshell-user@ip-10-136-127-10 ~]$ curl -fsSL https://raw.githubusercontent.com/
jpubdocker/cloudshell/main/aws/eks/setup-tools.sh | bash -
```

리스트 B.1의 커맨드로 스크립트를 실행한다. -n 옵션에 jpub-eks 클러스터명, -r 옵션에 서울 지역 식별자인 ap-northeast-2를 지정한다.

리스트 B.1 EKS를 간단하게 구축하는 스크립트 실행

```
[cloudshell-user@ip-10-136-127-10 ~]$ curl -fsSL https://raw.githubusercontent.com/
jpubdocker/cloudshell/main/aws/eks/create-eks.sh | bash -s -- -n jpub-eks -r ap-northeast-2
```

---

17 https://eksctl.io/
18 EKS 공식 레퍼런스에 eksctl로 구축 방법이 기재되어 있을 정도다.
19 https://github.com/jpubdocker/cloudshell

CloudShell에서 EKS 클러스터 구축이 시작된다(그림 B.5). 10분에서 20분 정도 소요된다.

그림 B.5 eksctl을 활용한 스크립트로 EKS 클러스터 구축

스크립트 종료 후 생성된 클러스터를 확인해보자.

CloudShell에는 kubectl이 설치되어 있다. kubectl의 콘텍스트를 생성한 EKS 클러스터로 만들기 위해 다음 커맨드를 실행한다.

```
[cloudshell-user@ip-10-136-127-10 ~]$ aws eks update-kubeconfig --name jpub-eks --region ap-
northeast-2
```

스크립트가 종료된 직후에도 EKS 애드온인 파드 생성이 진행 중일 수도 있다. kube-system의 파드 상태가 Running이면 EKS 클러스터 구축이 완료된 것이다.

```
[cloudshell-user@ip-10-136-127-10 ~]$ kubectl -n kube-system get pod
NAME                        READY  STATUS   RESTARTS AGE
aws-node-fh5lr              2/2    Running  0        11m
coredns-57cb7cc4f9-5rfwz    1/1    Running  0        10m
coredns-57cb7cc4f9-b7crz    1/1    Running  0        10m
kube-proxy-6sntx            1/1    Running  0        10m
```

로컬에서 생성한 EKS 클러스터 조작하기

CloudShell에서 kubectl을 사용한 클러스터 조작을 진행했지만 이대로는 로컬 환경에서 EKS 클러스터를 조작할 수 없으므로 불편하다.[20] 로컬에서 kubectl을 사용하여 클러스터를 조작할 수 있도록 해보자.

실제로 이번 EKS 클러스터 구축 시 필자가 준비한 스크립트로 로컬용 IAM 유저를 생성한다. 다음과 같이 `jpub-`를 접두사로 가진 IAM 유저가 생성되어 있다.[21]

```
[cloudshell-user@ip-10-136-127-10 ~]$ aws iam list-users
{
  "Users": [
    {
      "Path": "/",
      "UserName": "jpub-gnguze",
      "UserId": "AIDA4P3RV6RZUI72YCEWT",
      "Arn": "arn:aws:iam::4xxxxxxxxxx:user/jpub-gnguze",
      "CreateDate": "2024-10-04T03:51:03+00:00"
    }
  ]
}
```

생성한 IAM 유저에게 클러스터 작업 권한을 부여하려면 `kube-system`의 `aws-auth`라는 ConfigMap에 IAM 유저를 정의하고, `system:masters` 그룹에 속하도록 해야 한다.

이미 스크립트에 작성되어 있다.

```
[cloudshell-user@ip-10-136-127-10 ~]$ kubectl -n kube-system get configmap aws-auth -o yaml
apiVersion: v1
data:
  mapRoles: |
    - groups:
      - system:bootstrappers
      - system:nodes
      rolearn: arn:aws:iam::0xxxxxxxxxx:role/eksctl-jpub-eks-nodegroup-worker-
NodeInstanceRole-Ja8bT3YX7Dff
      username: system:node:{{EC2PrivateDNSName}}
  mapUsers: |
    - groups:
      - system:masters
      userarn: arn:aws:iam::0xxxxxxxxxx:user/jpub-cy5p41
      username: jpub-cy5p41
kind: ConfigMap
```

---

20 GitOps에서 배포할 때 로컬에서 조작해서는 안 된다는 논란도 있다.
21 IAM 유저는 임의로 수를 부여하므로 환경에 따라 다를 수 있다.

```
metadata:
  creationTimestamp: "2024-10-04T06:02:05Z"
  name: aws-auth
  namespace: kube-system
  resourceVersion: "1749"
  uid: 615d2909-afbf-495a-b40f-3ce69b0fe649
```

IAM 유저를 사용하기 위해 액세스 키와 시크릿 키를 생성한다. 다음과 같이 `aws iam create-access-key --user-name [IAM 사용자명]` 커맨드로 생성하고 해당 키를 보관해두자.

```
[cloudshell-user@ip-10-4-19-99 ~]$ aws iam create-access-key --user-name jpub-cy5p41
{
  "AccessKey": {
    "UserName": "jpub-cy5p41",
    "AccessKeyId": "AKIAWxxxxxxxxxxxxxxx",
    "Status": "Active",
    "SecretAccessKey": "RHKACxxxxxxxxxxxxxxxxxxxxxxxxxxxxxxxxxxxx",
    "CreateDate": "2024-10-04T06:10:56+00:00"
  }
}
```

이제부터 로컬에서 조작하므로 AWS CLI가 필수다. 설치되어 있지 않으면 asdf를 다음과 같이 설치한다.

```
$ asdf plugin add awscli
$ asdf install awscli 2.13.22
$ asdf global awscli 2.13.22
```

`aws configure` 커맨드로 앞에서 보관한 인증 정보를 입력한다. 다른 AWS 계정과 인증 정보와 섞이지 않도록 jpub 프로필을 지정한다.

```
$ aws configure --profile jpub
AWS Access Key ID [None]: AKIARxxxxxxxxxxxxxxx
AWS Secret Access Key [None]: RHKACxxxxxxxxxxxxxxxxxxxxxxxxxxxxxxxxxxxx
Default region name [None]: ap-northeast-2
Default output format [None]:
```

`kubectl` 콘텍스트와 인증 정보를 설정하기 위해 다음 커맨드를 실행한다.

```
$ aws eks update-kubeconfig --name jpub-eks --profile jpub
Updated context arn:aws:eks:ap-northeast-2:4xxxxxxxxxxx:cluster/jpub-eks in /Users/jpub/.
kube/config
```

노드 리스트를 확인하는 커맨드를 실행하면 다음과 같은 결과를 확인할 수 있다.

```
$ kubectl get node
NAME                                               STATUS ROLES  AGE VERSION
ip-192-168-117-171.ap-northeast-2.compute.internal Ready  <none> 12m v1.31.0-eks-a737599
```

노드 그룹 관리

EKS는 Amazon EC2 가상 머신을 쿠버네티스의 노드로 취급한다. 노드들은 가상 머신을 그룹화하는 노드 그룹[22]으로 만들 수 있으며, 스케일 아웃과 스케일 인도 쉽다.

EKS의 노드는 다음 방법 중 하나를 사용할 수 있다.

- **셀프 매니지드형 노드**[23]
- **매니지드형 노드 그룹**[24]

셀프 매니지드형 노드는 사용자가 모든 노드를 관리하고 운영하는 방법이다. 업그레이드와 스케일링은 스스로 관리해야 하지만 상세한 커스터마이징이 가능하므로 유연성이 있다.

매니지드형 노드 그룹은 자동 업그레이드 및 오토 스케일링, 장애 복구 등 운영에 수고를 줄이는 방법이다. 특별한 이유가 없다면 매니지드형 노드 그룹을 선택하는 것이 좋다.

이번 장에서 필자가 준비한 스크립트로 구축한 EKS 클러스터는 매니지드형 노드 그룹을 사용한다. 스크립트에서 리스트 B.2와 같은 eksctl 설정 파일을 통해 클러스터를 생성한다.

리스트 B.2 eksctl 설정 파일

```
apiVersion: eksctl.io/v1alpha5
kind: ClusterConfig

metadata:
  name: jpub-eks
```

---

22 노드 그룹은 EC2의 오토 스케일링 그룹 기능으로 구현된다.
23 https://docs.aws.amazon.com/ko_kr/eks/latest/userguide/worker.html
24 https://docs.aws.amazon.com/ko_kr/eks/latest/userguide/managed-node-groups.html

```
  region: ap-northeast-2
  version: latest

addons:
  - name: vpc-cni
    version: latest
  - name: coredns
    version: latest
  - name: kube-proxy
    version: latest

# 매니지드형 노드 그룹 설정
managedNodeGroups:
  - name: workers
    labels: { role: workers }
    instanceType: t3.medium
    desiredCapacity: 1
    privateNetworking: true
```

매니지드형 노드 그룹으로 생성된 노드는 EC2 리스트에서 그림 B.6과 같이 확인할 수 있다.

그림 B.6 매니지드형 노드 그룹으로 생성된 노드

COLUMN   EKS on Fargate

EKS는 AWS Fargate[25]라는 서버리스 컴퓨팅 기술로도 실행할 수 있다.

매니지드형 노드 그룹은 운영 시 수고를 줄이지만 노드로 동작하는 EC2의 가상 머신이 사용자에게 숨겨져 있는 것은 아니다.

반대로 Fargate는 사용자가 노드의 존재를 전혀 인식하지 않고 사용할 수 있다. 사용자는 파드 정의만 EKS 클러스터에 적용하면 Fargate 내부에서 필요한 컴퓨팅 리소스를 확보해준다. t3.medium과 같은 인스턴스 유형을 지정할 필요가 없다.

Fargate에서의 실행은 장점만 있다고 생각할 수 있지만, Fargate에서는 몇 가지 유의해야 할 사항이 있다. 대표적으로 다음과 같이 세 가지를 들 수 있다.

---

25 https://docs.aws.amazon.com/ko_kr/eks/latest/userguide/fargate.html

- 비용이 비싸지기 쉽다.
- 파드 실행에 시간이 걸린다.
- 데몬셋이 지원되지 않는다.

셀프 매니지드형이나 매니지드형 노드 그룹과 Fargate는 원래 비용 모델이 다르기 때문에 단순히 비용을 비교할 수는 없지만, 비용이 높아지기 쉬운 경향이 있다. 모두 EKS 사용 요금이 부과되는 것은 같지만 전자는 인스턴스의 사용 요금, 후자는 파드가 확보하는 vCPU와 메모리양에 따른 사용 요금이 추가된다.[26]

일반적으로 Fargate보다 셀프 매니지드형이나 매니지드형 노드 그룹이 더 저렴하지만 노드 리소스에 잉여가 발생하는 스케줄링을 하게 되면 Fargate보다 더 비싸지기도 한다. 따라서 상황에 따라 달라질 수 있다.

Fargate는 파드 정의를 EKS 클러스터에 반영한 뒤 필요한 컴퓨팅 리소스를 확보한다. 따라서 이미 노드가 존재하는 셀프 매니지드형, 매니지드형 노드 그룹과는 다르게 그만큼 오버헤드가 존재한다. 파드의 실행은 비교적 느리다.

Fargate는 서버가 숨겨져 있으므로 쿠버네티스의 노드라는 개념 자체가 없어진다. 따라서 각 노드에 적어도 하나의 파드를 배치하는 DaemonSet 리소스는 사용할 수 없다.

이러한 특징과 운영 방식, 비용을 고려해서 Fargate의 사용을 검토하는 것이 좋다.

Fargate에서 동작하는 EKS 클러스터의 구축은 eksctl에서 가능하다.[27]

EKS 클러스터 제거

생성한 EKS 클러스터는 CloudShell에서 다음 커맨드를 사용해 제거할 수 있다. EKS 클러스터는 파드를 배포하지 않아도 사용 요금이 발생한다. 따라서 학습이 끝나는 대로 삭제하는 것이 좋다.

```
[cloudshell-user@ip-10-136-127-10 ~]$ eksctl delete cluster --name jpub-eks
```

B.3 Azure Kubernetes Service

Azure Kubernetes Service_AKS_는 Microsoft Azure에서 제공하는 매니지드 서비스다.

Azure는 가입 후 최초 30일 동안 $200 크레딧을 사용할 수 있으므로 이 크레딧 범위 내에서 AKS를 충분히 경험할 수 있다.

---

26 https://aws.amazon.com/ko/fargate/pricing/

27 https://eksctl.io/usage/fargate-support/

B.3.1 AKS 클러스터의 구축 준비

AKS 클러스터를 구축하기 전에 먼저 준비가 필요하다. AKS를 사용하려면 Azure 계정이 필요하다. 브라우저에서 Azure 페이지[28]를 열고 [무료로 Azure 사용해보기]를 클릭한다.

Microsoft 계정이 있으면 해당 계정으로 로그인한다. GitHub 계정으로도 로그인할 수 있다.

로그인 후에는 Azure portal이라는 웹 애플리케이션 화면이 열린다. Azure portal에서도 Azure의 각 리소스 조작과 관리가 가능하지만, 이 책에서는 CLI 도구인 Azure CLI를 사용한다.

Azure에는 계정과 조직의 경계를 정하기 위한 구독 개념이 있다. Azure에서는 구독별로 사용 요금이 계산된다. 구글 클라우드의 프로젝트와 같은 개념으로 볼 수 있다.

Azure CLI 셋업

Azure CLI를 설치하는 방법은 사용 환경에 따라 다르다. Azure CLI 문서[29]를 참조해 환경에 맞는 방식으로 Azure CLI를 설치한다.[30]

Azure CLI에서 Azure 리소스를 사용하려면 `az login` 커맨드를 사용해 Azure 구독에 로그인해야 한다. 커맨드를 실행하면 웹브라우저가 시작되고 로그인 메시지가 표시된다.

```
$ az login
A web browser has been opened at https://login.microsoftonline.com/organizations/oauth2/
v2.0/authorize. Please continue the login in the web browser. If no web browser is available
or if the web browser fails to open, use device code flow with `az login --use-device-code`.
```

리소스 프로바이더 설정하기

Azure 리소스 프로바이더는 Azure 서비스와 리소스를 조작할 수 있는 API를 제공한다. 리소스 프로바이더는 200개 이상이 존재하며, 리스트는 다음 커맨드로 확인할 수 있다.

```
$ az provider list --output table
```

예를 들어 Azure 가상 머신을 사용하려면 `Microsoft.Compute`라는 리소스 프로바이더가 필요하

---

28 https://azure.microsoft.com/ko-kr/free/

29 https://learn.microsoft.com/ko-kr/cli/azure/

30 로컬에 설치하지 않고 Azure Cloud Shell(https://learn.microsoft.com/ko-kr/azure/cloud-shell/overview)에서 Azure CLI를 사용하는 방법도 있다.

다.[31] 그러나 많은 리소스 프로바이더는 기본값으로 활성화되어 있지 않으므로, 개발자는 매번 필요한 리소스 프로바이더를 활성화해야 한다.

AKS 클러스터를 구축하려면 다음 네 가지 리소스 프로바이더가 필요하다.

- Microsoft.OperationsManagement
- Microsoft.OperationalInsights
- microsoft.insights
- Microsoft.ContainerService

리스트 B.3의 커맨드로 리소스 프로바이더를 등록한다.

리스트 B.3 AKS에 필요한 리소스 프로바이더를 등록하는 커맨드

```
$ az provider register --namespace Microsoft.OperationsManagement
Registering is still on-going. You can monitor using 'az provider show -n Microsoft.
OperationsManagement'

$ az provider register --namespace Microsoft.OperationalInsights
Registering is still on-going. You can monitor using 'az provider show -n Microsoft.
OperationalInsights'

$ az provider register --namespace microsoft.insights
Registering is still on-going. You can monitor using 'az provider show -n Microsoft.
Insights'

$ az provider register --namespace Microsoft.ContainerService
Registering is still on-going. You can monitor using 'az provider show -n Microsoft.
ContainerService'
```

리소스 프로바이더 등록은 2~3분가량 소요된다. 리스트 B.4의 커맨드로 각 리소스 프로바이더의 등록 상태를 확인할 수 있다. RegistrationState 열이 Registered 상태라면 등록 완료다.

리스트 B.4 리소스 프로바이더 등록 상황을 확인하는 커맨드

```
$ az provider show --namespace Microsoft.OperationsManagement --output table
Namespace                         RegistrationPolicy    RegistrationState
--------------------------------  --------------------  --------------------
Microsoft.OperationsManagement    RegistrationRequired  Registered
```

---

31 Microsoft.Compute는 디폴트로 사용 가능하다.

```
$ az provider show --namespace Microsoft.OperationalInsights --output table
Namespace                      RegistrationPolicy   RegistrationState
----------------------------   --------------------   --------------------
Microsoft.OperationalInsights RegistrationRequired Registered

$ az provider show --namespace microsoft.insights --output table
Namespace            RegistrationPolicy   RegistrationState
-----------------   --------------------   --------------------
microsoft.insights RegistrationRequired Registered

$ az provider show --namespace Microsoft.ContainerService --output table
Namespace                      RegistrationPolicy   RegistrationState
------------------------   --------------------   --------------------
Microsoft.ContainerService RegistrationRequired Registered
```

이것으로 AKS 클러스터 구축 준비가 완료되었다.

B.3.2 AKS 클러스터 구축

여기서는 Azure CLI를 사용해 AKS 클러스터를 구축한다.

먼저 AKS 클러스터를 배포하는 리소스 그룹이 필요하다. 리소스 그룹은 Azure 리소스가 배포되는 논리 그룹이며, Azure 구독 내에서 고유하다. 리소스 그룹에는 지역을 지정해야 한다. Azure의 지역은 다음 커맨드로 확인할 수 있지만, 여기서는 koreacentral을 사용한다.

```
$ az account list-locations --output table
DisplayName         Name               RegionalDisplayName
-----------------   -----------------   --------------------
...
Korea Central       koreacentral       (Asia Pacific) Korea Central
...
```

리소스 그룹은 다음 커맨드로 생성한다. 리소스 그룹명은 jpub, --location은 지역명인 koreacentral을 지정한다.

```
$ az group create --name jpub --location koreacentral
```

이 리소스 그룹 내부에 jpub-aks 이름의 AKS 클러스터를 생성한다. 리스트 B.5 커맨드를 실행한다.

리스트 B.5 AKS 클러스터 생성 커맨드

```
$ az aks create --resource-group jpub --name jpub-aks --enable-managed-identity \
  --network-plugin azure -a ingress-appgw \
  --appgw-name jpub-gateway --appgw-subnet-cidr "10.225.0.0/16" \
  --node-count 1 --generate-ssh-keys
```

5~10분 정도면 AKS 클러스터가 생성된다.

B.3.3 AKS 클러스터 조작

AKS 클러스터의 인증 정보를 가져와서 kubectl이 클러스터를 조작할 수 있도록 한다. 또한 실제로 클러스터에 애플리케이션을 배포한다.

AKS 클러스터의 인증 정보 가져오기

az aks get-credentials 커맨드로 대상 AKS 클러스터의 인증 정보를 가져온다.

```
$ az aks get-credentials --resource-group jpub --name jpub-aks
Merged "jpub-aks" as current context in /Users/user/.kube/config
```

kubectl 콘텍스트는 생성한 jpub-aks로 변경된다.

```
$ kubectl config current-context
jpub-aks
```

kubectl로 AKS를 조작한다. kubectl get node 커맨드는 노드로 실행 중인 Azure의 가상 머신을 반환한다. 노드는 AKS의 노드 풀에 의해 생성되며, GKE와 마찬가지로 가상 머신의 스펙 제어와 오토 스케일을 지원한다.

```
$ kubectl get node
NAME                             STATUS ROLES AGE  VERSION
aks-nodepool1-23557449-vmss000000 Ready  agent 4m8s v1.30.5
```

AKS 클러스터 제거

생성한 AKS 클러스터는 다음 커맨드로 제거할 수 있다. AKS 클러스터는 파드를 배포하지 않아도 사용 요금이 발생한다. 따라서 학습이 끝나는 대로 제거하는 것이 좋다.

```
$ az group delete --name jpub --yes --no-wait
```

B.4 온프레미스 환경에서 쿠버네티스 클러스터 구축

앞에서는 클라우드의 컨테이너 환경을 중심으로 소개했다. 이번 절에서는 클라우드를 사용할 수 없는 상황에서 쿠버네티스의 사용을 알아보자. 쿠버네티스는 OSS이므로 온프레미스 환경에서도 클러스터를 구축할 수 있다.

여기서는 쿠버네티스 클러스터 구축 도구인 kubespray를 사용해 자체 환경에서 처음부터 클러스터를 구축하는 방법을 설명한다.

B.4.1 온프레미스 클러스터 구축 준비

온프레미스 클러스터를 구축하기 전에 Control Plane과 노드로 사용하는 서버와 작업용 ops 서버에 대해 알아보자.

클러스터로 사용하는 서버 준비하기

먼저 클러스터 구축 대상이 되는 복수의 서버 그룹을 준비한다.[32] 여기서는 다음과 같은 구성의 서버를 준비하여 쿠버네티스 클러스터를 구축한다.

- 작업용 서버(ops) x 1
- 쿠버네티스 Control Plane 서버(control-plane) x 3
- 쿠버네티스 노드 서버(node) x 1
- 서버의 OS는 모두 Ubuntu 22.04 LTS
- 모든 서버는 닫힌 로컬 네트워크에 구축되며, 각 프라이빗 IP 주소를 가짐

서버명과 IP 주소는 다음과 같다.

---

32 온프레미스나 클라우드 모두 상관없다. 복수의 서버를 준비하는 것이 어려울 때는 내용만이라도 파악해두도록 한다.

이름	프라이빗 IP 주소	역할
control-plane01	10.90.65.11	Control Plane
control-plane02	10.90.65.12	Control Plane
control-plane03	10.90.65.13	Control Plane
node01	10.90.65.21	Node
ops	10.90.65.90	작업용(ops)

Control Plane은 애플리케이션을 배포하기 위한 서버(node)의 관리와 서비스, 파드 등 리소스의 관리를 담당하는 사령탑 역할을 한다. Control Plane은 클러스터의 가용성을 확보하기 위해 3개를 배치하는 것이 좋다.

GKE와 같은 매니지드 서비스에서는 Control Plane 관리와 유지를 서비스에서 제공하므로 개발자가 존재를 의식하는 일은 거의 없지만, 온프레미스 환경에서는 Control Plane도 개발자가 구축과 유지에 신경 써야 한다.

애플리케이션의 파드를 배포하는 대상이 되는 서버는 노드로, GKE의 노드와 같다. 이번에는 테스트용이므로 하나만 준비한다.

ops는 kubespray를 실행하는 작업용 서버이며, 쿠버네티스 클러스터에는 들어가지 않는다.

이번에는 ops에서 Ansible을 사용해 kubespray를 실행하고, 구축 대상의 서버 그룹인 Control Plane과 노드를 쿠버네티스 클러스터로 구성하도록 한다.

ops의 SSH 공개 키 등록

Ansible은 ops 서버에서 SSH를 통해 실행된다. ops 서버에서 root 유저의 SSH 키를 생성하고, 공개 키를 Control Plane과 노드 서버에 등록한다.

```
(root@ops) $ ssh-keygen -t rsa
ssh-rsa AAAAB3NzaC1yc2......
```

생성한 공개 키 등록은 모든 Control Plane과 노드 서버의 root 유저에 대해 진행된다.

```
(root@control-plane01) echo "ssh-rsa AAAAB3NzaC1yc2......" >> ~/.ssh/authorized_keys
(root@control-plane02) echo "ssh-rsa AAAAB3NzaC1yc2......" >> ~/.ssh/authorized_keys
(root@control-plane03) echo "ssh-rsa AAAAB3NzaC1yc2......" >> ~/.ssh/authorized_keys
(root@node01) echo "ssh-rsa AAAAB3NzaC1yc2......" >> ~/.ssh/authorized_keys
```

IPv4 포워딩 사용하기

kubespray를 실행하기 위해 구축 대상 서버의 IPv4 포워딩을 사용한다. Ubuntu에는 `/etc/sysctl.conf`에 IPv4 포워딩 설정인 `net.ipv4.ip_forward`이 작성되어 있지만, 기본적으로 코멘트 아웃되어 있으므로 이를 다음과 같이 활성화한다.

```
# Uncomment the next line to enable packet forwarding for IPv4
net.ipv4.ip_forward=1
```

`/etc/sysctl.conf`의 변경사항을 반영하려면 재시작이 필요하다. 재시작하지 않고 즉시 반영하고 싶을 때는 다음과 같은 커맨드를 실행한다(재시작 전까지만 유효하므로 `/etc/sysctl.conf`도 함께 변경해두어야 한다).

```
(root@control-plane01) $ sysctl -w net.ipv4.ip_forward=1
```

B.4.2 kubespray를 사용해 EKS 클러스터 구축

kubespray[33]는 구성 관리 도구인 Ansible[34]을 사용하여 쿠버네티스 클러스터를 구축하는 도구다. 클러스터를 구축하기 위해 서버의 준비가 필요하지만 서버만 준비되어 있으면 약 30분 만에 클러스터 구축을 완료할 수 있다.

먼저 ops 서버에 kubespray를 설치하고, 쿠버네티스 클러스터의 설정을 생성한다.

ops 서버에 kubespray 설치하기

ops 서버에서 kubespray를 실행하기 위해 kubespray를 설치한다.

kubespray는 의존 모듈을 다운로드하므로 pip[35]가 필요하다. 다음과 같이 `apt`로 설치한다.

```
(root@ops) $ apt install -y python3-pip
```

kubespray를 GitHub에서 clone한다. 버전은 `v2.23.0`을 사용한다.

---

33 https://github.com/kubernetes-sigs/kubespray
34 서버 설정과 도구 설치를 원격 서버에서 실행하고, 정의한 서버의 대량 셋업에 유용한 도구
35 파이썬의 패키지 매니저

```
(root@ops) $ git clone https://github.com/kubernetes-sigs/kubespray
(root@ops) $ cd kubespray && git checkout v2.23.0
```

kubespray의 `requirements.txt`를 사용해 kubespray의 의존 라이브러리를 가져온다.

```
(root@ops ~/kubespray) pip install -r requirements.txt
```

Ansible의 inventory[36]를 다음과 같이 설정한다. `IPS` 변수는 Control Plane과 노드 서버의 IP 주소를 공백으로 구분하여 작성한다.

```
(root@ops ~/kubespray) $ cp -rfp inventory/sample inventory/mycluster
(root@ops ~/kubespray) $ declare -a IPS=(10.90.65.11 10.90.65.12 10.90.65.13 10.90.65.21)
(root@ops ~/kubespray) $ CONFIG_FILE=inventory/mycluster/hosts.yaml python3 contrib/
inventory_builder/inventory.py ${IPS[@]}
```

클러스터를 구성하는 서버 설정

ops 서버에서 앞에서 설치한 `kubespray` 디렉터리의 설정 파일을 편집한다.

`~/kubespray/inventory/mycluster/hosts.yaml`(리스트 B.6)에서 클러스터를 구성하는 Control Plane과 노드를 설정할 수 있다. `inventory` 설정으로 IPS 변수에 IP 주소가 나열되어 있으므로 미리 정해둔 서버 명칭으로 변경한다.

리스트 B.6 kubespray로 구축하는 클러스터 설정 파일 (~/kubespray/inventory/mycluster/hosts.yaml)

```
all:
  hosts:
    control-plane01:
      ansible_host: 10.90.65.11
      ip: 10.90.65.11
      access_ip: 10.90.65.11
    control-plane02:
      ansible_host: 10.90.65.12
      ip: 10.90.65.12
      access_ip: 10.90.65.12
    control-plane03:
      ansible_host: 10.90.65.13
      ip: 10.90.65.13
      access_ip: 10.90.65.13
```

---

36 서버의 설정을 정의하기 위한 파일

```
    node01:
      ansible_host: 10.90.65.21
      ip: 10.90.65.21
      access_ip: 10.90.65.21
  children:
    kube_control_plane:
      hosts:
        control-plane01:
        control-plane02:
        control-plane03:
    kube_node:
      hosts:
        node01:
    etcd:
      hosts:
        control-plane01:
        control-plane02:
        control-plane03:
    k8s_cluster:
      children:
        kube_control_plane:
        kube_node:
    calico_rr:
      hosts: {}
```

.all.children.kube_control_plane.hosts에는 Control Plane 서버 그룹, .all.children.kube_node.hosts에는 노드 서버 그룹을 지정한다.

쿠버네티스 설정

~/kubespray/inventory/mycluster/group_vars/k8s_cluster/k8s-cluster.yml에서 쿠버네티스 클러스터를 설정할 수 있으며, 쿠버네티스 버전 등을 설정한다.

```
# 중략...
## Change this to use another Kubernetes version, e.g. a current beta release
kube_version: v1.27.5
```

클러스터 구축 실행

이제 클러스터 구축만 실행하면 된다. 다음과 같이 ansible-playbook 커맨드를 실행하면 클러스터 구축이 시작된다.

```
(root@ops ~/kubespray) $ ansible-playbook -i inventory/mycluster/hosts.yaml \
--become --become-user=root cluster.yml
```

대상 환경과 서버의 스펙에 따라 다르지만 대략 20~30분 정도면 클러스터 구축이 완료된다. 작업이 완료되면 Control Plane 서버에서 `kubectl` 커맨드를 실행할 수 있는지 확인해보자. Control Plane과 노드를 각각 확인할 수 있다.

```
root@control-plane01:~# kubectl get node
NAME             STATUS   ROLES           AGE  VERSION
control-plane01  Ready    control-plane   93s  v1.28.2
control-plane02  Ready    control-plane   71s  v1.28.2
control-plane03  Ready    control-plane   66s  v1.28.2
node01           Ready    <none>          26s  v1.28.2
```

여기서부터는 로컬과 매니지드 쿠버네티스 클러스터와 동일하게 애플리케이션의 파드와 서비스 등의 리소스를 생성하면 된다.

이와 같이 kubespray를 사용하면 자체 온프레미스 환경에서도 시간을 많이 소비하거나 특별히 번거로운 작업 없이 쿠버네티스 클러스터를 구축할 수 있다.

자체적으로 쿠버네티스 클러스터를 구축하면 매니지드 서비스가 아니므로 Control Plane의 가용성 확보와 쿠버네티스 버전 업데이트와 같은 유지 관리 작업도 스스로 진행해야 한다.

운영에서는 이러한 클러스터를 적절하게 관리할 수 있는 체계를 마련하거나 매니지드 서비스의 이용이 필요하다. 이러한 비용은 쿠버네티스 컨테이너 오케스트레이션의 이점과 트레이드 오프 관계다.

B.5 Amazon Elastic Container Service

부록 B.2에서는 쿠버네티스의 매니지드 서비스인 Amazon EKS를 설명했다. AWS는 EKS뿐만 아니라 쿠버네티스와는 다른 자체 오케스트레이션 시스템인 Amazon Elastic Container Service(Amazon ECS)도 제공한다.

쿠버네티스는 유연성과 확장성에 유리하지만 복잡하다는 단점도 있다. EKS와 Fargate를 통해 운영 면에서 수고를 줄여주지만 여전히 복잡성 문제를 완전히 해결했다고 할 수는 없다.

이에 반해 ECS는 AWS 자체 스펙이지만 쿠버네티스에 비하면 간단한 설정으로 컨테이너를 배포할 수 있다. 컨테이너 배포는 도커 컴포즈에 익숙하면 쉽게 사용할 수 있다.

ECS는 AWS의 매니지드 서비스이므로 컨테이너 운영에 익숙하지 않은 조직에서도 충분히 운영할 수 있다.

또한 ECS에서는 EKS와 마찬가지로 Fargate로 컨테이너 실행이 가능하다. 컨테이너 실행 서버를 관리하지 않으면서 간단하고 안정적인 컨테이너 환경을 사용할 수 있다는 장점이 있다.

이번 절에서는 ECS 클러스터의 구축과 컨테이너 배포에 대해 간단하게 설명한다.

B.5.1 CDK로 ECS 클러스터 생성과 컨테이너 배포 정의하기

AWS에서 ECS를 비롯한 리소스를 생성하기 위해 AWS Cloud Development Kit[37]을 사용하는 방법에 대해 설명한다.

CDK는 AWS 리소스를 코드로 정의하고 프로비저닝하는 개발 키트다. 타입스크립트, 자바스크립트, 자바, C# 등 다양한 언어를 지원하므로 유연한 생성이 가능하다.

필자가 ECS를 간단하게 구축할 수 있는 스크립트(리스트 B.7)를 준비했다. 자세한 설명은 생략했지만 CDK에서 ECS 클러스터를 생성하는 방법만 이해하면 된다. 스크립트를 통한 구현은 GitHub 리포지터리[38]에 공개했으므로 흥미가 있는 독자는 확인해보자.

이 CDK 스크립트는 ECS 클러스터 외에도 컨테이너 애플리케이션을 인터넷에 공개하기 위해 필요한 AWS 리소스를 정의한다. ECS 클러스터 구축 후 echo 애플리케이션을 배포한다.

리스트 B.7 **CDK로 ECS 클러스터와 echo 애플리케이션을 배포하는 스크립트 (jpub-ecs-stack.ts)**

```
import * as cdk from 'aws-cdk-lib';
import { Construct } from 'constructs';
import * as ec2 from 'aws-cdk-lib/aws-ec2';
import * as ecs from 'aws-cdk-lib/aws-ecs';
import * as elbv2 from 'aws-cdk-lib/aws-elasticloadbalancingv2';
import * as log from 'aws-cdk-lib/aws-logs';

export class JpubEcsStack extends cdk.Stack {
```

---

37 https://aws.amazon.com/ko/cdk/
38 https://github.com/jpubdocker/cloudshell/blob/main/aws/ecs/jpub-ecs/lib/jpub-ecs-stack.ts

```
    constructor(scope: Construct, id: string, props?: cdk.StackProps) {
      super(scope, id, props);
      // VPC 생성...
      // ECS 생성...
      // Security Group 생성...
      // ALB(Application Load Balancer) 생성...
      // ALB Listener 생성...
      // ALB TargetGroup 생성...
      // ...

      // 1 ECS Task Definition 생성
      const echoTaskDefinition = new ecs.FargateTaskDefinition(this, 'TaskDefinitionEcho', {
        cpu: 256,
        memoryLimitMiB: 512,
      });
      // 1-1 "nginx" 컨테이너 설정
      const nginxContainer = echoTaskDefinition.addContainer("EchoConNginx", {
        containerName: "nginx",
        image: ecs.ContainerImage.fromRegistry('ghcr.io/jpubdocker/simple-nginx-
proxy:v0.1.0'),
        logging: ecs.LogDrivers.awsLogs({
          streamPrefix: 'echo-nginx',
          logRetention: log.RetentionDays.ONE_MONTH,
        }),
        environment: {
          NGINX_PORT: "80",
          SERVER_NAME: "localhost",
          BACKEND_HOST: "localhost:8080",
          BACKEND_MAX_FAILS: "3",
          BACKEND_FAIL_TIMEOUT: "10s",
        },
      });
      nginxContainer.addPortMappings({
        containerPort: 80,
        hostPort: 80
      })
      // 1-2 "echo" 컨테이너 설정
      const echoContainer = echoTaskDefinition.addContainer("EchoConEcho", {
        containerName: "echo",
        image: ecs.ContainerImage.fromRegistry('ghcr.io/jpubdocker/echo:v0.1.0-slim'),
        logging: ecs.LogDrivers.awsLogs({
          streamPrefix: 'echo-nginx',
          logRetention: log.RetentionDays.ONE_MONTH,
        }),
      });
      echoContainer.addPortMappings({
        containerPort: 8080,
        hostPort: 8080,
```

```
    })

    // 2 ECS Service 설정
    const service = new ecs.FargateService(this, 'ServiceEcho', {
      cluster,
      taskDefinition: echoTaskDefinition,
      desiredCount: 1,
      assignPublicIp: true,
      securityGroups: [
        securityGroupApp,
      ]
    });
    service.attachToApplicationTargetGroup(targetGroup);

    new cdk.CfnOutput(this, 'EndpointURL', {
      value: `http://${alb.loadBalancerDnsName}`,
      description: 'The endpoint URL',
    });
  }
}
```

echo 애플리케이션을 CDK로 배포하는 방법을 간략하게 알아보자.

1에서는 ECS의 Task Definition(작업 정의)을 정의한다. Task Definition은 쿠버네티스에서 파드를 정의하는 매니페스트와 같다. Task Definition은 여러 컨테이너를 정의할 수 있으며, 1–1에서는 nginx 컨테이너, 1–2에서는 echo 컨테이너를 정의한다.

ECS는 컨테이너 배포 시 Task Definition을 사용해 Task를 생성한다. Task는 복수의 컨테이너를 정리한 집합체로, 쿠버네티스의 파드와 같다.

2에서는 ECS의 서비스를 정의한다. 서비스는 쿠버네티스와 같이 컨테이너에 대한 경로를 설정하거나 트래픽을 분산한다. 또한 실행하는 Task의 수도 서비스로 정의한다. 쿠버네티스의 서비스와 레플리카셋의 성질을 함께 갖는 것이라고 생각하면 좋다.

B.5.2 CDK로 ECS 클러스터를 생성하고 컨테이너 배포하기

CDK 스크립트를 사용하려면 AWS CloudShell에서 CDK를 실행한다.

다음 순서대로 진행하자.

```
[cloudshell-user@ip-10-136-127-10 ~]$ git clone https://github.com/jpubdocker/cloudshell.git
```

```
[cloudshell-user@ip-10-136-127-10 ~]$ cd cloudshell/aws/ecs/jpub-ecs/
[cloudshell-user@ip-10-136-127-10 jpub-ecs]$ npm install
[cloudshell-user@ip-10-136-127-10 jpub-ecs]$ cdk bootstrap
[cloudshell-user@ip-10-136-127-10 jpub-ecs]$ cdk deploy
```

CDK에서 프로비저닝은 몇 분이 소요된다. 중간에 [Do you wish to deploy these changes (y/n)] 확인 메시지에 대해서는 y를 입력하여 작업을 계속 진행한다.

CDK에서 정의한 구성으로 AWS 리소스를 프로비저닝한다. `cdk deploy` 커맨드(리스트 B.8)를 실행한다.

`cdk deploy` 커맨드가 순조롭게 진행되면 리스트 B.8의 내용이 출력된다.

리스트 B.8 ECS 클러스터와 관련 리소스 구축

```
[cloudshell-user@ip-10-136-127-10 jpub-ecs]$ cdk deploy
...(중략)...
Do you wish to deploy these changes (y/n)? y
JpubEcsStack: deploying... [1/1]
JpubEcsStack: creating CloudFormation changeset...

☑ JpubEcsStack

✦ Deployment time: 244.1s

Outputs:
JpubEcsStack.EndpointURL = http://JpubE-Alb16-vAZMEKh10qRz-1774191118.ap-northeast-2.elb.
amazonaws.com
Stack ARN:
arn:aws:cloudformation:ap-northeast-2:xxxxxxxxxxx:stack/JpubEcsStack/c8c95530-741f-11ee-
b2f1-0af0bf7b414d

✦ Total time: 255.85s
```

`JpubEcsStack.EndpointUR1` 부분에는 ECS로 생성된 echo 애플리케이션에 액세스하기 위한 URL이 표시된다. 이것은 CDK로 만든 ALB[39]의 URL이다. ECS에 배포한 컨테이너에 HTTP/HTTPS 액세스는 ALB를 경유한다.

```
$ curl -i http://JpubE-Alb16-vAZMEKh10qRz-1774191118.ap-northeast-2.elb.amazonaws.com
```

---

39 Application Load Balancer. AWS의 로드 밸런서다.

```
HTTP/1.1 200 OK
Date: Thu, 10 Oct 2024 17:35:31 GMT
Content-Type: text/plain; charset=utf-8
Content-Length: 17
Connection: keep-alive
Server: nginx/1.25.1

Hello Container!!
```

이것이 ECS 클러스터의 생성과 배포 과정이다.

ECS 클러스터 제거

생성한 ECS 클러스터와 연동된 AWS 리소스 그룹은 다음 커맨드로 제거할 수 있다. ECS로 실행되는 컨테이너와 클러스터 구축 시 CDK로 생성한 ALB 등도 사용 요금이 발생한다. 따라서 학습 후 모두 제거하는 것이 좋다.

```
[cloudshell-user@ip-10-136-127-10 jpub-ecs]$ cdk destroy
```

COLUMN **Amazon ECS Anywhere**

Amazon ECS는 인기가 많지만 AWS 서비스이므로 다른 플랫폼에서는 사용하지 못한다.

이에 AWS는 2021년 Amazon ECS Anywhere[40]를 출시했다.

기존 ECS에서는 컨테이너를 EC2와 Fargate의 컨테이너 환경에 배포했지만 ECS Anywhere은 AWS 이외의 컨테이너 환경에도 배포할 수 있다.

ECS 클러스터 자체는 AWS가 관리했지만 ECS Anywhere에서는 외부 컨테이너 실행 환경을 External 인스턴스로 ECS 클러스터에 추가할 수 있다.

직접 생성한 로컬 컨테이너 환경이나 온프레미스 컨테이너 환경 등도 External 인스턴스에 추가할 수 있다.

온프레미스 환경에서는 쿠버네티스가 사용되는 일이 많지만, ECS Anywhere의 등장은 그런 흐름에 더 큰 영향을 끼치게 되었다.

---

40 https://aws.amazon.com/ko/ecs/anywhere/

APPENDIX

컨테이너 개발과 운영 팁

앞에서 다루지 않은 컨테이너의 개발과 운영에 대한 팁에 대해 설명한다.

C.1 컨테이너 런타임

1장의 칼럼 'Moby 프로젝트'에서 도커를 오픈 소스화한 Moby 프로젝트에 대해 설명했지만 조금만 더 살펴보자.

도커는 Moby 프로젝트를 시작으로 컨테이너 기술의 표준화와 오픈화, 코어 기술의 재편을 진행했다.

해당 흐름에서 태어난 것이 Open Container Initiative[OCI]라는 표준이다. OCI는 다음 세 가지 표준 스펙이 정의되어 있다.

OCI 스펙	개요
runtime-spec[1]	컨테이너의 실행 환경과 라이프 사이클에 대한 스펙
image-spec[2]	컨테이너 이미지 포맷에 대한 스펙
distribution-spec[3]	컨테이너 레지스트리에 대한 스펙

---

1   https://github.com/opencontainers/runtime-spec
2   https://github.com/opencontainers/image-spec
3   https://github.com/opencontainers/distribution-spec

표준 스펙이 생기고 컨테이너 기술이 발전하면서 선택지도 넓어졌다. 특히 runtime-spec을 구현한 컨테이너 런타임 개발이 활발하다.

이번 절에서는 대표적인 컨테이너 런타임인 containerd에 대해 설명한다. 또한 containerd를 조작하는 CLI인 nerdctl에 대해서도 알아보자.

C.1.1 containerd

containerd는 OCI runtime-spec을 구현하는 컨테이너 런타임 중 하나다.

containerd는 원래 도커의 일부로 개발되었으며, 도커사에서 CNCF<small>Cloud Native Computing Foundation</small>에 기부했다. CNCF에 기부 후에도 도커는 컨테이너 런타임으로 containerd를 사용한다. 따라서 가장 인기 있는 컨테이너 런타임이다.

containerd와 각 컨테이너 실행 환경과 컴포넌트의 관계는 그림 C.1과 같다.

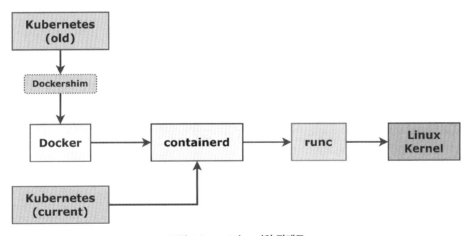

그림 C.1 containerd와 관계도

runc는 컨테이너를 생성하기 위한 컴포넌트다. Linux 커널을 직접 조작하여 컨테이너를 구현하므로 저레벨 런타임이라고도 한다. containerd는 이 runc를 통해 컨테이너를 실행한다. 그리고 도커는 containerd를 사용한다.

쿠버네티스는 한때 도커를 통해 컨테이너를 실행했다. 그러나 쿠버네티스와 도커의 인터페이스를 연결하는 Dockershim이 필요했는데, 이는 쿠버네티스 개발 커뮤니티에 지속적인 개발의 족쇄가 되었다.

쿠버네티스 리팩토링이 진행되면서 Dockershim을 사용하지 않고 containerd를 직접 사용하는 방식[4]으로 변경되었으며, 쿠버네티스 1.24 버전에서 Dockershim은 제거되었다.

도커와 현재의 쿠버네티스도 containerd를 사용한다. 도커로 빌드, 실행한 컨테이너는 도커 의존성을 제거한 쿠버네티스에서도 사용할 수 있다.

컨테이너 기술 표준화와 containerd의 존재가 각각 컨테이너 기술 발전에 큰 기여를 했다고 말할 수 있을 것이다.

COLUMN 쿠버네티스의 도커 deprecated 소동

쿠버네티스에서 Dockershim을 제거하는 과정에서 하나의 소동이 있었다.

쿠버네티스 1.20에서 Dockershim이 deprecated되면서 1.24 버전에서 완전히 제거된다는 발표가 있었다. 이에 일부 개발자 사이에서는 쿠버네티스에서 제거되는 도커는 이제 사용할 수 없게 된다는 잘못된 인식이 퍼지면서 약간의 소동이 있었다.

물론 그러한 인식은 잘못되었다. 이미 설명한 대로 쿠버네티스가 도커를 경유하지 않고 직접 containerd를 사용하게 되었을 뿐이다. 따라서 앞으로도 안심하고 도커를 사용해도 된다.

C.1.2 nerdctl

현재 쿠버네티스는 직접 containerd를 사용하지만 개발자도 도커를 경유하지 않고 직접 containerd를 사용하는 방법이 있다. nerdctl[5]이라는 CLI 도구를 사용하면 된다.

nerdctl은 Docker CLI처럼 사용이 쉬우며, containerd를 조작할 수 있다. 도커와 동일한 방식으로 모든 커맨드를 사용할 수 있는 것은 아니지만 기본 조작 커맨드는 제공한다.[6]

Docker CLI 커맨드	nerdctl 커맨드
docker container run	nerdctl run
docker image build	nerdctl build
docker compose	nerdctl compose

부록 A.4에서 소개한 Rancher Desktop에서는 그림 C.2와 같이 컨테이너 엔진을 도커가 아닌

---

4 쿠버네티스는 CRI-O 등 containerd 이외의 런타임도 사용할 수 있다.

5 https://github.com/containerd/nerdctl

6 이 외의 커맨드는 공식 문서인 https://github.com/containerd/nerdctl/blob/main/docs/command-reference.md를 참고한다.

containerd로 사용할 수 있다.

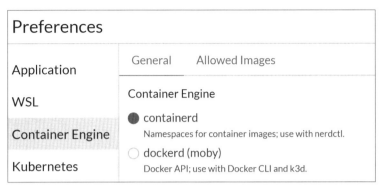

그림 C.2 Rancher Desktop 컨테이너 엔진 선택 화면

도커를 사용하지 않는 대신 nerdctl이 설치된다. nerdctl을 통해 Rancher가 실행하는 containerd를 사용할 수 있게 되어 이미지의 빌드와 컨테이너의 실행이 가능하다.

C.2 쿠버네티스 팁

쿠버네티스 운영에 관한 몇 가지 팁을 소개한다.

C.2.1 이페머럴 컨테이너를 통한 기존 파드 디버깅

이페머럴 컨테이너는 파드의 디버깅과 트러블슈팅에 활용할 수 있는 임시 컨테이너이며, 쿠버네티스 1.23 버전에서 도입되었다.

10.2.4절에서는 Distroless 이미지에 대해 설명했다. Distroless 이미지는 매우 가벼우므로 운영 환경용 `latest`와 `nonroot` 태그 이미지에는 `sh`조차 포함되어 있지 않다. 따라서 `kubectl exec` 커맨드로 컨테이너에 들어갈 수 없다.

이 문제를 해결하기 위해 Distroless는 `sh`를 포함하는 `debug`와 `debug-nonroot` 태그와 같은 디버깅 이미지를 제공한다. 이것들을 베이스 이미지로 사용하면 컨테이너 내부에는 들어갈 수 있지만 보안상 바람직하지는 않다.

그러나 `sh`를 포함하지 않는 컨테이너 내부에서 디버깅이 필요한 상황이 발생할 수도 있다. 이 문제를 해결하는 것이 이페머럴 컨테이너다.

이페머럴 컨테이너는 기존 파드 프로세스의 네임스페이스에 일시적으로 다른 컨테이너를 연결하여 디버깅할 수 있도록 한다. 따라서 sh 등 로그인 셸이 없는 환경에서도 sh를 이용하여 디버깅이 가능해진다.

실제로 이페머럴 컨테이너를 사용하는 기존 파드의 디버깅을 진행해보자.

디버깅 대상 파드 생성하기

디버깅 대상으로 echo의 -slim 태그를 갖는 컨테이너 이미지로 파드를 생성한다. kubectl run 커맨드로 파드를 생성할 때 컨테이너명도 파드명과 동일한 echo가 된다.

```
$ kubectl run echo --image=ghcr.io/jpubdocker/echo:v0.1.0-slim
pod/echo created
```

이 컨테이너 이미지는 Distroless의 latest를 베이스 이미지로 사용하므로 다음과 같이 kubectl exec 커맨드로 컨테이너 내부에는 들어갈 수 없다.

```
$ kubectl exec -it echo sh
kubectl exec [POD] [COMMAND] is DEPRECATED and will be removed in a future version. Use
kubectl exec [POD] -- [COMMAND] instead.
OCI runtime exec failed: exec failed: unable to start container process: exec:
"sh":executable
file not found in $PATH: unknown
command terminated with exit code 126
```

kubectl debug를 통한 이페머럴 컨테이너 실행

이페머럴 컨테이너를 사용해 기존 파드를 디버깅한다.

이페머럴 컨테이너는 kubectl debug -it [기존파드명] --image=[이페머럴 컨테이너의 컨테이너 이미지] --target=[파드내 컨테이너명] 커맨드로 실행할 수 있다.

리스트 C.1의 커맨드로 이페머럴 컨테이너를 실행한다. echo 파드의 echo 컨테이너에 ubuntu:23.10을 이페머럴 컨테이너로 연결한다.

리스트 C.1 이페머럴 컨테이너 실행

```
$ kubectl debug -it echo --image=ubuntu:23.10 --target=echo
Targeting container "echo". If you don't see processes from this container it may be because
the container runtime doesn't support this feature.
Defaulting debug container name to debugger-84v4j.
```

```
If you don't see a command prompt, try pressing enter.
root@echo:/#
```

`ps -ef` 커맨드를 실행하면 echo 애플리케이션이 PID=1로 실행되는 것을 확인할 수 있다.

```
root@echo:/# ps -ef
UID      PID    PPID  C  STIME  TTY          TIME  CMD
root       1       0  0  06:29  ?        00:00:00  echo
root      14       0  0  06:32  pts/0    00:00:00  /bin/bash
root      22      14  0  06:32  pts/0    00:00:00  ps -ef
```

디버깅 대상 컨테이너의 파일 시스템 확인하기

이페머럴 컨테이너에서 디버깅 대상 컨테이너의 파일 시스템을 살펴보자.

echo 컨테이너는 실행 파일을 /usr/local/bin/echo에 배치하도록 만들어졌으므로 이를 확인한다. /usr/local/bin 디렉터리를 살펴보자. 그러나 다음과 같이 echo 파일은 보이지 않는다.

```
root@echo:/# ll /usr/local/bin/
total 8
drwxr-xr-x 2 root root 4096 Oct 11 14:09 ./
drwxr-xr-x 10 root root 4096 Oct 11 14:09 ../
```

이페머럴 컨테이너는 기존 파드의 프로세스 네임스페이스를 공유할 뿐이므로 디버깅할 컨테이너 내부로 들어가 조작하는 것은 아니다. 기본 파일 시스템은 이페머럴 컨테이너로 연결되는 ubuntu:23.10이다.

그렇다면 어떻게 디버깅 대상 컨테이너의 파일 시스템을 확인할 수 있을까?

이페머럴 컨테이너에서는 /proc/[PID]/root 디렉터리 하위가 디버깅 대상 컨테이너의 파일 시스템이다. echo 애플리케이션은 PID=1로 동작하므로 /proc/1/root 디렉터리를 확인하면 된다.

```
root@echo:~# cd /proc/1/root
root@echo:/proc/1/root# ls -l ./usr/local/bin
total 6092
-rwxr-xr-x 1 root root 6236360 Sep 13 02:26 echo
```

sh를 포함하는 컨테이너를 디버깅하는 것과는 다르지만 컨테이너 내부 파일의 상태를 확인하는 용도로 활용할 수 있다.

디버깅용 컨테이너와 이페머럴 컨테이너의 선택

컨테이너를 디버깅할 때 디버깅용 컨테이너를 사용할지 이페머럴 컨테이너를 사용할지 결정이 필요할 때가 있다. 다음 표와 같은 장단점이 있다.

용도	디버깅용 컨테이너	이페머럴 컨테이너
도커에서 사용	가능	불가능
쿠버네티스에서 사용	가능	가능
운영 환경에서 사용	가능하지만 바람직하지 않음	가능
기존의 구성(배포, 컨테이너 이미지 등) 변경	있음	없음
컨테이너 내부 조작	가능	일부 불가능

디버깅용 컨테이너는 모든 조작이 가능하지만 보안 관련해서 해결해야 할 부분이 있다. 먼저 이페머럴 컨테이너로 충분히 디버깅이 가능한지 생각해보고, 어려운 상황일 때는 디버깅용 컨테이너를 선택하는 것이 좋다.

C.2.2 Pod Security Admission을 사용한 보안 강화

데이터 시퍼와 같은 용도의 파드는 권한 모드$_{privilege}$와 호스트 파일 액세스 권한 등 강력한 권한이 필요하다. 그러나 일반적인 컨테이너 용도로는 과도한 권한을 부여하게 되므로 보안 리스크가 발생한다.

쿠버네티스는 보안에 영향을 미칠 수 있는 파드의 실행을 제한하는 구조로 Pod Security Standard와 Pod Security Admission을 제공한다. 간단하게 알아보도록 하자.

Pod Security Standard

Pod Security Standard[7]는 파드 보안 강화를 위한 최선의 방법으로, 사전에 정의된 보안 정책을 제공한다.

보안 정책은 다음 3단계의 레벨이 정의되어 있다. 파드가 준수해야 하는 보안 요건이 각각 단계별로 구현된다.

---

7 https://kubernetes.io/ko/docs/concepts/security/pod-security-standards/

정책	내용	보안 레벨
privileged(권한)	제한이 없는 정책	낮음
baseline(베이스라인, 기본값)	일반적인 애플리케이션이 안전하게 동작하는 최소한의 정책	중간
restricted(제한)	대부분의 권한이 엄격하게 제한되고 높은 보안 요건이 요구되는 정책	높음

Pod Security Admission

Pod Security Admission[PSA][8]은 Pod Security Standard를 파드에 강제하기 위한 구조다. 쿠버네티스 1.22 버전부터 제공되며, 1.25 버전이 stable 버전이다.[9]

PSA의 네임스페이스는 .metadata.labels에 다음과 같이 설정한다.

```
apiVersion: v1
kind: Namespace
metadata:
  name: your-namespace
  labels:
    pod-security.kubernetes.io/[MODE]: [LEVEL]
```

[MODE]에는 다음과 같이 enforce, audit, warn 중 하나를 사용한다.

PSA 모드	정책 위반 시 동작
enforce	파드 실행이 거부됨
audit	로그에 기록되지만 파드 실행은 거부되지 않음
warn	콘솔에 경고가 표시되지만 파드 실행은 거부되지 않음

[LEVEL]에는 앞에서 확인한 대로 사전에 정의된 정책을 지정한다. 확인을 위해 PSA 설정의 jpub-psa라는 이름의 네임스페이스를 생성해보자(리스트 C.2). PSA 모드는 복수 설정이 가능하다. 여기서는 모든 모드를 지정하고 각각의 레벨은 기본 보안 레벨인 baseline으로 설정한다.

리스트 C.2 **PSA를 적용한 네임스페이스 (~/work/appendix-c/psa/namespace.yaml)**

```
apiVersion: v1
kind: Namespace
metadata:
  name: jpub-psa
  labels:
```

---

8   https://kubernetes.io/ko/docs/concepts/security/pod-security-admission/
9   이전에는 Pod Security Policy(PSP) 구조가 존재했지만 1.25에서 제거되었다.

```
    pod-security.kubernetes.io/enforce: baseline
    pod-security.kubernetes.io/audit: baseline
    pod-security.kubernetes.io/warn: baseline
```

네임스페이스 매니페스트를 apply한다.

```
(~/work/appendix-c/psa) $ kubectl apply -f namespace.yaml
namespace/jpub-psa created
```

PSA를 적용한 네임스페이스에 대해 파드 배포를 시도해보자.

리스트 C.3과 같이 파드를 정의한 매니페스트 파일을 생성한다. echo 애플리케이션의 컨테이너를 실행하는 파드이지만 컨테이너의 `.securityContext.privileged`를 `true`로 설정하면 파드는 쿠버네티스에 권한을 요구한다.[10]

리스트 C.3 권한을 요구하는 파드 (~/work/appendix-c/psa/pod-privileged.yaml)

```
apiVersion: v1
kind: Pod
metadata:
  name: echo-privileged
  namespace: jpub-psa
  labels:
    app.kubernetes.io/name: echo-privileged
spec:
  containers:
  - name: echo
    image: ghcr.io/jpubdocker/echo:v0.1.0-slim
    ports:
    - containerPort: 8080
    # 권한 요구 설정
    securityContext:
      privileged: true
```

파드의 매니페스트를 apply한다. 그러나 권한을 요구하므로 파드 가동은 실패한다.

```
(~/work/appendix-c/psa) $ kubectl apply -f pod-privileged.yaml
Error from server (Forbidden): error when creating "pod-privileged.yaml": pods "echo-
privileged" is forbidden: violates PodSecurity "baseline:latest": privileged (container
```

---

10 echo 애플리케이션은 권한을 필요로 하는 구현은 아니지만 확인을 위해 사용한다.

```
"echo" must not set securityContext.privileged=true)

$ kubectl -n jpub-psa get pod
No resources found in jpub-psa namespace.
```

파드 시작 실패는 `enforce=baseline` 설정 때문이다. 이 외에 `audit`과 `warn`도 설정 중이므로 로그와 콘솔에도 내용이 출력된다.

PSA를 활용하면 네임스페이스 단위로 보안 레벨을 강제할 수 있다.

COLUMN   **Open Policy Agent**

PSA와 유사한 구조로 Open Policy Agent~OPA~[11]도 존재한다.

PSA는 파드에 초점을 맞추지만 OPA는 쿠버네티스의 다양한 리소스에 대한 상세 정책을 제어할 수 있으며, 정책을 자체적으로 정의할 수도 있다.

🅲🅲🅲 C.3 컨테이너 개발, 배포 팁

컨테이너 기술을 학습하면서 다양한 도구와 사용 방법을 소개했다. 이번 절에서는 해당 내용을 보완하는 몇 가지 팁을 간단하게 설명한다.

C.3.1 Compose Watch로 컨테이너 자동 업데이트하기

로컬 환경에서 개발할 때 컴포즈는 유용한 도구다. 그러나 코드와 설정 파일을 변경할 때는 다시 `docker compose up`을 사용해 컨테이너를 업데이트해야 한다.

이 작업은 번거로운 과정이므로 파일의 변경을 감지하여 자동으로 실행 중인 컨테이너를 최신으로 업데이트하는 Tilt를 4장의 4.7절에서 소개했다.

그러나 컴포즈 2.22 버전에서는 Compose Watch[12]가 추가되어 컴포즈 단독으로 파일의 변경 감지와 컨테이너 자동 업데이트가 가능해졌다.

---

11   https://www.openpolicyagent.org/

12   https://docs.docker.com/compose/file-watch/

확인을 위해 작업 관리 앱의 `compose.yaml`(리스트 C.4)에 Compose Watch 설정 파일을 추가해 보자.

리스트 C.4 웹 컨테이너에 Compose Watch 설정 추가 (~/go/src/github.com/jpubdocker/taskapp/compose.yaml)

```
version: '3.9'
services:
# ...생략
  web:
    build:
      context: .
      dockerfile: ./containers/web/Dockerfile
    # Compose Watch 설정
    develop:
      watch:
        - action: rebuild
          path: ./pkg
    depends_on:
# ...생략
```

대상 컨테이너의 `.develop.watch` 하위에 Compose Watch를 설정한다.

이미지를 빌드하고 컨테이너를 업데이트하는 설정은 간단하다. `action`에 `rebuild`를 설정하고 `path`에는 변경 감지 대상 디렉터리를 설정하면 된다. 여기서는 `./pkg` 하위 파일이 변경되면 웹 컨테이너를 교체한다.

Compose Watch는 다음 커맨드로 실행한다.

```
(~/go/src/github.com/jpubdocker/taskapp) $ docker compose watch
```

Compose 관리 대상 컨테이너를 모두 생성하면 그림 C.3과 같이 대기 상태가 된다.

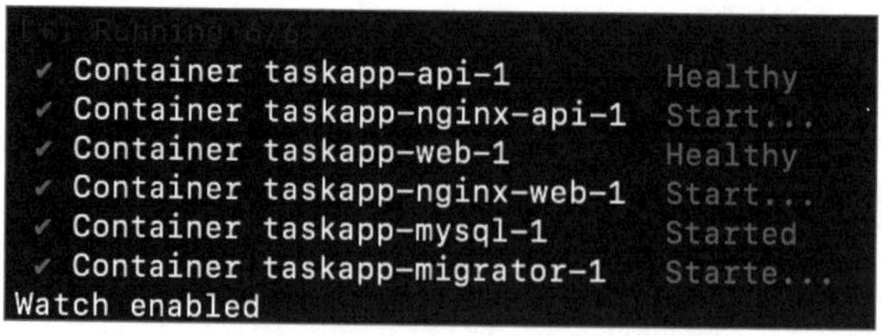

```
[+] Running 6/6
 ✓ Container taskapp-api-1          Healthy
 ✓ Container taskapp-nginx-api-1    Start...
 ✓ Container taskapp-web-1          Healthy
 ✓ Container taskapp-nginx-web-1    Start...
 ✓ Container taskapp-mysql-1        Started
 ✓ Container taskapp-migrator-1     Starte...
Watch enabled
```

그림 C.3 Compose Watch의 변경 대기 상태

확인을 위해 `./pkg/app/web/handler/template/index.html`에 변경을 추가해보자. 이 파일은 변경 감지 대상이므로 바로 빌드가 시작되고 컨테이너가 그림 C.4와 같이 업데이트된다.

```
Rebuilding service "web" after changes were detected...
[+] Building 18.5s (18/18) FINISHED                       docker:desktop-linux
 => [web internal] load build definition from Dockerfile                  0.0s
 => => transferring dockerfile: 319B                                      0.0s
 => [web internal] load metadata for docker.io/library/golang:1.21.6      1.5s
 => [web auth] library/golang:pull token for registry-1.docker.io         0.0s
 => [web internal] load .dockerignore                                     0.0s
 => => transferring context: 2B                                           0.0s
 => [web  1/11] FROM docker.io/library/golang:1.21.6@sha256:7b575fe0d9c2e 0.0s
 => [web internal] load build context                                     0.0s
 => => transferring context: 7.87kB                                       0.0s
 => CACHED [web  2/11] WORKDIR /go/src/github.com/jpubdocker/taskapp       0.0s
 => CACHED [web  3/11] COPY ./cmd ./cmd                                    0.0s
 => [web  4/11] COPY ./pkg ./pkg                                          0.0s
 => [web  5/11] COPY go.mod .                                             0.0s
 => [web  6/11] COPY go.sum .                                             0.0s
 => [web  7/11] COPY Makefile .                                           0.0s
 => [web  8/11] COPY ./assets ./assets                                    0.0s
 => [web  9/11] RUN make mod                                             10.8s
 => [web 10/11] RUN make vendor                                           0.3s
 => [web 11/11] RUN make build-web                                        5.5s
 => [web] exporting to image                                              0.3s
 => => exporting layers                                                   0.3s
 => => writing image sha256:dbfb27863bdd3879af043b9520cd4c5cec0ca68ba81a8 0.0s
 => => naming to docker.io/library/taskapp-web                            0.0s
 => [web] resolving provenance for metadata file                          0.0s
service "web" successfully built
```

그림 C.4 변경을 감지하여 자동으로 컨테이너 업데이트

이와 같이 Compose만으로도 컨테이너의 자동 업데이트가 가능하다.

C.3.2 Tilt로 쿠버네티스 애플리케이션 다루기

Tilt는 쿠버네티스 애플리케이션에서도 유용하다. 몇 가지 패턴을 알아보자.

Tilt로 매니페스트 파일 정리하기

Kustomize와 Helm 등 매니페스트 관리 도구를 사용하지 않으면 매니페스트 그룹 관리는 매우 복잡해진다. 그러나 Tilt를 사용하면 리스트 C.5와 같이 코드로 관리할 수 있다.

리스트 C.5 매니페스트 그룹을 Tilt로 관리 (~/go/src/github.com/jpubdocker/taskapp/k8s/plain/local/Tiltfile)

```
# 사용 허가 콘텍스트
allow_k8s_contexts([
  'docker-desktop',
```

```
  'kind-kind',
  'minikube'
])

default_namespace = 'taskapp'

# namespace 생성
load('ext://namespace', 'namespace_yaml', 'namespace_create', 'namespace_inject')
k8s_yaml(namespace_yaml(default_namespace), allow_duplicates=False)

# 매니페스트 파일 적용
k8s_yaml(namespace_inject(read_file('./mysql-secret.yaml'), default_namespace))
k8s_yaml(namespace_inject(read_file('./mysql.yaml'), default_namespace))
k8s_yaml(namespace_inject(read_file('./migrator.yaml'), default_namespace))
k8s_yaml(namespace_inject(read_file('./api-config-secret.yaml'), default_namespace))
k8s_yaml(namespace_inject(read_file('./api.yaml'), default_namespace))
k8s_yaml(namespace_inject(read_file('./web.yaml'), default_namespace))
```

작업 관리 앱이라면 다음 커맨드로 확인할 수 있다.

```
(~/go/src/github.com/jpubdocker/taskapp) $ tilt up --file k8s/plain/local/Tiltfile
```

Tilt와 Kustomize 연동하기

Tilt는 Kustomize 애플리케이션도 사용할 수 있다. 리스트 C.6과 같이 관리한다.

리스트 C.6 **Tilt와 Kustomize 연동** (~/go/src/github.com/jpubdocker/taskapp/k8s/kustomize/base/Tiltfile)

```
# 사용을 허가하는 콘텍스트(생략)...
# namespace 생성(생략)...
# Kustomize로 매니페스트 파일 생성(kustomization.yaml 디렉터리의 상대 경로)
yaml = kustomize('.')
# 생성한 매니페스트 파일 적용
k8s_yaml(yaml)
```

작업 관리 앱이라면 다음 커맨드로 확인할 수 있다.

```
(~/go/src/github.com/jpubdocker/taskapp) $ tilt up --file k8s/kustomize/base/Tiltfile
```

Tilt와 Helm 연동하기

Tilt는 Helm 애플리케이션도 사용할 수 있다.

echo 애플리케이션의 Chart를 생성하고 배포하는 과정은 리스트 8.64에서 알아보았다. 리스트 C.7과 같이 Tiltfile을 생성하고 관리할 수 있다.

리스트 C.7 **Tilt와 Helm 연동 (~/k8s/helm/Tiltfile)**

```
# 사용을 허가하는 콘텍스트(생략)...

yaml = helm(
  './echo', # Chart 디렉터리 경로
  name='echo',
  namespace='default',
  values=['./local-echo.yaml']
  )
# 생성한 매니페스트 파일 적용
k8s_yaml(yaml)
```

다음 커맨드로 확인할 수 있다.

```
(~/k8s/helm) $ tilt up
```

물론 원격 Helm Chart도 사용할 수 있다. 일부 Chart는 Tiltfile로 사용하는 Chart와 버전, 그리고 커스텀 values 파일의 경로를 코드로 관리할 수 있어 편리하다. 또한 같은 용도의 Helmfile[13]도 인기 있는 도구다.

C.4 생성형 AI를 활용한 컨테이너 개발 효율화

최근 생성형 AI 기술이 급격하게 대두되었다. ChatGPT와 GitHub Copilot의 진보는 굉장히 뛰어나 기존의 개발 방법뿐만 아니라 비즈니스의 본질을 크게 변화시키는 게임 체인저로 주목받고 있다.

이번 절에서는 컨테이너를 사용한 개발을 더욱 효율적으로 수행하기 위해 생성형 AI 기술을 어떻게 이용하는지 소개한다.

---

[13] https://github.com/helmfile/helmfile

C.4.1 ChatGPT 활용하기

ChatGPT[14]는 OpenAI[15]가 개발한 대규모 언어 모델large language model, LLM을 활용하는 생성형 AI 기술이다. 사용자와 대화할 수 있다는 특징이 있으며, 질문에 대한 답변과 텍스트 요약, 문서 작성 등이 가능하다.

2024년 9월 ChatGPT는 주로 GPT-3.5와 GPT-4 모델을 제공했다. GPT-4는 ChatGPT Plus(유료)로 사용할 수 있다. GPT-3.5는 2021년 말까지만 학습한 모델이지만, GPT-4는 웹에서 가져온 최신 정보를 활용한다. 이를 통해 새로운 정보와 관련해서도 어느 정도 대응이 가능하다.

ChatGPT는 최대한 정확한 해답을 위해 노력하지만 정확성을 보장하지는 않는다. 그럼에도 불구하고 필자는 ChatGPT를 일상 개발에 활용하고 있다.

물론 컨테이너 개발에도 유용하다. 예를 들어 'Go 언어로 Distroless를 사용하는 Dockerfile의 예' 라는 질문을 그림 C.5와 같이 진행해보자.

그림 C.5 ChatGPT 질문

ChatGPT는 그림 C.6과 같은 답변을 한다.

---

14 https://chat.openai.com
15 https://openai.com

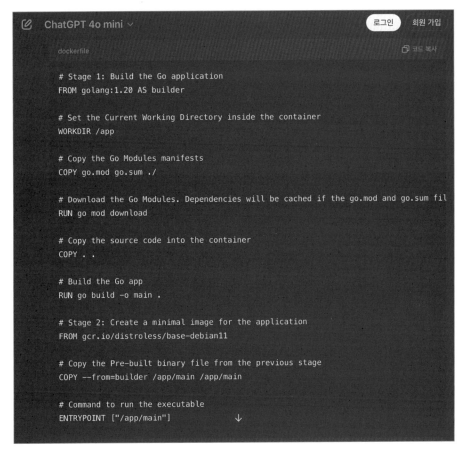

그림 C.6 ChatGPT 답변

Multi-stage builds를 사용하여 구현하는 방법을 제시한다. 참고 용도로 매우 유익하며 검색 엔진을 사용하는 것보다 효율적이면서도 목적에 가까운 정보를 제공해줄 가능성이 크다.

C.4.2 GitHub Copilot 활용하기

GitHub Copilot[16]은 생성형 AI 기술을 활용한 프로그래밍 지원 도구다. 프로그래밍에 특화되어 있어 코드의 자동 보완 등 코딩에 대한 지원이 가능하다. 프로그래밍 언어뿐만 아니라 Dockerfile과 쿠버네티스의 매니페스트 파일 생성에도 활용할 수 있다.

사용하려면 GitHub Copilot의 구독 설정이 필요하다. 30일간 체험판의 사용이 가능하므로 꼭 사

---

16 https://github.com/features/copilot

용해보자. 요금 체계는 공식 문서[17]에서 확인할 수 있다.

GitHub Copilot은 JetBrains의 IDE와 Vim, Visual Studio Code 등 다양한 에디터에서 사용할 수 있다. 에디터별로 설정 방법은 공식 문서[18]에서 확인할 수 있다.

테스트를 위해 VS Code에서 쿠버네티스의 매니페스트 파일을 작성해보자. 먼저 빈 `service.yaml`을 생성한다.

`apiVersion: v1`을 입력하면 그림 C.7과 같이 회색의 내용을 제안한다.

그림 C.7 서비스를 제안

코드를 제안받으면서 `.metadata.name`을 `mysql`로 변경한다. 그러면 해당 내용을 고려해 MySQL용 설정을 제안한다.

```
! service.yaml ●
! service.yaml
  1  apiVersion: v1
  2  kind: Service
  3  metadata:
  4    name: mysql
  5    labels:
  6      app: mysql
  7  spec:
  8    ports:
       - port: 3306
     selector:
       app: mysql
     clusterIP: None
```

그림 C.8 MySQL 라우팅 제안

---

17 https://docs.github.com/ko/billing/managing-billing-for-github-copilot/about-billing-for-github-copilot
18 https://docs.github.com/ko/copilot/using-github-copilot/getting-started-with-github-copilot

GitHub Copilot Chat이라는 대화형 인터페이스도 제공하고 있으며, 필자도 애용 중이다.

C.5 Alpine Linux 패키지 매니저 apk

10장에서 설명한 것과 같이 Distroless가 베이스 이미지로 떠올랐다. 그전까지는 가벼운 컨테이너 이미지를 생성하기 위해 Alpine Linux를 유용하게 사용했지만 애플리케이션의 베이스 이미지로는 점점 설 자리를 잃고 있다.

그러나 서드 파티 소프트웨어[19]는 여전히 Alpine 베이스 이미지를 제공한다. 이미지의 가벼운 이점을 생각하면 여전히 Alpine Linux 베이스의 서드 파티 이미지는 유용하다.

서드 파티 이미지를 베이스로 사용해 자체 이미지를 구축하는 경우도 있으므로 Alpine Linux 패키지 관리 시스템인 apk의 기본적인 사용법을 알아보자.

C.5.1 패키지 매니저 apk 조작하기

apk는 Alpine Linux의 패키지 매니저다. 다른 배포판과 마찬가지로 중앙 집권식 리포지터리[20]를 갖는다.

Alpine Linux에는 sh가 있으므로 컨테이너 내부에서 셸을 통해 대화식으로 조작할 수 있다. sh는 임베디드 OS에서 인기 있는 ash라는 셸이다.[21] 여기서는 컨테이너 내부에서 apk의 조작 방법을 알아보자.

```
$ docker container run --rm -it alpine:3.18.3
/ #
```

apk update

apk update는 로컬의 apk 인덱스 캐시를 업데이트한다. 패키지 검색과 설치는 이 로컬 인덱스 정보를 기반으로 한다. 인덱스 캐시는 /var/cache/apk 디렉터리에 저장된다.

```
$ apk update
fetch https://dl-cdn.alpinelinux.org/alpine/v3.18/main/aarch64/APKINDEX.tar.gz
```

---

19 nginx 등에서 이미지 태그에 -alpine 접미사를 붙여 제공하는 예는 많다.
20 https://pkgs.alpinelinux.org/packages
21 ash가 아닌 bash는 기본적으로 설치되어 있지 않다. bash를 사용하고 싶을 때는 별도로 설치가 필요하다.

```
fetch https://dl-cdn.alpinelinux.org/alpine/v3.18/community/aarch64/APKINDEX.tar.gz
v3.18.3-126-g844291c27ba [https://dl-cdn.alpinelinux.org/alpine/v3.18/main]
v3.18.3-132-g8db57058edd [https://dl-cdn.alpinelinux.org/alpine/v3.18/community]
OK: 19938 distinct packages available
```

apk search

apk search [키워드] 커맨드는 사용 가능한 패키지를 검색한다.

```
$ apk search neovim
fzf-neovim-0.40.0-r2
neovim-0.9.0-r2
neovim-doc-0.9.0-r2
neovim-lang-0.9.0-r2
py3-pynvim-0.4.3-r6
```

apk add

apk add [패키지명] 커맨드로 패키지를 설치할 수 있다. 설치할 패키지명을 지정한다.

```
$ apk add neovim
(1/11) Installing libintl (0.21.1-r7)
...(중략)...
(11/11) Installing neovim (0.9.0-r2)
Executing busybox-1.36.1-r2.trigger
OK: 30 MiB in 26 packages
```

--no-cache 옵션을 추가하면 /var/cache/apk 디렉터리에 저장된 apk의 인덱스 캐시를 사용하는 것이 아니라, 새롭게 가져온 인덱스를 기반으로 패키지를 설치한다. /var/cache/apk에 인덱스 캐시가 저장되지 않으므로 별도로 /var/cache/apk 내부를 삭제할 필요가 없다. apk add --no-cache는 가벼운 이미지를 추구하는 Dockerfile에서 자주 사용한다.

```
$ apk add --no-cache neovim
fetch https://dl-cdn.alpinelinux.org/alpine/v3.18/main/aarch64/APKINDEX.tar.gz
fetch https://dl-cdn.alpinelinux.org/alpine/v3.18/community/aarch64/APKINDEX.tar.gz
(1/11) Installing libintl (0.21.1-r7)
...(중략)...
(11/11) Installing neovim (0.9.0-r2)
Executing busybox-1.36.1-r2.trigger
OK: 30 MiB in 26 packages
```

apk del

apk del 커맨드는 설치된 패키지를 제거한다. apk add --virtual 등과 결합해 사용하지 않는 패키지를 제거한다.

```
$ apk del neovim
(1/10) Purging neovim (0.9.0-r2)
...(중략)...
(10/10) Purging unibilium (2.1.1-r0)
Executing busybox-1.36.1-r2.trigger
OK: 88 MiB in 38 packages
```

--virtual 옵션

--virtual 옵션은 apk의 여러 패키지를 하나로 정리하여 별명을 붙인다. 이미지 생성 시 필요한 라이브러리와 도구 중에는 빌드 과정에서만 사용되는 것도 있다. 이러한 것도 그대로 남겨두게 되면 이미지의 크기가 커지게 되므로 이처럼 불필요한 라이브러리는 삭제하는 것이 좋다. 그러나 런타임 시 필요한 라이브러리와 그렇지 않은 라이브러리를 함께 관리하는 것은 어려운 일이다. 이때는 --virtual 옵션을 사용하여 런타임 시 불필요한 라이브러리 그룹에 별명을 붙이면 apk del [별명] 커맨드로 대상 패키지 그룹을 한 번에 삭제할 수 있다.

다음 예는 빌드 시에만 필요한 ruby-dev, perl-dev 라이브러리 그룹을 build-deps 별명을 사용해 설치한다.

```
$ apk add --no-cache --virtual=build-deps ruby-dev perl-dev
fetch https://dl-cdn.alpinelinux.org/alpine/v3.18/main/aarch64/APKINDEX.tar.gz
fetch https://dl-cdn.alpinelinux.org/alpine/v3.18/community/aarch64/APKINDEX.tar.gz
(1/22) Installing ca-certificates (20240226-r0)
...(중략)...
(22/22) Installing build-deps (20241004.141053)
Executing busybox-1.36.1-r2.trigger
Executing ca-certificates-20240226-r0.trigger
OK: 111 MiB in 48 packages
```

```
$ apk del --no-cache build-deps
fetch https://dl-cdn.alpinelinux.org/alpine/v3.18/main/aarch64/APKINDEX.tar.gz
fetch https://dl-cdn.alpinelinux.org/alpine/v3.18/community/aarch64/APKINDEX.tar.gz
(1/23) Purging build-deps (20241004.141053)
...(중략)...
Executing busybox-1.36.1-r2.trigger
OK: 8 MiB in 15 packages
```

이것이 패키지 매니저 apk의 기본 조작 방법이다. Dockerfile에서 사용하는 방법은 GitHub 등에 공개되어 있으므로 기존 Alpine Linux 베이스의 Dockerfile을 참조해보자.

C.5.2 alpine-sdk 패키지

`alpine` 컨테이너 이미지에는 `make`, `git`, `gcc`, `curl` 등 애플리케이션 빌드에 필요한 도구가 설치되어 있지 않다. 하나씩 설치할 수도 있지만 Dockerfile 작성이 번거롭고 관리가 힘들어진다.

따라서 Alpine Linux는 alpine-sdk라는 편리한 패키지를 제공한다. alpine-sdk는 빌드에 필요한 기본적인 패키지가 포함되어 있으므로 `alpine` 컨테이너 내부에서 조작이 필요할 때는 다음과 같이 설치한다.

```
$ apk add --no-cache alpine-sdk
fetch https://dl-cdn.alpinelinux.org/alpine/v3.18/main/aarch64/APKINDEX.tar.gz
fetch https://dl-cdn.alpinelinux.org/alpine/v3.18/community/aarch64/APKINDEX.tar.gz
(1/41) Installing fakeroot (1.31-r2)
...(중략)...
(41/41) Installing alpine-sdk (1.0-r1)
Executing busybox-1.36.1-r2.trigger
Executing ca-certificates-20240226-r0.trigger
OK: 256 MiB in 56 packages
```

진솔한 서평을 올려주세요!

이 책 또는 이미 읽은 제이펍의 책이 있다면, 장단점을 잘 보여주는 솔직한 서평을 올려주세요.
매월 최대 5건의 우수 서평을 선별하여 원하는 제이펍 도서를 1권씩 드립니다!

■ **서평 이벤트 참여 방법**
  ❶ 제이펍 책을 읽고 자신의 블로그나 SNS, 각 인터넷 서점 리뷰란에 서평을 올린다.
  ❷ 서평이 작성된 URL과 함께 review@jpub.kr로 메일을 보내 응모한다.

■ **서평 당선자 발표**
  매월 첫째 주 제이펍 홈페이지(www.jpub.kr)에 공지하고, 해당 당선자에게는 메일로 연락을 드립니다.
  단, 서평단에 선정되어 작성한 서평은 응모 대상에서 제외합니다.

독자 여러분의 응원과 채찍질을 받아 더 나은 책을 만들 수 있도록 도와주시기 바랍니다.

참고 문헌

[1] 'Docker overview' https://docs.docker.com/get-started/overview/

[2] 'Docker's Next Chapter: Advancing Developer Workflows for Modern Apps' https://www.docker.com/blog/docker-next-chapter-advancing-developer-workflows-for-modern-apps/

[3] 'Docker Acquires Mutagen for Continued Investment in Performance and Flexibility of Docker Desktop' https://www.docker.com/blog/mutagen-acquisition/

[4] 'Docker Series B: More Fuel To Help Dev Teams Get Ship Done' https://www.docker.com/blog/helping-dev-teams-get-ship-done/

[5] 'Docker一強の終焉にあたり、押さえるべきContainer事情' https://zenn.dev/ttnt_1013/articles/f36e251a0cd24e

[6] 'Dockerfile reference' https://docs.docker.com/engine/reference/builder/

[7] 'Use the Docker command line docker' https://docs.docker.com/engine/reference/commandline/cli/

[8] 'Docker Compose overview' https://docs.docker.com/compose/

[9] 'Overview of best practices for writing Dockerfiles' https://docs.docker.com/develop/develop-images/dockerfile_best-practices/

[10] 'Working with the Container registry' https://docs.github.com/en/packages/working-with-a-github-packages-registry/working-with-the-container-registry

[11] 'Bash Uploader Security Update' https://about.codecov.io/security-update/

[12] 'Monorepo vs. polyrepo' https://github.com/joelparkerhenderson/monorepo-vs-polyrepo

[13] 'Tiltfile Concepts' https://docs.tilt.dev/tiltfile_concepts

[14] 'Concepts - Kubernetes' https://kubernetes.io/docs/concepts/

[15] 'Kubernetes Components' https://kubernetes.io/docs/concepts/overview/components/

[16] 'Command line tool (kubectl)' https://kubernetes.io/docs/reference/kubectl/

[17] 'The Istio service mesh' https://istio.io/latest/about/service-mesh/

[18] 'Concepts - Linkerd' https://linkerd.io/2.14/overview/

[19] 'Service Mesh Comparison' https://servicemesh.es/

[20] 'GRADUATED AND INCUBATING PROJECTS' https://www.cncf.io/projects/

[21] 'Reference Docs for Kustomize' https://kubectl.docs.kubernetes.io/references/kustomize/

[22] 'Helm Commands' https://helm.sh/docs/helm/helm/

[23] 'Configure logging drivers' https://docs.docker.com/config/containers/logging/configure/

[24] 'Elastic and Amazon Reach Agreement on Trademark Infringement Lawsuit' https://www.elastic.co/blog/elastic-and-amazon-reach-agreement-on-trademark-infringement-lawsuit

[25] 'BretFisher/docker-for-mac.md' https://gist.github.com/BretFisher/5e1a0c7bcca4c735e716abf62afad389

[26] 'About GKE logs' https://cloud.google.com/kubernetes-engine/docs/concepts/about-logs

[27] 'Horizontal Pod Autoscaler Walkthrough' https://kubernetes.io/docs/tasks/run-application/horizontal-pod-autoscale-walkthrough/570

[28] 'musl - Introduction' https://www.musl-libc.org/intro.html

[29] 'Multi-stage builds' https://docs.docker.com/build/building/multi-stage/

[30] 'Multi-platform images' https://docs.docker.com/build/building/multi-platform/

[31] 'BuildKit' https://docs.docker.com/build/buildkit/

[32] 'Breakout Container' https://container-security.dev/security/breakout-to-host.html

[33] 'Trivy Vulnerability Scanner Joins the Aqua Open-source Family' Trivy Vulnerability Scanner Joins the Aqua Open-source Family

[34] 《디지털 트랜스포메이션 엔진》(에이콘출판사, 2020)

[35] 'dora-team/fourkeys' https://github.com/dora-team/fourkeys

[36] 'Flux Documentation' https://fluxcd.io/flux/

[37] 'Argo CD - Declarative GitOps CD for Kubernetes' https://argo-cd.readthedocs.io/en/stable/

[38] 'PipeCD' https://pipecd.dev/

[39] 'Locust Documentation' https://docs.locust.io/en/stable/

[40] 'k6 Documentation - Grafana k6' https://k6.io/docs/

[41] 'Docker Desktop WSL 2 backend on Windows' https://docs.docker.com/desktop/wsl/

[42] 'kind' https://kind.sigs.k8s.io/

[43] 'Google Kubernetes Engine documentation' https://cloud.google.com/kubernetes-engine/docs

[44] 'Amazon EKS User Guide' https://docs.aws.amazon.com/eks/latest/userguide/what-is-eks.html

[45] 'Quickstart: Deploy an Azure Kubernetes Service (AKS) cluster using Azure CLI' https://learn.microsoft.com/en-us/azure/aks/learn/quick-kubernetes-deploy-cli

[46] 'Installing Kubernetes with Kubespray' https://kubernetes.io/docs/setup/production-environment/tools/kubespray/

[47] 'Don't Panic: Kubernetes and Docker' https://kubernetes.io/blog/2020/12/02/dont-panic-kubernetes-and-docker/

[48] 'Dockershim Deprecation FAQ' https://kubernetes.io/blog/2020/12/02/dockershim-faq/

[49] 'Kubernetes 1.20 からDocker が非推奨になる理由' https://blog.inductor.me/entry/2020/12/03/061329

[50] 'nerdctl: Docker-compatible CLI for containerd' https://github.com/containerd/nerdctl

[51] 'GitHub Copilot Chat now generally available for organizations and individuals' https://github.blog/2023-12-29-github-copilot-chat-now-generally-available-for-organizations-and-individuals/

[52] 'Alpine User Handbook' https://docs.alpinelinux.org/user-handbook/0.1a/index.html